2014
Yearbook of
East China
Petroleum

华东石油
年鉴

《华东石油年鉴》编纂委员会 编

中国石化出版社

图书在版编目（CIP）数据

华东石油年鉴. 2014 /《华东石油年鉴》编纂委员会编. -- 北京：中国石化出版社，2014.12
ISBN 978-7-5114-3146-2

Ⅰ. ①华… Ⅱ. ①华… Ⅲ. ①石油工业 - 华东地区 - 2014 - 年鉴 Ⅳ. ①F426.22-54

中国版本图书馆CIP数据核字（2014）第310050号

中国石化出版社出版发行

地址：北京市东城区安定门外大街58号
邮编：100011　　电话：（010）84271850
读者服务部电话：（010）84289974
http://www.sinopec-press.com
E-mail:press@sinopec.com
南京爱德印刷有限公司印刷
全国各地新华书店经销

*

787×1092 毫米 16 开本 26.75 印张 44 彩页 651 千字
2015 年 2 月第 1 版　2015 年 2 月第 1 次印刷
定价：160.00 元

（如出现印装质量问题，请与我社读者服务部联系调换）

《华东石油年鉴》编纂委员会

主任委员：方志雄　周　松

副主任委员：冯如进　张锦宏　俞　凯　申飞龙

吴聿元　谈士海　赵晓华

常务副主任：冯如进

委　　员：由华东油气田首席专家、副总师、机关部门负责人、直属单位负责人组成

主　　编：冯如进

副 主 编：韩华林　周　琦

《华东石油年鉴》编辑部

主　　任：韩华林

常务副主任：周　琦

副 主 任：吴光辉　廖志英

编　　辑：周　琦　吴光辉　廖志英　张容群　刘　波

编辑部地址：江苏省南京市江东中路315号中泰国际广场6号楼

电　　话：025-58777121

邮政编码：210019

序

中国石油化工集团公司华东石油局　局长
中国石油化工股份有限公司华东分公司　总经理

方志雄

《华东石油年鉴》（2014卷）如约与大家见面了。本卷《年鉴》客观、系统地记录了2012—2013年企业发展的资料信息、发展进程和最新成果，以鲜明的时代特征、企业特色、年度特点，记载了华东油气田勘探开发、改革管理、党的建设和队伍建设等方面的主要成果和经营业绩，展示了华东油气田改革转型发展过程中的丰富经验和崭新风貌，同时也为我们鉴往知来、开阔视野、科学决策、推动工作提供了有益帮助。

2012—2013年，是我国坚持改革开放、推进可持续发展和现代化建设进程中具有重要意义的年度，也是华东石油局、华东分公司、华东工程公司历史上极具挑战性的时期。2年来，在构建百万吨级油气田战略目标的引领下，坚持以加快页岩气勘探突破、煤层气优快建产、常规油大幅上产为己任，突出提高油气产量和降低生产成本、提升发展质量和增加经济效益等重点工作，狠抓安全环保，深化企业改革，强化内部管理，全面实施“三大战役”，有效建设“四大基地”，各项工作取得新进展。

鉴史察今，继往开来。随着近年来中国经济步入转型发展的重要时期，中国石化顺应时代和经济发展要求，以“建设人民满意、世界一流能源化工公司”为目标，将转变发展方式、调整业务结构、创新发展技术、持续做优做强作为企业战略转型的着力点，重新审视和调整企业发展思路与发展战略，强调既要注重“量”的增长，更要注重“质”的提高。同时，将加大非常规油气资源勘探开发力度，作为做大上游油气规模的重要举措，提升到企业发展战略的高度。作为以非常规油气勘探开发为重点业务的专业队伍，我们要认真贯彻落实中国石化发展战略，坚定不移地高举起非常规油气事业大旗，更加突出质量和效益，更加突出安全和环保，着力打好常规油气增储上产进攻战、页岩气勘探突破战和煤层气产建攻坚战，在企业战略转型中实现自我超越，以智慧、汗水和更大的突破为华东油气事业谱写更加辉煌的篇章。

“治国读史，治郡读志，知事读鉴”。本部《年鉴》为我们系统总结提供了重要的参考依据，同时也是做好今后工作的重要工具书和参考书。编鉴的目的在于应用，也是有效实现年鉴应有价值与功能的根本。欢迎大家把年鉴中提供的各种信息资料运用到实际工作中去，以鉴为镜、检阅得失，吸取经验、指导现在，革故鼎新、开创未来，以推动我们的事业更好更快地发展。

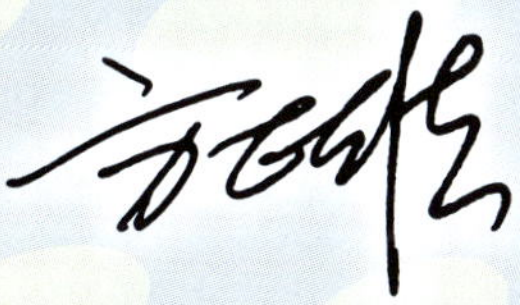

华东油气田

华东石油局

- 党委办公室 组织部
- 工会 团委
- 计划经营处
- 财务资产处
- 基地管理处
- 离退休工作处

- 华扬液碳公司
- 华石技工贸总公司
- 职业病防治所
- 高技能培训中心 华东石油技师学院
- 社区管理中心

华东

- 勘探处
- 开发处
- 非常规资源处
- 工程技术管理处
- 采油气工艺与装备处
- 科技与技术监督处
- 外事办公室 信访办公室 办公室
- 法律事务处 企业管理处
- 人事处
- 纪委监察处
- 机关党委

- 石油勘探开发研究院
- 石油工程技术研究院
- 物探研究院
- 非常规资源勘探开发指挥部
- 采油厂
- 物资供应处

组织机构图（2013）

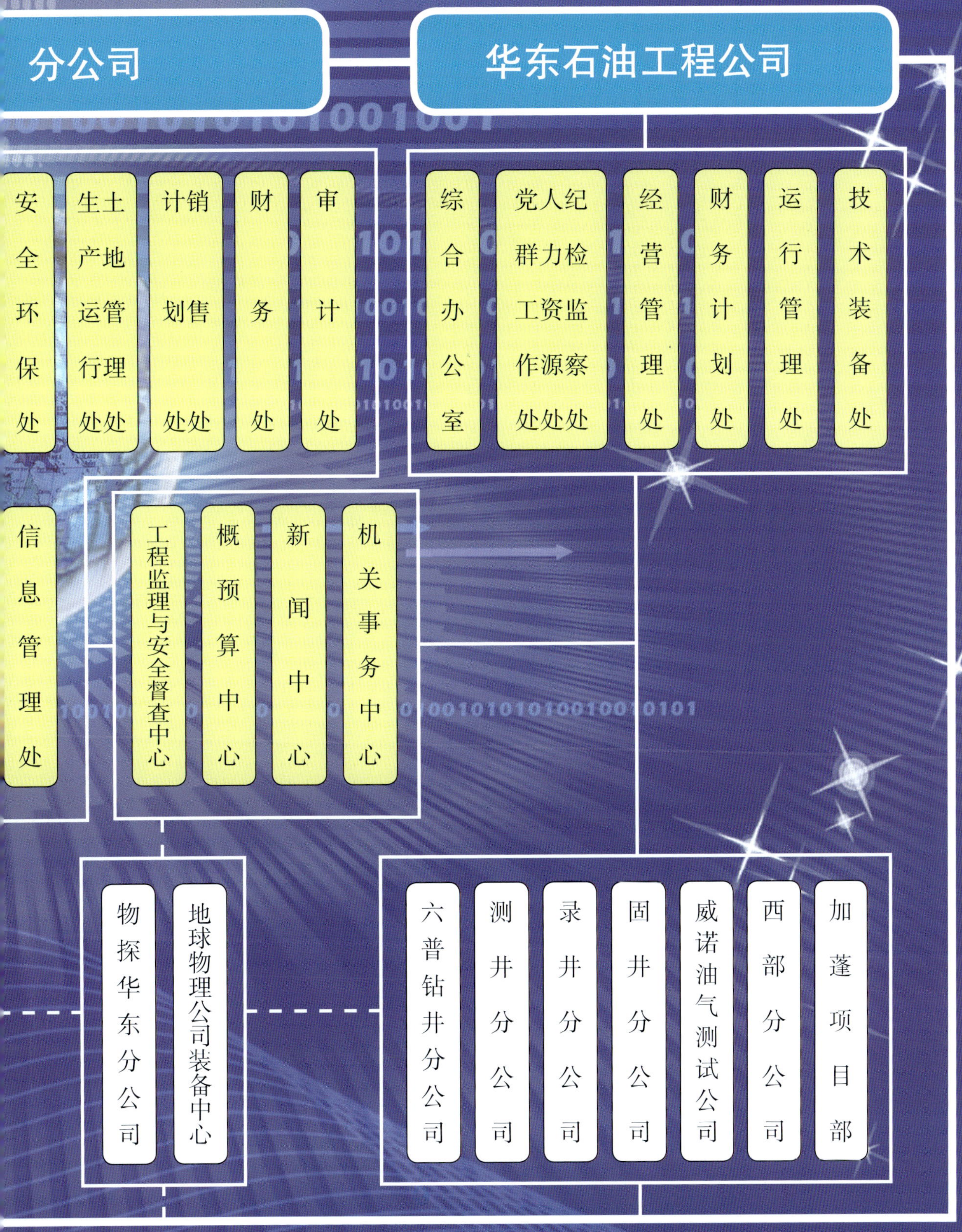

分公司
华东石油工程公司
安全环保处
生产运行处
土地管理处
计划处
销售处
财务处
审计处
综合办公室
党群工作处
人力资源处
纪检监察处
经营管理处
财务计划处
运行管理处
技术装备处
信息管理处
工程监理与安全督查中心
概预算中心
新闻中心
机关事务中心
物探华东分公司
地球物理公司装备中心
六普钻井分公司
测井分公司
录井分公司
固井分公司
威诺油气测试公司
西部分公司
加蓬项目部

2012年4月25日，全国政协原副主席陈锦华，石化集团公司董事长、党组书记傅成玉到华东石油局、华东分公司视察调研，慰问看望全体员工，调研了解非常规油气勘探开发工作，对建设百万吨油气田目标提出要求。图为陈锦华、傅成玉在华东石油局、华东分公司干部大会上

万方 摄

2012年4月25日，石化集团公司董事长、党组书记傅成玉到华东石油局、华东分公司生产管理部门调研。图为傅成玉在开发处查询煤层气、页岩气勘探开发情况

万方 摄

石化集团公司董事长、党组书记傅成玉看望慰问华东石油局、华东分公司干部员工

万方 摄

2012年8月14日，重庆市政府召开页岩气发展专题工作会议。重庆市市长黄奇帆到会听取华东分公司副总经理吴聿元所作的《渝东南彭水—南川区块页岩气勘探开发工作》汇报，肯定华东分公司在页岩气勘探上做出的成绩。图为黄奇帆会见华东分公司领导和科技人员

熊恒 摄

2013年1月22日，石化集团公司党组成员、总经理王天普到华东油气田慰问调研，亲切慰问离退休人员、劳动模范、困难员工，向全体员工和家属表示新年的祝贺和问候，同时充分肯定华东油气田对中国石化做出的贡献，要求认清上游发展面临的形势，突破非常规，转变发展方式，提高发展质量和效益。图为王天普看望慰问全国劳动模范、石油勘探开发研究院院长李建青

程阳 摄

2013年6月9日，华东油气田应邀参加江苏省和南京市安全生产委员会在南京万达广场举办的2013年江苏省“安全生产宣传咨询周”活动。江苏省副省长缪瑞林（前右二）出席活动并在现场观看了华东油气田安全生产展板。图为缪瑞林在听取张锦宏副局长的安全生产和经营情况介绍

万方 摄

2012年8月7日，重庆市委副书记张轩（前左二）到彭页HF-1井调研，调查了解华东分公司页岩气勘探现状及彭水—南川页岩气勘探进展，高度评价华东分公司在彭水区块页岩气勘探取得的成绩，要求彭水地方政府密切配合，争取早日实现重庆地区页岩气勘探大突破。图为张轩在工地听取项目负责人介绍

熊恒 摄

2012年9月4日，重庆市副市长童小平（前右一）到华东分公司彭页3HF井勘探现场调研，先后参观了彭页3HF井钻台、空气钻设备及职工生活区，详细询问了页岩气勘探开发潜力以及地面抽采的工艺流程和技术特点，充分肯定华东分公司在重庆页岩气勘探开发上做出的努力，要求地方政府密切配合、共同协调，做好前期工作。图为童小平在彭页3HF井工地现场

熊恒 摄

2012年1月17日，湖南省委副书记梅克保（前中）、副省长徐明华一行到非常规湘页1井现场调研和慰问，希望华东分公司按照中国石化与湖南省签署的战略合作协议的要求，加快页岩气资源勘探、评估和示范建设等前期工作，力争“十二五”末实现页岩气开发利用。图为梅克保、徐明华在井场查看施工情况

朱振亚 摄

2013年11月11日，贵州省副省长慕德贵（左中）在贵阳会见局长、总经理方志雄和副总经理吴聿元，就华东分公司在贵州省开展非常规油气勘探开发工作进行会谈，希望加快推进贵州省页岩气、煤层气勘探开发，并表示全力支持华东分公司的工作。图为双方会谈情景

韩华林 摄

2012年3月27日，石化集团公司党组成员、副总经理张耀仓（前左）一行到中国石化伊朗雅达工区调研，并慰问承担项目施工的威诺公司员工，勉励所有项目成员再接再厉，为祖国争光，为中国石化进一步开拓海外市场、做大做强贡献自己的力量。图为张耀仓在施工现场考察

董健 摄

2013年11月5—6日，石化集团公司党组成员、股份公司高级副总裁王志刚（前左二）到延川南调研煤层气5亿立方米产能建设进展情况，看望慰问生产一线员工。王志刚对项目的进展情况表示满意，指出下一步非常规油气勘探开发要以效益为中心，提升技术水平，持续优化方案，坚持控制投资，实现有效开发、高效开发。图为王志刚在W95平台20521钻井队了解生产情况

黄宝平 摄

2012年12月1—2日，石化集团公司党组成员、副总经理曹耀峰（右四）到华东分公司页岩气彭页HF-1井、彭页3HF井进行工作调研，慰问生产一线员工，要求加大石油工程技术研究，为非常规领域提供技术支撑；实行“井工厂”模式，落实“经营一元钱、节约一分钱”的理念，有效推进降本增效。图为曹耀峰在彭页3HF井井场查看页岩气勘探工作

沈志军 摄

2012年1月14日，石化集团公司党组成员、纪检组长徐槟（中）一行来华东石油局、华东分公司慰问调研，代表石化集团公司党组和领导，向华东石油局、华东分公司全体员工致以新春的祝贺，祝愿大家在新的一年取得更大成绩。图为徐槟到南京安怀村看望六物大队困难退休人员王桂香

张英 摄

2013年4月1—2日，时任石化股份公司副总裁、油田事业部主任焦方正（中）率油田事业部相关部门负责人，赴延川南煤层气开发试验区调研，下井组了解煤层气生产情况，查看压缩天然气站建设工程、地面电网和集气工程，要求华东石油局、华东分公司突出低成本战略，实现有效开发，尽快建成中国石化首个煤层气田。图为焦方正在延6评2井井场查看井位部署图

沈志军 摄

2013年3月7日，华东油气田四届四次职代会暨2013年工作会议表彰2011—2012年度文明单位标兵、文明单位、文明集体、文明班组、劳动模范和文明员工

万方 摄

2014年2月22—23日，华东油气田第五次职工代表大会暨2014年工作会议在南京召开

万方 摄

2013年11月9—10日，中国共产党华东石油局第三次代表大会在南京召开。大会全面总结过去10年的工作，确立今后5年的奋斗目标和工作重点，选举产生新一届党委会和纪委会

沈志军 摄

2013年3月21日，华东油气田在南京召开2013年党风建设和反腐倡廉工作会议

黄宝平 摄

2012年11月8日，中国共产党第十八次全国代表大会在北京隆重开幕。上午9时，在南京的华东油气田领导及党委中心组成员、机关干部职工200多人准时收看了十八大开幕电视直播

姜宁 摄

2013年8月6日，华东油气田党的群众路线教育实践活动动员部署会在南京召开

姜宁 摄

2012年12月10日，石油工程专业化重组后，新成立的华东石油工程公司在南京举行领导班子副职竞争上岗推荐大会

黄宝平 摄

2013年6月4日，华东石油局与新星石油公司在北京签订《地热开发合作框架协议》

兰天永 摄

2012年6月20日，南京市建邺区人民检察院与华东石油局在南京举行检企共建预防职务犯罪签字仪式。图为建邺区人民检察院检察长葛冰和方志雄局长在共建备忘录上签字

万方 摄

2012年6月17—18日，局党委组织由各单位党委书记、副书记和机关党群部门负责人40多人参加的党建工作考察团，赴徐州中国石化管道储运公司进行为期2天的参观学习

姜宁 摄

2012年10月3日，由六物大队368队承担施工的中国石化玻利维亚三维地震采集项目，在圣克鲁斯省查拉瓜市举行开工典礼。玻利维亚总统埃沃·莫拉莱斯、中国驻玻利维亚大使李东等出席典礼。图为埃沃·莫拉莱斯总统（中）在开工典礼上致辞

王锐 摄

2012年10月17日，由中央电视台、人民日报、中国能源报、中国矿业报等国内13家主流媒体组成的报道组，专程到彭页3HF井、彭页HF-1井进行现场采访

胡贺涛 摄

2013年6—10月，华东油气田举办第十二届文化体育节，组织开展4个系列20个项目的活动。图为“同一个梦想”巡回慰问文艺小分队在延川南工区排采二队演出

吴志远 摄

2013年10月30日，巡回慰问演出文艺小分队在江苏海安工区40686HD井队慰问演出

韦俊宝 摄

2013年8月11日，巡回慰问演出文艺小分队在延川南工区最边远、条件最艰苦的单井组——延27井，为守井的2名员工演出

沈志军 摄

2013年9月27日，华东油气田在扬州举办《中国石化之歌》传唱歌咏会

吴志远 摄

2013年6月2日，驻南京单位近400名员工举行集体攀登紫金山活动，拉开华东油气田第十二届文化体育节序幕

万方 摄

2013年7月6日，驻泰州单位员工举行健身长跑活动

周建明 摄

2012年1月11日，国土资源部、财政部首批审批的全国2个页岩气示范基地项目之一——黄平页岩气综合利用示范基地建设项目启动会在南京召开。图为贵州省黄平县委领导向华东分公司赠送纪念牌匾，预祝项目顺利开工

包旸 摄

2012年5月15日，贵州工区煤层气织5井日产气量突破1 200立方米，成为贵州工区多层合采首口千立方米井

南树泉 摄

2012年2月15日，国土资源部与中国石化在北京举行“南黄海油气探矿权议标出让项目合同”签订仪式。华东分公司代表中国石化获得南黄海海安东区块油气探矿权，矿权面积3 868.569 平方千米

黄宝平 摄

2013年10月30日，华东分公司在苏北盆地海安凹陷张家垛油田曲塘区块部署的开发水平井——曲1-3HF井正式投产，日产油超过20吨，是曲塘区块产量最高的井。图为曲1-3HF井在安装抽油机

孙丽丽 摄

2013年4月23日，华东分公司《延川南煤层气田5亿立方米产能建设开发方案》获石化股份公司油田事业部专家组审查通过。同意在延川南区块2年新钻井808口，修建平台142个，进尺102.1万米，新建产能5亿立方米，建成中国石化领域内第一个煤层气田。图为审查会会场

兰天永 摄

2012年3月4日，华东分公司在延川南区块东部平台区部署的第一口U型水平井延平1-V井开始产气

汪方武 摄

2012年5月8日，华东分公司首口页岩气水平井彭页HF-1井分段（12段）压裂施工取得成功，创中国石化页岩气水平井压裂规模最大、施工分段层数最多、加砂量最大、施工用时最短纪录。图为压裂现场

黄宝平 摄

彭页HF-1井压裂后平均日产页岩气超过2万立方米

黄宝平 摄

2013年3月13日，位于金湖凹陷钱王庄构造的钱1井压裂后试获日产26吨工业油流

李哲栋 摄

2012年9月25日，华东分公司张家垛油田的张3-2HF井经7段分段压裂，试获日产152.7吨高产油流

杨月娟 摄

2013年2月5日，威诺公司测试队在伊朗雅达工区F15井试获日产油1 033.40立方米、天然气19.80万立方米

庄欢乐 摄

2012年6月16日，井下作业公司东北项目部在松南气田YDB1井首次应用分段压裂工艺，试获高产气流

杜雄斌 摄

提速提效为煤层气勘探开发增添了动力，加快了5亿立方米产能建设的步伐。图为华东钻井20521HD井队在延川南工区延1-52-38UP井钻进中

沈志军 摄

精细化排采使延川南煤层气田产量稳步提高

沈志军 摄

一批批煤层气新井在群山中诞生

沈志军 摄

2012年11月20日，延川南煤层气示范基地2台500千瓦燃气发电机组成功并机运行，初步实现绿色发电

沈志军 摄

2013年4月5日，华东分公司首座压缩天然气站在彭页HF-1井投入使用

金玲 摄

绿色基地建设

金华 摄

延川南煤层气田8号平台排采水处理系统投入运行后，经过处理的排采水水质各项指标达到外排和施工用水标准，2 000立方米排水池养了数百条锦鲤

章铮 摄

延川南煤层气延1井试验区地面管网成功试运行

沈志军 摄

新组建的酸化压裂队

邱江良 摄

华石公司承建的新疆工区集输管道样板工程

陈建 摄

甘肃工区物探仪器设备检测

吴奇杰 摄

塔克拉玛干沙漠物探施工

莫建兴 摄

张1-1HF井桥塞射孔联作施工
杨月娟 摄

彭页3HF井夜间压裂施工现场

沈志军 摄

勇于攀登压裂工
沈志军 摄

聚精会神采油工
申海东 摄

齐心协力钻井工
沈志军 摄

编辑说明

《华东石油年鉴》（简称《年鉴》）是中国石油化工集团公司华东石油局、中国石油化工股份有限公司华东分公司、中石化华东石油工程有限公司、中石化石油工程地球物理有限公司华东分公司（以下统一简称华东油气田）正式对外公布一定时期生产经营、改革发展、科技进步、企业管理、企业文化建设基本情况的权威性出版物和大型资料性工具书。本《年鉴》出版周期为2年度合卷本。

《年鉴》2014卷全面、系统、客观地记述了2012—2013年度华东油气田的重大事件和重要工作，采用图文和表格的形式，直观反映华东油气田的发展进程和最新成果。全书由20个部类组成，分别为：图片专版、特载、大事记、总述、专记、常规油气资源勘探开发、非常规油气资源勘探开发、石油工程技术服务、对外合作与交流、科技与技术监督、经营管理、行政管理、党群工作、单位概览、机构与干部、先进集体与先进人物、统计资料、附录、索引、撰审人员名录，共40余万字。为便于阅读和检索，本书附中、英文目录和汉语拼音检索表。《年鉴》2014卷记载时限为2012年1月1日至2013年12月31日。

《年鉴》2014卷采用分类编纂法，分为类目、栏目、条目3个层次，条目为记事基本单元。书中统计数据按照上亿进亿、上万进万和小数点后保留2位数的方法表示，部分需精确记载的数据，如矿权面积、经济技术指标、创造新纪录等使用原始数据。

《年鉴》2014卷中涉及的常用单位名称使用简称，如中国石油化工集团公司简称“中国石化”“石化集团公司”，中国石油化工股份有限公司简称“石化股份公司”；中国石油化工集团公司华东石油局、中国石油化工股份有限公司华东分公司、中石化华东石油工程有限公司、中石化石油工程地球物理有限公司华东分公司简称分别为“华东石油局、华东分公司、华东工程公司、物探华东分公司”；其他下属单位也统一使用简称，本书附录中配有“单位名录表”可查阅单位全称；书中凡涉及石化集团公司管理部门及所属其他二级单位名称时，亦使用简称。

在《年鉴》2014卷编纂过程中，《中国石油化工集团公司年鉴》编辑部给予了业务指导和帮助，华东油气田各部门、各单位和撰稿人提供了丰富详实的基础资料，参与审稿的领导、专家精心审阅并提出了宝贵意见，从而保证了《年鉴》2014卷编纂质量和按时出版付印。编辑部对所有为《年鉴》2014卷编纂出版工作提供帮助和给予大力支持的单位和个人表示诚挚感谢。由于时间较紧和编纂水平所限，难免存在疏漏和错误，敬请读者批评指正。

《华东石油年鉴》编辑部

目 录

图片专版

特 载

大事记

总 述

专 记

常规油气资源勘探开发

非常规油气资源勘探开发

石油工程技术服务

对外合作与交流

科技与技术监督

经营管理

行政管理

党群工作

单位概览

机构与干部

先进集体与先进人物

统计资料

附 录

索 引

撰审人员名录

Contents

Administrative Management

Party and Mass Work

Overview of Subdivisions

特　载

上级领导讲话

全国政协原副主席陈锦华在华东石油局视察时的讲话

（根据录音整理　未经本人审阅）

（2012 年 4 月 25 日）

我到华东局来，主要是看望大家，并表达一下作为老一代石油人的希望。但是我把握一条原则，不要因为我的讲话，妨碍了你们的总体规划，只是给你们提供参考。

我去年看到国家文件制定的 17 个能源专项规划，其中就包括页岩气。页岩气工区涵盖了宣城市所处的地区，于是我对这件事比较关心。恰逢两会期间，宣城市地方领导去看望我，我就向他们提出想了解页岩气进展情况，想听听你们介绍一下情况。出于对页岩气的关心，我来华东局看望大家。

刚才成玉同志讲得非常好，讲得非常全面，我完全赞成。志雄局长的汇报，我听下来，是满意的。无论是常规还是非常规，都做得很细，做了很多工作。我们这些老人们，没有比听到这些好消息更高兴的事情。

前两年我在江苏油田听他们介绍了一些情况，我对你们为江苏油田做的工作都是很满意的。我讲了一句话，就是能源尤其是油气的重要性怎么说都不过分。但是中国的油气工作，过去西方国家出于偏见或者他们的利益考虑，说中国是陆相沉积，地下没有石油。但是中国就不认这个理，李四光同志通过几十年的研究，就在陆相找到了石油，打破了“只有海相才能生油”这一谬论。但是这以后的几十年，我们对海相有些忌讳。而你们却在海陆过渡带上呈现出亮点，发现了苏北油田。我认为这个意义不限于江苏。按照这样的理论，在海陆过渡带多少能找到一些面积不是很大、发育不是很成熟的小油田。但是按照能源规划来看，这个地方只要出油，那该地区的采油成本、运输成本和使用价值就远远高于西北。从这个意义上讲，苏北油田的地位不次于其他大油田。

今天听了方志雄作的汇报，听到华东局在常规和非常规取得的工作成效，我觉得很高兴。我借这个机会讲几点看法，原则上不妨碍成玉同志刚才讲的话。

第一个看法，中国能源战略的选择问题。在世界各个国家中，能源的储藏情况，美国跟我们是相似的。陆相的、海相的、油的、气的、煤层气的等等，都很相似。美国的技术都实现突破了。他们通过先进的技术，对比不同的资源进行能源战略选择时，选择来选择去，最后决定在页岩气上突破，并发起了页岩气的革命，人家十几年的页岩气之路，比得上我们几十年的常规油气之路。人家走的路不值得我们好好研究借鉴吗？

美国的油气进口历史有60多年了，二战以后就进大于出，去年则转变了这一局面，能源自给能力达到72%，可见美国的能源战略选择很值得我们借鉴。我跟成玉曾经交流过这一看法，他也很赞同。我觉得非常规领域中的页岩气在能源战略中的地位和重要性，以及后起的优势，值得我们关注。去年我国能源消费总量达到34.8亿吨标准煤，这是个吓人的数据。在这样的能源结构下，我们的环境，我们的节能减排要做到令人满意的程度是很难的。就是说以现在的技术，在这种能源结构下，想营造清洁的环境，客观上是有难度的。比如煤的消耗很严重，想改变现状很难，因为用锅炉的地方太多了。所以我觉得中国的节能减排、环境的科学发展，要寄希望于中国能源结构有大的改善。这种改善是很难做到理想化的，因此在能源发展的战略选择方面，非常值得我们重视。那作何种选择，走什么路，才有利于达到我们的期望？我觉得美国的页岩气突破之路很值得我们借鉴。

第二个看法，中国石化要下决心突破页岩气。树林同志在任的时候，就把这个任务交给你们了，成玉同志到任后，则更加完善了页岩气的总体规划。因此，我的看法是，中国石化在页岩气上的突破要依靠华东局。华东局在这方面的工作代表的不是你自己，而是整个中国石化。华东局要是在页岩气突破上的步伐慢了，耽误了，不是华东局的问题，而是中国石化的问题。

成玉同志的总体部署，我认为是正确的。美国开展页岩气突破不是依靠一家公司，而是依靠很多家的小公司。那为什么成玉同志讲你们存在进度慢的问题呢？这跟方志雄同志汇报中讲的存在问题里面提到的最后一个问题，就是“非常规油气见效慢与加快非常规发展的要求不适应”有关。我觉得把这个问题向成玉同志作汇报还是必要的。我认为你们区块分散、任务这么重、战线这么长，不可能按期完成。刚才成玉同志借用毛主席的一句话叫“伤其十指，不如断其一指”，这是多年的革命战争实践总结出来的经验，就是强调要“集中力量打歼灭战”。我觉得这件事情不是华东局的事，这种资源的有效配置是集团公司的事。就是要求你们“有所为，有所不为”，你们从东到西这是多么长的战线呀，才多少人呀，所以提出这个问题就是希望中国石化统一考虑。这里我还要强调，中央提出要紧紧抓住二十一世纪前20年的战略机遇期，作为要建设世界一流能源化工公司的中国石化来讲，一方面在常规油气上要有新的进展，另一方面在非常规领域必须有实质性的突破。如果在20年时间里，非常规突破不上去，那所谓的抓住战略机遇期就变成一句空话，其他公司就发展上去了。所以中国石化在资源和人员调配上要对华东局提供保障，不然华东局又是油，又是气，又是常规，又是非常规，又是二氧化碳，又是可燃冰，依靠现有的人力资源无法完成这一重任。

同时强调要集中力量打歼灭战，当年大庆油田提出要开展会战，很多人对余秋里的这种做法是有意见的，余秋里就叫我去讲话。我虽然知道很多人反对他，但我还是站在他的立场上，动员大家集中力量打歼灭战。集中力量打歼灭战需要资源的优化配置，资源没有优化配置，就造成低水平、低效率。所以方局长提到这个问题后，集团公司层面是需要给予支持的。我认为如果华东局非常规领域的页岩气在中国的南方地区突破了，将功不可没。中国的南方太需要资源了，千里迢迢从西部运油、从新疆运油。如果在南方找到油气，将不仅有利于华东局的发展，也不仅有利于中国石化的发展，更重要的是有利于国家全面的发展。

第三个看法，页岩气的突破一定要充分利用开放的条件来引进技术。我们自己要努力，但是为了争取时间，一定要加大外部技术的引进来强化基础研究。我讲一件大家不是很清楚的事情，乙烯的产量是衡量一个国家石油化工发展水平的重要标志之一。1962年，兰州石化建成投产我国第一套乙烯装置，年产能5 000吨，而当时美国的乙烯产能已达200万吨。在石化总公司成立以前，我们国家乙烯的产量是多少呢？也只有34万吨，石化总公司成立以后，通过自主研究开发和加强技术引进，加大开放，去年乙烯的产量是多少？1 527.5万吨，仅次于美国。前后30年的时间，也是我们这些人，也是中国共产党的领导，之前辛辛苦苦才搞了30多万吨，但是改革开放后，通过技术引进，我们已经成为世界第二大乙烯生产国。所以国家为什么强调开放？因为开放有利于加快我们社会主义建设的步伐，使我们国家早点富强起来。那么在一些新的领域，包括页岩气，美国有成套的先进技术，我们需要把这些技术引进来。尽管现在我们还面临环境污染等问题，但我认为都不应该妨碍我们前进的步伐，有问题总会找到解决的方法，要是靠等，那你什么都不用做了。

今天，我为什么把宣城市的虞市长也请来呢？是因为我们认为宣城还有很多事情需要解决。上次我去宣页1井察看的时候，曾经讲了两句话，一句是地下的工作他们不懂，就需要依靠我们华东石油局。另一句是地上的工作，后勤保障、工农关系协调等方方面面的事情就要由宣城市委来负责。所以你现在在宣城也好，将来到广德也好，到哪里也好，如果有麻烦，他们抵制不办，你找我，我帮你去找他们。

页岩气突破，希望在你们这一代石油人的手中搞成，这是我们终生的心愿。国家在前20年战略机遇期里把这一块作为重点，因为它对中国未来的能源发展至关重要。你别看我现在不管事了，那我什么地方都不去为什么跑到你这儿来呢？就希望这件事情在你们这一代人手中为国家办成！

石化集团公司董事长、党组书记
傅成玉在华东石油局调研时的讲话

（根据录音整理　未经本人审阅）

（2012年4月25日）

这次我陪同锦华副主席一起来看望华东石油局的广大干部职工。锦华同志既是我们党和国家的领导人、也是中国石化的创始人（老领导）。他的到来既是对华东局广大干部职工的关爱和关心，也是对华东局广大干部职工寄予希望和勉励，同时也是对中国石化全体干部职工最大的关怀和鼓舞。

本来我也是有计划安排要来江苏的，但因为锦华副主席到江苏，并安排听取华东石油局非常规油气工作进展情况。所以，我就提前来江苏看望包括华东局在内的驻江苏企业广大职工，听听大家在工作生活中还有什么困难需要我们解决。同时，也就华东局的整体发展形势和在全系统内如何发挥更大的作用跟大家座谈交流。刚才听了志雄同志的总体汇报，我讲几点意见：

一是华东局有非常长的历史，特别是在我国社会主义建设初期的艰苦年代，华东局为祖国的石油资源的勘探开发做出了重要贡献。进入改革开放以来，尤其从2000年之后，华东局从地矿部并入中国石化，迎来了新的发展机遇，发展的形势越来越好。华东石油局是经过几代干部职工的艰苦奋斗，才创造出今天的成绩。我说艰苦奋斗，即是在建国初期、改革开放初期，工作的难度是很大的。特别是华东局找到的都是小油田，找到后又把主力油田移交给其他单位，把剩下的小油田开发好，使储量产量不断上升，难度更大。可以说，你们在油田管理、勘探开发技术上都做得非常好。作为小规模油田，在油田开发上做到了“三个提高”“两个降低”，是非常难得的。没有一定的技术水平，没有一定的管理能力，没有非常强的事业心和责任感，是做不到的。我觉得华东局的全体干部职工尽职尽责，为国家、为社会，也为中国石化在增储上产上做出了极大的努力，做出了重要的贡献。

二是华东局提出“十二五”建成百万吨级油气田，是有现实基础的。我们不仅看到广大干部

职工在技术、管理上表现出了非常大的决心、信心和能力，更看到非常规的发展形势令人鼓舞。现在看来，往前走最重要的是发展。没有发展，我们国家 13 亿人口，中国石化百万员工，还有华东石油局上万员工无法实现往前走。由于时间关系，你们没有时间细讲包括党建思想政治工作、企业管理等方面工作。其实，在来之前我特别看了一下你们的情况。总体来说，做得是不错的。那么，下一步发展，怎么和中国石化确定的总体目标相适应、相协调？你们的规划没有问题，问题在执行、在落实。中国石化对社会、对国家发展非常重要。在历史上，中国石化对国家经济建设、社会发展做出了非常重要的贡献。今后，我们要做更大的贡献。所以，中国石化的领导干部要时刻铭记我们承担的国家责任、社会责任和对员工的责任。大企业要尽大责任，国家企业有国家责任，这责任首先就是要为国家的能源安全作保障，为国家经济社会发展提供充足的资源保障。

三是对于中国石化来说，我们上游是短板，但是我们迎来了发展机遇，迎来了中国石化因非常规能源而带来腾飞的发展新阶段。中国石化要把“短板”补上，把“短板”变“长板”，“十二五”“十三五”将是重大机遇。我们有非常好的资源基础，一是“十一五”期间我们找到的储量，还有 50%—60%没有动用；二是“十二五”期间我们还将再发现 17 亿吨储量。“十一五”“十二五”，两个加在一起，就有 20 多亿吨。当然关键在于，一是储量真不真实，二是要加大开发力度。如果我们还是按照原来那样慢慢走，我们的“短板”将越来越短。中国历史上石油发展最好的时期，还是在余秋里、康世恩部长搞大会战的时期。1962 年到 1980 年，是我们国家储量产量增长最快的时期。尽管今天总量比那时候多了，但增长的速度仍然没有超过那个时期。虽然那个时期也有失误，但是成绩非常巨大，发展速度非常快。所以大会战是中国特色社会主义制度优越性的具体体现。现在搞的大会战不是过去的大会战，但是集中力量办大事、搞发展这是我们制度的优势，所以你们提出要打好“三大战役”，方向是正确的，措施是得当的，要抓好落实和实施。“十二五”我们在国内石油产量计划是 4 750 万吨，我看 5 000 万吨没有多大问题。今年下来，你们从事勘探的这部分同志，信心又会大增。全系统今年交的储量，品质非常好，你们华东这一块也不错。中国石化海外“十二五”油要达到 5 000 万吨。天然气规划 300 亿立方米（相当于 3 000 万吨油当量），这样这个“短板”就补上了。

问题是要把计划执行好、落实好。

我们全系统的“五大会战”都开展得很好。华东局要想让 8 000 多员工、近 3 000 名离退休职工看到希望，看到前景，就要加快发展。虽然过去总体不错，但是对国家的贡献总体还不够。现在你们的资源领域很大，区块面积也越来越多，除了常规的再发展以外，非常规要尽快发展。去年我听了志雄同志的汇报，现在要集中力量搞开发，不要到处勘探。对华东局来说，要像毛主席说的“打歼灭战”，要“伤其九指，不如断其一指”。集中力量开发一个非常规气田，将会对华东局的发展改变很大。如果你能搞到 10 亿立方米的非常规气，对华东局来说就是百万吨级，这在华东局历史上是没有过的。

所以，你们要集中力量做两件事，按照你们的“三大战役”，一是把老油田的滚动开发继续做好，这是你们的“解放区”，你们的后方基地。二是开辟新战场，有两个领域，第一个是延川南的煤层气，要尽快集中力量建成产能。你们说要建 8 亿立方米，要建成 8 亿立方米了，就超过你们搞了几十年的苏北老油田的原油产量，对于我们离退休的老职工、老领导都是极大的鼓舞；第二个要抓的是页岩气，页岩气要集中力量去突破。你们的提法很好、努力的目标很好，要建成非常规油气生产基地，非常规技术研发基地。但是，我告诉你们，在中国石化，现在你们已经不处于领先地位了，更不要说在全国。所以你们一定要有危机感。你们用几条测线，就钻了参数井、区探井，这风险太大。然后还得补地震，还得再钻预探井。为什么中国石化在资本市场上压力比较大，就是我们的桶油成本比较高。所以，你们这种勘探方式成本贵，还不如选好区块了，把二维或者三维地震做好后，再来实施钻探。要把勘探费用用好，今年中国石化上游勘探开发费投资达913亿元，这么大的投资是史无前例的，目的就是要尽快把“短板”补上。但反过来，怎么把这些费用用好，就是要科学规划。当然了，你们新区该做的还得做。但是你们处处“冒烟”，却未形成大的规模，将会带来勘探成本的升高，所以你们要跟油田勘探开发事业部好好规划一下。

四是工程技术攻关。你们要成立两个组，第一个组，资源评价和滚动开发组。以前我们都是做完勘探再去做开发，这已经落后了。勘探开发要一起做，一体化，只是在不同的阶段一直在滚动。刚开始资源评价的时候就拿一个开发方案出来，然后有了新数据再滚动，再打一批井，再滚动一遍。这样，勘探开发就快了。第二个组，就是技术攻关组，不能等生产需要了才说要解决需要的工程技术，你们必须告诉科研单位、科研部门下一个五年要解决哪些问题、需要那些技术。昨天我在党组中心组（扩大）学习视频讲座上说，国外是提前二十年要把技术准备出来。我要求把提前五年的技术准备出来，把需求告诉你们的科研部门。当然，我们的非常规业务，带有前瞻性的要总部统一部署。

在这里，还有一个问题是石油工程专业化重组。重组方案对你们可不可行？我想听听你们的意见。（方志雄回答：行！坚决拥护。）好！石油工程就是要走专业化发展的道路，你们钻井、物探、测井、录井什么都有，但是真正用的时候还得找队伍。为什么呢，就是因为咱们什么都有，但什么都不强。而在中国石化内部，各企业是低水平重复。高端什么都不做，也没有力量去做。我们把这一块重组起来，集中力量发展高科技。既然你们觉得可行，我就放心了。所以这次要搞专业化重组，第一，要看得长远；第二，方案措施一定要周密可行；第三，要坚定不移，不能反反复复。我们不走过去改革就裁人、解雇人这条路，要把广大干部员工的利益维护好，让所有的职工工作不受影响，工资、级别不受影响，就改一个体制机制。所以，下一步的改革重组，你们总经理、书记肩上负有重要责任，一定要把这件事组织好。

五是关于你们提的存在问题，这需要改变我们的管理理念。今天的中国石化已经进入到新的发展阶段，我们的任务、发展环境、内部能力建设都有了变化。今天的发展任务，已进入到打造世界一流的新阶段。进入这个阶段，包括业务领域都变了，非常规也来了，我们企业的管理体制也在变，这一变要求我们的管理方式也要变，不能让我们的管理理念方式落后。新技术带来了新的生产方式，新的生产方式要求新的管理方式相配合。所以说，上层建筑要与经济基础相一致。现在我们企业资源使用效率不高，包括资源配置效率太低，劳动生产率不高，很大程度上是体制机制的问题。管理制度要随生产方式的转变而转变。

所以总部机关要转变理念，不是老听人家汇报，而要为基层服务，要主动靠前去找服务对象，去问需要解决哪些问题，这样才能让基层的同志创造更高的生产力。我们管理者能够创造价值是通过为基层服务带来的，所以广大干部员工要创新思考我们原来工作方式上要不要转变。如果不变，包括原来即使我们做得好的那部分也不可能再更好地发挥作用。经济规律也是这样，边际效益到了一定程度以后，负面的东西也开始出现了。管理方式是阻碍还是促进生产力发展，多听听基层、生产单位的声音就知道了。中央提出体制机制已经阻碍了生产力的发展，我们企业也有这个问题。所以要转变管理方式、工作作风和工作方式，要研究解决管理方式是否阻碍了生产力的发展。我来中石化以后，发现有一点好就是执行力好，领导说啥做啥；有一点不好就是不主动反映问题，这不是好现象。毕竟我们看到现场的东西不多，对你们的需求了解的也不多，你们才知道真正的需求是什么。所以，特别是当上面的政策已经不能满足你们的发展需要时，你们一定要敢说。

关于工程技术和标准的问题。在非常规的技术和标准上，要由你们来做。要用非常规的技术、生产方式、管理方式来管理非常规，管理原来的常规油田。特别是原来的老油田采收率、单井日产量要实现再提高。运用非常规手段去做，就能实现我们储量、产量的再增加，所以要把非常规技术手段运用到常规勘探开发上去。

关于非常规部署的问题。要充分考虑好非常规勘探部署过程中的总体效益和成本问题。

关于队伍稳定问题。在这我不谈稳定的问题，我还是想谈谈企业负责人对员工、离退休职工的责任。我们是做基层工作的，中央的精神就是通过我们来体现的。中央非常重视、强调保障和改善民生的问题，保障和改善民生，就是要解决好在职、不在职职工的现在和将来的生活。不把这些问题解决好，不把这部分责任尽好，企业就发展不好；企业发展不好，想尽政治责任、经济责任、社会责任，那也是一句空话。所以，领导干部解决好内部职工的利益问题，就是贯彻落实好中央精神的具体体现，就是解决好将来发展的问题。不要在人身上去算计成本，要让我们的人，特别是中国石化的员工有荣誉感、自豪感，让我们的职工自觉地承担责任，发挥创造力，发展企业。

涉及到的具体问题，就是过去在地矿系统，离退休是走事业单位。我来了以后，已经听了几次汇报。一个矛盾是离退休职工分两批，一批是在进入中国石化之前就退休了，一批是进了中国石化之后才退休的。但不管什么原因，那时候的地矿部就是事业单位，但后来国务院发文，事业单位就没有把咱们写进去，这就出矛盾了。解决方式有两种，一是参照，因为毕竟国务院发文没把我们写上，但事实上过去就是事业单位系列的；另一种方式，就是按照企业通过各种生活补贴的办法补回来。总之，就是要让这部分已经退休的职工，国家有政策的，哪个好就用哪个。我想企业没必要在咱们自己职工身上计较什么。特别是历史上艰苦年代为我们国家发展做贡献的职工，不管是什么岗位，我们不能亏待他们。到了咱们这就代表了党，我们做好了，就代表党的政策执行得好。我们做得不好，那就是我们的责任，不是中央的责任。所以，要跟我们的老同志说，咱们采取什么方式可能不一定，但总之要执行国家的标准，一定要让老同志收入不比其他人少。同时，也要对其他非在职员工说一下，他们都为中国石化、为国家石油化工工业做出过贡献，包括那些协解职工，他们也为支持我们的改革做出利益上的牺牲。今天社会发展了，我们这些人赶上好时候了，人家先退休了，我们不能忘了他们。这要求我们考虑在职职工的时候也要考虑好他们的利益。中国石化在职职工的整体收入是低的，在石油行业里低，与地方政府比也低，要短时间大幅度的提高很难。我们还得依靠企业的发展，还是按照过去国家的政策，国家拿大头、企业拿中头、个人拿小头。去年，我们在座的同志工资都增加了不少。但是要形成机制，要年年涨，至少要把通货膨胀的部分涨回来，如果我们效益好，再多增加。我们要让职工感到骄傲自豪，这不仅包括收入要增长，而是我们的骄傲自豪来自我们为国家所尽的责任。前几年，我到北大清华都跟学生讲，你们要到国有企业去工作。因为国有企业天生就是跟国家利益、民族利益联系在一块的。所以，你为国家发展、为民族贡献，你应该感到骄傲。但是，骄傲背后是责任。我们在尽责任的背后和前提下，我们的收入也要同步增长。所以要跟职工讲，照顾好、发展好我们职工的利益，这是中央的决定。能不能贯彻好中央的决定，这就是各级领导的责任，首先是我的责任。另外，一个企业要有士气，要有精气神，我们是中国共产党领导的核心部队，工人阶级里的核心部队，这点凝聚力都没有，那是不行的。

同时，我们要在生产、管理上降成本，杜绝铺张浪费、大手大脚，把省下来的费用改善一下职工生活。今年我们开展“经营一元钱，节约一分钱”活动，如按去年中国石化经营收入 25 500 亿元计算，“经营一元钱，节约一分钱”节约下来就是 255 亿元，你们说这个数字大不大？“经营一元钱，节约一分钱”拿来改善职工生活，我们不是没有空间。所以各级领导干部，特别是基层的同志，在生产和管理层面，要想办法降成本，在平时的一些消费上降成本，省下来给大家提高福利，改善办公条件。所以，华东局也要作为主要任务抓起来。

谢谢大家！

石化集团公司党组成员、总经理 王天普在华东石油局调研慰问座谈会上的讲话

（根据录音整理　未经本人审阅）

2013年1月24日

同志们：

由于时间关系，我们其他同志下来后再交流。简单地讲一下吧。这是我第一次来华东石油局调研，对华东局的工作，志雄同志、周松同志之前经常有时候给我去说一说，使我能够对你们的工作有所了解，同时对页岩气开发、煤层气开发的知识稍微有部分了解。在此，对你们在工作中所取得的成绩表示祝贺，对你们努力把生产经营搞好、把改革发展搞好、把党建思想政治工作、稳定工作搞好所做的工作表示感谢。这次主要是受党组傅成玉同志的委托来江苏走访。顺便想到华东局来学习学习，自己有这么一个想法。听完志雄同志的汇报后，我现在想简单地讲以下几个方面。

一、充分肯定新星石油公司在进入中国石化后，对中国石化的贡献及其对中国石油整个行业的贡献。

新星石油的前身是地矿部。如果没有地矿部找到油，就没有中国石油工业的发展。新星这支队伍对于中国甩掉“贫油国”这顶帽子，建设起中国的工业体系起了至关重要的作用。因此，对于原新星石油公司所属的、无论目前是哪一个企业，现在所处的位置如何，效益大还是效益小，困难多还是困难少，都不能忘了他们历史上所做的贡献。就拿我们华东石油局来讲，没有你们就没有江苏油田的发现，就没有江苏油田目前保持170万吨，10多亿元的利润；没有你们就没有90年代东北腰英台油气田的发现。你们顾全大局，党组要求你们把腰英台油田交给东北，那是为了理顺管理关系，因为在一个地方最好不要有两支队伍同时经营着这么一点资源，而你们非常顾全大局。之后党组要求你们去搞非常规，对你们来讲是一个非常难、非常难的事情。非常规说起来容易，但是做起来非常难。难就难在页岩气到底在哪里？你们开始也不知道；煤层气到底在开发过程中有没有好的效益？你们开始也不知道。但是你们从来没有放弃，而是用“第三次创业”这么一种精神状态，自觉地扛起非常规发展这面旗帜。我想华东石油局今后将会为中国的油气事业、上游的增储上产做出贡献，也将会为中国的非常规大发展做出更大的贡献。

二、充分肯定上游板块对中国石化做出的贡献

中国石化确定了建设世界一流能源化工公司的目标，明确了六大发展战略，目标催人奋进，六大发展战略也符合中国石化的实际。现在石化集团公司正在沿着六大发展战略往前推进，其中资源战略是最重要的战略，因为中国缺油缺气，中国石化更是缺油缺气。中国石化如果没有上游这一点油和气，就没有我们生存的基础、发展的基础。别看我们少，但它占有我们整个利润的“半壁江山”。对其今后的发展，在党组的进一步关注下，对于上游的投资加大了力度。打造上游长板又是我们要做的一项重要工作，因此我感觉，上游今后的发展继续是我们支撑效益、支撑中国石化发展的一个非常重要的方面。对华东石油局来讲，下一步也承担着非常大的任务。你们顾全大局，把腰英台的油气交给东北。你们的油随着下扬子海相的发现，是致密油，出来的油质量也很好，也会有更大的发展。你们由2009年的13万吨，到了18万吨，现在又到了23.50万吨，今后再到30万吨，或者40万吨，对于中国石化发展的贡献也是非常大的。所以上游确实是我们必须要重视的一个板块。

华东石油局在中国石化六大发展战略中，涉及了三个战略。一个是资源战略，一个是差异化战略，还有一个是绿色低碳战略。就资源战略而言，你们找到油、找到气，就使中国石化有了资源的基础；在差异化战略中，非常规就是我们的差异化，铀矿也是我们的差异化，煤炭（指煤层气）的勘探开发也是我们的差异化。在绿色低碳战略中，能用最清洁的气来代替油，用油来代替煤，都是绿色低碳的一个补充部分。绿色低碳是提升中国石化形象和软实力的一个表现，同时也是转变发展方式，实现有效发展新优势的一个表现。因此，绿色低碳一定是我们华东石油局今后发展重要的一个点。我看在你们的发展战略中有所体现，而且做得也不错。

三、充分认清上游发展所面临的严峻形势

光说好不行，过去的只能证明是历史。无论是地矿部也好、还是我们上游也好，为中国的石油石化工业做出了不可磨灭的贡献。但是实事求是地讲，我们人多、工资涨速比较快，要实现以人为本、构建和谐企业需要的费用比较多。再加上打井的各项成本比较高，我们的费用就增加得非常快，不仅是我们的人工成本，其他方面也很困难。在这种情况下，我们原油产量增加的速度还不够，天然气有所增加，也不过就是 160 亿—170 亿立方米，今后要想再有大的发现，大的开发，对中国石化来讲还是难上加难。（但是我们又离不开上游的这点油气）就说我们买来的气，要把它卖出去，肯定不如我们自己生产出来的天然气赚钱多。因为它差不多就是 12—13 美元/mmBtu（每百万英热单位），再加上运过来，气化掉，再卖掉，这里面的利润就非常差。

我初步估算了一下，从 2001 年到 2012 年这 11 年，我是 2001 年到总部的，这期间的油价刚好是一年每桶涨 10 美元，2001 年时就是 11 美元/桶，2002 年是 20 多美元/桶，2005 年就是 50 多美元/桶，2008 年最高到了 147 美元/桶，最低到了 30 美元/桶，但平均就是 80 多美元/桶，2009 年跌下来了，2010 年 100 多美元/桶，2011 年 110 多美元/桶，2012 年也是 110 多美元/桶。但我们的成本是按照每年 5 美元、5 美元地逐年上升，看来后十年油价不可能按照 10 元/年往上涨。明摆着，欧洲也好、美国也好，油用得少，中国转变发展方式，用油也在减少，逐渐也在被新能源所替代。再加上有的地方页岩油、页岩气出来了，那按照 2012 年 110 美元/桶测算，到 2014 年也不可能高到哪里去，不可能 2014 年 140 美元/桶、2015 年 150 美元/桶，那么其他的这一块，我们的成本上升得过快。上游的效益将是对我们影响最大的一个问题，因此如何把握好投资发展质量，如何在投资发展基础上实现我们的效益？而不只是打了多少井，能出多少油，保持稳中有升；能出来多少气，保持稳中有升，两个概念重要不重要？重要！但是并不是根本问题。你就说上游增加 30 万吨油，在国外买的话不过就是一船油，但对你们来说，得使出吃奶的劲来弄，并且后面出来的 30 万吨油的品质都是较差的。因此，要特别关注投资及其投资过程中的回报问题。面对的严峻形势，就是成本上升无止境，油价上升不可能。这个决定了我们今后的盈利空间将会越来越少。我对上游严峻的形势看的是比较准确的。中国要是有大的场面再发现，能把我们的成本迅速摊薄的话，还有可能。但在中国石化，就是这些边边角角的区块，想再有大的资源发现的话，也是非常难、非常难的。在没有资源发现的情况下，硬去开发，最后是要出问题的。因此，严峻的形势摆在我们的面前，不能不引起我们的高度重视。

四、在工作过程中一定要分析主要矛盾，坚持科学发展、有效发展

结合我们的严峻形势，作为华东石油局也好，上游板块也好，要认真分析我们存在的主要矛盾是什么，要解决它。我觉得我们一是资源少；二是非常规突破的有效发展难度大；三是人多、负担重。挣钱很难，花钱很多，效益就很不理想。另外就是，在页岩气和煤层气的开发过程中，现在是投入非常大的增长期，而产出又要往后推好多年，带来我们华东石油局比别的企业更多的挑战。在这个主要矛盾面前，我感觉最主要的就是资源不足，产量上不去，还有就是成本过高。你们要进一步分析一下你们的成本构成，按照集团公司工作会议上傅总提出的“转变发展方式，提高发展质量和效益”的总体要求和生产经营报告中提出的“如何保好效益”的具体措施来抓好落实。

五、要保持一个企业的完整性，实现一家人、一条心

在你们的汇报过程中，我感觉到你们已经考虑到这个问题。就是石油工程公司怎样运行管理的问题。我们在工作过程中，要有分工，但要做到“分工不分家”。具体到华东石油局，更具有特殊性。因为你们干的是非常规，非常规和常规不同，非常规工作必须要有一支得力的、独特的石油工程队伍，才能够干好。华东石油局的员工来自五湖四海，形成了独特的文化。这种独特的文化就是新兴的经济接替、科技领先。这种独特的文化很好。为了共同的事业，我们走到一起，没有理由不为了我们共同的事业团结起来。因此，我们也就要求华东石油局的局长和书记，自觉地顾全大局，把我们华东石油局不管从事石油局的工作、还是分公司的工作、还是石油工程公司的工作，要团结起来。你们说，打U型井也好、V型井也好，页岩气的24段分段压裂也好，你不考虑打造独特的石油工程队伍怎么行。这些石油工程队伍到别的地方干什么也不如到这个地方干好。因此，我感觉团结的重要。

在内部的管理关系上，就是财务是分开的，其他能合的尽可能合，不要两边都有，特别是没有必要增加机关更多的服务人员，包括思想政治工作、稳定工作、党群工作，还有其他后勤工作的人员。这些人都要在一起，看看到时候怎么去分分账，谁家负担多少就行了。部门设立的多庙就多，庙多和尚就多，和尚多花的钱就多。如果说重组前与重组后收入是一样多，但重组后，因为机构设多了，导致花的钱比重组前还多，怎么能创造生产力呢？怎么能够创造效益呢？这不是天方夜谭吗？因此说，在改革过程中，机构尽可能精简。

六、关于你们“四大基地”的建设

我没有意见，就是按照你们的思路去抓好，但要有轻重缓急。我觉得现在对你们来讲，原来牟书令副总经理也经常跟我讲，中下扬子的突破一直是他的心病，他是觉得下扬子一直没有突破。如果你们在下扬子海相上有了突破，不只是圆了牟总的一个心愿，更多的是能够实现华东局真正的发展。你们上产30万吨、40万吨要紧紧抓住不放。你们区块不大，不管是致密油、常规油，用非常规的手段去开发，这个地方的效益都是非常好的。同时，就是除了江苏油田你们不要去抢他的区块外，下扬子今后的发展空间有没有？你们再看一看。（方志雄局长：下扬子海相页岩气还是比较好。俞凯副总经理：我们划了一个4 000平方千米的区块报到总部，现在正在登记）。就是把这一块作为你们今后生存的基础。

页岩油、页岩气作为今后发展的基础，现在是大投入的阶段。我对页岩油、页岩气、煤层气的基本想法，有时我会跟大家聊，特别是前段时间跟中石油马富才总经理聊的时候就说，这是一个新生事物，我们一定要积极地支持，积极地探索，但在探索的过程中一定要有效地开发，不要盲目地去开发。华东局对于页岩气的认识肯定要比我们强得多，要找好有利的区块，先捡“肥肉”进行开发，今后等科技进步了，需要有效开发的时候，再去开发那些难动用的。我的基本观点是，在勘探上，要优化勘探、积极勘探。在开发上，要建立在以资源为基础上的开发；建立在以技术进步为基础上的开发；建立在以有效益为基础上的开发；建立在以可持续发展为基础上的开发。很简单，没有资源去开发，到最后肯定越开发越少，储采比越来越低；没有技术创新、技术进步，去硬打井，打水平井，最后出来没有效益；没有效益，你去打井，出来的油干什么；最后就是可持续，中国石化要打造百年国企，不是我们这一代人完了就完了，总要给子孙后代留点东西。因此，开发要建立在有资源、有技术进步、有效益、可持续的基础上。

最后一点，对于华东局提出的两点建议

对于你们其他的工作，我没有过多的建议。你们谈到两点建议，一是关于领军人才的培养与引进。你们现在已经有一部分人在基层干了这么长的时间，我估计页岩油、页岩气，你从美国那边挖几个人过来或许还有用，但是在整个中国石化搞非常规页岩油、页岩气方面，华东局自己要有思路，你们的人才就是最难得、最宝贵、最有经验的人才，要好中选好，优中选优，给他们舞台，让他们尽快成长起来。至于其他常规油气田的勘探开发，中国石化不缺这类人才，你到哪里去都能够找到这种勘探开发的优秀人才。为什么说大庆培养不出专家来，因为它是一个整装的油田，打上井就能够出油。而中国石化无论胜利也好、中原也好，都说是“一个盘子摔碎了，还得踢上一脚”，这样我们都还能够找到油，还缺这类人才吗？中石油、中石化的人才都是我们的人才，引进人才可能来得更快；自己培养的人才可能来得更好。

另外就是一定要在大学生引进和在劳务工使用上严格控制。中国石化最终将会被机构人员多所拖累拖垮，将会被人员多、退休的人员拖累拖垮。在 2013 年 1 月 14 日召开的集团公司 2012 年度工作会议的开幕会上，我为什么分析资产的费用和资产的利润率？就是看看利润情况怎样。你们自己分析分析这 6—7 年，或者从 2001 年开始，是利润涨得快，还是费用涨得快？通过对投入产出的分析，就能分析出花的这些钱，是被费用吃掉了还是形成了利润。从结果来看，还是费用涨得太快。只有控制住人，才能够使中国石化实现今后有效可持续的发展，因此对党组目前在人的控制上的良苦用心，一定要深刻理解。谁都不愿背着“不进人”的骂名，但是为了中国石化长远的发展，必须要在“人”上控制。

二是你们说非常规勘探的成本和 23.5 万吨的油分开，吨油成本很高，亏损很大。这一点可以提出来，你们自己要把账分一分。针对常规油投资多少，有多少折旧，有多少勘探费用进损益，算一算账，把非常规费用单独列出来。到最后再算一算，当然还是算你们花的钱。这样呢，可能才更能够显示出 35 万吨和 40 万吨油创造的效益。说出来也比较好听，志雄同志、周松同志带领华东局找出了 35 万吨、40 万吨的油还真是创造出来了好的效益。当然，非常规是党组交给你们的任务，你们去干去。我们理解，不理解的人是少数，因为你们是想为中国石化今后的发展而在非常规上做更大的贡献，是一个非常吃苦的工作。当然，你们在非常规上也不是在乱花钱，也是非常节俭的。

最后，在新春佳节来临之际，代表党组、成玉同志对你们工作中取得的成绩表示祝贺！对你们为中国石化做出的贡献表示感谢！快过年了，也祝大家新春愉快，身体健康，阖家幸福，万事如意！

谢谢！

石化集团公司党组成员、石化股份公司高级副总裁王志刚在延川南煤层气产能建设区调研时的讲话

（根据录音整理　未经本人审阅）

（2013 年 11 月 6 日）

同志们：

这次到延川南现场来调研的主要原因，是因为延川南煤层气产能建设项目是中国石化今年五大会战中的一个重要项目。下面我讲几点意见：

一、延川南煤层气产建项目对中国石化、华东分公司、山西省意义非常重大。

第一，是中国石化第一个正式的煤层气产能建设项目，意义非常重大。

这个项目做好了对中国石化在煤层气领域

的发展具有指导、引领意义。一是通过这个项目积累经验。我们过去煤层气虽然搞了很多年，打了很多井，做了很多试采，但是真正商业开采还是第一次。所以，我们非常看重延川南5亿立方米产建这个项目。过去我们煤层气开发没有经验，那么通过这个项目的部署、方案编制，到实施和建成投产，我们能够积累经验。二是这个项目承载着技术的发展。过去我们开采煤层气的技术只是停留在口头上说说，但真正到现场去实践一把、干一把，还是第一次。整个项目800—900口井，整个把它给干下来。这个实践的过程，把技术能够配套起来、集成起来意义是重大的。三是这个项目还涉及到人才培养。煤层气我们很多人在搞，真正把煤层气搞懂，完整地把这个产业链给做起来，我们人才还不够，这个项目承担着为中国石化培养煤层气开发人才的责任。

第二，对华东分公司来说是意义非常重大。

这个项目做好了，华东分公司就有可能实现全面扭亏。现在江苏老区实现了扭亏，但是页岩气和煤层气这块还是亏损的，整体上华东分公司还是亏损的，把这块做起来之后就有可能扭转华东分公司的亏损局面。

第三，对于气化山西、改善能源结构有很大意义。

山西省是一个产煤大省，也是一个用煤大省。但煤是一种污染非常严重的低端能源。煤层气做好了就是一种清洁的高端能源。山西省去年才消费22亿立方米天然气，这么大一个省只消费22亿立方米天然气这不成比例。山西省有3 000多万人口，如果一年人均消费100立方米，那全年就是30多亿立方米，如果一年人均消费500立方米那就是150多亿立方米。按照我个人的经验，日本人均每年消费天然气900立方米，韩国人均每年消费800立方米，美国人均每年消费1 000多立方米，俄罗斯人均每年消费2 000多立方米，台湾人均每年消费也上700立方米。中国未来的天然气人均消费按照500立方米来考虑，整个中国就是6 500亿立方米的消费量。从长远来看是这样一个概念。我认为山西省的天然气消费是刚刚起步，现在年人均消费还不到100立方米，达不到全国的平均水平。所以如果我们这个项目做好了，对山西省能源结构的调整也是非常重要的。

二、对延川南煤层气产能建设项目进展满意

昨天看的现场，今天听了汇报总体对这个项目的进展是比较满意的。

一是工作量提前完成。过去总是批评华东局有些工作比较拖拉，管理水平也不是太高。但是这次看来要改变看法了。我感觉到这个项目从整个进展情况来看，今年可以圆满地完成今年的产能建设任务。实际上还有点提前，大概提前一个月左右把井就打完了。

二是产建工作和现场管理规范有序。从现场的组织管理来看，现场的同志们工作做得非常好，管理很规范，引进了井工厂的概念，引进了轨道钻机，效率得到了提高。钻井的周期在不断地缩短，不断地加快。从钻机的运行，地面系统的建设包括管线电路，钻前的运行，压裂的运行，总体看下来是整个产建非常有序，管理也很规范。

三是对煤层气开发的基础研究有新进展，获得新认识。比方说我们布井的方式，一个平台可以打到8—9口井，设计水平也比较高。方案编制工作也做得比较好，方案在油田部反复审查过好多次，实际上这个反复的过程也是一个提升的过程，现在看来，我们编制的这个方案总体水平还比较高。在煤层气开发的技术上，基本上掌握了产能建设所需要的配套技术。

四是在控制投资上采取了很多有效措施，见到很好的效果。从钻前修路、修井场、征地赔偿到钻机搬家、到打井、测井、录井、完井、压裂加上单井的抽油机和单井集输管线，整个算下来一共可以控制在200万元之内，这个我觉得是做了很多工作的基础上，才达到了这样一个目标。包括自己发明了很多简易流程，还有一些自制的小装置，这都是现场我们的干部职工在实践当中探索出来的一些新的做法，为我们降低投资起到了很好的作用。

五是干部职工精神状态好，干劲足。现场非常艰苦，条件非常差，山里边都是沟壑纵横。在这样一个环境下我们的同志们能够坚守岗位、不畏艰苦地工作，还做得这么好，我们这支队伍是值得肯定的。可以说我们石油工人的优良传统在这个地方又一次得到了体现。这是昨天看了现场之后的几个感受。

三、延川南煤层气产能建设存在问题

首先是经验不足的问题并没有全部解决。

比方说我们现在还不能把一口井的寿命期有多长，稳产期有多长，总体的经济效益最终是什么样很明确的确定。我们只能去评估，还达不到用软件计算的境界。再一个就是排采，到底是该排多快、该多长时间见气等问题把握不准。我们对规律性的认识在方案编制阶段该怎么样去摸清楚，到现在还没完全做到。而且在实践当中我们还经常遇到一些新的问题，比如说有的井出液偏多还没有完全预计，究竟该怎么做也没有把握。所以总体来看我们还不是那么成熟，我们还是一个成长中的少年，还没到青年这么一个阶段。

二是有一些要件还没有完全完成。

比如说环评的问题，审批的一系列问题做得还不是很好。我们在做项目的时候这些前期工作还没有跟现场的实施匹配。

三是试采的气利用率不高，外销不畅通，CNG 运行也不太畅通。

四、对华东分公司下一步工作要求

第一，以效益为中心，实现延川南煤层气产能建设项目的有效高效开发，彻底扭转华东分公司的亏损局面。

我们非常期盼着华东局能够彻底地、完全地扭亏，走上一条盈利健康发展的这样一条道路。这几年总部也是在帮助你们做工作。让你们做非常规，这几年做下来我们也见到了效果。我个人认为华东局扭亏的时间已经不远，我们就要以这个项目为依托。现在延川南已经进入产能建设阶段，而且现在从钻井情况来看，和方案的符合率非常高。这就说明我们有可能依靠这个项目实现好的效益。当然我们在产能建设过程当中，要实现有效的开发还有很多工作要做。控制投资的问题、提高单井产能的问题、降低运行成本的问题、还有天然气的销售问题等，还有很多工作要做。我想下来以后要以经济效益为中心，把这个项目作为依托，实现华东分公司的扭亏是首要的要求。

第二，要积极提升我们技能水平，逐步完善中国石化煤层气开采的配套技术。

我前面讲到，这个项目一个很重要的责任就是把中国石化煤层气开采的技术能够完整地配套地形成系列。从钻井、压裂、测录井、地面集输、用电供水、资料录取、排采生产等等，在每一个环节上形成我们的技术标准、技术规范。这些需要我们参战的技术人员要下点功夫，搞点基础研究，这里特别要强调一下排采的问题，这是能否成功的关键。现在看来，排采做好了，就有可能获得比较高、比较稳定的产量，排采做不好就有可能影响到一口井的生产。所以我们要从思想上高度重视，也要有新的理念。过去我们这些同志们都是搞常规油气的专家，常规油气跟煤层气差异非常大，常规油气的经验在煤层气基本用不上，特别是排采的过程、生产的过程中基本用不上。煤层气它有自己的规律，这个早在两年以前我就跟你们谈了：要有耐心，要有等待，从开始排水、到水越来越少、到逐步见气、再到产量逐步上升进入稳产期，每一个环节都不能忽视，这是一个细活，必须要干成一个细活才能把排采工作做好，把我们的技术水平提升上去，把我们的技术系列建立起来，把我们的标准完善起来。

第三，要持续优化方案，不断提升方案编制的水平。

我们要做到持续高效的产能建设，方案的编制非常重要，虽然我们 300 口井现在看来整体做得不错，但是我们希望下一步 500 口井的方案要比这个 300 口井的方案质量要更优、水平要更高，要把我们在这 300 口井实施过程当中所取得的经验，所实践的一些技术应用到下一个方案中去。要利用我们的经验重新把 500 口井的方案进一步去优化，进一步去细化。明年这个方案希望油田部和华东分公司及早把它编制完善，把这个工作计划落实好。

第四，要坚持控制投资，全面优化。

在整个过程当中我们投资要不能超，同时能

不能一边建产、一边使我们投资能够不断降低？你们现在已经优化到每口井200万元，到底还有没有余地？把今年这300口井认真总结一下，每一口井在哪一个方面花了多少钱，这些钱还有没有优化的余地，还有没有节约的余地，一点一点地去抠，一点一点地去算。我们参战的每一位干部每一位职工每一位技术人员都要有一个投资的理念，想方设法把投资控制住。投资控制住才能够为今后拿到效益打下基础。

第五，要加大人才培养的力度，尽快实现中国石化煤层气勘探开发配套的人才队伍。

现场在检查过程中看到了很多年轻人，我觉得这一批人是我们一个宝贵的财富。要对每一个年轻人做好职业生涯规划，通过现场摸爬滚打有意识地培养。因为我们煤层气的建设方兴未艾，中国未来的煤层气会有一个比较好的发展机遇。这个发展机遇基于几点：一个是我们现在国家对天然气价格逐渐地往上调，向上调整以后煤层气的经济效益会比过去更好，这样的话投入会增加。另一个中国在煤层气方面这些年的工作做下来经验逐渐有了，技术现在也不是很大的问题，在这样的情况下中国的煤层气将来还会有一个较好的发展期。我们培养好人才后为中国石化将来在煤层气领域获得更高的储量、产量、效益储备人才。你们自己织金的问题、和顺的问题将来都是要干的。

第六，处理好管道的建设。

那边加快管道的建设，这边投产见气的速度还不一定很快，实际投产见气的时间跟管道建设的时间大体能够匹配起来，如果按明年六月底来算的话，正好能够把气送进去。在这之前就是把国化集团的CNG利用好，能多运出去一点是一点，增加它的利用率。

第七，要把国家已经有的煤层气政策充分利用好。

需要有关部门的配合，你们可以打报告，我也可以给你们作批示，但是主要还是靠你们自己。我们今年已经有一点商业气了，这点商业气怎么拿到补贴，还需要哪些要件，你们想想将来怎么做工作，争取把补贴的渠道在今年能够打通，拿到第一批煤层气有关的补贴，有关的这些优惠政策都能够享受到。这样的话明年后年当煤层气大幅度上升的时候，我们通过政策使这个项目能够增加效益。

第八，关于华东分公司的其他工作。

一是关于织金，继续做好试验和评价工作，可以在明后年做些适当投入，是不是具备建产的条件你们还要继续做工作。因为现在毕竟井数还少，地面条件又复杂，要真正在那边建产，估计比现在延川南难度要大。要研究钻井方面、地面工程方面、钻前方面等很多方面的问题，要不然怎么实现商业开发？建产不只是研究地质问题，而是一个系统的研究，系统的决定。

二是新登记区块的问题，请油田部帮助华东把这几个区块赶快拿下，拿下以后工作的领域就增加了。矿权回收问题你们可以写一个简报，我想主体是由油田部与法律事务部，油田部牵头，法律事务部参加，成立一个工作组，还是要去做工作，这一块不能放弃。

三是跟山西省煤炭企业合作的问题，与国化这边继续协助做工作，继续往前推进，建议要搞规模化，小打小闹没有意思。

四是页岩气方面，今天提到了川东南钻井，这方面的评价进展较慢，重点在于浅层地区，要以埋深作为一个主要的指标。我担心的是南页1井钻成是没有问题的，但压裂实施难度较大。彭水区块探讨低成本做法，降低成本，单井产量2万立方米，成本要控制在3 500万—4 000万元，进一步开展降本，焦石坝地区在压裂方面降本有经验，强调国产化、自产化的做法才能有生命力。长深1井的钻探问题接下来组织专家进一步讨论，按程序进行。

五、对国化公司下一步工作要求

对天然气分公司与山西国际能源共同投资成立的山西国化公司继续提供支持，原则上山西煤层气都需通过国化进行销售，要看好国化的发展前景。第一，山西省提出“气化山西”，是企业发展的契机，能够推动企业发展，能够进入长时期快速发展的机遇期。要加大基础设施建设的力度，覆盖山西主干管网，依据省天然气发展规划，部署规划好企业的管网建设。类似的其他省的中国石化公司发展都较好，资产盈利增加，资产价值也在不断上升。第二，加大合作力度，做好管网，扩大气量就会不断增加盈利。第三，增加高端用户，大工业用户。第四，山西省 LNG 加气业务会有一个很好的发展，有潜力。第五，管道建设，明年六月份作为业务节点。第六，CNG 价格与华东分公司签订，按未进管道之前定价 1.70元/立方米签署，至明年进入管网后再签署。上下游要合理分配利润，才能实现长期稳定的盈利。

适当时机到山西省进行沟通，进一步协调中国石化与地方的关系。

工作报告

全面推进三大战役　加速建设四个基地
为开创华东发展新局面而努力奋斗

——华东石油局　华东分公司　华东工程公司四届四次职代会暨 2013 年工作会议报告

（2013 年 3 月 6 日）

方志雄

各位代表、同志们：

根据大会安排，我代表华东石油局、华东分公司、华东工程公司作工作报告，请予审议。

一、2012 年工作回顾

2012 年是华东石油局、华东分公司、华东工程公司历史上极具挑战的一年，也是硕果累累的一年。广大员工同心同德，攻坚克难，团结奋斗，扎实工作，取得了一系列重大突破和骄人业绩，用责任和担当彰显了华东人坚定不移的追求，用实践和汗水展现了华东人顽强拼搏的精神，用成果和业绩展示了华东人勇于奉献的品格。

全年累计实现收入 45.19 亿元，同比增长 9.87%。其中，华东局实现收入 28.98 亿元，同比增长 2.73%，实现利润 4 109 万元，完成预算指标的 228%；石油工程板块实现收入 26.54 亿元，同比增长 10.72%；分公司实现收入 16.21 亿元，同比增长 25.46%，亏损 5.34 亿元，较考核指标减亏 277 万元；单位油气完全成本比考核指标下降了 284 元/吨。企业管理、党的建设和队伍建设等方面的工作进一步得到加强和提升。

一年来，我们主要开展了以下八项工作。

——攻坚克难，大胆实践，页岩气勘探取得战略突破。以思路创新为前提，选区评价为基础，技术配套为保障，积极开展页岩气选区评价，攻坚克难，砥砺奋进，取得彭页 HF－1 井首获日稳产页岩气 2 万立方米以上的新成果，实现了页岩气从选区评价向勘探突破的转变。随后，我们按照傅成玉董事长关于“集中优势兵力打歼灭战”的指示精神，以彭页 HF－1 井所属桑柘坪向斜为重点，加强勘探评价，探索提高产量、降低工程造价的技术和方法，相继部署了彭页 2HF、3HF 和 4HF 井，与原彭页 HF－1 井形成页岩气控制面积 22 平方千米，目前 3 口井均已完钻并见到良好气测显示。其中，彭页 3HF 井顺利完成

22段压裂施工，创造了国内页岩气水平井压裂段数最多、压裂规模最大、单段注液量和加砂量最大、施工排量最大等5项新纪录。川东南彭水地区海相页岩气勘探获石化股份公司"油气勘探重大突破二等奖"和中国地质学会"十大地质科技进展成果奖"。贵州龙里、凯里及安徽宣城3个区块页岩气对外合作勘探有序推进。

——系统研究，探索规律，煤层气排采试验达到预期效果。按照"稳妥推进煤层气排采试验"的要求，科学部署，系统优化，形成了"面积排采、整体降压"、"连续、稳定、缓慢、长期"的煤层气开发技术和方法。现已建成延川南煤层气试验井组3个，已有48%的气井单井日产气达到或超过设计产量，实现了"由单井排采突破向面积排采突破"质的飞跃。落实延川南煤层气探明地质储量207.8亿立方米，煤层气建产形势逐渐明朗，开发方案逐步完善。延川南煤层气勘探获股份公司"储量发现成果三等奖"和中国地质学会"十大地质找矿成果奖"。织金、和顺区块煤层气勘探也取得新的进展。新疆煤炭勘查项目、矿权管理稳步推进。

——自加压力，多做贡献，苏北油田储量产量创历史新高。围绕产量再上新台阶的目标，坚持甩开勘探与重点评价相结合，实现了从单一圈闭评价向区带整体评价转变；从构造圈闭评价向构造岩性复合圈闭评价转变；从常规评价手段向常规、非常规评价手段并用转变。全年提交探明石油储量1 021万吨，完成计划170%；控制石油储量1 348万吨，完成计划197%；预测石油储量1 379万吨，完成计划172%。发现4 000万吨储量规模的海安凹陷曲塘岩性油藏，SEC储量替代率375.3%。苏北盆地海安凹陷油气勘探获石化股份公司"重大突破二等奖"，苏北盆地溱潼—海安凹陷油气勘探获石化股份公司"储量成果三等奖"。

深入推进老区精细开发与稳产增产重点工程，全力打好新区与致密油藏建产进攻战，加强水平井分段压裂、提高采收率等关键技术的攻关与推广运用。产能达标率96.1%，超计划3.1个百分点。自然递减率同比下降0.8个百分点，综合递减率同比下降1.3个百分点，综合含水同比下降4.4个百分点。2012年生产原油23.5万吨，超产2.5万吨，同比增产5.5万吨，增长30.6%，为石化股份公司油田板块原油产量任务的全面完成做出了积极贡献。

——科技教育，有机融合，员工队伍素质整体提升。科技与人才是企业发展的关键要素。一年来，我们注重科研的前瞻性研究和生产性研究相结合，承担了国家和省部级科研项目14项，局级科研项目32项。获石化集团公司科技进步三等奖1项，局科技进步一等奖6项，二等奖13项，三等奖24项。取得国家发明专利授权1个，实用新型专利授权12个。煤层气U型、V型水平连通井钻完井技术达到国内领先水平，自行研制的适用6英寸井眼煤层气专用绳索取芯工具获国家专利。形成了国内先进水平的煤层气井压裂工艺技术，创立了煤层气藏开发技术和配套工艺。页岩气水平井地质导向、油基钻井液、固井水泥浆和分段压裂等国产化技术处于国内先进水平。

在突出科技创新的同时，十分注重队伍素质建设。坚持引进与挖潜、培养与培训相结合，以岗位建设为核心，畅通人才成长通道；以能力培养为重点，积极开展技能培训。三支人才队伍岗位序列全面建成。组队参加石化集团公司钻井工、采油工等技能竞赛，取得2枚金牌、2枚银牌、1枚铜牌的好成绩。华东分公司采油厂首次获得石化股份公司"红旗采油厂"称号，并被评为石化集团公司五大会战上产先进采油厂；华东工程公司50516HD、20521HD钻井队和华东分公司非常规指挥部排采二队荣获石化集团公司五大会战先锋队的称号。

——统筹运行，系统思考，企业改革重组全面推进。按照"边组建、边工作、边部署、边谋划，先做成、再做好"的工作思路，完成了华东工程公司机构设置、人员划转、资产分割、工商注册登记，做到了安安静静做规划，扎扎实实抓重组，无声无息搞改革。吉林项目部整体移师非常规指挥部工作平稳有序完成。按照项目化管理、一体化运行、市场化运作原则，成立了"渝黔页岩气会战指挥部”，不断提升现场决策及时性，管理运行有效性，权责利对等性。完成机关职能部门科级建制、定编设岗与职位聘任。适时调整石油工程技术研究院体制。二氧化碳综合治理取得阶段性成果。

——夯实基础，保障安全，内部管理水平有效提升。坚持领导带班责任制和“七想七不干”制度，加强薄弱环节监管，狠抓隐患排查治理，强制度、查隐患、堵漏洞、促整改，安全环保生产平稳运行，局、分公司荣获石化集团公司环保先进集体称号。局万元产值综合能耗 0.425 吨标煤，分公司万元产值综合能耗 0.37 吨标煤，控制在总部要求的范围之内。按照“经营一元钱，节约一分钱”的要求，注重预算编制与实际运行、预算执行与差异分析、预算控制与经营考核的有机结合。组织开展煤层气工程费用研究，适时调整工程造价标准，完善单井单台设备“点项管理”模式。加强用工总量和人工成本管控力度，规范会议、评审、验收活动，办公费、会议费、招待费、差旅费等费用得到有效控制。全年实现降本减费 5 152 万元，为年度指标 132%。紧抓规划部署、方案论证、设计施工等关键环节，有效提高投资项目运行质量和运行效率。完善内控业务流程体系，规范招投标业务管理，推进 ERP 等信息系统的深化应用，强化经济责任制审计，开展专项效能监察等工作，不断提升了企业监督管理的能力和水平。

——以人为本，构建和谐，改善民生的重点工作逐步落实。在加快发展的同时，努力将成果惠及到每一位员工。实施员工基本薪酬调档升级，争取总部业绩奖励，使员工收入和福利水平得到新的提高。在岗职工工资水平人均较上年增长 10.44%，劳务工劳务费水平人均较上年增长 14.22%。实施了员工带薪休假制度，提高了离退休人员节日慰问金，妥善解决好非在职群体的利益诉求。按照老有所养、老有所医、老有所乐、老有所为的要求，认真落实离退休人员活动费、书报费、年度体检、补充医疗保险等费用和制度，举办了离退休人员象棋、扑克比赛，开展了“重阳节·敬老月”系列活动。建成了采油厂草舍倒班公寓、六物江宁生产研究综合基地，完善了工程院、扬州办事处的生活设施，离退休人员活动场所和试采五里桥等社区的环境进一步得到改善。

广泛听取员工的意见和呼声，通过召开调研员座谈会等形式，切实践行问政于民、问需于民、问计于民。工会坚持面对面、心贴心、实打实，着力为员工办实事。共青团以“扩大组织覆盖、增强组织活力、提高团员素质”为目标，发挥了青年突击队作用。面对矛盾高发期、问题集聚期、诉求集中期的维稳新情况，积极主动、全力而为，着力解决职工群众关心期盼的热点、难点。完善了经济责任制考核办法，以及职工退休补充细则、员工技能鉴定等工作。坚持第一责任与分区包干相结合、向上反映与深入下访相结合，把握大局，群策群力，保持了企业和谐稳定。

——服务中心，突出重点，党建思想文化工作取得新业绩。以学习贯彻落实党的十八大精神为主线，深入开展“创先争优”“一转双创”“基层组织建设年”活动。围绕建设“担当、开放、执行、廉洁”的文化理念，统筹兼顾，突出重点，着力继承、发展与创新。全年中心组集体学习 24 次，其中专题讲座 9 场次，进一步引导党员干部从“要我学”向“我要学”转变。调整处级干部 30 人次，新提处级干部 7 人，逐步改善了选人用人机制。按照“关注热点、聚焦一线、内聚人心、外树形象”的要求，努力办好《华东石油》报、手机报和电视新闻，被《中国石化报》采用的新闻报道数量显著增加，实现了对内报道有深度，对外报道有广度，重点宣传有力度的目标。深入开展反腐倡廉教育和制度建设，坚持举一反三，加强重点领域、重点人员教育，加强廉洁风险防控，加强重点工程和热点项目的效能监察，开展与地方检察机关共建活动。出台了《党政领导议事规则》《三重一大决策制度实施办法》和《招投标业务实施办法》，进一步规范了集体决策的运行机制。

一年来，面对常规和非常规油气勘探开发的双重挑战、内部和外部市场的双重压力、规模和速度的双重考验、质量和效益的双重要求、改革和稳定的双重责任，我们不仅有效应对了“增”的压力，夯实了“稳”的基础，而且发展了“好”的导向，强化了“进”的态势，即：实现了原油产量较大幅度的“增”长，煤层气排采试验的平“稳”推进，页岩气勘探突破持续向“好”发展，经济效益、经营管理、队伍素质和党的建设不断改“进”的目标。2012 年，我们收获了开拓创新的成功和喜悦，也经历了前进道路的困惑和艰辛，更留下了对加快发展的认识和思考。回顾 2012 年走过的历程，我们深深体会到：

——战略引领是高效发展的重要前提。围绕石化集团公司党组确立的打造世界一流能源化工公司总目标，华东石油局、华东分公司、华东工程公司制定的“十二五”发展战略和“三大战役”，符合科学发展观，符合华东发展实际，顺应广大员工意愿，有力地促进了思想同心、目标同向、行动同步良好局面的形成，正日益成为广大干部员工的共同认识和自觉行动。共同的理想目标始终是企业发展最宝贵的精神财富，是我们进一步做好工作的力量源泉。

——精神状态是事业成败的关键因素。认准了目标，看准了方向，就要调动一切因素，凝聚一切正能量，义无反顾地走下去，不折不扣地走下去。油气田上下只有树立“等不起”的紧迫感，“慢不得”的危机感，“坐不住”的责任感，只有树立一种干不好工作就寝不安席、食不甘味的负责态度，一股躺着想事、坐着议事、跑着干事的拼搏精神，才有实现目标的希望和可能，才能无愧历史，无愧现实，无愧未来。

——永不满足是加快发展的不懈动力。不管东西南北风，抓住发展不放松，这是企业永恒的话题。对于“华东”而言，就是要提高产量，降低成本，提高效益，就是要实现页岩气大突破，煤层气快建产，常规油上台阶。只有加快发展，才能做大规模；只有做大规模，才能做强企业；只有做强企业，才能做优企业。只有做强了，做优了，员工才有尊严，个人才有发展，企业才有希望，全体华东人才能享受改革发展的更多成果，才能不断提高生活质量和生活水平。

——制度执行是有效发展的重要举措。制度需要执行，制度的生命在于执行。制度是规范企业管理、提升队伍执行力、实现发展目标的重要保障。一个企业没有好的管理制度不行，有了好的管理制度不执行同样不行。只有加强制度建设，注重制度的简洁性和实用性，突出制度的严肃性和操作性，变制度为规范，变制度为自觉，才能发挥制度应有的作用，才能更好地提升干部员工的执行力、战斗力。

宝剑锋从磨砺出，梅花香自苦寒来。面对不平凡的 2012 年，我们坚定目标不气馁，万众一心不动摇，求真务实同奋斗，奋发有为创佳绩，经受住了各方面的严峻考验，成功地开启了“三大战役”新航程。成绩的取得，得益于石化集团公司党组的正确领导和亲切关怀，得益于全体员工的奋力拼搏和不懈追求，得益于离退休老同志以及父老乡亲的理解支持和鼎力配合。在此，我谨代表局党委、石油局、分公司、工程公司向全体干部员工、离退休老同志及员工家属，致以崇高的敬意和衷心的感谢！

在总结成绩的同时，我们必须清醒地看到，华东石油局、华东分公司、华东工程公司面临的风险和挑战，不平衡、不协调、不可持续的问题依然突出。石化集团公司工作会议报告中提出的“大而不强”问题没有明显改善，“快而不优”矛盾日益凸显。表现在“华东”身上，是既不大，又不快、更谈不上强、谈不上优。油田资源接替形势严峻，持续稳产难度增大，内外市场挑战突出，成本控制要求增加，安全环保基础薄弱，维护稳定压力加大。面对发展中的风险和挑战，我们深感责任重大，任重道远。我们一定要振奋精神，勇于进取，抢抓机遇，做好应对各种挑战的准备。

各位代表、同志们，我们深知，石化集团公司党组对“华东”的发展充满着期盼，华东石油人对企业的未来充满着期盼。期盼我们突破非常规油气，尽快建成规模产能，在页岩气领域与兄弟企业论伯仲比高低建功立业；期盼我们精雕细刻苏北老区，实现原油产量跨越式发展，力争“十二五”末达到 50 万吨生产规模；期盼我们强化管理，提高投资回报率，尽快甩掉亏损帽子，成为中国石化新的经济增长点；期盼我们把握工作重点，抓住矛盾的主要方面，规范制度建设，提高执行力，创建油公司管理模式下的新型企业；期盼我们加强人才队伍建设，控制用工总量，提高科技创新能力，培养一批高素质的技能人才和领军人物；期盼我们不断改善生产和生活条件，提高员工家属收入水平和福利待遇，建设和谐稳定、美丽幸福的新“华东”。这些期盼，就是我们工作的不足，就是我们做好工作的压力和动力。我们一定要为之不懈努力，跳出对传统发展方式和路径的依赖，更加突出发展质量和发展效益，形成全方位的倒逼机制，用责任心、大局观、执行力推动企业的科学有效快速发展。

二、关于当前的形势

直面现状，才能审时度势；系统思考，才能运筹帷幄；科学谋划，才能把握未来。放眼全球经济发展一体化的时代浪潮，我们既要看到世界经济依然错综复杂，充满变数，更要看到全球发展对石油天然气的旺盛需求没有改变，尤其对非常规能源的利用重视程度日益增强。纵观我国经济社会发展的历史进程，既要看到不平衡、不协调、不可持续的问题依然突出，更要看到国家基本面长期向好的势头没有改变。置身石化集团公司发展的战略格局，既要看到石油石化行业改革调整的进程不断加快，更要看到突出发展油气核心业务的根本要求没有改变。中国石化成立30年来，伴随中国经济持续快速发展，规模实力显著增强，排名世界500强第5位，公司发展已经站上了一个新起点、进入了一个新阶段。在这个阶段，石化集团公司面临的最大问题不是规模和速度的问题，而是质量和效益的问题。既要实现“量”的增长，更要注重“质”的提高，是今年石化集团公司工作的总基调。审视“华东”现阶段发展情况，既要看到更加复杂、更具挑战的形势，又要看到更有希望、更有潜力的机遇。

一是石化集团公司领导的关怀，为加快发展增添了动力。石化集团公司傅成玉、王天普、张耀仓、王志刚、曹耀峰、李春光、徐槟、王作然等党组成员先后来油气田调研或亲临施工现场慰问，关心油气田发展的今天，更加关注油气田发展的明天。特别是去年年底，石化集团公司董事长、党组书记傅成玉用了“三个新”对“华东”2012年工作给予了充分肯定：在企业发展、队伍建设、深化改革、党的建设等方面有新起色；在老油田勘探开发、增储上产、煤层气、页岩气等方面有新突破；在技术工艺创新上有新进展。同时要求我们提高产量、降低成本。今年年初，王天普总经理在“华东”春节慰问调研时，再次对我们经历的“一次创业”“二次创业”给予高度评价，要求我们代表中石化尽快实现非常规的快速发展。领导的关怀和期望，是对我们的极大鼓舞和有力鞭策，是企业发展的力量源泉。

二是油田板块增储上产的要求，为加快发展创造了良好的环境。今年全国能源工作会议提出了大力开发页岩气、煤层气等非常规油气资源的明确要求，石化集团公司作出了扎实推进“五大会战”，努力开创可持续发展新局面的新部署。特别是在石化集团公司工作会议的生产经营报告中两次提到“华东”等单位，要求加大页岩气突破、推进延川南煤层气产能评价试验，力争取得新的更大的突破，实现原油产量、经济可采储量的较快增长。刚刚结束的油田板块2013年度工作会暨“五大会战”表彰会上，更加明确要求我们在“十二五”末实现原油年产40万吨的基础上，力争50万吨的新目标，有序推进煤层气产能建设，加大四川盆地及周缘海陆相页岩气整体评价力度。这些部署和要求对华东来说，既是沉甸甸的压力和责任，更是难得的机遇和潜力。

三是战略思路的不断丰富，为加快发展明晰了方向。自2008年石化集团公司明确“华东”以非常规油气勘探开发为主营业务的发展定位以来，我们以科学发展观为指导，坚定不移地突出非常规油气业务，按照党组“建设世界一流能源化工公司”的总体规划，结合企业发展定位，在学习中实践，在实践中创新，确立了“突破非常规气建产能、振兴苏北油田上台阶、做特石油工程增效益、着力以人为本构和谐，为建成百万吨级油气田而努力奋斗”的发展战略，制定了“十二五”发展规划，细化了实施2012年及今后一段时期打好页岩气勘探突破战、煤层气增储建产大会战、苏北增储上产进攻战“三大战役”的具体措施。今年我们又提出了建设“海相页岩气生产基地、煤层气生产基地、二氧化碳驱油示范基地、下扬子海相油气生产基地"的新任务。几年来的实践证明,这一发展战略符合科学发展观本质要求,符合企业实际和员工加快发展的迫切愿望。通过不断深化思想认识和有序推进各方面工作,我们就能走出一条具有自身特点的新路,把战略构想一步步变成现实。

四是阶段性成果的取得,为加快发展提供了坚实的基础。经过几年努力,我们已经拥有各类矿权 63 个,面积 16.9 万平方千米。非常规油气资源量 10.9 万亿立方米,常规油气资源量 21.8 亿吨油当量。"十二五"前两年取得了较好的阶段性成果:其一,苏北原油产量从 13 万吨增长至 23.5 万吨,两年新增探明储量 1 631 万吨,完成"十二五"规划 54%。尚有 1 883 万吨探明储量仍未动用,5 400 万吨控制和预测储量可以升级,加上每年新增上千万吨探明储量,为后三年每年上产 5 万—10 万吨产量,2015 年达到年产 50 万吨产量目标提供了资源基础。其二,延川南煤层气现已探明储量 207.8 亿立方米,2015 年建成 3 亿—5 亿立方米煤层气的生产能力是有把握的,有望建成中石化第一个煤层气田。其三,页岩气在彭页 HF-1 井取得战略突破基础上,今年启动开发概念设计和南川区块南页 1 井的钻探,力争下半年开展页岩气先导井组试验,2014 年开展产能建设,2015 年建成 2 亿—4 亿立方米页岩气生产能力也是可能的。经过两年来的实践和对发展潜力的预判,"华东"已具备了加快发展、规模发展的基本条件,我们坚信,经过油气田上下共同努力,"十二五"末,建成百万吨油气田目标是能够实现的。

作为承前启后、继往开来的当局人,我们清楚地认识到,尽管"华东"有着 50 多年的发展史,在一次创业、二次创业的征程中,为中国石油工业发展做出了努力和贡献,但已成为过去,成为榜样。面对总部领导对"华东"发展的殷切希望和对页岩气产能建设的迫切要求,面对兄弟油田开拓非常规油气领域的发展态势,如果在今后一、两年的时间内非常规油气仍然没有实现更大的建树,我们必将痛失这一难得的发展机遇。所以,我们一定要认识再统一,力量再集中,行动再协调,步调再一致,努力实现非常规决战之年的决定性胜利,常规油气上台阶之年的跨越性胜利。

三、2013 年主要目标任务和重点工作

今年是实施"十二五"规划承前启后的关键一年。按照石化集团公司要求,结合企业实际,2013 年工作的总体要求是:全面学习贯彻党的十八大精神,紧紧围绕提高产量、降低成本"两大任务",更加突出质量和效益,更加突出安全和环保,优化结构调整,创新体制机制,加快科技进步,强化基层党组织建设和职工队伍建设,全面推进"三大战役",加速建设海相页岩气生产基地、煤层气生产基地、二氧化碳驱油示范生产基地、下扬子海相油气生产基地等"四个生产基地",为开创华东发展新局面而努力奋斗。

2013 年主要任务指标是:

1. 油气储量(SEC 标准):新增控制储量 500 万吨;预测储量 600 万吨。努力实现探明、控制和预测储量各 1 000 万吨的奋斗目标。

2. 油气产量:生产原油 30 万吨,煤层气5 000 万立方米,商品气 2 500 万立方米。

3. 经营指标:全年实现营业收入 45.3 亿元,利润-1.61 亿元。挖潜增效 2 300 万元。

(1) 华东分公司在油价每桶 105 美元的情况下,实现营业收入 17.5 亿元,利润-2.6 亿元(其中:苏北老区实现扭亏为盈,盈利 1 000 万元),油气单位完全成本控制在 4 678 元/吨以内,降本减费 1 000 万元。

(2) 华东工程公司实现营业收入 15 亿元,实现利润 5 400 万元,挖潜增效 900 万元。

(3) 物探华东分公司实现营业收入 8 亿元,利润 3 500 万元。

(4) 华东石油局(矿区)营业收入 4.8 亿元,实现利润 1 000 万元,挖潜增效 400 万元。

4. 安全稳定:杜绝井喷失控事故、杜绝人身死亡事故、杜绝重大火灾、爆炸事故、杜绝重大环境污染及环境破坏事故、杜绝职工新发职业病。保持企业和谐稳定。

5. 节能减排:完成总部下达的考核指标。

围绕上述目标任务，我们将重点抓好以下 9 个方面工作：

（一）扩大成果，加速推进页岩气生产基地建设。

为全面贯彻落实非常规资源发展战略，我们要按照“扩大页岩气勘探成果定阵地”的思路，坚决贯彻傅成玉董事长关于“伤其九指，不如断其一指，集中力量打歼灭战”指示精神，紧紧围绕提高产量、降低成本“两大任务”，分清层次，突出重点，着力提高效率和效益。

一是开展南川区块南页 1 井的钻探工作和彭水区块桑柘坪向斜页岩气开发井组试验，获取关键参数，为产能建设做准备。要加强勘探与开发、地质与工程的配合，优化设计方案，开展工程技术攻关，严格控制流程节点，努力提高产量，降低工程造价。计划部署 2 个水平井组，每个井组在原有水平井的基础上，新钻 2 口水平井，形成由 3 口水平井组成的小井组。共新钻 4 口水平井，进尺 1.44 万米。力争落实页岩气控制储量 100 亿立方米、单井日稳产页岩气 5 万立方米以上、单井工程投资控制在 6 000 万元左右的目标。二是进一步深化川东南地区盆地型、盆缘型龙马溪组页岩气富集高产控制因素研究，积极评价南川、道真、仁怀、黄平等有利目标，部署二维地震 300 千米，探井 4 口，进尺 1.24 万米，力争获得新突破新发现。三是要加强非常规与常规油气勘探的结合，综合利用常规油气勘探投资，积极开展下扬子、湘中、凯里等地区中浅层非常规油气的勘探评价。四是继续加大油气区块以及空白区块的常规油气和非常规油气资源评价力度，积极进行新区块的申请登记，努力增强发展后劲。

（二）科学论证，加快启动延川南煤层气产能建设工程。

按照“稳步推进煤层气产建创效益”指导思想，加大延川南区块勘探开发力度，建设煤层气产能示范基地；加快织金、和顺及合作区块的产能评价，落实产能，扩大基础，着力打造中国石化首个煤层气生产基地。

全年计划新钻开发井 200 口，进尺 28 万米，新建煤层气产能 2.14 亿立方米，当年生产煤层气 0.5 亿立方米，其中商品气 0.25 亿立方米。2014 年计划新钻开发井 654 口，进尺 78.8 万米，新建煤层气产能 3.6 亿立方米，当年生产煤层气 1.18 亿立方米。两年合计建产能 5.74 亿立方米，2015 年力争年产气 3.5 亿立方米以上。同时加强煤层气评价勘探，部署二维地震 365 千米，钻井 9 口，进尺 1.32 万米，提交煤层气预测储量 100 亿立方米。

为此，一要加强构造精细解释和气藏描述，深化合理井网井距研究、产能综合评价，着力提高单井产量。二要推广井工厂和轨道钻井工艺，优化钻完井及压裂工艺设计和煤层气开发各个环节的降本，加强钻井跟踪反馈，做到井井之间无缝衔接。三要系统总结各区块排采规律，确保连续、稳定、缓慢、长期排采，为煤层气整体开发提供技术参数。四要坚持地质与工程一体化，技术与经济一体化，按照 4 月底之前完成开发方案上报油田事业部审查的时间节点，倒排工作计划，力争 6 月份启动产建工作。五要继续探索低阶煤等区块资源潜力，寻找新目标。完成延川南区块煤层气探明储量的备案工作，做好区块的延续和矿权维护工作。六要做好大庆沟煤炭勘查区的精查（勘探）设计和施工管理。

（三）精雕细刻，着力实现常规油气跨越式发展。

坚持“精雕细刻苏北陆相老区，夯实增储上产基础；加快评价下扬子海相新区，早日实现储量接替”的思路，进一步解放思想，转变思路，坚持甩开勘探与整体评价相结合，常规手段与非常规手段并用，立足发现规模储量、提高经济可采储量替代率和勘探效益，力争在岩性、致密油藏获得新突破，为稳产上产准备好优质资源。要重点加大溱潼东部斜坡带、石港断阶带、海北次凹、黄桥等 4 个具有较大勘探潜力地区的评价，确保新增 1—2 个千万吨级储量目标的实现。

牢固树立“找到的资源皆可动用”的理念，围绕生产原油 30 万吨目标，抓好勘探与开发、地质与工程、油藏与地面、投入与产出的结合，坚持油田动态与静态融合研究，加强地震资料精细处理、滚动解释、储层预测、老井再分析，解放一批老油层，努力把一批"非主力层"变为主力层。坚持及时评价、及时部署、及时实施、及时反馈、及时投产的原则，形成以月保季、以季保年的倒逼机制，进一步提高生产运行质量、速度和效益，确保滚动勘探与油藏评价增储工程、产能建设上产工程、老区治理稳产工程、钻采工艺和地面系统建设降本工程目标的实现，全面完成15万吨产能建设，30万吨原油生产任务，确保各项开发指标持续改善提升。加快二氧化碳驱油示范基地建设，提高二氧化碳驱储量覆盖率和采收率，为2013年原油上产做贡献。同时要高度重视绿色低碳战略发展，利用老油区、老资料开展地热资源的研究和利用。

（四）勇于担当，全面促进"三大板块"协调发展。

改革是发展的动力源泉，是企业的最大"红利"，也是一项艰巨复杂的系统工程。石化集团公司开展的石油工程专业化整合重组、矿区管理体制调整，就是要通过资源整合、资源优化，实现分公司、工程公司和矿区各板块的共同发展。它不仅是体制机制上的变化，也是对广大员工执行能力和正确处理好"分与不分""变与不变"关系能力的考验。

"分与不分"体现做人做事的气度，尤其对于以打造非常规为特色的"华东"这支队伍来说，在规模较小、人数较少、业务较新、任务较重的实际情况下，更应该坚持"体制上分，运行上合；业务上分，思想上合；财务上分，目标上合；职责上分，步调上合"的一体化运行模式。逐步构建分账考核、独立经营、互利共赢的"大华东"体系。"变与不变"体现一个人、一个群体思想认识的高度、执行任务的力度。无论组织结构、资产结构、服务结构、管理结构如何变化，石油工程始终是油田发展的主力军、是实现非常规突破的核心力量和根本保障。油田发展离不开石油工程，油田是石油工程主战场的属性不会改变。虽然石油工程进行了改革重组，但是我们的业务链没有断、"石油结"没有散、生活圈没有变。我们一定要识大体、顾大局，切实做到一家人、一盘棋，一条心、一股劲，真正将重组变成机遇，将机遇变成优势，将优势变成效益。

华东分公司要坚持讲政治、讲大局、讲原则、讲政策，牢固树立"大华东"理念，重点围绕结构调整、深化改革、提升管理的目标，正确处理局部与整体、当前与长远之间的关系。要按照"科学化决策、市场化运行、专业化管理、社会化服务、效益化考核"的总体思路，着力构建油公司模式的运行机制和组织架构。同时要积极支持工程公司实施工作量总包。石油工程公司和物探公司要着力调整完善组织架构，深入研究石油工程重组后的市场机制，加强与油公司的有机结合，建立统一平台、统一结算、统一管理的构架，协调好投资、工作量、成本、效益之间的关系。要以服务勘探开发、跻身国际一流、形成"华东"特色为宗旨，致力于科技创新、体制创新、机制创新，着力完善承包服务、推进管理服务、提升技术服务。把服务油气勘探开发作为第一要务，把加快油气新发现和产能建设作为共同的责任和义务，集中力量开展非常规与常规油气资源勘探开发的核心技术攻关研究，逐步形成支撑页岩气、煤层气、常规油气的特色技术和差异化竞争能力，切实做到保障有力，全面完成8 900万元的利润目标。石油局（矿区板块）要加快发展和优化资源，建立保障性、公益性、经营性组织架构。加快构建离退休管理网络、社区服务组织体系，细化二氧化碳、存量土地、华石公司等经营性业务发展规划，分解落实好1 000万元的利润指标。

（五）强化管理，全面实施安全环保绿色低碳发展战略。

安全环保是以人为本的根本体现，是讲政治负责任的具体要求，是实现企业发展目标的重要保障。我们一定要牢固树立"安全高于一切，生命最为宝贵""安全为了发展，发展必须安全"的价值观，始终把HSE作为"天字号"工程，贯穿于生产经营的全过程、全方位、全天候和全领域，切实做到不安全的进尺一米也不要，不环保的效益一分也不挣。牢固树立安全没有终点只有起点的理念，深入开展素质提升活动，着力推行标准化建设，加大隐患治理力度，以"七想七不干"工作方法为抓手，做到工作重心下移、防控关口前移、管理标准上移。通过查找思想上薄弱点、行动上短缺点、管理上失控点，切实提高管理层“该管、能管、管好”的意识和操作层“该做、能做、做好”的能力，真正做到守土有责、守土负责、守土尽责。牢固树立安全环保“没有最好，只有更好”的理念，突出文化引领，实施目标责任，坚持标本兼治，强化过程管控，抓好健康监护和职业防护，保障员工身心健康。强化井控、交通等重点领域的监管，抓好承包商安全管理，实现安全平稳生产，确保不发生上报事故。加大技术节能和结构节能力度，提高能源利用效率，有效控制能耗总量，削减排污总量，全面完成节能指标。

（六）转变观念，有效提高成本、质量与效益的管理水平。

实现企业持续发展，不仅要有市场意识、投资意识，更要有成本意识、质量意识和效益意识。我们要着力构建以效益最大化为中心的投资决策管理机制，建立以资源资产效率最大化和运行成本最优化为中心的经营管理机制，建立以效益为导向的考核管理机制，全力做到千方百计增产超产、千方百计增收创效、千方百计降本减耗。

一要牢固树立方案优化是效益最大化的理念。要坚持勘探开发和预算方案、生产运行、施工过程、技术指标的全过程管理，深入开展“五项劳动竞赛”和“比学赶帮超”活动。坚持方案优化“三对比”原则（对比不同方案资金投入、对比不同方案技术指标、对比不同方案经济效益），从源头上优化工作部署，优化方案决策。二要牢固树立成本管理是效益最大化的理念。从“经营一元钱，节约一分钱”出发，充分发挥绩效考核的正向引导和约束保障作用，完善“点项管理”成本控制模式，推广“井工厂”生产方式，通过把年度生产指标分解到月、责任到点，跟踪分析井下作业、水电费用、管理费用等重点环节，及时发现问题，解决问题，努力压缩各项非生产性开支。以打造数字化油田为抓手，提升信息化管理水平，减少用工，降低人工成本，以增长油气产量为宗旨，摊薄人工成本，提高整体效益。三要牢固树立提速提效是效益最大化的理念。钻井提速提效是紧密链接勘探开发与石油工程的桥梁，有利于促进工程技术进步和管理提升，也有利于勘探开发“早发现、早上产、早受益”。我们要分专业、分战区，在工程质量、施工效率、成本控制等方面比学赶帮超，着力抓好“技术提速、管理提效、安全提质”工程，力争平均机械钻速、台月效率分别在页岩气井提高10%—15%、煤层气井提高5%—10%，苏北工区提高15%—20%、西北工区提高5%，平均完井周期每口井缩短5%—10%。四要牢固树立质量管理是效益最大化的理念。坚持“质量至上、质量第一”的方针，加大质量监督考核力度和质量体系机制建设，从基础做起，从标准管起，从考核抓起，努力构建管理制度化、制度流程化、流程信息化，全面提升企业质量管理水平。

（七）人才兴企，切实抓好企业员工队伍建设。

企业的竞争归根结底是人才的竞争，企业的实力归根结底靠人才的实力。谁拥有了人才，谁就能把握现在，成就未来。按照石化集团公司“今年用工总量实现零增长，劳务费用不增加”的要求，对于处于发展型的企业来说，是一项难度较大而又必须完成的工作。我们要高度重视，直面应对，正面宣传。逐步建立严把入口，放开出口，增人不增工资（含劳务费），减人不减工资（含劳务费）的激励约束机制。我们要切实贯彻落实王天普总经理关于“非常规最好的人才就在你们‘华东’”的指示精神，立足于盘活、用好内部现有人力资源，调整优化队伍结构，满足生产经营对人力资源的总体需求。要适度引进高层次人才，逐步缓解急需、紧缺关键岗位人才。要坚持培训与培养相结合，完善选才、育才、用才、聚才机制，有效开展“业务大培训、岗位大练兵、技能大比武”活动，整体提高员工素质和技能水平，让优秀人才脱颖而出，让各类人才拥有合适岗位，着力构建起“发展有通道、成长有空间、收入有体现”的运行机制。

（八）以人为本，努力构建民生和谐工程。

关注民生、改善民生是企业永无止境的幸福工程。在政策许可、力所能及的范围内，以亲人的感情、员工的感受，努力做到思想上尊重人、感情上贴近人、工作上依靠人、发展上为了人。着力改善生产生活环境，抓好民生实事难事的有效落实。继续完善“两堂一室”建设，加强社区修缮和离退休人员活动场所的建设与改造，做好特困家庭的定期慰问、子女上学补贴、就业引导支持等。积极营造互信、互动、互学、互补、互进的干群融洽氛围，着力夯实构建和谐企业的基础工程。进一步加强退休政策的宣传和监督检查，确保油气田范围内正常退休、特繁工种退休以及女职工退休政策的一致性和严肃性。进一步完善基本薪酬正常增长机制，努力实现员工收入和福利待遇年度提高5%以上的目标。要做好非常规指挥部、供应处等单位基地建设。积极寻求解决干部调动、新进大学生、引进人才住房问题的政策和途径。加强存量土地规划和经营性管理，努力实现土地的保值增值。要针对不同地区、不同人群，采取灵活多样的方式，组织好文化艺术节，丰富活跃企业精神文化生活。针对不稳定因素、不稳定重点、不稳定环节，突出“事要解决”理念，坚持抓早、抓小、抓苗头，定期开展矛盾纠纷排查化解，理顺各类群体的诉求渠道。通过关注重点群体，关注政策影响，关注心理健康，努力把不稳定情绪、不稳定思想、不稳定苗头，解决在萌芽状态。同志们，我们所做的一切，就是要着力化解矛盾，提升生活质量、发展个人潜能，增加幸福指数，就是要让广大员工在辛勤劳动中扎实工作、创造财富，在加快发展中享受成果、享受生活。我们坚信，只要人人使上一把力，流上一身汗，尽上一份心，我们的愿景一定能够实现！我们的生活一定更加美好！

（九）凝心聚力，整体提升党建思想文化工作能力。

全面推进“三大战役”、加速建设“四个基地”，对于促进“华东”可持续发展，建设幸福“华东”、和谐“华东”的基础地位显得尤其重要。我们要着眼于思想大解放，学习领会党的十八大精神，深刻理解石化集团公司推进世界一流企业建设的新思路、新举措，开展突出发展速度、发展规模、发展质量、发展效益的大讨论，“责任、危机、潜力、措施”大讨论。通过学习镇海炼化，学习李安喜，进一步唱响“直面挑战，奋发有为，扎实工作，争做贡献”的主旋律。着眼于党建大融合，重点围绕党组《指导意见》和《考核办法》，坚持“抓生产从思想入手、抓思想从生产出发”，突出党建工作与生产经营的同步规划、同步部署、同步推进、同步检查、同步考核。不断探索思想政治工作的新途径新方法，努力使党建工作看得见，摸得着，起作用，受欢迎。今年要召开好局党代会。着力构建和谐劳动关系，深化厂务公开，发挥工会维权功能，引导青年立足岗位，脚踏实地建功立业。加强企业文化建设，逐步形成风正、气顺、劲足、家和的文化氛围。着眼于能力大提升，重点围绕干部队伍建设，在突出以“德”用人的导向基础上，坚持看品质、凭实绩、重能力，努力把“敢于正视问题、善于思考问题、勇于解决问题”作为领导干部政治素质、工作能力的基本要求，全面提升干部队伍的执行力和战斗力；重点围绕干部人事制度改革，着力构建干部轮岗交流机制，力争年度交流比例5%—10%。加大年轻干部培养使用力度，新提拔干部中70后要达到50%以上。着眼于作风大转变，重点围绕提升党性修养，发扬艰苦奋斗优良传统，牢固树立过紧日子的思想，严格落实石化集团公司和局、分公司、工程公司领导班子转变工作作风的各项规定，带头遵守制度、维护制度、执行制度。重点围绕要害部位、重点领域、关键岗位，加强廉洁从业教育，推进廉洁风险防控，完善“三重一大”议事规则，深化效能监察和业务公开，充分发挥纪检、监察、法律、审计、财务、内控等部门的监督作用。

同志们，长风破浪会有时，直挂云帆济沧海。让我们用诗人般的感世胸怀，用石油工人顽强拼搏的精神，用改革创新的勇气、勇担责任的锐气和全体员工埋头实干的“人气”，直面繁重的目标任务，破解发展的一切难题，夺取“三大战役”的全面胜利，建成“四个生产基地”，为把中国石化打造成世界一流企业做出我们积极的贡献！

谢谢大家。

开拓创新　奋发图强
谱写华东油气事业新篇章

——华东油气田第五次职工代表大会暨2014年工作会议报告

（2014年2月22日）

方志雄

各位代表，同志们：

根据大会安排，我代表华东油气田作工作报告，请予审议。

第一部分　2013年工作回顾

2013年是华东油气田全面实施"三大战役"、有效推进"四大基地"建设的重要一年，也是体制"三分开"后实施独立考核、分开核算、一体化运行的第一年。一年来，广大干部员工牢牢抓住发展这一主题，始终突出提高油气产量和降低生产成本、提升发展质量和增加经济效益、狠抓安全环保和注重绿色低碳、深化企业改革和强化内部管理等重点工作，形成了非常规大进展、原油大上产的两大亮点以及石油工程提速提效、基础工作逐步加强、教育活动有声有色、队伍建设和谐发展的四大特点。全年，华东油气田累计实现生产经营收入41.8亿元，利润−3.09亿元，全面完成总部考核指标。其中，华东石油局收入4.9亿元，利润1 100万元；石油工程公司收入15.8亿元，利润5 480万元；物探华东分公司收入8.1亿元，利润3 500万元；华东分公司收入13.0亿元，利润−4.1亿元，油气完全成本5 060元/吨。一年来，我们主要开展了以下9项工作。

——勇于担当，首轮煤层气会战业绩十分显著。围绕延川南煤层气5亿立方米产能一期工程建设，以非常规指挥部为代表的"会战大军"，发扬大庆精神，争当会战先锋，经过坚韧不拔地拼搏和奋斗，全年完成钻井进尺46.47万米，完井345口，压裂254口。钻井周期比建产初期缩短20%，钻机台月效率同比提高15%，单井综合投资比会战初期节约40%，比总部下达指标降低2.5%。煤层气勘探获得新发现，提交万宝山构造带黄河以东地区2号煤探明煤层气地质储量102.4亿立方米；贵州织金煤层气勘探已证实该区具备高产地质条件和实施井组开发试验基础，第二个煤层气田初见端倪。

在延川南恶劣的自然环境下，面对复杂的工农关系和繁琐的征地协调手续、加快运行节奏与工作难度加大的压力和挑战，特别是生产成本有效管控与低效益资源有效开发的繁重任务，广大会战将士坚定会战信心，不负众望，按照"快节奏、高效率、低成本、高质量"的会战要求，强势推进产建步伐，提前35天完成延川南煤层气产建首批工作量。对此，石化集团公司党组成员、股份公司高级副总裁王志刚给予了高度评价："我对你们的生产进度、成本控制非常满意。你们用行动和事实，彻底改变了我对华东'工作拖拖拉拉、管理水平不高'的基本印象。特别是职工们在环境非常艰苦、条件极其恶劣的沟壑纵横的山沟里坚守岗位、扎实工作、潜心研究、不畏艰苦，石油工人的那种优良传统和精神风貌，在你们的身上再次得到体现。"这不仅是对会战人员的褒奖与肯定，也是对华东油气田所有干部员工的认可和赞许。

——奋力开拓，页岩气勘探取得重要阶段性成果。为加快页岩气的突破步伐，寻找高压高产页岩气藏，积极向盆地进军，探索构造型、斜坡型页岩气藏，分别部署实施了南页1井和仁页1井。其中，南页1井导眼井发现良好高压页岩气显示，钻获页岩气层135米，有机碳含量大于3%的优质页岩气层29米，优选有利靶区，完成1 103米的水平井段钻探，即将实施压裂施工；仁页1井在钻进过程中发现500米厚层状膏盐层，预示着保存条件好和页岩气富集高产的良好前景。同时积极开展彭水地区增产、降本工艺的技术攻关，优化井身结构、压裂参数和排采工艺，取得了较好效果。彭页 HF-1 井实现以销定产，已销售页岩气 108 万立方米；彭页 3HF 井实现自喷稳产，日产气 1.3 万立方米；彭页 4HF 井清水压裂试验获得成功，日产气已达 1.3 万立方米。残留盆地低压页岩气藏有效勘探开发的技术瓶颈正一个个得以解决。

——超前运行，苏北原油产量再创历史新高。强化浅中深层立体勘探、区带整体评价，突出复合圈闭勘探。帅 5 井试获日产油 18.9 吨，陈 2 井试获日产油 61.4 吨。发现帅垛西和陈庄中浅层高产含油区块。全年新增探明石油地质储量 242 万吨，控制储量 604 万吨，预测储量 1 059 万吨，合计新增三级储量 1 905 万吨，储量替代率达到 169%。"溱潼凹陷西北斜坡勘探"被石化股份公司评为 2013 年度勘探发现奖，"张家垛曲塘区块控制储量"被石化股份公司评为 2013 年度商业发现奖。

坚持开发提前介入、新井加快建产、老井注重稳产、突出技改挖潜、提高运行时效的工作思路，坚持滚动勘探与油藏评价相结合，优化产建方案与抢建抢投相协调，强化老区调整与治理并举，扩大水驱与气驱控制储量，不断提高新井投产效率和老区采收率。年新建原油生产能力首次突破 10 万吨，达到 12.92 万吨，老区标定采收率由 26.5% 上升至 27.0%，综合含水率由 71.2% 下降至 67.1%，自然递减率稳定在 14.7%。原油产量从 2012 年 23.50 万吨跃到 2013 年 30.26 万吨，同比增产 6.76 万吨。这标志着我们不仅取得 28.7% 的较大增幅，而且实现了跨"2"跃"3"的历史性突破，为石化股份公司东部硬稳定做出了应有的努力和贡献。

——服务主业，石油工程实现稳中求进。面对组织结构、资产结构、服务结构、管理结构的新变化，石油工程以"建设世界一流、服务勘探开发"为宗旨，在循序渐进抓改革的同时，集中精力谋发展，初步形成了具有华东特色的运行机制。

华东石油工程公司，一是紧紧抓住苏北工区原油增储上产的契机，通过组建江苏工程项目部，统筹钻井、测井、录井、固井、定向井以及搬迁运输等项工程作业，实现了由单项工程承包型向技术—管理—服务总承包型转变。二是紧紧抓住煤层气会战时机，充分利用自身"小"而"特"的管理优势和技术优势，积极推广轨道式钻井、高效钻头，建立了煤层气"井工厂"钻完井工艺模式，实现了非常规录井、固井工程总承包。三是紧紧抓住外部市场，新疆工区积极推广单弯螺杆加 PDC 复合钻进技术，全年钻井进尺 11.1 万米，首次突破 10 万米大关。同时积极协调"国勘"和"国工"加蓬分公司关系，有效开拓海外市场。积极探索进军地热、页岩气、天然气储气库等外部新兴市场。

物探华东分公司，坚持"精干高效、团结有力、永不服输"的价值取向，牢固树立"做优国内探区、做特非常规、做强海外市场"的发展思路，在优先服务华东油气田非常规勘探核心业务、老油区增储上产和下扬子攻关项目的基础上，全力巩固、跟踪、拓展西北、东北、华北、南方、玻利维亚等外部市场，取得了较好的经济效益，保持了"六物"的品牌和地位。

——依靠科技，技术创新取得新进步。加大科研与生产的结合，开展基础性重大战略课题研究和生产技术瓶颈攻关。2013 年承担国家和石化集团公司级科研项目 11 项，其中"草舍油田 Et 油藏二氧化碳提高采收率先导试验"项目获中石化科技进步二等奖。国家重大科技专项——"煤层气地球物理勘探关键技术研究项目"按计划运行。"下扬子中古生界地球物理技术项目"入选"中石化能源化工创新计划"首批候选项目。完成了《煤层气测井资料处理解释规范》行业标准。全年授权专利 17 项，其中发明专利 1 项。评选局级科研项目一等奖 6 项、二等奖 13 项。2013 年设立局级综合性科研项目 9 项。同时强化产品质量监督和计量标准保障体系建设，采购物资质量抽检合格率由 2012 年的 69.8% 提高到 2013 年的 95.1%，初步形成以外输原油、天然气交接计量为主体的计量体系。

——深化改革，体制机制不断完善。去年是华东油气田体制大调整的一年，华东石油工程公司、华东石油局社区管理中心、地球物理华东分公司和地球物理装备管理中心相继成立运行。一是按照“业务集中办公、职责明确清晰、岗位交叉兼任”的思路，坚持“分账不分家、分立不分心”的理念，构建了统一的指挥、协调、沟通运行机制，有效推进华东石油工程、物探华东分公司的分立运行。二是先后对机关部门、直属机构的设置及职能进行了调整，完成了社区管理中心和华石公司的职能定位以及威诺公司股权的调整转换。三是深化企业劳动用工制度改革，坚持严把入口，放开出口，内部调剂为主，外部引进为辅的原则，进一步优化队伍结构。通过提高员工技能和内部挖潜，推进员工食堂、部分用车、部分井下作业等业务外包，全年内部调整72人次充实到非常规指挥部等新业务单位，基本满足了岗位对人才的需求，用工总量首次实现负增长。去年还调整提高了劳务工的薪酬待遇。

——强化预防，安全环保平稳推进。按照更加突出安全和环保的要求，深入开展安全管理提升、安全生产月、应急演练周活动，着力推进安全生产标准化建设。强化现场直接作业环节监管，加大煤层气、页岩气环境保护和废物治理力度。引入境外公共安全培训机制，提高涉外人员综合素质。深刻吸取“11·22”爆炸事故教训，全面贯彻落实“全覆盖、零容忍、严执法、重实效”的要求，有效采取“四不两直”检查方式，查找管道风险，完善基础台账，修订应急预案，强化带班制度，加强承包商管理，抓好井控安全与管网安全。首次荣获“集团公司安全生产先进单位”称号。

——从严管控，基础管理进一步夯实。一是加强项目前期经济评价、全过程跟踪项目执行情况、动态反馈项目实施效果、及时调整项目方案，全面完成投资、工程量、原油产量、商品量、收入、利润、成本等主要计划指标。二是全面开展制度梳理，编制修订了《绩效考核实施细则》《勘探开发工程技术服务市场准入管理细则》《资金管理办法》和会议管理、差旅标准、业务接待、用车规定、应急预案、干部带班等制度。实现新OA系统与制度管理信息系统的对接。三是全面提升内控系统、ERP系统、合同管理系统的信息化应用水平。初步建立了“以风险审计为导向”的审计理念和“以严格审计整改为核心要求”的审计监督模式。四是注重发挥后勤服务的支撑保障功能，物资供应、员工培训、离退休服务、社区建设取得新成绩。积极争取矿区经营性项目投资，着力改善老旧小区基础条件。加大“两堂一室”改造力度，增添了职业健康监护软硬件设备，完成了扬州办事处老年门球场的修建，启动了浦口单身员工公寓改造工程等项目。

——围绕中心，党建和思想政治工作全面提升。紧紧围绕改革发展这一主题，认真贯彻落实石化集团公司党建工作“两个文件”的要求，继续推进“四大工程”，全面加强党的建设和思想政治工作。

一年来，深入开展党的群众路线教育实践活动。通过“开门学习反省、出门听取意见、进门解决问题”的方法，重点查找整改形式主义、官僚主义、享乐主义、奢靡之风等方面存在的突出问题。通过健全组织、强化督导、反复查找、认真剖析、开展批评与自我批评、边整边改、立行立改，达到了进一步端正党风、密切党群干群关系、提高自身修养、增进班子团结、加快企业发展的良好效果。同时积极主动地与地方政府和石化集团公司沟通，协调解决不同群体的利益诉求。关心维护好离退休人员的切身利益和身心健康，企业保持和谐稳定的局面。

一年来，紧紧围绕十八大精神的学习宣贯，举办了3期处级干部和6期科级干部轮训班，480余名干部参加了脱产学习。成功地召开了第三次党代会，明确了今后五年党建工作的总体规划。部署开展了党建宣传工作融入会战现场，“百人百点桥梁工程”融入干部员工，“一转双创双提高活动”融入油气勘探开发等工作，有效推动了党建和思想政治工作。坚持思想引领、主动服务，弘扬主旋律、传播正能量，为发展营造了良好的舆论环境。全年共193篇稿件刊登在《中国石化报》。工会、共青团组织围绕生产经营，充分发挥桥梁纽带作用，成功组织了“第十二届职工文化体育节”和“庆祝中国石化成立30周年”的系列活动。

一年来，有效推进企业反腐倡廉建设工作。组织开展了石化集团公司廉洁自律“四个一”活动，深入基层指导纪检、监察工作，落实措施，创新方法，全面推进廉洁风险防控工作。认真贯彻落实中央“八项规定”和《集团公司党组23条实施细则》，制定出台了华东油气田《领导班子成员改进作风十项规定》和《严格接待五项要求》。全年同比会议费下降33.5%、招待费下降36.6%、差旅费下降12.4%、办公费下降5.5%。

2013年，我们用创业创新的实践成果彰显了华东人讲大局、讲奉献的优良品德和崇高境界；展示了华东人能办事、办成事的工作态度和能力水平。在生产经营取得显著业绩的同时，涌现出一大批模范集体和先进人物。采油厂荣获江苏省“文明单位标兵”；地球物理华东分公司第三次获得“集团公司先进单位”称号，同时被授予“2013年度集约化管理先进单位”；研究院工会被评为江苏省“模范职工之家”；局团委荣获“江苏省共青团工作2012—2013年度先进单位”；王彦祺、邢华纪获得石化集团公司“劳动模范”称号；黄革获得国家五大能源集团“加油中国·传承铁人”优秀人物称号；邵小平、顾锦才获江苏省“五一”劳动奖章。

回顾一年来的改革发展实践，我们深刻地认识到：

一是坚定不移地实施页岩气大突破战略，是做强做优企业的必然选择。近年来，原油上升幅度虽然较大，但规模基数较小，资源空间受限；煤层气进入会战阶段，但属于缓慢低效工程，一时难以形成效益。只有坚定不移地紧盯页岩气，实现勘探大突破，早日进入商业开发，才能适时跟上石化集团公司页岩气快速发展的步伐，才能根本扭转华东油气田亏损的局面。所以我们要牢固树立常规油“安居工程”、煤层气“规模工程”、页岩气“效益工程”的理念，坚定页岩气大突破不懈怠、不折腾，突出页岩气大突破不松劲、不气馁。

二是坚定不移地提升执行力，是确保实现企业发展目标的根本保障。一分部署，九分落实。再好的规划、再好的方案，没有强有力的执行，等于一句空话。“十二五”末建成百万吨油气田目标，实现华东几代人的梦想，离不开40万吨原油目标的实现，离不开5亿立方米煤层气的产能建设，离不开页岩气的迅速建产，更离不开广大干部员工脚踏实地、扎实工作以及将口号变成计划、将计划变成方案、将方案变成行动的有力执行。

三是坚定不移地坚持以人为本，是实现华东大发展的根本出发点和落脚点。只有全体在职与非在职员工共享成果，企业才能凝心聚力；只有全体在职与非在职员工幸福安康，企业才能稳健前行。员工是推动企业发展的决定性力量，是企业的宝贵资源和重要财富，是我们搞好生产经营工作的出发点和落脚点。只有充分认识“企业发展依靠员工、企业发展为了员工”“把员工当作主人、将员工看成亲人”，不断改善员工生产、生活环境，提高员工的生活待遇，才能最大限度地激发员工的创造力和战斗力，才能使群众路线教育实践活动的成果得以巩固。

2013年，在石化集团公司党组的正确领导下，我们紧紧依靠广大干部员工，直面危机与矛盾、直面困难与挑战，斗志昂扬，意气风发，用自信与汗水开辟出华东油气发展的新天地，用业绩与成果展示出华东干部员工的新奉献，并得到了石化集团公司党组的充分肯定。党组成员张耀仓副总经理对华东工作的批示：“2013年华东油气田认真贯彻集团公司党组决策部署，各项事业都取得了新的成就，集中体现为两大亮点和四个特点。成绩来之不易，谨向同志们致敬！我坚信2014年华东油气田的各项事业一定能够务实创新，提质增效，朝着既定目标奋力前进。”

成绩的取得，得益于石化集团公司党组的正确领导、亲切关怀，得益于全体员工的奋力拼搏、不懈追求，得益于离退休老同志以及广大员工家属的关心、理解与支持。在此，我谨代表华东油气田向为企业发展付出辛勤劳动的全体干部员工、离退休老同志以及员工家属，致以崇高的敬意和衷心的感谢！

在总结全年工作的同时，我们清醒地看到，观念、资源、成本、机制的“四大”挑战更加突出；小富即安、小进即满、小农经济的“三小”思想依然存在；管理效率、组织效率、工作效率、执行效率、系统效率的“五率”提升障碍甚多。安全环保仍然存在许多薄弱环节，隐患治理不力；“未批先建”禁而不止；页岩气勘探尚未实现重大突破，单井投资、日产气量与经济效益不相匹配，距离选区建产还有很长的路要走；煤层气排采周期较长，开发效果尚不完全明朗，单井日产气实现设计水平和 6—8 年的稳产预期目标，还需要我们细心培育、大胆创新、追求极致地持续优化工艺技术；常规油气资源与技术准备不足，持续增产的压力加大，特别是下扬子海相勘探进展缓慢，海安凹陷开发效果不佳；石油工程市场面临工作量减少和竞争更加激烈的挑战，创收增效压力剧增，市场结构亟需调整；“四风”现象远未彻底解决，理论学习不重视、调查研究不深入、工作落实不到位、担当意识不强烈、执行制度和决策不坚决等现象依然不同程度地存在，必须高度重视，切实加以转变。

第二部分　关于对当前形势的分析

在石化集团公司年度工作会议上，傅成玉董事长作了题为《深化改革，转型发展，从严管理，谱写建设世界一流能源化工公司新篇章》的主题报告，体现了改革主旋律，体现了石化集团公司贯彻中央改革精神的政治自觉和行动自觉，体现了提升发展质量和提高发展效益的总体思路，为我们指明了方向，明确了目标。

回顾 2013 年，石化集团公司党组团结带领石化干部员工，全面贯彻落实党的十八大精神，坚持稳中求进、确保效益的总基调，凝心聚力，真抓实干，统筹推进各方面工作，公司发展继续保持稳中有进的良好局面，在世界 500 强企业排名中跃居第四位。年利润增幅位居央企之首。但是 2013 年石化集团公司发生了历史上最惨重的安全事故，受到了历史上最严厉的环保处罚，使公司形象受到严重损害，给广大干部员工精神上、心理上带来极大压力，给全系统广大干部员工敲响了安全环保的警钟。

展望 2014 年，我国深化改革的大幕已经拉开。突出质量效益、全方位深化改革将是石化集团公司当前和未来一个时期的最大政治任务。在建设人民满意的世界一流能源化工公司的总目标下，石化集团公司新一届党组提出的实施“六大”发展战略、构建“六化”发展模式、做实事业部、实施专业化重组，健全协调运转、有效制衡的现代公司法人治理结构，推动建立资本投资公司等一系列改革部署，符合中央精神，体现创新意识。我们一定要以高度的政治敏锐感，以开拓者的勇气和担当，以踏石留印、抓铁有痕的毅力和决心，推动华东油气田体制机制的新突破。

——宏观形势的走向是挑战也是机遇。初步判断，2014 年世界经济延续缓慢复苏态势，全球石油供应增速大于需求增速，可能导致国际油价总体走低。为此，石化集团公司更加突出质量和效益：一是加大投资回报考核，同比压缩投资 700 亿元，华东分公司的勘探开发投资受到明显影响；二是加大用工总量考核，强化业务与服务外包，计划“十二五”压减 15 万用工，这对单位规模较小、正处在扩大生产规模的华东油气田来说，是一个严峻考验；三是加大效益考核，以盈利能力确定各企业的奖励系数，使得一直处在上游末位的华东油气田的员工收入将受到影响；四是石化股份公司对处于上游板块 6 家亏损企业，已经明确了扭亏时间节点，华东分公司全面扭亏为盈的时间节点最晚。但我们也要看到，国家对石油天然气的旺盛需求始终没有改变，尤其对煤层气、页岩气的开发利用更为重视，从财政支持、税费扶持、价格倾斜、政策指导、开发利用等方面，大力发展页岩气、煤层气等非常规油气资源。加快非常规资源勘探开发步伐，既是国家新能源发展战略，也是石化集团公司重要资源发展战略。对于以非常规为主营业务的华东油气田来说，是一个千载难逢的发展契机。

——快速实现页岩气商业发现是挑战也是机遇。石化集团公司《工作报告》中提到，川东南海相页岩气勘探开发取得战略性重大突破，落实了资源基础，具备了规模开发条件。对于石化集团公司来说，是一件振奋人心的大好事，对于华东油气田来说，却是一份沉甸甸的压力。这是因为，我们至今未能实现页岩气的重大突破，离石化集团公司党组的工作要求存在差距。如果今年不能实现页岩气勘探大突破，我们将会失去非常规主力军的地位，危及华东油气田的长期稳定和可持续发展。但我们经过多年奋战，页岩气勘探已经取得重大进展，正处在实现重大突破的前夜之时。同时，石化股份公司副总裁、油田事业部主任焦方正在刚刚结束的油田板块年度工作会议的报告上，已经将页岩气勘探突破工程列入今年实现油气勘探战略性突破的重点工程之一，无疑对于我们加快页岩气的勘探开发，是一个利好消息。而且我们已经拥有了一支配套的专业化队伍，形成了钻、测、录、固、试、压裂以及排采工艺的技术体系。只要我们扑下身子，精心工作，加快节奏，奋力前行，就一定能够取得页岩气的重大突破和重大发现。

——深化企业内部改革是挑战也是机遇。随着改革的不断深入，我们部分法人的生产经营主体、合同签约主体、款项收支主体、资质证书主体不一致，存在极大的经营风险和法律风险，体制机制与改革发展不相适应的矛盾逐步显现；与油公司相匹配的计划管理、生产运行、安全监督、绩效考核等管理体系与机制有待建立。但随着专业化重组和社区三分开的基本完成，油公司模式的建立与完善，各自既独立又相互关联的华东油气田新体制正在形成，改革的活力将进一步得到释放，改革的红利将进一步得到扩展。同时，我们的制度建设、绩效考核等机制正在梳理与加强，法人结构治理方案、计划体制调整措施已经形成建议方案，各项改革举措将有力地推动和支撑着油气生产规模的大幅增长。

无数事实一再告诉我们：机遇与挑战是可以相互转化的。征服挑战就是赢得了机遇；错失机遇就会面临挑战。所以我们一定要科学地、辩证地对待挑战与机遇。2014 年是决定华东命运的决战之年，我们不能等、等不起；我们不能靠、靠不住；我们不能要、要不来。全局上下一定要有时不我待的意识、只争朝夕的态势、奋发有为的精神，直面挑战，赢得挑战。

第三部分　2014 年主要目标任务和重点工作

2014 年工作总体思路是：认真学习贯彻党的十八大、十八届三中全会和石化集团公司工作会议精神，紧紧围绕深化改革、加快发展“一条主线”，深入推进“三大战役”，建设“四个基地”，着力突出安全、管理、效益“三项重点”，力争页岩气实现重大突破、煤层气建产 5 亿立方米、常规油上产 35 万吨、石油工程稳中求进、社区板块优质服务、党建和队伍建设健康发展的“六大任务”（简称“136”工程）。

一、2014 年的主要目标任务

1. 新增石油控制储量 500 万吨，预测储量 600 万吨；

2. 生产原油 35 万吨，新建产能 12.73 万吨，储量替代率 150%以上；

3. 生产煤层气、页岩气 4 000 万立方米，实现煤层气管网外输；

4. 华东分公司实现收入 14.91 亿元，限亏 4.38 亿元，油气完全成本 4 963 元/吨；

5. 华东石油局实现收入 4.04 亿元，利润 500 万元；

6. 华东石油工程公司实现收入 15 亿元，利润 5 000 万元；

7. 物探华东分公司实现收入 5.2 亿元，利润 2 700万元；

8. 完成安全环保、节能减排、维护稳定等目标任务。

二、完成今年目标，重点要抓好 8 项工作

（一）人命关天，责任重大，全面实施安全环保绿色低碳战略。

华东油气田具有跨省越外、工种繁杂、易燃易爆的行业特点，安全环保工作始终是我们的薄弱环节。我们一定要坚守“发展决不能以牺牲人的生命为代价”这条红线，以更高标准、更严厉问责，实现“五个杜绝”目标。

第一，全面落实一岗双责，扎实推进 QHSE 体系建设。严格落实“党政同责、一岗双责、齐抓共管”“谁主管谁负责”“管行业必须管安全、管生产必须管安全”的要求，全面落实党政领导干部、管理干部、技术干部、岗位人员的 HSE 责任。年底前完成 HSE 责任制和管理制度的修订完善，形

成人人共负责任、共担风险、共保安全的良好格局。要加强对安全环保责任事故以及未遂事件、事故隐瞒不报、隐患不明、久拖不治等问题的责任追究。同时按照“好学、易会、可靠、管用”的原则,要进一步修订完善各级应急预案和应急管理体系,做到“一事一案、一点一策”,提高预案的针对性、实用性和可操作性。要严格执行领导干部带班值班制度,加强生产调度值班等工作。细化完善井控、管网等应急处置程序,强化防护措施,确保施工作业万无一失。

第二,切实抓好基础工作,坚决杜绝重特大事故发生。打牢安全环保根基,重心在基层、重点在现场、核心在岗位、关键在执行、要害在问责。一要从基础工作入手,建立好水、电、气管线基础档案,形成数字信息化系统管网。要突出抓好“岗位职责、岗位培训、岗位操作、岗位检查、岗位考核”的“五岗管理法”,加强岗位练兵,持续提升岗位工作人员的责任心和执行力。二要严格按照“全覆盖、零容忍、严执法、重实效”的要求,抓好应急预案演练,抓好隐患治理。健全隐患治理标准体系,做到边建设标准、边建设体系、边治理完善。三要加强基层管理,精心编织一张严密的安全制度网,严格责任落实,严肃责任追究,做到安全工作精耕细作、安全防范精细入微、安全效果精益求精。

(二)着力突破,增储上产,持续打好“三大战役”。

在油田板块年度工作会议上,石化股份公司高级副总裁王志刚指出,华东分公司要持续推进老区上产和煤层气开发,加快实现页岩气商业发现,培育新的创效点,为我们指明了实现盈利目标的重点和举措。我们一定要顶住压力,展示能力,把握机遇,迎接挑战,肩负起华东人的使命和责任,千方百计增加经济可采储量,奠定油气田可持续上产的资源基础;千方百计用最低成本开采地下油气,实现油气经济可采储量资产的最大化效益。

第一,突出抓好页岩气商业发现“一号工程”。页岩气是今年的重中之重,要调整完善渝黔页岩气会战指挥部,做实责权对等的管理实体,形成非常规指挥部下设煤层气会战和页岩气突破两个项目部。以决战决胜的决心把页岩气的商业发现作为今年头等大事抓好抓实,抓出成果,树立旗帜,争取地位。这既是石化集团公司党组对华东的具体要求,也是华东加快自身发展的客观要求。

一要集中火力,主攻志留系高压页岩气藏。当前要重点抓好南页1HF井的压裂施工、仁页1井的优快钻井,力争上半年实现页岩气勘探重大突破,下半年开展开发先导试验,明年实施开发建产。同时,要加快盆缘区地震资料的再处理、再解释,尽快提出4 000米以浅的页岩气井位,这既是迅速扩大战果的需要,也是做好突破后积极有为的第二手准备。二要依靠科技,加强低压页岩气藏的增产降本技术攻关。要积极探索彭水—道真—武隆向斜志留系和仁怀—黔西—黄平区块下寒武统页岩气藏,积极兼探常规天然气。力争3 500米以浅的单井投资控制在3 500万元以内。积极探索组建混合经济实体开展合资、合作开发页岩气的新途径,加快低压浅层页岩气的勘探开发,为中国南方大面积残余盆地页岩气的开发利用做出示范。

第二,优快推进煤层气5亿立方米产建“关键工程”。加强煤层气会战统一管理,加快生产节奏,提高钻井时效,减少停待时间,优化压裂参数,抢建地面系统,确保优质高效快速建产。着力在平台准备、工农协调、提速提效上下功夫,在压裂参数、物料供应、地面建设、方案优化、管理创新上下功夫。力争9月份完成500口井的钻井任务,11月份完成全部压裂投产任务,快速建成第一个煤层气田。同时,加快推进贵州织金煤层气开发先导试验,积极培育第二个煤层气田。

第三,精心组织苏北增储上产“重点工程”。我们必须正确处理产量与效益的关系,更加突出以效益为中心的发展理念,坚持以效益为导向的增产、以产量为保障的效益。

勘探上积极寻找优质规模储量。按照“精雕细琢苏北陆相老区,加快评价下扬子海相新区”的思路,不仅重视油气新发现,更加注重发展质量。坚持甩开勘探与整体评价相结合、常规手段与非常规手段相结合，突出规模商业发现，突出整体经济效益。进一步加强基础研究，突出溱潼北斜坡戴南组高产岩性油藏的预探和下扬子海相致密油气藏的勘探，力争多准备井位、多开钻井位，努力取得较大的油气新发现。

开发上坚持效益优先原则。以经济可采储量为核心，做到不增加效益的产量不要、达不到效益的产建和措施不上、不增加经济可采储量的调整工作量不干。突出抓好陈庄、帅西油藏的评建一体化，抢投抢建一批新井；加快张家垛、曲塘区块和金湖钱王庄区块的油藏评价和钻采工艺攻关，分区开展同步注水和二氧化碳驱开发试验，力争早日投入规模开发；深化台兴、腰滩等油田的综合治理，储家楼、陶思庄等油田的滚动扩边与剩余油挖潜，红庄、广山等油田的细分层系开发调整等工作；积极培育采油工艺技术系列，开展大修、堵水、深部调驱、二氧化碳驱、水质治理等实践。力争自然递减率控制在14.7%以内，综合递减率控制在10.6%以内。落实规模商业开发储量700万吨。

（三）转变理念，开拓市场，整体促进石油工程效益。

华东工程公司要紧紧围绕“内涵发展、规模发展、有效发展”的工作思路，坚持常规与非常规统筹协调、国内市场与国外市场齐头并进，以市场为导向，以效益为核心，以技术促质量，以质量促效率，坚定不移地强化“大华东、新华东”的意识，齐心构建“和谐发展”“共同发展”“全面发展”的新格局，切实发挥“保突破、保上产”的技术支撑作用。

第一，巩固老市场。充分发挥江苏工区工程技术服务统一管理的优势，实现资源优化、流程优化、运行优化，大力开展“双提双增”活动，有效开展技术创新和管理创新，钻井时效提高15%、搬迁安周期缩短2天、油层段的井眼轨迹与固井质量合格率达到98%，提高江苏工区石油工程运行效率。以加快页岩气勘探突破为己任，充分发挥页岩气钻井已有的管理和技术优势，抓好南方工区页岩气重点井施工，紧跟工作难点和重点，开展技术攻关，及时充实现场管理力量，提升非常规工程的服务保障能力。通过快打井、打好井，创新钻井技术指标，站排头、赢市场，减少钻机停待时间，用质量信誉巩固新疆工区以钻井为龙头的工程市场。

第二，拓展新市场。研究市场、发展市场永远是领导班子的主要责任。要进一步增强服务意识、竞争意识、市场意识，依靠高效增值的服务开拓市场。一要紧紧抓住国内页岩气大发展的机遇，充分发挥页岩气钻井中已有的管理和技术优势，合理调配50、70钻机，积极开辟页岩气钻井新市场。二要坚定不移实施走出去战略，抓住与加蓬WAKO区块开发签订日费制良机，加强与壳牌加蓬分公司接洽，做大加蓬项目。通过租赁太阳公司钻机，积极为“国勘”哈国公司服务，扩大海外市场，加快资金回笼。同时要开拓华石公司在加蓬、伊朗项目上的国际贸易、柬埔寨炼厂的基建工程，做好非常规油建保障工程。

第三，谋求物探新发展。面对国内勘探投资减少，物探市场紧缩的严峻形势，物探华东分公司要以“转变思想观念，拓展管理理念，增强发展信念”为主线，攻坚克难谋市场，规范管理增效益。加强市场研究和市场开拓，把服务集团内部市场作为立足生存之本，拓展海外市场作为扩张发展之基，优选国内零星市场作为创收增效之举。以“项目施工最优化、服务监督一体化、企业管理规范化、公司发展和谐化”的集约化管理模式为抓手，把握体制转型的积极因素，克服体制转型的不利影响，坚持“市场发展、特色发展、文化发展”的发展战略，全面开展“管理效益提升年”活动，打赢生存发展转型战。

（四）围绕生产，团结协作，积极发挥科技推动作用。

页岩气大突破、煤层气大建产、常规油大上产，对于华东油气田来说，场场都是硬骨头。我们一定要突出主业，认真做好科技创新的顶层设计和总体谋划，贯彻落实“自主创新，重点跨越，绿色低碳，引领新兴，差异特色，支撑一流”的科技发展战略，集中力量，破解制约油气勘探开发的瓶颈问题。

面对新领域、新技术、新对象，继续加强油气勘探和油气开发、地质评价和工程技术、生产部署和科研攻关的有机结合。进一步发挥好一体化的优势，强化协同创新，实现科技资源的优化利用。要加快突破页岩气（油）、煤层气等非常规能源勘探开发技术，占领技术制高点，把握发展的主动权。围绕常规油气勘探开发，不断提升核心技术水平，加快下扬子地区下古生界天然气勘探进程。要不断提高科技创新能力和创新活力，充分发挥首席专家、局专家的技术引领和把关作用，加强油气资源勘探开发创新成果的总结与提升，努力打造科技创新团队。要加大非常规勘探开发标准的修订，加强知识产权管理。要加大技术监督保障力度，完善质量管理体系，提高体系运行的有效性。

（五）坚定信心，迎难而上，加快推进企业内部改革。

石化集团公司新一轮改革的号角已经吹响，各级领导干部要有真改革的自觉和勇气，在改革触及到自己的“奶酪”时，能做到讲政治、顾大局。

第一，继续开展社区法人结构治理。建立以华东石油技师学院、职业病防治所、社区管理中心为主体的“公益保障性”板块，以液碳公司、华石公司、新源公司为主体的“市场经营性”板块。改革调整不适应、不满足“公益保障性”和“市场经营性”要求的运行机制和管理方式。完成扬州办事处、规划院（扬州）、试采大队的法人注销工作。积极研究华石公司、液碳公司法人性质的变更。

第二，按照市场原则组织生产运行和经营管理，实现以钻井生产为中心的传统工作量管理模式向以部署为龙头、以储量产量目标为中心的价值管理模式转变。在保障安全质量前提下，加大招投标力度，加强承包商管理，对考评排名靠前的队伍优先安排工作量，对排名靠后的队伍少安排或不安排工作量。

第三，按照油田事业部的工作部署，三季度完成油公司建设方案制定，四季度组织实施。华东分公司不再增加大型设备，不再扩张作业、排采队伍，着力培训、培养专业化的采气队伍。在一个采油厂的基础上构建采油厂、采煤层气厂、采页岩气厂三大运行体系，形成华东分公司—采油（气）厂—采油（气）队的三级管理模式。

第四，充分利用二氧化碳资源，推进二氧化碳驱油服务，扩大传统销售市场，提升二氧化碳资源价值。积极推进存量土地、房屋资源的利用，统筹规划泰州红旗农场开发，积极争取珍珠泉培训中心改造，开展宁镇扬泰基地分别建设硬件标准化、服务标准化、管理标准化、收费标准化的单身员工公寓和限价商品房的前期调研工作。

第五，成立油气田信息化领导小组。统筹规划各类信息系统的发展战略研究，完成信息系统的顶层设计，组织建立相应的数据库、应用平台以及监督检查、考核约束机制。

（六）从严治企，规范管理，有效提升生产经营效果。

实现从规模速度型向质量效益型的转变，从工作量为主向投资回报为主的转变，从追求产量最大化向追求效益最大化的转变，是今年加强企业管理的重点工作。

第一，强化投资回报。在集团层面统一优选排队、控减投资总量的形势下，要跟上节奏，主动迎接挑战，建立以效益为核心的投资决策体系和以投资为主体的责任管理体系。要通过新体系的建立，努力盘活存量资产，做优增量资产。要严控投资支出，加强投资项目论证，强化投资回报预算，提高投资回报率，实现高效勘探开发。细化机关部门对投资计划、方案论证、资金预算与经济评价的宏观管理责任和投资计划实施主体的权责对等考核细则，实行投资论证决策责任与实施责任分类考核。

第二，注重过程控制。从地质部署到工程施工，从规划方案到生产运行的各个环节，要做好页岩气与煤层气的优化再优化、降本再降本，实现有效开发。苏北要突出抓好经济可采储量，提高勘探成功率、储量动用率、原油采收率、油气商品率，严格先算后干，控制成本，精打细算，降低新区产建投资额度和老区自然递减率，要加快井位部署与井位运行衔接，加快工农协调与搬迁安准备，加强工程方案优化，减少设备停等时间，实现技术提速向技术—管理—安全提速并举的转变。

第三，突出效益导向。构建更加突出经济效

益的绩效考核实施细则，细化利润贡献率、百万元资产收益率、成本费用降低率、人均劳动生产率的激励约束机制。建立以效益为导向的工资总额增量奖励机制，严格考核兑现，促进员工争做贡献。

第四，严格用工管理。用好增量，盘活存量，严把进口，畅通出口，确保劳动用工零增长。加大业务外包与服务外包、代运行管理、信息化支撑和智能化管理，进一步发挥技师学院职业培训的优势以及社区管理中心扬州站的人力资源潜力，积极探索集技术培训和劳动服务为一体的劳务服务公司的可行性。

第五，严控非生产开支。深入开展“经营一元钱，节约一分钱”的活动，突出效益管理，强化风险防控，落实全员成本目标管理、全员成本费用控制措施。修订完善《全面预算管理办法》《油气生产成本管理办法》等制度，加大材料费、燃料费、电费、运费、井下作业、基建等重点费用和专项工程的项目化管理力度。进一步优化机关费用管控方案。

第六，持续开展制度梳理。组织成立制度建立和风险防控专项工作组，以合法性、合规性、相互衔接、相互制约为前提，全面梳理华东油气田管理制度，做到制度之间经纬分明、运行顺畅，制度内容力求易学、好记、管用、不过时、不模棱两可。大力推进制度体系信息化建设，提升制度执行力。修订完善文件、会议管理办法、职务消费规定、公务接待标准等制度。

（七）以人为本，关注民生，着力构建和谐企业。

坚持把实现好、维护好、发展好广大员工利益作为一切工作的出发点和落脚点。通过强化岗位知识学习和业务技能培训、岗位晋级培训和复合人才交流，进一步提高员工素质；通过优化劳动组织和管理方式、加强内部挖潜和业务外包，进一步满足用工需求；通过员工基本薪酬两年进一档和年底绩效嘉奖、岗位定期考核晋级和交流锻炼培养，进一步激励员工干事创业的氛围，努力做到事业留人、感情留人、待遇留人，让员工工作更安心、生活更幸福、能力更全面、事业更发达。

积极开展老旧小区综合治理，深入推进文明和谐示范小区创建。有计划改善一线员工，特别是边远员工生产生活条件，完善一线员工的倒休、轮休、轮岗等办法，积极探索非常规指挥部等外省工区员工在江苏的住宅公寓问题，帮助新进职工缓解购房、婚姻压力，努力探索一条生产生活两不误、前方后方紧相连的新路子。要切实关心关注离退休人员和其它群体的生活，切实为他们办实事、解难事、做好事。要进一步提高营造和谐企业重要性的认识，以强烈的责任担当意识，做好信访稳定工作。

（八）围绕中心，服务大局，充分突显党建保障作用。

紧紧围绕把国有企业的政治优势转化为核心竞争力这一主题，全面促进党建工作的政治保障作用。

第一，加强理论武装，坚定正确的政治方向。学习宣传贯彻党的十八届三中全会精神，是当前和今后一个时期的首要政治任务。我们要加强组织领导，抓好处级以上领导干部轮训，用全会精神统一思想、凝聚共识，筑牢全方位深化改革的思想基础。要以学习型领导班子建设带动学习型党组织建设，坚持“工作学习化、学习工作化”的理念，提高领导干部自主学习能力、经营管理能力、政治鉴别能力和问题反思能力。

第二，抓好班子建设，提高驾驭全局能力。坚持讲政治、顾大局，讲民主、善决策，一级做给一级看、一级带着一级干的原则，对于战斗力不强、经营业绩不好、群众认可度不高的领导班子，及时进行组织调整。不断将信念坚定、勇于担当、敢抓善管、开拓进取的干部选拔到重要岗位上来，着力优化班子结构，提高班子的整体活力。

第三，密切联系群众，发挥模范带头作用。继续落实好党建工作“两个文件”，进一步加强和改进新形势下基层支部建设，推进党建与生产经营的有机融合，充分发挥支部战斗堡垒作用和党员先锋模范作用，夯实支部基础工作。要进一步贯彻民主集中制、密切联系群众等方面的制度。以更高的标准、更实的举措、更严的纪律，坚持不懈地纠正“四风”，抓好建章立制、作风转变等工作，切实把群众路线教育实践活动成果转化为推动企业科学发展的强大动力。

第四，弘扬文化正能量，振奋队伍员工士气，坚持正面宣传为主，唱响主旋律，传递正能量，提高舆论引导力。贴近实际、贴近生活、贴近群众，宣传生产经营和改革发展新突破、企业文明建设的新成效、构建和谐企业的新举措、各个板块先进典型的新形象。进一步整合优化文化资源，加强新形势下企业文化建设。坚持开门开放办企业，加强网上舆情分析和网络管理。工会、共青团组织要紧密围绕生产经营，富有创造性地开展好群众工作。

第五，坚持标本兼治，推进反腐倡廉建设。严格落实党风廉政建设责任制，加强廉洁从业教育，开展廉洁风险防控，以身边事教育身边人，完善“三重一大”制度建设，深化重点工程效能监察和业务公开。加大纪检信访案件核查力度，保持惩治腐败高压态势。要坚持领导带头，持之以恒地抓好中央廉洁自律的各项规定以及石化集团公司、华东油气田关于业务招待费、差旅费、会议费等规定。抓好安全、环保、质量、稳定、“小金库”等五个领域责任追究的落实。守住道德“底线”，敬畏手中权力，做到自重、自省、自警、自律。

各位代表，同志们，一元复始，万象更新。我们一定要以石化集团公司工作会议精神为指导，以加快页岩气勘探突破、煤层气优快建产、常规油大幅上产为己任，团结带领广大干部员工，进一步深化改革谋发展，强化管理促效益，开拓创新迈大步，奋发图强创大业，为谱写华东油气事业的新篇章而努力奋斗！

谢谢大家！

坚定必胜信念　汇聚一切力量
为开创华东加快发展新局面保驾护航

——在中共华东石油局第三次代表大会上的报告

（2013 年 11 月 9 日）

周　松

各位代表、同志们：

现在，我代表中国共产党华东石油局第二届委员会向大会作报告。

一、过去十年工作的回顾

华东石油局于 2003 年 12 月召开了第二次党代会，至今已有十年。这十年是油气勘探转型发展、体制机制不断调整的十年，是综合实力大幅增长、员工生活水平持续提高的十年，也是党的建设和队伍建设取得丰硕成果的十年。十年来，以邓小平理论和“三个代表”重要思想为指导，以科学发展观为统领，在石化集团公司党组和江苏省委的正确领导下，局党委团结和带领各级党组织及全体干部员工，经受住深化改革、持续重组的严峻考验，经历移交东北区块和转向非常规勘探开发的重大转变，励精图治、共克时艰、砥砺奋进，取得了优异的成绩。

（一）服务大局科学发展，成绩显著、催人奋进。

1. 经济总量稳步增长。局、分公司主营业务产值从 2004 年的 11.4 亿元增长到 2012 年的 45.19 亿元，年均增幅达 17%。“十五”末实现主营业务收入 15 亿元，“十一五”末实现主营业务收入 29.6 亿元，5 年增长了 197%，超额完成了“十五”“十一五”规划的各项经济指标。“十二五”开局继续保持良好的发展态势，2012 年实现收入 45.19 亿元，同比增长 9.87%。2013 年 1—10 月已实现收入 34.16 亿元，完成 2013 年目标任务胜券在握。

2. 勘探开发业绩显著。常规油气捷报频传。东北工区获得重大突破，发现腰英台亿吨级储量规模的油田，建成年产10亿立方米松南气田，获“中国石化油气勘探重大发现奖”。苏北老区持续增储上产，十年新增三级石油地质储量9 205万吨，新建原油产能50万吨，累计生产原油185.8万吨，获“中国石化‘十五’‘十一五’期间突出贡献奖”。开发指标逐年改善，采油厂荣获中石化红旗采油厂称号，特别是近三年原油产量以年约30%的速度递增，为中国石化实现东部硬稳定做出了积极贡献。非常规勘探有序推进。延川南煤层气已经拉开了5亿立方米产能建设的序幕，即将建成中国石化第一个煤层气田。页岩气彭页HF－1井取得日稳产2万立方米的良好局面，实现了从选区评价向勘探突破的转变，获中国石化股份有限公司2012年“油气勘探重大突破二等奖”。南页1井获良好页岩气显示，正准备钻探水平段；仁页1井顺利开钻，长生1井同意钻探，页岩气多点突破，规模优势的局面即将形成。

3. 石油工程发展壮大。一是经济规模不断扩大。由2003年的2.96亿元，增长到2012年的26.41亿元，工程作业板块十年累计实现生产经营总收入134.4亿元。二是队伍规模不断扩大。十年来，工程作业队伍由42支发展到130支。截至2012年年底，拥有石化集团公司甲、乙级资质的施工队伍有64支，其中获金、银牌队荣誉称号的队伍有19支。三是固定资产投资不断增长。十年投入设备更新改造资金16.18亿元，设备新度系数为0.65。固定资产由2003年的2.66亿元，发展到2012年的16.06亿元，其中单分量数字检波器、2500型压裂车组配套设备等在中国石化行业领先。四是服务领域不断扩大。国内市场服务覆盖11个省区，10多个油田；国际市场拥有15支专业施工队伍，在12个国家从事工程技术服务。五是核心竞争力不断增强。十年来陆续开发了物探、钻井、测井、录井、井下作业等一系列特色方法技术和先进工艺技术，培育了645物探队、HD70205钻井队等特色队伍品牌。

4. 科技支撑能力明显增强。一是科研水平登上新台阶。十年间共承担国家级课题2个、省部级课题29个、局级课题300余个，其中一个课题获中国石化2009年科技进步一等奖。二是科研团队建设不断完善。成立了工程技术研究院，进一步壮大了石油勘探开发研究院，调整了物探技术研究院的体制，油气田科技攻关的配套能力显著增强。引进了77名专业技术人才，三院总人数由2003年的100余人发展到现在的500余人。三是科研设备的投入逐步加大。十年间共投入资金1.2亿元用于科研设备的添置与更新，逆时偏移处理设备、定向对接设备、非常规实验设备等已处于中国石化领先地位。四是形成了单分量数字检波器采集技术、地震资料逆时偏移处理技术、小断块储层描述技术、盐檐构造油气藏识别技术、页岩气选区评价与大型改造技术、煤层气勘探开发配套技术、火成岩勘探开发技术、超深井优快钻井技术、水平井对接技术、二氧化碳驱油提高采收率技术等一批在国内具有影响力的核心技术。

5. 社区管理与服务有效提升。一是经营单位面对政策环境不利、外部需求萎缩、市场竞争激烈等消极因素，在服务主业与服务内部的前提下，转变发展模式，主动出击，积极开拓液碳、油建、外贸等市场，实现了稳步增长。二是公益性保障单位主动定位、主动转型，切实转变发展理念，深入一线做好物资供应、员工培训、体检、心理咨询等服务。三是社区建设有计划推进，投入在新建、维修和改造员工住房的资金近2亿元，创建了试采小区等石化集团公司文明和谐示范小区。

6. 改革管理不断深化。一是按照石化集团公司的要求完成了两次专业化重组。2005年完成了局层面的钻井、录井、固井、井下作业等队伍的专业化重组，实现了石油工程主体业务与其他辅助性业务的分离。2012年完成了石化集团公司层面的物探、钻井等石油工程专业化整合重组，组建了华东石油工程公司、地球物理华东分公司。形成了华东石油局、华东分公司、华东石油工程公司、地球物理华东分公司四家既各自独立又相互关联的华东油气田新体制。二是对部分二级单位的组织结构与职能进行调整与整合。

调整了资料中心、职防所、扬办、试采大队、建设工程中心、华石技工贸总公司等单位的体制和职能,完成了装备厂等三个单位的清理整顿,并根据形势发展的需要,新成立了供应处、监理中心、非常规资源勘探开发指挥部、社区管理中心等单位。三是内部机制不断优化。完成了事业单位保险向企业单位保险的转移。新建和完善了干部考核机制、人才成长通道机制、劳务用工管理办法、绩效考核办法和办公自动化系统、ERP 系统、内控系统、法律合同系统、风险管理系统、三基系统等一系列体系制度建设。积极推进了财务集中管理、计划分层管理、审计集中办公等工作,企业综合管控能力得到全面加强。

7. 员工收入水平明显提高。十年间,员工收入不断增长。2005 年员工人均工资水平较 2003 年(同口径计算)年增长 33.2%。2010 年较 2005 年人均收入年增长 8.41%。进入"十二五",员工收入又有新提高,2012 年员工人均工资水平较 2010 年年增长 36.7%。十年间,公积金缴存基数和比例多次上调,共兑现在岗和离退休员工住房补贴 8 500 万元。

8. 和谐企业建设持续推进。十年来,我们大力加强和谐企业建设,努力解决各类群体的合理诉求,合理调整了不同群体的利益关系。一是完善了扶贫帮困机制;二是对离退休人员做到在政治上尊重、在思想上关心、在生活上照顾,努力实现老有所养、老有所学、老有所乐、老有所为;三是实施了员工带薪休假制度;四是做好信访维稳工作,妥善解决非在职群体的利益诉求,解决了一批历史遗留问题,企业和谐稳定局面得到进一步巩固。十年间先后有 35 人获全国、石化集团公司、省、市、局劳动模范、"五一"劳动奖章等荣誉称号,局获"江苏省文明单位""江苏省文明单位标兵""江苏省思想政治工作优秀企业"等称号,一批单位获中央企业和石化集团公司先进集体称号。

(二)政治核心作用显著,党建工作保障有力。

1. 思想政治建设扎实开展。一是按照中央、石化集团公司党组和江苏省委的统一部署,扎实开展"党员先进性教育""学习实践科学发展观""凝心聚力保发展,深入群众促和谐""党内创先争优""基层组织建设年""一转双创""群众路线教育实践活动"等一系列党内主题教育和实践活动,促进了思想观念的转变,推动了领导干部作风的改善,党员干部的思想政治素质普遍得到提高。二是牢牢把握正确的舆论导向,积极开展宣传思想工作。认真做好形势任务、重点工作、先进典型的内外宣传,舆情控制水平进一步提高。充分发挥《宣传学习材料》《华东石油》报、华东手机报、《华东石油电视新闻集锦》《中国石化报》《中国石化杂志》等内外部媒体的宣传作用,内外宣工作进步明显。三是完善党委中心组学习和各级干部脱产培训制度,开办中青年干部、后备干部、科级干部等培训班。十年来,自办、联办各类学习培训班共 196 期,培训人员达 9 735 人次,使党员干部更加自觉地以中国特色社会主义理论体系武装头脑、指导实践,为推动企业发展提供了有力的思想保证。四是扎实开展了"五五""六五"普法工作,员工的法律意识普遍增强,"依法治企"逐步成为共识。

2. 党的组织建设得到加强。一是积极实施"素质+能力"提升工程和"四好"班子建设,不断增强各级班子的领导能力。面对常规与非常规、国内与国外、发展与稳定等艰巨而复杂的形势与任务,两级领导班子政治坚定、素质过硬,经受住了各种考验,表现出较强的政治素质和大局意识,团结和带领广大干部员工,全力推动企业的改革发展,树立了良好的形象。二是坚持"德才兼备、以德为先"的用人标准,完善领导干部选拔机制,执行干部退居二线制度,加大年轻干部的培养与使用,做好领导干部岗位调整补充与岗位交流。十年间,共选拔队处级领导干部 137 人,调整领导干部 292 人,满足了企业发展的需要。三是实施"双向培养"制度,注重在技术骨干和生产一线员工中发展党员。十年间,共发展党员 523 名,党员人数由 1 722 人增加到 2 580 人;新建基层党支部 18 个,基层党组织的数量由 151 个增加到 169 个。四是基层组织以手机党课、微型党课、"创建学习型党支部""党员示范岗""一个党员一面旗"等特色活动为载体,把党建工作融入到经营管理之中。党内活动常做常新，亮点纷呈，涌现出一大批先进基层党组织和优秀党员。十年间，共有131个基层党组织受到石化集团公司党组、江苏省委、局党委的表彰；387人次被评为石化集团公司、局优秀党员；131人次获优秀党务工作者称号。

3. 党风廉政建设稳步推进。十年来，我们深入推进反腐倡廉建设，坚持党政领导干部述职述廉制度，广泛开展廉洁从业警示教育，依法依纪查处党员干部违纪违法案件，切实构建有效的惩防体系，营造了风清气正的发展氛围，涌现出了一批党风廉政建设先进集体和个人。十年间共查处各类违法违纪案件7起，有力地维护了企业的健康发展。

4. 党内制度建设不断完善。十年来，我们不断适应新形势新任务新要求，并结合自身实际，补充完善各种制度。先后建立并完善了党委议事规则、党政办公会议制度、党委中心组学习制度等领导班子制度；民主生活会实施细则、民主评议实施细则、领导干部述职规定等政治生活制度；党风廉政建设责任制实施办法、党风廉政建设责任制考核奖惩办法等监督制度；党组织工作条例、局管干部选拔任用规定、“四有”目标管理和基层党建工作责任制实施办法、党务干部队伍建设的意见等组织工作制度。形成了用制度管权、按制度办事、靠制度管人的有效机制。

5. 企业文化建设在继承中丰富发展。十年来，我们积极推进企业文化建设，认真贯彻石化集团公司《员工守则》，组织实施《中国石化企业文化建设纲要》，加强社会主义核心价值体系教育，营造了有利于企业发展的文化环境。我们在认真总结大庆油田“三老四严”精神、地质找矿“三光荣”精神、“团结、奋进、开拓、创新”华扬精神和“锲而不舍”腰英台精神的基础上，倡导和培育了具有时代特点的“奉献、担当、执行、廉洁”的华东油气田企业文化。工会、文联、体协充分利用举办文化体育节、庆祝新中国成立60周年、庆祝建党90周年等重要平台与时机，开展摄影、书法、征文等比赛和员工文艺会演，进一步扩大了企业文化建设的覆盖面，取得了丰硕的成果。局先后获得中宣部2012年百家企业员工文艺会演三等奖、石化集团公司员工文艺会演优秀组织奖等多种奖项。

6. 群众组织发挥积极作用。十年来，我们坚持以党建带工建、带团建的工作方针，加强了对工会、共青团组织的领导。一是支持和指导工会贯彻落实《工会法》，推进民主管理，完善职代会等制度。二是积极探索劳务派遣员工加入工会组织的工作，2 600多名劳务派遣员工被吸收为工会会员。三是建立不同方式的信息交流平台，广泛收集员工的合理建议和诉求，工会组织的桥梁和纽带作用得到了充分的发挥。四是开展“经营一元钱，节约一分钱”“五节六小”等群众性劳动竞赛，深入开展“比学赶帮超”活动，推进企业的节能降耗增效。五是坚持每年开展高温季节和春节一线慰问活动，把组织关怀送进员工心里。六是支持和指导共青团开展“争创青年文明号，争当青年岗位能手”等活动，有效地激发了青年建功立业、奉献企业的热情，充分地发挥了共青团的生力军作用。

（三）党建工作的几点体会。

回顾十年发展历程，我们深深地体会到：

——必须把贯彻落实上级精神、引领企业改革发展方向作为企业党组织的重大使命。十年来，无论是石油工程队伍的两次重组、东北区块的整体移交、非常规勘探的起步，还是增储上产指标的调整，局党委始终按照中央、石化集团公司党组、江苏省委的要求把关定向，坚决贯彻上级决策部署不动摇，体现出高度的政治自觉和较强的大局意识，得到了上级领导的充分肯定。在关系到企业发展的重大问题上，局党委始终做好正确引领，用发展战略凝聚人心，用发展目标统一行动。实践证明，“两个始终”充分发挥了党组织“把好方向”的政治核心作用，引领企业步入了科学发展的轨道。

——必须把坚持党要管党、从严治党作为党组织工作的重要准则。十年来，尽管全局体制不断在变，党政领导不断更替，但局党委“抓好党建是本职、不抓党建是失职、抓不好党建是不称职”的理念没有变；“双向进入，交叉任职”的领导体制没有变；“党委书记全面抓，班子成员配合抓”“党委统一领导，党委部门各司其职”“一级抓一级，层层抓落实”的党建工作责任制没有变；坚持党建工作与生产经营的同步规划、同步推进、同步检查、同步考核的方式没有变。实践证明，“四个没有变”保证了党组织政治核心作用的发挥，确保了党对企业的政治领导，形成了党建工作与经济工作同频共振、良性互动、共同发展的可喜局面。

——必须把加强干部队伍与人才队伍建设作为党委工作的重要任务。十年来，我们强化干部的学习意识，始终把理论学习放在重要位置，不断开展理想信念和党性修养教育，促进党员干部以科学理论武装头脑，打牢履职尽责的基础；我们强化创新发展意识，着力培养能创新、有担当的干部，全面提升干部队伍的执行力和战斗力；我们强化人才强企意识，引进大学生 863 人，培训技术骨干 3 015 人，引进人才 26 人，建立三支人才成长通道，加快人力资源的开发。实践证明，依靠“三个强化”我们有效地把人才资源转化为企业的发展资源，为华东油气田的快速发展提供了坚强的组织保证。

——必须把抓基层、打基础、增活力、强化党支部建设作为党建的常态化和基础性工作。十年来，我们以服务生产经营为核心，扎实推进基层党组织“四有”目标管理，增强了基层组织的系统性、规范性。提高基层运用新媒体的能力，不断创新活动载体，增强了基层工作活力。以开展特色工作为平台，抓支部带党员，抓党员带员工，增强了企业的正能量。近年来涌现出一批先进党支部，尤其是采油三队党支部被石化集团公司授予“基层党支部建设示范点”的称号，充分证明“三个增强”夯实了企业党建的基础，有效地把党员先锋模范作用和支部战斗堡垒作用转化为企业的凝聚力与战斗力，为企业的科学发展提供了不懈的动力。

各位代表、同志们，十年成绩来之不易，这一切凝聚着全体华东石油人的智慧和力量。在此，我代表局党委向关心、支持华东油气田发展的上级领导表示衷心的感谢！向为华东油气田发展作出贡献的全体党员、干部员工和离退休老领导、老同志表示崇高的敬意和衷心的感谢！

二、党建工作面临的新形势

当前和今后一个时期，是我们谋求华东加快发展的重要战略机遇期，发挥好党组织的政治核心作用和保障作用至关重要。各级党组织和广大党员干部必须清醒地认识到当前中央的新要求、石化集团公司的新举措、华东油气田面临的新机遇、新挑战、广大员工的新期待和企业党建工作中存在的不足，全面加强和改进我们的工作。

（一）深刻领会中央、石化集团公司党组对党建工作提出的新要求和采取的新举措。

十八大以来，以习近平同志为总书记的新一届党中央，着眼中国特色社会主义五位一体的总布局，从世情、国情、党情的实际出发，先后对党的建设提出了一系列新要求，做出了一系列新论断。一是对加强理论学习的新要求。习近平同志在全国组织工作会议上，把坚定理想信念作为好干部的首要标准，强调指出：干部要勤于学、敏于思；要认真学习马克思主义特别是中国特色社会主义理论体系，掌握和贯彻其中的立场、观点、方法；提高战略思维、创新思维、辩证思维、底线思维能力，正确判断形势，始终保持政治上的清醒和坚定。二是对加强意识形态工作的新要求。习近平同志在全国宣传思想工作会议上强调，经济建设是党的中心工作，意识形态工作是党的一项极端重要的工作。意识形态工作一定要把围绕中心、服务大局作为基本职责。党员领导干部要胸怀大局、把握大势、着眼大事，找准工作切入点和着力点。三是对改进干部作风的新要求。十八大召开之后，新一届中央领导集体率先垂范，出台了《中央政治局改进工作作风、密切联系群众的八项规定》，今年 6 月起在全党深入开展以为民务实清廉为主要内容的党的群众路线教育实践活动，突出作风建设，重点解决领导干部在形式主义、官僚主义、享乐主义、奢靡之风等方面存在的问题，近期又下发了《党政机关厉行节约反对浪费条例》，充分体现了党中央坚持党要管党、从严治党的坚定决心。四是对加强反腐倡廉建设的新要求。习近平同志在中纪委十八届二次全会上指出，反腐倡廉必须常抓不懈，必须反对特权思想、特权现象，必须全党动手，以踏石留印、抓铁有痕的劲头抓下去，善始善终、善做善成。把权力关进制度的笼子里，形成不敢腐的惩戒机制、不能腐的防范机制、不易腐的保障机制。

近三年来，石化集团公司党组认真学习领会中央的精神，深入贯彻落实科学发展观，不断研究谋划中国石化改革和发展的新思路，提出了“建设人民满意、高度负责任、高度受尊敬的世界一流能源化工公司”的发展目标，明确了“六大”发展战略和“六化”发展模式，今年又着重提出了“更加突出发展质量和效益”的理念。为了保障这些目标的实现，党组出台了一系列加强党建工作的新举措。一是进一步加强系统化管理，出台了“两个文件”，即《关于进一步加强和改进新形势下企业党建工作的指导意见》和《中国石化集团公司党建工作考核办法》。二是进一步强化群众工作，建立了“两个组织”，即工会工委和青年工委。三是进一步抓好“两项重点工作”，即企业声誉管理和稳定工作。

（二）全面把握企业发展面临的新机遇、新挑战和员工群众的新期待。

面对宏观形势趋好的中国经济，发展对石油、天然气的旺盛需求没有改变，集团公司打造上游长板、发展油气核心业务的内在要求没有改变。这对以勘探开发非常规油气资源为主业的华东油气田来说，无疑是一次难得的发展机遇。

一是宏观经济政策的变化为加快发展带来了新机遇。国家大力发展页岩气、煤层气等非常规油气资源，从加大财政资金支持力度、强化税费政策扶持、完善煤层气价格和发电上网政策、加强煤层气开发利用管理、推进科技创新和加强组织领导等六个方面提出了指导性意见，近期国家能源局又出台了《页岩气产业政策》，为非常规能源加快发展提供了政策保障。随着页岩气补贴、加大煤层气补贴等政策的到位，今年又调整了天然气的门站气价，我们工区所处的重庆市和山西省增量门站气价均超过 3 元/米^3。这些补贴和价格的调整为华东实现非常规油气的有效开发提供了有利条件。

二是体制变化为加快发展带来了新机遇。随着专业化重组和社区三分开工作的完成，华东石油局、华东分公司、华东工程公司、地球物理华东分公司四家既各自独立又相互关联的华东油气田新体制已经形成。油公司模式的建立，使得石油工程专业化优势不断凸显，社区板块的保障服务功能逐步发挥，板块之间的法律关系、经济关系、市场关系更加清晰，相互之间的配合更加紧密，相互促进、相互保障、协调发展、充满活力的新机制正在试运行，改革的红利将逐步显现。

三是阶段性成果为加快发展带来了新机遇。科学发展的战略已经形成，打好“三大战役”、建设四个基地、建成百万吨级油气田的阶段性目标逐步深入人心。中国石化第一个煤层气田正在我们手中建设。页岩气勘探正进入四川大盆地内，已揭示的指标非常有利，初步落实南川、仁怀可供开发的面积达 500 平方千米，有年产 30 亿立方米天然气的前景。苏北实现了历史性超越，跨线 30 万吨运行，正在向 40 万吨迈进。工程板块开局顺利，逐步形成独特的技术和设备优势。这一切都是我们加快发展的新起点。

在看到机遇的同时，我们也要看到，虽然华东在改革探索的道路上保持了快速发展，但是也面临了一些新的挑战，体制、机制和经营业务上的变化使华东固有的“小”“散”“慢”等问题暴露得愈加明显。具体表现在：“小”，一方面是经济总量小、油气产量小，均处于中国石化上游倒数的位置；另一方面是盈利能力差，近几年来，随着腰英台油田的移交，加上非常规和下扬子勘探投入的增加，油气田一直处于亏损状态。“散”，体制分散、队伍分散、管理分散，导致合力不足和本位主义，油气田难以形成统一的步调。“慢”，思想转变慢、决策落实慢、生产运行慢。这些慢调子已经使上级领导对华东能否干大事、担大任产生了疑惑。“小”“散”“慢”这三个问题已严重制约了华东加快发展的步伐。

伴随着中央对“两个一百年”和 2020 年“三个翻番”等社会经济目标的展望，伴随着中国石化建设世界一流能源化工公司和华东“攻克非常规、建成百万吨"等战略的不断深入，全体员工对企业发展产生了许多新的期待。一是期待实现持续有效发展的新局面。员工期待着早日建成百万吨级油气田，早日建成管理现代化、投资回报率高、引领能力强的现代化企业，彻底消除被重组和被区域优化的担心。二是期待更加美好的新生活。福利待遇保持与江苏同步发展；生活安居乐业、身心愉快、没有后顾之忧；职业发展形成人尽其才的良好氛围，最终实现物质和精神全面发展的需要。三是期待干部形象好、企业受尊敬、员工有尊严。干部队伍作风正派、敬业奉献、形象优良，干群关系密切；企业加强低碳环保，打造良好声誉，自觉担负起国有企业的政治责任、经济责任和社会责任，形成人人以企为荣、视企如家的生动局面。

（三）认真分析当前党建工作面临的主要矛盾。

中央的新要求和石化集团公司的新举措，为我们开展党建工作指明了方向；企业发展面临的新机遇和新挑战，为我们开展党建工作提出了新要求；员工队伍的新期待，为我们开展党建工作找到了新的着力点。我们要根据以上分析，切实解决党建工作中存在的保障能力不足问题，以党建工作的新成果推动经济工作的新发展。当前，华东油气田党建工作主要有四个方面的不足。

一是干部和员工的思想观念与紧迫的发展形势还有差距。部分干部和员工对发展非常规、建成百万吨的信心不够坚定；对从严治党、依法治企和反腐倡廉认识不够深入，干部队伍的腐败现象不容忽视；队伍的整体活力需要进一步激发，特别是领导干部的开拓创新意识、责任担当意识有待增强；油气田全局一盘棋的思想需要强化，有令不行、有禁不止的现象仍然存在。

二是党建工作和自身建设与发挥保障作用还有差距。一方面有些党员干部对党建工作的重要性认识不够。片面认为党建工作是虚的、软的，忽视党建工作在组织、思想、作风等方面的保障作用。另一方面，党务政工人才队伍建设比较薄弱。员工对从事党务工作的热情不高、兴趣不大，党务政工人才队伍青黄不接、后继乏人。

三是党建思想政治工作的手段和方法与时代的新特征、员工思想的新变化还有差距。党建思想政治工作在方式方法上偏重于传统经验，创新能力不足，与"受欢迎、见实效"的基本要求有差距。党员干部理论学习和党组织活动形式较为单一，与党员干部的要求存在差距。

四是大宣传工作理念的滞后与舆论的引领和导向作用还有差距。形势任务教育和政策制度法规的宣传不够深入和及时有效，对预防企业负面舆情重视不够，应对能力亟待提高。

同志们，冷静分析这些新要求、新举措、新机遇、新挑战、新期待和华东党建工作存在的不足，我们得出的唯一解就是必须加快发展。只有加快发展，才能落实好中央的新要求、石化集团公司的新举措；只有加快发展，才能把握住新机遇、突破新挑战、回应员工新期盼；只有加快发展，才能检验党建工作是否取得成效。所以我们必须把加快发展作为华东油气田的头等政治任务和中心工作抓实抓牢。

即将到来的五年至关重要，成也此时，败也此时。我们必须以十八大精神为指导，认真落实石化集团公司党组的决策和部署，切实加强党的思想建设、组织建设、作风建设、反腐倡廉建设和制度建设，转变观念、与时俱进、踏实苦干，扭转"小"、"散"、"慢"的被动局面，开创"大""强""快"的全新局面。坚定信念，凝心聚力，以党建工作的新成果，为开创华东加快发展的新局面提供坚强的政治保障。

三、今后五年的主要工作

今后五年党建工作的指导思想是：高举中国特色社会主义伟大旗帜，以邓小平理论、"三个代表"重要思想和科学发展观为指导，紧紧围绕把国有企业的政治优势转化为核心竞争力，更加突出加快发展这个中心任务，更加突出坚定信念、团结进取这个导向，更加突出转变工作作风、密切联系群众这个根本，全面加强思想建设、组织建设、作风建设、反腐倡廉建设和制度建设，为开创华东加快发展新局面保驾护航。

今后五年，党委工作的主要目标是：进一步激发全体员工的智慧与活力，为完成各年度目标任务提供坚强有力的政治保障；进一步加强党的思想、组织、作风、反腐倡廉和制度建设，全面提高党的建设科学化水平，使华东油气田党建工作进入中国石化较先进行列。

具体体现在六个方面：一是党政领导班子政治意识、大局意识进一步增强；二是党员干部队伍的理论素养、担当意识进一步提升；三是社会主义核心价值体系、“奉献、担当、执行、廉洁”的企业文化更加深入人心；四是内外宣传工作的影响力和引领力进一步提高，舆情防控能力进一步提升；五是反腐倡廉教育和惩防体系建设进一步加强，有效预防各类腐败案件的发生；六是和谐企业与员工队伍建设呈现团结奋进的新气象，杜绝大规模集访等群体性事件的发生。

实现上述目标“关键在党、关键在人”。我们要重点做好以下工作：

（一）认真落实党中央、石化集团公司党组、江苏省委的各项方针政策，坚定发展信念，为加快发展提供有力的政治保障。

1. 充分发挥政治核心作用，确保中央、中国石化党组、江苏省委各项方针政策和要求的贯彻执行。一是党组织要在加快发展、深化改革、生产经营、安全环保、和谐稳定等方面始终把握好方向，履行好政治责任和社会责任。二是要始终按照“三个决不允许”的要求，严守党的政治纪律，确保政令畅通、执行到位，保证党和国家的方针政策在华东油气田得到贯彻落实。

2. 紧紧围绕加快发展这个中心任务，切实担负起政治保障重任。一是要把握发展方向。坚持发展非常规油气事业不动摇，着力加强页岩气的突破建产工作，加快推动油气田增储上产的步伐。二是要统筹协调发展。坚持以油气田的发展带动、辐射石油工程和社区板块的协调发展，坚持发挥石油工程对油公司技术支撑的作用，坚持发挥社区对油气田发展的保障作用。三是要坚持特色发展。努力打造华东特色技术、特色队伍、特色管理、特色文化的“特色发展”道路。四是要坚持全面发展。以经济建设、党的建设和企业文化建设的协调发展带动华东油气田全面发展。

当前，华东油气田处于发展的战略机遇期和增储上产的关键时期。各级党组织、全体党员干部必须自觉地服务于加快发展这个大局。一是要高举加快发展的大旗。要在全油气田上下营造出“坐不住、等不得”的紧迫感，各级领导要自觉把工作目标定得更高一点、步子迈得更大一点、胆识气魄更豪迈一点，全力拼搏、只争朝夕，以更快的速度、更优的质量、更科学的方法开创加快发展新局面。二是要坚定发展非常规的信心不动摇。延川南煤层气5亿立方米产能建设的帷幕已经拉开，页岩气大突破在即，这都预示着非常规事业正在向着胜利的彼岸稳步迈进。全体华东人要胸怀革命的乐观主义精神，坚定必胜信念，在任何挫折面前不退缩、任何困难面前不动摇，团结一致，满怀信心，充满豪情地迎来非常规领域的全面胜利。三是各级党组织要切实发挥好保障作用。一方面要紧紧围绕加快发展这个中心，做好思想保障、政治保障和组织保障；另一方面要大力发挥党员的先锋模范作用，形成见红旗就扛、有第一就争的良好风尚。

（二）以坚定理想信念作为意识形态建设的重点，进一步提升宣传思想文化工作的针对性和有效性，为加快发展提供有力的思想保障。

1. 坚持马克思主义在意识形态领域的指导地位，坚定党员干部的理想信念。一是各级领导干部首先要坚定中国特色社会主义道路的理想信念，坚定搞好国有企业的信念，坚定华东油气田快速发展的信念。二是领导干部要把理论学习作为看家本领，通过系统的理论学习，使自己站得更高，看得更远，打造出金刚不坏之身。三是党校和各级党委理论学习中心组要成为理论学习和宣传的主阵地，不断提高领导干部的理论素养。

2. 坚持正确的舆论导向，为加快发展提供正能量。一要坚持同党中央保持高度一致，传递中国“好声音”和正能量，同时要把服务群众与教育引导群众工作结合起来，不断提高宣传思想文化工作的针对性和宣传效果。二要树立“大宣传”的理念，强化“每名党员干部都是宣传员”的理念，强化“随时随地都要宣传”的理念，强化勇于同负面的、消极的、错误的言论作坚决斗争的理念，巩固社会和谐的道德基础，巩固企业发展的思想基础。三要按照“团结稳定鼓劲、正面宣传为主”的方针和“贴近实际、贴近生活、贴近群众”的原则，深入野外作业现场，大力挖掘和选树各类先进典型，充分发挥典型的引导和激励作用。四要加强形势任务教育，深刻认识党和国家发展的大局、油田行业改革的大势、华东油气田百万吨建设的大事，做到胸怀大局、把握大势、着眼大事，积极助推企业的改革与发展。五要加强法制宣传，把普法教育融入思想建设，进一步增强广大干部员工的法治意识。

3. 坚持完善舆情防控体系，为企业营造良好的外部环境。一是各级党组织和领导干部要高度重视舆情工作，学会与媒体打交道，主动与主流媒体加强交流与合作，掌握舆论话语权。二是加强舆情监测，增强舆情敏感性，切不可听之任之、不作为。三是建立舆情处置应急预案，控制负面舆情的持续发酵。四是培养和建设第三方意见代表队伍和网络通讯员队伍，增强舆情掌控能力。

4. 坚持“两为方针”和“三贴近”原则，加强企业媒体和新闻队伍建设。进一步办好《华东石油》报、手机报、电视新闻、企业门户网站、官方微博等企业媒体，使之成为新闻宣传、文化建设、形象展示的有效载体和窗口。一是要进一步调整新闻宣传管理机制，优化系统内部新闻资源，改进新闻宣传方式方法，提升舆论宣传效果。二是要加强新闻策划与新闻运作业务培训，增强媒体影响力，提升媒体宣传质量。三是要加强新闻宣传干部队伍建设，为企业改革发展提供有力的文化支撑和舆论支持。

5. 坚持继承与创新相结合，推进华东油气田文化建设。一是要继续把华东文化自觉融入社会主义核心价值体系，成为全体员工的行为自觉；二是要进一步丰富和延伸华东文化的核心价值理念，增强文化认同感，使“奉献、担当、执行、廉洁”的文化内化于心，外化于行；三是要花大力气抓文化落地工程，进一步整合、优化文化资源，把文明创建、文联体协等文化社团建设与企业文化建设深度融合，把企业英模群体转化为特色品牌文化。

（三）以好干部“二十字”标准为总要求，进一步造就高素质的党员、干部和人才队伍，为加快发展提供有力的组织保障。

习近平总书记在全国组织工作会议上把好干部的标准概括为20个字，即“信念坚定、为民服务、勤政务实、敢于担当、清正廉洁”。这是对干部的理想信念、根本使命、工作作风、人格品质和基本要求的总概括。各级领导班子、每一名党员干部都要认真对照、自觉践行“二十字”标准，努力成为党的事业需要、人民群众喜爱的好干部。

1. 坚持正确的用人导向。突出理想信念和勇于担当，是干部选拔任用的风向标。要真正把那些忠诚于石油石化事业、忠诚于华东改革发展，品行端正、大公无私、坚持原则、敢于担当的干部选拔出来。坚持以石化优秀领导干部李安喜、刘家明同志为榜样，坚决淘汰那些在大是大非问题上绕道走，在原则问题上态度暧昧，在关键时刻当“墙头草”，怕丢选票、失人缘、事事搞明哲保身的“好好先生”；坚决淘汰那些上班来应付、干事靠对付的庸官、懒官；让那些讲原则、敢抓敢管、不怕得罪人、埋头苦干、默默奉献的优秀人才有干头、有奔头。

2. 进一步完善处级干部选拔培养管理的方式方法。一是坚持组织考察与竞争性选拔相结合的形式，进一步完善干部选拔机制，进一步规范组织选拔、民主推荐、竞争上岗等选人用人规则和程序，使干部选拔任用制度化、规范化、程序化、准确化。二是逐步加大干部脱产培训、多岗位交流、艰苦环境历练等培养力度，努力提升干部队伍的综合素质。每年干部脱产培训不少于一周，每年干部交流不低于10%，每名干部要在2个以上岗位锻炼，每名中青年干部原则上要安排到非常规、海外、西部等生产一线和艰苦环境中历练。三是加大优秀女干部培养力度，让优秀的女员工在生产实践中脱颖而出，不断优化干部队伍结构。四是加强后备干部培养，促进干部队伍后继有人。建立和完善后备干部每年一考核、三年一调整的动态管理机制；要注重后备干部的实践锻炼，把有发展潜力的后备干部放到关键岗位、重点工程、艰苦环境中经受磨练、增长才干。五是从严管理干部，完善领导干部的考核机制，重视干部的一贯表现和关键时刻的突出表现。加强对干部作风、能力素质、奉献精神的考评。加强对干部诫勉、淘汰、退出机制的研究，不断净化干部队伍。

3. 坚持人才强企的发展战略。一是坚持“科技是第一生产力”不动摇，拓宽科技人才成长通道。注重从生产科研一线、从解决具体问题中发现、培养和使用人才，要制定科研人员交流、激励、晋升等切实可行的措施，努力解决科技人才的后顾之忧，使科技人才心无旁骛地投入到科研生产实践中去；注重学科带头人建设，努力培养一批在煤层气、页岩气、小断块油气勘探和超深井钻井、水平井钻井、特大型压裂等方面有影响力的专家。二是高度重视技能人才队伍建设工作，形成技能人才也是人才的良好氛围。在完善人才成长通道建设方案的基础上，推动高技能人才培养的平台建设和待遇机制的建立，充分发挥高技能人才的引领作用，建设一支技能强、素质高的技能人才队伍。三是积极推进人才引进计划，要着眼于页岩气大发展和华东油气田大发展，引进页岩气领域的一流专家；着眼于构建现代油公司管理模式，引进优秀的管理精英；着眼于为可持续发展提供强大动力，引进企业党建工作人才。对各类人才坚持拴心留人、充分尊重、高度信任、放手使用，逐步达到对华东事业的目标认同、文化认同和情感认同。

（四）以“打铁还需自身硬”为要求，进一步加强党风廉政建设，为加快发展保驾护航。

1. 深化反腐倡廉教育，提高拒腐防变能力。加强党的宗旨、党风党纪和廉洁从业教育是反腐倡廉的基础性工作。各级党组织要把反腐倡廉教育纳入党建工作的总体部署之中，整合纪委、组织、宣传、党校等教育资源，构建反腐倡廉“大宣教”工作格局，要强化“红线”意识，培育“诚信、崇廉、律己、敬业”的理念，把从严教育、从严要求、从严管理、从严监督、从严惩处落到实处。大力推进廉洁文化建设，创新活动内容和载体，为改革发展稳定营造健康和谐、风清气正的良好氛围。

2. 落实党风廉政责任制，加强干部队伍作风建设。要始终把反腐倡廉建设融入改革发展稳定的全过程，进一步健全和完善“党委统一领导、党政齐抓共管、纪委组织协调、部门各司其责、依靠群众支持和参与”的领导体制和工作机制，形成反腐倡廉工作的整体合力。进一步明确党风廉政责任制，形成一级抓一级、层层抓落实的良好局面。要加大对党风廉政责任制执行情况的监督检查和对失职渎职行为的责任追究。严格执行述职述廉、诫勉谈话、函询、个人有关事项报告制度，促进领导干部廉洁从业。

3. 推进惩防体系建设，促进企业健康发展。坚持“标本兼治、综合治理、惩防并举、注重预防”的方针，大力推进惩治和预防腐败体系建设。坚持围绕中心、服务大局、融入管理，加强对权力的制约和监督，加快惩治和预防腐败体系基本框架的构建，形成一套用制度管权、按制度办事、靠制度管人的有效机制；深入推进廉洁风险防范管理和“检企共建”预防职务犯罪工作，从源头上预防腐败。紧紧围绕企业发展过程中的重点、难点问题和薄弱环节，加大监督检查力度，强化制度的执行力，维护制度的权威性。深入开展效能监察工作，促进管理水平和经济效益持续提高。深入推进专项治理工作，遏制腐败现象和不正之风在企业内部的滋生。要关注群众反映强烈的问题，切实维护员工合法权益，严肃查处违纪违法案件，不断提高反腐倡廉工作水平。

（五）以落实中央“八项规定”、《党政机关厉行节约反对浪费条例》和反“四风”为切入点，进一步改进干部作风，密切党群干群关系，为加快发展积聚力量。

1. 严格执行“八项规定”和《党政机关厉行节约反对浪费条例》，使之成为党员干部的行为自觉。一要抓好贯彻落实。把《规定》和《条例》执行落实情况纳入主要领导岗位职责和各级领导班子考核范畴之中。二要争做勤政廉政典范。党员领导干部要充分发挥表率作用，身体力行、率先垂范、做好榜样。三要强化监督检查。各级组织要认真督查规定的执行落实情况，定期检查通报，增强接受监督的自觉性，确保检查督促工作落到实处。四要对顶风违纪、有禁不止等严重违反《规定》和《条例》的行为，做到发现一起，查处一起，决不姑息，以实际行动维护规定的严肃性和权威性。

2. 建立贯彻群众路线的长效机制。一是要扎扎实实做好党的群众路线教育实践活动各个环节的工作，通过“照镜子，正衣冠，洗洗澡，治治病”对全体党员领导干部进行一次精神上的洗礼和行为上的矫正。二是要巩固党的群众路线教育实践活动的成果，逐步建立职务消费、基层调研、业务招待、会议管理等一系列规章制度，进一步强化干部作风建设。三是要积极探索党内监督、群众监督、舆论监督的有效途径，实现干部作风持续好转。

3. 加强党对群众工作的领导，充分发挥工会、共青团组织的纽带和桥梁作用。工会和共青团组织是党联系人民群众的桥梁和纽带，在企业发展中具有独特优势和重要作用。一是要坚持全心全意依靠员工办好企业的理念，最广泛、最充分地调动一切积极因素，最大限度地汇聚员工的智慧和力量，及时反映员工群众的意见和建议，促进油气田改革发展稳定。二是要加强党委对工会、共青团的领导，定期听取和研究工会、共青团工作，把工会、共青团工作纳入党委工作的统一部署之中协调推进。三是各级工会、共青团及文联体协等群众组织要围绕加快发展这一中心工作，按照各自职能，独立自主地开展工作，继续办好职工文化体育节等系列活动，引导干部员工养成良好的工作生活情趣。

4. 坚持为民服务，大力推进民生工程。一是要改善一线员工特别是边远单井员工的生产生活条件，完善一线员工的倒休、轮休、轮岗等办法，完善基层单位的“两堂一室”，不断丰富单井和基层队站员工的业余文化生活。二是切实关注青年科技人员的购房、安家、成家等实际困难，改造好单身公寓，积极探索公积金贷款、银行按揭、单位帮助等多渠道融资购房路径，减少青年员工的购房压力。三是要继续完善员工定期体检、公休假等制度，加强职业危害监测和职业病防治，关心员工的身心健康。四是进一步做好离退休人员管理和服务工作，落实好各项政策和待遇，组织好各类活动，让老同志颐享晚年。五是关注、关爱困难员工群体和非在职群体，用好帮扶基金，做到“真困难真帮助”。六是抓好社区整体规划和综合治理，逐步增加投入，改善社区基础设施和环境；密切与政府部门的联系，积极探索员工集资建房、公租房、廉租房等途径，不断增加员工福利。

5. 着力维护稳定，深入推进幸福和谐企业建设。一是要健全维稳责任体系，落实维稳工作责任制，探索和建立一套有效的利益协调机制、诉求表达机制、矛盾调处机制和权益保障机制。二是要认真落实维稳风险评估制度，深入开展不稳定因素排查。通过深入细致的群众工作，努力从政策层面化解群众反映强烈的问题。三是要协调企地关系，健全“企地联动”机制，依法规范信访行为，保持企业和谐稳定。

（六）以理念创新、手段创新、工作创新为突破口，不断激发基层党组织活力，筑牢加快发展基础。

1. 坚持理念创新，找准基层党建工作的着力点。要树立服务的理念，扎下服务发展、服务基层、服务党员、服务群众的根；要树立党建工作是企业核心竞争力和软实力的理念，用软实力保障硬指标的完成；要树立党建工作是企业管理本质要求的理念，加强以党支部建设为主要内容的基层建设，建立长效机制，不断提升基层管理水平。

2. 坚持手段创新，丰富基层组织的工作载体。要注重新媒体和现代信息技术在基层党建和思想政治工作中的应用，彰显出基层党建和思想政治工作的时代性与互动性。要把党员责任区、党员示范岗、“百人百点桥梁工程”等党建品牌工程作为有效载体，深入开展党的群众路线教育实践活动、“一转双创双提高”活动，逐步建立不同层级的党建工作示范点。

3. 坚持工作创新，增强基层党建工作活力。一是按照“四强三有”的标准开展基层工作创新，即创建组织能力强、发展能力强、引领能力强、保障能力强、有多样化平台、有特色化载体、有常态化机制的基层党组织。二是要配强"领头人"，按照"宜专则专、宜兼则兼、专兼职相结合"的原则，选齐配强党支部书记。同时要加强对基层党支部书记的教育培训和实践锻炼，使他们既精通党务工作和思想政治工作，又熟悉企业生产经营和管理工作，成为合格的"领头人"。三是做好党员发展规划，加强入党积极分子培训，注重从生产科研一线发展党员，从艰苦环境中培养党员，为党的肌体不断注入新的活力。

（七）以健全和完善民主集中制为重点，加强体制机制和党务政工队伍自身建设，不断提高党建信息化水平。

华东油气田的组织架构已基本形成，要进一步把党组织的制度建设、机构设置、人员配备、职责分工、工作任务等纳入油气田日常管理之中，使党组织的政治核心作用通过组织化、制度化、规范化、信息化的形式予以落实。

1. 进一步完善和细化"一岗双责"责任体系。要把党组织参与重大问题决策与企业依法治理、民主管理结合起来，完善决策的制度、程序和机制。

2. 建立党务干部成长通道。党务政工干部是干部队伍重要的组成部分，要有计划地培养和使用。有计划地安排党务政工干部与经营管理干部交流轮岗，与同一层次其他干部同考核、同待遇、同奖惩。要逐步建立起党务政工干部的成长通道，形成晋升有机会、成长有通道的培养机制，增强党务政工干部的归宿感。

3. 加强党务政工干部素质和能力的培养。党务政工干部是做人的工作的，其素质和能力水平至关重要。要建立党务政工干部素质和能力模型，把坚定理想信念、崇尚价值追求、具有奉献精神和提高群众工作能力作为培训、培养党务政工干部的重要内容；要建立党务政工干部岗位资格准入制度，没有经过统一培训、没有三年基层工作经历的不得入职党务政工岗位；要建立常态化的党务政工干部培训制度，每年脱产培训时间累计不得少于5天。

4. 充分运用信息技术，提高党建信息化水平和运用新媒体的能力。针对华东油气田工区分布广、战线长的特点，要集成运用现代信息技术手段，充分发挥网络技术传播快、辐射广的作用，创建网上党建工作平台，建立健全党员信息管理系统，开辟"网络党校""在线教育"，开展远程教育培训，使党建的基础性工作规范化、基层党组织管理信息化。

各位代表、同志们：找油报国踏遍神州大地，加快发展梦圆幸福华东。让我们高举中国特色社会主义伟大旗帜，以邓小平理论、"三个代表"重要思想和科学发展观为指导，坚定加快华东发展信心不动摇，团结带领全体员工，进一步解放思想，与时俱进，开拓创新，真抓实干，为开创华东加快发展新局面而努力奋斗！

坚持惩防并举 切实加强党风廉政建设 为加快发展进一步发挥促进和保障作用

——在中共华东石油局第三次代表大会上的报告

（2013年11月9日）

冯如进

各位代表，同志们：

我受中共华东石油局纪律检查委员会的委托，向大会作工作报告，请予以审议。

一、第二次党代会以来全局党风廉政建设与反腐败工作回顾

自华东石油局第二次党代会以来，企业体制

机制的变化、经济发展的规模均实现了历史性跨越。十年来，局队两级纪检监察组织紧紧围绕企业改革发展稳定中心任务，以构建惩治和预防腐败体系为重点，深入开展党风廉政建设和反腐败工作，进一步提高了防治腐败的能力和水平，为企业持续快速健康发展提供了有力保障。

（一）加强组织协调，狠抓责任落实，推进了党风廉政建设不断深化。

两级党委坚持以党风廉政建设责任制为抓手，明确惩防体系建设重点任务，细化分工，狠抓落实。一是加强组织领导、落实工作职责。两级党委高度重视，把落实党风廉政建设责任制，构建惩防体系，作为全面加强反腐倡廉建设的首要任务，列入重要日程，与生产经营同布置、同落实、同检查、同考核。坚持党委与下级党组织签订年度《党风廉政建设责任书》，党政主要领导认真履行"第一责任人"的职责，班子成员落实"一岗双责"。二是细化分解任务，督促检查落实。两级纪委按照党委部署，认真细化分解惩防体系建设重点任务，明确责任主体，抓好组织协调和检查考核。十年来，局党委根据检查考核情况，对班子、个人进行评先选优，共表彰党风廉政建设优秀领导班子 39 个（次）、优秀领导干部、先进个人 138 人（次），有力促进了党风廉政建设不断深化。

（二）坚持教育为先，深化源头治理，努力营造有利于企业健康发展的良好环境。

两级纪委始终把廉洁教育作为从源头上治理腐败问题的重要举措，积极开展内容丰富、形式多样的教育活动。一是突出主题教育。局纪委结合中纪委和石化集团公司每年党风廉政宣传学习要求，确定廉洁教育主题。2003 年以来先后组织学习了《国有企业领导人员廉洁从业若干规定（试行）》《建立健全教育、制度、监督并重的惩治和预防腐败体系实施纲要》《三项法规》《中国共产党党员领导干部廉洁从政若干准则》、中国石化《十条规定》等党纪法规；开展了"抓源头、促清廉""强三基、除四害""四个一"等主题活动；按照"从正面抓、从上面抓、从源头抓"的要求，进一步加强了对领导干部正面典型的宣传，组织学习了石化集团公司《廉洁勤政优秀领导人员先进事迹》。二是突出分层次教育。以各级领导人员为重点，开展党政领导讲廉政党课，及以正确用权、廉洁奉公、择友交友、健康"圈子"等为内容的集体教育，进一步增强党性修养，提高拒腐防变能力。开展任前廉政谈话，进行廉洁自律承诺，明确从业要求。开展纪委书记与党政负责人谈话和日常廉洁谈话教育，进一步增强自律意识。开展诫勉谈话教育，对苗头性问题早发现早提醒早纠正；以关键岗位人员为重点，开展廉洁从业教育，纪委监察处与其他部门联合，在处科级及财务、销售等人员参加的培训班上讲授廉洁从业方面的要求和注意事项；各单位以多种形式开展全员遵章守纪，廉洁从业教育。三是突出警示教育。局和各单位组织党员干部观看石化集团公司下发的《赌之害》《反腐倡廉警示录》《失德之害》《双鉴》等警示教育片，参观警示教育基地、监狱和反腐倡廉成果展览，邀请地方检察机关人员讲课，剖析国有企业犯罪特点，传授防范措施。近年来开展了以案说法，以身边事教育身边人的廉洁从业教育活动。四是突出创新教育形式。充分发挥内部报纸、网络、手机报、电子屏、电视的优势，开辟党风廉政知识竞赛专版、法制宣传专栏，编发廉政警句格言，展示廉洁自律座右铭，播放廉政公益广告片，发放廉政台历，扩大了教育的覆盖面；持续推进廉洁文化进班子、进机关、进项目（合同）、进基层，进社区、进家庭的"六进"工程，发挥家庭助廉作用，与家属签订助廉承诺书，增强了教育的感染力和影响力。

（三）注重制度建设和执行，强化监督约束，规范了领导人员的从业行为。

针对容易产生腐败的重点部位和关键环节，近年来石化集团公司颁布了《监督办法》，局队两级也加强制度的制定和修订，强化监督约束，有效防止了腐败和不廉洁行为发生。一是加强对领导人员的行为约束。修订《党政领导议事规则》《党风廉政建设联席会议制度》《党风廉政建设责任制实施细则》，规范党风廉政建设工作程序；制定《"三重一大"决策制度实施办法》，明确决策范围，规范决策行为；制定《领导班子成员十项规定》，进一步落实中央“八项规定”，规范工作行为；实行领导人员报告个人重大事项制度，规范从业行为。坚持领导人员述职述廉、接受职工代表评议制度，规范民主监督。二是加强对敏感业务关键环节的过程监督。贯彻执行石化集团公司《监督办法》，加大对设备物资采购、内部工程招标、协作队伍选用、节能减排绿色低碳项目等的监督力度，避免暗箱操作；参与领导人员公开招聘、民主推荐，防止选人用人上的不正之风；制定局、分公司《效能监察实施细则》，加强对重点项目的监督检查，进一步规范项目运作管理行为。

（四）履行工作职责，及时办理信访案件，维护了企业的合法权益。

两级纪检监察组织坚持从严治党、从严执纪，全面履行职责，认真受理对全局各级党组织、党员、干部、职工涉及党纪政纪问题的检举、控告和申诉，严肃查处各类违法违纪案件。一是严肃纪律，惩处腐败。十年来，局纪委共收到信访举报152件，申诉2件。对每封信访件都按程序进行了初查或初核，信访主要反映工程建设、重要人事任免、物资采购、生产经营管理、领导工作作风等方面的问题。十年来，局纪委自立案查处1起，协助检察机关查办立案6起，其中2012年发生的3起腐败案件，局系统共有15人涉案，涉案金额400余万元。十年来，全局共有27人受到党纪政纪处分，其中因贪污受贿、私分国有资产受到刑事处罚的18人，涉及处级领导人员4人，科级干部13人，普通员工1人。二是认真处理信访，突出纪检信访功能。两级纪委本着对单位负责、对干部负责、对举报人负责的态度，认真处理好每次信访。对实名举报、有重要线索的举报件，局纪委成立调查组，对反映问题及时进行查核，同时向举报人通报核查情况；对涉及干部提拔任免的举报信，纪检与组织部门共同做好调查工作，综合干部职工意见，如实向局党委报告；对反映问题不实的举报信，在一定范围内召开会议，澄清问题。三是发挥综合功能，堵塞管理漏洞。两级纪委在调查信访件出具调查报告的同时，针对调查过程中发现的薄弱环节，及时提出整改意见，督促完善相关制度。四是积极配合查办案件，维护企业权益。加强与石化集团公司、地方纪委、检察机关的沟通联系，开展企检共建，主动配合查办涉及企业的案件，最大限度维护了企业合法权益。特别是在配合检察机关查办李锋等人的腐败案件过程中，主要领导高度重视，纪委全力做到提醒到位、协同到位、反馈到位、基础工作到位，得到了检察机关的好评；案后做到反思到位、教育到位、整改到位，得到了石化集团公司纪检组监察局的肯定。

（五）融入中心工作，解决突出问题，促进了企业的规范管理。

两级纪检监察组织始终坚持把融入中心、促进管理作为工作的出发点和落脚点，围绕影响和制约企业科学发展的突出问题开展工作。一是开展专项治理。根据石化集团公司统一部署，针对企业生产经营中的薄弱环节和突出问题，深入开展治理商业贿赂、清理“小金库”、专项治理工程建设领域突出问题、清退外协队伍、公开对外重点业务等专项工作，有效维护了企业正常生产经营工作秩序和国有资产安全。二是开展效能监察。针对企业管理中存在的突出问题，深入开展对石油工程建设、外协队伍管理、物资储备和库存管理、检维修、废旧物资及不良资产处理等的效能监察，2005—2012年，华东石油局、华东分公司共立效能监察项目125个，提出管理建议145条，下达《效能监察建议书》45份，下达《效能监察决定书》6份，建章立制108项（条），实现经济效益22 603.653万元，预防了腐败的滋生，促进了企业管理效能的提高。三是推行业务公开。2009年石化集团公司以公开促民主、促清廉、促效益为目的，搭建了业务公开信息系统平台，根据石化集团公司评比要求，局在业务公开比学赶帮超活动中获得6面红旗。四是开展廉洁风险防控。为切实加强对廉洁风险的防范管理，2012年根据石化集团公司指导意见，结合局反腐倡廉工作形势，在六普、试采、六物3个单位开展了廉洁风险防控试点工作，2013年在全局全面展开。目前，16个二级单位和机关30个部门已全面启动并进入廉洁风险审核阶段，共排查廉洁风险点

1 376个，制定防控措施 1 423 条，其中局机关共排查出廉洁风险点 279 个，制定防控措施 256 条。

（六）健全组织机构，加强自身建设，提高了反腐倡廉工作水平。

十年来，在局党委的关心下，纪检监察干部队伍建设进一步加强。一是加强组织建设。两级党委、纪委认真落实中央纪委等四部委《若干意见》，不断健全纪检监察机构，配齐配强纪检监察工作人员，近年来勘探开发研究院新设立了监察科，局纪委监察处人员编制由 4 名增加到 6 名，先后调进 4 名工作人员。二级单位有 7 人从生产岗位充实到纪检岗位任纪委书记、监察科长和专职纪检干部。二是加强教育培训。在安排纪检监察干部参加石化集团公司举办的培训班同时，局纪委监察处坚持每年举办纪检监察业务培训班，确保纪检干部思想素质不断提高，业务能力不断增强。三是加强基础工作。多年来纪检监察工作注重从多方面加强基础建设，逐步规范党风廉政建设责任制考核、廉政谈话、信访案件办理、效能监察、制度汇编等工作，不断推进纪检监察业务上台阶。四是加强理论研讨。为提升纪检干部业务能力和工作水平，近年来局纪委组织纪检干部进行工作调研，开展优秀论文评选，共收集论文 102 篇，其中 3 篇获中国监察学会石化分会表彰。

局第二次党代会以来，是纪检监察工作主动融入中心、服务大局，促进改革发展成效更加显著的十年；是惩防体系建设不断完善，反腐倡廉建设针对性、实效性进一步增强的十年；是两级纪检监察组织积极创新方式方法，推进党风廉政建设体制机制逐步完善的十年。回顾十年来党风廉政建设和反腐败工作，许多做法和体会值得我们认真总结和借鉴：

一是坚持党委统一领导，是反腐倡廉建设取得实效的首要前提。反腐倡廉建设是全党的一项重大政治任务。十年来，局党委坚持“两手抓、两手都要硬”，党政主要领导切实履行党风廉政建设第一责任人的职责，对纪检监察工作给予了很好的指导和极大的关心，两级纪检监察组织也主动围绕党委统一部署开展工作，反腐倡廉建设不断深化。实践证明，只有坚持党委统一领导，才能始终把握反腐倡廉建设的正确方向。

二是坚持融入中心，是反腐倡廉建设取得实效的根本途径。推进科学发展是企业的中心任务。十年来，全局纪检监察工作坚持融入企业中心工作，执行《监督办法》，促进规范管理，注重惩防并举，解决职工群众反应的突出问题，弘扬廉洁文化，思路清晰，措施有力，效果显著。实践证明，只有坚持服务发展这一中心，反腐倡廉建设任务才能有效落实。

三是坚持重心下移，是反腐倡廉建设取得实效的重要保证。十年来，我们以效能监察立项为切入点，加强对领导人员、关键岗位人员的教育监督，理顺工作流程，突出监控点，建章立制，评选优秀效能监察项目，有力保障了企业健康发展。实践证明，只有坚持抓基层、打基础，坚持关口前移、重心下移，反腐倡廉建设才能真正取得实效。

四是坚持有错必纠，是反腐倡廉建设取得实效的内在动力。十年来，局队两级对发生的案件认真剖析，加强对领导人员理想信念、宗旨意识、法纪法规教育，加强制度的制定与执行。一系列有针对性的整改措施，有效降低了案件对企业的不良影响，净化了企业环境，促进了管理提升。实践证明，只有认真对待，有错必纠，反腐倡廉建设才能不断向前推进。

五是坚持探索创新，是反腐倡廉建设充满生机和活力的源泉。创新是一切工作不断取得新成效的不竭动力。十年来，纪检监察干部坚持以科学发展观为统领，积极创新工作理念、思路、方法、载体和机制，有效防治腐败的能力和水平得到不断提高。实践证明，只有积极探索、大胆创新，反腐倡廉建设才能始终充满生机和活力。

二、当前党风廉政建设和反腐败工作面临的形势

清醒认识党风廉政建设和反腐败斗争面临的形势，是我们进一步统一思想、明确任务，自觉抓好反腐倡廉建设的重要前提。当前，我们要准确把握反腐倡廉建设呈现的三个新特点。

（一）十八大以来党中央对反腐倡廉建设提出了新要求。

党的十八大报告指出："反对腐败、建设廉洁政治，是党一贯坚持的鲜明政治立场，是人民关注的重大政治问题。这个问题解决不好，就会对党造成致命伤害，甚至亡党亡国。反腐倡廉必须常抓不懈，拒腐防变必须警钟长鸣。"习近平同志在中纪委二次全会、党的群众路线教育实践活动工作会议上指出：反腐败斗争形势依然严峻，人民还有许多不满意的地方。精神懈怠危险、能力不足危险、脱离群众危险、消极腐败危险更加尖锐地摆在全党面前，一些问题还相当严重，集中表现在"四风"问题上。中央八项规定既不是最高标准，也不是最终目的，只是我们改进作风的第一步。我们要坚定决心，有腐必反、有贪必肃，不断铲除腐败现象滋生蔓延的土壤。我们必须清醒认识到新时期反腐倡廉建设的重要性和紧迫性，认识到反腐败斗争形势的严峻性和反腐败任务的艰巨性，坚持标本兼治、惩防并举，不断加大治本力度，使惩治更加有力、预防更加有效。

（二）企业反腐倡廉建设存在一些新问题。

少数领导人员宗旨意识淡薄、脱离群众、作风漂浮、"四风"问题严重；少数单位领导班子和领导人员落实党风廉政建设责任制不到位，抓反腐倡廉建设的主动性、自觉性不强，对违规违纪问题敷衍塞责，不敢抓不敢管；有的领导人员违反"三重一大"集体决策制度，个人说了算；有的领导人员利用职权或职务影响，为配偶、子女和其他亲友谋取利益，群众反映强烈。同级监督、对"一把手"的监督存在体制机制的弊端，监督失之于宽、失之于软；一些重点领域和关键环节制度执行力较差，监督机制和预防腐败措施不够健全，存在着廉洁风险；违纪违法案件仍易发多发，有的案件涉案金额大、涉及人员多、作案手段复杂化、隐蔽化。

（三）生产经营快速发展对反腐倡廉建设提出了新课题。

十年来，两级党委始终高度重视党风建设和反腐倡廉工作，围绕企业中心任务，积极构建惩防体系，反腐倡廉建设不断取得新进展。但是随着常规和非常规项目投资的不断加大，生产战线不断拉长，人员紧缺，轮岗交流等制度难以实施；纪检干部配备不足，专职少兼职多，监管难以到位。面对不利形势，如何进一步加强领导人员作风建设，落实中央八项规定，大力弘扬艰苦奋斗的优良作风，走群众路线；如何进一步加强制度建设和执行，把权力关进制度的笼子里；如何进一步加强廉洁文化建设，大力营造风清气正的良好氛围；如何进一步加强纪检监察干部队伍建设，提高履职能力和执纪水平，防范廉洁风险、净化发展环境，是当前两级纪检监察组织必须认真思考和努力破解的重要课题。

三、今后一个时期党风廉政建设和反腐败工作任务建议

今后一个时期，全局党风廉政建设和反腐败工作的总体要求是：认真贯彻落实党的十八大和习近平总书记重要讲话精神，坚持党要管党、从严治党，坚持标本兼治、综合治理、惩防并举、注重预防的方针，围绕中心、服务大局，以建设廉洁企业为目标，以加强领导人员作风建设为重点，以开展廉洁风险防控为抓手，强化反腐倡廉教育，完善惩防体系建设，加大惩治腐败力度，加强执纪监督，为加快华东发展进一步发挥促进和保障作用。

（一）以增强执行力为重点，同党中央保持一致，贯彻落实八项规定，加强作风建设。

各级党组织要认真学习党的十八大、中纪委十八届二次全会和习近平同志重要讲话精神，认真开展以为民务实清廉为主题的党的群众路线教育实践活动，把领导人员作风建设作为企业健康发展的战略任务和软实力，确保华东油气田各项任务部署全面落实。

1. 加强执行力建设，做到令行禁止。党的纪律是各级党组织和全体党员必须遵守的行为规则，广大党员特别是各级领导人员要按照中央的要求，认真学习党章，严格遵守党章，自觉运用党章规范自己的一言一行，在任何情况下都要做到政治信仰不变、政治立场不移、政治方向不偏。要严明党的纪律特别是政治纪律。要在思想上政治上行动上与党中央保持高度一致，决不允许

"上有政策、下有对策",决不允许有令不行、有禁不止,决不允许在贯彻执行中央的决策上打折扣、做选择、搞变通。要认真落实中央的八项规定和石化集团公司党组、华东油气田关于加强作风建设、密切联系群众的各项规定。真抓实干,切实保障石化集团公司和局党委重大决策部署的贯彻落实。要带头执行各项规章制度,不允许阳奉阴违,自行其事。为此,各级党组织要把增强执行力作为领导人员作风建设的首要任务,联系各单位实际,深入查找各项政策、制度执行中存在的突出问题,结合群众路线教育,认真分析深层次原因,研究制定监督执行的有力措施,尽快形成真抓实干、令行禁止的良好风气。

2. 增强忧患意识,做到勤俭节约。增强忧患意识、始终艰苦创业,是企业实现可持续发展的必然要求。特别是在华东油气田开展"三次创业",实现"十二五"目标的关键阶段,尤其需要进一步增强忧患意识,大力倡导勤俭节约的优良作风。广大党员干部要始终坚持艰苦奋斗的光荣传统,牢固树立勤俭办一切事情的思想,按照节俭、必需的原则,严格控制公费出国出境、公务接待、差旅费支出,大力精简会议和文件,严格禁止大手大脚、大吃大喝、铺张浪费行为,努力减少非生产性支出,真正把有限的资金用于企业的生产经营上。各级领导人员要以身作则,模范遵守公务消费各项规定,严格落实勤俭办企业各项要求,带头弘扬艰苦创业、勤俭节约的良好风气。

抓作风建设要善始善终,两级纪检监察组织要把监督改进作风各项规定的贯彻落实作为一项经常性的工作来抓,把作风建设情况纳入党风廉政建设责任制考核范围,并将考核结果作为选拔任用干部的重要依据。严格执行纪律,一级抓一级,层层抓落实,对违反规定的要责令整改,对情节严重的要严肃处理并予以通报。

(二)以领导人员为重点,强化反腐倡廉教育,增强廉洁从业意识。

加强反腐倡廉教育,特别是加强对领导人员的反腐倡廉教育,是引导党员干部筑牢思想防线,自觉廉洁从业的基础。各级领导人员既是受教育者,也是教育者,抓住领导人员这个重点,让其首先受到教育,不仅可以产生示范作用,而且有利于更好地组织开展反腐倡廉教育,使反腐倡廉教育更加有力有效。

1. 加强对领导人员的廉洁自律宣传教育。以提高政治敏锐性和鉴别力为目标,深入开展理想信念教育、宗旨教育;以国家法律法规、党纪政纪条规、企业规章制度为主要内容,深入开展廉洁从业教育;以发生在身边的典型案例为教材,深入开展警示教育。各单位要以制度建设保证反腐倡廉教育工作的落实,要坚持和完善党委中心组学习反腐倡廉理论制度、党政主要领导讲廉政党课制度、新任领导人员廉政谈话制度,把反腐倡廉教育作为领导人员的必修课,贯穿于干部培养、选拔、管理、任用的全过程。

2. 开展对员工的廉洁从业宣传教育。以创建廉洁企业为目标,以培育廉洁理念为核心,结合员工岗位职责、工作纪律和企业规章制度要求,深入开展廉洁教育,用身边人身边事的警示教育,筑牢全体员工反腐倡廉思想防线,提高廉洁从业意识。各单位要结合开展党的群众路线教育实践活动,充分营造"扬节约之风——创廉洁企业"的氛围,把党风廉政宣传教育延伸到企业的每个角落,使广大干部职工接受潜移默化的熏陶和教育,营造和谐健康环境,弘扬风清气正的良好风气,为建设廉洁企业打好基础。

(三)以廉洁风险防控为重点,加大惩治和预防工作力度,净化企业发展环境。

坚决查办违纪违法案件,是各级纪检监察组织必须履行的重要职责。要拓宽案源渠道,坚持标本兼治、惩防并举,不断加大治本力度,为企业健康发展保驾护航。

1. 加大查办案件力度,保持惩治腐败的高压态势。坚持有案必查、有腐必惩,做到有群众举报的要及时调查处理,有具体线索的要认真核实,有违反党纪国法的要严肃查处。进一步突出查办案件重点,严肃查办贪污贿赂、内幕交易、利益输送的案件,以及利用中国石化资源和平台谋取私利的案件;严肃查办发生在工程建设、物资采购、产品销售、招标投标、财务管理等领域权钱交易的案件;严肃查办失职渎职、滥用职权,违反

"三重一大"决策制度的案件。认真执行签订《廉洁从业责任书》制度,在坚决惩处受贿行为的同时,对有行贿记录的单位和个人,在市场准入、投标资格等方面加以严格限制。发挥纪检部门案件查处的协调作用,加强与上级和地方纪检监察、司法机关的沟通,取得支持。坚持惩前毖后、治病救人方针,宽严相济,区别对待,促进党员干部廉洁自律,保障企业健康稳步发展。

2. 全面推行廉洁风险防控。各单位要按照石化集团公司廉洁风险防控《指导意见》和局《实施方案》,加强组织领导,严格规范操作,确保统一实施。要按时间进度和工作要求,从重点领域、重点部门、重点环节入手,排查廉洁风险,健全内控机制,构筑制度防线,逐步建立权责清晰、流程规范、风险明确、预警及时、监控有效的廉洁风险防控机制。力争经过几年的努力,使全系统的廉洁风险防控工作实现制度配套完善、机制运行顺畅、执行有力到位、预防腐败成效明显的目标,推动惩防体系建设进一步完善。

3. 深化企检共建活动。要认真总结前一个时期以来企检共建工作的经验,进一步加强与地方纪委和司法机关的沟通联系,努力完善企检共建工作机制。要在丰富内涵、扩展外延、创新方法、增强实效上下功夫,尽快形成企检共同开展预防职务犯罪教育、共同监督生产经营关键环节、共同惩治违纪违法案件的工作合力。要全面理解企检共建的目的和意义,既要依法依纪维护企业利益,又要严肃惩治违法违纪行为,共同净化企业发展环境。

(四)以落实制度为重点,加大监督力度,进一步规范从业行为。

习近平总书记在中纪委第二次全体会议上指出:要加强对权力运行的制约和监督,把权力关进制度的笼子里,形成不敢腐的惩戒机制、不能腐的防范机制、不易腐的保障机制。各单位要认真落实党内监督条例,严格执行述职述廉、个人有关事项报告、诫勉、谈话、询问等制度,强化监督,加大责任追究力度,确保权力始终在阳光下运行。

1. 加强对执行"三重一大"制度的监督。各单位要结合企业实际,紧紧围绕"人怎么选、钱怎么花、事怎么定、权怎么用",健全和完善贯彻"三重一大"决策制度的实施细则,进一步明确"三重一大"决策的内容、程序和方法。要对"三重一大"决策过程、决策落实的监督工作做出规定,明确监督职能,畅通监督渠道,全面落实各监督主体的监督责任。要全面实施企务公开,积极推进党务公开、业务公开,分层次、有步骤地公开重大问题决策过程、决策结果和决策落实情况,确保企业重大问题集体研究、科学决策,确保决策公开透明,群众监督民主。

2. 加强对执行《若干规定》等的监督。各单位要根据《国有企业领导人员廉洁从业若干规定》《关于严格禁止领导干部利用中国石化资源和平台谋取私利的十条规定》,结合企业特点,有针对性地对照梳理,结合廉洁风险防控,进一步明确在容易引发不廉洁行为问题上的政策界限,制定防范措施。

3. 加强对落实党风廉政建设责任制的监督。两级纪检监察组织要按照局《党风廉政建设责任制实施细则》,加强对领导班子、领导干部落实党风廉政建设责任制情况的监督检查,对领导人员不执行或不认真执行党风廉政建设责任制,致使分管范围内的不正之风得不到有效治理、造成不良影响的;对疏于监管,致使分管单位或部门发生重大违纪违法案件的,要坚决追究责任,执行党的纪律。

(五)以企业管理突出问题为重点,深化效能监察,促进企业管理优化升级。

开展效能监察是纪检监察工作融入中心、促进管理的重要途径。两级纪检监察组织要紧紧抓住企业管理的薄弱环节和突出问题,围绕提高产量、降低成本、提速提效,围绕工程建设项目、对外科技合作、外协队伍管理、原油配置等方面开展效能监察,防范经营风险,促进企业规范管理。

1. 围绕成本管理开展效能监察。针对企业经济效益增长与生产规模扩张不匹配的问题,深入开展成本管理效能监察。要重点关注经济指标制定的科学性、预算执行的有效性,进一步规范项目预算管理；重点对工程建设项目开展监督检查，探索对项目前期研究和项目论证、投资决策审查、项目后评估、责任追究等方面的监督检查，进一步加强项目管理过程控制。

2. 围绕协作队伍管理开展效能监察。针对协作队伍管理中存在的突出问题，深入开展协作队伍管理效能监察。要加强基础管理，尽快健全协作队伍管理台账，动态掌握协作队伍使用管理的基本情况；突出问题排查，认真查找协作队伍资格准入、竞标选用、合同管理、验工计价等关键环节中存在的突出问题，明确整改责任，严控管理风险；强化管理问责，严格落实协作队伍管理相关制度，对违规介绍、使用协作队伍，以及疏于管理给企业造成经济损失和不良影响的，要严肃问责并彻查可能存在的权钱交易等腐败问题。

（六）以提高能力素质为重点，加强纪检监察队伍建设，增强服务企业发展的能力和水平。

两级党委认真贯彻落实中央纪委等四部委《关于加强和改进中央企业和中央金融机构纪检监察组织建设的若干意见》，不断健全组织，配齐配强纪检监察干部，努力建设学习型、创新型、务实性、服务型、清廉型纪检监察干部队伍，为深入推进反腐倡廉建设提供坚强组织保证。

1. 加强学习培训，提高执纪水平。要采取"走出去""请进来"等多种方式，重点加强政治理论、党性修养、业务素质和执纪能力培训，帮助纪检监察干部坚定信念、开阔视野、丰富知识。广大纪检监察干部要刻苦钻研业务，自觉学习法律、财务、审计和现代企业管理等相关知识，不断提高自身素质和工作能力。

2. 加强理论研究，提高创新能力。深入调研是改进工作的基本方法，理论创新是工作创新的首要前提。企业纪检工作调研要围绕建设廉洁企业，揭示企业腐败现象成因，增强企业预防腐败能力等方面，从理论、体制机制、工作流程等层面认真研究，提出建设性的意见和建议，为企业全面加强反腐倡廉建设提供决策依据。

3. 加强作风建设，树立良好形象。广大纪检监察干部要带头加强作风建设，"打铁还需自身硬"，要严格遵守政治纪律、工作纪律、办案纪律、保密纪律和廉洁纪律，坚持秉公执纪、敢于碰硬，树立良好形象。要进一步强化责任意识、服务意识、创新意识和自律意识，以奋发有为的精神状态，锐意进取的工作作风，不断取得纪检监察工作新突破。

各位代表、同志们，新的发展战略赋予了我们新的使命，新的奋斗目标对纪检监察工作提出了新要求。让我们进一步坚定信心、扎实工作，以党风廉政建设和反腐败工作的新成效，为华东油气田的快速发展保驾护航！

大 事 记

2012 年大事记

1 月

8 日 曲 1 井于阜宁组三段 2 912—2 920.10 米试获日产 11.89 吨工业油流，首次在曲塘凹陷南部斜坡取得油气突破。该突破表明南部斜坡带是曲塘凹陷的主要油气成藏区带，有望在该区带发现千万吨级规模储量。

11 日 国土资源部、财政部根据国家"十二五"规划和《全国矿产资源规划（2008—2015 年）总体部署安排，首批审批启动的全国 2 个页岩气示范基地项目之一——贵州黄平页岩气综合利用示范基地建设项目启动会在南京召开。根据《贵州黄平页岩气综合利用示范基地建设规划》，"十二五"期间，华东分公司将投入 8.85 亿资金用于示范基地建设，实现盘活 500 亿立方米页岩气资源、建成 1.50 亿立方米产能、形成相关页岩气综合利用的技术标准和规范以及产业化模式的目标。

14 日 石化集团公司党组成员、纪检组长徐槟一行来华东石油局、华东分公司慰问调研，向全体干部员工致以新春的祝贺，并专程看望慰问困难员工和离退休人员。

17 日 湖南省委副书记梅克保、副省长徐明华一行到非常规湘页 1 井现场调研和慰问，希望在中国石化与湖南省签署的战略合作协议指导下，华东分公司加快页岩气资源勘探、评估和示范建设等前期工作，力争"十二五"末实现页岩气开发利用。

18 日 在江苏省委组织部省部属企业、科研院所 2011 年度"服务党员群众十件实事"表彰会上，华东石油局"实施健康工程，把健康大礼包送到基层"被评为"服务党员群众十件实事"并受到表彰。华东石油局党委、工会把员工健康挂在心上，每年划出专项资金，给员工送去"体检、驻队医生、疗养"3 个"健康大礼包"。

2 月

15 日 国土资源部与中国石化在北京举行"南黄海油气探矿权议标出让项目合同"签订仪式。华东分公司代表中国石化获得南黄海海安东区块的油气探矿权，矿权面积 3 868.569 平方千米。

16 日 在江苏省非煤矿山安全生产工作会上，华东石油局、华东分公司获 2011 年度江苏省非煤矿山安全生产先进集体称号，吴志良、赵军胜获安全生产先进个人称号。

23—24 日 华东石油局、华东分公司在南京召开四届三次职代会暨 2012 年工作会议。会议审议通过华东石油局、华东分公司工作报告、2011 年业务招待费使用情况等重要事项的报告、2011 年度财务决算暨 2012 年度财务预算报告、提案处理落实和征集情况的报告，与部分单位负责人签订 2012 年度绩效考核经济责任书，对华东石油局、华东分公司领导和机关部门负责人进行了民主测评，表彰了 2011 年度文明单位、文明集体、文明员工、劳动模范和特别贡献奖获得者。

23 日 共青团中央与人力资源和社会保障部联合授予 445 人"全国青年岗位能手"称号。华东石油局优秀青年技术工人、井下作业公司油建安装队焊工陈海华榜上有名。

25—28 日 华东石油局、华东分公司非常规、常规油气勘探开发工作会在南京召开。会议总结 2011 年度工作,表彰了先进单位和集体,部署了 2012 年工作,对打好页岩气突破战、煤层气增储建产大会战、苏北增储上产进攻战“三大战役”提出具体要求。

29 日 在北京召开的石化集团公司 2012 年钻井提速提效活动动员大会上,对在石化股份公司 2010 年重大油气资源发现中做出贡献的石油工程队伍进行表彰奖励。华东石油局 23 支石油工程队在物探、钻井、固井、录井、测井和井下作业 6 个专业领域 6 项发现成果和勘探突破项目中获奖,获奖数量在中国石化石油工程单位中排名第四。

3 月

1 日 华东分公司在苏北常规油田金湖凹陷石港断裂中段金南构造最南端的断鼻构造上部署的第一口页岩油水平井——金页平 1 井(后更名为金页-1HF 井),分段压裂施工后,于阜宁组二段 2 393.30—2 971 米(2 393.30—2 556.20 米、2 602.90—2 690.50 米、2 696.50—2 745.90 米、2 807.60—2 971 米)试获日产 15 吨工业油流,标志华东分公司在致密储层领域利用非常规技术取得了实质性进展,开启了非常规技术在常规油气勘探开发中广泛应用的征程。

25 日 华东石油局科学技术委员会公布 2011 年度科技成果,共有 56 项科技成果获华东石油局、华东分公司科技成果奖,其中一等奖 10 项、二等奖 21 项、三等奖 25 项。

27 日 石化集团公司党组成员、副总经理张耀仓一行到中国石化伊朗雅达工区调研,并慰问负责项目施工的威诺公司员工,勉励所有项目成员再接再厉,为祖国争光,为中国石化进一步开拓海外市场、做大做强贡献自己的力量。

31 日 华东石油局党委召开 2012 年党建思想政治工作暨党风建设和反腐倡廉工作会议,提出“贯彻一条主线、开展两大活动、增强三个保障、发挥三个作用、夯实五项基础”的党建“12335 工程”,发挥政治优势,勇当会战旗手,为早日建成百万吨油气田提供强大动力。

4 月

8 日 华东石油局、华东分公司在延川南煤层气工区部署的第一口 V 型井组——延 5V1 井组 3 井连通成功。此次远距离水平末端三井眼的精准连通,标志华东石油局、华东分公司已完全掌握了基于伽马的煤层轨迹控制技术、近钻头磁测距精确连通技术、电磁波随钻测量应用技术等煤层气特殊结构井的核心技术,打破了国内外少数公司对国内煤层气开采市场的技术垄断,对煤层气产业的快速发展具有长远的战略意义。

12—16 日 石化集团公司油田企业设备检查第一组一行 13 人,对华东石油局、华东分公司进行设备大检查。检查组分石油工程和开发作业 2 个小组,采取重点检查与一般检查相结合的方式,抽查了六物大队、六普大队、录井公司、固井公司、测井站、石油勘探开发研究院、采油厂 7 个单位和 11 个基层施工作业队,检查主要生产设备及科研仪器 113 台(套),查出各类问题 45 个。

18 日 新成立的华东石油局青年志愿者总队加入江苏省志愿者协会,并成为江苏省青年志愿者协会的团体会员。华东石油局青年志愿者总队下设 16 个青年志愿者分队,并以 5 个片区为单位统一参加地方组织的大型志愿者活动。

25 日 全国政协原副主席陈锦华,石化集团公司董事长、党组书记傅成玉到华东石油局、华东分公司视察调研,慰问看望全体员工,调查了解非常规油气勘探开发工作,对建设百万吨油气田目标提出要求:一是把老油田滚动开发继续做好。二是开辟新战场,延川南的煤层气尽快建成产能;页岩气要集中力量争取突破;加强工程技术攻关,用非常规的技术、生产、管理方式来管理非常规、常规油田。

28 日 江苏省总工会在南京召开的劳动模范和先进工作者表彰大会上,华东石油局、华东分公司一批先进集体和个人受表彰:石油勘探开发研究院获江苏省五一劳动奖状,试采大队江苏项目部经理夏海帮获江苏省五一劳动奖章，六物大队6411队测量班、六普大队70205井队井场组、非常规指挥部排采二队技术组、液碳公司充装车间获江苏省“工人先锋号”称号。

5月

8日 华东分公司首口页岩气水平井彭页HF-1井分段(12段)压裂施工圆满成功。此次压裂共用压裂液16 200多立方米，加砂1 330多吨，创中国石化页岩气水平井压裂规模最大、施工分段层数最多、加砂量最大、施工用时最短纪录。该井压裂后试气平均日产气超过2万立方米。

10日 石化集团公司在北京召开石油工程提升基层管理推进会，对17个专业在第五届“金银牌创建活动”中涌现的金银牌基层队、优秀基层管理者和2011年度石油工程新纪录进行表彰。华东石油局物探645队和录井B-YL201队获石油工程金牌标杆基层队称号；钻井70856HD队、70857HD队、物探649队、测井HD001队、固井HD601队和井下HD-DX101队获金牌基层队称号；钻井70205HD队、70860HD队、50512HD队、物探6411队、测井HD005队、录井HD001队、HD011队、HD015队、井下HD-SY101队和HD-CS101队获银牌基层队称号。工程技术设计研究院创造的煤层气连通井井口间距离最长914.18米，井下作业公司DSY101队和HD-CS101队创造的裸眼测试井段最长228.03米2项新纪录也获得表彰。

15日 非常规贵州工区煤层气排采井织5井经过150多天精心排采，日产气量超过1 200立方米，累计产气量11 447.50立方米，在非常规贵州工区6口煤层气多层合采井中首口日产气量超过1 000立方米。

21日 溱潼凹陷西部内斜坡带俞垛圈闭俞4井经常规测试，于阜宁组三段2 800.70—2 807.20米试获日产6.79吨工业油流。俞4井的突破是溱潼凹陷西部斜坡岩性圈闭成藏认识的具体体现，对溱潼西部斜坡乃至全凹陷开展岩性油气藏勘探具有指导性作用。

24—30日 华东分公司完成对中国石化首例煤层气V型井组延5-V1-P1、延5-V1-P2水平井分段压裂施工，共用6 800多立方米压裂液、780多吨压裂砂，创煤层气水平井压裂规模最大、施工分段(8段)层数最多、加砂量最大纪录。

6月

6日 延川南区块万宝山构造带上的砂岩气评价井——延3评1井顺利完成压裂施工，总用液量482立方米，加砂量63立方米，为延川南致密砂岩气最大规模压裂施工。压裂后该井试气日产气量超过3 000立方米，并且呈稳步上升趋势。

17—18日 华东石油局党委组织由各单位党委书记、副书记和机关党群部门负责人组成的40多人党建工作考察团，赴徐州中国石化管道储运公司进行为期2天的参观学习。

20日 南京市建邺区人民检察院与华东石油局检企共建预防职务犯罪签字仪式在南京举行。建邺区人民检察院检察长葛冰与局长、总经理方志雄分别代表建邺区人民检察院和华东石油局在《关于共同做好预防和查处职务犯罪工作备忘录》上签字。双方还就开展检企共建、利用检察院预防职务犯罪工作平台开展企业反腐倡廉宣传教育和预防职务犯罪进行了交流。

同日 华东石油局、华东分公司在黄桥液碳公司举行液氨泄漏事故Ⅰ级预案演练。机关相关部门以及液碳公司、环境监测站、职防所、采油厂、黄桥镇消防中队等单位100多人参加应急演练。

7月

10日 苏北盆地金湖凹陷的腰40井，于戴南组一段2 341.60—2 345.50米试获日产10吨工业油流，为腰滩油田提供了新的开发层系。

12日 历时近20天的华东石油局、华东分公司技术业务竞赛，在泰州、瓜洲赛区圆满完成了采油、井下作业、钻井技术比武和焊工、采油工、钻井工技能工种业务竞赛的各项赛程。来自采油厂、非常规指挥部、六普大队、建设工程中心、西部工作部、吉林项目部等基层单位的84名选手参加了多个竞赛项目的角逐，18名优胜者获表彰。

18 日 华东分公司石油勘探开发研究院资料信息管理中心“国土资源部地质资料委托保管单位”揭牌，标志资料信息管理中心已成为国家地质资料馆藏机构，将代表国家行使相关地质资料管理的职能。

19 日 华东石油局石油工程专业化整合重组领导小组及工作小组成立(华东石油〔2012〕158 号)。领导小组组长由方志雄、周松担任，副组长由冯如进、俞凯、申飞龙、张锦宏、吴聿元担任，执行副组长由申飞龙担任;成立了综合、业务、人事、财务资产 4 个工作小组。至此，华东石油局石油工程专业化整合重组进入实际操作阶段。

24 日 华东石油局、华东分公司半年工作讲评暨经济活动分析会在南京召开。会议着重分析了 2012 年上半年生产经营运行情况和存在的问题，制定了下半年的措施与对策。局长、总经理方志雄作《统筹谋划，整体推进，全面实现企业“发展、改革、稳定”三大目标》的报告。局党委书记周松作总结讲话。

8 月

7 日 重庆市委副书记张轩到彭页 HF-1 井调研，调查了解华东分公司页岩气勘探现状、彭水—南川页岩气勘探进展和彭页 HF-1 井状况，高度评价华东分公司在彭水区块页岩气勘探中取得的成绩，要求彭水地方政府密切配合，早日实现重庆地区页岩气大突破。

9—11 日 石化集团公司节能减排、职业健康专项效能监察第一检查组一行 6 人，采取听、看、问、查的方式，对华东石油局、华东分公司实施节能减排、突出绿色低碳落实情况和突出以人为本的职业健康工作开展情况进行检查。

14 日 重庆市政府召开页岩气发展专题工作会议。重庆市市长黄奇帆听取华东分公司副总经理吴聿元所作的《渝东南彭水—南川区块页岩气勘探开发工作》汇报，肯定华东分公司在页岩气勘探上做出的成绩。

16 日 石油工程整合重组工作座谈会在南京召开。石化集团公司整合重组工作组以及中石化石油工程公司领导一行 18 人，分综合、业务、人事、财务资产 4 个小组，听取了华东石油局石油工程专业化重组工作的情况汇报，并提出指导性意见。

同日 华东石油局 2500 型压裂车组施工暨酸化压裂队成立启动仪式在苏北工区曲 101-1HF 井井场举行。酸化压裂队于 4 月 13 日正式组建，主体设备为 2500 型压裂车组，是目前中国石化配置最高、投资最多的压裂装备，能更好地满足页岩气“压力高、排量大、时间长”的大型压裂施工要求。

29 日 华东石油局、华东分公司四届三次职代会联席会议审议通过《华东石油局华东分公司完善在岗员工休假疗养实施办法》。

9 月

4 日 重庆市副市长童小平到华东分公司彭水彭页 3HF 井勘探现场调研，参观了彭页 3HF 井钻台、空气钻设备及职工生活区，详细询问了页岩气勘探开发潜力以及地面抽采的工艺流程和技术特点，充分肯定华东分公司在重庆页岩气勘探开发上做出的努力，要求地方政府密切配合、共同协调，做好前期工作。

10 日 重庆工区彭水区块彭页 2HF 井一开井段成功实施干法固井技术。该技术在华东分公司非常规油气勘探中首次应用。

14 日 华东石油局党委利用召开党员领导干部组织生活会的机会，组织各单位党组织负责人、机关党群部门负责人到社会主义新农村的先进典型华西村实地参观考察。

22 日 溱潼凹陷蔡 4 井于阜宁组三段 1 802.40—1 803.60 米、1 820.20—1 823 米试获日产 18.23 吨工业油流。该成果对于加深凹陷外斜坡中、浅层阜宁组三段油气成藏规律认识，扩大优质储量面积具有重要意义。

24 日 海安凹陷曲塘次凹曲 101-1HF 井在 3 365 米钻遇阜宁组三段Ⅰ油组目的层，采用 2 段 4 层进行分段压裂，于阜宁组三段 3 376.40—3 388.40 米(射孔井段 3 382—3 384 米)、3 410.50—3 425 米(射孔井段 3 416—3 418 米)、3 501—

3 518.70 米（射孔井段 3 512—3 514 米）、3 522.80—3 536(射孔井段 3 524—3 526 米)试获日产 51.92 吨高产工业油流，是水平井技术有效动用海安凹陷南部斜坡薄层致密油藏的首次成功应用。

25 日 张家垛油田的张 3－2HF 井进行 7 段分段压裂后，于阜宁组三段 3 343—3 880 米试获日产 152.70 吨、含水率 6%的高产油流。该井的成功实施，加快了苏北增储上产的步伐。

10 月

3 日 由 Sinopec368 队(六物大队 368 队)承担施工的中国石化玻利维亚 Itaguazurenda 三维地震采集项目，在圣克鲁斯省查拉瓜市举行开工典礼。玻利维亚总统埃沃·莫拉莱斯、中国驻玻利维亚大使李东出席典礼并致辞。

14 日 山西延川南工区煤层气日产首次突破 3 万立方米。其中延 1 井组有 11 口井日产气量超过 1 000 立方米，4 号平台 6 口煤层气井日产气超过 8 000 立方米，延 1－28－10 井最高单井日产达到 2 000 立方米，且大多数高产气井产量呈平稳上升趋势。

17 日 由中央电视台、人民日报、中国能源报、中国矿业报等国内 13 家主流媒体组成的报道组，专程到彭页 3HF 井、彭页 HF－1 井进行现场采访，重点了解重庆彭水地区勘探开发页岩气的情况。

24 日 六普大队 40686 井队施工的华 3－1 井钻达井深 1 423 米，标志该队台年钻探进尺超过 3 万米，创造了华东石油局年度钻探进尺历史新纪录。

26 日 石化股份公司副总裁、油田事业部主任焦方正到华东分公司南黄海浅海探区调研二维地震资料采集工作，详细了解海沟地貌和施工情况，对区块地震剖面提出相关建议。

11 月

5 日 中原油田局长、总经理孔凡群一行 5 人来华东石油局、华东分公司访问，与方志雄、周松等领导在南京举行座谈，听取了华东石油局、华东分公司常规、非常规油气勘探开发工作情况介绍。

6 日 在胜利油田举办的石化集团公司 2012 年业务竞赛中，华东石油局、华东分公司选手经过 7 天紧张角逐，取得“两金、两银、一铜”的好成绩。其中，物探研究院王海峰获物探专业竞赛金奖，六普大队陈侃获钻井专业竞赛金奖，六普大队燕建成、赵文彬获钻井专业银奖，试采大队杨修直获井下作业专业竞赛铜奖。华东石油局、华东分公司获“优秀组织奖”。

同日 海安凹陷张家垛油田张 3－3HF 井于阜宁组三段 4 120—4 124 米试获日产 7.15 吨工业油流。张 3－3HF 井试油成功对于评价、落实、动用该区域优质油流储量具有重要意义。

8 日 上午 9 时，华东石油局、华东分公司领导及党委中心组成员、机关干部职工 200 多人集中机关大会议室，收看中国共产党第十八次全国代表大会开幕电视直播。局属 20 个党组织、各基层井分队就地分别组织 1 200 多名在岗党员集中收看。近 900 名离退休的党员也采取多种方式收看了大会电视实况转播。局党委书记周松在局机关观看开幕式后，立即对学习、宣传十八大精神提出明确要求。

9 日 固井公司、测井公司、技师学院和职业病防治所 4 家驻扬单位在测井公司与扬州市邗江区检察院共同举行检企合作签字仪式，双方签订了《关于共同做好预防和查处职务犯罪工作备忘录》。

22 日 国家科技部在南京召开 863 项目“二氧化碳驱油提高石油采收率与封存关键技术研究”验收会，由华东分公司承担的子课题“含二氧化碳混合气高效分离与提纯技术”和“二氧化碳产出气回收与循环利用技术”通过验收。

27 日 在北京召开的中国石化科学技术奖励委员会评审会议上，华东分公司的科技成果“下扬子地区上组合晚期成藏条件与有利区带评价”被评为中国石化 2012 年度科技进步三等奖。

12 月

1—2 日 石化集团公司党组成员、副总经理曹耀峰在重庆彭水页岩气彭页 HF－1 井、彭页

3HF 井施工现场调研，充分肯定华东石油局、华东分公司在非常规油气领域取得的成绩，要求加大石油工程技术研究，将研究成果与页岩气的领域有机地结合起来，为非常规油气领域提供技术支撑；在页岩气的开发过程中深入推行“井工厂”模式，有效促进降本增效；加强油基泥浆的回收利用，将“经营一元钱、节约一分钱”的理念落实到工作的各个环节中；加强与南方勘探分公司的沟通交流。

10 日 华东石油局、华东分公司在机关召开华东石油工程公司副职领导人员竞争上岗推荐会。石化集团公司人事部、中石化石油工程公司党委联合干部考察组出席。华东石油局、华东分公司领导、首席专家、副总师、机关副处级以上干部和直属单位党政主要领导、员工代表 104 人参加。参会人员依据石化集团公司人事部颁发的竞争上岗公告的相关条件，对 11 名资格审查合格的竞聘人员进行民主推荐，产生 6 名候选人，其中竞聘分管生产技术和经营的副总经理候选人各 3 人。6 名候选人按照抽签顺序作竞聘演讲。参会人员根据竞聘演讲人员的综合表现以及竞聘岗位职责要求等进行竞聘推荐。

14 日 华东石油局党委中心组集中学习中央政治局关于改进工作作风、密切联系群众的八项规定，并结合实际学习了石化集团公司党组关于党政议事规则和领导干部职务消费的通知精神。

23 日 延川南煤层气日产量突破 4 万立方米，其中延 17 井日产煤层气 2 600 立方米。

26 日 石化集团公司党组书记、董事长傅成玉在收阅华东石油局、华东分公司 2012 年工作汇报后批示：“华东石油局的同志们认真贯彻党组要求，克服困难、努力拼搏，在企业发展、队伍建设、深化改革、党的建设等方面有新起色，在老油田勘探开发、增储上产、煤层气、页岩气等方面有新突破，在技术工艺创新上有新进展，值得肯定。希望能在进一步降低成本和提高产量 2 个方向上坚持不懈，再有斩获，争取早日实现彭页气田经济有效开发。”

28 日 石化集团公司党组成员、副总经理张耀仓收阅华东石油局、华东分公司 2012 年工作汇报后作批示：“成玉董事长的批示十分重要，完全代表了我们的心愿。2012 年是华东局(分公司)发展历史进程中的新的里程碑，谨向同志们表示祝贺和敬意！衷心希望同志们紧随时代，抢抓机遇，团结奋进，攻坚克难，在 2013 年不断取得新的成绩，努力开创科学有效发展新局面。”

同日 按照华东石油局、华东分公司部署，吉林项目部人员撤出吉林工区整体并入非常规指挥部。腰英台油田 156 名员工转移到非常规指挥部彭水、织金、延川南、和顺 4 个工区，参加煤层气、页岩气勘探开发会战。

31 日 采油厂 2012 年生产原油 23.51 万吨，年增长率 25%；销售原油 22.34 万吨，创造了原油产量、销售量新纪录，圆满完成年度目标任务。

同日 非常规指挥部 2012 年产气量 1 243 万立方米，其中页岩气 205 万立方米、煤层气 1 038万立方米。

（王月磊　辑）

2013 年大事记

1 月

1 日 华东石油局历时半年多的企业重组与重大体制调整顺利完成。自 2013 年起，华东石油局与华东石油工程公司实现分开运行、分开核算、分开考核；华东石油局、华东分公司、华东石油工程公司机关综合管理部门实行合署办公;六物大队划入中石化石油工程地球物理有限公司,党委、工会、共青团工作仍由华东石油局管理协调。

3—5日 华东油气田在南京浦口召开2013年工作研讨会。会议提出,加快推进非常规和常规油气事业全面发展,早日建成中国石化海相页岩气田、中国石化第一个煤层气田、中国石化二氧化碳驱采油示范基地、下扬子地区海相油气田4个生产基地。与会的华东油气田领导、首席专家、副总师和部门负责人围绕建设"4个生产基地",就人才队伍建设、体制机制建设、科研管理、作风建设、考核制度、廉洁风险防范等问题进行深入研讨。

6日 华东油气田发文,对2012年在华东石油局、华东分公司物探、钻井、采油、井下作业4个专业业务技术比武中,获得石油钻井工、采油工、焊工、二氧化碳提纯操作工技能竞赛前三名的25名员工,授予"华东石油局、华东分公司岗位技术能手"称号。

7日 共青团华东石油局第六次代表大会在扬州闭幕。大会审议通过共青团华东石油局第五届委员会工作报告,选举产生共青团华东石油局第六届委员会和出席共青团江苏省第十四次代表大会代表。金鑫当选为华东石油局第六届团委书记。

9日 石化集团公司表彰2012年度HSE先进单位和个人。华东石油局、华东分公司被授予2012年度"环境保护先进单位"称号,方志雄、张锦宏、赵军胜被授予2012年度"环境保护先进管理者"称号,陈安明、吴志良、张亚文被授予2012年度"安全生产先进职工"称号,李清、朱扬金、姚洪生被授予2012年度"环保管理先进工作者"称号。

22日 石化集团公司党组成员、总经理王天普到华东油气田慰问调研,慰问离退休老员工、劳动模范、困难员工,向全体员工和家属表示新年的祝贺和问候,同时充分肯定华东油气田对中国石化做出的贡献,要求认清上游发展面临的形势,突破非常规,转变发展方式,提高发展质量和效益。

25日 经过20天连续施工,华东分公司页岩气彭页3HF井22段大型压裂施工顺利完成。单井压裂总液量、加砂量、单段加砂量创国内页岩气井多项工程纪录。

28日 中国地质学会在北京为2012年度"十大地质科技进展"和"十大地质找矿成果"颁奖。华东石油局、华东分公司2项成果获奖,其中由方志雄研究团队承担的"川东南彭水地区海相页岩气找矿项目"获十大地质科技进展成果奖,由周松研究团队承担的"延川南煤层气气田项目"获十大地质找矿成果奖。

30—31日 华东分公司在采油厂召开2013年勘探开发工作会议。局长、总经理方志雄在会上提出,2013年要转变观念搞勘探,创新工艺做开发,重点抓好生产一体化运行、规模储量控制、滚动勘探与油藏评价增储上产、产能建设上产、老区治理稳产、钻采工艺和地面系统建设降本六大工程,不断创造勘探开发新水平。会议表彰了2012年度油气勘探开发优胜集体、先进集体。

2月

4日 根据中央"八项规定"精神和石化集团公司党组《关于印发〈贯彻落实中央改进工作作风密切联系群众"八项规定"实施细则〉的通知》的要求,华东石油局党委制定发布了《严格机关接待管理的五项要求》和《领导班子成员改进作风,密切联系群众的十项规定》。

6日 华东油气田在南京召开2013年生产提速提效总结表彰大会。会议总结了2012年提速提效取得的成绩,对提速提效先进单位进行了表彰,部署了2013年提速提效5项重点工作,要求依靠科技提速提效,优化运行提速提效,强化"三基"提速提效,严格管理提速提效,突出质量提速提效,狠抓安全提速提效。

3月

1日 在江苏省非煤矿山安全生产工作会议上,华东石油局、华东分公司被授予2012年度"江苏省非煤矿山安全生产工作先进集体"称号,这是华东石油局、华东分公司自2008年以来连续第五次在安全生产领域获得省级表彰。

5—7日　华东油气田四届四次职代会暨2013年工作会议在南京召开。会议审议通过华东油气田工作报告、财务预(决)算报告、提案处理报告、重要事项报告,签订了2013年度经济责任制目标责任书,对华东油气田领导和机关部门负责人进行民主测评,表彰2011—2012年度文明单位标兵、文明单位、文明集体、文明班组、劳动模范和文明员工。

13日　金湖凹陷钱王庄构造的钱1井,于阜宁组二段井深2 790.60—2 826.30米,压裂后试获日产26吨工业油流,标志金南工区钱王庄构造带是油气富集区带,对于加深该地区油气成藏规律认识具有重要意义。

21日　华东油气田在南京召开2013年党风建设和反腐倡廉工作会议,总结2012年党风建设和反腐倡廉工作,部署2013年6项工作任务,表彰了2012年党风廉政建设优秀领导班子、优秀领导干部,与处级以上领导干部签订了廉洁自律承诺书。

4月

1—2日　石化股份公司副总裁、油田事业部主任焦方正率油田事业部相关部门负责人,赴延川南煤层气开发试验区调研。焦方正到井组了解煤层气生产情况,查看了压缩天然气站建设工程和地面电网与集气工程,充分肯定华东油气田在非常规资源勘探特别是在煤层气勘探开发上取得的成果与进展,要求突出低成本战略,实现有效开发,尽快建成中国石化首个煤层气田。

5日　华东油气田自建的第一座压缩天然气站在重庆彭水彭页HF-1井投入使用,开始对外正式销售彭页HF-1井所产页岩气。

7日　由华东分公司承办的中国石化下扬子海相层系勘探技术研讨会在南京召开。与会专家、学者围绕下扬子地区海相油气勘探主题,对下扬子地区古生界油气勘探进展、地质认识、勘探潜力及地震攻关等热点难点问题进行交流探讨。石化集团公司老领导牟书令、石化股份公司副总地质师、中国石化石油勘探开发研究院院长金之钧出席会议。

11日　华东油气田在南京举行部分中层领导人员副职职位公开竞聘演讲,经过资格审查和民主推荐产生的20名候选人参加演讲。此次竞聘的职位有人事处副处长、企业改革管理处副处长、基地管理处副处长、财务二处副处长、研究院副院长、工程院副院长、物探院副院长、非常规指挥部副指挥长、副处级审计员9个副职。在竞聘演讲评选的基础上,再通过组织考察研究确定人选候选人,最终聘任上岗。

17日　延川南工区压缩天然气站第一辆4 000立方米槽罐车满装外运,标志延川南煤层气示范区实现首次煤层气销售,为规模有效开发煤层气迈出重要一步。

18日　华东石油局党建思想政治工作部署会在南京召开,安排部署2013年工作任务,启动"百人百点桥梁工程",征集"一转双创双提高"活动方案。

23日　华东分公司《延川南煤层气田5亿立方米产能建设开发方案》获石化股份公司油田事业部专家组审查通过。同意在延川南区块2年新钻808口井(2013年300口,2014年508口),修建平台142个,进尺102.10万米,新建产能5亿立方米,建成中国石化第一个煤层气田。方案的审查通过标志中国石化五大会战之一的延川南煤层气增储建产大会战正式启动。

同日　4月20日四川雅安发生7级强地震后,华东石油局党委、工会、团委向全体员工倡议开展"向四川雅安地震受灾同胞捐款"活动,共有6 078人向灾区捐款640 650.40元人民币。

5月

4日　华东石油局"草舍油田Et油藏二氧化碳驱提高采收率先导试验"和"煤层气(和顺示范区)高效开采技术"2项成果,经中国石化科技开发部专家鉴定委员会鉴定,被认为分别达到国际领先和国内先进水平。

14日　延川南煤层气5亿立方米产能建设动员会在南京召开。大会介绍了煤层气产能建设的形势和基本情况，部署了煤层气产能建设的主要任务和工作安排。局长、总经理方志雄，局党委书记周松分别作动员讲话，对煤层气产能建设工作提出具体要求。

23—24日 中石化石油工程技术服务有限公司党委书记周世良一行来华东工程公司调研。调研组对华东工程公司在企业精细化管理和党建工作方面的经验、做法和所取得的成绩给予充分肯定，同时就石油工程业务外包、纪检审计工作开展、中层干部提拔以及机关职能管理等方面工作提出建议。

24日 华东石油局党校举办的2期处级干部和6期科级干部"十八大精神专题宣讲"轮训学习班全部结束。此次轮训从4月21日开始，分别在扬州和南京举办，共培训干部433人，是近年来华东油气田举办的规模最大、人数最多的一次在职干部集中轮训。

6月

2日 华东油气田第十二届文化体育节拉开序幕，驻南京单位400多名员工参加了集体攀登紫金山活动。这届文化体育节坚持"面向基层、服务员工，小型分散、安全节俭，形式多样、生动活泼，简便务实、注重实效"的原则，设立了文化活动、体育健身活动、文艺活动、离退休人员文体活动4个系列20项活动内容。

4日 局长、总经理方志雄在北京与新星石油公司总经理袁清就合作开发利用地热资源进行会谈协商，重点对江苏省地热资源、市场和地方政策展开探讨，并分别代表华东石油局和新星石油公司签订《地热开发合作框架协议》。

9日 华东油气田应邀参加江苏省和南京市安全生产委员会在南京万达广场举办的2013年江苏省"安全生产宣传咨询周"活动。江苏省副省长缪瑞林到现场观看了华东油气田安全生产展板，听取了安全生产和经营情况介绍，对华东油气田安全生产工作予以充分肯定。

7月

1日 采油厂采油三队党支部被评为中国石化第一批"基层党支部建设示范点"。

17日 华东油气田半年工作讲评会在南京召开。局长、总经理方志雄在会上作了题为《扩大成果乘势而上，全面实现年度目标》的工作报告，总结了上半年10个方面的主要工作，对做好下半年8项重点工作和党建思想政治工作提出要求。

23日 延川南工区煤层气日产量首次突破5万立方米，日产1 000立方米气井达到27口。

25日 中国工程院院士、石化股份公司副总地质师马永生率石化集团公司工程院、非常规能源处、科技部、华东分公司研究院、工程处、非常规指挥部相关人员到南页1井调研，对华东分公司在非常规油气领域所做的工作表示肯定，对页岩气开采提出5点建议。

8月

5日 溱潼凹陷帅垛构造的帅5井于阜宁组三段3 115.70—3 137米试获日产24.80吨工业油流。揭示了帅垛油田阜宁组三段及火成岩蚀变带的含油性(含阜宁组四段及阜宁组三段)，并在阜宁组三段上油组5小层获高产工业油流。该井的勘探成功证实帅垛地区是一个三垛组、戴南组、阜宁组三段多层叠合成藏的油气富集区带，是溱潼凹陷油气立体勘探的重大成果。

6日 华东油气田党的群众路线教育实践活动动员部署会在南京召开。局长、总经理方志雄主持大会，局党委书记周松作动员讲话，石化集团公司第八督导组组长孟德成出席并讲话。按照中央要求和石化集团公司党组部署，华东油气田将用3个月时间，集中开展党的群众路线教育实践活动。

24—29日 石化集团公司QHSE大检查油田企业第二检查组对华东油气田进行QHSE检查。检查组采取查阅资料、现场检查、随机提问、应急演练等方式，分江北、江南区块，对多家单位进行重点抽查。检查组对华东油气田QHSE工作给予充分肯定，对发现的隐患和问题进行了剖析，并就下一步QHSE工作提出5项建议。

28—31日 物探华东分公司承办的中国石

化 2013 年石油地震勘探工、石油物探测量工职业技能竞赛决赛在南京落幕。此次技能竞赛持续 6 个月,共有来自地球物理公司 9 个单位的 116 名选手参赛。物探胜利分公司、物探中原分公司、物探江苏分公司、物探华东分公司分获第一、二、三、四名,36 人分获金银铜牌奖。

9 月

15 日 由物探华东分公司 647 队施工的西藏羌塘盆地天然气调查圆满完成。该项目为中国地质调查局科研攻关项目,首次采用可控震源在青藏高原进行地质调查作业,施工时间 20 多天。

17 日 中石化石油工程地球物理公司装备管理中心在南京成立。装备管理中心依托物探华东分公司(第六物探大队)设立,按照地球物理公司直属单位管理,业务上受公司运行管理处领导,办公地点设在南京。主要职责是负责公司地震仪器及特种装备的统一管理、运营、维护并提供服务,负责组织重大、关键装备的研发与制造,参与公司装备需求计划编制及可行性研究等工作。

27 日 华东油气田《中国石化之歌》传唱歌咏会在华东石油技师学院举行。来自油气田各基层单位的 150 多名员工参加歌咏会,以合唱、表演唱、歌伴舞等多种形式,共同唱响《中国石化之歌》。《中国石化之歌》传唱活动是纪念中国石化成立 30 周年活动之一,由中国石化文联、石化集团公司思想政治工作部、中国石化报社和中国石化音乐舞蹈家协会联合主办,从 2013 年 4 月开始,在中国石化百万员工中广泛传唱。

10 月

7 日 延川南煤层气日销售 20 125 立方米,投产以来日销售量首次超过 2 万立方米。

11 日 华东油气田 2013 年"敬老节"系列活动启动仪式在扬州举行。油气田各离退休党支部书记、文艺小分队、离退休人员及工作人员共 150 多人出席活动。

31 日 新疆塔河工区六普钻井分公司 8 支钻井队经过 10 个月紧张施工,钻探进尺超过 10 万米,达到 103 509.37 米,为年度计划的 108%,创六普钻井分公司进疆以来年度前 10 个月钻探生产最好成绩。

11 月

5—6 日 石化集团公司党组成员、股份公司高级副总裁王志刚到延川南调研煤层气 5 亿立方米产能建设进展情况,看望慰问生产一线员工。王志刚对项目的进展情况表示满意,对下一步非常规油气勘探开发工作提出 8 项要求。

9—10 日 中国共产党华东石油局第三次代表大会在南京召开。局长、总经理、党委副书记方志雄主持大会,党委书记周松作工作报告,党委副书记、纪委书记冯如进作纪委工作报告。196 名正式代表和 13 名列席代表及老领导出席会议。大会全面总结了过去 10 年的工作,确立了今后 5 年的奋斗目标和工作重点,选举产生了新一届中共华东石油局委员会和纪律检查委员会。

11 日 贵州省副省长慕德贵等在贵阳会见局长、总经理方志雄和副总经理吴聿元,就华东分公司在贵州省开展非常规油气勘探开发工作进行会谈,希望加快推进贵州省页岩气、煤层气勘探开发,并表示全力支持华东分公司的工作。

15 日 华东分公司采油厂被江苏省委、省人民政府授予"2010—2012 年度江苏省文明单位标兵"称号。

16 日 延川南煤层气日产首次突破 6 万立方米,共有投产井 187 口,产气井 103 口,其中日产 1 000 立方米井 27 口。

12 月

2 日 溱潼凹陷西北部斜坡带陈家舍构造 2 号断块的陈 2 井,于戴南组一段 1 879—1 904 米试获日产 61.40 吨高产油流。陈 2 井的成功,实现了戴南组超覆尖灭带油藏勘探的首次突破,揭示了该领域巨大的勘探潜力。

17 日 华东石油局党委召开党的群众路线教育实践活动专题民主生活会。石化集团公司第八督导组齐长兴到会。局长、总经理、局群众路线教育实践活动领导小组组长方志雄代表华东油气田领导班子作对照检查汇报。局党委书记周松主持会议。局党委成员张锦宏、冯如进、俞凯、申飞龙、吴聿元、谈士海、赵晓华参加会议。

27日 在北京召开的中国石化科学技术奖励委员会评审会议上，华东分公司的科技成果“草舍油田Et油藏二氧化碳提高采收率先导试验”被评为中国石化2013年度科技进步二等奖。

29日 华东分公司与中国海洋石油总公司上海分公司陆上页岩气合作项目——“安徽芜湖下扬子西部区块页岩气勘查项目”地震作业正式开工。该项目是中国海洋石油(中国)有限公司在陆上的首个勘查项目，野外采集施工由物探华东分公司承担，资料处理、解释一体化由华东分公司物探院承担。

31日 华东石油局党委、华东分公司发出贺电，祝贺采油厂圆满完成2013年原油产量任务。采油厂全年生产原油30.25万吨，同比增产6.75万吨，增长幅度28.70%，首次跨上年产30万吨的新台阶，连续4年实现跨越上产。

(张容群　辑)

总　述

2012—2013 年，华东油气田紧紧围绕“页岩气勘探突破战、煤层气增储建产大会战、苏北增储上产进攻战”三大战役，以优化结构为抓手、改革创新为动力，坚持差异化竞争、特色化发展、一体化运行的方向不动摇，同心同德，攻坚克难，锐意进取，扎实工作，有效推进“海相页岩气生产基地、煤层气生产基地、二氧化碳驱油示范基地、下扬子海相油气生产基地”四大基地建设，形成了非常规资源勘探开发大进展、苏北油田原油大上产两大亮点和石油工程提速提效、基础工作逐步加强、队伍建设和谐发展的可喜局面。2 年实现收入 86.99 亿元。其中，2012 年实现收入 45.19 亿元，2013 年实现收入 41.80 亿元。

一、煤层气从排采试验转入建产会战

在初步证实延川南区块具备煤层气建产条件的基础上，2012 年继续按照“稳妥推进煤层气排采试验”的要求开展工作，形成了“连续、稳定、缓慢、长期”的煤层气开发技术和工作方法，建成了延川南煤层气 3 个试验井组，实现了“由单井排采突破向面积排采突破”质的飞跃。同时落实了延川南煤层气探明地质储量 207.80 亿立方米。延川南煤层气勘探获石化股份公司“储量发现成果三等奖”和中国地质学会“十大地质找矿成果奖”。2013 年，围绕延川南煤层气 5 亿立方米产能建设，华东油气田各参战队伍和全体人员按照“快节奏、高效率、低成本、高质量”的会战要求，发扬大庆精神，坚定会战信心，争当会战先锋，全年完成钻井进尺 46.47 万米，完井 345 口，压裂 254 口，提前 35 天完成延川南煤层气 5 亿立方米第一期产能建设，单井综合投资比石化集团公司下达指标降低 2.50%。同时探明万宝山构造带黄河以东地区 2 号煤的煤层气地质储量 102.40 亿立方米。初步证实贵州织金煤层气勘探具备高产地质条件和实施井组开发试验的基础。

二、苏北原油产量再创历史新高

围绕原油产量再上台阶的工作目标，坚持甩开勘探与重点评价相结合，实现了从单一圈闭评价向区带整体评价转变，从构造圈闭评价向构造岩性复合圈闭评价转变，从常规评价手段向常规、非常规评价手段并用转变。同时强化浅中深层立体勘探、区带整体评价，突出复合圈闭勘探，取得较好成果。其中，“苏北盆地海安凹陷油气勘探”获石化股份公司重大突破二等奖；“苏北盆地溱潼—海安凹陷油气勘探”获石化股份公司储量成果三等奖；“溱潼凹陷西北斜坡勘探”获石化股份公司勘探发现奖；“张家垛曲塘区块控制储量”获石化股份公司商业发现奖。2 年新增探明石油储量 1 263 万吨，控制石油储量 1 952 万吨，预测石油储量 2 438 万吨，合计新增三级储量 5 653万吨。按照开发提前介入、新井加快建产、老井注重稳产的工作思路，坚持滚动勘探与油藏评价相结合，优化产建方案与抢建抢投相协调，强化老区调整与治理并举，扩大水驱与气驱控制储量，有效提高新井投产效率和老井采收率，2 年合计生产原油 53.76 万吨。原油年产量从 2012 年 23.50 万吨上升到 2013 年 30.26 万吨，创历史新高。

三、页岩气勘探取得阶段性成果

页岩气勘探坚持以思路创新为前提，选区评价为基础，技术配套为保障，积极开展选区评价和对外区块合作。进一步优化井身结构、压裂参数和排采工艺，有效开展增产降本工艺攻关。彭页 HF-1 井日稳产页岩气 2 万立方米，实现了从选区评价向勘探突破的转变。2 年间部署的彭页 2HF 井、彭页 3HF 井、彭页 4HF 井与原彭页 HF-1 井形成页岩气控制面积 22 平方千米。彭页 FH-1 井实现了以销定产，销售页岩气 108 万立方米；彭页3HF井实现自喷稳产，日产气1.30万立方米；彭页4HF井清水压裂试验获得成功，日产气1.30万立方米。南页1井导眼井发现良好页岩气显示，钻获页岩气层135米，有机碳含量大于3%的优质页岩气层29米，优选有利靶区，完成1 103米的水平井段钻探；仁页1井钻进过程中发现500米厚层状膏盐层。

四、石油工程体制改革和业务市场稳中有进

2012—2013年，按照石化集团公司统一部署，实现了“独立考核、分开核算、生产经营独立运行、综合部门合署办公”的管理模式，华东工程公司、物探华东分公司相继成立。华东工程公司坚持循序渐进抓改革，集中精力谋发展，形成了具有华东特色的运行机制。组建江苏工程项目部，实现了由单项工程承包型向技术—管理—服务总承包型转变；积极推广轨道式钻井、高效钻头，建立了煤层气“井工厂”钻完井工艺模式，实现了非常规录井、固井工程总承包；新疆工区全年钻井进尺11.10万米，首次突破10万米大关；同时积极探索地热、页岩气、天然气储气库等外部新兴市场。物探华东分公司牢固树立“做优国内探区、做特非常规、做强海外市场”的发展思路，在优先服务华东油气田非常规勘探核心业务、老油区增储上产和下扬子攻关项目的基础上，巩固、跟踪、拓展西北、东北、华北、南方、玻利维亚等外部市场。

五、企业改革和队伍建设持续推进

按照石化集团公司改革工作部署，2012年，完成了华东工程公司机构设置、人员划转、资产分割、工商注册登记；吉林项目部整体划入非常规指挥部；成立了渝黔页岩气会战指挥部。2013年，机关部门、直属机构设置及职能进行了调整，完成机关职能部门科级建制、定编设岗与职位聘任；调整石油工程技术研究院体制；组建社区管理中心，完成华石公司职能定位和威诺公司股权调整。

同时深化劳动用工制度改革，坚持内部调剂为主，外部引进为辅，严把进口，畅通出口，用工总量首次实现负增长。进一步优化队伍结构，建立三支人才队伍岗位序列；坚持以岗位建设为核心，畅通人才成长通道；以能力培养为重点，开展技能培训。人才整体素质持续提升，人才队伍活力明显增强，在石化集团公司钻井工、采油工等技能竞赛中，取得2枚金牌、2枚银牌、1枚铜牌。首次获得石化股份公司“红旗采油厂”称号。

六、安全环保和节能降耗实现平稳运行

深入开展安全管理提升、安全生产月、应急演练周活动，坚持领导带班责任制和“七想七不干”制度，着力推进安全生产标准化建设。加大煤层气、页岩气勘探开发环境保护和废物治理力度。引入境外公共安全培训机制，提高涉外人员综合素质。认真贯彻落实“全覆盖、零容忍、严执法、重实效”的要求，采取“四不两直”检查方式，查找管道风险，完善基础台账，修订应急预案，规范承包商管理，抓好井控安全与管网安全。加强薄弱环节监管，狠抓隐患排查治理，强制度、查隐患、堵漏洞、促整改，实现了安全环保生产平稳运行。2012年获石化集团公司“环境保护先进单位”称号。华东石油局万元产值综合能耗0.425吨标煤，华东分公司万元产值综合能耗0.37吨标煤，控制在石化集团公司要求的范围内。2013年首次获石化集团公司“安全生产先进单位”称号。华东石油局(矿区)万元产值综合能耗0.065吨标煤，华东分公司(矿区)万元产值综合能耗0.363吨标煤，华东石油工程公司万元产值综合能耗0.454吨标煤，均控制在石化集团公司要求的范围内。

七、企业基础管理工作进一步加强

按照“经营一元钱，节约一分钱”的要求，注重预算编制与实际运行、预算执行与差异分析、预算控制与经营考核的有机结合。编制修订了《绩效考核实施细则》《勘探开发工程技术服务市场准入管理细则》《资金管理办法》和差旅费管理、应急预案等制度。建立“以风险审计为导向”的审计理念和“以严格审计整改为核心要求”的审计监督模式。认真贯彻落实中央八项规定和石化集团公司党组23条实施细则，制定出台了华东油气田《领导班子成员改进作风十项规定》和

《严格接待五项要求》。2012 年，实现降本减费 5 152 万元，为年度指标 132%。2013 年，同比会议费下降 33.50%、招待费下降 36.60%、差旅费下降 12.40%、办公费下降 5.50%。

八、科技创新和技术进步取得新业绩

2 年来，注重科研的前瞻性研究和与生产性研究的有机结合，积极开展基础性重大战略课题研究和生产技术瓶颈攻关。2012 年承担国家和省部级科研项目 14 项，获石化集团公司科技进步三等奖 1 项；取得国家发明专利授权 1 个，实用新型专利授权 12 个；煤层气 U 型、V 型水平连通井钻完井技术达到国内领先水平，煤层气井压裂工艺技术达到国内先进水平，煤层气藏开发技术和配套工艺日趋成熟；页岩气水平井地质导向、油基钻井液、固井水泥浆和分段压裂等国产化技术处于国内先进水平。2013 年承担国家和石化集团公司级科研项目 11 项，其中“草舍油田 Et 油藏二氧化碳提高采收率先导试验”项目获中国石化科技进步二等奖；完成《煤层气测井资料处理解释规范》行业标准；取得授权专利 17 项，其中发明专利 1 项。

九、党的建设和思想政治工作全面提升

以深入学习贯彻落实党的十八大精神为主线，紧紧围绕改革发展稳定大局，认真贯彻落实石化集团公司党建工作“两个文件”要求，深入开展“创先争优”“一转双创”“基层组织建设年”活动。成功召开第三次党代会。加强重点领域、重点人员教育，加强廉洁风险防控，加强重点工程和热点项目效能监察。出台了《党政领导议事规则》《三重一大决策制度实施办法》和《招投标业务实施办法》。工会、共青团组织围绕生产经营，充分发挥桥梁纽带作用，举办了“第十二届职工文化体育节”和“庆祝中国石化成立 30 周年”系列活动。

2014 年是实施“十二五”规划的攻坚之年。华东油气田将认真学习贯彻党的十八大、十八届三中全会和石化集团公司工作会议精神，紧紧围绕深化改革、加快发展“一条主线”，深入推进“三大战役”，建设“四个基地”，着力突出质量、效益、安全、管理等重点工作，力争页岩气勘探有效推进、煤层气建产 5 亿立方米、常规油上产 35 万吨、石油工程稳中求进、社区板块优质服务、党建和队伍建设健康发展，努力谱写华东油气事业发展新篇章。

（韩华林）

专　记

企业重组与重大体制调整

根据中国石油化工集团公司《集团公司石油工程专业化整合重组总体方案》（集团工单企研〔2012〕28号）和《石油工程专业化整合重组实施的指导意见》（中国石化企〔2012〕339号）的统一部署和要求，华东石油局石油工程专业化重组工作自2012年6月正式启动，将“中国石化集团公司华东石油局”重组为“中石化华东石油工程有限公司”（简称华东工程公司）和新的“中国石化集团公司华东石油局”（简称华东石油局），同时将“六物大队”（进行矿区业务剥离后）划入“中石化石油工程地球物理有限公司”（简称地球物理公司），华东分公司职能及业务范围不变。2013年1月起，华东石油局与华东工程公司实现分开运行、分开核算、分开考核；华东石油局、华东分公司、华东工程公司机关综合管理部门实行合署办公。至此，华东石油局历时半年多的企业重组与重大体制调整顺利完成。

精心组织，有效落实。华东石油局企业重组经历了成立专业化重组领导小组、重组方案的制定和上报审批、开展财务资产等相关资料清查核对、拟定华东石油工程公司机构设置和人员配置方案、办理工商税务登记手续等阶段。2012年7月19日，成立华东石油局石油工程专业化整合重组领导小组及工作小组（华东石油〔2012〕158号），领导小组组长由方志雄、周松担任，副组长由冯如进、俞凯、申飞龙、张锦宏、吴聿元担任，执行副组长由申飞龙担任。成立了综合、业务、人事、财务资产4个工作小组。8月31日，《华东石油局石油工程专业化重组和矿区（社区）管理体制调整实施方案》（华东石油〔2012〕205号）正式上报石化集团公司。2012年11月8日，石化集团公司企改部下发《关于华东石油局石油工程专业化重组和矿区管理体制调整实施方案的批复》（中国石化企〔2012〕741号），原则同意华东石油局重组方案并提出9条实施意见。2012年12月21日，完成“中石化华东石油工程有限公司”工商注册登记手续并领取营业执照。12月24日，完成组织机构代码证登记及税务登记。2013年3—5月，分别完成华东工程公司六普钻井分公司、测井分公司、录井分公司、固井分公司、西部分公司、扬州基础建设分公司6家分公司的工商登记注册。

系统谋划，统筹安排。根据石化集团公司对重组方案的批复，纳入华东石油局石油工程专业化重组的单位（业务）包括六物大队、六普大队、固井公司、测井公司、录井公司、威诺公司6个单位，以及非成建制的西部工作部、加蓬钻井项目部2个派出机构。其中，六物大队（进行矿区业务剥离后）划入地球物理公司，六普大队（进行矿区业务剥离后）、固井公司、测井公司、录井公司、威诺公司5个成建制单位和西部工作部、加蓬钻井项目部2个派出机构共同组建成立华东石油工程公司，由华东石油局、华东分公司机关抽调部分人员组建华东工程公司机关。按照人随业务走的要求，划入地球物理公司2 072人，划入华东工程公司2 673人。划入中石化石油工程技术服务有限公司8家单位对应资产总额155 962万元，其中划入地球物理公司资产总额48 501万元，划入华东工程公司资产总额107 461万元；对应负债总额85 807万元，其中划入地球物理公司负债总额 30 618 万元，划入华东工程公司负债总额 55 189万元；对应所有者总额 70 155 万元，其中划入地球物理公司权益总额 17 883 万元、划入华东工程公司权益总额 52 272 万元。同时，中国石化油田事业部多次召集华东分公司、东北分公司 2 家企业对东北 3 支队伍遗留问题进行协调，最终于 2013 年 10 月将原由华东石油局代管的东北 3 支队伍移交东北分公司。威诺公司也于 2013 年 12 月 21 日完成了投资主体的变更，华扬石油天然气勘探开发总公司所占 57%股份，中国石化国际石油勘探开发公司所占 40%股份、中国石化国际石油工程公司所占 3%股份均无偿转让给华东工程公司。至此，威诺公司成为由华东工程公司全额投资的法人独资有限责任公司。

平稳运行，持续发展。中石化华东石油工程有限公司，地处南京，注册资本 2 亿元人民币，是法人独资有限责任公司，由中石化石油工程技术服务有限公司 100%全额投资。根据要求，华东石油工程公司不设股东会，由出资人（中石化石油工程技术服务有限公司）行使股东会职权；不设董事会，设执行董事 1 人，行使董事会职责；设总经理 1 人，由执行董事兼任；设监事 1 人，由出资人委派。张锦宏任华东石油工程公司执行董事及总经理，冯如进任监事（兼）（中国石化人〔2012〕854 号）。根据《关于中石化石油工程华东有限公司机关职能部门设置及定员的批复》（中国石化人组〔2012〕208 号）文件的要求，公司机关设立综合管理处、党群工作处（人力资源处、纪检监察处）、财务计划处、经营管理处、运行管理处（QHSE 管理处）、技术装备处 6 个职能部门，定员 30 人，其中机关中层领导人员职数 10 人。截至 2013 年底，华东工程公司有员工 2 635 人（其中劳务派遣工 1 670 人），经营管理人员 358 人，专业技术人员 238 人，技能操作人员 369 人，其中各类高、中级专业技术人员 596 人；设有 6 个机关管理部门，下属 5 个专业分公司、1 个全资子公司、1 个派出机构；拥有各类资产 16.29 亿元，设备 2 227 台（套），105 支石油工程队伍（甲级资质队伍 19 支，乙级资质队伍 31 支）。重组后的中石化华东石油工程有限公司是一家可提供常规油气和非常规油气钻井、固井、测井、录井、测试、修井等井筒施工服务和相关辅助服务的综合油田服务公司。

（韩　坚）

党的群众路线教育实践活动

2013 年 8—12 月，按照中央和石化集团公司党组关于深入开展党的群众路线教育实践活动的要求，华东石油局党委在油气田范围内全面组织开展党的群众路线教育实践活动。油气田两级党委高度重视、精心部署、迅速推进，所属 16 个单位在 8 月 18 日前完成活动方案的制定和组织机构的设立，并召开活动动员部署会。华东油气田教育实践活动的主题为：狠抓“为民、务实、清廉”，推进“一转双创双提高”，用强大的凝聚力和执行力，确保早日建成百万吨级油气田。在此基础上，认真制定了学习教育、听取意见，查摆问题、开展批评与自我批评，落实整改、建章立制 3 个环节的时间进度表。

深入扎实抓好学习教育。从 8 月初开始，通过个人自学、集中研学、领导导学、专家辅导等形式，认真学习习近平总书记一系列重要讲话精神、中央教育实践活动领导小组编发的 3 本学习材料和石化集团公司党组的一系列文件精神等，组织副处级以上党员干部收看中国石化集团公司优秀共产党员、工程建设公司总经理刘家明先进事迹报告会和“双鉴”警示教育片。油气田领导班子成员利用双休日集中学习3天，进行了2次公开学习交流，集中学习、交流研讨10次，撰写学习体会18份，为召开高质量的专题民主生活会、扎实推进教育实践活动奠定了坚实的理论基础。

广泛征求员工群众意见。坚持开门搞活动，注重发挥员工参与活动的积极性，通过个别访谈、召开座谈会、发放征求意见表、设立意见箱等方式，广泛征求基层和员工群众的意见和建议。采用多轮征求意见和下发意见问卷调查表的方式，将党员干部队伍中存在的官僚主义、形式主义、享乐主义、奢靡之风(以下简称“四风”)问题具体化、通俗化、条目化，在处级干部范围内广泛征集对油气田领导班子及成员的意见。9名班子成员先后分别到联系点调研67次，召开座谈会50个，与员工群众交流876人次。征求到“四风”和民生相关意见537条，其中涉及油气田领导班子的“四风”问题16个、班子成员“四风”方面的具体问题19个。通过深入基层，用诚心、真心与员工群众谈心交流，听到了真意见、好建议，为对照检查、开展批评与自我批评和解决问题打好了群众基础。

认真查摆“四风”突出问题。按照“照镜子、正衣冠、洗洗澡、治治病”的总体要求，油气田领导班子成员认真查找党性观念、宗旨意识、工作作风、廉洁自律等方面的差距和“四风”方面的突出问题。局党委通过召开专题会议，对征集到的意见进行专题分析研究，属于班子集体的问题，反馈给班子所有成员；属于班子成员个人的问题，反馈给班子成员个人，同时确定了领导班子及成员对照检查的重点。通过认真听、主动找、上级点，领导班子成员进一步查摆、找准了自身存在的“四风”问题和具体表现，真正从查摆问题中受到了触动，为开好民主生活会打下了扎实的思想基础。

相互沟通坦诚交心谈心。油气田党政主要负责人带头与领导班子其他成员逐一谈心，领导班子成员之间也互相谈心，并且认真填写了批评情况汇总表。领导班子成员还与分管单位及部门的负责人谈心，既主动谈自己存在的“四风”问题，也诚恳指出对方存在的问题，形成批评意见254条。把问题解决在专题民主生活会前，为开展批评和自我批评创造了良好的氛围。

认真撰写对照检查材料。局党委书记周松主持撰写领导班子对照检查材料，历时2个月，进行了18次修改，并召开会议，专题研究领导班子对照检查材料讨论稿。领导班子成员结合学习心得、个人实际、交心谈心情况和前期征求到的意见和建议，按照要求认真撰写个人对照检查材料。主要领导认真审阅每位领导班子成员的对照检查材料，提出具体的修改意见。领导班子及成员的对照检查材料于12月10日报石化集团公司第八督导组审阅，督导组反馈意见后又进行了认真修改，于12月17日用一整天的时间召开了领导班子专题民主生活会，为下一步整改落实、建章立制奠定了坚实基础。

活动后期，完成了《整改方案》和《制度建设计划》的制定。《整改方案》中9个方面整改任务已经完成8个；14项制度建设计划，已制定完成13项，1项在修订中。整个活动过程中，华东油气田力求意见征集面广、问题查找准确、整改落实见效。对改善员工学习环境、单井员工吃饭难等问题在意见征集过程中已及时落实解决；对文山会海、新政策宣传不到位、调南京员工各项关系不能及时理顺等作为立查立改的问题加以整改；对加强企业文化建设、强化干部有序流动、拓宽人才成长通道等需要经过研究的问题，按整改计划在一定期限内予以答复和解决；对员工子女就业、年轻员工住房等在现有政策条件下暂时无法解决的问题，油气田积极进行政策解释，力求得到员工的理解。

(徐　鹏)

第十二届职工文化体育节

2013 年华东油气田第十二届职工文化体育节(简称文化体育节)于 6—10 月举行。本届文化体育节以“凝心聚力、增储上产、成就梦想”为主题,坚持“面向基层、服务员工,小型分散、安全节俭,形式多样、生动活泼,简便务实、注重实效”的原则,在 4 个多月时间里组织开展文化、体育健身、文艺、离退休人员文体 4 个系列 20 个项目的活动,分层次举办各类活动 100 多场次,参与活动员工上万人次,为华东油气田历史上活动项目最多、活动范围最广、活动形式最丰富、活动规模最大的一届职工文化体育节。

本届文化体育节按照中央关于改进作风的规定和保障安全、促进和谐的精神,紧密结合华东油气田油气勘探开发和各项工作的实际开展活动。严格遵循安全节俭、简便务实、注重实效的原则,不搞开幕式、闭幕式,不搞全局性竞赛活动,不搞大型文艺晚会。在文化体育节系列活动的组织策划中,注重把文化体育活动的开展与党的群众路线教育实践活动结合起来,与贯彻社会主义核心价值体系结合起来,与宣传普及华东油气田企业文化结合起来,与推动“一转双创双提高”活动结合起来,与对高温季节坚守生产一线岗位和野外边远井组员工的慰问结合起来,与落实庆祝中国石化成立 30 周年系列活动、中国石化第六届职工美术书法摄影作品展、第七届职工文艺录像调演等活动结合起来,与党政工团正在积极推进的各项工作结合起来。文化体育节的每一个项目、活动、节目都渗透到生产经营工作和基层队伍建设中,使整个文化体育节成为“打好三个战役,建设四个基地”的助推器,成为加强思想政治工作的前沿阵地,成为展示华东油气田员工精神面貌的广阔舞台。

文化体育节坚持“丰富基层文化生活,促进企业全员健身”的宗旨,提倡因地制宜、片区联合,发挥文体活动积极分子的骨干作用,动员和鼓励广大基层员工积极参与。本届文化体育节之初,组委会就把基层单位和员工的“参与度”作为成功与否的关键,要求不留空白,人人参与,避免使文化体育节成为少数人的自娱自乐,而要办成全体员工的“嘉年华”。精心设计的 20 个项目,80%以上是基层员工能够参加、易于参加的。在体育健身活动中,以南京、镇江、扬州、泰州、山西片区或各单位为活动单元,片区联合或自主举办万步走、跑步、登山、拔河、篮球、乒乓球、羽毛球、广播体操、健身操(舞)、扑克牌、趣味体育等活动。万步走是局工会 2013 年重点推行的全员健身活动,以各单位职工个人佩戴计步器每天步行 1 万步为基础,按月统计,根据步行数量分段设立奖项,并组织评选月度“健步之星奖”“健步达标奖”等。文化体育节期间,各片区组织了“健走辉煌路、会战非常规”万步走、登南京紫金山和镇江南山、环扬州瘦西湖和泰州凤城河跑等活动,近 2 000名员工先后参加了万步走。华东石油局离退休工作处结合离退休老职工的特点,举办了门球、扑克牌、象棋比赛。在文化活动中,举办了“激情华东、放飞梦想”征文比赛,收到征文 53 篇,其中 13 篇优秀作品在《华东石油》报刊载;开展“激情华东、放飞梦想”摄影比赛活动,征集摄影作品 98 件;收集、整理、印制了《廉洁文化座右铭集》。这些活动的开展,倡导了“健康生活、快乐工作”的理念,加深了职工对最容易、最简单、最经济、很有效、不受场地限制的文化体育活动的重新认识,提高了参与的积极性,也使文化体育节更加丰富多彩。

坚持党的群众路线,面向基层、服务员工,开展“送文艺下基层”“送文化下基层”活动,是本届文化体育节的一大亮点。2013 年 6—10 月,油气田首次统一抽调 14 名文艺骨干组成精干的文艺演出小分队，精心排练了自编快板书《说梦想、看华东》、现代舞《最炫民族风》、表演诗朗诵《华东石油人》、小合唱《油河颂》、萨克斯和小提琴演奏等21个形式多样的演出节目，深入山西乡宁、和顺、贵州织金、重庆彭水、江苏溱潼、金湖等野外一线工区井分队和边远井组，进行"同一个梦想"巡回慰问演出。小分队跋山涉水，不畏酷暑，行程1万多千米，先后演出24场，弘扬了主旋律，鼓舞了士气，受到野外一线员工的热烈欢迎。2013年10月11日，离退休人员文艺演出队与局文艺小分队联手，在扬州职防所大会议室举办了庆祝"敬老节"文艺演出活动，140多名来自基层单位的离退休人员观看了演出。文化体育节还开展送书画下基层活动，组织书画爱好者到野外井分队，为野外一线员工现场写字作画，教授书画知识和技法，向野外一线员工赠送书画作品26幅，现场作画23幅，举办讲座2场。

配合庆祝中国石化成立30周年群众性《中国石化之歌》传唱活动和第七届职工文艺录像调演活动，推动文化体育活动上水平。文化体育节期间，各单位结合自身实际以多种形式开展了《中国石化之歌》学唱、传唱、赛唱活动，南京、镇江、扬州、泰州、非常规5个片区，先后组织5场片区《中国石化之歌》歌咏会。2013年9月27日，华东石油局工会组织9个基层单位和局文艺演出小分队，在扬州技师学院举办华东油气田《中国石化之歌》传唱歌咏会。在此基础上，选出其中的优秀节目，参加了石化集团公司《中国石化之歌》传唱和第七届职工文艺录像调演评比。经过石化集团公司文联评审，华东油气田"同一个梦想"整台节目获晚会类二等奖，《石化女孩》《油河颂》分获声乐类二、三等奖，快板《说梦想、看华东》、诗朗诵《华东石油人》获综合类三等奖，并获得《中国石化之歌》群众传唱活动组织奖、第七届职工文艺录像调演优秀组织奖。在中国石化成立30周年暨中国石化第六届职工美术书法摄影作品展期间，华东油气田组织报送摄影参赛作品13件，其中丁颉创作的《亲密伙伴》获优秀奖，姜炜创作的《喜悦》评为入展作品，周琦、吴志远评为入选作者。

（韦俊宝）

常规油气资源勘探开发

常规油气勘探开发概况

【油气勘探领域与成果】 2012—2013 年，华东油气田常规油气勘探区域分布于苏北中新生界盆地、下扬子中古生界海相盆地和南华北地区中古生界合肥盆地南部 3 个领域。

苏北中新生界盆地油气勘探按照“振兴苏北油田上台阶”的勘探思路，坚持高效勘探，紧紧围绕“发现和效益”，坚持甩开勘探与重点评价相结合，加快岩性油藏勘探，突出优质、规模储量研究评价，苏北老区取得了油气新发现和商业发现双重成果。2012 年立足海安凹陷曲塘次凹阜宁组三段最有利成藏组合，通过甩开勘探，积极探索岩性圈闭，扩大了曲塘油气成果；通过引进非常规油气藏评价技术，运用水平井分段压裂技术评价金湖凹陷阜宁组二段致密砂岩油藏，取得了突破。在海安凹陷岩性油藏勘探取得成功经验的基础上，2013 年油气田继续坚持岩性圈闭勘探，在溱潼凹陷进行了大胆探索，溱潼凹陷戴南组超覆尖灭型油藏勘探取得突破；溱潼凹陷西部外斜坡带、金湖凹陷阜宁组油气勘探取得新发现；溱潼凹陷近凹勘探取得新进展。2 年新增探明石油地质储量 1 263.74 万吨，控制石油地质储量 1 952.31万吨，预测石油地质储量 2 437.87 万吨，合计新增三级石油地质储量 5 653.92 万吨。

下扬子区油气勘探，应用三维地震采集技术和逆时叠前深度偏移技术，在下扬子地区取得了高品质的三维地震资料。应用沉积微相分析、成岩相分析，结合构造解释落实了构造圈闭，深化了对上古生界的认识。针对上组合二叠系龙潭组致密砂岩油藏与印支不整合面下灰岩溶蚀孔缝洞型油藏，寻找有利部位部署勘探，拓展龙潭组油气成果，为开发试验区建设做好准备。加强对下古生界的评价，初步确定了有利区带，区块登记工作亦取得积极进展。

（王朝红）

【油田开发理念与成果】 2012—2013 年，华东油气田坚持走可持续发展的经济增储上产之路，坚持“滚动勘探开发一体化和老区稳产是油田一号工程”的理念；新区产能建设区块通过评建一体化，积极落实可动用储量阵地，不断夯实油田上产基础；老区加强油藏精细描述与剩余油研究，立足二次采油，加大并完善二氧化碳驱三次采油，主力油田持续保持稳产态势，一批老油田治理挖潜见到明显增产效果，从而夯实了油田稳产基础；通过油藏再认识与动态分析，针对油田开发中存在的问题，采用优化完善井网，细分层系、加强注水、侧钻挖潜、规模性应用水平井开发、二氧化碳驱三采等综合调整措施，实现了原油产量逐年上台阶，2012 年产油 23.51 万吨，较 2011 年增产 5.50 万吨，2013 年产油 30.26 万吨，较 2012 年增产 6.75 万吨，增产幅度达 28.70%，原油产量再次迈上新台阶。同时开发指标持续向好，油田含水、自然递减率均呈下降趋势。2012—2013 年油田综合含水、含水上升率、自然递减率等开发指标持续向好，全面完成石化股份公司下达的油田开发 7 项管理指标。

（朱宏绶）

【油田地面工程】 2012—2013 年，华东油气田地面工程建设主要有“草舍油田阜宁组三段、阜宁组一段油藏二氧化碳驱开发地面工程”“台兴油田 QK111 断块二氧化碳驱开发地面工程”“兴北3 区块集输管网工程”“蔡家堡—茅山—集输管道工程”4 项产能建设工程；“泰东河驳岸墙及穿河管线恢复工程”“淮建区块集输管线技术改造工程”“广山接转站污水处理工程”“洲城油田联合站技术改造工程”4 项地面技术改造工程。工程项目总投资 1.28 亿元，其中 2012 年 8 900 万元、2013 年 3 900 万元。油田地面工程建设项目的实施，保障了华东油气田原油快速上产，地面系统基本满足了油田开发要求。集输管网工程的建设降低了原油损耗和产液倒运成本，保障新井及时投产，提升了油气集输系统综合用能水平；台兴、草舍油田二氧化碳驱地面工程建设，使苏北油田初步形成中国石化二氧化碳驱示范基地；泰东河驳岸墙及穿河管线恢复、洲城油田联合站技术改造工程，保障了华东油气田苏北原油生产；小型撬装式污水处理站的建设和使用，解决了小型站场污水外运处理问题，实现了降本增效。油田地面工程建设的实施，初步形成华东油气田地面集输系统工艺技术系列。

（符光运）

【探采矿权状况】 2012 年，华东分公司常规油气探区为苏北盆地、下扬子盆地和南华北合肥南区块 3 个油气勘探权属区，共拥有 15 个勘探区块，总探矿权面积为 23 120.624 平方千米。其中，苏北油气勘查区块 4 个（海安凹陷矿权与下扬子黄桥为 1 个矿权区块），面积为 1 336.274 平方千米（不含下扬子黄桥区块面积）；下扬子中古生界油气勘查区块 11 个，面积为 21 302.312 平方千米，位于安徽省南陵、潜山、望江、安庆、无为地区，皖鄂赣九江地区，苏浙皖煤山地区，江苏省淮阜、溧水、黄桥—如皋和句容二圣桥地区，南黄海盆地南部海安东地区；南华北合肥南油气勘探区块 1 个，面积为 482.038 平方千米。2013 年新增下扬子盆地常州油气勘探区块，新增面积 2 911.10 平方千米，2013 年总探矿权面积增至 26 032.613 平方千米，勘探区块增至 16 个。采矿权 6 个，全部位于苏北盆地，其中溱潼凹陷 4 个、金湖凹陷 2 个，合计面积 354.97 平方千米。

（王朝红）

【油田开发现状】 2012—2013 年，华东油气田投入开发的油田 18 个，动用含油面积 26.69 平方千米；累计动用地质储量 3 639.19 万吨，占探明储量的 66.60%。2012—2013 年新增动用储量 400.61 万吨，其中 2012 年为 183.54 万吨、2013 年为 217.07 万吨。已探明未开发储量 1 824.94 万吨，其中已安排动用储量 499.97 万吨、近期可开发储量 617.36 万吨，技术条件限制待评价储量 368.34 万吨。已开发动用的地质储量，在现井网和工艺技术条件下标定可采储量为 730.02 万吨，标定采收率 20.10%；累计产油 400.85 万吨，剩余可采储量 329.17 万吨。已开发油田主要开发方式为注水开发，截至 2013 年底已进行注水（气）开发的油田储量为 2 803.52 万吨，累积注采比为 0.88。

（郑永旺）

【矿业权延续变更与新立】 2012 年华东分公司对海安—黄桥、南陵、无为 3 个矿业权进行了延续，新立并增加海安东、合肥、煤山 3 个矿业权；2013 年华东油气田对溱潼、金南、腰滩、煤山、淮阜 5 个矿业权进行了延续，新立并增加常州 1 个矿业权。

（王朝红）

【储量序列】 华东油气田石油地质储量分布在苏北盆地溱潼凹陷、金湖凹陷、海安凹陷和下扬子黄桥地区。截至 2013 年底，累计探明石油地质储量 5 464.13 万吨，其中溱潼凹陷 3 618.60 万吨，占探明石油地质储量总和的 66.22%；金湖凹陷 689.98 万吨，占探明石油地质储量总和的 12.63%；海安凹陷 1 155.55 万吨，占探明石油地质储量总和的 21.15%。累计控制石油地质储量 2 817.16 万吨，其中溱潼凹陷 1 636.72 万吨，占控制石油地质储量总和的 58.10%；金湖凹陷 655.09 万吨，占控制石油地质储量总和的 23.25%；海安凹陷 525.35 万吨，占控制石油地质储量总和的 18.65%。累计预测石油地质储量 3 069.36万吨，其中苏北溱潼凹陷 1 099.72 万吨，占预测石油地质储量总和的 35.83%；金湖凹陷 646.63 万吨，占预测石油地质储量总和的 21.07%，海安凹陷 853.18 万吨，占预测石油地质储量总和的 27.80%，下扬子黄桥地区 469.83 万吨，占预测石油地质储量总和的 15.30%。

（王朝红）

【投资效益评价】 2012 年华东分公司探明石油储量 1 021.49 万吨，技术可采储量 154.38 万吨，实施探井、滚动探井、风险探井 30 口，进尺 8.91 万米，完成勘探投资 5.61 亿元(含勘探先导)。勘探效益指标为：平均单井探明储量 34.05 万吨，每米进尺探明储量 114.65 吨，每吨石油探明储量成本为 54.91 元。

2013 年华东油气田提交控制储量 604 万吨，实施勘探评价井 7 口，完成进尺 21 669 米，实际完成勘探投资 3.25 亿元。勘探效益指标为：控制油气当量储量成本为 53.77 元/吨，平均单井控制储量为 86.29 吨，平均进尺控制储量为 278.74 吨/米。

（王朝红）

【地质资料管理】 2013 年 7 月，研究院资料信息中心"国土资源部地质资料委托保管单位"挂牌。为进一步加强油气勘探开发地质资料管理，充分发挥其在常规油气及非常规资源勘探开发生产和科研中的作用，进一步明确华东油气田地质资料管理实行集中统一管理与分级负责管理相结合的体制，按照《油气成果地质资料电子文件制作汇交细则》(国土资发〔2007〕237 号)、《石油天然气勘探与开发地质资料立卷归档规则》(中国石化企业标准 QSH 0167－2008)、《石油天然气勘探与开发地质成果报告编制要求》(中国石化企业标准 QSH 0166－2008)、《地质资料电子文件制作细则》(中国石化企业标准 QSH 0348－2010)要求，华东油气田于 2013 年 3 月颁发《华东石油局、华东分公司地质资料归档管理暂行规定》(华东石油〔2013〕30 号)，要求华东油气田各部门及直属单位加强对地质资料管理工作的领导，把地质资料管理工作纳入本级计划管理和生产管理中，并作为单位年度考核指标之一。

（王朝红）

华东分公司表彰勘探开发工作先进集体和个人 （黄宝平摄）

【2013 年度油气勘探先进表彰】 2013 华东油气田全面完成苏北油气勘探开发目标任务，提交三级储量 1 900 万吨，原油产量首次跃上 30 万吨台阶，实现储量、产量跨跃式发展，在苏北增储上产攻坚战中，涌现出一批成绩优异的项目团队和先进集体。2013 年 3 月华东油气田授予"溱潼凹陷西北斜坡阜宁组三段油气勘探评价项目""SEC 储量及海安凹陷商业储量发现评价项目""金湖凹陷致密油藏评价项目""下扬子外围区块评价项目""溱潼凹陷三维资料处理项目""圈闭评价及岩性油气藏勘探预测识别项目""茅山区块老区调整及滚动扩边挖潜项目""蔡家堡、顾庄区块注水配套产能建设地面项目""洲城、腰滩、溪南庄等油田措施挖潜增油项目""稠油降粘冷采项目""蔡家堡、顾庄区块产能建设项目""帅垛戴南组油藏滚动扩边挖潜项目""2013 年常规压裂工艺技术应用项目"13 个项目为"2013 年度勘探开发优秀项目"；授予物探

华东分公司647队、六普钻井分公司40686 HD钻井队、测井分公司测井研究所、录井分公司HD017录井队、固井分公司602HD固井队5个基层队为"2013年度苏北增储上产先进集体"荣誉称号。

（王朝红）

苏北地区油气勘探

【勘探计划任务】 2012年华东分公司油气勘探储量目标任务为：提交探明石油地质储量500万吨，石油可采储量100万吨，控制石油地质储量500万吨，预测石油地质储量600万吨。计划投入勘探工作量：二维地震采集1 344千米、三维地震采集290平方千米，探井30口，进尺9.17万米。勘探投资57 336万元。

2013年华东油气田油气勘探储量目标任务为：提交控制石油地质储量500万吨，预测石油地质储量600万吨。计划投入勘探工作量：二维地震采集1 275千米、三维地震采集215平方千米，探井9口，进尺2.75万米。勘探投资32 040万元。

（王朝红）

【勘探项目设置】 2012—2013年，华东油气田申报获准老区勘探、新区新层系勘探、滚动勘探、勘探先导和风险勘探5个勘探项目。

1. 老区勘探项目：包括溱潼、金湖—海安2个勘探子项目，分别针对苏北溱潼凹陷、苏北金湖凹陷金南和腰滩2个地区、苏北海安凹陷曲塘次凹和海北次凹进行油气勘探。

2. 新区新层系勘探项目：包括黄桥—句容、下扬子外围2个勘探子项目，分别针对华东油气田所属的下扬子古生界黄桥—句容地区和外围新区进行油气勘探。

3. 滚动勘探项目：为苏北油气滚动勘探项目，项目主要为华东油气田苏北探区的控制、预测储量升级而实施的油气滚动勘探。

4. 勘探先导项目：2013年华东油气田承担石化股份公司设立的"下扬子黄桥、句容地区古生界海相层系油气成藏主控因素与富集规律研究"先导项目。课题成果体现为：① 评价出了溪桥、戴家边、南陵等构造，提出了2 341千米二维地震及8口探井、1口风险探井的部署建议，并得到批准和实施。② 对黄桥地区二维、三维地震资料的精细解释，完善构造格架并进行储层预测。同时探索龙潭组油藏成藏模式，评价出溪桥构造等有利构造。③ 通过对句容地区新采集100平方千米三维地震的精细解释，结合先前钻井结果与地质认识，优选保存条件相对较好的后缘凹陷，评价出戴家边等有利构造。

5. 风险勘探项目：为验证南陵区块古近系地震波组属性，探索阜宁组含油砂岩层的含油气情况，评价南陵区块政和构造油气资源量，实施风险探井——南陵1井。

（王朝红）

【勘探圈闭准备】 2012年度Ⅰ、Ⅱ类储备三级圈闭84个，四级圈闭261个，圈闭面积2 082.25平方千米，估算潜在石油资源量4.19亿吨，天然气1 012.60亿立方米。其中，Ⅰ类储备圈闭70个，面积561.28平方千米，石油资源量2.36亿吨，天然气488.80亿立方米；Ⅱ类储备圈闭14个，圈闭面积1 520.87平方千米，石油资源量1.84亿吨，天然气为523.80亿立方米。

2012年提交待钻圈闭41个，待钻圈闭总叠加面积1 191.58平方千米，石油资源量1.47亿吨，天然气资源量210亿立方米。其中，溱潼凹陷圈闭12个，分别为复兴庄、杨家庄、杭家舍、鲁家沟、孙王庄、张庄 1 号、夏家、俞垛、马庄、赵家庄、兴旺、红庄北；金湖凹陷圈闭 7 个，分别为西庄、北港、合意、新建、金西、吕庄西、南新；海安凹陷构造和岩性圈闭 6 个，分别为北凌、胡集、花家庄 1 号、花家庄 2 号、曲塘、洋田；下扬子圈闭 16 个，分别为页家庄、溪桥 1 号、溪桥 2 号、天星港、溪桥北、广陵、高明、龙塘湾、油西湾、政和、防虎山、台照、上王庄、官庄、戴家边、博望。

2013 年累计发现三级圈闭 71 个，四级圈闭 254 个，累计发现圈闭叠加面积 1 562.05 平方千米，累计发现圈闭石油资源量 6.92 亿吨，天然气 621.46 亿立方米。其中，溱潼累计发现构造和岩性三级圈闭 22 个，分别为顾庄、复兴庄、广山泰州组、杭家舍、兴旺、蒋庄、边城、姜家庄、鲁家沟、赵家庄、红庄北、孙王庄、陈家舍、夏家、俞垛 2 号、马庄、乔庄、港口、唐刘、何姚庄、孙家庄、帅西；金湖累计发现三级圈闭 15 个，分别为高庄、金沟、金南 5 号、金西、西庄、民生、王港、北港、合意、卞塘、钱王庄、前进、吕庄西、南新、三河；海安累计发现构造和岩性三级圈闭 8 个，分别为北凌、胡集、花家庄、宝塔、曲塘、塔子里、季家庄、洋田岩性；下扬子累计发现三级圈闭 26 个，分别为顾高、广陵、沈家庄、页家庄、溪桥、溪南村、天星港、溪桥北、蒋垛、朱桥、句北、官庄、戴家边、行香、白兔、石狮、黄梅桥南、二圣桥、茅山、董家村、龙塘湾、油西湾、新安、曙光、洋口、肥西。

（王朝红）

【储备圈闭清理】 根据 2013 年中国石化油田事业部勘探工作总体安排，按照石化集团公司企业标准《圈闭评价技术规范》要求，华东油气田对截至 2012 年底所辖储备圈闭开展全方位复查清理。清理后，原储备圈闭剩余三级圈闭 61 个、四级圈闭 212 个，面积 1 427.19 平方千米，石油资源量 2.92 亿吨、天然气资源量 652.80 亿立方米。其中，Ⅰ类储备圈闭 51 个，面积 506.43 平方千米，

物探资料处理成果验收 （姜殿钢摄）

石油资源量 1.99 亿吨，天然气资源量 488.80 亿立方米；Ⅱ类储备圈闭 10 个，圈闭面积 920.76 平方千米，石油资源量 9.27 亿吨，天然气资源量 164 亿立方米。

（王朝红）

【勘探地震采集】 2012 年完成二维地震采集 1 344 千米、三维地震采集 289 平方千米，分别为计划工作量的 100%、99.66%。其中，下扬子黄桥—句容项目完成二维地震 120 千米、三维地震 100 平方千米，下扬子外围项目完成二维地震 1 244 千米，老区项目溱潼凹陷完成三维地震 189 平方千米。

2013 年完成二维地震采集 1 276 千米、三维地震采集 286 平方千米，分别为计划工作量的 100.10%、100.50%。其中，下扬子项目完成二维地震 1 276 千米，老区项目溱潼凹陷完成三维地震 286 平方千米。

（王朝红）

【勘探钻井工作】 2012 年实施探井 30 口（探井 26 口、滚探井 3 口、风险探井 1 口），完钻井 29 口，南陵 1 井（风险探井）跨年度生产，截至 12 月 31 日进尺 2 000.27 米。全年完成钻探进尺 8.91 万米，其中 18 口井下油层套管，下套管率 62.07%。

2013 年实施探井 9 口（预探井 2 口、勘探评

价井7口),完钻井9口,完成进尺2.86万米,其中5口井下油层套管,下套管率55.55%。跨年度生产的南陵1井2013年进尺1 808.36米,完钻井深3 808.63米,裸眼完井。

(王朝红)

【勘探试油评价】 2012年对25口勘探井(含老井)进行了测试,完成常规试油11口井23层次,压裂10口井18层次,酸化2口井4层次,试获工业油流12口井12层次。

2013年对21口勘探井(含滚动井、老井、跨年井)进行了测试,完成常规试油8口井13层次,压裂13口井20层次,酸化2口井5层次,试获工业油流7口井9层次。

(王朝红)

【新增探明石油地质储量】 2012完成张家垛油田张1—张4区块新增石油探明地质储量1 021.49万吨,可采储量154.38万吨,新增探明含油面积8.98平方千米,完成年度计划任务600万吨的170.20%。

2013年完成新增探明石油地质储量共计242.25万吨,可采储量31.75万吨,新增探明含油面积3.33平方千米。其中,边城油田俞垛区块俞2-1井区、俞2-2井区和华庄区块华3-1井区、华3-4井区阜宁组三段地质储量171.57万吨,可采储量20.59万吨,含油面积1.87平方千米;台兴油田兴北区块兴北3-3井区、3-5井区、1-4井区三垛组一段、阜宁组三段和鹤坨区块鹤5井区阜宁组三段地质储量70.68万吨,可采储量11.16万吨,含油面积1.46平方千米。

(王朝红)

【新增控制石油地质储量】 2012年在边城油田俞垛—叶甸—华庄区块完成新增控制石油地质储量1 348.31万吨,可采储量199.55万吨,控制含油面积15.14平方千米,完成年度计划任务700万吨的192.60%。

2013年完成新增控制石油地质储量共计604万吨,可采储量89.02万吨,控制含油面积11.75平方千米,完成年度计划任务500万吨的120.80%。其中,张家垛油田曲塘区块曲1井区阜宁组三段1油组地质储量525.35万吨,可采储量78.80万吨,含油面积9.80平方千米;金南油田金南区块阜宁组三段、阜宁组二段地质储量78.65万吨,可采储量10.22万吨,含油面积1.95平方千米。

(王朝红)

【新增预测石油地质储量】 2012年在海安凹陷张家垛油田曲塘区块新增预测石油地质储量1 378.53万吨,可采储量206.78万吨,叠合含油面积25.02平方千米,完成年度计划任务800万吨的172.30%。

2013年完成新增预测石油地质储量共计1 059.34万吨,可采储量129.04万吨,含油面积21.61平方千米,完成年度计划任务600万吨的176.60%。其中,帅垛油田帅4区块阜宁组三段地质储量618.73万吨,可采储量71.77万吨,含油面积7.34平方千米;金南油田高庄区块阜宁组三段、阜宁组二段地质储量186.97万吨,可采储量57.27万吨,含油面积14.27平方千米。

(王朝红)

【溱潼凹陷戴南组超覆尖灭型油藏勘探获得突破】 在海安凹陷岩性油藏勘探获得成功经验的基础上,2013年华东油气田继续坚持岩性圈闭勘探,在溱潼凹陷进行了大胆探索。溱潼凹陷具有南断北超的构造背景,戴南组一段砂体自东南向北西展布,砂体在西北斜坡超覆尖灭,具有岩性油藏勘探的地质基础。依托区域钻井及三维地震资料,通过层序地层对比、沉积微相研究,结合储层预测技术,精细预测戴南组一段砂体展布特征,落实戴南组一段岩性圈闭发育区;通过与构造背景叠合及成藏要素综合分析,优选陈家舍戴南组一段Ⅲ小层砂体有利圈闭,部署陈2井获得重大突破。2013年11月6日,陈2井一开钻进,11月21日钻达井深2 339米完钻。全井于戴南组和阜宁组三段钻遇油层33.50米/8层。2013年12月3日,常规测试戴南组1 880—1 894.20

米井段，获得日产 61.40 吨高产工业油流。

（王朝红）

【溱潼凹陷西部外斜坡油气勘探新发现】 溱潼凹陷发育茅山、叶甸 2 条区域走滑断裂带，断裂两侧是油气主要富集区。2013 年，华东油气田重点针对西北斜坡帅垛—茅山有利成藏区带，立体评价帅垛—茅山阜宁组三段含油气规模。成藏分析表明，帅垛戴南组油藏是在茅山断裂与火山岩作用下形成的次生油藏，下伏阜宁组三段位于主力烃源岩阜宁组二段上方，是西北斜坡茅山断裂带的主要成藏层系，具有较大的勘探潜力。在对断裂带圈闭条件分析的基础上，对帅垛、蔡家堡—顾庄 2 个三级圈闭帅垛构造部署的帅 4 井、帅 5 井、帅 6 井、蔡 2 井、顾 3 井获得成功。帅 4 井阜宁组三段上砂组压裂后产油 4.30 吨/日，帅 4 井于阜宁组四段钻遇喷发相的火山烘烤泥岩，见油气显示 111.87 米/15 层，试获原油 1 吨/日。帅 5 井阜宁组三段上砂组钻遇差油层 12.30 米/5 层，压裂后产油 24.80 吨/日。帅 5 井阜宁组四段也钻遇凝灰质泥岩等火山烘烤泥岩，录井累计见油气显示 160 米/29 层，解释油层、差油层 34.10 米/10 层。帅 6 井阜宁组三段钻遇差油层 2.40 米/1 层，压裂后试获原油 3.20 吨/日。帅 4 井、帅 5 井、帅 6 井的成功，进一步扩大了帅垛阜宁组三段勘探成果。2013 年该区新增阜宁组三段含油面积7.34 平方千米，资源量 618.73 万吨，获得 2013 年中国石化油田事业部油气勘探发现三等奖。

（王朝红）

【溱潼凹陷近凹勘探取得新进展】 溱潼凹陷近凹带紧邻时堰次凹、储家楼次凹，深凹带阜宁组二段和阜宁组四段烃源岩有机质丰度高，均为好烃源岩，供烃充足。深凹带阜宁组二段烃源岩在三垛组末期已达到成熟阶段，与圈闭形成时间相匹配，有利于油气运移和聚集。来自深凹带的油气进入陡坡带可以形成多层系叠合含油，进入深凹带上倾尖灭的砂体可以形成岩性油气藏，溱潼近凹带阜宁组三段油气成藏条件优越。2012—2013 年，华东油气田应用沉积微相分析、储层预测技术，明确了砂体展布；围绕溱潼凹陷东部陡坡带阜宁组三段有利成藏组合，开展了构造解释，落实构造；结合老井反馈、成藏综合评价技术，优选红庄北构造部署了红 2 井，取得较好油气显示，阜宁组三段 3 559.76—3 682 米共 7 层钻井槽面见油花并伴有少量气泡显示，录井见荧光 5 米/1 层、油迹 18.43 米/7 层、油斑 40.57 米/8 层、油浸 0.90 米/1 层。该井阜宁组三段测井解释油层 13.70 米/4 层、差油层 17.30 米/7 层。随后侧钻实施红 2 斜 1 井钻遇差油层 83.50 米/12 层、油层 11 米/2 层。该构造阜宁组三段埋深均在 3 400 米左右（垂深），声波时差 240 微秒/米左右，储层孔隙度介于 9.30%—13.20%，渗透率 2.80—12.60 毫达西，储层物性较差。该区埋深大，处于中成岩阶段 A 期，溶蚀作用发育，镜下见大量的次生溶蚀孔，主力油层物性稍好，红庄北构造带是增储上产的有利区带。

（王朝红）

【海安凹陷岩性油藏勘探获得重要突破】 继曲 1 井实现海安凹陷岩性油藏工业油流突破后，华东分公司立足海安凹陷曲塘次凹阜宁组三段最有利成藏组合，努力甩开勘探，积极探索岩性圈闭。2012 年 5 月 6 日，部署于海安曲塘 1 号岩性圈闭的曲 101－1HF 井（水平井），于阜宁组三段钻遇油层—差油层 115.30 米/10 层，经分 4 段压裂，日产油 50.93 吨。证实曲塘次凹南部斜坡连片含油，具有岩性油藏特征，揭示了千万吨级规模储量区，获得中国石化油田事业部 2012 年度油气勘探突破二等奖。该圈闭的发现正式开启了苏北探区隐蔽油藏勘探的新阶段，标志着华东分公司隐蔽圈闭描述和评价技术跨上新台阶。

（王朝红）

【金湖凹陷致密砂岩油勘探取得突破】 金湖凹陷阜宁组二段薄互层致密砂岩储层发育于阜宁组二段优质烃源岩之中，为致密砂岩含油层系。华东分公司通过引进非常规油气藏评价技术，在构造精细解释的基础上，选择构造稳定、区带含油的金南1号作为试验区。2011年部署的金页-1HF井实现了苏北致密砂岩油勘探突破后，2012年10月完钻的金2-1HF井，实钻油层296米，压裂后日产油12吨。金页-1HF和金2-1HF井的突破完善了水平井分段压裂等工程工艺，实现了应用水平井分段压裂技术评价致密砂岩油单井产能的可能性，为致密砂岩油藏整体有效开发动用奠定了基础。通过老井复查和地震精细解释，初步确定金南地区阜宁组二段普遍含油并处在构造稳定区，金湖凹陷阜宁组二段致密砂岩油资源量约为956万吨，华东分公司苏北探区阜宁组致密砂岩油资源量约为5 841万吨。

（王朝红）

【金湖凹陷阜宁组油气勘探取得新发现】 2013年华东油气田在金湖探区获得"源储一体，致密连片，富砂富油"认识的基础上，对该区阜宁组致密油藏进行整体评价。2013年3月13日在钱王庄地区部署的钱1井，于阜宁组二段底砂组获高产油流，压裂后初产油26吨/日，截至2013年12月31日，累计产油2 554.75吨。随后实施的钱101井及钱102井，均在阜宁组二段泥灰岩段获得突破。钱102井阜宁组二段泥灰岩段见20.90米裂隙含油层段，阜宁组三段中砂组见7.10米/4层差油层，并于阜宁组二段试获工业油流12.90吨/日。陈庄1井在孔隙度仅为8%，声波时差234微秒/米的层段，压裂后产油1.11吨/日。成功实施的金南1井、金南3井共同揭示了阜宁组三段具有一定的储量规模。金南1井戴南组、阜宁组三段及阜宁组二段钻遇良好油气显示，阜宁组三段压裂后产油7.90吨/日，金南3井阜宁组三段压裂后产油4.35吨/日，使得在寻找规模储量的基础上探寻局部高产富集带，落实可动用储量取得重要进展。在"源储一体，物性控油"认识的基础上，通过老井反馈、储层预测、油层再认识，揭示金湖凹陷阜宁组三段成藏具有"广泛含油，高带富集"的特征。发现金南阜宁组阜宁组二段、阜宁组三段具有2 500万吨油气资源规模的连片含油区带，新增预测储量440万吨。

（王朝红）

【曲塘次凹阜宁组三段石油勘探商业发现】 继曲1井获得突破后，2012年5月部署的评价井曲101-1HF井，经对阜宁组三段压裂后，获得日产51.92吨高产工业油流。2012年张家垛—曲塘阜宁组三段新增含油面积25.02平方千米，落实预测储量1 378万吨，探明储量1 155万吨。2013年曲塘次凹阜宁组三段进入勘探开发一体化阶段，在曲101-1HF井北部靠近深凹部位部署了一批开发井。其中，曲1-3HF井于2013年8—11月压裂测试，期间最高日产油19.55吨。曲1-1HF井钻遇油层、差油层484.50米/46层；曲1-5HF井钻遇油层、差油层238.90米/46层；曲2-2HF井钻遇油层、差油层15.90米/6层。2013年曲塘深凹带上砂组提交控制储量525万吨，获得中国石化油田事业部2012—2013年规模储量商业发现三等奖。

江苏第一口页岩油井金页平1井分段压裂施工 （邱江良摄）

（王朝红）

下扬子区油气勘探

2013 年 4 月 7 日，中国石化下扬子海相油气勘探技术研讨会在华东油气田召开　（黄宝平摄）

【下扬子黄桥地区油气勘探进展】 2013 年华东油气田在下扬子黄桥地区油气勘探中，在落实储量的基础上，开始建设下扬子海相油气生产基地。2010 年黄桥地区华泰 3 井、溪平 1 井在龙潭组获得工业油流突破后，2012 年 6—7 月，华东分公司对溪 3 井龙潭组 64—68 层进行试油。试油采用临界速度流量计 10 毫米油嘴×26 毫米孔板测气，油压 7.50 兆帕，套压 7.40 兆帕，日产油 2.61 吨，无水，日产二氧化碳 6.52 万立方米，为含二氧化碳油层。部署于溪桥构造的溪平 5 井于垂深 1 593.79 米、水平段 375.36 米二叠系龙潭组顶部致密砂岩见 176 米油层。溪平 5 井于 2013 年 11 月 14 日开始试油，截至 2013 年底，累计产气 17 万(标准)立方米，累计产油 28.61 立方米，累计排液 273.80 立方米。

（王朝红）

【下扬子句容地区油气勘探进展】 句容地区上古生界为“两凹夹一凸”构造格局，北部为湖熟—大卓凹陷，南部为春城—后白墅凹陷，中部为戴家边—葛村凸起。湖熟—大卓凹陷带构造稳定，保存条件好，烃源发育，是寻找上古生界原生油气藏的有利区；戴家边—葛村凸起带是不整合面下碳酸盐岩缝洞型油藏勘探的有利区。为探索句容高带印支面下青龙组缝洞型油藏，2013 年 12 月 26 日华东油气田在戴家边—葛村凸起带的句北构造上部署实施了句平 2 井。该井实钻井深 912.64 米（垂深约 464.40 米），实钻水平段长 257 米。在 498—503 米井段槽面见 15％褐色油花、油珠及少量直径 2 毫米气泡；在 508—512 米井段槽面见少量褐色油花、油珠及少量直径 2 毫米气泡；在 583—585 米、617—626 米、692—700 米井段槽面见少量褐色油花、油珠。录井于浦口及葛村组见 38 米/5 层油斑、油迹显示，青龙组见 28.50 米油浸、油斑显示，测井解释差油层及裂隙含油层 47 米/7 层。

（王朝红）

【下扬子煤山地区油气勘探进展】 华东油气田通过对煤山地区二叠系烃源岩发育区、龙潭组砂岩厚度及成藏进行研究，认为龙潭组勘探潜力较好。该地区孤峰组—龙潭组暗色泥岩厚度在 200—300 米；总有机碳（TOC）含量 0.11％—4.84％、平均 0.93％；反渗透（Ro）0.80％—1.36％、平均 0.98％；龙潭组砂岩厚约 50—80 米。通过对煤山地区成藏条件研究，发现油气显示明显与岩性有关，与砂体高程无关；中、粗砂岩物性好含油级别高，具备形成岩性油藏的背景。在此认识的基础上，2013 年 9 月 25 日优选煤山新槐—葆青单斜北部河道砂岩发育区实施了兴平1井。由于该地区无地震，决定先实施导眼段再实施水平段。其中，兴平1(导眼)井完钻垂深1 215米，全井录井龙潭组共见58.87米各类油气显示，测井解释差油层17.70米。其中，测井解释第12层(1 034.40—1 040.80米)显示最好，气测达到1.19%(背景值为0.285%)，录井油气显示为油斑。针对该层实施的兴平1井，完钻井深1 446米(垂深1 046.02米)，水平段长度402.80米，录井见188米油斑、油迹显示及24米裂隙含气显示，测井解释差油层64.30米/15层。

(王朝红)

【下扬子皖南、常州区块油气勘探进展】 华东油气田在下扬子皖南地区共有5个常规油气勘查区块，截至2013年底该区共有1 050千米二维地震资料。其中，2012年实施二维地震803千米，2013年主要针对安庆—九江地区，实施二维地震247千米。2013年新实施的地震测线NW06线和NW10线均发现了一北东向展布的背斜，通过构造解释，发现了志留系底面的凉泉构造和许岭构造。其中，凉泉构造圈闭类型为断背斜，圈闭面积115平方米，预测圈闭资源量200亿立方米，许岭构造圈闭类型为断鼻，圈闭面积35平方米，预测圈闭资源量80亿立方米。

常州区块位于下扬子"两坳、一隆、一斜坡"构造格局的南京坳陷东部，上下古生界保存良好，地表主要为新生界地层覆盖。区内烃源岩品质好、分布广，并与储集层、盖层形成较好的匹配关系，具备良好的油气勘探前景，可作为油气勘探的重要目标区。2013年华东油气田展开对该区的选区登记工作，登记面积2 917.26平方千米。

(王朝红)

石化股份公司副总裁、油田事业部主任焦方正(中)在大丰海边调研"南黄海盆地南部海二维地震资料采集项目"

(莫建兴摄)

【海域新区油气勘探进展】 2012年2月15日华东分公司正式获得海安东区块的探矿权，面积为3 868.569平方千米。2012—2013年，华东油气田在该区共部署二维地震1 122千米。基本查明海安东区块的构造格局为：北部海安凹陷和南部通扬隆起，其中通扬隆起整体是一个"两凸加一凹"的格局。预测海安东新生界资源量32 150万吨。通过构造解释，初步发现了新生代、古生代各一个有利目标。

(王朝红)

苏北地区油气开发

【油气田开发任务】 2012—2013年，华东油气田油田开发任务为：部署开发井150口，进尺44.50万米，新建原油生产能力20.16万吨，生产原油51万吨。其中，老井自然产量39.21万吨，老井措施产量2万吨，注水95万立方米，产液178.76万吨。

2012年华东分公司开发工作会议 （黄宝平摄）

2012年，油田开发任务为：部署开发井50口，进尺15.39万米，新建原油生产能力7.24万吨，生产原油21万吨。其中，老井自然产量17.11万吨，新井产油2.99万吨，老井措施产量0.90万吨，注水45万立方米，产液81.72万吨，年综合含水率78%，老井自然递减率15%，综合递减率11%。

2013年，油田开发任务为：部署开发井100口，进尺29.11万米，新建原油生产能力12.92万吨，生产原油30万吨。其中，老井自然产量22.10万吨，新井产油6.80万吨，老井措施产量1.10万吨，注水50万立方米，产液97.04万吨，年综合含水率72%，老井自然递减率14.70%，综合递减率10.50%。

（王 军）

【油气水井】 截至2013年末，华东油气田苏北工区共有油井、注水井、注二氧化碳气井487口，计划关井40口，开井397口，油气水井利用率88.80%。其中，油井397口，计划关井25口，开井数328口，油井利用率88.20%，单井平均日产油2.23吨，日产液6.67吨，含水68.70%。油田年采油速度0.83%，采出程度11.01%，剩余可采储量采油速度8.40%，可采储量采出程度54.90%。老井自然递减率14.71%，综合递减率9.97%。共有注水井80口，计划关井15口，开井数60口，水井利用率92.30%，单井平均日注水20.70立方米，年注水49.19万立方米，累计注水614.92万立方米，注水注气开发储量2 803.52万吨。注水开发油田（油藏）年注采比0.88，累计注采比1.05。草舍油田、台兴油田、张家垛油田、祝庄油田注二氧化碳气井10口，开井9口，单井平均日注液态二氧化碳15.31吨，年注液态二氧化碳5.03万吨，累计注液态二氧化碳24.65万吨。

（赵梓平）

【老井稳产增产措施】 2012年华东分公司油井措施年增油0.91万吨，占总产量的3.87%。油水井措施作业54井次，有效井次43井次，有效率79.60%。其中，油井共实施措施46井次，有效井次37井次，措施有效率为80%。措施效果较好的为补改层和泵升级2类，措施年增油量为0.91万吨。效果主要体现为台兴油田、红庄油田、洲城油田、边城油田补改层归位以及溪南庄油田、腰滩油田换大泵提液措施。水井共实施措施8井次，有效井次6井次，措施有效率75%，措施年增注水1.03万立方米。

2013年老井措施年增油1.23万吨，占总产量的4.06%，增油量为2000年以来最高。全年实施措施作业82井次，有效72井次，措施有效率87.80%。其中，油井措施61井次，有效53井次，措施有效率86.90%，较2012年上升6.90个百分点，措施效果较好的为补改层、压裂和大修，年增油量1.06万吨，主要在溪南庄油田、台兴油田广山区块、红庄油田、边城油田仓场区块、洲城油田、张家垛油田、腰滩油田补改层归位。草舍油田草中区块、边城油田华庄区块、金南油田、茅山油田帅垛区块压裂以及洲城油田、张家垛油田、台兴油田台南区块油井大修。水井措施21井次，有效21井次，措施有效率100%，年增注水3.98万立方米，见下表。

2012年苏北油区老井措施统计表

措施项目	完成井次	有效井次	有效率/%	年增油/吨	年增注/立方米	备注 备注
补改层	23	21	91	7 227.29		草南、红庄、洲城、边城、台兴、陶思庄
卡堵水	8	3	37.50	46.62		兴圩、红庄、洲城、茅山、北汉庄
泵升级	9	7	70	1 156.57		草北、溪南庄、腰滩、洲城、张家垛
转抽	3	3	100	387.21		草南、帅垛、张家垛
酸化	5	3	60	209.56	733.47	台兴
压裂	1	1	100			草中
其它	2	2	100	62.14		草南
分注	1	1	100		2 917.84	兴圩
增注	1	1	100		3 520.22	鹤抡
大修	1	1	100		3 094.79	广山
合计	54	43	80	9 089	10 266	

2013年苏北油区老井措施统计表

措施项目	完成井次	有效井次	有效率/%	年增油/吨	年增注/立方米	备注
补改层	27	23	85.20	7 067.86	3 813.20	溪南庄、广山、红庄、仓场、洲城、张家垛、腰滩
压裂	6	6	100	2 457.36		草中、华庄、金南、帅垛
卡堵水	5	3	60	161.53		草北、腰滩、蔡2
泵升级	9	7	77.80	670.97		腰滩、北汉庄、洲城、角墩子
泵加深	6	6	100	660.97		草中、腰滩、仓场、张家垛
转抽	2	1	50	1.54		草南、帅垛
酸化	3	3	100.	200.82	50.80	台南、茅山
大修	6	5	83.30	1 081.53		洲城、张家垛、台南
转注	13	13	100		32 218.03	边城、茅山、金南、草舍
分注	5	5	100		3 733.53	洲城、腰滩、红庄、鹤抡
合计	82	72	87.80	12 302.59	39 815.56	

（王　建）

【开发指标完成情况】 2012—2013年，华东油气田生产原油53.77万吨为计划的105.40%。注水90万立方米完成计划的94.70%，完钻开发井150口为计划的100%，完成进尺34.52万米为计划的100.70%。

井下作业队员工在帅垛油田帅1井修井 （钱忠葆摄）

2012年生产原油23.51万吨为计划的112%。注水41.20万立方米为计划的91.60%，综合含水71.20%。完钻开发井50口，完成进尺15.39万米。新增动用储量508.72万吨，新增可采储量72.59万吨，老区新增可采储量7.53万吨，复算核减可采储量12.82万吨，净增可采储量59.77万吨。新井投产66口为计划的100%，新井产油3.54万吨为计划的118.30%，新建(增)原油生产能力6.77万吨为计划的93.51%。其中，新区新建产能5.97万吨、老区新增产能0.80万吨，投转注水井8口为计划的100%，老井措施增油0.91万吨为计划的101%，老井自然递减率14.60%，综合递减率10.53%。

2013年生产原油30.26万吨为计划的100.90%。注水48.80万立方米为计划的97.60%，综合含水68.70%。完钻开发井100口，完成进尺29.11万米。新增动用储量483.37万吨、新增可采储量65.64万吨，老区新增可采储量7.24万吨、复算核减可采储量8.53万吨、净增可采储量64.35万吨。新井投产87口为计划的100%，新井产油6.93万吨为计划的101.90%，新建(增)原油生产能力12.09万吨为计划的93.58%。其中，新区新建产能8.82万吨、老区新增产能3.27万吨。投转注水井8口为计划的100%，老井措施增油1.23万吨为计划的111.80%，老井自然递减率14.71%，综合递减率9.97%。

（郎　东）

【二氧化碳驱项目】 2013年是华东油气田在草舍油田泰州组油藏进行二氧化碳驱油先导试验从起步转入矿场全面注入的第7年，截至2013年底部分井转为气水交替驱。2012—2013年将草舍泰州组油藏二氧化碳驱技术推广至草舍油田阜宁组三段油藏、张家垛油田张3区块，全部见效。2年开展的主要工作为：① 对泰州组二氧化碳混相驱井网调整及新井跟踪反馈、气窜分析、全过程油藏动态研究、动态监测及开发效果分析。② 编制草舍油田阜宁组三段油藏二氧化碳驱开发方案及张家垛油田张3区块试注方案。截至2013年12月，苏北工区累积注入液态二氧化碳24.60万吨，增油6.55万吨。其中，草舍油田阜宁组三段油藏主体部位注二氧化碳后日产油从22.30吨上升到33.30吨，增油49.30%。

（郑永旺）

【滚动勘探和油藏评价】 2012—2013年，华东油气田加大滚动勘探和油藏评价力度，重点建产区块实现当年发现、当年评价、当年方案、当年建产、当年产油，取得了良好的开发效果。2012—2013年，通过滚动勘探井和油藏评价井的实施，苏北工区落实可动用地质储量1 399万吨，其中2012年786万吨、2013年613万吨，较2010—2011年增加254.20万吨，增幅22%。

（郑永旺）

【产能建设】 2012—2013年，华东油气田新区产能建设区块为台兴油田兴北鹤坨区块、边城油田俞垛—华庄区块、张家垛油田、草舍油田阜宁组三段油藏、草舍油田阜宁组一段油藏、边城油田蔡家堡—顾庄区块、金南油田、泰兴油田溪桥2断块、祝庄油田等，共完成开发井150口，进尺44.92万米，新建原油生产能力14.79万吨。其中，2012年新区为台兴油田、边城油田俞垛—华庄区块、张家垛油田、草舍油田阜宁组三段油藏、草舍油田阜宁组一段油藏等，完成开发井50口，进尺15.42万米，新建原油生产能力5.97万吨；2013年新区为帅垛油田扩边、边城油田蔡家堡—顾庄区块、台兴油田兴北区块续建、俞垛—华庄构造带续建、张家垛油田、金南油田、泰兴油田溪桥2断块、祝庄区块等，完成开发井100口，进尺29.50万米，新建原油生产能力8.82万吨。2012—2013年老区产能建设区块为张家垛、腰滩、帅垛、茅山、台兴、边城、草舍等油田的高效调整，共完成开发井34口，进尺9.83万米，新增原油产能4.53万吨。其中，2012年老区共完成开发井8口，进尺2.21万米，新增产能1.26万吨；2013年老区共完成开发井26口，进尺7.62万米，新增产能3.27万吨。

张3-3HF井井下作业施工 （申海东摄）

（吴　剑）

勘探开发工程

【溱潼凹陷帅垛—唐刘三维地震勘探】 2012年1月1日—2月6日，六物大队647队承担华东分公司“2012年度溱潼凹陷帅垛—唐刘三维地震资料采集项目”。该项目于2011年11月7日开工，共完成生产物理点30 558个(其中可控震源施工物理点1 262个)，完成满叠面积248.26平方千米。647队克服苏北水网地区水陆交替频繁、村庄密集、城区干扰源多和群工矛盾突出等施工困难，在戴南、张郭镇采用井震联合施工的方法取全了区内资料，避免了因禁炮区较大而造成的资料缺失。并针对城区企业冲压空气锤多、各种机械噪音干扰严重的施工环境，采用了包片负责、责任到人、一包到底的管理模式，对当地生产企业逐个进行劝停和协调处理，提高了城区整体资料信噪比。从获得的单炮与现场监控剖面看，获得了T_4^0及其以上各反射层的有效反射信息，波组特征清晰，信噪比高，连续性较好，满足项目设计与地质任务要求，以及合同规定的各项技术指标。

（莫建兴）

【溱潼凹陷华庄三维地震勘探】 2013年1月8日—5月25日，物探华东分公司647队承担华东油气田“2013年度溱潼凹陷华庄三维地震资料采集项目”。完成生产物理点 24 225 个(其中可控震源施工物理点 516 个),完成满叠面积 191.90 平方千米。647 队在周庄、华港镇施工中,采用井震联合施工的方法取全了区内资料。从监控剖面看,获得了 T_4^0 波及其以上各反射层的有效反射信息,且波组特征清晰。凹陷内获得了良好的阜宁组三段、阜宁组一段、泰州组内幕反射。资料采集工作满足地质任务要求,全面完成项目设计与合同提出的各项技术指标。

(莫建兴)

【溱潼凹陷广山三维地震勘探】 2013 年 4 月 2—25 日,物探华东分公司 647 队承担华东油气田“2013 年度溱潼凹陷广山三维地震资料采集项目”。完成生产物理点 1 436 个,满叠面积 96.14 平方千米。项目施工在苏北油田老区增储上产中,首次使用数字检波器进行三维勘探。数字检波器能有效提高分辨率、提取弱小反射信号,为储层描述提供高质量的原始资料。

(莫建兴)

【苏北油区全数字三维地震勘探】 2013 年 7 月,物探华东分公司 647 队承担并完成了华东分公司“溱潼凹陷华庄—广山三维地震资料采集项目”。该项目共投入 12 000 多道数字检波器,实施 38 000 多个物理点,经甲方验收,施工项目的测量、试验、浅层及剖面 4 项合格率均实现 100%,一级品率达到 91%,超过合同规定指标 11 个百分点。

(杨　恺)

【下扬子地区句容三维地震勘探】 2012 年 1 月 1 日—4 月 16 日,六物大队 647 队承担华东分公司“2012 年度下扬子地区句容三维地震资料采集项目”。项目于 2011 年 11 月 15 日开工,为跨年度项目。项目完成三维束线 37 束、23 875 炮,满覆盖面积 100 平方千米,一级品率 86.20%。647 队通过精心组织、精细施工,克服了目的层埋深浅、表层岩性变化大、城镇及水库等障碍物多、地下构造复杂、成像归位难度大等困难,安全、优质、高效地完成了采集任务。为验证采集参数、探索该区处理方法,正式生产之前,选取句北构造 10 平方千米作为先导试验区,确定了最佳采集参数,并利用滚动排列提前进行考核点试验,以确保采集参数最佳。资料获得了浦口组顶面、葛村组顶面、印支面及上古生界地层地震反射波组,且波组特征清晰、波场丰富、断面、绕射等地质现象的特征波得到了较好的体现,资料满足地质任务要求,项目评为“优质工程”。

(莫建兴)

【下扬子地区望江—潜山二维地震勘探】 2012 年 1 月 1 日—3 月 27 日,六物大队 649 队承担华东分公司“2012 年下扬子地区望江—潜山二维地震勘探采集项目”。项目于 2011 年 10 月 15 日开工,为跨年度实施的项目。完成二维测线 17 条,满覆盖 802 千米,生产物理点 7 792 个,一级品率 86.14%。

苏北工区水乡地震勘探　(张　英摄)

项目跨多个施工单元,包括山地、水网、丘陵、侵入岩出露区,表层条件复杂,测线穿越武昌湖、鸭寺湖、皖河、水产养殖场、大龙山、村庄等大型障碍区域，通过合理的变观方案和以炮补道、优选点位逼近布设激发点位、深井小药量激发等技术措施，较好地弥补了障碍区的浅层资料缺失，确保了采集资料的完整性，同时还有效保证了障碍区及其附近的激发安全。

采用小折射为主进行的表层结构调查、生产前进行的区域钻井试钻调查，提前与有关部门联系落实光缆、桥梁、水库、河流及其他地下、地表设施，设计合理的炮点偏移，进行合理避让和采用相应的安全预防措施，以及湖中检波器的使用，无法挖坑埋置的岩石裸露区、水泥地面，采用装土袋等埋置方式，河滩卵石区采用“掏坑填土、夯实埋置”的方法埋置检波器。

从地震采集的原始记录及监控剖面看，得到了新生界、中生界及海相中古生界地震反射波组，望江凹陷、潜山凹陷部位的记录层间反射清晰，信噪比较高，中部侵入岩出露区及安庆凹陷抬升部位的长江边波组变少，信噪比偏低，强弱反射带特征明显，主频在22—26赫兹左右，反映了地层沉积格架，地层接触关系清楚。通过对监控剖面分析，波组较齐全，在0.3—0.8秒、1.5—1.7秒、3.4—3.6秒都出现了比较明显的反射波，形态较清晰，反射波组能量较强。从剖面的频谱分析来看，浅、中层频谱均达到30赫兹以上，保证了浅、中层的较高分辨率，为地质结构的准确解释奠定了基础。基本查清了盆地结构，包括望江、潜山2个中新生界凹陷和怀宁凸起，完成了本项目的各项地质任务。

（莫建兴）

【下扬子地区句容二维地震勘探】 2012年4月17日—5月8日，六物大队647队承担华东分公司“2012年度下扬子地区句容二维地震资料采集项目”。完成二维测线15条、生产物理点4 935个，满覆盖长度122.48千米。工区内地震地质条件复杂、句容城区建筑密集、地下管道纵横交错。647队在施工过程中遵循“试验—生产—边试验—边生产”的思路，通过合理部署，严格施工，遴选出适合本区的采集参数。资料整体频率较高，能量较强，层间信息丰富，单炮间能量均衡性较好。剖面显示获得了浦口组顶面、葛村组顶面、印支面及上古生界地层地震反射波组，基本满足地质任务的要求。

2012年12月21日—2013年1月22日，647队承担华东油气田“2013年度下扬子地区句容二维地震资料采集项目”，完成二维测线13条、生产物理点8 105个，满覆盖长度225.20千米。资料基本可落实茅山构造带，断裂展布和构造形态，查明了溧水地区地质结构及地层发育与埋深情况。

（莫建兴）

【下扬子地区黄桥二维地震勘探】 2012年9月28日—11月1日，六物大队647队承担华东分公司“2012年度下扬子地区黄桥二维地震资料采集项目”。完成二维测线13条，满覆盖257.22千米，生产物理7 992个，一级品率86.14%。剖面获得浅、中、深各层反射波组，部分剖面获得志留系底界面地震反射波组，地层抬升，构造形态及断裂展布特征等地质信息丰富，满足项目设计与地质任务的各项要求。

（莫建兴）

【下扬子地区无为二维地震勘探】 2012年10月24日—11月8日，六物大队649队承担华东分公司“2013年度下扬子地区无为二维地震勘探采集项目”。完成生产满覆盖长度75千米，生产物理点1 742个，表层调查点33个（包括试验点1个、微测井和小折射1个），试验点23炮。二维地震采集资料品质较好，反射波组能量较强。现场监控处理剖面上浅、中、深层反射波组均有获得，构造形态较清楚，满足项目设计提出的各项地质任务。

（莫建兴）

【下扬子地区望江二维地震勘探】 2012年12月25日—2013年3月18日，物探华东分公司649队承担华东分公司“2013年度下扬子地区望江二维地震勘探采集项目”，完成满覆盖长度 247 千米，生产物理点 3 656 个。施工中项目测线需穿过 1 座大型水库，水域地带的激发接收效果对资料品质影响较大，649 队通过生产前的综合点试验及生产过程中的试验点考核，获得陆上及水域施工的最佳采集参数，为取得高品质的地震记录提供了保证。采集资料显示，新生界、海相古生界反射信息丰富，TE，TJ、TP、TD、TS 各主要目的层反射波组均有获得，查清了望江凹陷结构及中古生界沉积边界。

（莫建兴）

【井震联合激发精细地震采集技术】 六物大队 2012 年度实施的句容三维地震采集项目，勘探目的层较浅，为了保证浅层覆盖次数，施工中采用了“井震联合激发精细地震采集技术”。该技术主要内容为：① 采用了小线距、小道距的接收方式；② 在生产过程中根据目的层埋深变化，实时进行目的层有效覆盖次数分析，及时进行采集参数的调整；③ 在句容城区采用井震联合激发的方式采集资料；④ 在施工水域水深大于 3 米区域采用水听器接收、水深小于 3 米采用数字检波器打桩埋置或水下检波器接收，通过 3 种检波器的联合应用，最大限度地获取地震资料；⑤ 在城市区域及水库周边，采用加密炮点的方法提高资料信噪比。“井震联合激发精细地震采集技术”的运用，保障了地震勘探采集资料的品质，满足了地质设计的要求。

（莫建兴　魏　冰）

【流沙层成井与前端排列调查法高精度地震技术】 下扬子黄桥地区由于经历了多期次构造运动，深层地震地质条件复杂，该区位于长江淤积平原，地表分布广泛的流沙发育区，局部古河道区地震激发接收条件变化极其剧烈，激发子波不稳定，成像效果差。六物大队 647 队 2012 年在“下扬子地区黄桥二维地震资料采集项目”施工中，为保证采集资料的质量，探索出“流沙层成井与前端排列调查法高精度地震技术”。该技术利用“生产前端排列调查法”提前锁定古河道及流沙发育区，为后续设计提供了可靠的依据；通过改进钻、成井工艺，利用泥浆配比、慢速钻进、循环泥浆、快速提杆、快速下药技术攻克了流沙区成井的施工难题，为提高成像效果提供了技术支撑。

（莫建兴　魏　冰）

【顾高 1 补充井大斜度井段取芯作业】 2012 年 11 月 8 日，由六普钻井分公司 30551 井队承钻的顾高 1 补充井，顺利完成井斜 24.53 度大斜度井段取芯作业任务，取芯进尺 4.19 米，取芯收获率 100％。顾高 1 补充井是一口在顾高 1 井原井眼内采用套管开窗技术进行施工的一口大斜度探井。30551 井队为确保岩芯收获率和取芯作业的顺利进行，在取芯过程中严格制定施工方案，严密监测钻井参数变化，最终圆满地完成了取芯任务。

（钱晨来　文　佳　赵炬肃）

【张家垛区块技术套管下深创纪录】 2013 年 3 月 30 日，六普钻井分公司 50151HD 井队承钻的张 1－2HF 井，成功下入 244.50 毫米技术套管 2 173米，创张家垛区块技术套管作业下深新纪录。该井完钻井深 4 402 米，为张家垛区块最深井。

（赵炬肃）

【LWD 地质导向钻井技术应用趋向成熟】 2013 年六普钻井分公司在江苏工区 10 口大斜度井、水平井中相继推广 LWD 地质导向技术的应用，均取得良好效果，平均油层钻遇率达 90％。LWD 地质导向技术对于提高油层钻遇率，降低勘探综合成本具有重要意义。

（赵炬肃）

【新型钻头应用提速明显】 针对江苏工区滑动钻进测斜时，工具面难以摆到位的问题，2013 年六普钻井分公司在江苏工区试用江钻 215.60 毫米 KMD1652GAR 钻头。该钻头在红 2 井斜井段使用过程中，发现具有工具面稳定、造斜率好、定向效果理想的特点，钻头各项指标良好。江钻 KMD1652GAR 钻头与江汉利华公司生产的钻头通过实钻对比参数为：江钻 KMD1652GAR 钻头一趟钻进尺 399 米，而江汉利华公司生产的钻头，2 只钻头 3 趟钻进尺只有 206.60 米；江钻 KMD1652GAR 钻头平均机械钻速 4.67 米/时，而江汉利华公司生产的钻头平均机械钻速只有 4.24 米/时。

（赵炬肃）

【下扬子区首口浅层大斜度拟水平井完钻】 石狮平 1 井是华东分公司部署在下扬子句容地区的第一口浅层大斜度拟水平井。该井由工程院首次应用“导眼井—水平井一体化轨道设计技术”完成轨道设计，设计垂深 681.45 米、水平位移 1 147.73 米、位垂比 1∶1.68，为华东分公司江苏工区位垂比最大的井。该井由六普钻井分公司 30551 井队承钻，六普钻井分公司定向井公司提供定向技术服务，2012 年 9 月 1 日，石狮平 1 井顺利完钻，钻井周期 14 天，提速 17.64%。

（赵炬肃）

【下扬子区裸眼井段、稳斜井段最长井】 2012 年华东分公司在江苏工区部署一口下扬子区风险探井（南陵 1 井），由六普钻井分公司 50511HD 井队承钻。该井 2012 年 12 月 3 日开钻，2013 年 3 月 25 日完钻，裸眼井段长 3 374.63 米，稳斜井段长 2 406.63 米，创江苏工区裸眼井段和稳斜井段最长 2 项纪录。

（赵炬肃）

【HD007 队获“石油工程海安凹陷油气勘探新突破二等奖”】 2012 年 4 月，录井公司 HD007 录井队在苏北工区张 3－2HF 井录井过程中，于戴南组、阜宁组三段地层中发现良好油气显示，综合解释油层 250.50 米（垂厚 141.60 米）/4 层，差油层 311.30 米（垂厚 175.24 米）/6 层，含油水层 5.80 米（垂厚 5.03 米）/1 层，含油干层 6.40 米（垂厚 5.15 米）/1 层，揭示了海安凹陷张家垛断鼻构造张 3 区块良好的油气前景。通过对阜宁组三段测井解释第 12—18 层 3 410—3 890 米井段进行分段压裂测试，获工业油流 152.74 吨/日。该井为“苏北盆地海安凹陷张家垛断鼻构造张 3 区块油气勘探新突破”做出了重要贡献，获石化股份公司 2012 年度“石油工程海安凹陷油气勘探新突破二等奖”。

下扬子区南陵 1 井开钻仪式 （刘 强摄）

（王艳红）

【江苏工区固井工程质量提升】 2012—2013 年，固井分公司通过质量管理体系建设和技术进步，江苏工区固井工程质量进一步提升。2012 年，完成各类表层套管、技术套管、油层套管固井作业 202 井次，特殊作业 66 井次，累计注水泥 6 937 吨，固井工程质量一次合格率 100%，优良率 92.5%；2013 年，完成各类表层套管、技术套管、油层套管固井作业 255 井次，特殊作业 82 井次，累计注水泥 10 852 吨，固井工程质量一次合格率 100%，优良率 95%。

（孙志鹏）

【油田套损井治理效果明显】 洲城油田是 1992

年投入开发的老油田，该油田三垛组二段采取环保注水生产，由于生产时间长，多井对应层位井段出现套损，且套损井段较长，致使多口井停产或带封生产，严重制约了油田稳产。2013 年，采油厂先后分别对洲城油田洲 6 井、侧 QK8 井、QK25 井进行综合治理，治理措施为对套损井段小、处于高压层或未固井段的井，采取套管补贴技术；对于长段套损井，采取悬挂衬管二次固井修套技术；对于小套管内存在漏点井，采取插管卡采技术。洲 6 井、侧 QK8 井、QK25 井经治理后，原油含水量大幅下降，日增油效果明显，3 口井日增油分别为 7.47 吨、1.13 吨、0.50 吨。洲 6 井措施后日产油最高上升至 12.96 吨，侧 QK8 井措施后平均日产油 3.17 吨；QK25 井措施后日产油 2 吨。

曹 2 井新型自悬浮砂清水压裂施工　（周剑华摄）

（申海东）

【金页平 1 井裸眼分段压裂】　位于金湖凹陷金南构造最南端断鼻构造上的金页平 1 井是华东分公司在苏北工区部署的首口页岩油评价井，该井完钻垂深 2 378.23 米，水平井段长 564 米，水平段目的层油气显示良好。2012 年 2 月 14 日，井下作业公司对金页平 1 井实施水平井裸眼分段（6 段）压裂施工，此次施工共用压裂液 1 463 立方米，加砂 146 立方米，施工作业取得成功。

（申海东）

【新型自悬浮砂清水压裂获得成功】　清水压裂工艺是一种以清水作为工作液代替常规压裂液进行压裂施工的新型水力压裂工艺，目前该技术是油井压裂领域的一项尖端技术。应用清水压裂工艺施工，配合使用新型自悬浮砂，可以达到改善储层渗流条件，减少对地层伤害的目的。2013 年 12 月，采油厂酸化压裂队在曹 2 井阜宁组三段首次试验新型自悬浮砂清水压裂，经过 2 小时的施工，成功将 12 立方米压裂砂、192.50 立方米压裂液顺利压入 2 200多米的目的层，自悬浮砂清水压裂施工获得成功。

（申海东）

油田地面工程建设

【草舍油田阜宁组三段、阜宁组一段油藏二氧化碳驱地面工程】　2012—2013 年，华东油气田实施草舍油田阜宁组三段、阜宁组一段油藏二氧化碳驱开发。根据开发方案，2012 年有注气井 8 口，到 2013 年增加至 11 口，注气量 420 吨/日。草舍油田联合站二氧化碳压注站现有注气能力 150 吨/日，不能满足开发要求。依据草舍油田阜宁组三段、阜宁组一段油藏二氧化碳驱开发节奏及井位展布情况，2012 年，在草南 1－10 井井场新建 1 座撬装式压注站，注气能力 70 吨/日，满足了草南区块草 1-10 井、草 1-11 井 2 口井注气需求；2013 年，扩建草舍油田联合站二氧化碳压注站，新建 1 座 120 立方米二氧化碳储气罐，增加 1 台 6.30 米^3/时二氧化碳压注泵，以配套相应工艺流程，草中 1-2 井、草中 1-5 井、草中 1-11 井等井由草舍油田联合站压注站注气。

（符光运）

草舍二氧化碳压注站 （傅仕丽摄）

【台兴油田 QK111 断块二氧化碳驱地面工程】 台兴油田 QK111 断块共有 25 口井，已形成 5 注 20 采的注采井网。2012 年，华东分公司依据《台兴油田 QK111 断块二氧化碳驱开发方案》，投资 2 500 万元，建设台兴油田 QK111 断块二氧化碳驱地面工程。工程主要内容为：① 先期在台 12 井井场建 1 座撬装式二氧化碳压注站，注气能力 70 吨/日，对台 2 井、台 12 井先期压注二氧化碳驱油。② 建设红庄二氧化碳净化站至台 13 井井场液态二氧化碳压注管线和 5 井式配液间，压注管线采用公称通径 114 ×16 毫米高压锅炉钢管，设计公称压力 35 兆帕，长度 9 千米，台 13 井配液间至 5 口井注二氧化碳压注支管线采用公称通径 76 ×12 毫米高压锅炉钢管，设计公称压力 35 兆帕，长度 2.50 千米，为注二氧化碳支管线。③ 红庄二氧化碳净化处理站新建 1 座二氧化碳压注站，安装 3 台二氧化碳压注泵（两用一备），压注泵注入流量 6 米^3/时，功率 75 千瓦；配套 2 台 12 米^3/时屏蔽喂液泵、流量计、1 座 120 立方米二氧化碳槽罐。④ 台南联合站集输系统改造，更换台南联合站 2 台三相分离器，规格为公称压力 0.60 兆帕 D3000×8000，考虑二氧化碳腐蚀性影响，材料选用双相钢材质；更换站外来液进站阀组至三相分离器进口管线和三相分离器出口至污水池的污水管，管线采用不锈钢管；更换 3 台掺水泵（2 用 1 备），选用 3100P-B10 型柱塞泵，流量 15.70 米^3/时，扬程 2.50 兆帕。⑤ 台南联合站供配电技术改造，台兴油田 QK111 断块二氧化碳驱开发后，原停采的 20 口油井重新投入开采，因此，台南联合站站内供电负荷不能满足二氧化碳驱改造后的用电需求，并考虑兴北区块开发用电需求，决定对联合站内供电系统进行改造。台南联合站供配电技术改造，采用 1 250 千伏·安降压变压器，升压变压器增容至 1 000 千伏·安，拆除站内 2 台 400 千瓦柴油发电机组，安装 1 台 800 千瓦柴油发电机组。

（符光运）

【兴北 3 区块集输管网工程】 2012—2013 年，华东油气田对台兴油田兴北 3 区块实施滚动勘探开发，部署开发井 1 口，其中采油井 12 口、注水井 3 口。兴北 3 区块属于三垛组油藏，原油粘度与凝固点高，含蜡、沥青胶质比较多，采用常规方式采油能耗较高。实验表明，采用掺稀的方法能有效降低粘度和综合凝固点，以达到节能效果。兴北 3 区块集输管网采用环状掺水流程，铺设集输管线 DN100 玻璃钢管共计 6 000 米，注水管线3 000 米，管网穿越 4 条河道，并在台兴油田联合站安装了 3 台柱塞式掺水泵（2 用 1 备）。

（符光运）

【蔡家堡—茅山—帅垛集输管道工程】 2012—2013 年，华东油气田启动蔡家堡区块评建一体化开发、茅山区块调整开发。在对蔡家堡、茅山、帅西等区块地面工程论证研究的基础上，结合帅垛油区地面工程建设情况，2013 年开工建设蔡家堡—茅山—帅垛集输管线工程。该工程于 3 月开工建设，10 月竣工试运行，集输距离 13 000 米，工程总投资 3 115 万元。蔡家堡—茅山—帅垛集输管线工程集输半径 13 000 千米，为华东油气田集输半径最大的集输干线工程。集输管线穿越 2 个乡镇、8 个自然村，跨越 8 条河道和多条公路。工程投产运行后，蔡 2 井区 8 口井、茅山区块 11 口井实现了并网集输生产，减少了 3 座拉油点，各区块新井投产所生产的原油也进入集输管网，减少了因临时投产所产生的运行费用，加快了新井投产速度，降低了运行成本，并为帅西区块开发快速投产创造了有利条件。

（符光运）

【洲城油田联合站技改工程】 2012 年，华东分公司组织编制《洲城油田联合站技改及周边油田集输系统工程方案》及可行性研究报告，依据该项目可行性研究报告，结合苏北油田勘探开发情况，华东分公司决定实施“洲城油田联合站原油储库扩建工程”“洲城油田联合站供热系统改造工程”2 项技术改造工程。“洲城油田联合站原油储库扩建工程”主要内容为：扩建 2 座 5 000 立方米拱顶储油罐及配套消防设施，工程总投资 980 万元。“洲城油田联合站供热系统改造工程”主要内容为：建设 2 台 4 吨/时 DZL4－1.0－AII 燃煤蒸汽锅炉，替换现有 2 吨/时燃油蒸汽锅炉，配套煤棚及煤渣棚等附属设施，增建 1 台 3000×8000 三相分离器，工系统改造工程”于 2012 年 11 月批复，2013 年 4 月完成工程设计，6 月起开展工程施工，年内完成主体工程。

（符光运）

【泰东河驳岸墙及穿河输油管线恢复工程】 2011 年，江苏省全面启动淮河流域重点平原洼地治理工程“泰东河综合治理工程”，华东分公司在东台市、姜堰市境内的 4 个油田沿泰东河 8 处驳岸墙、1 条穿河输油管线处于泰东河综合治理范围内，影响了油田正常生产和输油管线安全。2012 年，华东分公司实施“泰东河沿岸驳岸墙及穿河输油管线恢复工程”，经重新规划整合，重建驳岸墙 6 处；对穿越泰东河的原油外输管线重新移位复建。该工程于 2012 年 6 月启动，2013 年 10 月竣工投入运行，保障了油田正常生产。

（符光运）

【广山接转站污水处理工程】 随着广山油田的开发，油田产液含水率逐步上升，转运费用随之加大。2013 年，华东油气田在广山油田接转站建设 1 座撬装式水处理装置。装置污水处理能力为 150 米^3/时，水处理工艺采用微生物＋膜处理。经处理后的水质指标可达Ⅱ级，完全满足广山油田注水水质要求。广山接转站污水处理工程投资 160 万元，装置采用撬装式模块化设计，实行工厂化预制，现场安装。工程特点是施工周期短、搬迁方便、处理量小、投资低，解决了传统污水处理工程投资高、处理量大、维护费用高的难题，符合华东分公司苏北油田勘探开发的实际需求。

（符光运）

【淮建区块集输管线技改工程】 随着淮建 3 井、淮建 4 井产液含水率和产液量上升，原油产量逐渐下降，开采成本随之上升。2012 年，华东分公司实施淮建区块集输管线技改工程，工程内容为：铺设淮建区块至腰滩区块集输管线 1.60 千米，实现淮建区块产液与腰滩油田集输网并网，撤销淮建拉油点。

（符光运）

【地面工程“三化”工艺技术】 2012 年 1 月—6 月，工程院技术人员通过研究，形成了苏北小油田地面工程“标准化设计、模块化建设、标准化管理”技术，有效地规范了地面建设流程，降低了建设投资，节约了管理费用，形成了苏北小油田地面建设工程高效、快速、低成本特色技术。

（薛　华）

【油田集输系统效率检测技术】 2012 年 6 月至 9 月，工程院技术人员对采油厂抽油机、注水泵进行了全面能耗测定，计算确定机采系统的效率以及地面注水系统效率，编写了《节能电机更换项目后评估报告》《节能监测报告》，实现了华东分公司地面工程设备的跟踪检测，实时掌控了地面系统的运行情况，为油田节能降耗工作提供了有效的数据支持。

（薛　华）

【地面工艺技术现状及分析报告】 2012 年 11 月，在中国石化首次召开的油田地面系统技术交流大会上，工程院提交的《华东分公司油田地面工程工艺报告》，对华东分公司范围内的油田地面系统首次进行了全面梳理和分析，对特色技术进行归类整理，对存在问题进行了汇总分析，为苏北小油田地面工程技术优化整改指明了方向。会议期间工程院代表华东分公司介绍的"广山油田新型节能特色工艺技术"，被油田事业部誉为"小油田地面工程的典范"，开创了苏北油田地面工程建设的新思路。

（薛　华）

江苏地区油田简介

【草舍油田】 草舍油田位于江苏省东台市溱东镇境内。构造位置处于溱潼凹陷南断阶带中段，北临深凹带、南以断层（Ⅰ号）为界与泰州凸起相邻，东西分别为时堰深凹和溱潼深凹。草舍构造所在断阶带地段被Ⅰ号、Ⅱ号、Ⅲ号 3 条断层切成由南向北逐渐下掉的高断阶、中断阶和低断阶，依次简称为南、中、北断块。南断块含油层系为泰州组、阜宁组一段，中断块含油层系为戴南组一段、阜宁组三段，北断块含油层系为三垛组一段、戴南组一段、戴南组二段。探明含油面积 2.43 平方千米，探明石油地质储量 533.27 万吨，动用含油面积 2.43 平方千米，动用储量 533.27 万吨，其中注水、注二氧化碳三采储量 393 万吨。可采储量 145.32 万吨，采收率 27.30％。油田已开发生产 33 年，为华东油气田主力油田。

草舍油田经历了构造预探详探、滚动勘探开发、调整完善、三次采油 4 个勘探开发阶段，现处于中含水、中采出程度开发阶段。1979 年 6 月，苏 115 井在草北断块戴南组一段油藏首先投入试采，后陆续滚动开发草中、草南断块。1990 年草南断块泰州组油藏转入注水开发，并逐渐提高油藏井网密度，同时对草北、草中断块实施加密调整和开窗侧钻井挖掘剩余油。1999—2003 年实施《草舍油田开发方案》。阜宁组一段油藏因注水压力高，地层能量无法得到有效补充，致使南断块阜宁组一段油藏未实现有效开发，泰州组油藏的开发调整取得了良好效果。2005 年 7 月，在草舍油田泰州组油藏实施石化股份公司二氧化碳驱提高采收率重大先导试验，先后转注二氧化碳气井 4 口，形成了 4 注 9 采的开发井网。通过上述工作，提高了油田储量动用程度，控制了含水上升速度，使草舍油田一直保持稳产、增产。

2010 年开始对泰州组的注采井网进行调整，将 1 口注气井转注水，同时加快草舍油田阜宁组一段、阜宁组三段油藏的动用并实施二氧化碳驱推广应用，2 年来新钻开发井 9 口。目前泰州组油藏 6 注 15 采，阜宁组一段油藏 3 注 5 采，累计注采比 1.10。

草舍阜宁组三段油藏 2010 年 9 月投入正式开发，开采主力层位阜宁组三段下砂组，注气方案为 6 注 16 采。2011 年 8 月注气开发，目前油藏 5 口注气井，11 口采油井，累计注采比 0.99。

截至 2013 年 12 月，草舍油田共有采油井 46 口，开井 41 口，平均单井日产油 2.18 吨。全年生产原油 3.34 万吨，累计采油 99.55 万吨，动用储量采油速度 0.63％，采出程度 18.67％。综合含水58.80%。注水井7口，开井6口，日注水305.69立方米，年注水6.86万立方米，累计注水89.98万立方米，月注采比1.18，累计注采比0.28；注二氧化碳井5口，开井5口，日注液态二氧化碳120.70吨，年注二氧化碳3.43万吨，累计注二氧化碳23.19万吨。新增产能0.30万吨，核减产能0.96万吨，核定原油生产能力3.22万吨。

（赵梓平）

【台兴油田】 台兴油田位于江苏省东台市梁垛镇境内。构造位置处于溱潼凹陷斜坡带东段，是由多条北东走向的控边断层切割形成的断块构造。油田分为多个含油区块，含油层系为古近系阜宁组三段，探明含油面积5.12平方千米，探明石油地质储量777.60万吨，动用含油面积5.12平方千米，动用储量777.60万吨，注水储量654.57万吨，可采储量119.35万吨，采收率15.30%。

油田主体区块1996年投入试采，1997年投入开发，随着新井的不断投入，1998年产量最高达到7.01万吨，之后由于能量补充不及时油田年产量快速下降，至2002年已降至年产1.46万吨。2003—2005年期间实施《台兴油田调整方案》，本阶段的调整主要以剩余油富集区为中心实施加密调整，经主力油层挖潜治理，随注采井数比的提高，产油量明显上升，但稳产期较短，2008年产量只有0.56万吨。2009年再次对油田进行细分层系开发调整，对有储量基础的主力断块细分层系，通过钻新井、油水井归位，提高储量控制程度和水驱储量动用程度；针对地层能量不足，对井网破坏严重的非主力断块完善注采井网；对非主力层打新井进行井网调整；结合断块特征、储层发育及剩余地质储量，增加注水井点，保证单井有效厚度在10米以上，控制储量8万吨左右，井距控制在200—250米。年内部署新井9口，侧钻井3口。此外自2009年开始通过滚动勘探，在油田的周边相继发现了广山、兴北、兴北3、鹤垥构造，实现了当年发现、当年动用，并实施注水开发。2013年台兴外围续建项目，在兴北区块新钻6口井，广山更新1口井。同时在台南老区实施零散调整井2口，并在油区内部建立2套二氧化碳气驱井网，目前注气见效2口井，其中侧QK-118井投产初期自喷。

截至2013年末，台兴油田共有采油井73口，开井53口，核实日产原油129.40吨，年产原油5.08万吨，累计采油46.85万吨，采出程度5.50%。综合含水61.50%。注水井19口，开井13口，日注水280.50立方米，年注水9.46万立方米，累计注水132.50万立方米，年注采比0.64，累计注采比1.04。注气井4口，开井3口，年注气0.99万吨。当年新建产能0.60万吨，新增产能1.55万吨，核减产能1.53万吨，核定原油生产能力5.30万吨。

（朱宏绶）

【陶思庄油田】 陶思庄油田位于江苏省东台市时堰镇境内。构造位置处于溱潼凹陷南部断阶带中段，是一个自东南向西北倾没并被断层遮挡的鼻状构造，自上而下有3个构造高点，共发育3个油藏，分别为三垛组一段油藏、戴南组二段油藏及戴南组一段油藏。探明含油面积0.30平方千米，探明石油地质储量58万吨，动用含油面积0.30平方千米，动用储量58万吨，可采储量18.16万吨，采收率31.31%。陶思庄油田是由油气普查向滚动勘探开发转型中发现的油田之一，是一个凭借天然水驱动开发的油田。油田于1990年投入试采，1991—1996年逐步完善开发井网。因油田面积小，单层储量少，且底水发育，含水上升较快，2000年前主要通过提液来保持油田产量相对稳定，2000年以后通过高水淹井侧钻和高效调整井挖掘剩余油。

至2013年末，陶思庄油田共有采油井2口，开井2口，核实日产原油0.92吨，年产原油393.40吨，累计采油17.61万吨，动用储量采油速度0.06%，采出程度30.37%。综合含水98.50%，核定原油生产能力0.09万吨。

（王　建）

【溪南庄油田】 溪南庄油田位于江苏省东台市时堰镇境内。构造位置处于溱潼凹陷深凹带东北部，东西两侧分别为大凡庄次凹和时堰次凹。油田处于油气运移、聚集的指向部位，是一个被断层切割为南断块和北断块的短轴低幅度背斜，南、北断块均存在东、西2个高点。含油层系为古近系三垛组一段，在纵向上可分为上、中、下3个油层组。现探明含油面积0.60平方千米，探明石油地质储量57万吨，动用含油面积0.60平方千米，动用储量57万吨，可采储量22.63万吨，采收率39.70%。油田于1996年投入试采，根据日产油量变化情况，可分为4个开发阶段：1990年6月至1994年5月为产量上升阶段，采油井数由1口逐步增加至5口，日产油由20.32吨上升至57.99吨；1994年6月至1998年12月为产量稳产阶段，此阶段新投入4口油井，采油井增至9口，日产原油基本稳定在42吨；1999年1月至2002年12月为产量递减阶段，多口油井因水淹而关井，采油井最多时6口，正常生产井5口，日产油由38.09吨降至10.62吨；2003年1月至2011年12月为低位产量稳定阶段，此阶段主要利用水淹井侧钻和高效调整水平井挖掘剩余油维持油田生产，相继部署7口井侧钻，2011年新部署2口高效调整水平井，油田年产油能力0.40万吨。

截至2013年末，溪南庄油田共有采油井4口，开井4口，核实日产原油4.68吨。年产原油0.25万吨，累计采油19.12万吨，动用储量采油速度0.30%，采出程度33.55%。综合含水92.40%，核定原油生产能力0.36万吨。

（王　建）

【殷庄油田】 殷庄油田位于江苏省东台市五烈镇境内，构造位置处于溱潼凹陷东部斜坡带。含油层系为古近系泰州组，现探明含油面积0.30平方千米，探明石油地质储量24万吨，动用含油面积0.30平方千米，动用储量24万吨，可采储量4.06万吨，采收率16.92%。油田于1990年发现，由于为高凝油，受开发成本、技术等因素制约，至2002年才正式投入开发，至2003年底建成1.10万吨的生产规模，2004年1月10日进入注水开发，形成了1注4采的开发规模，至2004年8月油田月产油相对稳定，含水低于8%，月产油量保持在601—667吨之间，含水缓慢上升，2004年9月油田含水逐月上升，月产油量下降明显。

截至2013年末，殷庄油田共有采油井3口，开井3口，核实日产油1.30吨。年生产原油498.01吨，累计采油3.10万吨，动用储量采油速度0.20%，采出程度12.92%。综合含水85.70%。无注水井，累计注水4.73万立方米，累计注采比0.53，核定原油生产能力0.09万吨。

（王　建）

【淮建油田】 淮建油田位于江苏省金湖县银集镇境内。构造位置处于金湖凹陷三河、汜水次凹间的石港断裂东端，是受石港断裂控制的断鼻构造，轴向北北西，向南南东抬升。油气主要赋存于戴南组一段底块砂岩中。探明含油面积0.90平方千米，探明石油地质储量30万吨，动用含油面积0.90平方千米，动用储量30万吨，可采储量8.10万吨，采收率27%。油田1999年投入开发，先后有5口井投入试采，1999年11月至2003年6月为天然弹性弱边水驱开发阶段，2003年7月开始，为补充地层能量，提高油田产能，先后有2口井转注水，因注水见效不明显，2005年后全部关停，油井处于低效开采状态，为挖掘油田剩余油，2008年利用水淹井侧钻取得较好效果。

截至2013年末，淮建油田有采油井2口，开井1口，核实日产油0.05吨。全年生产原油20.75吨，累计采油2.48万吨，动用储量采油速度0.01%，采出程度8.27%。综合含水99%。注水井2口已报废，累计注水2.29万立方米，累计注采比0.32，核定原油生产能力0.08万吨。

（郎　东）

【腰滩油田】 腰滩油田位于江苏省金湖县前锋镇境内。构造位置处于金湖凹陷中部三河、汜水次凹之间的石港断裂上升盘，为一受石港断裂控制的由北东向断层遮挡的向东南倾没的断鼻构造，在平面上分南、北两断块。油气集中分布在新生界古近系中，纵向上含油层系多、井段长，阜宁组一段、阜宁组二段和戴南组一段为主要含油层系。探明含油面积 3.90 平方千米，探明石油地质储量 430.21 万吨，动用含油面积 1.90 平方千米，动用储量 170.63 万吨，注水储量 104.63 万吨，可采储量 22.74 万吨，采收率 13.33%。油田于 1980 年发现，1996 年投入试采，至 2003 年 10 月，主要依靠天然能量开发。其中，1996 年 2 月至 1998 年 11 月，单井依靠天然能量开发，在南、北断块各有 1 口生产井。1998 年 12 月至 2003 年 10 月，对阜宁组一段、阜宁组二段油藏的地质、构造及试采特征重新进行了研究和认识，并对阜宁组油藏三维地震资料进行了精细解释，在钻井修编图的基础上，编制了《腰滩油田阜宁组一、二段油藏开发概念设计》。按方案总体设计、分块开发的原则，在北断块先后部署了 7 口开发井，在阜宁组一段、阜宁组二段油藏的 6 口井均试获工业油流，并先后投产，因地层能量补给不足，油井产量下降较快。2003 年 11 月，阜宁组低渗油藏转入人工注水开发，选择对注水开发适宜的低效油井进行转注，形成了 3 注 5 采的开发先导试验区，并有 4 口井见效。2005 年 6 月至 2011 年末阜宁组油藏全面注水开发。

2008—2009 年，主要针对注水开发中存在的平面纵向矛盾，对阜宁组一段、阜宁组二段进行开发调整并分层注水，共钻新井 4 口。戴南组油藏在三维地震资料精细解释的基础上，进行了滚动勘探开发，共钻新井 3 口，初期日产油 12 吨，取得了良好的开发效果。

2010 年在腰滩油田外围发现了银集区块，进行了评建一体化建产，2010—2011 年部署开发井 5 口，因构造和油水关系复杂，未取得预期效果。

截至 2013 年末，腰滩油田共有采油井 30 口，开井 24 口，核实日产油 20.40 吨。全年生产原油 1.03 万吨，累计采油 17.98 万吨，动用储量采油速度 0.44%，采出程度 10.54%。综合含水 90.70%。注水井 11 口，开井 7 口，日注水 107 立方米，年注水 4.17 万立方米，累计注水 45.95 万立方米，累计注采比 0.56，核定原油生产能力 1.14 万吨。

（郎　东）

【金南油田】 金南油田位于江苏省金湖县金南镇境内。构造位置处于金湖凹陷中部，石港断裂带中段，北邻三河次凹，南接龙岗次凹，从南往北分别为 1 号构造、2 号构造、3 号构造。油气集中分布在古近系中，阜宁组二段油藏为主要含油层系。探明含油面积 2.10 平方千米，探明石油地质储量 104 万吨，动用含油面积 1.60 平方千米，动用储量 78 万吨，注水储量 78 万吨，可采储量 10.52 万吨，采收率 13.49%。油田于 1996 年投入试采，利用弹性能开发，因地层能量不足，油井处于低产低效状态。1 号构造、3 号构造分别至 1999 年 2 月、2001 年 1 月实施基础井网并转入注水开发。1 号构造为 1 注 3 采，3 号构造为 1 注 4 采，此后 3 号构造逐步完善注采井网，油田产量稳中有升。2004 年以后随着油藏含水上升日产油呈下降趋势，2007 年新增调整井 3 口使油田产量有所回升，但未见长效。1 号构造因储量小，产量低，2003 年停注，仅靠个别油井低效生产。2013 年通过金南Ⅰ号致密油区块评建一体化项目完钻采油井 2 口，大规模分段压裂后投产，单井日产油 7.62 吨，为致密油藏动用打下了基础。同时在钱王庄构造部署的 4 口滚动勘探井钱 101 井、钱 102 井、钱 103 井、钱 104 井，为下步产建奠定基础。

截至 2013 年末，金南油田共有采油井 18 口，开井 17 口，核实日产油 27.31 吨。全年生产原油 1.12 万吨，累计采油 9.96 万吨，动用储量采油速度 1.28%，采出程度 12.77%。综合含水 65.80%。注水井 4 口，开井 4 口，日注水 98.40 立方米，年注水 2.84 万立方米，累计注水 26.38 万立方米，累计注采比 1.13。当年新建产能 0.36 万吨，核定原油生产能力 0.65 万吨。

（郎　东）

【吕家庄油田】 吕家庄油田位于江苏省金湖县金南镇境内。构造位置处于金湖凹陷龙岗次凹斜坡带，共有Ⅰ、Ⅱ、Ⅲ、Ⅳ号 4 个区块，油气集中分布于新生界古近系三垛组、戴南组和阜宁组。探明含油面积 1.71 平方千米，阜宁组二段探明石油地质储量 125.77 万吨，全部动用并注水开发，可采储量18.12万吨，采收率14.41%。油田于2005年发现，2006年进行油藏评价，2007年实施《吕家庄油田Ⅰ号区块开发方案》，在Ⅰ号区块建成2注7采生产井网。2008—2009年对Ⅰ号区块完善井网，同时对吕家庄Ⅳ号区块进行油藏评价后，实施《吕家庄油田Ⅳ号区块开发方案》，共完成新井10口，油井压裂后日产油0.50—9吨，大部分井日产油小于2吨，其间共建产能1.12万吨。

截至2013年末，吕家庄油田共有采油井11口，开井11口，核实日产油3.89吨。全年生产原油0.20万吨，累计采油2.93万吨，动用储量采油速度0.11%，采出程度2.33%。综合含水83.40%。注水井4口，开井2口，日注水17.46立方米，年注水0.86万立方米，累计注水12.83万立方米，累计注采比1.22，核定原油生产能力0.21万吨。

（郎　东）

【储家楼油田】 储家楼油田位于江苏省姜堰市兴泰镇境内。构造位置处于溱潼凹陷南部断阶带中段，为一被断层复杂化了的短轴背斜构造，平面上分中北、中南两断块。油气主要赋存于戴南组一段砂岩中。探明含油面积0.60平方千米，探明石油地质储量71.91万吨，全部动用，可采储量31.62万吨，采收率43.97%。油田中北断块于1975年投入试采，后逐步完善开发井网，1994年转入注水开发，先后实施1注3采、2注3采、3注5采、3注6采的开发井网。2002年开始进行三次采油，开展注石油磺酸盐类表面活性剂驱油试验，取得明显效果，单井日增油1.83吨，含水率下降，达到试验目的。后期主要依靠侧钻井挖掘剩余油。中南断块于1992年投入试采，1999年开始试注水，无明显效果。2000年10月实施二氧化碳段塞驱试验，共注入液态二氧化碳3 290吨，油藏日产原油由试验前的1.78吨上升至9.44吨，提高了5.30倍，原油含水率下降29个百分点。后期措施依靠侧钻井挖掘剩余油。

截至2013年末，储家楼油田共有采油井4口，开井2口，核实日产油1吨。全年生产原油0.08万吨，累计采油29.05万吨，动用储量采油速度0.05%，采出程度40.39%。综合含水92.10%。注水井全部报废停注，累计注水23.62万立方米，累计注采比0.21。当年新增产能0.15万吨，核定原油生产能力0.35万吨。

（朱宏绶）

【洲城油田】 洲城油田位于江苏省姜堰市溱潼镇境内。构造位置处于溱潼凹陷南部断阶带中部，北邻角墩子油田，西与祝庄油田相接，为夹持于Ⅰ、Ⅱ号断层之间、受古隆起影响和Ⅰ号断层控制的断块构造。断块总体格局北倾，北西轴向，西陡东缓，后经南西西向的内部分块断层将油田构造切割成南、北2个主体断块。北断块称洲Ⅲ断块，南断块称洲Ⅳ断块。油气主要赋存于三垛组一段底块砂岩及戴南组二段砂岩中。探明含油面积1.20平方千米，探明石油地质储量250万吨，动用含油面积0.50平方千米，动用储量178万吨，注水储量178万吨，可采储量74.86万吨，采收率42.06%。油田于1992年12月投入开发，1994年底建成基础井网，共投入开发井8口。1993年3月转入注水开发，形成2注9采开发井网。注水开发后，纵向上吸水剖面不均，主要油井产液结构不合理。为提高水驱储量动用程度，部分油井采取避开水洗通道，自下而上转层开发。注水开发到一定程度后，油田主要通过增加水井次吸水层吸水量，油井则通过水泥浆堵水、补层补孔、提液等措施，以实现低效层动用。2000年8月进行石油磺酸盐表面活性剂三次采油试验，以提高水驱效率并加强注采对应研究。通过不间断、零散的调堵水措施，改善产液结构，同时增大泵径提高产液强度。油田投产至2002年，以2%以上的采油速度高速高效开发稳产9年，实现了油田高效开发。2003年后油藏综合含水达75%，开发进入递减期。2003年下半年至2005年实施《洲城油田综合调整方案》，油藏最终形成8注22采井网。由于油田老井套损问题突出，导致稳产难度加大。2005年后为抑制递减，实现油田持续稳产，对油藏进行了剩余油多轮次深度挖潜，主要依靠堵水调层，老井侧钻更新挖掘剩余油。为进一步改善油田开发效果，2008年下半年对油田进行整体提液，累计实施6口井的提液工作，日产液由提液前300立方米提高至380立方米，日产原油由提液前的35吨恢复至45吨，并维持稳产。2009年在新区洲III断块(稠油油藏)部署水平井1口，未达预期效果。

截至2013年末，洲城油田共有采油井15口，开井10口，核实日产油33.80吨。全年生产原油1.04万吨，累计采油61.51万吨，动用储量采油速度0.69%，采出程度34.56%。综合含水89.50%。注水井6口，开井6口，日注水331.40立方米，年注水12.85万立方米，累计注水207.35万立方米，累计注采比0.98，核定原油生产能力0.79万吨。

(朱宏绶)

【角墩子油田】 角墩子油田位于江苏省姜堰市俞垛镇境内。构造位置处于溱潼凹陷南部祝庄断阶带的低断阶、储家楼构造西侧、洲城构造北侧、俞垛次凹和溱潼次凹之间。油气主要赋存于三垛组一段底块砂岩及戴南组一段砂岩中。探明含油面积0.65平方千米，探明石油地质储量76万吨，全部动用，可采储量19.27万吨，采收率25.36%。油田自1993年投入开发以来，根据开发油藏类型可分为试采和扩大开发2个阶段。1993年8月，对三垛组一段油藏试采。1996年10月对戴南组一段油藏试采，2002年8月开始，为加快油田开发速度，先后在构造高部位部署了8口调整井，采油井数由试采阶段的2口上升到扩大开发阶段的10口。日产原油由6.31吨上升至97.57吨。由于采油速度过高，含水上升速度快，2004年12月，产油量降至31吨左右。为了改善油田开发效果，提高三垛组一段油藏上部油层的能量，2005年2月实施注水试验，注水1年后因注水水窜，油井未见效果后停注。2006年后，利用水淹井侧钻和部分高效调整挖掘油田剩余油，2008—2009年，在三垛组一段油藏开窗侧钻2口，在戴南组一段油藏部署高效调整井2口，初期日产油均在5吨以上。2010年3月油田含水由92%升至94%，日产原油由20吨降至14吨左右，后油田产量缓慢递减。2010年7月在戴南组一段油藏投入注水井1口，油井至今未见到效果。

截至2013年末，角墩子油田共有采油井7口，开井5口，核实日产油6.95吨。全年生产原油0.33万吨，累计采油14.86万吨，动用储量采油速度0.33%，采出程度19.56%。综合含水94.5%。注水井1口，开井0口，累计注水1.79万立方米，核定原油生产能力0.44万吨。

(朱宏绶)

【边城油田】 边城油田位于江苏省兴化市周庄镇境内，构造位置处于溱潼凹陷斜坡带西部，介于溱潼深凹和俞垛次凹之间，构造由西边城构造、叶甸构造、仓场构造、蔡家堡构造组成。含油层系为古近系阜宁组三段。探明含油面积4.95平方千米，探明石油地质储量435.73万吨，动用西边城、仓场、蔡家堡区块含油面积2.91平方千米，动用储量216.21万吨，可采储量29.68万吨，采收率13.73%。油田西边城区块于2003年9月投入开发，2004年实施《西边城油田阜宁组三段油藏开发方案》，形成3注10采开发井网。2009年在剩余油研究的基础上，部署了2口高效调整井，平均单井初期日产油3.50吨。叶甸区块于2004年7月投入试采，至2005年底共钻井6口，因构造未落实一直处于试采状态。2010年通过滚动勘探发现了仓场区块和蔡家堡区块，2011年发现了俞垛区块。仓场区块和蔡家堡区块发现当年采取评建一体化建产，实施了《仓场区块评建一体化方案》，至2011年初全部完成，共部署新井15口，利用探井1口。在仓场区块形成2注7采开发井网，在蔡家堡区块形成1注5采井网，共新建产能1.49万吨。2012—2013年新建俞垛、华庄、曹桥及陈家舍区块，新钻井28口；西边城区块完成高效调整及侧钻井4口，仓场区块更新水井1口。

截至2013年末，边城油田共有采油井54口，开井49口，核实日产油131.77吨。全年生产原油3.83万吨，累计采油17.33万吨，动用储量采油速度1.52%，采出程度5.49%。综合含水

58.40%。注水井12口，开井9口，日注水149.20立方米，年注水4.56万立方米，累计注水30.82万立方米，累计注采比0.59。当年新建产能1.22万吨，新增产能0.25万吨，核减产能0.38万吨，核定原油生产能力3.88万吨。

（朱宏绶）

【北汉庄油田】 油田位于江苏省扬州市江都区小纪镇境内。构造位置处于溱潼凹陷西部外斜坡带，是由3条反向正断层切割、遮挡形成的继承性断鼻构造，油藏构造断层走向北东，地层倾向南东。主要油层自上而下分为三垛组一段、阜宁组三段、阜宁组一段3套含油层系。已探明含油面积1.73平方千米，探明石油地质储量226.84万吨，动用含油面积1.43平方千米，动用石油地质储量149.81万吨，可采储量26.93万吨，采收率17.98%。共有77.03万吨石油地质储量待核减。油田于2005年发现，当年投入开发。2005—2006年实施《苏北盆地溱潼凹陷北汉庄油田开发方案》，形成2注24采开发井网，其中三垛组一段、阜宁组一段油藏弹性开发，阜宁组三段油藏注水开发，共建产能2万吨。2008年通过滚动扩边发现了华港区块（稠油）。2008—2011年对华港区块进行了水平井开发，共钻水平井3口，平均单井日产油均在10吨以上。2011年部署高效调整水平井1口和侧钻水平井1口，挖掘北汉庄区块三垛组一段剩余油潜力，取得较好效果。

截至2013年末，北汉庄油田共有采油井23口，开井13口，核实日产油38.50吨。全年生产原油1.48万吨，累计采油14.37万吨，动用储量采油速度0.94%，采出程度9.59%。综合含水78%。注水井2口，开井0口，年注水1万立方米，累计注水12.66万立方米，累计注采比0.22，核定原油生产能力1.35万吨。

（朱宏绶）

【茅山油田】 茅山油田位于江苏省兴化市茅山镇境内。构处位置于溱潼凹陷北部斜坡带中段，含油层系为古近系阜宁组三段。已探明含油面积0.89平方千米，探明石油地质储量73.33万吨，全部动用。水储量73.30万吨，可采储量8.49万吨，采收率11.58%。油田于1982年发现，1983年5月投入试采。开采过程中弱边水驱特征明显，自然产能低，地层供液不足。1998年6月转入试注水开发并扩大勘探。2002年局部开发调整，形成1注4采开发井网。2004年油田进入探边开发，期间钻开发井3口，评价井1口，同时对油田注采井网进行适当调整，形成2注3采格局。后因部分油井产量低及水淹相继关停油井2口，关停水井1口。2010年为完善茅6区块开发井，部署新井1口，投产后日产油1吨左右，油田生产一直处于双低状态。2013年新建蔡2和顾庄区块，其中蔡2区块3注9采、顾庄区块2注6采。同时对茅山老区综合调整，钻井6口，投产后平均单井日产油3.70吨，通过综合调整与注水完善，油藏日产油由调整前5吨提高到35吨。

截至2013年末，茅山油田共有采油井26口，开井24口，核实日产油116吨。全年生产原油3.21万吨，累计采油11.23万吨。综合含水18%。注水井8口，开井7口，日注水142.60立方米，年注水2.13万立方米，累计注水14.54万立方米，累计注采比0.66。当年新建产能1.88万吨，新增产能0.42万吨，核定原油生产能力2.55万吨。

（朱宏绶）

【祝庄油田】 祝庄油田地处江苏省姜堰市俞垛镇境内。构造位置处于溱潼凹陷南部断阶带中段的高断阶，含油层系为古近系阜宁组三段和一段。已探明含油面积2.08平方千米，探明石油地质储量226万吨。油田于1971年发现。1970—2007年钻各类井21口，1973年9月至1978年4月，祝庄构造上先后有5口井进行试油。对发现井试油结束后，进行简易试采。1998年后钻探井、评价井共5口。2000年10月至2003年1月进行注水试验，在2注4采的生产背景下，注水过程中水驱产量提升不显著。在注、采井对应压裂形成裂缝沟通时油井见效快，含水上升快，稳产时间短。后注水井关停，油田重新回到弹性驱开采。2009年为评价东7井断块（北断块）东部、东

41井断块(南断块)的构造、油层和产能状况,升级储量,实施大规模压裂,突破工业油流后部署了2口油藏评价井,其中1井获油层6层,厚16.80米,差油层3层,厚3.20米。2010年2井投入试采,日产原油1吨左右,未达预期效果。2013年二氧化碳驱油先导试验,实施1个试验井组,新钻井2口,完成1注3采井网,年内未见效。

截至2013年末,祝庄油田共有采油井5口,开井3口,核实日产油2.55吨。全年生产原油0.09万吨,累计采油2.27万吨,综合含水57.70%。注水井全部报废,累计注水2.05万立方米,注气井1口,年注气量0.20万吨,核定原油生产能力0.13万吨。

(朱宏绶)

【淤溪油田】 淤溪油田地处江苏省姜堰市淤溪镇境内。构造位置处于溱潼凹陷南部断阶带,东西两侧分别是俞垛次凹和港口次凹,油气集中分布在古近系泰州组。已探明含油面积0.70平方千米,探明石油地质储量73万吨,可采储量17.50万吨,采收率为24%。油田于1979年发现,1973—2009年期间共钻井9口,其中探井、评价井8口,开发井1口,射孔完成井4口,因构造未能落实,油田处于试采阶段。

截至2013年末,淤溪油田油井全部报废,累计采油0.34万吨,采出程度0.50%。

(王　建)

【红庄油田】 红庄油田地处江苏省东台市时堰镇境内。构造位置处于溱潼凹陷南部断阶带东段,原油主要富集于新生界古近系三垛组一段、三垛组二段、阜宁组三段储层中。油田于2009年发现,开发紧跟勘探部署2口油藏评价井,获得良好油气显示。当年提交石油地质储量136.03万吨,可采储量28.05万吨,采收率20.60%。2010年实施《红庄油田开发方案》,利用老井3口,部署新井8口,其中水平井4口,平均单井日产原油5吨以上,当年新建产能1.83万吨,2011年为完善注采井网部署新井2口,形成2注11采开发井网。后因底水锥进较快,日产量逐年递减。

截至2013年末,红庄油田共有采油井11口,开井7口,核实日产油18.90吨。全年生产原油0.88万吨,累计采油5万吨,动用储量采油速度0.51%,采出程度3.68%。油井全部见水,综合含水75.60%。注水井2口,开井2口,日注水67.20立方米,年注水2.19万立方米,累计注水4.24万立方米。年核减产能0.58万吨,核定原油生产能力0.6万吨。

(朱宏绶)

【帅垛油田】 帅垛油田地处江苏省兴化市戴南镇境内。构造位置处于溱潼凹陷的内斜坡带的中部,东距茅山油田茅山区块约5千米,原油主要富集于新生界古近系三垛组一段、戴南组二段、戴南组一段,主要含油层系为戴南组一段。帅垛油田2011年发现并投入开发,实现了当年发现、当年评价、当年方案、当年建产、当年产油。探明含油面积3.46平方千米,探明石油地质储量357.64万吨,动用含油面积3.43平方千米,动用石油地质储量300.88万吨,可采储量77.34万吨,采收率25.70%。2011年实施《帅垛油田开发方案》,利用探井1口,部署新井19口,其中水平井2口,形成5注15采开发井网。2011年底油井全部投产,2012年进入注水开发阶段,2013年实施滚动扩边,新钻井17口,主力油藏戴南组一段完成4注28采井网。同时部署滚动勘探井帅4井、帅5井、帅6井,发现阜宁组三段油藏,为下步产建打下了基础。

截至2013年末,帅垛油田共有采油井35口,开井35口,核实日产油168吨。全年生产原油5.09万吨,累计采油11.18万吨,动用储量采油速度2.04%,采出程度3.72%。综合含水31.30%。当年新建产能2.61万吨,新增产能0.60万吨,核减产能0.50万吨,核定原油生产能力5.91万吨。

(王　建)

【张家垛油田】 张家垛油田地处江苏省海安县曲塘镇和南莫镇境内。构造位置处于海安凹陷西部曲塘次凹北部陡坡带,是由边界断层张家垛断裂下降盘控制的大型鼻状构造，含油层系为古近系戴南组二段、戴南组一段和阜宁组三段、阜宁组二段、阜宁组一段，主力含油层系为阜宁组三段，其次为戴南组一段。探明含油面积2.03平方千米，探明石油地质储量134.06万吨，至2011年末处于试采评价阶段。油田于1978年发现，1978—2011年期间钻各类井12口。1978年9—12月，对张家垛构造上部署的1口探井进行试油获工业油流。试油结束后进行简易试采，后由于地层能量不足间歇生产。1982年在构造边部部署1口探井，因油气显示差未进行试油。1998年4月，为进一步勘查该构造的含油气性，在该构造高点布署1口评价井，因井筒事故未测试。2009年在对张家垛构造二维地震资料重新认识、解释的基础上，为探索油田阜宁组三段的含油气性，于构造中段部署探井1口，在阜宁组三段经压裂试获日产6.15吨工业油流。2010年新采集三维地震资料，新发现戴南组油藏，阜宁组三段油藏明显变大，随后部署探井4口，在阜宁组三段和戴南组测试均获高产油流。其中，阜宁组三段压裂测试获日产12.25吨工业油流、戴南组一段常规测试获日产24.1吨工业油流，油田在戴南组一段取得油气勘探突破。2011年又相继部署4口油藏评价井，均试获工业油流并投入试采，同时查明了张家垛油田阜宁组三段油藏系构造岩性复合油藏。2012—2013年重点在张1井、张2井、张3井及曲塘井区开展产建工作，在张3井区开展二氧化碳气驱试验，完成1注6采井网，年内尚未见效。

截至2013年末，张家垛油田共有采油井27口，开井24口，核实日产油105吨。全年生产原油3.10万吨，累计采油5.19万吨，采出程度2.83%(曲塘区块未提交储量)。综合含水36%。当年新建产能1.83万吨，核定原油生产能力5.06万吨。

（郎　东）

非常规油气资源勘探开发

非常规油气资源勘探开发概况

【勘探开发领域与成果】 2012—2013 年，华东油气田非常规油气资源勘探开发领域主要涉及页岩气、煤层气。按照“扩大页岩气勘探成果定阵地，稳步推进煤层气产建创效益”的指导思想，实施了以川东南彭水区块、南川区块、仁怀区块下志留统龙马溪组为重点的页岩气突破战、以延川南区块为重点的煤层气增储建产大会战。取得了彭水区块盆缘常压海相页岩气战略性突破、南川区块盆内高压区钻遇良好页岩气显示，完成延川南区块煤层气勘探开发一体化评价，累计提交煤层气探明储量 208.03 亿立方米，启动延川南 5 亿立方米煤层气产能建设等一批重大成果。同时，积极寻求彭水区块盆缘常压区页岩气经济开发模式，并加快织金、和顺煤层气可采性评价，为煤层气产建接替区块做准备。煤化工煤炭勘探查明新疆准东煤田将军庙矿区奇台县大井南一井田矿产资源量 49.379 6 亿吨，查明新疆准东煤田将军庙矿区奇台县大井南二井田矿产资源量 37.945 3 亿吨。继续跟踪研究铀矿、天然气水合物、油页岩等其他非常规资源。

（韩克宁　刘厚裕）

【管理职能调整】 2013 年 2 月，华东油气田按照非常规资源勘探开发一体化管理的思路，将非常规资源的开发管理职能由原开发处管理调整为非常规资源处管理，其主要管理职能为：非常规资源矿权管理、投资与计划管理、勘探开发管理、对外合作管理等。

（唐建信　钟　薇）

【区块面积与分布】 截至 2013 年底，华东油气田共拥有页岩气、煤层气以及可进行非常规资源勘探的常规区块共计 39 个，总面积 13.20 万平方千米，资源量 9.55 万亿立方米。其中，页岩气勘探区块 12 个，区块面积 5.69 万平方千米，资源量 5.39 万亿立方米；煤层气可勘探区块 27 个，区块总面积 7.51 万平方千米，含煤面积 3.74 万平方千米，资源量 4.16 万亿立方米。

（韩克宁　徐向阳）

【页岩气矿权增列】 2013 年 7 月，华东油气田成功在仁怀、黔西、黄平、龙里、凯里和雪峰 1 号共 6 个常规油气区块增列页岩气矿种，增列总面积 20 864平方千米。

（韩克宁　徐向阳）

【矿业权延续】 2012—2013 年，华东油气田完成 6 个区块探矿权的延续申请与领证，分别为：宁蒙鄂尔多斯盆地东道梁煤层气勘查、陕晋鄂尔多斯盆地延川南地区油气勘查、贵州安顺地区油气勘查、贵州郎岱区块油气勘查、贵州织金区块油气勘查、山西沁水盆地北部和顺地区煤层气勘查。

（韩克宁　徐向阳）

【矿业权变更】 2012—2013 年，华东油气田完成陕晋延川南、河南平顶山、安徽古城 3 个区块的矿业权变更工作。其中，“陕晋鄂尔多斯盆地延川南油气勘查项目”黄河以东的山西省部分增列煤层气，名称变更为“山西省鄂尔多斯盆地乡宁地区油气、煤层气勘查”，变更后面积为 511.45 平方千米，黄河以西陕西省部分及山西省小部分仍保留原项目名称“陕晋鄂尔多斯盆地延川南油气勘查”，面积变更为189.71平方千米。安徽古城、河南平顶山2个煤层气区块进行面积核减，变更后勘查面积分别为1 149.23平方千米、388.01平方千米。

（韩克宁　徐向阳）

【勘查权转入】 2013年3月，根据石化股份公司统一部署，位于贵州六盘水地区的红果、玉舍2个油气勘查区块，由西南分公司转入华东油气田进行常规以及煤层气资源勘查，区块总面积306.788平方千米。

（韩克宁　徐向阳）

【试采权证办理】 2013年7月4日，经国土资源部批准，华东油气田取得陕晋延川南煤层气田、重庆彭水桑柘坪页岩气井区试采证书。

（韩克宁　徐向阳）

【投资与工作量】 2012年石化股份公司下达华东分公司非常规资源勘探开发总投资10.18亿元，其中页岩气勘探投资3.61亿元、煤层气勘探投资1.56亿元、煤层气开发试验投资5.01亿元。主要工作量为：二维地震1 438千米，其中页岩气1 028千米、煤层气410千米；钻井107口，总进尺14.07万米，其中页岩气井3口，进尺1.25万米，煤层气探井11口，进尺1.34万米，煤层气排采井93口，进尺11.48万米。

2013年石化股份公司下达华东油气田非常规资源勘探开发总投资9.76亿元，其中页岩气勘探投资1.18亿元、煤层气勘探投资0.85亿元、煤层气开发投资7.73亿元。主要工作量为：煤层气二维地震365千米；钻井305口，总进尺41.75万米，其中页岩气井3口，进尺0.90万米，煤层气探井2口，进尺0.35万米，煤层气开发井300口，进尺40.50万米。

（韩克宁　朱杰平）

【国家科技重大专项】 2012—2013年，华东油气田承担国家科技重大专项《煤层气物探关键技术的应用》（20112×05035—006）课题研究，期限为2011—2015年，国拨科研资金2 255.09万元，企业配套资金1.52亿元。课题研究成果取得较好的应用效果。

（刘厚裕）

【煤层气勘探对外合作】 2012—2013年，华东油气田承担中国石化煤层气勘探对外合作项目4个，分别为柳林区块、石楼北区块、石楼南区块、三交北区块。

柳林区块，面积183.824平方千米，中方合作者为石化股份有限公司和中联煤层气责任有限公司，外方合作者为富地柳林燃气有限公司。石化股份有限公司在合作项目所占的权益比为26%，该区块已提交煤层气探明储量217.84亿立方米。

石楼北区块，面积954.102平方千米，中方合作者为石化股份有限公司和中国石油天然气股份有限公司，外方合作者为壳牌中国勘探与生产有限公司。石化股份有限公司所占的权益比为20.40%，预测煤层气总资源量约为1 500亿立方米。2013年12月，壳牌中国勘探与生产有限公司在完成勘探承诺后，退出石楼北煤层气合作项目。

石楼南区块，面积1 003.724平方千米，中方合作者为石化股份有限公司和中国石油天然气股份有限公司，外方合作者为瑞弗莱克油气有限责任公司。石化股份有限公司所占的权益比为20.40%，区块内致密砂岩气资源量为670亿立方米，预计探明地质储量平均为223—268亿立方米，预计可采储量平均为111.50—134亿立方米，待致密砂岩气大规模开发后，可以形成中型天然气田规模。

三交北区块，面积898平方千米，中方合作者为石化股份有限公司和中国石油天然气股份有限公司，外方合作者为中澳煤层气能源有限公司。石化股份有限公司所占的权益比为26%，致密砂岩气全区总资源量1 561.39亿立方米，预计可获探明储量386.8亿立方米。2013年在区块的西北部设立 32 平方千米的试采区，集气站建设规模：20 万米^3/日，地面工程设计 1 套(20 万米^3/日处理量)，集气管网 41 千米，井场设施 9 套，集气站 1 座，办公生活设施 1 套。

（叶新民）

煤层气勘探

【概述】 2012—2013 年，华东油气田煤层气勘探工作集中在山西省的延川南区块、和顺区块、贵州省的织金—郎岱区块以及陕西省的彬县—长武区块。2012 年煤层气勘探思路为“延川南万宝山拿储量，力争规模建产；加快织金、和顺评价找接替；积极推进彬长评价做准备”。2013 年根据勘探形势和石化集团有关指示，将勘探思路调整为“以规模建产为重点，加快延川南增储建产步伐；积极评价织金、和顺煤层气可采性，为接替做准备”。根据煤层气勘探部署思路，2012—2013 年煤层气勘探取得了丰硕成果。延川南区块万宝山构造带黄河以东地区 2 号煤层提交煤层气探明地质储量 102.39 亿立方米；贵州织金区块煤层气勘探已证实该区具备高产地质条件和实施井组开发试验基础。

（韩克宁）

【投资与工作量】 2012 年，石化股份公司下达华东分公司煤层气勘探投资计划为 1.56 亿元，其中和顺区块二维地震采集 410 千米、计划投资 3 300 万元；煤层气探井 11 口，进尺 1.34 万米，计划投资 7 600 万元，其他配套投资 4 800 万元。

2013 年石化股份公司下达华东油气田煤层气勘探投资计划为 8 494 万元，其中织金—黔西区块二维地震 365 千米、投资 2 900 万元；延川南区块钻井 2 口、进尺 3 500 米、投资 1 100 万元；其他配套投资 4 500 万元。

（韩克宁）

【工作量完成情况】 2012 年完成和顺区块二维地震 398 千米。开钻 11 口井，完钻 10 口井，完成进尺 13 420 米，其中延川南区块完成 4 口井、进尺 7 696 米，和顺区块完成 1 口井、进尺 1 345 米，织金区块完成 3 口井、进尺 2 390 米，彬县—长武区块完成 2 口井、进尺 1 989 米。

2013 年织金—黔西区块完成二维地震 365.63 千米，延川南区块完成 2 口探井，完成进尺 3 500 米。

（韩克宁）

【储量提交】 2012 年 1 月 17 日，华东分公司向国家储量委员会提交的“延川南煤层气田谭坪构造带二叠系山西组 2 号煤层探明储量报告”获得审核通过，探明储量为 105.64 亿立方米，含气面积 142.60 平方千米，其中技术可采储量为 53.88 亿立方米，经济可采储量为 48.43 亿立方米。2013 年 6 月 9 日，华东油气田再次向国家储量委员会提交的“延川南煤层气田延 3 井区二叠系山西组 2 号煤层探明储量报告”，于 6 月 14 日获得审核通过，探明煤层气储量为 102.39 亿立方米，含气面积为煤 109.60 平方千米，其中技术可采储量为 51.20 亿立方米，经济可采储量为 43.10 亿立方米。截至 2013 年底，华东油气田在延川南区块累计提交煤层气探明储量计 208.03 亿立方米，为延川南煤层气田产能建设奠定了资源基础。

（韩克宁）

【延川南区块深层煤层气勘探获得突破】 2012 年部署在延川南区块万宝山构造带煤层气深井延 17 井、延 22 井、延 23 井相继投产，截至 2012

年底，最高日产气量分别达到 2 619.84 立方米、1 249.79立方米、2 480.69 立方米，标志着延川南区块 1 400 米以深煤层气井实现全面突破，极大地拓展了延川南区块煤层气的有效开发面积。

（韩克宁）

【延川南煤层气井组排采试验】 2012 年华东分公司在延川南区块实施煤层气井组排采试验，共完成钻探井、评价井 24 口。建成试验井组延 1 井组、延 5 井组、延 3 井组 3 个排采井组，其中万宝山构造带钻探实施了延 19 井、延 23 井、延 24 井，投产探井 9 口，基本控制黄河以东万宝山构造带。延 3 井、延 6 井、延 16 井针对 2 号煤进行排采试验，单井日产气超过 1 000 立方米，其中延 6 井日产气量最高达 2 000 立方米。新投产的延 23 井 2 号煤解析压力 9.27 兆帕，表明延川南万宝山构造带 2 号煤具有良好的煤层气富集条件，证实了延川南区块具有煤层气整体开发建产的潜力。延川南区块煤层气勘探开发一体化试验，实现了延川南煤层气“由单井排采突破到面积排采突破”质的飞跃，日产煤层气量大于 1 000 立方米的井数已达到 23 口，其中探井 9 口，证实了延川南煤层气具有整体开发的潜力。

（韩克宁）

【织金多煤层分压合采试验】 织金区块为煤层气成藏富集区，具有煤层多、单层薄、累计厚度大、含气量高、储层压力高、煤体结构完整、资源丰度高的特点。2012—2013 年华东油气田在织金区块部署了织 8 井、织 9 井、织试 1 井，同时通过煤层选层优化组合，分别对织 4 井、织 5 井煤层实施 3 段 7 层和 2 段 5 层大跨度分压合采试验。试验采取阶梯式降压制度，排采效果显著，最高日产气量分别达到 2 463 立方米及 2 830 立方米。在珠藏次向斜构造带 3 口井获得单井日产气量大于 2 000 立方米的突破，分压合采试验为织金地区多煤层开发奠定了基础。根据织金区块珠藏次向斜构造带已钻成的 4 口煤层气参数井分析，证实上、中、下 3 个煤层组均为连续稳定发育，估算资源量达 148 亿立方米；岩脚向斜构造带有利区面积达 1 123.50 平方千米，资源量达 2 265.50 亿立方米；表明织金区块具备形成煤层气建产接替区的良好地质条件。

（韩克宁）

【和顺井组排采试验】 2012 年华东分公司在和 6 井获得日产气量 1 500 立方米工业气流的基础上，部署和 6 小井组排采试验。和 6 小井组由 8 口井组成排采井网，4 口井单井日产气量超过 1 500立方米，其中 2 口井最高日产气量均达到 2 000立方米，标志着和顺区块小井组排采试验获得成功。

（韩克宁）

【和顺西寨构造带煤层气探索】 2012 年华东分公司在和顺区块西寨向斜构造带南部部署 1 口煤层气探井（和 14 井）。11 月 12 日和 14 井钻遇 15 号主力煤层，井深为 1 246 米。通过持续勘探，认为和顺区块低台阶西寨构造带具有良好的煤层气富集条件，其中构造、顶板岩性和水文地质为该地区煤层气富集的三大控气因素，综合构造、

贵州工区织 9 井压裂施工　（沈志军摄）

水文等保存条件评价出西寨构造带有利区面积 145 平方千米，资源量 190 亿立方米，为提交煤层

气储量和建产的有利接替区。

（韩克宁）

【彬长区块低阶煤煤层气探索】 2012 年华东分公司在陕西省彬县—长武区块部署并实施了彬煤 1 井、彬煤 2 井，其主力煤层为侏罗系延安组 8 号煤，获取了煤层气评价参数，排采未试获可燃气。该地区煤层具有煤层分布稳定，单层厚度大；煤岩煤质条件好，渗透率较高；顶底板以泥岩为主的特点。研究认为：构造是低阶煤煤层气富集的主控因素，构造高部位是游离气聚集的优势区，水动力条件有利于次生生物气的形成与保存。

（韩克宁）

煤层气开发

【概述】 延川南煤层气田煤层气勘探工作始于 2009 年，截至 2013 年 3 月，华东油气田在延川南煤层气田全区共实施二维地震测线 898.15 千米，测网密度达到 2 000 米×4 000 米—1 000 米×1 000 米，三维地震 24.08 平方千米，投产井 139 口。

2009 年部署延 1 井、延 2 井 2 口煤层气探井，其中位于谭坪构造带的延 1 井 2 号煤层排采获得最高日产气量 2 632 立方米，首次实现工业气流突破。随后围绕延 1 井部署了由 8 口井组成的延 1 试验小井组，同时部署了 9 口甩开勘探井，其中在万宝山构造带部署 3 口探井，延 6 井在 2 号煤层排采获得最高日产气量 2 300 立方米，实现了万宝山构造带的突破。因延 8 井等在 10 号煤层排采未获突破，延川南煤层气田开发主要目的层逐渐锁定为二叠系山西组的 2 号煤层。

2011 年以来部署了 13 口甩开勘探井，同时部署评价井及开发试验井 111 口，在万宝山和谭坪构造带建成 3 个开发试验井组，其中 2011 年建成延 1 大井组（28 口直井+1 口 U 型井），2012 年建成延 3 大井组（32 口直井+1 口 V 型井+3 口 U 型井），延 5 大井组（23 口直井+2 口 V 型井+2 口 U 型井），评价煤层气产能及井网井距适应性。

2012 年底全区块探井单井日产量超过 1 000 立方米的井有 19 口，在不同构造部位均有分布，多口单井评价取得突破，进一步证实延川南煤层气具备整体可采条件。延 1 大井组中间部位的 15 口井单井日产气量均突破 1 000 立方米，标志着“小井组—大井组试验”取得阶段性成功。

在多口单井获得工业气流突破的基础上，2012—2013 年，华东油气田累计提交延川南区块煤层气探明储量 208.03 亿立方米，奠定了延川南区块规模开发的基础。2013 年 4 月 23 日，由华东油气田编制的中国石化首个煤层气田开发方案——《延川南煤层气田 5 亿立方米产能建设开发方案》，通过中国石化油田事业部审查，延川南煤层气田产能建设会战正式启动，并纳入中国石化五大会战管理。

（韩克宁）

【延 1 试验井组产量提升】 延 1 井获得煤层气突破以后，华东分公司围绕该井部署了 7 口评价井，建成延 1 小井组，形成 2 个五点式面积排采井网，此后又对延 1 小井组井区进行外推扩大，建成延川南煤层气工区首个近 30 口井规模的排采试验井组。2012 年 9 月起，延 1 试验井组多口井日产气量开始稳步上涨，15 口井日产量超 1 000 立方米，最高达 2 535 立方米。截至 12 月 31 日，井组日产气量已达 1.53 万立方米，排采效果逐步显现，实现了延川南区块煤层气“由单井排采突破到面积排采突破”的飞跃，为延川南煤层气田建产奠定了基础。

（韩克宁）

【煤层气田5亿立方米产能建设开发方案概况】 延川南煤层气田5亿立方米产能建设区域位于延川南区块已探明储量区，主要分布在谭坪构造带的延1井区及万宝山构造带的延3井区。煤层气田开发将优先动用2号煤层综合评价较有利的Ⅰ类区。开发采用地面抽采方式，利用直井、定向井压裂以排水降压方式为主，开发山西组2号煤层中的煤层气。

开发方案总体动用含气面积为131.80平方千米，动用地质储量136.30亿立方米，谭坪构造带和万宝山构造带均采用350米×300米矩形井网。煤层气田开发工程包括新部署钻井808口，利用老井100口，总井数为908口，单井日产能万宝山构造带1 800立方米，谭坪构造带1 350立方米，共形成5亿米^3/年的产能规模。

开发方案分2年实施，生产期第二年达到产能，自然稳产期6年，调整稳产期9年，稳产方式主要通过新区滚动扩边和少量的老区补孔调层，评价期15年。开发方案最大采气速度3.80%，评价期累计产气61.11亿立方米，可采储量采出程度89.90%。开发方案总投资31.09亿元。总投资包括已发生投资、新增建设投资和建设期利息。新增建设投资包括钻井工程、采油工程、地面工程和项目其他投资。其中，已发生投资4.17亿元，新增建设投资25.81亿元，建设期利息1.19亿元，项目税后内部财务收益率为12.47%，投资回收期7.60年。

（韩克宁）

【煤层气田5亿立方米产能建设开发计划安排】 依据延川[illegible]煤层气田的生产运行情况、气候[illegible]面准备条件，按照整体部署、[illegible]实施、先肥后瘦、持续滚动推进[illegible]作思路，延川南煤层气5亿立[illegible]产能建设周期计划分2年完[illegible]。

2013年，先期集中实施地质条件、地表条件及开发效果最有利的延川南区块西部万宝山构造带，围绕初步建成的延3井大井组区外扩，部署300口井，进尺40.50万米，修建66个平台，同时利用2013年以前已钻完的100口井，累计实现方案井数400口，完成煤层气2.30亿立方米产能建设。

2014年，实施总体方案其余部分工作量，万宝山构造带部署钻井308口，谭坪构造带部署钻井200口，累计新增井数508口，新井安排进尺61.58万米，新增104个平台，新建煤层气产能2.70亿立方米。

（韩克宁）

【煤层气田5亿立方米产能建设计划下达情况】 2013年，石化股份公司下达华东油气田延川南煤层气田5亿立方米产能建设投资计划7.73亿元，其中钻井5.99亿元、地面工程1.01亿元、排采0.73亿元。工作量为钻井300口，进尺40.50万米。

（韩克宁）

【煤层气田5亿立方米产能建设计划完成情况】 截至2013年12月底，延川南煤层气田5亿立方米产能建设实际完成平台建设95个，为计划工作量的141.80%；完成钻井344口，为计划工作量的114.60%；完成压裂242口井，为计划工作量

华东分公司延川南现场生产会　（沈志军摄）

的 100.80%；投产 199 口井，为计划工作量的 82.90%。

（韩克宁）

【煤层气排采情况】 截至 2013 年底，华东油气田累计投产煤层气井 344 口，其中生产井 306 口、关停井 38 口。产气井 147 口，日产气 6.80 万立方米，平均单井日产气 463 立方米，年累计产气 2 065万立方米；日产液 861 立方米，平均单井日产液 2.80 立方米，各工区排采情况为：

延川南煤层气田：累计投产 274 口井，其中关停井 9 口、生产井 265 口、产气井 109 口。日产气 6.12 万立方米，平均单井日产气 562 立方米，日产液 835.30 立方米，年累计产气 1 786.20 万立方米，年累计产液27.32 万立方米。

和顺区块：累计投产井 59 口，其中关停井 24 口、生产井 35 口、产气井 34 口，日产气 0.74 万立方米，平均单井日产气 218 立方米，日产液 25.60 立方米，平均单井日产液 0.73 立方米，年累计产气 164.10 万立方米。

织金区块：累计投产井 11 口，其中关停井 5 口、生产井 6 口、产气井 3 口。日产气 1 948 立方米，平均单井日产气 649 立方米，日产液 7.69 立方米，平均单井日产液 1.28 立方米，年累计产气 114.30 万立方米。

（韩克宁）

【煤层气排采技术持续优化】 2012—2013 年，华东油气田煤层气排采技术不断优化，重点关注储层压力、临界解吸压力、井底流压，见气后配套控压、控水、控气、合理稳产压力 4 个参数点的控制，将排采全过程划分为初期快排、连续排水降压、缓慢降压、控压排水、稳压排采 5 个阶段，形成了具有华东油气田特色的“五段三压四控”精细化排采制度，为煤层气开发工作提供了坚实的技术保障。

（韩克宁）

页岩气勘探

【概述】 2012—2013 年，通过持续的选区评价和钻井探索，华东油气田页岩气勘探的目标逐渐聚焦到川东南地区上奥陶统—下志留统的五峰—龙马溪组页岩。页岩气勘探思路明确为：“主攻志留系，寻求盆内高压区实现商业突破，探索盆缘常压页岩气经济开发模式，积极评价寒武系，探索新领域”。分别在彭水区块桑柘坪向斜实现了中国石化南方盆缘复杂常压区页岩气勘探的战略性突破；在南川区块四川盆地内部高压区的页岩气勘探获得突破性进展。位于桑拓坪向斜的彭页 HF－1 井、彭页 3HF 井、彭页 4HF 井均获得 1.50 万米^3/日左右的稳定产量，其中彭页 3HF 井最高日产量达 3.80 万立方米。位于南川区块的南页 1 井于 2012 年 10 月 16 日完钻，在五峰—龙马溪组钻遇良好页岩气显示，利用该井侧钻的水平井南页 1HF 井于 12 月 19 日开钻，截至年末进入水平段施工。仁怀区块的仁页 1 井于 2012 年 10 月 18 日开钻，钻进较为顺利。

2012—2013 年，华东油气田持续对黔中隆起周缘的下寒武统暗色页岩进行深入研究，通过对川东南地区下寒武统的研究分析，认为该层位同时发育 2 套成藏组合，具备页岩气成藏的基本条件和立体勘探的条件。2013 年 10 月 10 日在彭水区块下寒武统水井沱组实施页岩气探井 1 口（长生 1 井），该井于 12 月 27 日完钻，通过实钻获取了主要目的层岩心等实物资料，深化了对寒武系页岩气成藏、保存等条件的认识。

（韩克宁　刘厚裕）

【投资与工作量】 2012年，石化股份公司下达华东分公司页岩气勘探总投资3.61亿元。其中，二维地震投资计划0.82亿元，探井投资计划2.67亿元，其他配套投资0.12亿元。下达计划工作量为二维地震1 028千米，探井3口、进尺1.25万米。2013年，石化股份公司下达华东油气田页岩气勘探总投资1.18亿元，下达计划工作量为探井3口、进尺0.90万米。

（韩克宁）

【投资与工作量完成情况】 2012年下达彭水、南川、仁怀二维地震计划1 028千米，实际完成1 025千米。其中，彭水区块完成300千米、南川区块完成368千米、仁怀区块完成356.60千米，二维地震共完成年计划的99.70%。实施探井3口，完成2口，完成进尺1.27万米，其中彭水区块完成2口井、进尺1.17万米，计划部署在南川的1口探井未开钻。页岩气勘探全年共完成投资3.61亿元，为计划投资的99.97%。

2013年实施探井3口，完成2口，完成进尺9 000米，其中南页1井、长生1井完钻，仁页1井在钻，截至12月31日井深1 482米。页岩气勘探全年共完成投资1.18亿元，为计划投资的100%。

（韩克宁）

【彭页HF-1井实现页岩气战略性突破】 彭页HF-1井是华东分公司部署实施的第一口页岩气水平井，2011年12月31日开钻，2012年3月2日完钻。该井利用彭页1井作导眼，在中志留统小河坝组1 540米处实施侧钻，目的层为下志留统龙马溪组底部深水陆棚相含气页岩，井眼方位北东170度，靶前位移为378.12米，水平井段长度为1 020米，完钻井深3 446米。彭页HF-1井采用油基泥浆和旋转导向钻井技术，沿相当于彭页1井2 135—2 145米井段穿行，目的层钻遇率为100%。全井气测录井共发现23层、段异常，解释厚度767米，水平井段全烃平均值为5.63%，最大值为7.90%。5月1—8日，彭页HF-1井分12段进行水力加砂压裂，压裂段总长度1 045米，累计注入压裂液1.62万立方米，加砂1 332.70吨，平均砂比8.50%，施工排量8.30—9.10米^3/分，施工压力20.70—88.90兆帕，破裂压力40.50—52.30兆帕，压裂施工及钻桥塞过程顺利。

2012年5月15日，彭页HF-1井开始放喷，5月27日开始用电潜泵排液，7月25日达到最高产2.52万米^3/日，此后基本稳产在1.50万米^3/日，截至2013年底，压裂液返排率61.70%，累计产气205.40万立方米，该井的成功标志着川东南地区下志留统页岩气勘探取得战略性突破，对于华东分公司乃至石化集团公司页岩气勘探均具有重要意义。

（韩克宁）

【彭页3HF井实现页岩气自喷生产】 2012年，华东分公司在重庆市彭水苗族土家族自治县桑柘镇白泥村部署的彭页3HF井，是在桑柘坪向斜核部部署的一口页岩气评价井。该井8月31日开钻，12月3日完钻，完钻斜深4 190米，垂深3 021.36米，水平段长1 270米。水平段气测异常

彭页3HF井电潜泵排液试气　（胡贺涛摄）

呈现连续显示，全烃值最高达 6.87%，平均为 3.18%，甲烷最高达 5.90%，平均为 2.75%。

2013 年 1 月 6—25 日，彭页 3HF 井进行大规模水力加砂压裂施工，2 月 5 日开始使用 8—15 毫米油嘴控制放喷，初期控制排液速度在 5—20 米^3/时，套压憋至 19.30 兆帕后，采用 6 毫米油嘴放套管气，瞬时最大日产气量为 8.70 万立方米，后逐渐降至 1.50 万立方米。3 月 9 日开始电潜泵排液，25 天后日产气量达到 3.25 立方米，后因气液分离器及泵被有机聚合物严重堵塞，先后采取更换新泵、碱处理、酸处理等措施。

11 月 23 日再次下泵生产，日产气量逐渐恢复至 2.30 万立方米，12 月 9 日开始自喷生产，证明了桑柘坪向斜核部压力相对较高，对桑柘坪向斜的整体开发建产具有重要意义。

彭页 3HF 井自 2013 年 2 月 5 日放喷开始，截至 2013 年底，累计产气 239.58 万立方米，累计排液 1.97 万立方米，返排率 43%。

（韩克宁）

【彭水区块页岩气评价井获得良好效果】 2012 年 7 月彭页 HF-1 井取得战略性突破后，为了深入评价桑柘坪向斜带不同构造部位页岩气产能，华东分公司迅速部署了彭页 2HF 井、彭页 3HF 井、彭页 4HF 井，3 口井均设计为水平井，完钻井深分别为 3 990 米、4 190 米和 3 652 米，其水平井段长分别为 1 650 米、1 270 米和 1 450 米。3 口井均成功追踪到龙马溪组下部优质含气页岩段，其厚度分布稳定，气测显示活跃、连续厚度大，气测幅度高，说明该区页岩气分布稳定，具有规模效应。其中，彭页 2HF 井钻遇 13 个含气层，累计视厚 1 461 米，全烃平均值 4.09%，最高 9.43%；彭页 3HF 井钻遇 10 个含气层，累计视厚 1 330 米，全烃最高值 6.87%，平均值 3.18%；彭页 4HF 井钻遇 5 个含气层，累计视厚 1 648 米，水平井段全烃最高值达 15.96%。

（韩克宁）

【南页 1 井钻获良好页岩气显示】 南页 1 井位于重庆市南川区铁村乡，为华东油气田 2013 年部署在四川盆地川东南构造带南川断鼻高压区的第一口页岩气参数井，标志着华东油气田正式进入了南方页岩气勘探的黄金带。该井以上奥陶统五峰组—下志留统龙马溪组页岩为主要目的层，于 4 月 20 日开钻，10 月 16 日完钻，完钻井深 4 465米，完钻层位中奥陶统宝塔组。

南页 1 井全井气测录井发现页岩气显示 28 层，累计厚度 371.70 米，页岩气显示在三叠系、二叠系、志留系、奥陶系地层均有分布，全井油气显示活跃，区块具备立体勘探潜力，尤其是主要目的层龙马溪组、五峰组钻遇气测异常 145 米，均为灰黑色页岩，累计取芯 9 回次，进尺 97.97 米，获取岩芯 87.65 米，岩心解吸气含量 0.40—1.43 米^3/吨，底部解吸气含量大于 1 米^3/吨，总含气量最大 4.38 米^3/吨，表明该井具有页岩气显示活跃，具备侧钻水平井求取产能的资源基础，经上报石化股份公司批准，该井裸眼完井，准备侧钻南页 1HF 井。

（韩克宁）

【南页 1HF 侧钻水平井开钻】 南页 1HF 井是在导眼井南页 1 井基础上实施侧钻的水平井，钻探目的为评价川东南构造带南川断鼻龙马溪组页岩气产能，力争实现南川区块页岩气勘探突破和落实下志留统龙马溪组—上奥陶统五峰组页岩

马永生院士在南页 1 井施工现场察看岩屑　（沈志军摄）

气资源潜力。该井 2013 年 12 月 20 日开钻，侧钻点 3 988 米，全井采用国产油基钻井液和 LWD 导向技术钻进，设计水平段长 1 000 米、井眼走向 330 度、A 点垂深 4 489.9 米、B 点垂深 4 627 米，井眼轨迹沿靠近五峰组—龙马溪组下部的第一、第二层穿行，设计完钻层位为上奥陶统五峰组。截至 2013 年 12 月 31 日，南页 1HF 井已钻达井深4 089米。

（韩克宁）

【川东南寒武系暗色页岩层系探索】 四川盆地内部川中—川东南地区下寒武统多口页岩气探井及常规井获高产工业气流，预示着下寒武暗色页岩层系具有巨大的勘探潜力。研究表明川东南地区下寒武统具备页岩气成藏的基本条件，同时发育 2 套成藏组合具备立体勘探条件，经过系统论证，2013 年华东油气田在长生背斜带部署了长生 1 井，该井是华东油气田在川东南地区部署的首口针对寒武系水井沱组的预探井，目的是获取页岩气评价的各项地质资料，评价川东南寒武系水井沱组的勘探潜力，同时兼探寒武系石龙洞组、震旦系灯影组及可能的盐膏层生储盖组合，力争获得多层系常规与非常规油气立体勘探突破。

长生 1 井位于彭水县长生镇，2013 年 10 月 10 日一开，12 月 27 日完钻，完钻井深 2 760 米，完钻层位为震旦系灯影组。该井气测显示与实验结果显示水井沱组页岩含气量偏低、油气显示较差，最终裸眼完钻，但该井的实施拉开了川东南构造盆外复杂构造带下寒武统页岩气勘探的序幕，为川东南构造带页岩气成藏后续研究提供了地质资料、积累了经验。

（韩克宁）

【页岩气水平井地质导向软件研制成功】 华东油气田技术人员通过彭水区块 4 口页岩气水平井的地质导向实践，提出了“虚拟井眼法”计算地层倾角的方法，解决了无导眼井情况下预测靶点垂深的难题，并编制了“水平井地质导向综合计算器”软件。该软件可以实现地层倾角计算、靶点深度预测、水平井轨迹模拟、真厚度恢复等功能，软件已在南页 1HF 井得到成功应用。

（韩克宁）

【页岩气 CNG 站建设】 2013 年 4 月 5 日，华东油气田首座压缩天然气（CNG）站在彭水区块彭页 HF-1 井区竣工，4 月 12 日正式投产，该站设计日处理能力为 2 万立方米。截至 2013 年底，已累计处理和销售页岩气 108.26 万立方米。

（韩克宁）

【页岩气综合利用示范基地建设项目启动】 2012 年 1 月 11 日，贵州黄平页岩气综合利用示范基地建设项目在南京启动。该示范基地是国土资源部、财政部根据国家“十二五”规划和《全国矿产资源规划（2008—2015 年）》总体部署安排，首批启动的 40 个矿产资源综合利用示范基地建设项目之一。该项目旨在通过示范基地的建设，增加天然气资源量，拓宽资源供应渠道和提高资源保障能力，提高页岩气开发利用水平，转变矿产资源利用方式，促进国民经济和社会可持续发展。根据“黄平页岩气综合利用示范基地建设规划”，“十二五”期间，华东油气田将投入 8.85 亿元资金，实现盘活 500 亿立方米页岩气资源、建成 1.50 亿米^3/年页岩气产能，建立相关页岩气综合利用的技术标准、规范以及产业化模式，实现对中国南方页岩气资源有效利用的带动意义。

（韩克宁）

煤化工项目煤炭勘探

【概述】 2012—2013年，华东油气田继续在新疆准东煤田吉木萨尔县大庆沟勘查区和奇台县大井南勘查区开展煤炭资源勘查工作，为中国石化煤制天然气项目进行前期资源准备。2012年1—4月，大井南一井田、二井田储量报告通过专家组评审，2013年1月在新疆自治区国土资源厅备案，成功取得备案证明，圆满完成大井南勘查区块全部勘探任务。2013年10月，石化股份公司同意实施30口煤田勘查井保矿权，大庆沟勘查区块煤田勘查工作由此开始深入推进。此外，大庆沟勘查区煤炭(精查)勘探工作业已开展，华东油气田已委托新疆煤炭设计研究院完成了大庆沟南北两部分先期开采地段范围的划分，新疆地质矿产局第九地质大队已经开始钻探设计的编制工作。

(徐向阳　韩克宁)

【新疆准东煤田勘探报告评审及备案】 2012年1月16日，《新疆准东煤田将军庙矿区奇台县大井南一井田勘探报告》通过专家审查。2012年12月26日，勘探报告在新疆维吾尔自治区国土资源厅取得了矿产资源储量评审备案证明。全井田查明矿产资源量49.379 6亿吨，其中探明的内蕴经济资源量(331)5.819 0亿吨，控制的内蕴经济资源量(332)6.801 1亿吨，推断的内蕴经济资源量(333)36.759 5亿吨。

2012年4月20日，《新疆准东煤田将军庙矿区奇台县大井南二井田勘探报告》通过专家审查。2013年1月5日勘探报告在新疆维吾尔自治区国土资源厅取得了矿产资源储量评审备案证明。全井田查明矿产资源量37.945 3亿吨，其中探明的内蕴经济资源量(331)4.978 8亿吨，控制的内蕴经济资源量(332)7.568 8亿吨，推断的内蕴经济资源量(333)25.397 7亿吨。

(徐向阳　韩克宁)

其他非常规资源勘探

【概述】 根据石化集团部署，2012—2013年华东油气田对天然气水合物、油页岩和铀矿等非常规资源采取了跟踪评价的工作思路，针对天然气水合物、油页岩和铀矿3种非常规资源做了大量调研工作，进一步了解了成矿机理、重点成矿区带与成矿特点、勘查评价方法。

(韩克宁)

【地浸砂岩型铀矿】 截至2012年6月，华东分公司延续承担石化集团公司先导项目“中国石化探区自然伽马测井铀异常复查与评价”。一方面对盆地砂岩型铀资源的钻井测井铀异常响应特征、铀矿化及成矿定位规律和勘查前景继续进行理论学习、研究；另一方面对伊宁凹陷、吐哈盆地、鄂尔多斯盆地、松辽盆地长岭凹陷以及二连盆地探区进行了自然伽马异常复查，编绘了《中国石化探区砂岩型铀资源有利区分布图》《中国石化伊宁凹陷探区南缘铀资源预测评价与井位部署图》《中国石化长岭凹陷探区东南缘砂岩型铀资源评价图》《中国石化杭锦旗区块铀资源有利区及勘查目标评价图》。优选了中国石化3个Ⅰ类砂岩型铀资源有利区块，分别是伊犁盆地伊宁凹陷南缘区块、鄂尔多斯盆地杭锦旗区块、二连盆地乌兰察布坳陷十格木—准宝力格凹陷区块；提出了4个有利勘查目标：伊宁凹陷南缘中西部乌库尔其西和蒙其古尔—郎卡、杭锦旗区块北东有利异常区、二连盆地准宝力格凹陷以北的赛汉高毕地区。

（韩克宁　赵新华）

【天然气水合物】　2012—2013年，华东油气田继续对天然气水合物资源进行跟踪。世界天然气水合物勘探研究热点表明，海域天然气水合物资源主要分布于墨西哥湾，布莱克海岭和水合物海岭，南海海槽，鄂霍茨克海，黑海和巴伦支海，以及中国南海北部等；陆地冻土区天然气水合物资源主要分布于环北极冻土带。天然气水合物勘探方法仍以地球物理勘探为主，首选是地震，地球物理测井、地球化学勘探与基础地质调查为重要的勘探手段。钻采及配套工艺技术方面进展迅速，天然气水合物层钻探工具与工艺研究取得一批新成果。天然气水合物形成与分解模拟实验研究空前活跃，模拟装置研制取得重要进展。

综合近年的跟踪研究资料表明：南海神狐、东海冲绳海槽为中国海域天然气水合物资源分布有利区；羌塘盆地是最有前景的陆上冻土天然气水合物资源分布有利区，其次是祁连山木里地区、东北漠河盆地和可可西里青藏铁路沿线风火山—乌丽地区。

（韩克宁　赵新华）

【油页岩】　2012—2013年，华东油气田继续对油页岩资源勘探开发进行跟踪。根据2012年世界油页岩大会的资料，世界油页岩资源蕴藏量折算成页岩油高达6 600亿吨，为世界石油资源量的4倍，其中美国占到了77%。中国页岩油资源量约为480亿吨，页岩油可回收资源量163亿吨，页岩油资源量位居世界第二位。但中国页岩油探明储量只有28亿吨，世界排名第九位，查明率仅为11.70%。虽然由于技术难度和使用条件的限制，目前仅限于部分地区露天开采，油页岩地下原位分馏技术至今尚未商业化生产，中、深层资源的开发利用尚处于远景规划阶段。

（韩克宁　赵新华）

非常规资源勘探开发工程

【延川南区块二维地震勘探】　为评价煤层气和致密砂岩气的资源潜力，精细评价描述煤层埋深、厚度、顶、底板，为提交储量及部署参数井和排采井组提供资料，六物大队641队承担华东分公司“2011年度鄂尔多斯盆地延川南区块二维地震勘探资料采集项目”。项目分为黄河东和黄河西2块，分别于2012年和2013年完成。

“2011年度鄂尔多斯盆地延川南区块二维地震勘探资料采集项目(黄河东)”于2011年10月20日动工，2012年2月20日完工。完成二维地震采集测线28条、满覆盖工作量434.13千米、8 584个物理点，一级品率84.22%。“2011年度鄂尔多斯盆地延川南区块二维地震勘探资料采集项目(黄河西)”于2012年12月16日动工，2013年2月5日完工。完成二维地震采集测线35条、满覆盖工作量646.33千米、12 878个物理点，一级品率85.01%。

施工中641队精心组织，克服了塬高沟深、悬崖陡峭、交通不便、群众阻挠等诸多困难，安全、优质、高效地完成了本次采集任务。采用第二代单分量数字检波器，在高频响应上优势明显；在总结2010年延川南Ⅰ期Ⅱ期地震资料采集的基础上，结合本次地形复杂、过村镇多的特点，在施工困难地段通过优选激发点位或加密炮点来增加覆盖次数，提高了信噪比，2个项目均被评为“优质工程”。

（莫建兴）

【和顺区块煤层气二维地震勘探】 2012年9月6日—12月13日，六物大队641队承担华东分公司“2012年度和顺区块煤层气二维地震勘探资料采集项目”。完成二维测线17条，满覆盖工作量398.50千米，11 137个物理点，一级品率82.80%，现场监控处理剖面上3号、8号、9号、15号主力煤层的反射波组清晰可见、层间信息丰富、连续性好，可全区追踪。在项目实施中，641队在河床漫滩难以成井地段采用套管钻机保证了激发井深，在黄土覆盖较厚的西北角工区尽可能加大井深，最大井深达18米，获得了高品质的地震资料，较好地完成了项目设计及合同要求的各项任务，被评为“优质工程”。

（莫建兴）

【织金—黔西区块煤层气二维地震勘探】 2013年5月3日—9月14日，物探华东分公司645队承担华东油气田“2013年度织金—黔西区块煤层气二维地震勘探资料采集项目”。完成二维地震测线13条、满覆盖长度448.14千米、9 604个物理点、一级品率86.88%，监控剖面合格率100%。施工中首次在该区采用数字检波器、单点小道距、长排列接收和深井适中药量激发的高覆盖、高密度、高分辨采集技术，有效提高了煤层和页岩反射波组的品质。针对溶洞、裂隙发育地段及煤炭采空区等施工难点，采用调炮、拐8度角及适当加密炮点的技术办法，有效提高了资料品质。运用室内数字加权道组合及静校正等处理技术，进一步提高叠加成果效果，较好地完成了地质任务。资料各项指标均满足项目设计与合同要求，被评为“优质工程”。

（莫建兴）

【多元约束近地表建模技术】 黄土塬地区塬、峁、梁、坡、沟发育，地形起伏剧烈，表层结构复杂多变，低降速层巨厚且横向变化较大，地震反射波获取的单炮记录上初至波扭曲严重，静校正问题突出。黄土塬地区复杂的地表结构成为地震资料处理的关键问题。2012年，六物大队通过利用多种表层结构调查成果对近地表模型进行校正的“多元约束近地表建模技术”，较好地解决了上述难题，可以快速建立较为准确的近地表模型，从而取得了较好的静校正效果，为资料品质评价及后续资料处理奠定了基础。

（莫建兴　魏　冰）

【地震勘探观测系统优化技术】 2012—2013年，物探华东分公司在延川南煤层气勘探地震资料采集项目中，针对本区地质结构相对简单、煤层埋藏适中的特点，结合前2期采集经验对观测系统进行了基于模型正演结果的优化，适当加大炮点距离。资料处理结果表明，加大炮点距离后对主要目的层反射基本没有影响，通过观测系统优化技术的应用，在保证完成地质设计任务的前提

六物大队641队在贵州仁怀山区施工　（张　英摄）

下降低了勘探成本。

（莫建兴 魏 冰）

【三分量数字检波器多波勘探技术】 2012年，六物大队与中国石化石油物探技术研究院合作，在和顺煤层气工区应用三分量数字检波器进行多波勘探（3C技术），在和6井组压裂时采用井中和地面联合接收的方式进行压裂微地震裂缝检测，取得较好效果。

三分量数字检波器多波勘探（3C技术）是近年发展起来的一项油气勘探新技术，多波勘探充分利用纵波、横波和转换波，可以提供有关地质、油气藏的更多信息，解决单一纵波勘探不能解决的问题，而三分量数字检波器的出现，使得开展高分辨率、高信噪比多波地震成为可能。通过3C技术的应用，可以对裂缝型介质的各项异性特征进行研究，从而提高油气勘探精度。

（莫建兴 魏 冰）

【南川页岩气二维地震勘探】 2012年4月24日—8月4日，六物大队649队承担华东分公司"2012年度南川区块页岩气二维地震勘探资料采集项目"。完成19条测线，满覆盖剖面320.95千米，一级品率72.61%，合格品率100%。工区南部金佛山地表相对高差大，施工中649队提前踏勘，制定相应措施，加大人力、物力投入和HSE保障措施，克服了高温酷暑、阴雨雷电、山陡崖险、激发岩性复杂以及施工将穿过金佛山自然保护区等不利因素，采用数字检波器接收，所获得19条测线的监控剖面地质结构清楚，工区北部南川向斜从上到下的三叠系、二叠系、志留系、寒武系地层反射波组齐全，连续性较好，信噪比较高。南部金山向斜五峰组—龙马溪组及寒武系、牛蹄塘组特征清楚，资料采集满足了地质任务的要求。

（莫建兴）

【仁怀区块页岩气二维地震勘探】 2012年4月7日—7月26日，六物大队641队承担华东分公司"2012年度仁怀区块页岩气二维地震勘探资料采集项目"。完成二维地震测线12条、测量放样物理点37 367个，生产物理点5 463个，一级品率78.02%，满覆盖长度356.34千米。施工中641队克服了雷暴雨极端天气、少数民族地区复杂的群工矛盾、山高林密、悬崖陡峭、交通不便等诸多困难，采用数字检波器接收，注重激发岩性优选，在不同岩性及山体部位采用不同激发参数，获得较高品质的资料，现场监控剖面12条主要目的层反射波组齐全，信噪比较高，满足地质要求，资料质量超过了项目设计与合同要求的各项指标。

（莫建兴）

【中国石化—道达尔合作宣城页岩气二维地震勘探】 安徽宣城地区是非常规页岩气与常规油气下扬子探区的攻关区域。2013年华东油气田承担中国石化—道达尔合作"2013年度宣城页岩气二维地震勘探资料采集项目"。项目主要落实寒武系页岩埋深、厚度、保存和空间展布特征，以及断裂、构造特征；评价有利目标区，为部署探井井位提供依据。

项目由物探华东分公司641队承担，工期为2013年6月25日—2014年2月27日。项目任务为测线16条，满覆盖620千米，12 284个物理点；试验线1条，满覆盖20千米，891个物理点。施工前合作双方对工区进行为期13天的地质露头现场踏勘，以避开火山岩发育区，落实有利于开发的寒武系荷塘组空间展布区域。施工中641队在山地、山前带、绿化带、城镇、农田区采用不同的施工参数；对火成岩、砾石区、灰岩区等复杂地形，采用风钻、水钻等6种钻机施工；严谨合理设计井深，采用下PVC管方式进行下药闷井；成立QHSE检查组对钻井深度进行监控，实现下药前后井深可追溯；采用12个模拟检波器面积组合，岩石裸露区采用贴石膏的方法保证检波器耦合；施工时进行实时监控，确保低噪施工，通过上述措施确保资料采集品质，获得道达尔公司专家的好评。

（莫建兴）

【微地震监测技术】 2012年六物大队在重庆彭水页岩气探区彭页4HF井开展了地面微地震监

测，取得了较好的效果，丰富了石油物探技术的储备。

微地震监测技术是页岩气井水力压裂过程中的裂缝监控关键技术，目前在国内的应用尚处于探索阶段，主要是通过监测水力压裂过程中在地层内产生的微地震事件，来判断水力压裂达到的工程改造效果。

（莫建兴　刘厚裕）

【"集成井工厂"钻井技术】 2013 年，在延川南煤层气田 5 亿立方米产能开发建设中，华东油气田在国内首次引入"集成井工厂"钻井技术，完成"集成井工厂"钻井作业 340 口井，获得良好的钻井效率和经济效益。"集成井工厂"钻井模式是在一个钻井平台上部署 4—9 口井，采用单排布井的方式(井间距 3—5 米)，使用车载钻机或底部安装有快速滑轨装置的钻机(能够实现井与井之间的快速搬迁)，采用流水线式的施工方式，并综合多项技术依次钻完多口井，从而形成多井集成作业模式。

（龙志平　张家青）

【延川南工区优选钻头技术】 钻井公司在延川南工区经过对各个层段钻头应用情况进行了大量调研和对比试验，在优选钻头提高钻井效率上技术日趋成熟。2012 年在表层三叠系地层选用直径 311.10 毫米 MD9531 PDC 钻头最高机械钻速达到 54.93 米/时，平均机械钻速为 44.30 米/时，是 2011 年同层段机械钻速 14.50 米/时的 3 倍，一只钻头即可钻穿三叠系地层。延 1-52-36 井使用直径 215.90 毫米 FL1654、FL1655 PDC 钻头也获得较好效果。在石盒子组 FL1654 PDC 钻头平均机械钻速达到了 14 米/时，FL1655 PDC 钻头平均机械钻速达到了 17.11 米/时，创当时最高纪录。

（赵炬肃）

【钻井公司延川南工区钻井提速】 2012 年 5 月 15 日，钻井公司 30551 井队在延川南工区施工的延 1-52-38U 井，提前 4.21 天完钻，完钻井深 972 米，钻井周期 6.29 天，平均机械钻速达 13.26 米/时，刷新延川南工区钻井速度纪录。

2012 年 6 月 7 日，钻井公司 20521 井队在延川南工区施工的延 1-58-40 井顺利完井，完钻井深 952 米，钻井周期 5.48 天，机械钻速 16.03 米/时，单日最高进尺 309.05 米，再次刷新延川南工区钻井速度纪录。

（钱晨来　文　佳　赵炬肃）

【空气钻井技术提高钻井效率】 2012 年 6 月，钻井公司 20521HD 井队施工的延 1-58-38 井二开在石千峰组地层使用空气钻井技术钻进，进尺 142.39 米，纯钻 4.42 小时，平均机械钻速 32.29 米/时，钻井效率是常规钻井液钻进最高机械钻速 16.02 米/时的 2 倍多。

2012 年 9 月，钻井公司 50516HD 井队施工的彭页 3HF 井二开在茅口组、栖霞组和韩家店组地层使用空气钻井技术钻进，进尺 887 米，机械钻速 12.89 米/时，单日最高进尺 285 米，在使用空气钻进期间机械钻速较设计提高 122%。

平移钻井平台　（黄宝平摄）

2013年，六普钻井分公司50512井队在贵州龙页2井施工中采用空气钻井技术钻进，进尺236.95米，纯钻58.33小时，机械钻速4.06米/时，台月效率962.50米，与邻井常规钻井液钻进比较钻速有大幅度提高。钻井施工证明，空气钻井技术能极大提高直井段的机械钻速，具备良好的推广价值。

（赵炬肃）

【ZJ30型车载钻机整体平移】 钻井公司30551井队承钻的延1-52-38U井是一个丛式井组，从延1-52-38U井搬迁至延1-52-36井井距为3米。为加快搬迁速度，30551井队决定对ZJ30型车载钻机实施整体平移。为保证钻机整体快速安全平移到新井位，30551井队借鉴以往钻机整拖的成功经验，首先放倒井架以减轻设备整体重量，再对钻台周围的辅助设备进行清理，并对设备的连接部位加焊了辅助连接板。在整拖过程中，从技术措施上确保精确无误，在安全上实施了严格的监控。2012年5月25日，经过45分钟的整体牵引，钻机成功位移3米，准确到达设计井位。

（钱晨来　文　佳　赵炬肃）

【首台半电动带顶驱钻机启用】 2012年9月5日，钻井公司首台半电动5 000米带顶驱钻机，在重庆页岩气勘探工区彭页3HF井启用，设备使用井队番号为50516井队。该钻机配置了电动转盘和顶驱装置，钻井过程中可将钻杆立柱整列入井，减少加接单根钻杆次数和时间，同时增加了人身、设备、井下安全系数。钻机整体设计使用小型模块组合，便于拆卸安装，能够很好地适应各类恶劣环境下的搬迁安装等施工作业。

（钱晨来　文　佳　赵炬肃）

【彭页3HF井创中国石化页岩气井水平井段最长纪录】 2012年12月4日，钻井公司50516井队承钻的彭页3HF井完钻，累计进尺4 190米，其中水平井段长1 330米，刷新了石化集团页岩气井水平井段最长纪录。该井应用旋转导向钻进新技术、优选PDC钻头和LVHS油基钻井液取得较好成效。采用的HD6541Y型PDC钻头，由工程技术研究院研制，该钻头连续进尺504米，创三开后最高单日进尺147米的新指标，平均机械钻速8.14米/时，与邻井相比钻进效率提高了29.41%。全井钻井周期89.17天，较设计92天提速3%，平均机械钻速4.23米/时，较设计3.92米/时提高8%，井身质量、固井质量为全优。

（赵炬肃）

【页岩气勘探工程关键技术国产化试验取得成功】 彭页HF-1井采用的油基钻井液、固井液和旋转导向钻井等关键技术均由美国哈里伯顿公司提供，技术服务费用极为昂贵。为了降低成本实现桑柘坪向斜常压页岩气经济有效开发，华东油气田与中国石化工程院开展技术合作，在总结彭页HF-1井工程工艺经验的基础上，经过充分论证、评估，在后续实施的彭页2HF井、彭页3HF井、彭页4HF井有计划地进行了关键技术国产化实验。其中，彭页2HF井完全采用国产技术，即LWD+国产油基钻井液+国产固井技术；彭页3HF井采用哈里伯顿旋转导向+国产油基钻井液+国产固井技术；彭页4HF井采用哈里伯顿旋转导向+哈里伯顿油基钻井液+国产固井

彭页3HF井夜间压裂施工　（邱江良摄）

技术。钻后评价反映应用国产技术的3口井全部获得成功，表明中国石化页岩气水平井钻井工程设计、钻井定向技术、油基泥浆、固井液配方、固井配件等关键技术已经全部实现国产化，为页岩气实现经济有效开发奠定了工程工艺技术的基础。

（韩克宁）

【彭页2HF井、彭页3HF井、彭页4HF井提速成果显著】 2012年，彭页2HF井、彭页3HF井、彭页4HF井在钻井过程中采用多种技术措施，提速提效成果显著。

1. 大胆探索空气钻＋空气锤技术，获得显著提速效果，有效规避了浅层泥浆漏失，缩短了钻井周期。彭页2HF井、彭页4HF井在一开、二开阶段均采用空气钻井技术，机械钻速分别为9.03米/时、15.19米/时，钻井效率是彭页3HF井采用水基钻井液的2—4倍。

2. 通过优化井身结构提速。采用表层套管封固浅表漏失层，技术套管封固易垮塌层，技术套管下到造斜点之前防范复杂井况，不钻直导眼，直接钻水平井。

3. 通过优化钻头提速。华东油气田自主研制的HD6541Y型钻头在页岩气水平井施工中试验成功。在彭页3HF井首次试用中，实现了页岩水平井段连续进尺504米，最高单日进尺147米的新指标，平均机械钻速达8.14米/时，同比提高29.41%，起钻后预计钻头还可完成600米进尺。

彭页2HF井、彭页3HF井、彭页4HF井钻井周期分别为125.88天、89.17天、114.71天，相比彭页HF-1井大幅缩短。三开阶段，机械钻速3口井分别为4.54米/时、4.12米/时、5.94米/时，比彭页HF-1井3.41米/时有了较大幅度提高。

（韩克宁）

【非常规油气测井工程】 2012—2013年，测井分公司非常规项目部共完成测井施工973井次，其中裸眼井测井349井次、固放磁323井次、射孔校深301井次。测井资料合格率100%，优质品率98.45%，测井一次成功率99%，已验收的资料总评优秀率达99%，射孔准确率99.80%。其中，2012年3月15日施工的延3V1-P2井，完成水平段500米煤层组合测井任务，测井分公司非常规项目部被评为华东油气田“2013年度先进施工队伍”。

（雷　源）

【煤层气巡井录井技术方法】 2013年，根据延川南煤层气产建会战录井工作要求，录井分公司优化完善形成了成熟的巡井录井技术方法。① 系统收集区域邻井地质资料，并分析对比；② 将各钻井平台主要目的层2号煤层的分布井深换算成绝对海拔深度，并做好对比表；③ 及时与相关钻井队保持联系，掌握实时生产动态，及时将相关井的实时井深换算成绝对海拔深度；④ 在进入2号煤层100—150米前，安排业务水平较高、录井经验较丰富的录井队长进驻录井现场；⑤ 录井队长通过画方余记录钻时、通过实测迟到时间捞取岩屑建立相应的录井地层剖面，以确定2号煤层的分布井深及厚度。操作实践表明，该套巡井录井技术实用可靠，取得了理想的效果，2013年244口地质巡井2号煤层卡准率达99.42%。

（王艳红）

彭页2HF井测井施工　（沈志军摄）

【页岩气地质录井】 2012—2013 年，为落实华东油气田优先保障页岩气勘探评价的工作思路，录井分公司整合录井技术力量和管理资源，加强页岩气项目施工组织管理，抽调骨干力量加强页岩气重点探井、评价井和复杂工艺井的录井工程作业，圆满完成了龙页 1 井、南页 1 井、彭页 3HF 井等 8 口页岩气井的录井施工。

（王艳红）

【煤层气井固井工程】 2012 年，固井公司在华东分公司延川南工区共完成 110 口煤层气井固井工程施工。其中，表层套管、技术套管、油层套管固井作业 229 井次，特殊作业 49 井次，累计注水泥量 6 428 吨。固井质量一次合格率 100%，优良率 91.6%。2013 年，共完成 339 口煤层气井固井施工。其中，表层套管、技术套管、油层套管固井作业 717 井次，特殊作业 33 井次，累计注水泥量 11 028 吨，固井工程质量一次合格率 100%，优良率 98.33%。

（孙志鹏）

【页岩气井固井工程】 2012 年，固井公司在华东分公司页岩气重庆彭水工区、贵州龙里工区完成彭页 2HF 井、龙页 1 井表层套管、技术套管、油层套管固井施工。共施工作业 4 井次，特殊作业 12 井次，累计注水泥量 587 吨。其中，彭页 2HF 井固井质量被评定为优秀工程。2013 年，承担重庆彭水工区长生 1 井、四川工区古蔺仁页 1 井、湖南冷水江工区湘平 1 井固井施工。共完成表层套管、技术套管、油层套管固井作业 15 井次，特殊作业 6 井次，累计注水泥量 790 吨，其中湘平 1 井固井工程质量为优良。

（孙志鹏）

【彭页 3HF 井创国内页岩气井压裂施工 5 项纪录】 彭页 3HF 井位于重庆市彭水苗族土家族自治县桑柘镇白泥村，构造位于上扬子盆地武陵褶皱带桑柘坪向斜核部，是华东油气田部署在彭水区块的页岩气评价井，目的是探索川东南下志留统龙马溪组页岩的含气性。2013 年 1 月 6—25 日，彭页 3HF 井顺利完成大规模水力加砂压裂施工。该井创造了压裂段数最多（22 段）、总液量最大（4.66 万立方米）、总加砂量最多（2 108.10 立方米）、单段加砂量最多（126 立方米）、单段液量最大（2 715.47 立方米）5 项国内页岩气井压裂施工纪录。

（韩克宁　申海东）

延川南煤层气田地面工程

【概述】 2012 年 6 月 15 日，根据石化股份公司《关于延川南区块煤层气开发延 1、3、5 试验井区集气及配套工程可行性研究报告的批复》（石化股份油计〔2012〕53 号）精神，华东分公司下发《关于成立延川南区块煤层气开发延 1、3、5 试验井区集气及配套地面工程项目管理部的通知》（华东股份〔2012〕43 号），成立了地面工程项目管理部。项目管理部由 20 人组成，全面负责延川南区块煤层气开发延 1、3、5 试验井区集气及配套地面工程的建设。2013 年 4 月 23 日《延川南煤层气田 5 亿立方米产能建设开发方案》获得石化股份公司批准后，华东油气田于 2013 年 5 月 29 日下发《关于调整延川南煤层气开发地面工程项目管理部的通知》（华东股份〔2013〕34 号），调整后的延川南煤层气开发地面工程项目管理部，由华东油气田机关、非常规指挥部、工程院、华石公司等单位的 47 人组成，全面负责延川南煤层气田 5 亿立方米产能建设地面工程建设管理。截至 2013 年底，地面工程建设全面启动，按计划正常运行。

（魏长吉）

【煤层气田 5 亿立方米产能建设地面工程】 延川南煤层气田 5 亿立方米产能建设地面工程于 2013 年 6 月 24 日正式开工建设。工程总体布局采用二级集气布站方式进行站场设置。设集气增压站 4 座，中心处理站 1 座，其中 4 号集气站与中心处理站合建。采气井口压力低 0.20—0.50 兆帕；集气站压缩机进气压力为 0.05—0.10 兆帕，集气站出站压力为 1.12—1.20 兆帕；集气中心脱水站压缩机进气压力为 0.90—1 兆帕，出气压力为 6—6.20 兆帕。

截至 2013 年 12 月 31 日，延 3 井区完成 PE 管网焊接 4 千米；完成 2 号站至集气中心站干线踏看、选线、测绘工作；1 号集气站、2 号集气站、集气中心站完成场地平整及测绘工作；10 千伏内部电网完成 74 个平台 65 千米供电线电网架设。

（魏长吉）

【延 1、3、5 试验井区集气工程】 延川南区块煤层气开发延 1、3、5 试验井区集气工程包括集气点建设工程、PE 集气管网建设工程、集气支、干线建设工程。2012 年 6 月 18 日，开始启动延 1 试验井区集气管网建设，2013 年 10 月 30 日完成全部建设任务。延川南区块煤层气开发延 1、3、5 试验井区集气工程具体建设内容为：

1. 集气点建设工程。延 1 试验井区集气点位于延 1 井区延 1 井井场内，站内设缓冲罐、旋风分离器和过滤分离器各 1 座。设计规模为日产 12 万标准立方米，站内管线设计压力为 0.70 兆帕。集气点接收和净化延 1 试验井区和延 3、延 5 试验井区来气，煤层气进站压力 0.11 兆帕，进站温度为 5 ℃—20 ℃。一部分净化处理后煤层气供站内发电机发电使用，剩余气量供山西国化 CNG 站压缩外销；延 3 试验井区集气点位于延 3 试验井区 W12 平台内，集气点接收和初步处理延 3 试验井区来气，然后自压输送至延 1 试验井区。集气点设计规模为日产 6 万标准立方米，设计压力为 0.70 兆帕，工作压力 0.20—0.50 兆帕，煤层气正常进站压力为 0.30 兆帕，进站温度为 5 ℃—20 ℃，站内设旋风式分离器 1 座；延 5 试验井区集气点位于延 5 试验井区 T7 平台内，集气点接收和初步处理延 5 试验井区来气，然后自压输送至延 1 试验井区。设计规模为日产 6 万标准立方米，设计压力为 0.70 兆帕，工作压力 0.20—0.50 兆帕，煤层气正常进站压力为 0.30 兆帕，进站温度为 5 ℃—20 ℃，站内设旋风式分离器 1 座。

2. PE 集气管网建设工程。① 延 1 井区集气管网：2012 年 6 月 18 日正式开工，2012 年 11 月 7 日开始试运行，保证延 1 试验井组供电中心 500 千瓦燃气发电机正常发电用气。延 1 井组管线总长 7.33 千米。② 延 3 井区集气管网：2012 年 8 月 21 日正式开工，2013 年 3 月 20 日完成全部建设，延 3 井区管线总长 18.49 千米。③ 延 5 井区集气管网：2012 年 9 月 10 日正式开工，2013 年 1 月 11 日建成管线总长 12.91 千米。

延川南工区延 3 井至延 1 井输气管线贯通 （沈志军摄）

3. 集气支、干线建设工程。2012 年 8 月 31 日直径 323 毫米集气主干线开工建设，2013 年 10 月 30 日建成集气支、主干线管线总长 19.27 千米。

（魏长吉）

【10千伏供电线路建设工程】 10千伏供电线路建设工程为延川南区块延1、3、5试验井区集气工程的配套工程，线路总长30.73千米。①2012年6月23日正式开工建设延3井组电网工程，全线总长12.57千米，9月27日完成投入运行。②2012年8月7日正式开工建设延5井组电网工程，全线总长8.58千米，11月24日投入运行。另完成延1井区3号平台至延5井区的T4平台连接线路全长5.06千米；延1井区4号平台至延3井区的W13平台连接线路全长4.53千米。③2012年11月20日，延1试验井区供电中心扩容建设工程500千瓦燃气发电机组成功并机、调试发电，开始对延1试验井组10个平台31口井供电；2012年11月24日，500千瓦燃气发电机并机，对延5井组各平台进行生产供电。

（魏长吉）

【延1井钻采废液水处理工程】 在煤层气勘探开发过程中会产生一些钻井废液和煤层气井的排采水，钻采废液富含化学药剂、煤粉、固体杂质、高矿化度成分，直接排放会造成环境污染。为实现煤层气田绿色开发，在延1井8号平台建设了1座2 300立方米水处理站，将钻井废液、排采水经过净化处理后重新用于钻井压裂工程。2012年4月28日，首批钻井废液、排采水处理液经检测机构取样化验，符合《污水综合排放标准》(GB8978—1996)一级排放标准要求。延1井钻采废液水处理站的建成，既缓解了钻井废液、煤层排出水处理的压力，又缓解了延1井区生产用水的压力。处理后的标准水可用于钻井、压裂、工区道路降尘洒水等。

（何瑞清）

【煤层气CNG站建设】 2013年3月15日，华东油气田首座煤层气CNG站在延川南煤层气田延1井区开工建设，4月9日竣工，4月17日投产。该站由2套加气装置构成，设计日处理能力为4.32万立方米。截至2013年底，延川南区块已累计处理和销售煤层气138.75万立方米。

（韩克宁）

延川南煤层气外销 （沈志军摄）

【延川南煤层气田地面工程特色技术】 为了实现延川南煤层气的低成本开发战略，2012年4月—2013年4月，华东油气田工程院有关技术人员经过不断的工艺研究和方案优化，形成了经济实用有效的地面工程特色技术系列。包括“阀前脱水、井口调压、滤后计量、汇管集气”的井场工艺；“自压采气、枝状串接、阀组控制、低点凝水”管线工艺；“二级布站、等比增压、压后脱水、管道外输”的站场处理工艺；“单井计量、井场沉降、车拉余水、集中处理”的产水处理工艺；“燃气发电、余热回收、内网输电、压气外销”的综合利用工艺。

（薛　华）

石油工程技术服务

石油工程管理

【概述】 2012 年华东石油局所属各石油工程专业公司，为局直属的二级核算单位。2012 年 6 月，根据中国石化《集团公司石油工程专业化整合重组总体方案》(集团工单企研〔2012〕28 号)和《石油工程专业化整合重组实施的指导意见》(中国石化企〔2012〕339 号)的统一部署和要求，华东石油局、华东分公司启动石油工程专业化整合重组工作，12 月 21 日中石化华东石油工程有限公司(简称华东工程公司)成立，隶属中石化石油工程技术服务有限公司管理。

华东工程公司下设石油钻井、测井、录井、固井 4 个专业分公司以及西部分公司、扬州基础建设分公司和威诺油气测试公司(全资法人)，在加蓬共和国设有派出机构——加蓬项目部，共有 105 支石油工程施工队伍。其中，甲级资质队 19 支、乙级资质队 31 支。2013 年，国内石油工程市场主要分布于江苏、新疆、重庆、贵州、山西、陕西等区域，海外石油工程市场主要分布于加蓬、哈萨克斯坦、叙利亚、伊朗、柬埔寨等国家。2013 年营业总收入增长 17.76%，营业利润增长 15.18%，国有资本保值增值率 102.31%，全员劳动生产率年增长 12.61 万元/人。

（石　强　邰　青）

【科研工作管理】 2013 年华东工程公司建立了一支以专家、副总、主任工程师为核心的科研队伍，组织制定《中石化华东石油工程技术服务有限公司科技项目管理办法》和《中石化华东石油工程技术服务有限公司科技经费管理办法》2 项制度，公司设立科研项目 10 项，承担石化集团公司科研项目 8 项，并承担国家能源局行业标准委员会委托的《煤层气测井资料处理解释规范》的编写任务。各专家、副总工程师以课题为龙头、以生产为中心、分工协作，组织技术人员开展科研工作，全年组织科研项目进展检查 29 次，组织科研项目汇报会 13 次，编写科研项目总结报告 18 份，科研项目自查验收 7 项。

（石　强　邰　青）

【ISO、HSE 管理】 2013 年，华东工程公司实施 ISO9000 质量管理体系和 HSE 管理体系改版升级认证工作，2013 年 4 月完成 QHSE 管理体系升级，并正式对外发布，截至 2013 年末，完成 ISO9001 质量管理体系升级认证全部工作，择机对外发布。六普钻井分公司、测井分公司、固井分公司、录井分公司已通过了 ISO9001 质量管理体系认证，各分公司均通过 HSE 管理体系认证，体系运行健康。

（石　强　邰　青）

【石油工程施工管理】 2013 年华东工程公司在石油工程技术服务中，坚持“承包服务、管理服务、技术服务”三位一体的发展模式，从公司层面加强对各专业分公司的施工管理，确保工程施工安全、优质、高效。

1. 加强对重点井、难点井的监管力度。参与重点井、难点井的工程设计审查，从设计源头加强监管力度；施工前督促相关分公司组织专家组和相关施工队伍召开施工设计审核会，确保施工技术措施有效性；跟踪重点井、难点井工程施工进展，实现工程施工全过程控制；加强钻井施工过程质量监控，严把井眼轨迹控制关；参与复杂井、事故井的处置管理，为复杂井、事故井提供技术指导支持；严把重点井、难点井、复杂井固井质量，确保固井质量满足后续施工要求。

2. 开展区域特征技术总结，掌握区域施工技术措施。重点总结六普钻井分公司通过各工区多口井的钻井对比试验，优选适合不同工区与地层的钻头系列，掌握各工区的钻头选型；总结固井分公司根据各个工区施工的难点及固井质量存在的问题，依托科研项目专题，掌握不同工区的固井施工技术。

3. 开展技术培训、技术比武，提高全员素质。2013 年公司通过完善三支人才队伍建设和管理，加强人才培养，从岗位需要出发，安排 282 人次外出参加各类技术、技能操作培训，每 2 年分专业举办一次技术比武、技能大赛，促进员工技术与技能的提高。

（石　强　邰　青）

【海外项目管理】　2013 年 7 月，华东工程公司成立海外项目管理办公室，负责海外项目部与国内相关单位与部门之间的沟通联系，掌握了解海外项目运行状态，海外市场动态信息收集和市场开拓，对涉外技术标书、设备选型、商务活动提出意见和建议。海外项目管理办公室通过周例会制度，通报海外项目每周运行状况和公共安全形势，及时解决项目运行过程中遇到的问题，对下周工作做出部署，实现项目运行的跟踪管理和快速决策。

（石　强　邰　青）

【科技进步助推提速提效】　2013 年华东工程公司坚持通过科技进步助推技术提速、管理提速、安全提速。在石油工程技术服务中，通过广泛引进新技术、促进科研成果转化为生产力，实现石油工程提速提效，为业主降低勘探成本、提高开发效益提供技术支撑，在石油工程施工中重点推广应用 8 项科研成果与新技术。

1. “近钻头地质导向钻井技术”推广应用。在大斜度井、水平井中推广应用 LWD 地质导向技术，在不打导眼井的情况下，使用 CGDS 近钻头地质导向，方位自然伽马传感器、井斜与工具面传感器均取得较好效果。

2. “双驱钻井技术”推广应用。江苏工区在推广双驱钻井技术中，通过应用井眼轨迹连续控制技术，优化钻具组合、优选钻头、合理选择钻井参数，实现了优快钻井；西北工区普遍应用单弯螺杆＋PDC 复合钻进技术，8 支钻井队平均台月效率达到 1 514.90 米，提速提效明显。

3. “井工厂钻井技术”推广应用。在延川南工区实施“井工厂”钻井作业模式，做到当天完井、当天搬家、当天开钻。

4. “水平井录井技术”推广应用。通过水平井入窗录井技术、水平段录井技术和复杂情况下录井技术的应用，针对性引进核磁共振分析技术和全元素分析技术，在致密油气藏录井和页岩气录井中，提供多元化的现场分析资料，保障地质导向，有效实施水平井钻进，取全取准各项资料。

5. “声电成像测井技术”推广应用。在南方页岩气勘探中，应用微电阻率扫描成像测井和偶极子声波测井获得成功，对页岩储层的层间缝进行了有效识别和描述，为水平井侧钻层位及侧钻方向提供了可靠依据。

6. “存储式固放磁测井技术”推广应用。在溪平 5 井、银 1 平 2 井测井施工中，应用“存储式固放磁测井技术”获得成功，取得了合格的测井资料，使大斜度井固井质量测井技术和工艺取得显著进步。

7. “抗高温外加剂固井技术”推广应用。在塔河工区 6 000 米以上深井抗高温固井工艺研究中，自主研发了一套抗高温外加剂固井液配方及配套技术工艺，在塔河 10 区、12 区固井施工中应用“抗高温外加剂固井技术”，使固井质量合格率由不稳定状态提高至 93.3％。

8. “扇区水泥胶结测井（SBT）技术”推广应用。在江苏工区曲塘油田、张家垛油田通过推广应用 SBT 测井技术，克服了常规 CBL-VDL 测井定性评价的局限性和多解性，从井周水泥微型环形空间 360 度扫描，实现对水泥胶结情况的精细描述，提高了固井质量评价精度。

（石　强　邰　青）

【海外市场开发】 2013 年华东工程公司积极与石化集团国勘公司、国工公司对接，寻找海外项目合作机会。全年共收集海外项目市场信息 9 个，涉及阿根廷、印度、刚果、加蓬等 7 个国家。新项目开发重点跟踪落实壳牌加蓬“2＋1”钻井日费制 9 年合作项目，侧重跟踪阿根廷、印度等新项目，完成了相关国家的政策、税收、用工、物价、后勤资源、公共安全环境、签证、项目背景、项目前景等资料的网络调查，并形成调研报告，为海外新项目的市场开发打好基础、做好前期准备。

（石　强　邰　青）

物探工程技术服务

【概述】 2012—2013 年，物探华东分公司石油物探工程技术服务市场主要分布在石化集团公司内的华东油气田页岩气、煤层气勘探开发工区、华东油气田江苏工区、西北分公司塔里木盆地、华北分公司鄂尔多斯盆地、东北分公司辽河区块。系统外主要承担了中海油(中国)有限公司芜湖页岩气勘探、中国地质科学院华南深地震反射剖面、中国地质调查局油气资源调查中心索伦—林西地区油气资源调查二维地震勘探、神华集团神华湖南保靖二维地震、中国煤炭地质总局安徽淮南矿业集团三维地震勘探和南美玻利维亚 Itaguazurenda 三维和 Tacoboy Tajibo 二维 2 个地震采集项目、1 个资料再处理项目，2 个纸剖面矢量化项目和 1 个磁带转储项目。

2012—2013 年，物探华东分公司 6 支物探队伍在国内外物探技术服务市场共完成 48 个地震采集项目，施工质量均为合格工程。

（莫建兴）

【海外物探工程技术服务】 2012—2013 年，物探华东分公司确定了“以玻利维亚地质市场为落脚点，向整个南美地区辐射”的海外发展战略，2 年累计完成海外石油物探项目 6 个，合同总额 11 734万元。其中，Itaguazurenda 三维和 Tacoboy Tajibo 二维地震采集项目 2 个，资料再处理项目 1 个，纸剖面矢量化项目 2 个，磁带转储项目 1 个。项目施工质量均获得包括玻利维亚国家石油公司在内的 3 家业主的认可和好评，建立了良好的市场信誉，初步站稳了南美洲玻利维亚石油物探市场。

（莫建兴）

【江苏工区、下扬子区地震勘探项目】 2012—2013 年，物探华东分公司江苏工区、下扬子区完成地震勘探项目 10 个。其中，二维工作量计 1 746.90千米、三维工作量计 636.30 平方千米。项目内容为：“2012 年度溱潼凹陷帅垛—唐刘三维地震资料采集项目”“2013 年度溱潼凹陷华庄—广山三维地震资料采集项目”“2013 年度溱潼凹陷广山三维地震资料采集项目”“2013 年度溱潼凹陷华庄三维地震资料采集项目”“2012 年下扬子地区望江—潜山二维地震勘探采集项目”“2013 年度下扬子地区无为二维地震勘探采集项目”“2013 年度下扬子地区望江二维地震勘探采集项目”“2012 年度下扬子地区句容三维地震资料采集项目”“2013 年度下扬子地区句容二维地震资料采集项目”“2012 年度下扬子地区句容二维地震资料采集项目”“2012 年度下扬子地区黄桥二维地震资料采集项目”。

（莫建兴）

【非常规资源地震勘探项目】 2012—2013 年，物探华东分公司完成华东油气田非常规资源地震勘探项目7个，完成二维工作量3 224.39千米。项目内容为："2011年度鄂尔多斯盆地延川南区块二维地震勘探资料采集项目（黄河东）""2011年度鄂尔多斯盆地延川南区块二维地震勘探资料采集项目（黄河西）""2012年度和顺区块煤层气二维地震勘探资料采集项目""2013年度织金—黔西区块煤层气二维地震勘探资料采集项目""2012年度南川区块页岩气二维地震勘探资料采集项目""2012年度仁怀区块页岩气二维地震勘探资料采集项目""2013年度宣城页岩气二维地震勘探资料采集项目"。

（莫建兴）

【西北工区地震勘探项目】 2012—2013年，物探华东分公司645队承担西北分公司塔里木盆地沙漠工区3个三维地震采集项目。完成三维地震线束178束，满覆盖面积1 188.48平方千米，生产89 537炮，3个项目单炮记录合格率均达99.99%以上，提交满迭剖面156条，合格率100%。2012年1月15日完工的"2012年塔里木盆地顺托果勒南区块顺南1井区三维地震勘探资料采集（2标段）项目"施工中为改善断裂构造部位的成像效果，主动加密141炮，主要目的层反射特征清楚，低幅度构造、断层等构造成像清晰，项目所得成果验收给予"合格"；2012年5月23日完工的"2012年塔里木盆地顺托果勒北区块顺北三维地震勘探资料采集项目"，采集的资料监控处理剖面浅、中、深反射波组齐全，目的层波组特征明显，地质信息丰富，所提交的60条满叠加剖面合格率100%，成果资料验收给予"合格"评价；2013年11月10日开工的"2014年塔里木盆地顺托果勒南区块顺南2井区三维地震勘探资料采集（3标段）项目"，施工中项目组织高效，均衡生产，严格质量管理，获得的单炮记录及现场监控剖面显示，主要反射波组能量强、连续性好，分辨率及信噪比高，浅、中、深层反射波组齐全，剖面构造形态清楚，地震信息丰富，所采集工作量和资料质量满足合同及设计要求，成果资料验收给予"一致通过"。

（莫建兴）

塔里木盆地沙漠地震勘探 （莫建兴摄）

【华东物探—华北物探合作项目】 2011年12月24日—2012年5月8日，六物大队6411队与物探华北分公司446队联合组队，合作开展2012年度华北分公司彬长区块榆林子工区三维地震勘探攻关项目。完成项目工作量400.90平方千米，生产27 563炮，平均320炮/日。2012年2月7日—4月15日，六物大队6411队与物探华北分公司341队联合组队，合作开展2012年华北分公司镇泾区块屯子工区三维地震勘探攻关。完成项目工作量16 760个物理点，合格率100%，满覆盖面积151.51平方千米。迭加剖面浅、中、深层反射波组齐全，主要目的层波组特征明显，地质信息较丰富，达到了资料采集的目的。

（莫建兴）

【华北分公司地震勘探项目】 2012年9月26日—2013年3月26日，物探华东分公司649队承担"2013年度镇泾区块代家坪工区三维地震勘探资料采集（南标段）项目"，累计完成三维地震束线81束，满叠加面积404.40平方千米（其中东块满叠加面积46.30平方千米、西块满叠加面积

358.10 平方千米)；生产物理点 39 069 个(含边界炮 127 个)，甲方评价一级品率 87.16%；资料合格率 100%。项目通过精心组织、精细施工，克服了地形横向变化大、沟壑纵横、窑洞密集、老油区工农矛盾异常复杂、交通不便等诸多困难，安全、优质地完成了本次采集任务。在过镇原县城及平泉镇采用“见缝插针”加密炮点，增加接收线等一系列方式，弥补了浅层缺口，通过优化炮点位置，保证了单炮质量，通过严格的炮偏控制流程，保证了点位的准确性。现场监控剖面获得了较好的中生界延安组、延长组反射波组及古生界反射波组，波组特征明显，连续性较好，信息丰富。

2012 年 9 月 26 日—2013 年 2 月 23 日，物探华东分公司 649 队承担“2013 年度彬长区块太昌工区三维地震勘探资料采集项目”，完成生产物理点 39 050 个，其中一级品35 153 炮，一级品率 90.02%，满覆盖面积 339.40 平方千米(合同分太昌三维东块 110.01 平方千米，榆林子Ⅱ期 234.86 平方千米)。在施工过程中针对黄土塬资料特点及采集难点，采取了“两优化”“四调查”的工作方法保证了资料品质，通过严格的控制措施保证了炮点位置的准确性，杜绝了“炮偏”问题；单炮记录面貌整体较好，监控剖面反射结构形态清楚，波组特征明显；T_4、T_5、T_6、T_9 各目的层反射波组连续性好、分辨率高，层间反射信息丰富；构造形态及层间接触关系清晰，三叠系内幕反射清楚，成像效果较好，能够完成地质任务。

(莫建兴)

【辽河西缘二维地震勘探项目】 2011 年 11 月 26 日—2012 年 1 月 13 日，六物大队 6411 队承担东北分公司“2012 年度辽河西缘二维地震资料采集 2 标段项目”，共完成生产物理点 21 428 个，满叠长度 520.50 千米。施工中通过加强过程质量控制，确保了资料品质，安全、优质地完成了采集任务。单炮记录资料较好，能量稳定，层间信息丰富，相邻单炮间能量均衡性较好。现场监控处理剖面显示能量强，浅、中层反射波组齐全，连续性较好，主要目的层可全区追踪。过胡家镇洼陷、公兴河洼陷、兴隆镇洼陷地区剖面均可获取多套明显反射波组，较好地完成了合同及设计要求的各项任务，满足地质任务要求。能较好落实矿权内洼陷结构和地层特征，了解了勘探区域内构造发育特征，为下一步油气勘探部署提供依据。

(莫建兴)

【长岭凹陷北正镇三维地震勘探项目】 2012 年 9 月 27 日—10 月 15 日，六物大队 6411 队承担东北分公司“2013 年度松辽盆地长岭凹陷北正镇三维地震资料采集(南标块)项目”，项目采用高精度数字检波器接收，通过精心组织、精细施工，克服了冬季恶劣气候和群众工作复杂等施工难题，安全、优质地完成了生产物理点 21 243 个，完成满叠面积 166.69 平方千米。

针对数字检波器的特点，6411 队采用挖坑、机械打眼，以及浇水冻实等方法，确保数字检波器与大地的良好耦合；针对工区水泡子发育的地表环境，采用了冰面(水上)埋置检波器的特殊方法；针对村庄密集的情况，采用调炮和加炮的方法，保证了北正镇三维采集资料的完整性；加强试验分析工作，寻求最佳采集参数。通过对该区以往采集资料的认真分析，在沙丘区加大试验力度、界定沙岗，适当增加炮点，提高该区目的层有效覆盖次数，改善了沙丘区资料品质，为完成本项目的各项地质任务奠定了较好的基础。

(莫建兴)

【中海油芜湖页岩气勘探合作项目】 2012 年 1 月 9 日—3 月 28 日，六物大队 649 队承担石化股份公司与中海油(中国)有限公司合作的“安徽芜湖下扬子西部区块页岩气二维地震勘探采集项目”，该项目为中海油自成立以来首次在陆上实施的勘探项目。完成生产满覆盖长度 250 千米，生产炮点 4 915 个。资料所得的原始监视记录显示，资料品质较好，反射波组能量较强。现场监控处理剖面上浅、中、深层反射波组均有获得，其中浅、中反射波组层次分明，局部构造形态较清楚。能够满足地震资料采集的要求，完成了本项目的各项地质任务。

（莫建兴）

【华南深地震反射剖面（南段）探测试验项目】 2012年1月10日—5月14日，六物大队6411队承担中国地质科学院深部探测技术与实验研究国家专项——“深部探测技术实验与集成项目/华南深地震反射剖面（南段）探测试验（2012）”。剖面位于湖南省、江西省、福建省境内，呈北西—南东走向，西北端始于湖南省邵阳市，其满覆盖点与2011年完成的四川盆地—雪峰山深地震反射剖面东南端满覆盖点重合，向东南跨越井冈山和武夷山，止于漳州市，满覆盖长度约730千米。该项目的实施，通过揭示这一地区深部精细结构，对于研究华夏板块与扬子板块构造边界，以及华南大陆内部岩石圈变形具有重要意义。

6411队克服了剖面跨度大、工区雷雨多、地表地形复杂、火工品报批难等施工困难，完成测线满覆盖长度730.70千米，生产物理点3 851个，一级品率90.87%。所获湖南、江西盆地地区原始地震记录浅、中、深层反射波组信息丰富，连续性较好、信噪比较高，井冈山及武夷山主体段深层反射波组连续性较好，福建丘陵地区部分单炮能够看到6秒左右和10秒左右两套反射波组。所获监控剖面湖南段1—3秒、6—7秒等处反射波组连续性较好、结构清晰，9—11秒所得莫霍面特征明显；井冈山段除了10秒左右的反射波组，在浅层2秒左右亦有较为清晰的反射波组存在，莫霍面能够全区连续追踪；武夷山主体段以及至南靖地区灰岩区剖面各层位连续性较好，莫霍面能断续追踪。

西藏羌塘盆地地震采集应用可控震源作业　（魏　冰摄）

（莫建兴）

【索伦—林西地区二维地震采集项目】 2013年5月物探华东分公司647队承担中国地质调查局油气资源调查中心“索伦—林西地区二维地震采集项目”。该项目是“索伦—林西地区油气资源选区调查”的子项目，勘探目的是揭示古生界—中生界内部反射结构、地震相组合、构造组合特点以及火成岩反射体特征，探索穿透火山岩覆盖层下地质信息的地震勘探方法，研究断陷盆地发育情况，为下步勘探部署提供依据。647队克服施工道路条件差及地表、地形复杂等困难，共完成二维地震测线4条，满覆盖长度81.50千米，生产物理点2 643个，试验物理点38炮，表层结构调查点64个。采集的原始地震记录层次丰富，浅、中、深层反射波组齐全、特征明显、信噪比高；现场监控剖面反射波组特征明显、结构清晰，8月29日完成野外地震资料采集任务。

（莫建兴）

【羌塘盆地天然气水合物采集处理解释项目】 2013年，物探华东分公司承担中国地质调查局“2013年羌塘盆地天然气水合物中深层反射地震探测项目”。该项目是中国地质调查局“羌塘盆地天然气水合物资源勘查（浅层地震多次叠加法测量）”的下属专题项目。项目的任务是在羌塘盆地开展中深层地震测量，探测与天然气水合物有关的地质构造和地层分布特征，研究含天然气水合物地层的地震属性及其识别标志，探讨地震方法在羌塘盆地寻找天然气水合物的有效性，为羌塘盆地天然气水合物勘查提供地球物理依据。

9月7日，资料采集人员克服西藏高原反应、物资供给困难，采用可控震源激发，完成二维地震测线 3 条，满覆盖长度 40.20 千米，生产物理点 2 430 个，10 月 13 日结束野外资料采集，原始地震记录层次丰富、波组齐全，监控剖面反射波组特征明显、结构清晰、信噪比较高。12 月完成资料处理解释工作，经反复对比确定了 T_1、T_2、T_3 3 个目标层反射波，研究分析了全区平均速度分布，建立了合理的速度模型进行时深转换，制作 T_1、T_2、T_3 3 个目标层反射波构造平面图。通过对二维地震时间剖面反射波 T_1、T_2、T_3 的追踪，全区共解释褶曲 3 个，解释断层 8 条(全部为单断点断层)。采集、处理、解释工作严格执行相关规范，成果已达到项目要求及预期目标。

（莫建兴）

【神华集团页岩气二维地震勘探项目】 2013 年 5 月 15 日，物探华东分公司中标神华地质勘查有限责任公司的“湖南保靖页岩气区块二维地震勘探项目”。5 月 16 日—9 月 19 日物探华东分公司 6411 队承担野外采集任务，完成二维地震测线 12 条，完成满覆盖长度 378.02 千米，生产物理点 6 389 个。

工区位于湖南省花垣县和龙山县，是湖南、重庆、贵州、湖北四省交界地区，工区内山高沟深，山体多悬崖峭壁，山谷多为河流，道间相对高差达海拔 200—1 300 米。工区几乎与白云山国家自然保护区重叠，地表植被发育，基本没有道路可供施工车辆通行，放线施工常常需要通过大范围绕行以满足施工要求。施工期间为高温干旱的 7—8 月份，气温 36 ℃以上的天气约占资料采集总时间的 70%。野外资料采集的后期又逢连续降雨，雷击和地质灾害风险剧增。6411 队克服种种困难，按期圆满地完成了野外采集任务，一级品率达到 81.94%，比甲方要求高出 11.94 个百分点，项目成果经验收获得“优秀”。

（莫建兴）

【安徽煤田三维地震勘探项目】 2013 年 11—12 月，物探华东分公司 6411 队承担中国煤炭地质总局淮南矿业集团有限公司“朱集矿井西二采区、谢桥矿东翼采区、潘一矿东区西二采区北部三维地震勘探项目”，共完成生产物理点 40 422 个(其中朱集三维生产物理点 21 389 个、谢桥三维生产物理点 8 503 个、潘一矿三维生产物理点 10 530 个)，完成满覆盖面积 22.72 平方千米(其中朱集三维 13.60 平方千米、谢桥三维 4.06 平方千米、潘一矿三维 5.06 平方千米)。

项目地处安徽平原，工区多为村庄与农田，3 个工区相互直线距离近 60 千米，施工管理和时间衔接较难。同时工区为煤田采挖区，工农关系较为复杂。6411 队克服重重困难，科学组织生产，项目进展安全优质高效，创日均近 1 000 炮的施工纪录，甲方特意组团到施工现场观摩学习。该项目 3 块三维资料合格率均为 100%，项目成果经验收被评为“优质工程”。

（莫建兴）

【宁蒗盆地 EMAP、MT(Ⅱ标段)资料采集项目】 2012 年 7 月—2013 年 1 月，物探华东分公司 631 队承担勘探南方分公司“2012 年宁蒗盆地 EMAP、MT(Ⅱ标段)资料采集项目”。工区位于云南省宁蒗县及永胜县境内，EMAP、MTⅡ标段测线编号为：NLEMAP2012 - EW66、NLEMAP2012 - EW76、NLEMAP2012 - EW86、NLEMAP2012 - EW96，EMAP 测线 4 条共计 201.40 千米，总坐标点数 1 011 个。资料采集获得 768 个Ⅰ级品点，优质品率 76%，合格点 100%，满足合同和设计的要求。

（莫建兴）

【伊犁盆地非地震勘探项目(项目 2)】 2012 年 10 月 24 日—2013 年 01 月 13 日，物探华东分公司 631 队承担石化集团河南油田分公司“2013 年度伊犁盆地非地震勘探项目(项目 2)”。631 队克服冬季高寒风雪天气等施工困维，坚持严格野外施工，完成重磁力坐标点 8 260 个，历时 82 天完成资料采集任务，资料精度优于设计要求。

（莫建兴）

【649 队获杭锦旗地区三维地震对标竞赛第一名】 2013 年 10 月，华北分公司在鄂尔多斯北杭锦

旗地区部署三维地震1 377.11平方千米，项目分成4个标段，由中石化地球物理公司下属的4个物探分公司各承担一个标段项目任务，物探华东分公司649队获得“杭锦旗区块独贵加汗三维地震勘探Ⅱ标段资料采集项目”。

为提高资料采集项目的质量与效益，4个标段采集施工均由地球物理公司统一指挥协调，并开展“进度、质量、成本、效益”对标竞赛。2013年10月26日649队进入施工期，由于施工准备早，计划性强，生产组织均衡高效，安全保障有力，从严把关质量，安全、优质、高效地完成了杭锦旗区块独贵加汗工区Ⅱ标段三维地震采集任务。项目工作量及技术指标均达到或超过合同及设计要求，完成118束线，满叠加面积344.28平方千米，生产物理点23 840个。项目经甲方验收一级品率93.19%，资料合格率100%。地球物理公司按对标竞赛业绩进行考核打分，649队获得对标竞赛第一名。

（莫建兴）

【高寒地区数字检波器耦合技术】 数字检波器由于是单点接收，因此埋置质量及耦合效果对采集数据质量至关重要，尤其是东北地区气温严寒，冻土层厚，地表坚硬且脆，检波器与大地耦合效果差。2012年六物大队6411队在东北工区施工中，采取了创新性的埋置方式：先用钻孔器打孔，插入检波器后再在检波器尾椎部位浇水，利用自然的低温将检波器与大地冻实，以达到良好的耦合效果，施工结束后再以特制的撬拔工具方便地将检波器拔出。高寒地区数字检波器耦合技术的运用，不但提高了资料品质，而且提高了生产效率，同时避免了检波器的损耗。

（莫建兴　魏　冰）

【黄土塬地区采集技术集成】 黄土塬地区地震资料采集的关键在于找准最优的激发“胶泥层”，此外由于地形复杂变观较多，如何控制点位的准确性非常重要。2013年，物探华东分公司在承担华北分公司太昌三维及代家坪三维地震资料采集过程中，采取激发参数优化、炮点位置优化的方式保证了单炮品质，通过地表条件调查、黄土厚度调查、胶泥分布调查、表层结构调查，为具体激发参数设计提供了可靠的依据，保证了激发效果，同时也为表层建模提供了详尽的数据。在点位准确性的控制上采取“源头控制、过程控制、成果控制”的控制流程，重点做好源头控制，严格进行过程控制，通过严格的控制措施保证了炮点位置的准确性，杜绝了该地区地震采集多年来存在的“炮偏”问题，提高了黄土塬地区原始地震资料的品质。

（莫建兴　魏　冰）

钻井工程技术服务

【概况】 2012—2013年，六普钻井分公司以“一转双创”主题活动为载体，紧紧围绕华东油气田打好“三大战役”、建设“四个基地”的目标，通过强管理、抓稳定、谋发展，努力提升石油工程效益、打造“石油工程铁军”，分别在华东油气田江苏工区、非常规资源勘探开发工区、西北工区、吉林工区和加蓬工区承担钻井工程技术服务。2012年，全年开动钻机21台，钻井90口，完井77口，总进尺235 238米，完井合格率100%，优良率94.81%；2013年，全年开动钻机23台，钻井91口，完井87口，总进尺311 971米，完井合格率100%，优良率95.40%。

2012年，西北工区动用钻机8台，开动86.72台月，钻井19口，完井13口，进尺7.04万米，与2011年进尺10.70万米相比，减少3.66万米；甲方验收14口，其中优质井4口，良好井9口，合格井1口，完成井工程质量合格率为100%，优良率为92.86%。吉林工区动用钻机1台，开动6.42台月，钻井1口，进尺3 504米。加蓬工区动用钻机2台，开动2.31台月，钻井施工1口，完成井1口，完成钻探工作量3 246米，与2011年进尺2 917.39米相比，增长328.61米；甲方验收1口，被评为优质井。2012年华东定向井公司共完成各类定向井（水平井）技术服务72口井，定向井（水平井）井眼轨迹控制情况较好，井身质量符合钻井施工设计要求及有关技术规范、标准，定向井中靶率100%，中靶精度优良率90%以上。2012年华东钻井液公司完成技术服务78口井。华东取芯技术服务队为28口井进行取芯作业，共计取芯116回次，取芯累计进尺425.30米，岩芯长度402.03米，岩芯收获率94.53%。

2013年，西北工区动用钻机8台，开动61.68台月，完成井21口，完成钻探工作量11.46万米，与2012年进尺7.04万米相比，增长4.42万米；甲方验收21口井，其中优质井9口、良好井12口，完成井工程质量优良率100%。西北工区平均台月效率1 858米，比2012年812米/(台·月)提高128.82%，平均机械钻速8.44米/时，比2012年4.98米/时提高69.48%。平均钻井周期108.25天，比2012年平均钻井周期148.92天降低27.31%。平均钻井深度为6 108.95米，比2012年平均钻井深度6 392.38米降低4.44%。加蓬工区动用钻机2台，开动5.14台月，施工井3口、完成井2口，完成钻探工作量6 217米，比2012年3 246米增长2 971米；甲方验收2口，全部为优质井，完成井工程质量优质率100%。

2013年华东定向井公司共完成各类定向井（水平井）技术服务86口井，定向井（水平井）井眼轨迹控制情况较好，井身质量符合钻井施工设计要求及有关技术规范、标准，定向井中靶率100%，中靶精度优良率90%以上。华东钻井液公司累计完成各类钻井液技术服务103井(次)。华东取芯技术服务队为26口井进行取芯作业，共计取芯82回次，取芯累计进尺473.65米，岩芯长度444.09米，岩芯收获率93.76%。

（赵炬肃）

【江苏工区钻探生产稳步增长】 2012—2013年，华东油气田江苏工区施工井主要分布在溱潼凹陷、海安曲塘次凹、下扬子盆地区块，钻探工作量稳步增长。六普钻井分公司2012年完成钻探工作量13.37万米；2013年完成钻探工作量16.59万米，年钻探进尺首次跨上16万米台阶。

2012年动用钻机8台，钻井54口，其中探井17口、开发井37口。探井平均机械钻速6.69米/时，开发井平均机械钻速13.34米/时。施工井中直井4口、定向井50口，其中水平井10口，定向井及水平井中靶率100%，井眼轨迹及直井井底位移控制均符合钻井工程设计及技术规范。江苏工区施工井年平均机械钻速10.76米/时，平均台月效率3 180.89米，平均纯钻时利用率41.04%。

张家垛地区"提速提效"专题会 （俞亮亮摄）

2013年动用钻机9台，开动71.81台月，施工井60口、完成井51口，甲方验收井50口。其中，优质井39口、良好井7口、合格4口。完成井工程质量合格率为100%，优良率为92%。工程取芯56回次，取芯进尺323.94米，岩芯长度319.86米，岩芯收获率为98.74%。

（赵炬肃）

【江苏工区钻井效率连创新高】 2012—2013年，六普钻井分公司在江苏工区持续开展"比学赶帮"活动，通过优选钻头、优化钻具组合，钻井效率连创新高。2012 年 10 月 17 日，40685 井队承钻的俞 4－1 井完井，当日实施钻机从俞 4－1 井井场整体拖迁至俞 4－2 井井场的整体搬迁作业，创造了“当天完井、当天整拖、当天开钻、当天一开钻完”的钻井施工新纪录；2012 年 12 月 15 日，40685 井队承钻的蔡 4－5 井顺利完钻，该井平均机械钻速 29.85 米/时，台月效率 8 420 米；2012 年 9 月 24 日，50510HD 井队承钻的张 3－3HF 井是一口大斜度拟水平井，完钻井深 4 200 米，实际钻井周期 58 天，较设计提前 3 天完钻，为张家垛区块设计最深、施工最快的井；2013 年 5 月 5 日，40660 井队承钻的茅 11 井，开钻当日进尺 938 米，用时 11 天完钻，完钻井深 2 695 米，机械钻速 38.87 米/时，台月效率 7 240 米；2013 年 5 月 22 日，40660 井队承钻的茅 12 井，开钻当日进尺 1 206.64 米，用时 9.50 天钻成井深 2 893 米的双靶井，平均机械钻速 40.27 米/时，台月效率 9 155 米，均刷新了江苏工区机械钻速和台月效率 2 项指标。

（赵炬肃）

【2 支钻井队台年进尺超 3 万米】 2012 年，钻井公司 40686 井队于 10 月 24 日 6 时，年钻探进尺率先跨上 3 万米台阶，全年实际完成钻探总进尺 36 775 米；40685 井队紧随其后，全年实际完成钻探总进尺 30 002 米；2 支钻井队双双台年进尺超 3 万米，创造了华东石油局台年钻探进尺新纪录。

（赵炬肃）

【吉林工区优选钻头提升效率】 2012 年，钻井公司 50511 井队在东北工区施工的胜利 1 井采用史密斯 GFI150Y 牙轮钻头，纯钻 252 小时，进尺 188 米，平均机械钻速 0.75 米/时，钻头起井后磨损正常，无崩齿现象，轴承保径完好，相比国产牙轮钻头能更好地适应硬地层的钻进，取得了良好的经济效益。

（赵炬肃）

【中国石化—雪佛龙页岩气联合研究项目钻井速度提高】 六普钻井分公司 50512 井队施工的龙页 2 井是中国石化与美国雪佛龙公司贵州龙里页岩气联合研究项目组部署在龙里区块的 1 口三开制直探井。2013 年 1 月 23 日，龙页 2 井开始搬迁安作业，2 月 13 日开始打导管，2 月 20 日开钻，8 月 13 日完钻，8 月 26 日完井，钻井周期 174.33 天，建井周期 215.46 天。设计井深 3 500 米，实际井深 3 500 米，平均机械钻速 2.27 米/时，较 2012 年施工的龙页 1 井提高 51.33%。龙页 3 井完钻井深 2 128 米，施工周期 30.53 天，较设计提前 37.47 天，实际机械钻速 5.22 米/时，较设计提高 99.24%。

（赵炬肃）

中国石化重点风险探井——玛北 1 井胜利完钻 （熊 钟摄）

【石化集团公司玛北 1 井钻井技术先导试验项目顺利完成】 2012 年钻井公司 70205 井队承担的由中国石化石油工程管理部立项的“玛北 1 井钻井技术先导试验（SG11045）”课题研究工作圆满完成。玛北 1 井设计完钻井深 6 930 米，设计全井平均机械钻速 1.32 米/时，实际全井平均机械钻速 1.49 米/时，提速 12.88%。该井通过地层可钻性分析、PDC 钻头优选，新型钻井液和复合钻进等技术工艺的应用，成功解决了钻遇古生代地层出现的井漏、井涌和井壁垮塌等一系列国内超深井施工重大技术难题，圆满完成了地质任务和勘探目的。

（赵炬肃　孙晓军）

【扭力冲击器应用试验获得突破】 2012 年钻井公司 70829 井队承钻的玉北 9 井完钻井深 7 091 米，在钻井过程中经过地层可钻性分析，优选 PDC 钻头，在三开沙井子组首次开展加拿大联合金刚石公司（United Diamond）和阿特拉公司（Ulterra）合作研发的的扭力冲击器（TorkBuster）应用试验，在提高钻井效率上获得突破。该区块平均机械钻速 3 米/时，使用扭力冲击器平均机械钻速达到 4.81 米/时。

（赵炬肃　孙晓军）

【麦盖提区块二叠系下部钻井效率提升】 2012 年钻井公司 70829 井队承钻的玉北 9 井全井平均机械钻速为 3.68 米/时，较该区块平均机械钻速 3 米/时提高 22.67%。三开纯钻时间 142.50 小时，进尺 397 米，机械钻速 2.79 米/时，创造了西北分公司麦盖提区块单个 PDC 钻头在二叠系下部最高机械钻速 2.79 米/时、单日最高进尺 98 米及单个钻头最高进尺 187.17 米等多项纪录。

（赵炬肃　孙晓军）

【西北工区盐下井钻井效率上新台阶】 2012 年钻井公司在西北工区承钻的 AT36X 井、AT39X 井均为盐下井，在定向钻进中合理选用 PDC 钻头+直螺杆进行降斜钻具组合，机械钻速较传统牙轮钻头显著提高，降斜效果明显，大大缩短了钻井周期。AT36X 井实际钻井周期较设计提前了 27.08 天，AT39X 井实际钻井周期较设计提前了 35.42 天，实现了西北工区盐下井钻井提速提效，节约了生产成本。

（赵炬肃　孙晓军）

【管子站新疆项目部经营业绩提升】 2012 年，钻井公司管子站新疆项目部坚持一手抓安全管理，一手抓优质服务，通过深入开展“学先进、找差距、促发展”主题活动，使钻具管理质量、技术服务能力大幅提升。在服务好钻井公司西北工区 8 支钻井队的基础上，积极拓展外部市场，承担了江苏油田西北工区 6 支钻井队的钻具检测、钻具修理和下油套管业务，全年完成产值 770 万元，同比增长 38%，生产经营业绩创历史新高。

（孙晓军　赵炬肃）

【西北工区钻探年进尺创新高】 2013 年，六普钻井分公司西北工区钻探年进尺首次突破 11 万米，为六普钻井分公司进入西北分公司钻井工程市场以来，完成年度钻井进尺最多的一年。

（赵炬肃　孙晓军）

【缪伟在西北工区钻具加工技能比武中夺魁】 2013 年 10 月 9 日，西北分公司塔河工区第六届钻具技术比武落下帷幕，六普钻井分公司管子站选派的缪伟在螺纹加工比赛中获得冠军，余立在超声波探伤比赛中获得亚军，六普钻井分公司管子站新疆项目部获得比赛团体第二名。

（戈海峰　韩　江　范达年）

【“比学赶帮超”活动再创佳绩】 2013 年，在西北分公司塔河工区“比学赶帮超”活动中，六普钻井分公司 4 支钻井队共获得 10 面流动红旗。其中，70858 井队独得 4 面，在西北分公司塔河工区单个基层队获奖次数排名中并列第二。

（赵炬肃　孙晓军）

【70857 井队单只钻头进尺创纪录】 2013 年，六普钻井分公司 70857 井队在西部工区承钻的 TH12267 井（三开制井）施工中，使用 0.50 度单弯中空螺杆配合新疆 DBS 钻头工具有限公司生产的 250.80 毫米 SF56H3 PDC 钻头，实现单只钻头进尺 4 159.59 米（井段 1 405.41—5 565

70857 井队西部工区施工 （熊　钟摄）

米），创六普钻井分公司在西部工区单只钻头进尺最高纪录。

（赵炬肃　孙晓军）

【70205 井队年进尺首破 2 万米】 2013 年，六普钻井分公司 70205 井队在塔河工区累计进尺20 052.31米，成为六普钻井分公司进入西北分公司塔河工区 14 年来，首次实现台年进尺破 2 万米的钻井队。

（孙晓军　熊　钟　宋志明）

【70205 井队钻井提速提效】 2013 年，六普钻井分公司 70205 井队重回西北分公司塔河工区。3 月初，70205 井队优质快速地钻完第一口井 TH10264 井，节约钻井周期 23.30%，机械钻速较设计提高 41.50%，工程质量、固井质量和综合评定全优。6 月份，该队又承接 TK875X 井的施工任务，仅用 12 天就钻达井深4 000米，16 天钻达井深 5 000 米。7 月 5 日，当 TK875X 井钻达井深 4 077 米时，70205 井队仅用 4 个月时间就实现当年累计进尺破万米。

（赵炬肃　宋志明）

【首次采用 PDC 钻头钻穿盐层】 2013 年，六普钻井分公司在西北分公司塔河工区 TP167 井、TP169 井和 TK915－9 井盐层钻进时，首次采用 PDC 钻头完成盐层及盐下的泥岩段钻进，钻进速度较之前采用牙轮钻头提高近 4 倍，开创了西北分公司塔河工区盐层钻井施工钻头优选的技术先例。

（赵炬肃　孙晓军）

【新型钻杆提速 85%】 2013 年六普钻井分公司 70205 井队在 TH10282 井施工中首次应用 139.70 毫米大水眼高强度新型钻杆，二开井段机械钻速比设计提高 85%，全井节约钻井周期 17.50 天，钻井周期缩短率 28.20%。该钻杆接头内径由常规的 76.20 毫米扩大到 101.60 毫米，接箍外径由常规的 190.50 毫米减小到 177.80 毫米，抗拉抗扭强度均能满足钻井施工要求，在相同排量下，可降低循环压耗 4—5 兆帕，水力破岩和携岩效果良好，钻井效率提高明显。

（赵炬肃　宋志明）

【西北工区钻成一批优质井】 2013 年六普钻井分公司新疆工区 70205 井队承钻的 TH10264 井被西北分公司评为钻井工程优秀、固井质量优秀、综合评定优秀的“三优井”；TK875X 井被西北分公司评为钻井工程优秀、固井质量优秀、定向优秀、综合评定优秀的“四优井”；70858 井队承钻的 TP169 井被西北分公司评为钻井工程优秀、固井质量优秀、综合评定优秀的“三优井”；TP261H 井被西北分公司评为钻井工程优秀、固井质量良好、综合评定优秀的“双优井”。

（赵炬肃　孙晓军）

【加蓬工区 WAKO－1 井获好评】 2013 年 8 月，六普钻井分公司 50151 钻井队承钻国勘加蓬公司 AKONDO 油田首口开发井——WAKO－1 井。该井完钻井深 2 024 米，完井周期 51.48 天，平均机械钻速为 5.65 米/时，二开仅使用 1 只 PDC 钻头即钻达设计层位，钻头累计入井 389 小时，纯钻 227.25 小时，进尺 1 007 米，刷新了加蓬工区单只钻头入井时间最长、纯钻时间最长、钻头进尺最多3项纪录。WAKO－1井顺利完井获得甲方好评。

（赵炬肃）

【加蓬工区首次实现钻机步进式整体平移】 2013年12月15日，六普钻井分公司50151井队在加蓬工区首次利用钻机步进式平移装置，实现50DB钻机液压控制整体平移，较常规牵引式整拖搬迁缩短周期80%。

（钱晨来　龚俊霖　王　鑫）

测井工程技术服务

【概述】 2012—2013年，测井分公司依靠先进的技术、规范的管理、优质的服务进入国内外油气测井工程技术服务市场。17支测井队伍分别在江苏工区、西北工区、吉林工区和海外的加蓬工区承担常规油气资源勘探测井工程技术服务，在延川南工区、贵州工区承担非常规油气资源勘探测井工程技术服务。2012年，全年测井1 361井次，实现生产经营总收入1.16亿元。其中，苏北工区测井施工372井次，吉林工区测井施工182井次，西北工区测井施工303井次，加蓬工区测井施工9井次，非常规油气资源勘探项目测井施工495井次。2013年，全年测井施工1 499井次，实现主产经营总收入1.07亿元。其中，江苏工区测井施工560井次，吉林工区测井施工148井次，西北工区测井施工152井次，加蓬工区测井施工9井次，非常规油气资源勘探项目测井施工630井次。

（雷　源）

【西北工区测井质量保持领先】 2012—2013年，测井分公司在西北工区共承担测井施工455井次。其中，7口井为6 000米以上的超深井，2年实现生产经营总收入7 786万元。2012年，完成测井施工任务230井次，曲线优良率为87%，曲线合格率100%，整井优良率91.70%。2013年，承担测井施工171井次，曲线合格率100%，整井优良率91.20%。测井工程质量在西北工区27个测井队业绩综合评比中，HD001测井队和HD005测井队分别排名第二、第五。测井分公司西北项目部综合评价排名第一。其中，HD001测井队被西北分公司评为“金牌标杆队”。

（雷　源）

【西北工区测井承包商目视化管理】 2013年，测井分公司西北项目部受西北石油局监督中心委托，通过精心准备和反复改进，率先通过甲方验收，实现了石化集团公司测井专业施工现场目视化管理，截至2013年底，测井承包商目视化管理已经在西北工区范围内全面推广。

（雷　源）

【西北工区测井专业技能竞赛】 2012年11月，西北分公司开展测井专业技能竞赛，共有7家测井承包商派代表队参加，45名选手参赛。华东测井公司代表队6名选手参赛5人获奖。其中，2人获得岗位二等奖，3人获得岗位三等奖，华东测井公司西北项目部荣获团体第一名。2013年，在西北分公司组织的第二届测井技能竞赛暨测井标准学习竞赛中，华东测井分公司西北项目部代表队获得团体二等奖，个人获得2个二等奖、1个三等奖。

（雷　源）

【HD001 测井队完成顺南 4 井测井任务】 2012 年 7 月 27 日，测井公司 HD001 测井队承担西北分公司重点探井顺南 4 井的完井测井作业任务。该井地处塔克拉玛干沙漠腹地，前期因井漏转入试油作业，测井前夕仍在点火，井内情况非常不稳定，对测井施工的组织与安全形成挑战。此外，井场地处沙漠腹地，气温高达 45 ℃，井底高温达 175 ℃，给施工人员的体能和下井仪器的正常运行带来双重考验。HD001 测井队在对每一支下井仪器进行耐温性能评估的基础上，采取合理的组合及测量方式，最终安全高效地完成了该井的完井测井作业，受到甲方高度赞扬，进一步展示了华东测井在风险井、高难度井测井施工方面的能力。

（雷　源）

测井 001 队在塔克拉玛干沙漠腹地顺南 4 井测井 （袁　凯摄）

【2 项技术革新成果在塔河油田推广】 2013 年 12 月，由测井分公司西北项目部开发的绞车"黑匣子"软件，正式通过西北油田分公司监督中心验收，在塔河油田 20 多个测井队全面推广应用。塔河油田平均钻探井深在 6 000 米以上，地质构造复杂，井下情况多变，测井过程中，稍有不慎，就会导致井下遇卡、拉断张力棒和仪器落井事故，给油田生产造成重大损失。而在事故鉴定时，因没有实时记录数据，致使难以分析事故原因和鉴定事故责任。为解决这一难题，2013 年 6 月，华东测井分公司西北项目部承担了开发测井绞车"黑匣子"的任务，组织工程师团队开展攻关，编制软件，反复测试，研制成功具有实时记录功能的"黑匣子"软件。测井作业时，只要绞车运行，安装在主机系统内的"黑匣子"软件就开始连续不间断地工作，并将实时记录数据一目了然地显示在电脑屏幕上，从而为科学分析事故原因、鉴定事故责任提供有效证据。

2013 年，由华东测井分公司西北项目部研制的"放射性源运输、井场监控、井口操作视频监控录像系统"，被西北油田分公司在西部工区各个专业测井队伍中强制推广应用。由 3 套视频设备在现场同步监控，较好地解决了放射性源现场监管和测井施工中绞车与井口间（装卸放射性源）实现默契配合的难题，对加强放射源操作监督，杜绝违章现象，减少放射源辐射剂量对人体的伤害，避免放射性源在运输、存放及监管过程中防盗、防丢失事件发生，起到了"火眼金睛"的作用。这 3 套视频监控录像系统成本低廉，操作与维修方便，比市场上正规企业生产的同类产品价格便宜 85%。

（熊　钟）

【加蓬测井工程技术服务】 2012—2013 年，测井分公司 Sinopec 407W · L 测井队在非洲加蓬工区承担海外测井工程技术服务，2 年共完成测井 18 井次，其中 2012 年完成测井 9 井次，工程质量优秀，2013 年完成测井 9 井次，工程质量优秀。2 年实现生产经营收入 952 万元，其中 2012 年 565 万元、2013 年 397 万元。

（雷　源）

【钻具输送测井工艺日趋成熟】 钻具输送测井是水平井和大斜度井复杂井筒条件下测井施工的常见方式，技术相对成熟。采用钻具输送测井工艺，使通井次数和测井遇卡率明显降低，提高了钻完井时效。但因钻输工具、钻输过程错误控制易造成对测井仪器的伤害，由于测井队与钻井队的配合等问题，也会影响钻输测井的成败。2012 年，测井公司江苏项目部全年成功完成钻具输送测井 38 井次，创历年钻具输送测井次数最高纪录。测井公司西北项目部在塔河工区也进行了 16 次钻具输送测井，测井成功率 100%，受到甲方质量通报表扬。

（雷　源）

录井工程技术服务

【概述】 2012—2013 年，录井分公司获得石化集团资质认证的 45 支录井作业队伍依靠先进的技术、规范的管理、优质的服务进入国内外油气录井工程技术服务市场。分别在西北分公司、东北分公司及海外加蓬工区承担录井工程技术服务。2 年外部市场累计录井 98 口，其中探评井 28 口、生产井 70 口。完钻井 82 口，累计进尺 34.39 万米，实现生产经营收入 5 507 万元。

2012 年，累计录井 56 口，其中探评井 19 口、开发井 37 口。完钻井 45 口，累计进尺 18.14 万米，实现生产经营收入 2 823 万元。其中，西北工区录井 29 口，探评井 9 口，开发井 20 口。完钻井 20 口，累计进尺 12.08 万米；吉林工区录井 26 口，探评井 9 口，开发井 17 口。完钻井 24 口，累计进尺 5.73 万米；加蓬工区录井 1 口探井，完钻井 1 口，进尺 0.33 万米。

2013 年，累计录井 42 口，其中探评井 9 口、开发井 33 口。完钻井 37 口，累计进尺 16.25 万米，实现生产经营收入 2 684 万元。其中，西北工区录井 33 口，探评井 4 口，开发井 29 口。完钻井 29 口，累计进尺 14.71 万米；吉林工区录井 6 口，探评井 4 口，开发井 2 口。完钻井 6 口，累计进尺 0.93 万米；加蓬工区录井 3 口，探评井 1 口，开发井 2 口。完钻井 2 口，累计进尺 0.61 万米。

（王艳红）

【录井进尺首次突破百万米】 2013 年，录井分公司及时调整发展定位，转变观念，以“抓高放低”（抓牢高端录井业务、适当分包低效益业务）策略缓解人员和设备不足的矛盾。全年完成录井施工 505 口井，其中探评井 72 口、开发井 433 口，录井进尺 104.49 万米，首次突破百万米。其中，江苏工区完井 122 口，录井进尺 38.78 万米；西北工区完井 29 口，录井进尺 14.71 万米；非常规页岩气工区完井 6 口，录井进尺 1.56 万米；非常规煤层气工区完井 340 口，录井进尺 47.90 万米；吉林工区完井 6 口，录井进尺 0.92 万米；加蓬工区完井 2 口，录井进尺 0.61 万米。

（王艳红）

录井 HD002 队在西部工区顺西 2 井收集岩屑　（李国锋摄）

【录井质量逐年提升】 2012—2013 年，录井分公司持续有效推行 ISO9001 体系，深入开展“质量日”“质量月”等活动。通过大力推进标准化作业、开展技术承包点管理、严把录井资料初审关、完善和细化录井质量与个人绩效考核等一系列措施，录井质量逐年提升。2012年，原始资料优良率100%、优秀率78.61%，完井地质报告优良率100%、优秀率64.29%。2013年，清理了以往拖欠的完井报告，扭转了报告上交不及时的被动局面，各项资料归档率在华东油气田内位居第一。原始资料优良率100%、优秀率84.62%，较2012年提升6.01个百分点；完井地质报告优良率100%、优秀率76.10%，较2012年提升11.81个百分点。

（王艳红）

录井HD001队在西部工区TP263井安装传感器　（李国锋摄）

【录井新技术推广应用】　2012—2013年，录井分公司注重录井新技术的推广应用，取得了显著成效。在苏北工区推广应用了水平井地质导向录井技术，通过水平井入窗录井技术、水平段录井技术和复杂情况下录井技术的应用，取得了显著成效。目的层穿行率由2011年的70%提高到80%，在地层横向变化大、油层厚度薄（最薄仅0.90米）的情况下，确保井眼轨迹最大限度地在油层中穿越，圆满完成了数十口水平井、大斜度水平井的录井任务，并受到甲方的肯定。在煤层气延川南工区推广运用煤层顶板卡取技术，煤层顶板卡取准确率与2011年相比提高19.42%，244口地质巡井2号煤层卡准率达99.42%。在致密油气藏录井和页岩气录井中，有针对性使用核磁共振分析技术和元素分析技术，提供了多元化的现场分析资料。录井分公司编写的《煤层气井地质录井规范》《煤层气录井安全技术操作规范》在工区内也得到推广应用。

（王艳红）

【西北工区录井质量保持领先】　2012—2013年，录井分公司在西北工区承担录井施工62口，其中探评井13口、开发井49口。完钻井49口，累计进尺26.79万米，2年实现生产经营收入4 158万元。2012年，共完钻验收20口，资料优秀率90%、优良率100%。录井分公司西部项目部被西北分公司评为“勘探项目管理优秀项目部”，HD002录井队被评为“优秀录井队”，HD009录井队被评为“钻井提速提效红旗基层队”，HD002、HD005录井队被评为“比学赶帮超先进基层队”，HD002、HD003、HD006录井队在“三创一建”活动中被评为“优胜基层队”。2013年，共完钻验收28口，资料优秀率92.86%、优良率100%。在工区131支录井队的年度业绩考核中，有4支录井队综合排名位列前25名，其中HD001录井队排名第六。在“三创一建”活动中，HD001、HD006录井队被西北分公司评为“优胜基层队”。

（王艳红）

【西北工区录井现场目视化管理】　2013年，录井分公司新疆项目部在赴西南录井分公司调研学习的基础上，结合华东录井分公司的实际，形成了一套全面覆盖录井现场作业各环节的《录井现场目视化管理工作办法》，并在西北工区试运行。2013年该工区的10支录井队全部统一了台账标签，统一制作了录井规章制度、地质预告牌、传感器标识牌、人员结构图、岗位牌和上岗证等，使现场管理工作形象化、直观化。通过将目视化工作融入标准化管理、标准化现场、标准化操作中，有效地提高了工作效率，改进了工作作风，保障了安全生产，降低了管理成本。

（王艳红）

【HD002 录井队创录井施工最深纪录】 2012 年 10 月 3 日，录井公司 HD002 录井队承接的西北分公司跃进 1X 井录井工程技术服务项目顺利完成。该井为 1 口超深探井，完钻井深为 7 377 米，HD002 录井队圆满完成了该井录井任务，创造了录井公司录井施工最深纪录。

（王艳红）

【吉林工区整体服务外包】 2012—2013 年，录井分公司调整经营思路，在吉林工区大胆采用整体服务外包模式保障市场占有率。2 年共承担录井施工 32 口，其中探评井 13 口，开发井 19 口。完钻井 30 口，累计进尺 6.66 万米，实现生产经营收入 831 万元。

（王艳红）

【海外石油录井工程】 2012—2013 年，录井分公司 HD018 录井队在加蓬工区承担录井施工 4 口，其中探评井 2 口，开发井 2 口。完钻井 3 口，累计进尺 9 348 米，完钻验收井 2 口，原始资料均一次性通过甲方验收。2 年实现生产经营收入 518 万元。

（王艳红）

【海外日费制录井技术服务探索】 2013 年录井分公司 HD018 录井队承担加蓬工区第一口日费制生产井 WAKO－1 井录井施工，12 月 4 日顺利完钻。该井在录井施工过程中，用较短的时间建立了一套全新的资料录取与资料提交体系，成功应用无线网桥技术，实现大井场条件下实时录井数据和监控画面的不间断无线传输，确保工程监测预报准确、零失误。WAKO－1 井录井工作的圆满完成，为海外石油工程市场日费制录井服务做出了有益的尝试和探索。

（王艳红）

固井工程技术服务

【概述】 2012—2013 年，固井分公司固井工程技术服务市场主要分布在华东分公司的江苏工区、下扬子区块、山西延川南煤层气工区、安徽、湖南、贵州、重庆、四川等地区的页岩气勘探工区，西北分公司的塔河油田及外围区块，东北分公司的吉林工区，中国石化国际勘探开发公司加蓬分公司的 G4－188、LT－2000 区块和印度石油公司加蓬分公司的 G4－220 区块。2 年间，共完成各类表层、油层、技套固井作业及打水泥塞等特殊作业 2 364井次。其中，2012 年完成作业 956 井次，实现生产经营总收入 12 634 万元；2013 年完成作业 1 408井次，实现生产经营总收入 14 964 万元。

（孙志鹏）

【江苏工区固井工程技术服务】 2012 年，固井分公司江苏项目部完成各类固井作业 202 井次，特殊作业 66 井次，累计注水泥 6 937 吨，固井工程质量一次合格率 100%，优良率 92.50%；2013 年，江苏项目部完成各类固井作业 255 井次，特殊作业 82 井次，累计注水泥 1.09 万吨，固井工程质量一次合格率 100%，优良率 95%。

（孙志鹏）

【非常规工区固井工程技术服务】 2012 年，固井分公司非常规项目部在延川南、彭水工区完成各类固井作业 229 井次，特殊作业 49 井次，累计注水泥 6 428 吨，固井工程质量一次合格率 100%、优良率91.60%；2013年，非常规项目部在延川南、彭水工区完成各类固井作业732井次，特殊作业39井次，累计注水泥1.18万吨，固井工程质量一次合格率100%、优良率98.33%。

（孙志鹏）

西北工区固井施工　（孙志鹏摄）

【西北工区固井工程技术服务】　2012年，固井分公司在西北分公司塔河油田完成表层套管、技术套管、油层套管固井作业145井次，特殊作业92井次，累计注水泥10 943吨，固井工程质量一次合格率100%、优良率73.53%。2013年，完成表层套管、技术套管、油层套管固井施工142井次，特殊作业74井次，累计注水泥10 580吨，固井工程质量一次合格率100%、优良率85.37%。在西北分公司9支固井作业承包商综合业绩评比中排名第二。

（孙志鹏）

【吉林工区固井工程技术服务】　2012年，固井分公司在东北分公司腰英台油田及松南油气田完成表层套管、技术套管、油层套管固井施工作业124井次，特殊作业42井次，累计注水泥量4 789吨，固井质量一次合格率100%，优良率65.31%。2013年，在东北分公司腰英台油田及松南油气田完成各类表层套管、技术套管、油层套管固井施工作业43井次，特殊作业19井次，累计注水泥1 591吨，固井质量一次合格率100%，优良率80%。2013年7月底停止施工作业，12月华东固井队伍从东北工区撤出。

（孙志鹏）

【加蓬工区固井工程技术服务】　2012年，固井分公司进一步加强海外石油工程市场的施工组织、技术支持和后勤保障，承担并完成中国石化国际勘探开发公司加蓬分公司SAOZE－1井导管、表层套管固井作业项目。共施工作业2井次，注水泥量67吨。

（孙志鹏）

【首次独立承接海外固井工程项目】　2012年5月，固井公司中标印度石油公司加蓬分公司2012—2013年3口井固井工程技术服务和固井工具技术服务2个项目。本次中标的项目是固井公司首次独立承接国外固井工程业务，也是中国石化首支石油工程队伍承接印度石油公司在加蓬共和国的固井工程业务。2012年，完成Koungouleu－1井的导管、表层套管固井作业；2013年，完成Shakthi－B井和Lassa－1井的表层套管、技术套管、油层套管固井施工。2年施工作业15井次，累计注水泥量434.50吨。经测井解释，曲线相对声幅值均在10%以内，达到优秀标准。

（孙志鹏）

【创7 008米水泥塞固井最深新纪录】　2012年5月11日，固井公司承担西北分公司塔河油田外围玉北区块玉北9井完井水泥塞固井作业，作业井深7 008米，实探塞面6 940米，施工作业一次成功，符合设计要求。玉北9井完井水泥塞固井作业，创固井公司水泥塞固井作业最深纪录。

（孙志鹏）

【创塔河工区最轻尾管固井纪录】　2012年8月25日，固井公司承担西北分公司TH12255井

142.90 毫米油层尾管固井作业，尾管长 161.33 米，净重 6.25 吨，浮重仅为 5.36 吨，固井施工顺利，固井质量优良，创塔河工区最轻尾管固井纪录。

（孙志鹏）

【TH10125 井挤堵工程获优质工程二等奖】 2013 年 6 月 30 日，固井分公司承担施工的西北分公司 TH10125 井挤堵工程，获塔河油田采油二厂“优质工程二等奖”。

（孙志鹏）

【固井装备更新配套】 2012 年固井公司购置设备 47 台（套），购置原值 614.76 万元，其中购置 SEV5250TSN12 型固井水泥车 1 辆，购置下灰车、水泥浆化验仪器、空压机、固井软件等辅助设备 6 台（套），购置小轿车、笔记本电脑、空调等 40 台（套）。2013 年固井分公司购置设备 2 台（套），购置原值 511.11 万元，其中购置 SEV5255TGJ 固井水泥车 1 辆、改造 40－17 固井水泥车 1 辆。

（孙志鹏）

井下作业和油气测试技术服务

【概述】 2012—2013 年，井下作业和油气测试国内市场主要分布在山西煤层气工区、西北分公司塔河油田；海外市场主要分布在非洲加蓬 G4－188 工区和中东伊朗雅达工区。

2012 年井下作业公司实现生产经营收入 2.76 亿元。江苏工区完成探井试油 30 口井、49 层次。山西煤层气工区累计作业 353 井次，临时吊卸抽油机 166 台。西北工区井下作业 20 井次，转抽作业 7 井次，措施及大修作业 13 井次，工程质量满足西北分公司验收标准。

2013 年，原井下作业公司下属作业施工队成建制并入采油厂，江苏工区累计井下作业施工 315 井次，其中新井试油 47 井次 56 层次，新井投产 73 井次，新井投注 4 井次，检泵井 64 井次，各类措施井 127 井次；山西煤层气工区累计作业 353 井次，临时吊卸抽油机 166 台；西北工区井下作业累计 26 井次。

2012—2013 年，海外井下作业与油气测试技术服务主要为加蓬工区国勘项目、加蓬壳牌钻修井项目、伊朗雅达油气测试项目、加蓬印度石油公司测试项目，项目运行良好。

（申海东）

【组建酸化压裂队】 2012 年 4 月 13 日，采油厂、井下作业公司下发《关于成立井下作业公司酸化压裂队的通知》（华东股份采〔2012〕41 号），井下作业公司酸化压裂队正式成立。酸化压裂队的主体设备为 2500 型压裂车组，该套车组是当时中国石化成套压裂设备中配置最高、投资最多的压裂装备，能更好地满足页岩气“压力高、排量大、时间长”的大型压裂施工要求，为华东石油局、华东分公司实现页岩气勘探突破和煤层气增储建产提供了必要的设备和技术保障。在队伍组建过程中，该队员工按照培训学习计划的要求进行了内部挖潜、外部拓展、进厂培训、现场监造、实战演练 5 个阶段的系统学习。酸化压裂队的组建，结束了华东石油局、华东分公司长期缺乏压裂施工队伍的历史，标志着华东石油局、华东分公司在工程作业施工能力方面有了进一步的拓展和提升。7 月 20 日，新组建的酸化压裂队在草中 1－5 井压裂施工取得圆满成功，实现首战告捷。截至 2013 年底，酸化压裂队共参加常规、非常规油气勘探开发酸化压裂施工作业 130 井次、222 个层位，成功率 89.80％。

（邱江良　申海东）

【加蓬壳牌钻修井项目】 2012年1月，华东石油局正式投标“加蓬壳牌钻修井项目”、3月获得预授标。项目合同期限为2＋1＋1年，合同的主要工作内容和范围包括修井和钻井作业。其中，第一年的工作内容主要是打捞、找漏、打水泥塞封堵等修井作业。10月4日，该项目通过壳牌公司检查组的验收，项目人员及设备做好出境准备。2013年1月4日，Sinopec701队承接加蓬壳牌钻修井项目第一口井——TOUCAN-12井修井作业，1月30日按照甲方要求圆满完成了施工任务。2013年，加蓬壳牌修井项目共完成13口井修井任务，其中油井12井次，气井1井次，综合时效85%。加蓬壳牌钻修井项目安全平稳运行400多天，施工质量和队伍管理水平获得甲方好评。

（石　强　申海东）

【加蓬印度油气测试项目】 2013年3月，加蓬印度石油公司油气测试项目开工，Sinopec707 TCP射孔队完成TCP射孔1层次，Sinopec705地层测试队完成DST＋TCP测试3层次。完成油井测试2口，每口井测试2层，单层最高日产原油42立方米。

（申海东）

【伊朗油气测试项目】 2012年2月，井下作业公司海外项目部复合油藏模型钻杆(DST)测试队经过8天的紧张施工，完成伊朗工区F23井测试任务，试获日产原油252.31立方米。F23井是DST测试队在伊朗雅达工区承担的第一口DST施工井，该井井深4 200多米，为高温、高压、高产、高含硫化氢井。F23井施工首战告捷，为华东油气测试队伍在海外赢得了良好声誉。

伊朗雅达工区油气测试　（董　健摄）

2013年，伊朗测试项目总计完成47口井的综合测试任务。其中，Sinopec704地面队完成了地面流动测试18井35层次，完成清井、简易放喷等17井29层次，取全取准了各项资料；Sinopec705地层测试队完成了DST测试4井27层次，工艺1次成功率99%，资料准确率100%；Sinopec706钢丝队完成了钢丝作业175井次，工艺成功率99.2%；Sinopec707 TCP射孔队完成TCP射孔6口井10层次，射孔枪总长650.62米，实际射孔492.80米，发射率100%。

（石　强　申海东）

油田地面工程技术服务

【概述】 2012—2013年，华石公司(原南京建设工程中心)油建一队主要承担西北分公司油田地面工程技术服务；钻前一队主要承担华东分公司延川南煤层气地面工程技术服务。油建一队在西北分公司2年共完成133项单井集输管道建设工程，工程优良率达到85%。2年完成产值1.12

亿元，年均增幅 40%以上。钻前一队在延川南煤层气工区两年共完成延 1 井区、延 5 井区管网施工及其配套工程，完成延川南煤层气工区 24 个标准化井场安装及煤层气 5 亿立方米产能建设一期 23 千米管网建设工程。

（丁　智）

【西北油建工程市场】 2012 年，华石公司油建一队全年完成油建工程 80 项，其中单井工程 70 项，西北石油局局控项目计量站 1 座、注水站 1 座，西北石油局油气运销部项目 2 项，检维修 6 项。首次完成的工艺复杂、技术含量较高的项目有：计量站 1 座，拉油流程 4 座，全年实现产值 4 897 万元。2013 年油建一队共组织完成单井投产、工艺管道流程安装等 63 项，完成油建处重点工程注水泵流程安装 1 处、华东新疆轮台老基地消防工程改造 1 处，以及西北分公司 3 个采油厂的井场维护、抢修及临时流程的安装，全年产值 6 300 万元。

（丁　智）

【煤层气地面工程市场】 2012 年，钻前一队共完成延川南煤层气工区 16 个标准化井场的安装，完成延环 1 井注水泵、注水泵房、水池安装工程，完成延 6 井大型基地建设工程，实施延 1 井、延 3 井、延 5 井共 20 千米大山梁扫线工程，完成延 1 井区 10 千米 PE 管线施工任务。在延 5 井区集气管线施工中，由于中标单位组织不力、施工进度严重滞后，11 月，钻前一队根据非常规指挥部安排，组织员工承担起延 5 井区 4 千米直径 219 毫米集气管线的焊接任务，保障了工程施工进度。2013 年钻前一队完成延 1 井区、延 3 井区、延 5 井区管网建设并投产运行，完成延川南煤层气工区 8 个标准化井场安装及煤层气 5 亿立方米产能建设一期 23 千米管网建设工程。

（丁　智）

【荣誉与奖励】 2013 年，华石公司油建一队在塔河油田参战的各油建单位中，中标数量排名第一。在塔河工区各参战油建队伍业绩综合评比中，华石公司油建一队分别获得年中、年底考核评比第一和第二。TH121101 井至 12－4 计转站集输管道建设工程，在西北监督中心组织的“争创优良工程”评比活动中，被授予“优良工程”。华石公司油建一队荣获西北分公司采油一厂颁发的“优秀施工单位”称号，荣获西北分公司采油二厂颁发的“优质工程二等奖”“突出贡献奖”，荣获西北分公司油建处颁发的“单井工程建设优秀单位”称号。

（丁　智）

对外合作与交流

海外项目

【概述】 2012年，华东石油局海外市场由华东石油局、华东分公司国际项目管理部负责管理。主要负责执行海外项目人员的签证、物流运输、项目招投标、项目运行等日常管理工作。2012年12月进行专业化重组，华东石油局、华东分公司国际项目管理部撤销，海外项目管理职能划归华东工程公司。

2013年7月，华东工程公司成立海外市场开发管理与境外公共安全管理领导小组。主要职责是：组织协调海外项目的市场开发；落实海外项目招投标和经济评价工作；海外项目运行管理工作；海外市场开发项目工作规划的编制、各类海外报表的审查工作；HSSE管理等。海外市场开发管理与境外公共安全管理领导小组下设办公室，负责日常工作。

2012年，华东石油局承担海外市场石油工程施工任务的12支队伍，计166人，全年收入2 560.56万美元。2013年，华东工程公司执行海外市场施工任务有12支队伍，计183人，全年收入3 620.16万美元。

（石　强）

【加蓬石油工程项目】 2012年，加蓬项目新签壳牌加蓬分公司“2＋2”年修井项目，日费1.78万美元，自动猫道日费450美元，合同总额预计2 600万美元。5月10日华东石油局在泰州召开物流招标会，同时组织人力物力对相关设备进行整改，整改急需材料5月22日空运至加蓬；6月20日项目所需设备抵达港口，6月31前发运，船期35天。6月11日壳牌加蓬分公司派出的第三方检查人员对国内华北荣盛石油机械有限公司BOP防喷器、北京石油机械厂液控站、山东龙口特种胶管有限公司高压水龙带、承德江钻石油机械公司泥气分离器、建湖鸿达石油机械厂分离节流管汇、姜堰曙光集团有限公司钻杆等厂家生产的设备管具进行检测验收。9月1日壳牌项目设备开始在加蓬进行总调试，10月20日通过壳牌加蓬分公司验收。11月26日壳牌加蓬分公司修井项目正式开工。全年完成合同工作量158万美元。2013年加蓬项目部所属中国石化Sinopec701修井队继续执行壳牌加蓬分公司修井合同，全年修井14口，完成货币工作量700万美元，实现安全无事故，受到业主的书面表扬。

加蓬印度分公司项目中标固井、悬挂器、油

加蓬工区壳牌项目钻井施工　（刘加东摄）

气测试 3 个项目，每个项目 2 口井，合同金额 400 万美元，合同计划开工日期为 2012 年 8 月 20 日，实际开工日期为 11 月 2 日。2012 年加蓬印度分公司固井项目完成收入 36 万美元；测试项目所需设备运抵加蓬项目部基地。2013 年继续完成加蓬印度分公司固井、悬挂器、油气测试 3 个项目，每个项目完成 2 口井作业任务，完成合同金额 398 万美元。2 口固井质量全优，获得业主书面表扬；每口测试井测试 2 层，单层最高产量 42 立方米。2 年实际完成合同金额 434 万美元。

2012 年 1—2 月，测试队完成中国石化国际石油勘探开发公司加蓬分公司（简称国勘加蓬分公司）SAOZ－1 井的测试工作，共测试 3 层，合同金额 108 万美元。2012 年 5 月执行 SAOZE－1井大包合同，合同内容包括运输、钻井、定向、泥浆、测井、录井等，合同金额 770 万美元，实际完成合同工作量 785 万美元。2013 年完成国勘加蓬分公司 LOUTS－2 井大包井施工，合同金额 930 万美元。LOUTS－2 井为探井，井深2 850米，8 月 10 开钻，10 月 15 日完钻，未发现油气显示。

2013 年获得国勘加蓬分公司开发项目钻井、录井、测井、运输合同。钻井合同钻机为 ZJ50DB 钻机，6 月 15 日在国内动员，9 月工地搬迁，11 月 28 日正式开钻。钻井合同日费 3.18 万美元，合同总金额预计 2 500 万美元。录井为日费合同，每日费用 2 380 美元；测井正常作业时段按测井内容和测井井段收费，停待期间按停待费率收取。运输为日费合同，不同的拖吊设备收取不同的日费，大型船舶的日费标准为 6 500 美元/日。

（石　强）

【哈萨克斯坦钻井服务项目】 2012—2013 年，华东工程公司哈萨克斯坦钻井技术劳务服务合同累计完成合同额 295 万美元。其中，2012 年完成合同额 165 万美元，2013 年完成合同额 130 万美元。

（石　强）

威诺公司测试队在伊朗 F15 井测试　（董　健摄）

【伊朗雅达油气测试项目】 2012—2013 年，伊朗雅达一期油气测试项目共有 Sinopec704 地面测试队、Sinopec705 地层测试队、Sinopec706 钢丝作业队、Sinopec707 射孔队 4 支专业队伍施工。项目施工累计 70 人次，完成产值 1.08 亿元，其中 2012 年项目完成产值 4 683 万元、2013 年项目完成产值 6 080 万元。

地面测试 2 年累计完成 24 口井 39 层次的施工，其中 2012 年完成 13 口井 15 层次施工、2013 年完成 11 口井 24 层次施工；钢丝作业队累计完成 141 井次钢丝作业任务。

地层测试（DST）累计完成 5 口井 24 层次施工，其中 2012 年完成 2 口井 10 层次的 DST 测试工作、2013 年完成 3 口井 14 层次的 DST 测试施工。2013 年 3 月完成的 F15 井，采用 14.30 毫米油嘴，井口压力稳于 23 兆帕，日产油 1 033.40立方米、日产天然气 19.80 万立方米。创造了华东工程公司地层测试（DST）单层产量最高的纪录。

射孔队 2 年累计完成 6 口井 10 层次射孔作业任务。其中，重点井 F15 井第 4 测试层射孔作业，是威诺公司伊朗测试项目射孔队在雅达油田实施的第 1 次射孔作业，射厚 20 米，装弹 737

发,2013 年 2 月 5 日成功引爆射孔枪。2013 年 9 月,TCP 射孔队完成雅达一期测试最后 1 口井 WD2 井的射孔工作,127 型枪装枪 131.06 米,为威诺公司雅达 1 期测试射孔作业最长井段。

（庄欢乐）

【玻利维亚三维地震采集项目】 玻利维亚 Itaguazurenda(伊塔瓜苏嫩塔)三维地震采集项目从 2012 年 7 月 2 日开始营地建设,2012 年 10 月 3 日,在施工现场举行了开工典礼,玻利维亚总统莫拉莱斯先生、中国驻玻大使及商务参赞参加了开工仪式。项目工区位于玻利维亚少数民族居住地,社区关系复杂,且采集阶段适逢季风时节,热带原始森林响尾蛇及猛兽时常出没,为了提高效率,避开干扰,确保安全,Sinopec368 队针对业主认定的有利目标区,进行分析论证,提出了进一步优化的观测系统设计,通过试验选取了更为优化的施工因素,同时加强与社区沟通,采取相应的安全措施,配足安保设备,采取夜间作业的方式,不仅加快了施工进程,取得好的地质效果,也节约了项目成本。2013 年 1 月 22 日完成野外采集,2013 年 2 月 14 日环境恢复结束,野外施工时间总计为 227 天。

该项目共完成三维地震采集 227 平方千米,物理点 7 242 个,经济效益基本持平。

（蒋建平　莫建兴）

【玻利维亚二维地震采集项目】 2012 年 9 月 23 日至 12 月 23 日,Sinopec368 队完成玻利维亚 Tacobo(达哥堡)和 Tajibo(达霍堡)二维地震采集项目动迁、许可、测量、钻井、采集和环境恢复等工作,采取夜间放炮,加强警戒、使用实时质量监控系统(qc-pro),共完成 7 条测线、3 098 炮、190.14 千米、12 个 150 米深的微测井施工任务。该项目工期时间紧,且仅有 2 名中方员工获得签证进入工区,给项目管理带来难度。368 队采用"用工当地化,人才国际化"海外项目操作模式,充分信任当地高级雇员,调动他们的积极性,最终不仅圆满完成了项目任务,而且达到了降低公共安全风险、降低用工成本的目的。

（蒋建平　莫建兴）

【玻利维亚地震老资料再处理项目】 2012 年 7—8 月,为完成巴西石油公司玻利维亚子公司 Tarija(塔迪哈)西 XX 区块二维地震老资料再处理项目,六物大队抽调经验丰富的处理员,大量翻译和整理该区块原始资料,反复进行参数测试,充分和巴西石油公司派驻现场的监督人员进行探讨和研究,共完成 10 条线 274.43 千米 2.79 万个 CMP(共中心点道集)点 6 011 925 道数据的处理工作。最终处理剖面与原来的剖面对比,本次经过叠前时间/深度偏移处理的剖面噪音得到较好压制,振幅特征得到了较好的保留,处理成果剖面反射波振幅相对关系清楚,全区构造得到较好成像,断层、层间、角度不整合等接触关系的地质现象得到较好体现。

（蒋建平　莫建兴）

【玻利维亚纸质剖面矢量化技术服务】 2011 年 11 月—2012 年 1 月,以及 2013 年 8—12 月,物探华东分公司先后为玻利维亚国家石油公司(简称 YPFB)提供纸质剖面矢量化技术服务,共完成

物探华东分公司 Sinopec368 队在玻利维亚进行二维地震勘探

（黄　寅摄）

103 万余道 CDP(共深度点道集)道矢量化工作，其中前期完成 66 万余道、后期完成 37 万余道。由于项目操作时间短，质量要求高，技术人员通宵达旦轮流操作，确保按期完成项目任务。

（蒋建平　莫建兴）

【玻利维亚磁带数据恢复技术服务】 2012 年 6 月—2013 年 1 月，物探华东分公司为玻利维亚国家石油公司 YPFB 提供磁带数据恢复技术服务，通过总结技术流程，对磁带进行清洗烘干等特殊处理，成功解决了磁带粘连脱粉物理损坏问题，设计专门技术方案、编写读写程序，成功解决了数据文件头块混乱、相似数据格式区分、数据类型码丢失等诸多技术问题，最终将 YPFB 公司绝大部分 20 世纪 60—90 年代采集的地震数据进行了恢复，转换成 SEG-Y 标准格式进行存储。共完成 2.08 万盘 9 轨磁带、429 盘 4 毫米和 8 毫米磁带以及 1 885 盘 3 480 磁带的数据恢复工作。

（蒋建平　莫建兴）

合作与交流

【概述】 2012—2013 年，华东油气田继续积极推进页岩气、煤层气对外合作，先后开展了与美国雪佛龙、法国道达尔、英国 BP、美国埃克森美孚、意大利埃尼、荷兰壳牌等国际公司的合作及交流，获取的地质资料及研究成果对华东油气田页岩气选区评价提供了依据；利用外资降低中国石化自身投资风险；学习页岩气先进的管理理念和技术的同时，与国际知名公司建立了良好的合作关系，为中国石化与这些公司未来国内外深化合作打下了基础。

（韩克宁　彭美霞）

【贵州龙里地区页岩气联合研究项目】 该项目于 2011 年 4 月 26 日启动，华东分公司与雪佛龙公司共同成立联管会，项目累计投资 4 300 万美元，完成 512 千米二维地震的采集、处理、解释以及 3 口页岩气勘探井的钻探工作。其中，龙页 1 井、龙页 2 井裸眼完井，龙页 3 井于 2013 年 11 月 13 日针对寒武系牛蹄塘组页岩层实施直井压裂，返排率 43%后停止返排，未试获页岩气。

钻探证实龙里地区寒武系牛蹄塘组暗色页岩发育较差(龙页 1 井 20 米、龙页 2 井 5 米、龙页 3 井 40 米)，厚度由东向西呈减薄趋势。气测录井和岩芯解析实验反映该区页岩含气性较差，含气量低于 0.50 米^3/吨。地化分析结果显示岩石总有机碳(TOC)含量普遍大于 2%，但热演化程度较高，区块西北部龙页 1 井岩芯分析的镜质体反射率(Ro)大于 4%，东北部龙页 3 井 Ro 值略低，为 3%—3.50%，综合研究表明龙里地区寒武系牛蹄塘组页岩埋藏深、厚度小、含气量低、热演化程度高，页岩气勘探潜力有限。

项目合作期间共召开 7 次联管会，雪佛龙公司为中国石化举办了 2 期页岩气勘探开发技术培训班，并针对项目组织了 3 次专题技术研讨会。2013 年 3 月 19 日双方签署协议同意将联合研究期限延长 6 个月，项目结束期限延长至 2014 年 4 月 22 日，到期后该项目自然终止，不再延期或续约。

（韩克宁　彭美霞）

【中国宣城地区页岩气项目联合研究】 2013 年 3 月 26 日，华东分公司代表石化股份公司在北京与法国道达尔公司签署了《中国宣城地区页岩气项目联合研究协议》，共同成立联管会，负责项目重大事项的决策。联合研究面积 3 992 平方千米，目标层位是下寒武统暗色页岩层系，研究期限为

2年。协议采集二维地震640千米、钻探井3口，所需资金均由道达尔公司承担（最高不超过6 000万美元）。华东分公司为作业者，负责实物工作量的具体实施；道达尔公司作为技术顾问，负责组织联合研究技术方案的制定。

联管会下设的联合研究组按照协议安排陆续启动老二维地震资料重新处理、解释等研究工作，以及物探采集等实物工作，其中2013年5月22日—7月10日完成5条211个点数共206千米的大地电磁测深（MT）测线采集工作，2013年7月1日启动640千米二维地震采集工作，截至2013年底共完成476千米采集任务，整个采集项目预计2014年3月份竣工。

（刘厚裕　韩克宁　彭美霞）

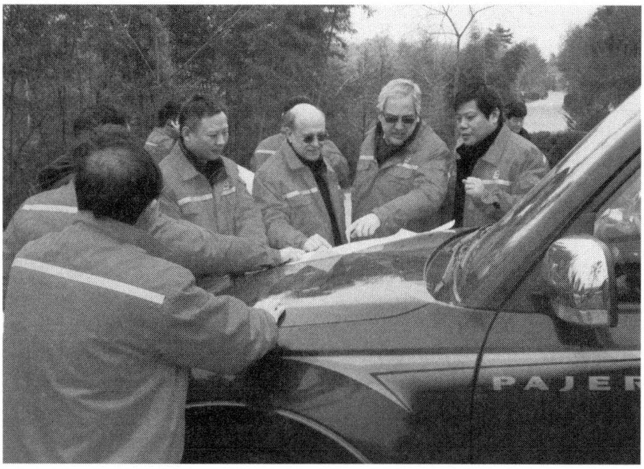

法国道达尔公司专家在宣城页岩气勘探现场查看资料
（朱志斌摄）

【对外地热技术研讨交流】 2013年7月11日，澳大利亚地热能源有限公司（Geodynamics Limited）经理杰夫·沃德（geoff ward）先生、地热专家罗伯特·哈格斯（Robert hogarth）先生来南京，就目前国际地热资源应用、干热岩发电等新兴技术与华东油气田专家进行研讨与交流。澳大利亚地热能源有限公司在澳洲库珀盆地开创“热岩”地热技术，已试运行了澳大利亚首个增强型地热系统（EGS）发电站，与该公司的交流将助推华东分公司在干热岩发电及地热应用领域的有益探索，双方还就今后的合作进行了广泛的探讨。

（黄　颖）

外事管理

【概述】 2013年4月，为适应石油工程专业重组管理要求，撤销华东石油局、华东分公司国际项目部，外事管理职能划入华东分公司办公室（外事办）。

2012—2013年，华东油气田外事工作重点转向加强管理、严格控制，在保证各海外项目顺利开展的同时，对于非生产经营性的临时出国团组加强计划性管理，2年出国（境）团组数和人数规模与2010—2011年同比分别下降36%和15%。2年间，坚持做好出国（境）证照的日常管理和出入境任务公示，并实施出国总结公示与成果共享，重点抓好出国（境）前的外事纪律教育，增强出国（境）人员的安全保密意识与自我保护能力。未发生境外安全事故与违反外事纪律的事件。

（黄　颖）

【出国（境）团组和人员管理】 2012年，华东石油局、华东分公司因公出国（境）团组45个，共计464人次。其中，赴加蓬钻井、测井、录井、固井、测试等工程项目施工人员出国团组6个、207人次，技术支持团组 4 个、11 人次；哈萨克斯坦钻井工程项目团组 2 个、52 人次，技术支持团组 2 个、5 人次；伊朗雅达测试项目团组 4 个、51 人次；玻利维亚物探项目团组 3 个、57 人次；厄瓜多尔物探项目团组 1 个、5 人次；柬埔寨路桥工程项目团组 1 个、6 人次；工程管理、项目开发、调研、培训、考察、会议等短期团组 11 个、56 人次；参加石化集团公司及系统内其他单位组团 11 个、14 人次。2013 年，华东油气田因公出国（境）团组 46 个、404 人次。其中，赴加蓬钻井、测井、录井、固井、测试等工程项目施工人员出国团组 9 个、200 人次；哈萨克斯坦钻井工程项目团组 1 个、52 人次，技术支持团组 3 个、12 人次；伊朗雅达测试项目团组 7 个、60 人次；玻利维亚地震项目团组 2 个、7 人次；柬埔寨路桥工程项目团组 1 个、1 人次；工程管理、生产准备、项目洽谈、技术培训、技术交流研讨会等短期团组 15 个、63 人次；参加石化集团公司及系统内其他单位组团 5 个、6 人次；系统外团组 3 个、3 人次。前往的国家有加蓬、哈萨克斯坦、伊朗、厄瓜多尔、玻利维亚、柬埔寨、加拿大、美国、法国、阿根廷、新加坡、澳大利亚、印度 13 个国家和地区。

（黄　颖）

【境外公共安全培训】　根据《中国石油化工集团公司境外公共安全培训管理办法（试行）》的相关规定，坚持组织长期因公出国（境）人员参加出国（境）前的境外公共安全培训。2012 年，华东石油局举办境外公共安全培训班 2 期，187 名海外工程人员接受培训，组织人员参加石化集团公司组织的境外公共安全培训班 2 期，33 名海外工程人员接受培训。2013 年 2 月，华东石油高级技能培训中心获得中国石化境外公共安全培训二级资质，共举办境外公共安全培训班 11 期，培训学员 558 名。

境外公共安全培训班　（封　梅摄）

（黄　颖）

科技与技术监督

科技工作管理

【概述】 2013年3月，华东石油局、华东分公司科技处在专业化重组机构调整时，更名为华东分公司科技与技术监督处，下设科研项目管理科、质量标准化科，油气藏评价与开发编辑部，主要职责为：全面负责科技发展、科研项目立项、过程控制、验收、评审、成果推广应用，负责知识产权管理、标准化管理、质量和计量管理等工作，配备工作人员7人。

2012—2013年，华东分公司承担中国石化科研项目7项，科研项目经费2 160万元；科研装备引进项目2项，经费1 729万元。通过国家高技术研究发展计划（863计划）课题验收3个，中国石化科技开发部组织验收的科技项目9项，中国石化股份公司科研项目鉴定4项；华东石油局、华东分公司组织落实科研项目52项，组织评审验收科研项目87项；由华东石油局、华东分公司安排科研项目经费1 111万元。获中国石化2012年度科技进步三等奖1项，获中国石化2013年度科技进步二等奖1项。华东石油局、华东分公司表彰科研成果93项，其中2012年43项、2013年50项。申报专利27项，获得专利授权32项，其中发明专利2项。

（王武元　严述新　林爱红）

【科研立项】 2012—2013年，华东油气田把实现勘探开发目标任务作为科研课题立项的重点，共落实各类科研项目59个。其中，中国石化科研项目7个，涉及下扬子海相领域3个、页岩气领域2个、苏北陆相领域2个。2012年立项45个，分别为中国石化股份公司科研项目2个，华东石油局科研项目13个，华东分公司科研项目30个；2013年立项14个，分别为中国石化股份公司科研项目5个，华东分公司科研项目9个。

另有12个软件引进项目分别列入中国石化2012年、2013年软件引进计划。

华东分公司2012—2013年承担的中国石化科研项目一览表

序号	项目任务书编号	承担、实施单位	项目负责人技术首席	项　目　名　称	起止时间
1	P12014	研究院	李建青 何希鹏	南川彭水黄平区块页岩气形成条件与目标优选	2012-1/2013-12
2	P12015	研究院	张　淮 史海英	句容地区油气成藏条件分析	2012-1/2013-6
3	P13097	研究院	李建青 骆卫峰	苏北海安凹陷隐蔽油气藏成藏规律及目标评价	2013-1/2014-12
4	P13072	物探院	杨振升 印兴耀	彭水区块页岩储层含气性预测研究	2013-1/2015-06

续 表

序号	项目任务书编号	承担、实施单位	项目负责人技术首席	项 目 名 称	起止时间
5	P13075	物探院	唐成鸽 杨振升	下扬子南部地区海相地震技术攻关	2013-4/2015-12
6	P13081	研究院	俞 凯 蔡楠松	黄桥龙潭组高含 CO_2 油气藏评价及开发先导试验	2013-1/014-12
7	P13025	工程院	杨 力 王彦祺	彭水区块页岩气水平井高效钻井技术研究	2013-1/2014-12

（王武元 林爱红）

【科研经费】 2012—2013 年，共安排科研经费 5 000万元，在中国石化股份公司 3 889 万元科研经费中，费用性经费计 2 160 万元，其中 2012 年 640 万元、2013 年 1 520 万元；资本性费用计1 729万元，其中 2012 年 783 万元、2013 年 946 万元。

华东石油局、华东分公司 1 111 万元科研经费中，2012 年华东石油局科研项目经费 196 万元，华东分公司科研项目经费 475 万元；2013 年华东分公司科研项目经费 440 万元。

（王武元）

【发布实施科技进步奖励管理办法】 2013 年 9 月，《华东石油局、华东分公司、华东石油工程公司科技进步奖励管理办法》（华东石油〔2013〕135 号）发布实施。该办法不仅对科技进步奖申报条件和评审标准做出了规定，还对授奖人数、奖金数额做出限制，每年评选 1 次，设一、二、三等奖共 3 个等级，授予在研究、开发、应用和推广先进科学技术成果，完成重大科学技术工程、计划、项目等方面做出贡献的单位和个人。

（王武元）

科研成果

【科研项目评审及成果奖励】 2012—2013 年，华东石油局、华东分公司共组织评审验收科研项目 57 项，其中 2012 年组织评审 50 项；2013 年组织评审 37 项。2 年共表彰各类科技成果 93 项，发放奖金计 167.60 万元，其中 2012 年表彰科技成果一等奖 6 项、二等奖 13 项、三等奖 24 项，发放金额 68 万元；2013 年表彰科技进步一等奖 8 项，二等奖 16 项、三等奖 26 项，发放奖金 99.60 万元。

（王武元 林爱红）

地质科技成果评审会 （殂德宽摄）

【南方页岩气选区评价及有利目标研究】 截至2012年3月，华东分公司历时2年，在分析北美页岩气勘探开发现状，深入认识北美页岩气藏基本特点的基础上，初步建立了中国石化南方页岩气地质评价方法和工作程序。运用建立的选区评价体系，评价出川东南、黔南、湘中、宣城4个有利区带，优选出黄平区块、彭水区块2个最有利的勘探目标。

（王武元）

【低煤阶煤层气资源评价技术研究】 该研究项目从2010年3月开始实施，通过高、低阶煤测井响应特征，编制吸附气含量与测井参数交会图，确定吸附气含量计算公式，编制低阶煤含气量计算程序。根据岩芯分析吸附气含量与电阻率、自然伽马、声波时差、密度测井值交会图，揭示伊宁、大井南区块低阶煤吸附气含量与密度测井值具有较好的相关性，可以用密度测井值来计算吸附气含量。项目于2012年3月完成。

（王武元）

“863”项目验收专家组对草舍油田二氧化碳驱产出气回收与循环利用装置进行现场验收 （王婷婷摄）

【二氧化碳驱油与封存关键技术研究】 截至2012年12月，华东分公司历时4年开展“二氧化碳驱油与封存关键技术研究”，集成了高含二氧化碳天然气的高效低耗脱碳、脱水、二氧化碳液化技术；研发了具有自主知识产权的新型二氧化碳驱产出气回收循环利用技术；探索形成了模拟储层改造条件下二氧化碳驱长岩芯驱替实验技术，突破了特低渗透油藏二氧化碳驱替实验禁区；首次提出混相（近混相、非混相）体积系数及其影响因素的概念；建立了陆相低渗透砂岩油藏二氧化碳驱油的终止判别条件函数，以及注入二氧化碳流体随注入井井筒流动规律模型的计算方法，编制了注二氧化碳气井流动规律分析及优化设计软件；建立了描述注入井井筒流固偶合的力学分析模型，对注入井筒内管柱应力分布规律进行研究，形成了二氧化碳驱油注入井井下管柱结构优化设计技术；探索形成了陆相低渗透油藏二氧化碳驱油筛选标准、一套适合于腰英台油田二氧化碳驱油和封存系统的高效防腐技术，以及低—特低渗透油藏二氧化碳驱油与封存的适应性评价方法技术。

（王武元）

【下扬子地区上组合晚期成藏条件与有利区带评价】 截至2012年3月，华东分公司历时2年完成了下扬子地区海相中、古生界不同地区不同层位生烃潜力的评价。根据下扬子区上组合烃源条件、保存条件、油气运移指向等条件，结合已知油气成藏模式、储层、构造、圈闭等因素，划分出黄桥—句容、南陵—望江为有利区带，黄桥华泰3井在龙潭组致密砂岩经压裂获得日产油1.10—1.20吨，成为下扬子黄桥地区第一口油气突破井。句容地区容2井葛村组通过复试获得低产油流。该项成果获中国石化2012年度科技进步三等奖。

（王武元）

【和顺煤层气开发示范区高效开采技术】 截至

2012 年 6 月，华东分公司历时 2 年多，经过不断探索和创新，形成和顺高阶煤层气开发示范区煤层气高效开采配套技术。该技术主要包括：以 0.50%氯化钙水溶完井液体系、活性水压裂液体系、低固相聚合物钻井液体系为主的储层保护技术；以丛式井组、直井和普通定向井为主要井型，探井以三级井身结构、开发井以二级井身结构为主的钻井工艺技术；以双密度—双凝水泥浆体系为主的完井工艺技术；以 60 度相位选择性射孔、20/40 目石英砂＋12/20 目石英砂支撑剂、套管注入、8 米^3/分左右大排量，800 立方米左右大液量、7 米^3/米高强度加砂的压裂工艺技术；以双封套管测试为主的注入/压降测试工艺技术；以“七段制”工作制度为主，以管式泵排采技术、气锚防气锁技术、扶正器防偏磨技术、捞砂铲捞砂技术、井下电子压力直读监测技术为配套的排采工艺技术。其中，煤层气专用井口技术、井下开关阀获得国家实用新型专利。

（王武元）

【下扬子黄桥地区海相中古生界地震成像技术研究】 该项目创新了“前端排列初至低频流沙调查技术”“流沙层五步法钻成井工艺”和“用宏观模型与基于目标线的井、构造、正演质控多元约束深度域建模技术”。攻克了制约该区地震成像的提高资料信噪比技术、复杂构造低信噪比资料的速度建模方法及三维叠前偏移技术 3 个主要技术瓶颈。研究了影响本区资料信噪比的因素，从激发和接收环节入手形成了一套有效改善海相中、古生界地震资料信噪比的采集技术和施工工艺；一套适合下扬子海相中、古生界复杂地质条件下低信噪比地震资料叠前成像技术与工业化流程；一套中、古生界低信噪比地区原始地震资料品质评价方法。有效地提高了中、古生界复杂构造地震成像精度，三叠系及上古生界地震反射信息丰富、地层接触关系清楚、断层归位准确。项目于 2012 年 6 月完成。

（王武元）

【溱潼凹陷隐蔽油气藏成藏规律研究】 该项目明确了隐蔽油气藏形成条件与主控因素，建立了隐蔽油气藏勘探评价技术，揭示了溱潼凹陷阜宁组三段和戴南组砂岩上倾尖灭岩性油气藏、构造—岩性复合油气藏和与火山岩发育相关的隐蔽油气藏的成藏规律，形成了以层序地层学与高分辨率地震勘探为核心的针对溱潼凹陷隐蔽油气藏的勘探评价技术，初步探索火成岩识别技术。帅垛火山岩油藏的勘探突破，开辟了该区火山岩油气藏勘探局面，揭示了该地区火山岩油藏的有利勘探前景。项目于 2012 年 6 月完成。

（王武元）

【句容地区油气成藏条件分析】 该项目深化了下扬子地区成藏条件分析，明确了宽缓褶皱带是青龙群、龙潭组勘探的有利区，冲断后缘凹陷是寻找不整合面之下碳酸盐岩缝洞型油藏及中生界葛村组、象山组砂岩油藏有利区。项目于 2012 年 6 月完成。

（王武元）

【延川南煤层气开发基础应用及关键技术研究】

2011 年 4 月—2013 年 6 月，在煤岩实验分析的基础上，通过对延川南煤层气钻井液体系的优选、水平井井身结构的优化、水平井井身轨迹控制、水平井连通技术及固完井技术的攻关，自主掌握了煤层气水平井轨迹控制与精确连通技术，探索出“填、探、通、下、固、扫、洗”的“七步式”固井工艺流程、煤层段水平井井壁稳定技术、煤层水平井井眼轨迹控制技术、RMRS（旋转磁测距系统）强磁精确连通技术、U 型、V 型水平连通井固井工艺技术等一套煤层气水平井钻完井技术系列；形成了多煤层压裂技术研究和水平井压裂技术系列。提出了“五段三压式”排采制度，形成了延川南煤层气排采技术系列。项目深化了煤岩实验分析，形成了延川南煤层气钻完井、压裂和排采技术系列，促进了延川南煤层气规模开发。

（王武元）

【页岩气形成条件及页岩储层含气性预测研究】 2012年1月—2013年12月,“页岩气形成条件及页岩储层含气性预测研究”项目建立了页岩气保存条件评价体系,形成了页岩气富集区勘探评价技术。通过深化川东南地区槽档式褶皱形变的认识,明确了古隆起控制了含气页岩层段的横向展布,揭示龙马溪组储层优于九门冲组,通过页岩气成藏条件分析、资源预测与评价,优选出南川、彭水、黄平区块页岩气有利勘探目标。

(王武元)

专 利

【专利技术】 2012—2013年,华东油气田继续加大科技创新力度,围绕科研生产实际,积极推进自主知识产权建设,专利申请量稳步增长,授权量大幅提高。2012年度申请专利11项,其中发明专利3项、实用新型专利8项;获得国家知识产权局授权专利12项,其中发明专利1项、实用新型专利12项。2013年度,申请专利16项,其中发明专利2项、实用新型专利14项;获得国家知识产权局授权专利19项,其中发明专利1项、实用新型专利18项。

2012年度授权专利一览表

序号	专利名称	专利类型	专利号	授权日期	申请单位
1	油井多功能负压多层配产器	实用新型	201120209557.8	2012.1.11	工程院
2	地震勘探中激发、接收信号同步系统	实用新型	201120242157.7	2012.1.18	六物大队
3	地震勘探采集质量量化分析评价系统	实用新型	201120241956.2	2012.1.18	六物大队
4	空气源与太阳能复合加热原油储运系统	实用新型	201120191862.9	2012.1.25	采油厂
5	三差压气液两相流流量计量装置	实用新型	201120296648.X	2012.3.21	工程院
6	三差压气液两相流流量计量装置	发明	201010517786.6	2012.7.25	工程院
7	氧气乙炔瓶防护圈	实用新型	201120435629.0	2012.8.1	钻井公司
8	钻井用防斜偏轴接头	实用新型	201120435818.8	2012.8.1	钻井公司
9	一种含气量体积测量装置	实用新型	201220032243.X	2012.9.12	研究院
10	一种井下开窗导压防砂TCP射孔装置	实用新型	201220077364.6	2012.10.10	采油厂
11	滑块式偏心打捞工具	实用新型	201220054433.1	2012.10.10	采油厂
12	撬装式计量装置	实用新型	201220054429.5	2012.10.10	采油厂

(林爱红)

2013 年度授权专利一览表

序号	专利名称	专利类型	专利号	授权日期	申请单位
1	固体配料自动变量添加装置	实用新型	2012201383089	2012.10.31	工程院
2	直线传动抽油机	实用新型	201220135376X	2012.11.28	工程院
3	一种用于煤层气开发的液力反馈排采泵	实用新型	2012201445070	2012.12.12	工程院
4	气相色谱仪定量恒温进样装置	实用新型	2012203458056	2013.2.6	研究院
5	新型空气钻井旋转控制头	实用新型	2012206233590	2013.4.24	工程院
6	煤层气多功能排采工艺管柱	实用新型	2012206075582	2013.5.15	工程院
7	一种二氧化碳压注地面工艺方法	发明	2010105062966	2013.5.29	采油厂
8	一种减液击消气锁的抽油泵活塞接头	实用新型	2012207373875	2013.6.19	采油厂
9	平面承重人工旋转采油井口	实用新型	2012207373860	2013.6.19	非常规指挥部
10	水平式微小流量线性调节阀	实用新型	2012207377077	2013.7.3	非常规指挥部
11	一种撬装注二氧化碳气装置	实用新型	2013201293443	2013.8.21	采油厂
12	水处理撬装注水系统	实用新型	2013201295383	2013.8.21	采油厂
13	移动式简易计量装置	实用新型	2013201338266	2013.8.21	采油厂
14	一种封隔弹簧支撑式循环旁通装置	实用新型	2013201289062	2013.8.21	采油厂
15	野外页岩气采气罐	实用新型	2013201741100	2013.9.18	研究院
16	人造岩芯压制器	实用新型	2013201736136	2013.9.18	研究院
17	页岩残余气测定样品罐	实用新型	2013201746551	2013.9.18	研究院
18	水平井测井井口台板及防磨滑轮总成	实用新型	2013202183883	2013.10.9	测井站
19	沙漠专用检波器埋置器	实用新型	2013200198969	2013.7.3	物探华东分公司

（林爱红）

学术期刊

【《油气藏评价与开发》出版发行】 由华东分公司主办的《油气藏评价与开发》（双月刊），刊号CN32—1825/TE，2011 年 4 月通过国家新闻出版总署批准，国内外公开发行。其办刊方针是：促进我国油田开发技术水平的提高，加快石油及天然气工业发展。主要编发国内有关油气藏评价与开发工程技术方面的科研成果和先进经验，并有重点和针对性地介绍国外先进技术、发展水平和方向。重点栏目有：油气地质、油气藏评价、石油工程、非常规油气等。2012—2013 年，出版发行 12 期，创刊以来累计发表学术技术论文 290 篇，其中华东石油局、华东分公司科技人员发表论文 103 篇。

（孙党英）

质量、计量及标准化

【完善质量管理制度】 2012年，为进一步规范华东石油局、华东分公司质量管理和产品质量监督检验工作，出台了《华东石油局、华东分公司质量工作考核细则(试行)》《华东石油局、华东分公司质量管理办法》《华东石油局、华东分公司产品质量监督抽查管理办法(试行)》《华东石油局、华东分公司质量检验机构管理办法(试行)》4项规章制度，与14个二级单位签订《质量目标责任书》，将质量考核作为企业管理的约束性指标，纳入直属单位及其领导班子绩效考核。

(严述新)

质量管理培训班 (封 梅摄)

【建立产品质量监督体系】 2012年，华东石油局、华东分公司组织建立了以直属单位实验(检测)室为基础的产品质量监督检验体系。采油厂压力表检验室、采油厂油化室、六普大队管子站、工程院实验室4家单位，在检验人员准备、仪器设备添置、技术标准收集、管理流程及制度制定等方面作了前期准备，华东石油局、华东分公司专家组对上述单位进行了资质审查和现场验收，并提出整改意见。在完成整改后，上述4个单位获专业质检资格。

(严述新)

【扩大质量管理体系覆盖面】 根据中国石化质量管理体系建设指导意见要求，2012—2013年，物探院、采油厂、非常规指挥部等单位建立符合GB/T19001：2008标准要求的质量管理体系，并通过第三方认证。液碳公司、研究院更换体系认证机构亦通过认证，使其符合中国石化质量管理体系认证机构准入资格。

(严述新)

【全员全面质量管理知识普及教育培训】 2012—2013年，为提高全面质量管理意识，华东油气田以技师学院自主培训师资为基础，开展全面质量管理知识普及教育培训班7期，培训质量管理处(科)长、班组长、质量管理骨干、体系内审员共385人次。举办质量管理知识讲座、结合“三基”教育等培训员工216人次。通过轮训提高基层单位管理人员和一线班组员工的质量意识，为更好地开展质量管理工作打下基础。

(严述新)

【产品质量监督抽检】 2012—2013年，为提高原油、天然气产品质量和采购物资质量水平，华东石油局、华东分公司组织4个质检站开展产品质量监督抽检工作。2012年抽检56批次，合格49批次，合格率为87.50%；其中石化集团公司抽查16批次，合格11批次，合格率为68.90%。2013年抽检305批次，合格290批次，合格率95.08%；其中石化集团公司抽查29批次，合格

24 批次，合格率为 82.80%。从石化集团公司抽查结果对比可以看出，2013 年采购物资质量合格率提高 13.90 个百分点，物资质量水平有所提高。

2012 年产品质量监督抽查情况统计表

<table>
<tr><th colspan="3">考核项目</th><th>抽查品种/批次</th><th>合格品种/批次</th><th>抽查合格率/%</th><th>备注</th></tr>
<tr><td colspan="3">综　合</td><td>56</td><td>49</td><td>87.5</td><td></td></tr>
<tr><td rowspan="4">中国石化抽查</td><td>1</td><td>套　管</td><td>3</td><td>3</td><td>100</td><td rowspan="4">石化集团公司抽查 16 个品种，合格品种 11 个，监督抽查合格率为 68.9%</td></tr>
<tr><td>2</td><td>井下工具</td><td>2</td><td>1</td><td>50</td></tr>
<tr><td>3</td><td>采油助剂</td><td>7</td><td>5</td><td>71.4</td></tr>
<tr><td>4</td><td>机电产品</td><td>4</td><td>2</td><td>50</td></tr>
<tr><td rowspan="2">中国石化筛选</td><td>1</td><td>水泥外加剂</td><td>2</td><td>2</td><td>100</td><td rowspan="2"></td></tr>
<tr><td>2</td><td>采油助剂</td><td>4</td><td>4</td><td>100</td></tr>
<tr><td rowspan="3">华东分公司抽查</td><td>1</td><td>油套管</td><td>35</td><td>35</td><td>100</td><td rowspan="3">共抽查 839 根</td></tr>
<tr><td>2</td><td>采油助剂</td><td>5</td><td>3</td><td>60</td></tr>
<tr><td>3</td><td>压力计、表</td><td>3</td><td>3</td><td>100</td></tr>
</table>

2013 年产品质量监督抽查情况统计表

<table>
<tr><th colspan="3">考核项目</th><th>抽查品种/批次</th><th>合格品种/批次</th><th>抽查合格率/%</th><th>备注</th></tr>
<tr><td colspan="3">综　合</td><td>305</td><td>290</td><td>95.08</td><td></td></tr>
<tr><td rowspan="6">中国石化抽查</td><td>1</td><td>套　管</td><td>2</td><td>2</td><td>100</td><td rowspan="6">抽查合格率 82.8%</td></tr>
<tr><td>2</td><td>钻井助剂</td><td>10</td><td>7</td><td>70</td></tr>
<tr><td>3</td><td>固井助剂</td><td>3</td><td>3</td><td>100</td></tr>
<tr><td>4</td><td>采油助剂</td><td>9</td><td>8</td><td>89</td></tr>
<tr><td>5</td><td>机电产品</td><td>3</td><td>3</td><td>100</td></tr>
<tr><td>6</td><td>井下工具</td><td>2</td><td>1</td><td>50</td></tr>
<tr><td rowspan="3">中国石化筛选</td><td>1</td><td>钻井助剂</td><td>5</td><td>5</td><td>100</td><td rowspan="3">抽查合格率 88.9%</td></tr>
<tr><td>2</td><td>固井助剂</td><td>2</td><td>1</td><td>50</td></tr>
<tr><td>3</td><td>采油助剂</td><td>2</td><td>2</td><td>100</td></tr>
<tr><td rowspan="6">华东分公司抽查</td><td>1</td><td>套管/钻杆</td><td>92</td><td>92</td><td>100</td><td rowspan="6">抽查合格率 96.8%</td></tr>
<tr><td>2</td><td>钻井助剂</td><td>6</td><td>4</td><td>67</td></tr>
<tr><td>3</td><td>采油助剂</td><td>29</td><td>28</td><td>97</td></tr>
<tr><td>4</td><td>压裂助剂</td><td>53</td><td>48</td><td>87</td></tr>
<tr><td>5</td><td>原　油</td><td>7</td><td>7</td><td>100</td></tr>
<tr><td>6</td><td>压力器具</td><td>64</td><td>64</td><td>100</td></tr>
</table>

续 表

考核项目			抽查品种/批次	合格品种/批次	抽查合格率/%	备注
送外检验	1	采油助剂	11	11	100	抽查合格率93.75%
	2	原　油	4	4	100	
	3	压裂助剂	1	0	0	

（严述新）

【不合格采购物资"后处理"】 按照不合格产品"后处理"程序，华东石油局、华东分公司及时通报物资质量抽查结果，采取停止不合格产品供应期限、索赔经济损失、整改复查等措施，对降级复查合格的物资降级使用、降价处理，对整改复查不合格的供应商或产品采取停供处理措施。2012—2013年，解除常州市溢尔达化工有限公司供应商网络成员关系；停止天长徽宁电器仪表厂YZ 2×4型橡皮绝缘电缆产品许可供应目录；停止全泽化工有限公司的絮凝剂ML-132产品许可供应目录；停止泰兴市昱宏化工有限公司聚丙烯酰胺产品许可供应目录。

（严述新）

石化集团公司检查组在采油厂进行QHSE综合检查

（邱江良摄）

【原油质量检查】 2013年5月，为防止原油含有机氯污染质量事故的发生，华东分公司一方面积极组织原油和油田化学剂抽样送外检验，检查原油和采购的油田化学剂含有机氯情况；另一方面要求油田化学剂供应商承诺所供化学剂有机氯含量符合《油田化学剂中有机氯含量测量方法》（Q/SHCG 0039—2012）技术要求。同时根据石化集团公司原油质量检查要求，积极落实原油有机氯含量分析仪器设备型号规格，由采油厂购置有机氯质量监督检验设备1台（套），把好原油销售质量关、油田化学剂采购入库检验关、化学剂加注过程关。

（严述新）

【QHSE大检查】 2013年8月24—29日，石化集团公司油田企业QHSE检查组第二小组对华东油气田进行了为期6天的QHSE检查。其中，质量检查内容包括：各级质量管理责任制的落实、产品质量、工程质量、服务质量、质量管理体系建立和运行、质量宣传教育和全员培训、先进质量管理方法应用、群众性质量管理活动开展情况、质量风险识别控制和质量监督、标准化和计量工作开展、设备质量管理等。检查发现在工程质量管理、质量管理体系、基层站点化验室管理、计量管理等方面存在质量问题和隐患19个，科技与技术监督处及时向相关单位下达整改通知书，9月30日全部整改完毕。

（严述新）

【计量大检查】 2013年6月，中国石化计量检查组对华东分公司和华东工程公司计量工作进行检查，检查内容包括：计量机构完善情况、计量制度建设情况，以及计量器具管理、计量数据管理、计量信息化建设等情况。先后对采油厂采油三队、研究院实验中心、工程院实验室、测井分公司放射源库4个基层单位进行检查。检查组充分肯定华东分公司、华东工程公司在计量信息化管理方面取得的成绩，指出5个存在问题，已整改完毕。

（陈薇芬）

【技术监督管理系统建设】 2012年6—12月，与胜利油田技术检测中心合作开发了华东石油局、华东分公司技术监督管理系统。该系统分质量监督、质量管理、综合管理、计量管理、标准化管理5个模块，质量监督抽检、计量器具管理等15个子模块，为质量、计量、标准化管理提供了信息化平台。

（严述新）

【企业标准宣贯】 2012年3月，由石化集团公司工程院、胜利油田、中原油田、江汉油田、西南油气田等单位10人组成的企业标准巡回宣贯组，在华东石油局、华东分公司培训和宣贯中国石化9项非常规油气石油工程企业标准，分发标准文本108套，华东石油局、华东分公司相关业务部门、二级单位主要技术管理人员46人参加宣贯学习。2013年11月，由石化股份公司油田勘探开发事业部主办、华东分公司承办的《自产原油》标准宣贯会在南京召开，石化集团公司科技部技术监督处、油田事业部企管处、油田事业部地面工程与装备处，以及胜利油田、中原油田、河南油田、江苏油田、江汉油田、西北分公司、东北分公司、西南分公司、华北分公司、华东分公司等有关企业共75人参加会议。

（严述新）

【企业和行业标准制定】 2012—2013年，华东油气田承担中国石化企业标准和行业标准制定项目共13项。其中，已发布实施的中国石化一级企业标准2项，已发布实施的石油行业标准7项，其他项目均完成了报批稿或报批手续，待批准发布。

制（修）订标准项目汇总表

序号	项目编号	标准名称	负责起草单位	项目完成情况	标准编号
1	SH2011-	液体二氧化碳储存、充装及运输安全规范	江苏华扬液碳有限责任公司	已发布	Q/SH 0485—2012
2	SH2012—079	煤层气钻井工程质量评级	华东分公司工程技术设计研究院	完成报批稿	
3	SH2012—082	煤层气压裂工程质量验收规范	华东分公司工程技术设计研究院	完成报批稿	
4	SH2012—072	页岩岩芯孔隙度、渗透率分析方法	华东分公司石油勘探开发研究院	已发布	Q/SH 0512—2013
5	能源20110171	煤岩中甲烷等温吸附测定	华东分公司非常规油气资源试验研究中心	已发布	SY/T 6132—2013
6	能源20110264	煤层气井钻井工程安全技术规范	华东石油局安全环保处	已发布	SY 6918—2012
7	能源20110265	煤层气井下作业安全技术规范	华东石油局安全环保处	已发布	SY 6922—2012

续 表

序号	项目编号	标准名称	负责起草单位	项目完成情况	标准编号
8	能源 20110266	煤层气录井安全技术规范	华东石油局安全环保处	已发布	SY 6923—2012
9	能源 20110267	煤层气测井安全技术规范	华东石油局安全环保处	已发布	SY 6924—2012
10	能源 20120280	煤层气井钻井工程设计格式	华东分公司工程技术设计研究院	已发布	NB/T 1 0005—2014
11	能源 20120281	煤层气地震勘探资料采集规范	华东石油局六物大队	已发布	NB/T 10010—2014
12	能源 20120688	煤层气测井资料处理解释规范	华东石油工程有限公司测井分公司	完成报批稿	
13	能源 20120689	煤层气的取样和组分分析方法	华东分公司石油勘探开发研究院	完成报批稿	

（严述新）

经营管理

企业改革与管理

【概述】 2012—2013 年，华东油气田按照石化集团公司部署和要求，在不断深化体制机制改革的同时，以市场准入、管理创新为重点，以改善经营管理建议、制度标准化信息化为抓手，以完善绩效考核体系为保障，全面推进企业管理的标准化、精细化、信息化、制度化建设，进一步提升了企业组织管理的效率，持续深化了企业的各项改革工作。

（潘　铁）

【完善年度绩效考核体系】 2013 年，华东油气田根据油公司、石油工程、社区服务板块“三分开”的总体要求，结合“一体化管理”的实际需要，确定了将华东石油局、华东分公司、华东工程公司绩效考核体系纳入到统一制度中，实行“统一考核原则、考核组织、考核程序，分级考核兑现”的基本框架，通过修订完善老制度和起草编制新制度，最终形成了 1 个管理办法、4 个实施细则的绩效考核体系，分别为：《华东石油局、华东分公司、华东工程公司年度绩效考核管理办法》（华东石油〔2013〕144 号）、《华东石油局年度绩效考核实施细则》（华东石油〔2013〕143 号）、《华东分公司年度绩效考核实施细则》（华东股份〔2013〕77 号）、《华东工程公司年度绩效考核实施细则》（华东石油工程〔2013〕58 号）、《华东石油局、华东分公司、华东工程公司机关部门年度绩效考核实施细则》（华东石油〔2013〕181 号）。绩效考核体系按照各板块生产经营管理的工作性质、工作内容、工作重点的不同特点，设置不同的考核指标，突出分类管理、分类考核的指导思想。

（高丹霞）

【推进全员绩效考核管理】 2012 年，华东石油局、华东分公司制定下发《华东石油局、华东分公司副职领导人员绩效考核实施细则》（华东石油〔2012〕245 号），围绕岗位职责、目标管理，运用多维度测评方式，明确考核方法，并从当年度开始对二级单位副职领导人员进行年度绩效考核工作。2013 年，为进一步规范和加强机关员工的绩效考核工作，健全员工个人绩效和组织绩效考核持续提升机制，对机关工作人员绩效考核工作进行探索研究，拟定了《机关部门员工绩效考核工作指导意见》，在征求意见基础上正式下发。

（高丹霞）

【改善经营管理建议上线运行】 2012 年，华东石油局、华东分公司改善经营管理建议工作与“经营一元钱、节约一分钱”活动紧密结合，面向基层、深入一线，充分调动一线职工的积极性，营造了良好的工作氛围。2013 年，华东油气田按照石化集团公司的统一部署和安排，在广泛征集基层单位与机关部门工作经验和建议、充分收集相关信息数据的基础上，基本实现改善经营管理建议工作全部上线运行，实现了该项工作向信息化、系统化的成功转型。2 年来，华东石油局、华东分公司、华东工程公司共收到采油厂、研究院等单位上报的各类建议 268 条，立项 130 条，发放项目奖励费总计 64 万元。

（潘　铁）

【管理创新实践】 2012—2013 年，华东油气田以提高发展质量和效益为中心,持续推动管理创新实践。根据石化集团公司要求,将管理成果立项方向重点放在安全管理、“三基”工作、预算与全员成本管理、物资采购管理等方面,各单位认真梳理管理思路、总结提炼管理成果,积极申报立项,2 年共提交管理创新成果项目 23 项,经华东石油局、华东分公司、华东工程公司审核上报管理创新成果项目 9 项。其中,六物大队《物探企业系统化全员成本目标管理》《技术经济一体化管理在海外地震资料采集工程中的应用》获石化集团公司第 21 届管理现代化创新成果二等奖,采油厂《点项安全控制工作法的建立与实施》《点项成本控制工作法的探索与实践》分别获石化集团公司第 21 届、22 届管理现代化创新成果三等奖。

(潘　铁)

【特别贡献奖评选】 2012—2013 年,华东油气田紧紧围绕发展战略,全面推进三大战役,加速建设四个基地,深入开展党的群众路线教育实践活动,全面完成了生产经营目标任务,得到了石化集团公司党组的充分肯定。在这过程中涌现出一批求真务实,勇于创新,锐意进取的工作团队和个人,他们在不同岗位、不同领域为华东油气田的发展做出了突出贡献。经华东石油局、华东分公司、华东工程公司研究决定,授予程百利 2012 年度特别贡献奖;授予李清、姚洪生 2013 年度特别贡献奖。

(潘　铁)

【机关部门设置及职能调整】 2013 年 3 月,华东油气田为适应石油工程队伍专业化重组后的新要求,积极稳妥推进油公司管理模式,规范矿区(社区)运行管理,按照管理流程清晰、精干高效运行、持续优化调整的原则,组织实施了对机关部门、直属机构设置及职能的调整工作。通过职能合并新设华东石油局党委办公室(组织部)、华东分公司人事处、华东石油局新闻中心;新成立华东分公司采油气工艺与装备处、华东石油局财务资产处、计划经营处、华东石油局机关事务中心、华东分公司工程监理与安全督导中心;通过更名并调整职能设立华东分公司信息管理处、生产运行处(土地管理处)、科技与技术监督处、概预算中心;撤销国际项目部,将外事管理职能划入办公室。最终形成 29 个职能部门(其中华东分公司 17 个、华东石油局 6 个、华东工程公司 6 个)以及 4 个支持服务直属单位的附属机构。截至当年底,除工程监理与安全督导中心外全部调整到位。

(韩　坚)

【工程院管理体制调整】 2012 年 7 月,为充分发挥科技资源在油气勘探开发中的关键作用,进一步优化资源配置,华东石油局、华东分公司决定对石油工程技术研究院管理体制进行调整,将石油工程技术研究院隶属关系从华东石油局调整到华东分公司管理。7 月 24 日,下发《关于调整石油工程技术研究院管理体制的通知》(华东股份〔2012〕45 号),华东石油局工程技术设计研究院更名为华东分公司石油工程技术研究院(简称工程院);工程院现有在岗人员的人事、劳动关系同时变更;现有账上资产保持不变,由工程院采取租赁方式进行管理

油气田领导为特别贡献奖获得者颁奖　(沈志军摄)

和使用，租赁费由华东分公司与华东石油局通过关联交易方式进行结算。

（韩　坚）

【吉林项目部战略转移】 2013 年 1 月，随着腰英台油田逐步从风险承包管理过渡到技术劳务服务、施工工作量逐步缩减、人员逐步减少，华东分公司将吉林项目部的管理级别由原来的正处级调整为副处级。2012 年底，为加快非常规油气资源勘探开发步伐，经华东石油局、华东分公司党政联席会议决定，吉林项目部实行战略转移，撤销吉林项目部建制，人员整体转入非常规指挥部，重点充实非常规煤层气 5 亿立方米产能建设会战队伍。

（韩　坚）

【建设工程中心与华石公司重组合并】 2013 年 4 月，为进一步理顺管理体制，优化资源配置，促进相关产业持续稳定发展，经华东石油局、华东分公司党政联席会议决定，将华扬石油天然气勘探开发总公司南京建设工程中心与江苏华石技工贸总公司整建制合并，组建华东石油局江苏华石技工贸总公司（简称华石公司）。新组建的华石公司主要从事境外石油天然气勘探开发所需设备、物资器材的出口通关贸易服务；油田地面工程建设、钻前工程、环保污染防治工程、路桥施工等业务；协助华东石油局主管部门负责华扬石油天然气勘探开发总公司建筑业资质的维护补充和升级管理。

（韩　坚）

【组建社区管理中心】 2013 年 7 月，华东油气田将所属单位范围内所有离退休人员及非在职群体的服务和管理、生产生活基地服务及管理、利用基地现有土地、房屋及其他资产经营管理（机关事务中心职责范围内管理的部分除外）的业务、资产和人员合并，组建华东石油局社区管理中心。社区管理中心为华东石油局非法人直属单位，按照厂、队级单位建制实施管理。社区管理中心分别在南京、镇江、扬州、泰州设立工作站，具体负责所在片区内的社区管理和离退休人员管理服务工作。

（韩　坚）

【推进“油公司”管理体制建设】 2013 年 3 月，按照中国石化“油公司体制机制研究”课题组的要求，华东分公司在管理层级、用工形式、投资项目管理流程等方面进行了初步梳理，并形成报告报送“油公司体制机制研究”课题组。4 月，为适应石油工程专业化重组及油公司管理模式要求，华东油气田机关及直属机构进行重新调整，成立了概预算中心、工程监理与安全督查中心等适应油公司管理特征的相关机构。9 月，按照石化股份公司油田事业部下发的《油田板块推进油公司体制机制建设初步框架意见》征求意见稿，组织相关处室进行认真研讨、学习，形成反馈意见上报石化股份公司油田事业部。11 月，华东分公司组成调研考察组，分别到西北油田分公司、西南油气分公司对油公司管理模式的做法进行调研、学习，形成调研报告。

（韩　坚）

【制度标准化建设】 2012—2013 年，华东油气田按照中国石化关于持续开展制度标准化、信息化建设工作的要求，组织开展“我为制度做诊断”活动，选取《华东油气田绩效考核管理办法》进行诊断，由分管领导牵头组织相关部门对该办法进行多次讨论并完善。按照中国石化统一要求，配合石化盈科技术人员完成制度信息系统模块的编制与上线工作，并组织各部门制度管理员进行了培训，实现了新 OA 系统与制度管理信息系统的对接。结合机关部门设置和职能调整的需要，组织机关各部门对现有制度进行了重新梳理，此项工作正在持续推进中。

（韩　坚）

【勘探开发市场准入管理】 2012 年底，按照石化股份公司《关于开展勘探开发工程技术服务队伍自查自改的通知》的要求，华东分公司专门成立领导小组，组织开展对区域内勘探开发工程技术服务队伍规范管理的排查整改工作。2013 年 1 月，制定下发《华东分公司勘探开发工程技术服务市场准入管理实施细则》（华东股份〔2013〕35 号），要求进入华东分公司油气勘探开发区域内从事勘探开发工程设计、施工作业、技术服务、检测的队伍均应办理市场准入证，同时对市场准入管理部门职责的划分、准入条件的设定、准入申报的程序进行详细规定。7 月，结合油田事业部对华东分公司市场准入队伍集中审核过程中发现的突出问题，制定下发《关于进一步加强华东分公司勘探开发工程技术服务市场准入和招投标管理的通知》（华东股份〔2013〕43 号），对严格执行市场准入条件、加强外协队伍过程管理、规范招投标业务流程等提出要求。

（孙　冰）

【勘探开发市场准入证办理】 2013 年，根据《华东分公司勘探开发工程技术服务市场准入管理实施细则》的规定，通过项目主管单位（部门）推荐、工程管理部门进行技术审核、安全环保部门进行 HSE 审核、企业改革管理处进行单位资质审核并汇总上报等程序，对进入华东分公司勘探开发工程技术服务市场的队伍进行审核并办理市场准入证。全年共办理市场准入 A 类队伍 109 支，其中钻井队伍 72 支、测井队伍 7 支、录井队伍 3 支、固井队伍 2 支、压裂队伍 4 支、其他队伍 21 支；市场准入 B 类队伍 185 支，主要为管道工程、防腐保温、房屋建设和电力工程施工等。

（孙　冰）

【外协队伍现场审查】 2013 年 5 月和 11 月，石化股份公司油田事业部组织专家到采油厂和非常规指挥部，对申请勘探开发工程技术服务市场准入的 116 支系统外队伍进行集中审查和现场抽查。通过对外协队伍的概况、近 2 年的工作量、人员情况、设备情况等内容逐一清查梳理，外协施工队伍由原来的 116 支精减为 109 支，为逐步建立长效管控机制奠定了良好的基础。

（孙　冰）

【“三基”工作考核验收】 2012 年 1—3 月，华东石油局、华东分公司“三基”办公室组织对各单位 2010—2011 年度“三基”工作进行集中考核验收。考核验收组成员在各单位全面自查自评的基础上，深入到 15 个直属单位和 14 个基层井分队（项目部、车间、站库等），进行对标评价和专题调研，并形成专题报告。对发现的突出问题分别下发整改通知书，督促整改落实。

（邰　青）

【“三基”工作示范点与联系点】 2012 年 11 月 19 日，华东石油局、华东分公司“三基”工作领导小组决定，六物大队 645 队、采油厂采油三队、六普大队新疆工区指挥所、测井公司西北项目部 4 个基层单位为“三基”工作示范点；非常规指挥部排采二队、研究院开发一室、职防所监测科、液碳公司高纯车间 4 个基层单位为“三基”工作联系点。此创新举措进一步增强了“三基”工作引领和辐射作用，提升了基层“三基”工作日常管理水平。被授予“三基”工作示范点与联系点的基层单位，切实发挥上下工作联通、左右帮扶带动、中坚助推作用，为全面推进华东石油局、华东分公司“三基”工作再上新台阶创出了新业绩、做出了新贡献。

（邰　青）

【健全基层“三基”工作网络】 2012—2013 年，华东油气田以基层单位“三基”骨干培训制度为平台，以建立基层“三基”工作示范点、联系点为抓手，着力构建集管理职责、人才培养、工作交流于一体的“三基”工作网络。该做法成为中国石化上游板块基层“三基”工作亮点之一，得到石化集团公司通报肯定与推广。通过设立基层“三基”工作联系点和大力培训基层“三基”工作骨干 2 项举措，激励基层“三基”工作不断创新，确保基层“三基”工作持续开展。2 年间，华东油气田“三基”办公室共对 260 名基层“三基”工作骨干进行了集中培训。

（邰　青）

表彰“三基”工作先进单位　（姜殿钢摄）

【“三基”工作经验交流】 2013 年 12 月 11—12 日，华东油气田“三基”办公室在采油厂采油二队召开基层单位“三基”工作经验交流会。会议听取了 7 个基层“三基”工作示范点和联系点代表的经验交流，观摩了采油二队作业现场。华东工程公司副总经理谈士海到会讲话，对基层“三基”工作提出要求。会后，进行了基层“三基”工作骨干培训。

（邰　青）

【“三基”工作先进表彰】 2012 年 4 月，六物大队被评为石化集团公司年度“三基”工作先进集体，测井站桑仲标被评为石化集团公司年度“三基”工作先进个人。11 月 19 日，华东石油局、华东分公司召开 2010—2011 年度“三基”工作先进表彰会，华东石油局总会计师申飞龙作了《注重经纬结合，坚持科学管理，全面推进“三基”工作再上新台阶》主题报告。会议表彰“三基”工作先进单位 3 个、先进集体 22 个、先进个人 27 名、先进工作者 17 名。2013 年 4 月，非常规指挥部排采二队被评为石化集团公司年度“三基”工作先进集体、液碳公司董祥生被评为石化集团公司年度“三基”工作先进个人。

（邰　青）

法律事务

【概述】 2012—2013 年，法律事务工作以建立健全组织机构和加强队伍建设为基础，以完善法律事务工作制度为核心，以全面加强对经济合同和重要经营决策的法律审核把关为抓手，以法律风险防范常态化研究及管理为支撑，以深入开展普法宣传教育促进全员法制意识提高为保障，认真落实“法制工作第三个 3 年目标计划”确定的各项任务，进一步夯实法律事务工作基础，全面完成合同管理信息系统上线运行工作，积极有效开展诉讼案件处置工作，有效保障了华东油气田各项目标任务的完成。

（潘　铁）

【推进总法律顾问制度落实】 2012—2013 年，华东油气田按照中国石化法制工作第三个 3 年目标要求，制定下发《华东石油局、华东分公司法制工作第三个 3 年目标计划》，把推进总法律顾问制度的落实作为重点工作予以落实。华东石油局、华东分公司设置总法律顾问，并全面落实总法律顾问 7 项工作职责；各单位均建立了法律事务归口管理部门；企业法律顾问队伍建设进一步加强。2013 年有 7 人通过全国企业法律顾问执业资格考试，超额完成石化集团公司下达的 2 人指标任务。截至 2013 年底，华东油气田取得企业法律顾问执业资格证书的专兼职法律事务人员 12 人，总法律顾问专职化及企业法律顾问持证上岗率符合国资委及石化集团公司验收标准。

（潘　铁）

【法律事务队伍专业化建设】　按照“法制工作第三个3年目标计划”的要求，华东油气田着力加强专职法律事务人员、合同管理人员、法制宣传教育人员三支队伍的建设，力争在2014年全面建成满足华东油气田法律事务工作实际需要的法律队伍。在合同管理人员专业化建设方面，2012年举办2期合同管理员培训班，受训人员达92人，完成对所有在岗合同管理人员2年一次的集中轮训工作。2013年9月，派出31人参加石化集团公司举办的合同管理员上岗培训，经过考试，全部取得兼职合同管理员证书。在专职法律事务人员专业化建设方面，通过广泛宣传、专人督导等方式，组织专兼职法律事务工作人员报考企业法律顾问执业资格考试，截至2013年底，12人取得企业法律顾问执业资格证书，其中7人已在专职法律事务岗位工作。

（潘　铁）

【规范合同管理】　2012—2013年，华东油气田不断完善合同规范化、信息化管理。① 规范对外签约主体，全面清理所属单位合同专用章。华东工程公司及其分公司对外签约主体全部统一为“中石化华东石油工程有限公司”，将原钻井、测井、录井、固井及物探公司的“华扬石油天然气勘探开发总公司合同专用章”（共10枚）全部收回。对未建立独立的企业管理机构（合同归口管理部门）或未设立专职合同管理员岗位的直属单位，不配发合同专用章，所有合同必须由法律事务处审核后盖章。② 通过“合同管理信息系统上线回头看”专项活动，分片区对各单位合同上线情况进行检查、督促和指导。③ 积极开发适合自身生产经营及管理特点的示范合同文本。在直属单位的配合下，先后完成了3项物探专业、1项物资采购、1项二氧化碳销售合同示范文本的开发工作。④ 对部分单位合同管理进行抽查。2年内分别抽查六普钻井分公司、采油厂、非常规指挥部、供应处、华石公司等单位合同管理情况，提出整改意见26条，并全部整改落实到位。

（潘　铁）

【法制宣传教育】　2012—2013年，华东油气田按照《华东石油局、华东分公司开展法制宣传教育第六个五年规划》（华东石油〔2011〕250号）的总体部署和要求，依托“建立健全普法年度计划和总结制度、全员普法学习制度、全面落实总法律顾问制度、完善普法工作检查指导制度”4项制度的落实，利用书籍、报刊、电子显示屏、网络及在华东油气田门户网站设立“法制宣传教育”专栏发布信息等途径，通过举办各类培训班、普法讲师团进行巡回宣讲、法律知识竞赛、举办“12·4法制宣传日”专题活动等多种形式，持续深入开展法制宣传教育工作，大力推进法治文化建设，全力营造依法治企的良好氛围。

（潘　铁）

【“六五”普法中期督导检查】　2013年，华东油气田下发《关于组织开展“六五”普法中期督导检查的通知》（华东股份工单〔2013〕9号），法律事务管理部门围绕明确检查目的、工作阶段和工作要求，制定法制宣传教育体制机制建设及运行情况等4个大项、自主开展富有本单位特色的法制宣传教育活动情况等30个小项的检查内容，重点到采油厂、六普钻井分公司、物探华东分公司等单位开展现场调研，总结经验，查找不足，征询建议和意见，进一步推动了“六五”普法规划的贯彻和落实。

（潘　铁）

【法人授权委托管理】　2012—2013年，华东油气田办理各类法人授权委托事宜77项，其中40项年度授权委托通过发文形式集中下发，37项专项授权得到及时有效办理。在法人授权委托管理过程中，法律事务处认真审核每一项授权申请书，严格限定被授权人的资格，及时办理法人授权委托相关事宜，保证了生产经营活动的正常顺利开展。

（潘　铁）

【“与法同行、依法治企”法律知识竞赛】 2013 年 4—6 月，华东油气田举行“与法同行、依法治企”法律知识竞赛活动，活动分为全员答题和现场答题竞赛。5 000 名干部员工参与了刊登在《华东石油》报上的全员答题，直属单位与机关共组成 16 个代表队进行现场答题竞赛。现场答题竞赛分预赛和决赛 2 个阶段进行，经过必答题、抢答题和风险题 3 个环节的角逐，录井分公司、技师学院等 8 个代表队进入了决赛。最终，六普钻井分公司代表队获得一等奖，机关和液碳公司代表队获得二等奖，固井分公司、工程院和物探华东分公司代表队获得三等奖。

（潘　铁）

华东油气田 2013 年法律知识竞赛　（潘　铁摄）

【普法骨干培训班】 2013 年 8 月 30 日，华东油气田在扬州举办普法骨干培训班，全系统 40 多名普法骨干参加培训。培训班邀请了扬州市依法治市办公室副主任、江苏油田法律事务处总法律顾问及华东油气田法律专家进行授课，重点围绕中国特色社会主义法律体系建设，江苏油田法制宣传教育的做法与经验，华东油气田法制宣传教育工作开展情况及要求等方面进行了讲解。物探华东分公司和六普钻井分公司介绍了本单位开展“六五”普法工作的做法与体会。参加培训人员对本次培训班效果、如何进一步开展“六五”普法工作，通过书面形式提出了意见和建议。

（潘　铁）

【金川公司诉讼案件原告撤诉】 2011 年 8 月，上海金川石油化工有限公司以 2006 年 5 月与华东分公司、中石油吉林油田分公司签订的腰英台原油运输《合作协议书》为依据，以 2008 年 12 月 31 日后华东分公司拒不履行协议书影响三方长期联营关系为理由，向南京市建邺区人民法院提起“联营合同纠纷”诉讼，要求法院判令华东分公司继续履行合作协议，赔偿经济损失 1 615.50 万元，承担诉讼费用。该诉讼案件共开庭审理 4 次，历时 2 年多。2013 年 9 月 20 日，上海金川石油化工有限公司向建邺区人民法院提出撤诉申请，经法院审核，同意正式撤回起诉。

（潘　铁）

【参加江苏省第三届“万人学法”竞赛活动】 2012 年 12 月，华东石油局、华东分公司在江苏省委宣传部、省级机关工委、省司法厅、省法制宣传教育协调指导办公室举办的江苏省第三届“万人学法”竞赛活动中，获竞赛活动组织奖，周芬获竞赛活动个人“三等奖”。

（潘　铁）

内控管理

【概述】 2012—2013年，华东油气田内控工作服从服务于改革与发展的大局，紧密结合生产经营和管理体制调整的实际需要，以全面风险管理为导向，以内控业务流程为准绳，以关键业务、关键岗位、关键环节为重点，加强定期测试、信息沟通、风险预警和督促整改，努力防微杜渐，降低经营风险，为企业持续健康发展保驾护航。

（邰 青）

【内控工作总结暨内控管理信息系统培训】 2012年5月25—30日，华东石油局、华东分公司在扬州办事处召开2010—2011年度内控工作总结暨内控管理信息系统培训会议。华东石油局、华东分公司内控办公室对2个年度的内控工作进行了总结，表彰了六物大队、液碳公司和技师学院3个内控工作先进单位和28名先进个人。同时对与会人员及主要业务流程操作人员进行了内控管理信息系统培训。内容包含：华东石油局、华东分公司2011年版《内部控制实施细则》解读，华东石油局、华东分公司层面控制基本要求，业务层面控制与重点流程介绍，内部控制有效检查与缺陷认定，内部控制的日常管理，以及系统管理员操作方法和各单位内控细则导入及维护，内控管理检查评价、测试及整改等。中国石化内控管理信息系统项目组成员进行了现场辅导与答疑。

（邰 青）

【内控工作交流】 2012年4月26日，西北石油局、西北油田分公司企业管理处人员来访，华东石油局、华东分公司内控办公室应约介绍和交流了近年来内控工作的经验及工作成效，并深入基层单位就内控管理与实践中的相关热点和难点问题进行了工作研讨。

（邰 青）

【内控自主培训】 2012年5月21日，华东石油局、华东分公司下发“关于进一步加强2011年版《内控实施细则》自主培训的通知”（华东石油〔2012〕124号），对内控自主培训提出了具体要求和明确分工。截至2013年底，华东油气田共举办各类人员培训12期，其中各单位自主培训8期。内控办公室坚持对局管干部内控制度化培训的同时，分批分期加强对新提干部、新进员工和新拓展业务转岗人员的内控业务培训，该做法与经验得到石化集团公司主管部门的肯定与通报表扬。各直属单位在各类管理人员专题培训中，主动安排内控管理的相关内容，促进了内控制度对专业管理工作的参与度及渗透力。

（邰 青）

【内控管理信息系统上线运行】 2012年9月，华东石油局、华东分公司利用内控管理信息系统完成了第二季度内控测试工作，标志着内控管理已开始步入标准化、信息化阶段。根据中国石化实施内控系统上线工作部署和要求，自2012年4月开始，华东石油局、华东分公司内控办公室采取派员学习、集中培训、分片辅导、现场演示等方式，全面开展内控管理信息系统推广和运行工作。针对内控管理信息系统涉及人员面广量大，模块功能集成度较高，内控责任界面清晰，实际测试流程关联性强等特点，内控办公室坚持立足实际，深入各管理岗位，按照系统操作手册要求，导入流程，模拟登录，互动研讨，教学相长，取得了事半功倍的成效。通过数月努力，在原有内控联络员队伍基础上，初步培训并建立起了一批覆盖各业务岗位内控信息系统管理和操作人员队伍，为深化系统应用奠定了基础，截至8月底，华东石油局、华东分公司基本完成了新版《内控实施细则》初始化工作，对所属14个直属单位和华东石油局、华东分公司机关 13 个责任部门 47 个适用业务流程执行情况进行了上线季度测试。

（邰 青）

【新提任领导干部内控培训制度】 2012 年 10 月 9 日，华东石油局、华东分公司举办新提任处、科级领导干部内控培训班，华东石油局总会计师申飞龙在开班讲话中强调，应将内控制度作为新提任领导干部任职履职的必修课之一。领导干部提任有先有后，工作能力有强有弱，但内控知识、制度意识、规范理念不能或缺。在履行权责时，要经常用内控制度这把尺子衡量行为，规范活动，提醒自己。2012—2013 年，华东油气田共培训新提任处、科级领导干部 148 名。

（邰 青）

【内控管理信息系统上线工作抽查】 2012 年 11 月，华东石油局、华东分公司内控办公室组织相关部门和直属单位内控办公室负责人，集中对各单位内控系统上线测试工作进行抽查和综合评价。抽查组通过实地听取汇报，圈定重点业务流程，线上线下比对，抽取关键控制点样本进行检查。对抽查中发现的问题，抽查组与各单位领导及业务流程责任部门负责人进行面对面沟通和交流。通过内控抽查，及时发现了实际工作存在的一些薄弱环节和问题，对完善内控管理信息系统，以及改进和加强华东石油局、华东分公司内控管理工作，充分听取了意见和建议。2013 年 1 月，华东油气田内控办公室进行了年度内控上线测试讲评。

（邰 青）

【全面风险管理工作启动】 2013 年 5 月 7 日，华东油气田召开全面风险管理工作启动会，局长、总经理方志雄作了《提高认识，注重防范，深入推进企业全面风险管理工作》报告。华东油气田风险与内控办公室部署安排了全面风险管理工作，明确了具体目标任务，并对相关领导人员进行了业务培训。

（邰 青）

新提任领导干部内控制度培训班 （邰 青摄）

【组织风险清单修订】 2013 年 5—7 月，华东油气田风险与内控工作办公室组织相关人员，依据中国石化 2013 年版《内控手册》要求，集中进行风险控制目标、风险清单的梳理。围绕主营业务流程中的关键环节、重点领域，对已发生的事件或潜在的重大风险及重要风险进行细化，强化对招投标管理、资金管理、物资采购管理、资产产权处置等生产经营管理过程中高危地带的风险识别与描述，推进内控管理与全面风险管理有机融合，进一步提升风险的防范和抵御能力。修订小组结合管理和业务实际，共细化 299 条风险控制目标，细化四级风险清单 539 个。

（邰 青）

【风险管理专题培训】 2013 年 6 月中旬，华东油气田风险与内控办公室在全面风险梳理基础上，对 16 个二级单位近 110 名管理人员开展“说案例，讲风险”业务培训。同时，启动了华东油气田机关主要业务部门风险控制目标和风险清单细化工作，会同人事处邀请石化集团公司审计局领导及风险管理专家，分别对现任领导班子成员和 2010 年以来新提任处、科级干部开展内控与风险管理专题业务培训。

（丁 锋 邰 青）

【调研宣贯与工作交流】 2013年7月下旬，华东油气田风险与内控办公室组织风险细化项目组成员赴华东工程公司西部分公司各项目部调研，现场宣贯风险管理知识，提出工作建议和要求，征询风险清单意见。同时走访了西北油田分公司相关单位，并与有关业务部门对口交流，形成了专题调研报告，供领导决策参考。

（丁　锋　邰　青）

华东分公司计划管理

【概述】 2012—2013年，华东分公司计划管理工作继续坚持“量入为出、控制总量、突出重点、优选项目、效益优先、注重回报”的投资方针，严格执行内控制度和“储量、产量、投资、成本、效益”五统一的原则，坚持用“今天的投资，就是明天的成本”基本思路指导工作，确保了年度储量、产能建设指标及生产经营指标等预定目标的完成。

（王春燕）

【投资计划】 2012年，石化股份公司年终调整下达华东分公司投资计划23.14亿元（含提前实施2013年物探三维项目70平方千米，投资3 500万元；提前实施2013年开发项目钻井4口，进尺8 700米，投资2 714万元）。其中，勘探投资11.33亿元（含非常规油气项目投资5.17亿元）；开发投资11.03亿元（含非常规油气项目开发投资5.01亿元）；系统配套工程6 821万元；信息板块114万元；科研板块783万元；勘探进损益7.68亿元。全年实际完成年度投资计划23.12亿元（其中勘探完成投资11.32亿元、开发完成投资11.02亿元、系统配套工程完成投资6 810万元、信息板块完成投资108万元、科技板块完成投资781万元），比年度投资计划节约176万元，其中勘探投资节约81万元、开发投资节约76万元、系统配套工程投资节约11万元、信息板块投资节约6万元、科技板块投资节约2万元。

2013年，石化股份公司年终调整下达华东分公司投资计划28.42亿元。其中，勘探投资7.08亿元（含非常规油气项目投资2.03亿元）；开发投资20.46亿元（含非常规油气项目开发投资7.73亿元）；系统配套工程7 704万元；信息板块135万元，科研板块946万元；勘探进损益5.42亿元。全年实际完成年度投资计划28.41亿元（其中勘探完成投资7.08亿元、开发完成投资20.45亿元、系统配套工程完成投资7 698万元、信息板块完成投资133万元、科技板块完成投资926万元），比年度投资计划节约136万元，其中勘探投资节约9万元、开发投资节约99万元、系统配套工程投资节约6万元、信息板块节约2万元、科研板块节约20万元。

（王春燕）

【投资计划管理模式调整】 随着油气资源勘探开发领域的拓展和规模的扩大，华东分公司高度集中的传统投资计划管理模式操作难度加大，已难以适应中国石化“谁要投资谁负责，谁批投资谁负责”的企业精细化管理要求。2012年，为了调整和改变华东分公司层面既是管理层又是操作层的传统投资计划管理模式，华东分公司决定把非常规油气资源勘探、开发投资计划下达到非常规指挥部操作，由非常规指挥部组织合同签订、项目跟踪、合同结算、财务入账等管理工作。经过2年的实践证明，新的投资计划管理模式有利于进一步明确投资计划责任主体，划分管理层和操作层的界限，细化投资计划管理工作，提高投资计划管理的针对性与有效性。2013年，华东分公司在总结非常规油气资源勘探投资计划管理模式调整经验的基础上，完成了常规油气资源投资计划管理模式调整方案的起草工作，为2014年全面推行常规油气资源投资计划管理模式的调整工作奠定了良好基础。

（王春燕　李书应）

【重点项目投资】 2012 年，石化股份公司批复华东分公司重点项目“华东分公司关于 2012 年重点非安装设备购置项目”“华东分公司泰东河沿岸油田驳岸墙及穿河管线拆迁恢复工程”“延川南煤层气延 1、3、5 试验井区集气及配套工程”“信息工程建设”共计 4 项，合计上报项目投资估算 1.44 亿元，批复投资 1.17 亿元，以上重点项目均按项目可研相关进度要求完成相应的工作量。

2013 年，石化股份公司批复华东分公司重点项目“华东分公司关于 2013 年重点非安装设备购置项目”“计算机信息网络工程建设”“延川南煤层气田 5 亿立方米产能建设项目”“帅垛—西边城—洲城集输管线工程”共计 4 项，合计上报项目投资估算 31.86 亿元，批复投资 31.81 亿元，以上项目均按项目可研相关进度要求完成相应的工作量。

（付　旋）

【项目后评价】 2012 年，华东分公司对“红庄区块产能建设”“草舍油田职工倒班公寓及仓储设施”“岩芯仓库改造”“采油厂自备加油站设施隐患治理”“注水泵房和锅炉引风机房噪声隐患治理”“煤层气专项设备购置”等 7 个项目进行了评价，对“广山 1 号区块评建一体化项目”进行了二次跟踪评价。其中，“红庄区块产能建设”为重点后评价项目，评定得分 94.20 分。

2013 年，华东分公司对“兴北评建一体化”“帅垛区块评建一体化”“2011 年国家明令淘汰电动机及配套设备更新专项”“采油厂一线基地生活污水处理工程”“油气田环境监测仪器购置”5 个项目进行了评价，对“红庄产能建设”“仓场区块评建一体化”2 个项目进行了二次跟踪评价。其中，“帅垛区块评建一体化”为重点后评价项目，评定得分 93.10 分。

（石秀娟）

【综合统计】 2012 年，华东分公司先后编制上报《2011 年综合生产统计年报》《2011 年固定资产投资统计年报》《2011 年地质勘查年报》和 2011 年南京市统计局统计年报和定期报表；向中国石化发展计划部上报优秀统计论文、统计论文分析 2 篇；对基层单位进行统计工作内控检查。

2013 年，华东分公司先后编制上报《2012 年综合生产统计年报》《2012 年固定资产投资统计年报》《2012 年地质勘查年报》和 2012 年南京市统计局统计年报和定期报表；对基层单位进行统计工作内控检查。

（王春燕）

【定额造价】 2012 年，华东分公司定额造价开展了煤层气各项工程费用测算指标体系研究，配合中国石化造价中心编制了《煤层气井预算指标测算体系》；牵头组织勘探、开发等部门优化延川南煤层气规模开发施工方案，制定了建议价格标准；完成苏北石油工程价格体系修订工作；完成重点井分段压裂水平井投资和成本专题分析，提出降低投资成本的主要措施；开展华东分公司与江苏油田造价对标工作，了解江苏油田结算模式，借鉴先进管理经验。

2013 年，经华东石油局、华东分公司价格委员会审核通过并发布了《江苏工区钻井工程合同指导价(2013 年)》(华东股份〔2013〕16 号)、《华东石油局(技师学院)职业培训和技能鉴定服务收费标准(试行)》(华东石油〔2013〕51 号)，健全了华东石油局矿区(社区)服务收费价格；制定“延川南煤层气 5 亿立方米产能建设”投资控制标准；分析 2012 年以来实施的分段压裂水平井，提出成本优化的具体措施；完成了重点井南页 1 井、南页 1HF 井、长生 1 井钻井工程投资测算、预算及招投标工作；配合软件公司做好江苏地区典型井数据库建立工作。

（花志远）

【工程预结算】 2012 年，华东分公司通过集体会审结算了 13 批次共 16.86 亿元工程款。其中，物探二维 2 767.09 千米，结算额 2.41 亿元，三维 359.26 平方千米，结算额 1.98 亿元；钻井结算 189 口，进尺 38.44 万米，结算额 7.68 亿元；测井

198 口，进尺 38.52 万米，结算额 0.43 亿元，录井 196 口，进尺 38.16 万米，结算额 0.34 亿元，试油工程 412 口，结算额 4.02 亿元。

2013 年，华东分公司通过集体会审结算了 13 批次共 17.45 亿元工程款。其中，物探二维 1 640 千米，结算额 1.37 亿元，三维 216.05 平方千米，结算额 1.22 亿元；钻井结算 427 口，进尺 79.12 万米，结算额 12.46 亿元；测井结算额 0.61 亿元，录井结算额 0.45 亿元，试油工程 68 口，结算额 1.34 亿元。

（花志远）

【ERP 项目模块】 2012 年，华东分公司根据石化股份公司批次计划，ERP 项目模块建立了 36 个项目，共计 4 564 个 WBS。2013 年，ERP 项目模块建立了 37 个项目，共计 8 627 个 WBS 并对相应的 WBS 下达预算。在相关部门和各基层单位配合下，及时做好 ERP 账务处理，根据每个月的合同结算，组织分配各生产部门进行 ERP 线上操作，根据结算资料调整预算，批准、下达各部门的网络作业，接受服务采购订单，配合财务部门发票校验。解决各单位（部门）在 PS 模块上遇到的问题，确保石化股份公司投资计划下达与分公司实施工作的顺利进行，实现了年度计划与 ERP 项目模块的无缝连接。

（王兆红）

【业务知识培训】 2012—2013 年，华东分公司计划管理部门共有 4 人参加中国石化组织的投资统计和生产统计培训；2 名新进统计人员分别参加了地方统计人员从业资格培训与考核；9 名统计人员参加了南京市统计局年度统计继续教育培训与考试；组织华东油气田持有中国石化工程造价资格的 45 名从业人员进行集中培训、统一考核，完成了年度工程造价人员资质复检工作；2 名工作人员参加了中国石化石油安装工程造价从业资格培训。

（王春燕　潘万华）

【业务工作表彰】 2012 年，华东分公司被石化股份公司评为 2012 年度“投资统计报表先进单位”；2 篇统计论文获 2012 年度优秀统计论文分析二等奖；《非常规延川南区块 U、V 型井钻井工程造价分析》《煤层气井排采成本分析》分别获优秀造价论文一、二等奖；《帅垛区块评建一体化产能建设项目造价分析》获重点投资项目造价分析三等奖。

2013 年，华东分公司被石化股份公司评为 2013 年度“投资统计报表先进单位”；《台兴油田广山区块一体化产能建设项目造价管理报告》获石油工程造价管理优秀项目三等奖；《张家垛致密油藏水平井钻采成本分析》获重点投资项目造价分析成果三等奖。

（王春燕　潘万华）

华东分公司财务管理

【概述】 2012—2013 年，华东分公司财务处根据华东油气田年度工作会议的整体部署与分公司生产经营实际情况，按照中国石化内控制度及国家相关会计制度的要求，深入开展全面预算管理和推进全员成本目标管理工作，财务管理水平取得了长足的进步。2012 年，华东分公司共实现经营收入 16.21 亿元；总资产 39.14 亿元，其中固定资产净值 18.68 亿元，负债 21.19 亿元，资产负债率 54.14%。2013 年，华东分公司共实现经营收入 17.25 亿元；总资产 60.25 亿元，其中固定资产净值 26.58 亿元，负债 35.29 亿元，资产负债率 58.57%。

（赵　华）

【全面完成预算指标】 2012—2013 年，华东分公司严格按照石化股份公司下达的年度预算控制指标，加强成本控制，全面完成了年度预算指标。

2012年，华东分公司油气单位完全成本6 784元/吨，按预算口径还原后为6 154元/吨，控制在年度预算指标6 470元/吨之内；原油收入10.82亿元，亏损6.81亿元，按预算口径还原后亏损5.34亿元，亏损额控制在年度限亏指标5.65亿元以内。

2013年，华东分公司油气单位完全成本5 074元/吨，按预算口径还原后为4 675元/吨，控制在年度预算指标4 678元/吨之内；原油收入13.01亿元，亏损4.13亿元，按预算口径还原后亏损2.61亿元，亏损额控制在年度限亏指标2.64亿元以内。

（赵　华）

【区块目标管理】 2013年8月，按照石化股份公司油田事业部下发的《关于开展区块投入产出分析的通知》要求，华东分公司财务处组织编制了《华东分公司区块目标管理工作实施方案》，同时对现有19个已开发油田区块2012年底的储量规模、油藏类型、开发现状、经济效益等基础资料进行整理并开展了效益评价和分类，选取了台兴油田、洲城油田作为典型区块，对近10年的投入产出情况及未来8—10年的指标预测进行了专项投入产出分析并形成专项报告。同时会同工程部门对18个油田区块中的4个低效无效区块进行了专题投入产出效益分析，为后期深入开展区块投入产出分析及油田开发决策提供了有力的数据支撑，有利于油田后期开发效益的整体提升。

（赵　华）

【税务自查与筹划管理】 2012年3月5—14日，华东分公司财务处按照《关于开展油田企业生产自用成品油管理情况自查的通知》（股份工单油生〔2012〕64号）要求，派出专人配合销售处及华东石油局计财处分2个组赴江苏、新疆、山西等地对华东石油局、华东分公司2009—2011年自用成品油使用和管理情况进行了自查，对近3年自用成品油管理制度、采购计划、统计台账、使用台账等基础资料进行了检查，并形成相应检查报告。3月23日至4月5日，根据《关于开展税收风险自查工作的通知》（集团工单财〔2012〕12号）及《关于开展分公司税收风险自查工作的通知》（华东股份财字〔2012〕1号）文件要求，华东分公司先后组织人员对采油厂、研究院、物探院、吉林项目部等单位2008—2010年期间的增值税、消费税、营业税、资源税、房产税、土地使用税、印花税、个人所得税缴交情况进行了自查，并形成相应的自查报告。2013年，根据石化股份公司"营改增"上线安排，完成了测试系统脚本测试及正式系统上线工作。其中：5月完成2012年度企业所得税汇算清缴工作，取得税务师事务所出具的审计报告；6月根据省国税局的要求，将2012年的增值税按照预征税款和结算税款分类，顺利完成了华东分公司2012年度的增值税清算工作。

（赵　华）

华东分公司ERP应用达标暨登高计划培训班　（张卫民摄）

【资金集中管理】 2012—2013年，华东分公司严核资金审批手续，严控资金支付额度，完善资金内控流程，结合关联交易平台上线，通过与ERP、ATOM、TMS的系统集成，实现石化集团公司内部结算封闭运行，加强了资金的集中管理，有效保障了华东分公司生产经营工作的顺利进行。

（赵　华）

【ERP管理和培训】 2012—2013

年，华东分公司ERP管理和培训工作取得显著成效。2012年，华东分公司财务处为深化ERP系统应用，提升最终用户业务水平，组织业务培训4个班次，培训用户87人次。为提高支持人员及关键用户自身应用水平，ERP支持中心安排5批次、11人次用户参加石化股份公司组织的初、中、高级业务培训，强化了财务基础工作，促进了业务规范管理。同时，通过对投资计划实现在线控制、物资供应管理系统拓展应用等，进一步提升了ERP系统的管理成效。

2013年，华东分公司财务处组织业务培训7个班次，培训用户175人次。根据华东分公司页岩气、煤层气实现对外销售的经营要求，为建立非常规油气勘探开发业务财务管理体系，完善会计核算，华东分公司ERP支持中心积极与石化股份公司相关部门沟通，完成了页岩气、煤层气核算在ERP线上运行前的主数据建立、后台配置等前期准备工作。同年11月，华东分公司在石化股份公司油田事业部新一轮ERP现场达标检查中，取得了37.66分的好成绩(现场总分为38分)。

(赵　华)

【固定资产条码切换上线】 按照石化股份公司要求，华东分公司经过1年多时间的测试，固定资产条码转换工作于2012年3月8日正式实现切换上线，同时对转换前后的资产原值、折旧、减值准备等价值进行了认真核对，确保实物资产类别转换但价值不变，并且顺利通过一季度BW & BCS报表校验。

(赵　华)

【账务合并及划转】 2012年3月，在华东分公司财务处的组织下，资料信息中心与研究院顺利完成账务合并工作。2012年9月，完成工程院由华东石油局划转华东分公司管理后的财务体系构建和调整工作。目前上述2个单位财务体系调整后运行正常。2013年9月，根据华东石油工程专业化重组及矿区(社区)理顺内部管理体制的新要求，完成对重组后井下作业公司财务资产状况、人员情况的梳理，并制定了井下作业公司与采油厂的并账方案。同年3月，华东分公司财务处会同审计处、基地管理处等部门完成吉林项目部财务清结工作，同时配合吉林项目部完成了清结事宜相关的税务清查、档案转移和资产调拨等财务工作。

(赵　华)

【其他管理】 2013年，华东分公司财务处配合科技处、采油气工艺与装备处顺利完成国家863科研项目“二氧化碳驱油与封存关键技术研究”验收审计工作；配合非常规资源处完成了“矿产资源综合利用示范基地建设”“物探技术在煤层气勘探开发中的应用”年度财务审计工作。

(赵　华)

【机关降本减费】 2012年，华东分公司严格按照降本减费实施方案压缩非生产性支出，通过修订机关非生产性开支标准及实行部分费用包干等措施，全年非生产性支出实现降减574.77万元，完成年度指标295万元的195%。2013年，针对华东油气田机关部门和直属机构调整后的新情况，制定《国内差旅费管理暂行规定》(华东石财〔2013〕4号)，规范了机关日常费用报销渠道，明确费用归属及核算办法，加强了机关财务管理工作。为贯彻中央关于改进工作作风、密切联系群众和石化集团公司关于做好职务消费管理工作的要求，建立健全机关内部的约束和激励机制，华东分公司财务处会同有关部门对机关部门前5年及2013年1月—6月发生的办公费、会议费、差旅费、招待费、通讯费等进行了统计和分析，结合部门上报的年度费用建议，采用不同形式和系数进行测算，首次制定并出台了《华东油气田2013年机关部门费用承包预算方案》(华东股份财〔2013〕11号)。

(赵　华)

【业务工作表彰】 2012年，孙娟、周玮被被评为石化股份公司财务管理先进个人。2013年，王晓政、王仲春被评为石化股份公司财务管理先进个人。

(赵　华)

油气经销

【概述】 2012—2013年,华东油气田油气产量持续攀升,油气销售严格执行中国石化有关规定,以实现整体效益最大化为目标,求真务实,扎实工作,克服油气销售过程中的种种困难,积极应对严峻的市场环境,较好地完成了2个年度的油气销售考核指标。2012年,销售原油22.34万吨,销售收入10.82亿元;销售二氧化碳原料气25.52万吨,销售收入5 104.24万元。2013年,销售原油28.71万吨,销售收入13.01亿元;销售煤层气138.75万立方米,结算收入220.04万元;销售CNG成品页岩气108.26万立方米,结算销售收入226.20万元;销售二氧化碳原料气24.16万吨,销售收入5 870.07万元。2年原油销售商品率均为95.09%,油气货款回笼率100%,各类报表上报率、准确率100%。

(陈忠志)

苏北油区原油外销 (黄宝平摄)

【原油客户】 按照中国石化原油销售配置安排,华东油气田生产的原油前几年销售客户主要为金陵分公司、淮安清江石油化工有限责任公司、泰州石油化工有限责任公司、盐城联孚石化有限公司、无锡蓝星石油化工有限责任公司等企业。2012年4月,中国石化取消了华东油气田对金陵分公司的原油配置计划。2013年7月,由于清江石化设备检修,为保油田正常生产,增加扬子石油化工有限公司为华东油气田新的原油销售客户,当月下达并完成原油销售计划1.10万吨。

(陈忠志)

【原油交接计量】 2012—2013年,华东分公司原油交接采取"离岸交接"及"到岸交接"2种交接方式,其中扬子石油化工有限公司、淮安清江石油化工有限责任公司、泰州石油化工有限责任公司、盐城联孚石化有限公司、无锡蓝星石油化工有限责任公司等用户采取离岸交接,金陵分公司采取到岸交接。原油计量采用静态计量方法,通过金属罐检尺进行计量,供需双方代表现场签字确认实际交提数量。2013年12月底,华东分公司有常规原油外销点5个,分别为草舍联合站、腰滩联合站、洲城联合站,台南联合站、帅垛集输站。

(陈忠志)

【原油计量标准】 2012—2013年,华东分公司为使原油计量管理规范化、标准化,提高储运管理水平和经济效益,统一执行国家原油计量标准,执行标准分别为:《石油液体手工取样法》(BG/T 4756—1998)、《原油和液体石油产品密度实验室测定法(密度计法)》(BG/T 1884—2000)、《石油和液体石油产品温度测量法》(GB 8927—88)、《原油水含量测定法(蒸馏法)》(GB 8929—88)、《原油立式金属罐计量油量计算方法》(GB 9110—88)、《石油及液体石油产品立式金属罐交接计量规程》(SY 5669—93)、《原油天然气和稳定轻烃交接计量站计量器具配备规范》(SY/T 5398—91)、《石油计量表(原油部分)》(BG/T 1885—1998)。2013年9月29日,中国石化发布实施企业标准《自产原油》(Q/SH 0564—2013),标准重新明确了原油销售的相关交接指标,重点弥补了监控高沸点有机氯化物的缺陷。

(陈忠志)

【原油销售价格】 2012年1—3月,华东分公司原油销售挂靠国际原油(辛塔、杜里)价格,4月开始,原油销售改为挂靠国际原油(迪拜)价格,石化股份公司财务部按月下文公布,华东分公司严格执行财务部按月公布的价格,即新星江苏原油价格。2012年1月份,经与淮安清江石油化工有限责任公司多次协商,同意华东分公司腰滩油田所产原油统一执行石化股份公司按月公布的新星江苏原油价格,不再下浮40元/吨结算。

(陈忠志)

2012—2013年原油分月价格及销售量

项目/年度/类别/月份	销售价格/(元·吨)		销售量/吨	
年度	2012	2013	2012	2013
类别	新星江苏原油	新星江苏原油	新星江苏原油	新星江苏原油
1月	5 814	5 441	16 939	21 008
2月	6 004	5 487	15 777	19 608
3月	6 215	5 680	18 390	23 054
4月	6 297	5 389	17 833	22 854
5月	6 076	5 188	18 328	24 850
6月	5 590	5 054	18 326	24 354
7月	4 942	5 015	20 200	25 521
8月	4 978	5 142	19 786	25 514
9月	5 492	5 291	18 316	24 566
10月	5 738	5 462	18 311	25 723
11月	5 605	5 305	19 994	24 559
12月	5 462	5 258	21 236	25 515

(陈忠志)

【油款回笼】 2012—2013年,华东分公司为确保原油销售款及时回笼,在原油销售中严格执行中国石化内控制度及相关规定,制定"从量从价"的原则,针对用户的经济实力、信用程度、回款情况,及时进行信用度考核,建立用户信用等级档案,对中国石化系统外的炼油企业,采取先款后货的销售策略,确保不形成新的欠款,2年油款回笼率均实现100%,圆满完成石化股份公司下达的考核指标。

(陈忠志)

【生产自用油管理】 2012—2013年,华东石油局、华东分公司围绕保障生产、降本增效,累计供应油田生产自用成品油3.88万吨,其中2012年供应2.52万吨、2013年供应1.36万吨。2012年6月,停止供应西北工区使用生产自用成品油;

2012 年 11 月，停止供应东北工区使用生产自用成品油。2013 年，华东分公司外包技术服务施工队伍甲方供生产自用成品油业务逐步开展，7 月率先在延川南煤层气工区启动，11 月在江苏工区开始推行。

（陈忠志）

【煤层气销售】 2012—2013 年，在完成非常规气销售市场调研的基础上，经中国石化发展计划部、天然气分公司等部门协调确定延川南煤层气销售模式，前期主要依托天然气分公司的合资公司山西国化压缩天然气（CNG）母站进行外销，华东分公司供应原料气（0.15—0.20 兆帕），山西国化负责压缩处理及终端销售。2013 年 4 月 17 日，山西国化 CNG 母站一期设备（最大日处理量 1.70 万立方米）投运，延川南区块煤层气开始启动外销。2013 年，延川南煤层气区块共投入排采井 285 口，累计产气 1 786.17 万立方米（其中入网产量 1 081.59 万立方米），累计外销 138.75 万立方米，燃气发电自用 412.91 万立方米，放空燃烧 1 234.52 万立方米。当年已开票结算 129.44 万立方米，结算收入 220.04 万元（结算单价含税 1.70 元/米^3）。

（张　浩）

【页岩气销售】 2013 年 4 月，华东分公司启动彭水页岩气销售工作，模式为自建 CNG 母站销售 CNG 成品气（约 20 兆帕），气源主要依托彭页 HF－1井产气，销售客户为彭水县长欣天然气有限公司，终端供应彭水及周边地区 CNG 加气子站，保障出租车用气。2013 年，彭水页岩气产量 415.16 万立方米，放空燃烧 306.89 万立方米，CNG 成品气销售量 108.26 万立方米，销售价格 2.09 元/米^3（含税），当年已开票结算气量 108.23 万立方米，结算销售收入 226.20 万元。

（张　浩）

【二氧化碳原料气销售】 2012—2013 年，华东石油局累计销售二氧化碳原料气 49.68 万吨，销售价格 200 元/吨，累计销售收入 10 974 万元。其中：2012 年销售二氧化碳原料气 25.52 万吨，销售收入5 104.24万元；2013 年销售二氧化碳原料气 24.16 万吨，销售收入 5 870.07 万元。

（陈忠志）

【非常规气计量标准】 2012—2013 年，华东分公司为使计量管理规范化、标准化，提高天然气销售管理水平和经济效益，统一执行国家天然气计量标准，执行标准分别为：《用气体超声流量计检测天然气流量》（BG/T 18604—2001）、《用气体涡轮流量计测量天然气流量》（BG/T 21391—2008）、《天然气的组分分析气相色谱法》（BG/T 13610—2003）、《天然气发热量、密度、相对密度和沃伯指数计算方法》（BG/T 11062—1998）、《天然气水露点测定冷却镜面凝析湿度计法》（BG/T 17283—1998）、《天然气取样导则》（BG/T 13609—1999）、《天然气计量系统技术要求》（BG/T 18603—2001）、《气体分析　校准用混合气体的制备称量法》（BG/T 5274—1985）。

（张　浩）

华东石油局计划财务管理

【概述】 2012—2013 年，华东石油局计划财务部门认真履行各项管理职能，在参与组织实施石油工程专业化重组和矿区（社区）管理体制调整工作的同时，确保计划财务各项管理工作有序平稳运行，较好地完成了华东石油局确定的年度各项生产经营任务目标。其中，2012 年实现生产经营总收入7.60亿元，利润总额1 032万元；完成计划投资2.74亿元；年末总资产12.90亿元，负债3.80亿元，资产负债率29.50%。2013年实现生产经营总收入5.20亿元，利润总额1 100万元；完成计划投资1 236万元；年末总资产11.10亿元，负债2.07亿元，资产负债率18.60%。

2013年3月，根据华东油气田管理体制与经营业务调整后的新要求，成立华东石油局财务资产处和计划经营处，其中财务资产处负责局资金、预算、核算、税务、资产等管理工作，计划经营处负责局发展战略、规划计划、市场开拓、经营性业务等管理工作。

（盖　阔）

【固定资产投资】 2012年，华东石油局共安排投资44 296万元，其中石化集团公司拨款15 571万元。当年新批复非安设备投资项目5个，投资总额14 092万元；当年批复计算机信息项目3个，投资总额430万元，当年下达360万元。根据年度前期投资计划以及项目执行进度，合理编制2012年4批次投资建议计划并跟踪执行，计划投资额4.43亿元，全年完成2.74亿元，完成率达61%。

华东石油局、华东分公司财务决算、预算会议　（张卫民摄）

2013年，华东石油局共安排投资1 280万元，完成投资1 236万元，其中石化集团公司拨款210万元。当年新批复基建项目4个，投资总额89 530万元，分别为华东石油局办公科研中心项目、石油高级技能培训中心学员宿舍、食堂改造项目、华东石油局老旧小区改造项目、特车后勤服务基地建设项目。

（于　扬）

【重点投资项目管理】 2013年，华东石油局财务资产处、计划经营处配合南京金融城公司做好华东油气田办公科研中心项目施工图设计，加强与中原油田建筑设计院、北京建设设计院的联系，结合实际需求，及时向金融城公司提交项目施工图设计反馈意见，并跟踪意见整改和调整情况；2013年6月26日，调整了华东石油局办公科研中心项目领导小组；建立办公科研中心项目建设进展情况月报机制，及时跟踪项目建设进展情况，当年共编制项目建设进展月报9期。

（于　扬）

【预算执行控制】 2012—2013年，华东石油局根据不同单位生产经营特点，结合石化集团公司预算规定，编制上报了《年度企业财务预算》《年度中央财政预算》《年度中央财政住房改革支出预算》报告，并对预算目标进行了分解下达。根据石油工程队伍专业化重组整体安排，按以零为基础预算方法，重新编制了2012年、2013年华东石油局年度财务预算。完善了《华东石油局预算管理办法》，建立了“月度预算执行通报”制度，重点关注收入、效益的同时紧抓“应收账款、其他应收款、存货、预付账款、带息付债规模”等资金指标的考核，对月度预算执行情况进行通报，揭示预算执行过程中的问题，促进了预算质量的提高，在2013年度石化集团公司预算考评中2次获得流动红旗。对编制与执行效果较差的单位，开展预算专题分析，促进了财务预算管理水平的提升。加强预算闭环管理，按月通报各单位预算执行情况，加强经济活动分析，使预算的引导作用更加凸显。研究出台了职工体检、住队医生、环境检测内部定额结算标准，规范了内部服务收费机制。

（盖　阔）

【全员成本目标管理】 2013 年，华东石油局根据石油工程专业化重组以及矿区（社区）体制调整的新情况，遵循各业务板块要求和运行特点，按照“资源共享、整体运行”的原则，理顺管理体制与运行机制，建立健全科学的预算指标与管理体系。局计划财务部门在充分调研的基础上，起草制定了《油田矿区（社区）全员成本目标管理实施方案》试行意见，结合全面预算管理和全员成本目标管理专项提升活动，完善矿区（社区）全面预算管理机制。以加强后勤管理、提升服务质量、理顺管理体制、控制管理成本为引导，完善局预算管理体系。认真贯彻落实中央“八项规定”要求，加强办公、差旅、会议、招待费管理，落实局机关部门费用。针对局保障性、公益性业务单位特点，建立健全文教卫、物业服务、非在职人员等补贴管理办法和会计核算管理办法，重新修订了《华东石油局、华东分公司、华东石油工程公司境内差旅费管理规定》（华东石财〔2013〕4 号），全年局差旅费、会议费、招待费同比下降 2.90%、30.58%、45.61%。

（盖　阔）

【资金集中核算管理系统】 2012—2013 年，华东石油局严格资金收支审批程序，按日办理资金结算，严控资金线下支付，保障全局资金运行渠道畅通。2012 年，通过中国石化财务公司收款 3 738 笔，收款金额 441 285 万元，集中度为 94.40%；通过中国石化财务公司付款 9 010 笔，付款金额 450 327 万元，集中度为 92.30%。2013 年，通过中国石化财务公司分账户收款 2 821 笔，付款 3 229 笔，收入集中度 87%，支出集中度 85%。月末外部银行余额均控制在指标之内，资金管理精细化程度显著上升，规范化程度明显提高。2012 年，中国银行、农业银行、工商银行、建设银行开通银企直连，实现企业和银行系统联动，提高了工作效率和资金管控程度。做好资金日常管理的基础工作，严格资金收支审批程序，保证资金日清月结。资金收入计划符合率达 99%，资金支出计划符合率 95%。

（盖　阔）

【会计核算】 2012 年，根据石化集团公司统一安排，华东石油局完成了会计集中核算系统固定资产模块上线工作，获得石化集团公司优秀单位称号。根据石油工程专业化重组工作整体安排，完成了华东石油工程公司、物探华东分公司和华东石油局分建账管理工作。根据中央“八项规定”的有关要求，制定出台了《华东石油局、华东分公司机关业务招待费管理规定》（华东石油财〔2012〕165 号）、《华东石油局、华东分公司机关会议费管理规定》（华东石油〔2012〕166 号），规范机关报销制度，稳步推进制度建设。2013 年，根据矿区（社区）体制调整的新情况，完成了华石公司和南京工程建设中心并账、社区管理中心建账、扬州办事处分账等管理工作，积极推进会计核算办法细化工作，制定出台《华东石油局机关会计核算办法》（华东石油财〔2013〕14 号）、《关于调整离退休费用管理的若干规定》（华东石油〔2013〕182 号）。全面开展资产清查工作，摸清固定资产分布、新旧程度、产权归属等基本信息，深入分析资产的创收创效能力，分门别类开展资产盘活工作。

（盖　阔）

【降低企业税务风险】 2012 年，华东石油局申请抵免税款 1 192 万元；通过规范科研经费的加计扣除和所得税汇算清缴，完成加计扣除所得税费用 489 万元；及时填报石化集团公司下达的成品油退税申报表，全年申报并取得退税金额 3 014 万元。2013 年，按照事先梳理出的税收风险点，开展税务风险自查，降低企业纳税风险。全年所得税缴纳 990 万元，并协助华石公司做好成品油的退税工作。

（简玉磊）

【节能降耗管理】 2012 年，华东石油局通过召开节能工作会议，制定节能目标计划，将节能目标层层分解落实，加强节能新工艺、新技术的研究、应用，开展节能论文交流，组织开展节能培训、节能宣传活动，确保了各项节能目标任务的完成。全年累计消耗各类能源折合 72 730 吨标煤，企业万元产值综合能耗 0.282 吨标煤；工业万元产值综合能耗 0.425 吨标煤，较年度考核指标 0.427 吨标煤/万元下降 4%。

2013 年，华东石油局矿区板块累计消耗各类能源折合 2 842.07 吨标煤，企业万元产值综合能耗0.065吨标煤，比年度考核指标 0.07 吨标煤/万元下降 7.14%；工业万元产值综合能耗 0.19 吨标煤，比年度考核指标 0.219 吨标煤/万元下降 13.24%。组织开展了华东石油局 2012 年度碳盘查，编制完成了碳排放统计表、温室气体盘查综合控制程序、温室气体排放盘查报告书。配合 SGS 公司完成了石化集团公司统一安排的 2011 年度碳核查。

（李海燕　于　扬）

【综合统计管理】 2013 年，华东石油局计划经营处成立后，统计业务纳入部门职责范围，为满足统计业务管理要求，先后选派 3 人次参加了石化集团公司组织的统计报表制度以及信息管理系统培训，顺利推进业务衔接。为适应石油工程专业化重组以及矿区管理体制调整要求，针对华东石油局矿区（社区）业务特点，重新修订了《华东石油局综合统计报表制度》。

（于　扬）

【产权上线登记】 2012 年，华东石油局按照中国石化的统一部署，对局本部及所属单位组织了产权系统上线登记工作，根据《对外长期股份投资情况表》全口径逐项核实应纳入产权登记系统的项目、户数并填报《产权登记核实情况表》，及时完成了相关数据的补录和系统上线工作，为提升产权管理水平夯实了基础。

（盖　阔）

【债权清理】 2012 年，为加快资金周转，防范债权风险，华东石油局根据石化集团公司《关于 2012 年应收款项清理工作的通知》（集团工单财资〔2012〕54 号）要求，对应收款项清理指标逐项进行了分解落实，全年使用承兑对外支付 8 000 万元，节约财务费用约 120 万元。截至当年末，全局外部应收账款 3 045 万元；其他应收款 3 333 万元，均降至历史最低水平，债权清理工作得到石化集团公司的肯定。全年使用承兑对外支付 8 000万元，节约财务费用约 120 万元。2013 年末，局外部应收账款收回 356 万元，使用承兑汇票 100 万元，财务费用同比下降 67 万元。

（盖　阔）

【业务知识培训】 2012 年，华东石油局计划财务人员通过多种途径参加各类业务知识培训达 540 多人次，对《企业会计准则》《税法》《内控制度》和相关规章制度进行了比较系统的培训学习。2013 年，华东石油局举办了会计集中核算系统运用培训与全面预算管理研讨班，重点对资金管理与核算岗位业务人员进行了针对性培训。同时派员参加了石化集团公司统计、资金、集中核算培训和南京市统计工作继续教育培训学习。局财会人员每年均参加继续教育培训学习。

（盖　阔）

【业务工作表彰】 2012 年，华东石油局被评为石化集团公司“固定资产模块上线工作优秀单位”、石化集团公司 2012 年“统计工作先进单位”、南京市建邺区 2011 年度“纳税十强企业”、南京市建邺区 2012 年度“纳税五强企业”。2013 年，张松被评为石化集团公司“财务报表先进个人”，简玉磊被评为局“财务工作先进个人”。2012 年向石化集团公司推荐上报财务管理分析论文 5 篇，其中 3 篇论文获得奖项，向中国石化统计协会推荐论文 3 篇，其中 2 篇获得奖项。

（盖　阔）

华东工程公司计划财务管理

【概述】 2013年是华东工程公司独立运行的第一年。财务计划部门紧紧围绕提升发展质量和效益的中心任务，贴近实际、创新管理、积极稳妥地安排和推进全年计划财务管理工作，保障了华东工程公司经济整体平稳运行。全年实际收入15.81亿元，完成年度预算目标的108.43%，实现账面利润2 592万元，还原考核利润5 480万元，完成预算目标的101.48%；年末资产总额17.09亿元，负债总额8.87亿元，资产负债率51.90%。

（唐海洋　吴仕峰）

【固定资产投资】 2013年，华东工程公司根据"十二五"发展战略，牢固树立投资回报理念，严格控制固定资产投资、突出投资效益，注重投资回报，优化投资项目，统筹安排非安装设备投资计划，全年安排计划投资5 912万元，其中非安装设备投入5 262万元，属于石化集团公司拨款1 579万元，新上项目2个、投资额3 549万元。

（尤仁娟）

【预算管理】 2013年，结合华东工程公司实际，完善了财务预算表式和编制要求；以零为基础预算模式对华东工程公司机关管理部门主要费用预算目标进行了测算、分解和下达；按时完成中石化石油工程技术服务有限公司年度财务预算的编制、对接和分解下达；结合财务自查自纠要求，对部分重点控制费用预算进行了调整并下达。

（陈学兵）

【资金管理】 2013年，华东工程公司严格资金收支集中审批程序，严控资金线下支付。全年通过财务公司收款1 127笔，收款金额184 924万元，集中度为99%：通过财务公司付款4 034笔，付款金额161 913万元，集中度为86%，较资金分散管理平均减少资金占用5 000万元；争取中国石化盛骏国际投资有限公司贷款3 500万美元，同比人民币贷款节约利息支出660万元，取得汇兑收益620万元。

（宋文升）

【财务管理】 2013年，华东工程公司编制完成了加蓬项目2006—2012年经营情况分析报告；配合石化集团公司专业化重组审计小组完成了石油工程重组审计；完成了财务决算前的各项准备工作，保质、保量地完成了年度财务决算报告；结合中国石化和石油工程技术服务有限公司资金、业务核算的要求，开展了财务专项大检查，并针对资金、预算、核算、税务等业务管理需要，进行了专项培训。

（唐海洋　吴仕峰）

【税务管理】 2013年，华东工程公司根据石油工程队伍专业化重组要求，先后完成了六普钻井分公司、测井分公司、固井分公司、录井分公司、西部分公司的工商、税务、银行登记和变更；完成了劳务发生地国税、地税的税务登记；完成了企业所得税等汇算清缴；完成了生产自用成品油的退税等工作。

（吴　勇）

【制度建设】 2013年，结合华东工程公司管理要求及发展规划，以提高投资回报，规范开支标准，完善会计核算，突出发展质量和效益为导向，先后修订完成了《固定资产管理暂行办法》（华东石油工程〔2013〕26号）、《西部分公司财务管理及会计核算办法》（华东石油工程〔2013〕65号文）、《差旅费管理办法》（华东石财〔2013〕4号）、《安全生产基金管理及会计核算暂行办法》（华东石油工程〔2013〕27 号)、《财务综合管理考评办法》(华东石油工程〔2013〕36 号)等内部管理制度。

(唐海洋)

【综合统计】 2013 年 10 月,为了更好地满足石化集团公司、中石化石油工程技术服务有限公司对重组后统计工作的要求,华东工程公司结合自身情况,修改了原《综合统计报表》表式、指标等,把 2 套统计报表上报要求融合成 1 套报表,简化了工作量,提高了上报效率和上报质量。制定修改了统计分析模板,规范了月度、季度、年度的统计分析。

(尤仁娟)

【业务工作表彰】 2013 年,华东工程公司在石化集团公司开展的财务核算及报表业务"月度流动红旗"评比活动中,连续 5 个月获得"月度流动红旗";在石化集团公司统计工作评比中,获"统计工作先进单位"称号。

(吴仕峰)

装备管理

【概述】 2012—2013 年,华东油气田装备管理部门围绕建设"百万吨油气田"战略目标和提高生产经营工作的"质量与效益"、确保"安全与环保"2 个重点,在设备管理工作实践中,进一步解放思想,转变观念,理清思路,大胆实践,以提高设备管理水平为核心,坚持增量优化与存量挖潜相结合,突出重点设备与改善结构相结合,专业管理与全员参与相结合的原则,加强设备的精细化管理,推进设备管理体系有效运行,较好地完成了常规和非常规油气勘探开发所需设备的更新改造任务,强化了设备的现场管理,以良好的设备状态有力地保障了生产经营目标任务的完成。

(祝　莹)

【主要设备状况】 2012 年,华东石油局、华东分公司共有各类设备 6 539 台(套)。其中,物探主体设备 428 数字地震仪 8 套;石油钻机 25 台、顶驱 4 台;主要测井设备 27 台;综合录井仪 23 台;固井水泥车 17 台;注采设备 494 台(套)。

2013 年,华东石油局、华东分公司、华东工程公司共有各类设备 6 689 台(套),比 2012 年增加 150 台(套)。其中,石油钻机 26 台、顶驱 5 台;主要测井设备 29 台;综合录井仪 23 台;固井水泥车 18 台;注采设备 610 台(套)。

华东石油局　华东分公司　华东工程公司 2012—2013 年设备状况

金额单位:亿元

年份	数量/台(套)	完好率/%	利用率/%	设备原值	设备净值	新度系数
2012 年	6 539	99.47	93.21	18.47	11.27	0.61
2013 年	6 689	99.56	92.57	20.29	12.37	0.61

(祝　莹)

【重大设备引进】 2012—2013 年,华东油气田严格按照石化集团公司和石化股份公司投资计划安排和集中采购招标要求,重点组织了以研究院实验室化验分析与实验测试仪器为主的设备引进工作。其中:2012 年,引进了高压压汞孔隙测定仪 DVVA 4000、IB-09020CP 氩离子抛光制样设备、离子色谱仪戴安(ICS-1100、2100)3 台实验设备,共计 409 万元。2013 年,为研究院持续引进了包括页岩基质渗透率测试仪等用于煤层气和页岩气测试用仪器 7 台,共计 1 004 万元。

(祝　莹)

【非安装设备投资计划】 2012 年,石化集团公司批复华东石油局非安装设备投资计划 1.88 亿元,41 台(套),重点是为页岩气勘探开发所需的 2500 型压裂设备 1 套。同年,石化股份公司下达华东分公司非安装设备投资计划 3 200 万元,67 台(套)。包括为非常规油气勘探开发生产配套的小型设备 705 万元;研究院实验室配套设备 10 台(套),418 万元;采油厂采油作业生产配套设备 33 台,1 633 万元,其中 35 兆帕带压作业装置 1 台,245 万元。

2013 年,中石化石油工程技术服务有限公司批复华东工程公司非安装设备投资计划 4 477 万元。实际完成 3 491 万元。主要有钻井定向仪器 LWD/MWD、康明斯柴油发电机组、5700 测井井下仪器等。同年,石化股份公司下达华东分公司非安装设备投资计划 3 500 万元。其中,含延川南煤层气开发项目购入 500 千瓦天然气发电机组 9 台,2 300万元,用于自发电网供电以及采油厂新进油管自动装卸车等勘探开发生产配套装置和井下作业有关设备和仪器。同年,石化集团公司批复华东石油局非安装设备投资 456 万元。

(祝　莹)

【设备维修】 2012 年,华东石油局、华东分公司共下达设备修理计划 2 038 台(套),3 459.20 万元;实际完成 1 540 台(套),3 405.39 万元。其中,华东石油局下达计划 839 台(套),2 634.30 万元;实际完成 920 台(套),2 692.92 万元。华东分公司下达计划 1 199 台(套),824.90 万元;实际完成 620 台(套),712.47 万元。

2013 年,华东油气田共下达设备修理计划 760 台(套),2 792.35 万元;实际完成 777 台(套),2 834.35 万元。其中,华东石油局下达计划 103 台(套),407.65 万元;实际完成 124 台(套),307.99 万元。华东分公司下达计划 376 台(套),815.90 万元;实际完成 351 台(套),749.43 万元。华东工程公司下达计划 281 台(套),1 568.80 万元;实际完成 302 台(套),1 776.93 万元。

(祝　莹)

【设备报废】 2012 年,华东石油局、华东分公司报废设备 328 台(套),报废设备原值 2 067.80 万元,净值 103.47 万元。2013 年,华东油气田报废设备 387 台(套),报废设备原值 3 984.04 万元,净值 264.62 万元。

(祝　莹)

【设备管理制度】 2012 年 9 月,按照《中国石化制度管理办法》(中国石化企〔2011〕395 号)规定和相关专业设备管理制度的要求,结合设备管理工作实际,在充分调研和多次讨论的基础上,编制完成华东石油局、华东分公司《井控设备检测、检查与维修管理办法(讨论稿)》。10 月,编制下发华东石油局、华东分公司《设备管理技术手册》,为进一步指导设备管理工作,提升现场设备管理水平提供了依据。

2013 年 4 月 17 日,为加强井控设备管理,保障井控设备安全,以《钻井井控技术规范》(SY/T 6426)为依据,在广泛查阅国家、行业及企业标准有关规定和充分学习吸收兄弟单位油气井井控设备相关做法的基础上,制定下发了华东分公司、华东工程公司《井控装备检查、维修与检测管理办法》(华东股份〔2013〕22 号),规定并细化了江苏工区各型石油钻机井控设备检测(修)周期,确保了井控设备检维修业务和流程有章可循。同时,结合安全和设备检查向江苏工区钻井承包商进行宣传推广;督促泰州检测站建立检测(修)制度、完善检测(修)流程、建立检测(修)档案等基础工作,使井控设备的检测(修)工作逐步走向规范。6月4日，针对石油工程专业化重组后设备管理职能分工和管理流程的变化，及时修订下发华东油气田《设备管理办法》（华东石油〔2013〕90号），对设备投资论证、技术选型、技术改造直至报废等全过程管理进行了规范。6月17日，针对近几年设备修理业务在计划提报、外修审查、过程监督和质量认定中出现的问题，修订下发华东油气田《设备修理管理制度》（华东石油〔2013〕93号），严格了设备修理管理要求，规范了设备修理行为。

（祝　莹）

【设备检查】 2012年4月12—16日，石化集团公司设备检查组对华东石油局、华东分公司7个二级单位和11个基层单位的设备管理状况进行了检查，在肯定了“点项管理法”“三化三零”“红旗设备竞赛”和“互帮互助”活动等成功经验的基础上，查出存在问题和隐患45项，华东石油局、华东分公司逐一制定了整改和处理措施。

2012—2013年，华东油气田继续坚持一年组织2次设备检查的制度，分别在每年的上半年与下半年对主要生产工区组织设备专项检查。二级单位每年同步在春、冬两季开展设备隐患自查和整改情况总结汇报。通过常态化、持续化的设备检查与隐患治理，使设备管理工作逐步由粗放式管理向“精细化管理”转变。

（祝　莹）

【老旧设备更新改造】 2012—2013年，华东油气田设备更新改造主要围绕“节能降耗、提高设备运行效益”和“排除隐患、保证设备本质安全”来开展：① 及时更新达到或接近报废年限、油耗高的老旧设备。先后对六普钻井分公司已多次大修但仍功率不足的14台（套）大马力柴油机、西北工区70861井队的井控设备、70829井队F－1300泥浆泵、测井公司自然伽马、数字声波、磁定位井下仪器等设备进行了更新改造，不仅满足了生产需要，确保内外部工作量顺利完成，而且降低了运行能耗，设备保障能力得到了有效提升。② 针对存在安全隐患的设备，重点实施了技术改造。先后对江苏和西北工区5支钻井队钻机主刹的带式刹车系统，实施盘式刹车系统升级改造。由于每台钻机生产厂家、制造年代和机械结构不同，盘刹改造技术方案差异较大。设备管理技术人员与原生产企业技术人员利用生产间隙跑现场、查资料、加班加点完成了现场测绘、原图比对及数据核算等大量准备工作，为下一步顺利实施改造打下了良好的技术基础。

（祝　莹）

石化集团公司设备检查组在采油厂查看设备　（傅仕丽摄）

【关键设备售后保障服务】 2012—2013年，装备管理部门在提高设备后期管理水平，建立良性互动售后服务关系上取得显著成效。2012年9月，组织江汉四机厂、南阳二机厂及四川宏华石油设备有限公司3家主力设备供应商召开了首次设备售后保障措施协调会。2013年8月，再次召集上海神开、大庆景宏、胜利孚瑞特等7家设备供应商召开了设备售后保障措施协调会。2次协调会议针对华东油气田设备现状及工区施工特点，就如何做好设备售后服务和技术保障工作进行了深入讨论和商议，进一步细化了供需双方的保障措施及操作流程。各参会供应商均按照会议要求及时做出了积极响应，不仅对设备使用过程中出现的问题回复了处理方案，而且根据华东油气田工区分散的特点，反馈了备品备件储备方式、设备故障应急处理及预案等措施建议，为加强设备后期管理探索了一条新路。

（祝　莹）

【设备管理工作会议】 2012 年 12 月 30—31 日，华东石油局、华东分公司在泰州采油厂召开了年度设备管理工作会议，总结设备管理一年来的工作，部署次年工作安排，采油厂、六普大队等 4 个单位在会上作了交流发言。

（祝　莹）

【设备管理培训】 2012 年 8 月 13—15 日，华东石油局、华东分公司装备管理部门在扬州举办了“设备润滑管理”专题培训班，邀请长城润滑油泰州石油公司及江苏油田油品监测站的专家进行授课，重点对设备润滑及润滑管理的重要性、润滑油（脂）基础知识、石油行业设备特点及现存润滑管理中的误区与不足、润滑管理的流程及主动维护、油液监测技术在油田企业的应用、润滑油产品介绍、润滑案例分析 7 个方面进行了授课并进行了综合考试。有关基层单位设备科长，井、分队设备主管队长、工长、大班等共 55 人参加培训。

2013 年 7 月 28 日，针对石油钻井顶驱装置利用率不高、现场操作能力低等问题，邀请大庆景洪石油机械厂专业技术人员到六普钻井分公司 50520 井队举办了 2 期“顶驱装置使用与维护”培训班，江苏工区相关钻井队 22 人参加培训。使该设备在提高钻井效率，降低施工风险等方面的优势得以发挥，提高了钻井队有效使用顶驱装置的积极性。

2013 年 9 月 11—15 日，针对延川南煤层气产能建设规模大、区域广、装备新的特点，会同非常规指挥部在排采二队现场举办了“抽油机、燃气发电机组、柴油机使用与维护”专题培训班。邀请中油天工机械有限公司、郑州佛光发电设备有限公司及潍坊柴油动力机厂的专家授课，对非常规指挥部 3 个排采队近 30 名设备使用人员进行了基础理论、操作要领和现场测试等多种形式的培训。这种师资与学员对接、理论与实践对接、管理与现场对接的方式，对学员学习和了解排采设备操作使用、维护保养以及常规故障的排除起到了较好的传帮带作用。

（祝　莹）

【业务工作表彰】 2012 年，华东分公司采油厂被评为中国石化“设备管理先进基层单位”，祝莹、朱军、刘鹏 3 人被评为中国石化“设备管理先进个人”。在 2012 年华东石油局、华东分公司年度设备使用管理评比中，4 个二级单位被评为“设备管理先进单位”，7 个基层单位被评为“设备管理先进基层单位”，61 台（套）设备评为年度“红旗设备”，26 名设备管理先进个人受到表彰。在 2013 年华东油气田年度设备使用管理评比中，3 个二级单位被评为“设备管理先进单位”，6 个基层单位被评为“设备管理先进基层单位”；57 台（套）设备评为年度“红旗设备”；21 名设备管理先进个人受到表彰。

（祝　莹）

安全环保职业卫生管理

【概述】 2012—2013 年，华东油气田认真落实石化集团公司 HSE 工作部署，牢固树立“安全高于一切、生命最为宝贵”的理念，按照“更加突出安全和环保”的工作要求，持续开展隐患排查治理，层层落实安全生产责任制，以HSE管理体系有效运行为主线，扎实开展“安全管理提升”活动，着力推进安全生产标准化达标建设，强化现场直接作业环节的监管，推进现场作业HSE管理精细化、标准化、规范化，保持了安全生产、清洁生产的良好局面。2012年华东石油局、华东分公司被石化集团公司评为“环境保护先进单位”；2013年，首次被石化集团公司评为“安全生产先进单位”；2012—2013年，连续2年评为江苏省“非煤矿山安全生产先进集体”，为实现早日建成百万吨油气田战略目标，提供了安全稳定的工作保障。

（赵大卫）

【分解落实年度HSE目标任务】 2012—2013年，华东油气田继续采取制定年度HSE工作要点、召开年度HSE工作会议、修订完善HSE目标责任考核指标与风险抵押金指标、签订HSE工作责任状等多种形式，部署安排年度HSE工作，分解落实HSE工作目标任务。通过上述措施，进一步增强了各级领导认真履行职责的责任意识和担当意识，促进了全体员工自觉关心与参与安全生产、环境保护的积极性与主动性。2013年，石油工程专业化重组后，华东石油工程公司及时成立了HSE委员会，明确了HSE管理职责，对全年HSE工作进行计划安排，并分解落实了环境保护、职业卫生、节水减排等年度任务目标和考核指标。

（赵大卫）

【推行HSE监管新模式】 2012—2013年，华东油气田针对施工队伍点多、面广、线长、分散的特点，按照“一个整体、分立运行、统筹兼顾、共同发展”和“一体化运行、专业化管理”原则，不断探索HSE监管体制和机制，坚持在改革过程中同步推进HSE工作，进一步强化内外部市场的安全监督管理。同时推行“有感领导、直线责任、属地管理”3种管理理念，落实“领导层、管理层和基层员工”三级安全责任的责任安全管理新模式，做到相互关联，相辅相成，不可分割，构建横向到边、纵向到底的责任安全体系，形成“领导重安全、人人讲安全、全员抓安全”的良好工作态势。

（赵大卫）

【完善HSE考核体系】 在2012年考核评比的基础上，2013年华东油气田依据《安全环保监督管理考核办法》，将公共安全、职业卫生、交通安全、消防安全纳入考核范围。坚持管理考核与事故考核相结合、日常管理与集中检查相结合，对各单位日常监督管理工作实现了季度考核公示、半年综合考核，保障了安全环保各项规章制度的落实。

2012年，华东石油局、华东分公司按照2011年HSE考核结果，对19个二级单位进行了抵押金考核兑现工作，兑现金额共计140万元。2013年，华东油气田修改了HSE绩效考核办法，HSE结果绩效权重上提至70%，管理绩效权重占30%，体现了“三分形式，七分内容”的原则，使HSE考核更趋合理，并对18个二级单位(包括项目部)组织了HSE绩效考核。

（赵大卫）

【关键装置要害部位领导承包制】 2012年，华东石油局、华东分公司重新界定明确了21个关键装置和要害部位，要求从落实制度、完善预案、加强培训等方面抓好关键装置要害部位的安全管理，对关键装置和要害部位实行挂牌管理并分别进行领导承包。2013年，按照制度严密、贴近生产、便于操作的原则，以危害识别、风险控制为核心，对30个安全关键点进行全面危害识别，并逐项制定防范措施。同时，各关键装置和要害部位承包人及时到承包点开展活动，并对关键装置要害部位的运行进行监控。通过各承包人定期到承包点开展安全活动，及时指导解决关键装置和要害部位存在的问题，有力地促进了关键装置和要害部位的安全平稳运行。

（赵大卫）

【安全生产标准化建设】 2013年，根据国家安全监督总局《关于进一步加强非煤矿山安全生产标准化建设工作的通知》(安监总管〔2011〕104 号)及《关于推进石油天然气企业安全生产标准化建设工作的通知》(苏安监〔2013〕60 号)和石化集团公司有关要求,华东油气田将“安全生产管理提升活动”作为全年的重点工作进行了部署。印发了《安全生产管理提升实施方案》(华东石油〔2012〕244 号),明确管理提升活动指导思想、活动重点、活动目标、活动安排、保证措施。所属各单位结合自身生产实际,在安全生产管理领域内全面开展自查自纠和管理诊断工作基础上,制定了本单位安全生产管理提升实施方案。在组织开展安全标准化建设活动中,采油厂与物探、钻井、录井、测井、固井、井下作业等工程作业单位均通过了江苏省安监局组织的安全标准化建设二级达标验收。其中,液碳公司因生产的特殊性已于 2010 年 12 月取得江苏省安全生产标准化达标Ⅱ级资质。

(赵大卫)

【季节性安全检查与监督】 2012—2013 年,华东油气田坚持每季度召开 HSE 委员会工作会议,根据季节特点提出具体 HSE 防范要求,并对安全环保工作出现的问题进行分析研究,确定解决方案。在季节性安全生产中,华东油气田领导亲自组织带领有关部门对各工区、各单位进行抽查和检查指导。各二级单位领导亲自带队深入到物探、钻井、作业等施工现场,指导与监督检查 HSE 工作,严密防范各种安全环保风险。同时,机关带头健全应急管理和值班值守制度,提升应急处置能力,并要求各二级单位和基层单位每天必须有一名领导值班,加强安全环保信息的报送工作。

(赵大卫)

【完善 HSE 管理制度】 2012—2013 年,华东油气田对石化集团公司 2011 年以来新颁发的 52 个 HSE 管理制度进行了整理汇编并下发基层;同时联系实际制定了《在作业现场禁止使用手机的规定》(华东石油〔2012〕260 号)、《井控装备检查、维修与检测管理办法》(华东股份〔2013〕22 号)、《关于加强境外公共安全培训管理的通知》(华东石油工单〔2013〕32 号)、《关键装置要害部位领导承包安全管理规定》(华东石油〔2013〕77 号)等安全管理制度,修订了《机动车驾驶员安全管理规定》(华东石油〔2013〕45 号)、《驾驶员评估标准》(华东石油〔2013〕44 号)等有关制度。

(赵大卫)

【HSE 教育培训】 2012 年,华东石油局、华东分公司在企业内部共举办清洁生产、专职安全监督管理员、公共安全、职业卫生等各种业务技能培训班 13 期,先后对 553 名管理人员进行了业务培训,外送培训 7 人。全年组织井控培训 5 988 人次,其中有 22 名处级领导干部分别在江苏扬州和河南郑州两地参加了井控安全培训。为加强对承包商的 HSE 管理工作,非常规指挥部组织对 9 支承包商队伍近百余人进行了 HSE、井控和清洁生产等相关内容的培训。同时,华东石油局、华东分公司安全环保部门编印“HSE 工作简报”21 期,对各单位在 HSE 管理工作中的先进经验重点进行宣传点评。

2013 年,华东油气田有 1 861 人参加了华东石油局培训中心举办的井控培训,2 159 人参加了硫化氢培训。组织编写了《事故典型案例汇编》及《环境保护法律法规及制度汇编》。分别为赴境外工作人员购买保险 518 人次。规范境外公共安全培训管理,坚持“不培训,不外派;不保险,不外派”制度。下发了《关于加强境外公共安全培训管理的通知》(华东石油工单〔2013〕32 号),对油气田涉外公共安全培训实施统一管理,明确培训申报、审批、档案管理、专人负责的管理办法。同年 2 月,华东石油高级技能培训中心挂牌成立“中国石化境外公共安全华东局基地”,当年举办公共安全培训班 11 期,华东油气田和兄弟石油企业参加培训人员达 558 人。确保了境外公共安全培训和保险工作未出现空档。

(赵大卫)

【安全理念文化引领】 2012—2013 年,华东油气田积极开展安全文化建设。突出安全理念文化引领，建立以安全价值、HSE方针、HSE理念、HSE目标为内容的“四位一体”HSE理念系统。其中，安全价值为“安全高于一切，生命最为宝贵”“安全为了发展，发展必须安全”。HSE方针为“以人为本，预防为主、全员参与、持续改进”。HSE理念为“安全第一，环保与发展同行，清洁与生产同步，生命与健康高于一切”“关心他人，关心自己，一切事故都可以避免”。HSE目标为“追求零事故、零伤害、零污染、零违章”。

（赵大卫）

【应急预案演练】 2012—2013年，华东油气田各单位在每年6月份，结合实际，有针对性地开展应急预案演练周活动。通过实战演练检验了应急体系、预案执行力和应急反应能力，提高了参演人员的事故防范救援意识，增强了参演人员对本岗位安全责任的认识，锻炼了基层队伍的组织协调能力、应变能力和实战技能，为今后不断完善预案修订和应急处置、抢险救援积累实战经验。2年间，华东石油局、华东分公司先后组织了4次Ⅰ级预案应急演练。分别为：2012年3月19日，在采油三队洲城外输原油码头泰东河水域举办了环境污染事故Ⅰ级预案演练；6月20日，在黄桥液碳公司举办了液氨泄漏事故Ⅰ级预案演练。2013年6月17日至23日，分别在草舍联合站、延川南延3-U1井场，先后举行原油泄漏着火，地质灾害及环境污染、火灾爆炸Ⅰ级预案应急演练。

（赵大卫）

【OSHA管理体系】 2012年，华东石油局、华东分公司落实OSHA指标体系推进工作。5月，在石化安全工程研究院的协助下，先后完成了对六物大队、液碳公司、测井公司3个单位的培训与OSHA指标体系的模块化设计工作。6月1日起，在3个单位正式开展试点。通过推行OSHA指标体系，开展“小概率、大风险”事故特点分析，有效提升了HSE总体绩效。华东石油局、华东分公司在试点积累经验的基础上及时召集会议进行了总结、分析和归纳。2013年，华东石油局、华东分公司、华东工程公司OHSA统计全面展开，全年损失工时事件率（伤害数/百万工时）为0.32，可记录事件率（伤害数/百万工时）为0.23。

（赵大卫）

【“七想七不干”和HSE观察】 2012年，华东石油局、华东分公司不断将“七想七不干”和HSE观察活动向各工种、岗位深化延伸，取得了明显的成效。形成了主要专业、重点作业环节的“七想七不干”工作要求。各单位通过风险控制措施的实施，保证“入场有教育、风险有提示、作业有指导、未遂有分析”，进一步提升了员工识别危害的技能，使现场作业风险始终处于可控状态。测井公司与录井公司等单位鼓励岗位员工主动开展HSE观察、自觉填写HSE观察卡，基层班组每天收集、整理、分析，基层队每周汇总、讲评、奖励，二级单位每月通报、集中讲评，形成HSE观察卡运行机制，确保不安全因素得到及时发现与整改。同时，深入研究现场发生的未遂事故，分析查找原因，把握规律，交流共享，针对性地制定措

2012年液氨泄漏事故Ⅰ级预案演练　（万　方摄）

施，降低了事故的发生率。

2012 年，华东石油局、华东分公司参与 HSE 观察活动，共计观察人数 37 411 人次，观察发现和整改问题 3 823 项。2013 年，HSE 观察活动持续开展，全年观察人数 19 852 人次，观察和整改问题 2 932 项，推荐安全工作法 787 项。

（赵大卫）

【现场监管与 HSE 检查】 2012—2013 年，华东油气田继续对主要生产单位、重点工区、海外工区及 HSE 薄弱的单位进行重点监管、重点服务和重点帮扶。在现场监管上做到全员“六严”保安全，即：严格监督安全管理责任层层落实；严肃执行安全管理规章制度；严密控制直接作业环节安全风险；严细查找安全隐患薄弱环节；严明奖罚安全优劣行为；严防发生安全责任事故。2012 年，华东石油局、华东分公司组织开展全局范围的 HSE、设备、井控及冬季安全大检查 4 次，共下发整改通知书 94 份，停工令 1 份，发现问题和隐患 461 个。同时，安全环保系统、纪检监察系统密切配合，认真扎实开展绿色低碳、节能减排、职业卫生专项效能监察。

2013 年，组织开展了 QHSE 综合检查、井控安全及季节性专项检查 6 轮次，共查出各种隐患和问题 1 200 多个。其中，对隐患较大的洲城、草舍、台兴等油田卸油码头隐患治理已完成施工设计方案编制；管网隐患排查情况与存在问题已上报石化集团公司。在华东油气田综合性安全自查与安全督导的基础上，分别在同年 5 月至 12 月，接受了石化集团公司井控及海上安全专项检查、QHSE 大检查和安全生产督查。

（赵大卫）

【井控安全管理提升活动】 2012—2013 年，华东油气田认真贯彻落实石化集团公司年度 HSE 工作会对井控工作的总体安排部署，扎实开展井控安全管理提升活动。① 健全网络，严格制度。油气田成立了井控领导小组，下设井控监督办公室和井控管理办公室，形成三级井控管理网络，明确了职责，规范了程序。印发了《井控装备检查、维修与检测管理办法》（华东股份〔2013〕22 号）等管理规定。统一了井控检查标准和井控资料台账格式，细化了现场井控检查表。坚持钻井、井下作业系统月检、基层单位周检、施工岗位日检的井控安全检查制度。严格执行开工验收制度，

石化集团公司 QHSE 检查组在塔河 70857 井队检查 （熊 钟摄）

做到“谁签字、谁把关、谁负责”。在页岩气重庆工区、贵州工区等“三高”风险井实行施工方案论证、井控安全风险评估、专家驻井指导的井控管理新办法。② 树立“一切井喷事故都是可以预防和控制”的井控工作理念，强化“大井控”意识，推行“发现溢流、立即关井；疑似溢流，关井观察”的做法。明确了井控管理必须遵循“抓源头，提高井控本质安全；抓培训，提升全员井控预防能力；抓检查，消除井控隐患；抓苗头，加强事前控制；抓演练，提高实战和应急处置能力”的“五抓”工作要求，井控安全管理水平得到持续提升。③ 组织开展了长停井、废弃井普查和治理，建立了华东分公司苏北工区“长停井、关停井、废弃井”管理台账，摸清了各类井的基本现状，全面部署了“长停井、关停井、废弃井”的下步管理工作方案，有效提升了井控安全管理覆盖的范围。

（赵大卫）

【建立井控装置检测站】 2012年7月，在石化集团公司安全监管局关心支持下，华东分公司井控装置检测站正式投入使用，同时成立了井控技术服务队，并取得井控装备检测乙级资质，为华东油气田井控管理工作提供了技术保障。2013年，井控装置检测站为六普钻井分公司30559等井队8套防喷器及新疆工区退回的远控装置进行了检修；对采油厂24套防喷器，4套地面控制装置进行检修。

（赵大卫）

六普大队新疆工区井控应急联动抢险演练 （熊 钟摄）

【安全生产管理提升活动】 2013年，华东油气田按照石化集团公司在全系统开展安全生产管理提升活动，以解决安全生产中存在的突出问题和薄弱环节为重点的要求，及时编制了《安全生产管理提升活动方案》，明确安全管理提升活动指导思想、工作目标、工作要求和工作步骤。同时，以安全生产管理提升活动为契机，把承包商安全管理、HSE“三同时”管理、HSE管理信息化应用、井控安全管理4个突出问题，作为本次活动的重点，组织开展管理诊断，查找管理短板，全面查找思想上的薄弱点、行动上的短缺点、管理上的失控点，把影响本单位安全生产的突出问题纳入管理提升活动中加以整改落实，使安全生产管理工作得到全面提升。

（赵大卫）

【安全与环保隐患治理】 2012年，华东石油局、华东分公司列入石化集团公司安全隐患治理项目共计7项，其中华东分公司4项，整改资金685万元；局3项，整改资金340万元，全部按期整改完毕。对未能列入石化集团公司安保基金资助的隐患项目，同时又是安全生产中急需解决的问题，积极筹措安排资金，不等不靠，按轻重缓急，积极开展隐患自行治理工作。其中，列入局级隐患治理项目3项，整改资金112万元，一批危及安全生产的重大隐患相继得到有效治理，安全基础设施和装备可靠性得到明显改善。同年，华东石油局、华东分公司列入石化集团公司环保隐患治理项目4个，分别为环境监测站实验室通风系统改造，采油厂撬装式作业污水处理装置、锅炉烟气脱硫除尘，钻井公司钻机噪音治理。4个项目的治理整改工作全部通过了华东石油局、华东分公司组织的验收。

2013年，在石化集团公司安保基金的帮助下，完成了西北工区北管桥消防系统改造、苏147井及山西煤层气环保注水井等隐患治理项目。

（赵大卫）

【污染治理与环境监测】 2012年，华东分公司陶思庄处理站共处理钻井、井下作业废液21 961立方米，处理油泥沙144立方米；煤层气延川南工区配置污水处理装置，全年循环利用经处理后的排采水用于钻井、压裂施工3.10万立方米。组织对江苏工区洲城、草舍、腰滩、台南等站区采油污水、外排生活污水、场界噪声、锅炉烟气等进行了常规项目监测，并及时下发监测结果通知书，对监测超标的项目予以提醒并提出整改要求。同时，对煤层气延川南工区钻井泥浆、压裂返排液、排采废水等加密监测，强化对渝黔湘工区页岩气井油基泥浆、压裂返排液监测力度，全力做好外排废水现场监测工作。全年共采样25批次，327

个，分析项目 1 844 项次，发放监测报告 68 份。

2013 年，华东油气田全面完成了石化集团公司下达的各项环保考核指标。无重大环境污染及环境破坏事故发生。油田采油废水回注率达 100%；钻井、井下作业废水妥善处置率 100%；二氧化硫排放量 43.62 吨；工业取水量 88.41 万吨；氨氮排放量 7.43 吨，二氧化碳排放量 0.18 吨。研究应用二氧化碳回收工艺，共回收二氧化碳 7 800吨，减少碳排放 390 万立方米，实现了二氧化碳注入驱油过程的密闭循环。采用固液分离技术，处理彭页 3HF 井、彭页 4HF 井废弃油基泥浆 1 200 立方米，分离回收污油 4 000 余千克。全年累计处理施工作业各类废液 23 489 立方米，其中修井 17 069 立方米、压裂液 3 415 立方米、酸化液 3 005 立方米。全年江苏工区 120 口井得到钻后污染治理。环境监测对主要生产工区实现全覆盖，全年共采样 36 批次，382 个，分析项目2 443 项次；发放监测报告 86 份，监测月报 12 期，完成了环境保护现状调查与评估以及固废处置环境安全性评价工作，满足了环境保护对油气生产的要求。

（赵大卫）

【绿色低碳专题教育】 2012 年，华东石油局、华东分公司深入开展“绿色低碳”环保专题教育，共收集到职工“环境保护”合理化建议 62 条，其中属于华东石油局、华东分公司范围的建议目前均在落实与布置中。苏北工区广山中转站等站区采用太阳能加空气源装置，年节约用电47 万千瓦·时，合标准煤58 吨；推广使用燃气发电技术，综合利用煤层气 150 余万立方米，节约柴油 791 吨；草舍油田二氧化碳驱气体回收装置经过近一年的运行，取得良好的社会经济效果，年回收二氧化碳 213 万立方米(液态 4 000 吨)，回收凝析油 50 吨，回收率 100%，实现草舍油田气体“零排放”，二氧化碳驱提高采收率先导试验取得了“绿色低碳、节能创效”的双赢效果，成为绿色低碳经济采油示范区。2013 年，煤层气延川南工区将燃油柴油机改为燃气发电机，节约柴油 2 661 吨，减排氮氧化物 23.95 吨，二氧化硫 20.80 吨，二氧化碳 42.18 吨。

（赵大卫）

【清洁生产审核验收】 2012 年，华东石油局、华东分公司召开了清洁生产工作会议，编制完成了“固井专业清洁生产管理与技术标准”“液碳专业清洁生产管理与技术标准”等 4 个二级企业标准，使固井公司、液碳公司的清洁生产审核工作做到了规范化。测井公司、六物大队清洁生产工作通过石化集团公司清洁生产审核验收。

2013 年，华东油气田对 70826 钻井队等 12 个基层队进行了现场清洁生产审核验收；华石公司、固井分公司、录井分公司 3 家二级单位通过了石化集团公司清洁生产现场审核验收。

（赵大卫）

职防所人员在洲城联合站锅炉水处理泵房进行噪音测试

（钱忠葆摄）

【职业卫生监测与防护】 2012—2013 年，华东油气田继续围绕 HSE 管理要求加强职业卫生监测与防护工作。

2012 年，华东石油局、华东分公司各二级单位进一步健全了职业卫生档案、职业健康监护档案、职业卫生教育培训档案、个体防护用品发放登记档案管理台账，完善了职业卫生工作网站。对 381 个职业病危害因素监测点进行定期梳理更新；及时跟进非常规油气勘探开发进度，对煤层气延川南工区排采作业现场开展职业病危害因素调查，增设职业病危害因素监测点、职业病危害警示标识和监测结果告知牌。突出体检项目的针对性，组织了移动式体检小分队将健康监护工作前移到生产一线，并开展心理疏导。全年对职业病危害因素监测点检测1 848点次，监测覆盖率100%，合格点数1 831个，合格率99.08%。完成职业健康体检5 555人次，其中接触化学物质879人、接触粉尘224人、接触噪声1 099人，对247人进行了上岗前体检。完成了"茅山油田帅垛区块地面工程项目"的职业病危害"三同时"预评价工作。为609人次外派人员进行人身意外及雇主责任保险，投保率达到100%。

2013年，华东油气田配备了职业卫生专兼职管理人员，明确职业病防治职责，签订了《2013年HSE目标责任书》；职防所取得了江苏省职业卫生技术服务健康监护资质。定期开展职业病危害因素日常监测、告知，发现超标及时跟踪。全年共检测噪声、粉尘、硫化氢等职业病危害因素370个岗位，2 570个点，检测覆盖率100%，合格点数2 566个，合格率98.50%。组织移动式体检小分队将健康监护工作前移到生产一线，共完成5 290人次的在岗期间职业健康检查。开展了"延川南煤层气5亿立方米产能建设"职业卫生预评价工作。

（赵大卫）

【工程建设项目安全预评价】 2013年，华东分公司完成了"延川南煤层气5亿立方米产能建设"项目安全预评价工作，并在山西煤监局登记备案，职业卫生预评价报告已上报国家安全生产监督管理总局审批，地震安全性评价与水土保持评价工作进展顺利。环境影响评价工作完成了地下水现场调查与环境影响因素前期现场调查并进行了网上公示。江苏工区张家垛等3个原油产能建设项目的环境影响评价已完成前期调查与网上公示，进入地下水勘测与报告编制阶段。项目的安全预评价、地震评价、职业卫生预评价工作进入评价阶段。延川南煤层气产能建设吉县3个集气站项目环评通过了吉县环保局的审查与批复。陕西宜川延26井、延27井、延28井、延29井均取得了地方环保局的环评批复。南页1井、仁页1井环评手续按要求顺利开展。

（赵大卫）

【交通安全管理】 2012—2013年，华东油气田将交通运输安全作为"重中之重"来进行管理。① 做好对驾驶员的安全教育。坚持"抓安全从思想入手"的原则，在理顺驾驶员的"心结"上下功夫，注重"软约束"，避免"硬教条"，变"客观被动适从管理"为"主观自觉遵守交规"。② 做好车辆管理。落实车辆的"一日三检"制度，督促驾驶员做好"出车前、行车中、收车后"的车况检查；做好做实车辆的日常检查、月度检查、特种车辆不定期检查、春夏秋冬恶劣天气的单项检查及节假日的重点检查；执行车辆回场后的"三交一封"制度，严格控制"八小时以外"车辆的位移。③ 抓好行车管理。结合各单位所处的地理位置、车辆出入的路线规律、道路交通风险等实际，分别制定车辆的"行车路线图"，并监督执行。形成特殊天气道路风险的预警机制，凡遇风、雨、雪、雾等极端天气，提前发出不同等级的预警，并采取晚点出发、干部押车、限速行驶等措施，降低和控制交通风险。养成大型特种车辆上现场"先探路，后发车"的习惯，提前勘察道路、周边环境、可能存在的风险等情况，减少发车与行车的盲目性。④ 先后修订了《机动车驾驶员安全管理规定》（华东石油〔2013〕45号）及《驾驶员评估标准》（华东石油〔2013〕44号）。继续坚持专人负责交通安全管理，制定安全行车预案，坚持长途出车主管领导审批、出车前安全检查、节假日期间"二交一封一定"和特殊路段、特殊环境行车"三停四查"等行之有效的制度，确保了交通安全。

截至2013年底，华东油气田共有各类车辆780辆，其中大型运输车辆419辆，小型车辆（7座以下，含皮卡车等）361辆，驾驶员用工总量700人。

（赵大卫）

【专业化重组中的 HSE 管理】 2012—2013 年，华东油气田狠抓增储上产关键时期和石油工程专业化重组“三分开”特殊时期的安全管理工作。按照“先立后破”的原则，在企业改革过程中同步推进 HSE 工作，对华东石油局、华东分公司、华东工程公司《部门 HSE 职责》进行修订，并及时做好相关制度的修订、新技术的配套和完善工作。在做好常规、非常规油气勘探开发生产安全工作的基础上，落实好针对组织机构变化、单位重组、岗位变动等方面的安全保障措施，杜绝了各类安全事故的发生。

（赵大卫）

【境内外公共安全管理】 2012—2013 年，华东油气田实行境内、外重大突发事件日报和公共安全等级预警制度。华东工程公司根据境外项目运行实际情况，成立了海外市场管理与境外公共安全管理领导小组，明确了工作职责、工作方式，实施境外项目管理周例会制度，坚持每周召开境外项目管理例会，研究解决生产、公共安全及 HSE 工作存在的问题，并将会议要求以纪要的形式发各外派单位和境外各项目部。先后 6 次对伊朗、雅达、加蓬等境外工区进行了 HSSE 检查，督促相关单位制定切实可行的防范措施，境外项目实现了百万工时“零”伤害的安全目标。西北工区修订完善了《防恐工作细则》，构建了企地应急联动机制。在疆各基层单位成立了反恐防爆应急小组，强化关键部位和有毒有害危险化学品的储存管理。提高生产区、营房区的保卫等级。

（赵大卫）

加蓬项目部对外籍员工进行安全培训 （徐 永摄）

【安全先进表彰】 2012—2013 年，华东油气田由于安全生产和环境保护工作业绩突出，多次受到石化集团公司和地方政府主管部门的肯定与表彰。受表彰的先进集体与先进个人名单如下：

2012—2013 年安全生产和环境保护获奖情况一览表

获奖名称	获奖单位/个人	授予单位	获奖时间
2012 年度江苏省非煤矿山安全生产先进集体	华东石油局 华东分公司	江苏省安全生产监督管理局	2012 年
2013 年度江苏省非煤矿山安全生产先进集体	华东石油局 华东分公司	江苏省安全生产监督管理局	2013 年
2012 年度环境保护先进单位	华东石油局 华东分公司	石化集团公司	2012 年
2012 年度环境保护先进管理者	方志雄 张锦宏 赵军胜	石化集团公司	2012 年
2012 年度环境保护先进工作者	李 清 朱扬金 姚洪生	石化集团公司	2012 年
2012 年度安全生产先进职工	吴志良 陈安民 张亚文	石化集团公司	2012 年
2012 年度江苏省非煤矿山安全生产先进个人	张永健 赵大卫	江苏省安全生产监督管理局	2012 年

续 表

获奖名称	获奖单位/个人	授予单位	获奖时间
2013年度安全生产先进单位	华东石油局　华东分公司	石化集团公司	2013年
2013年度安全生产先进职工	姚洪生　陆长青	石化集团公司	2013年
2013年度环境保护先进工作者	潘俊鸥　俞大春	石化集团公司	2013年

（赵大卫）

工程技术管理

【概述】 2012—2013年，华东油气田根据中国石化“总部专业化，企业一体化”的管理体制要求，对石油工程管理体制与职能进行了调整，将华东石油局、华东分公司原来的工程技术管理处改为华东分公司工程技术管理处，统一管理华东分公司工程技术，形成了以工程技术研究院为工程技术支撑单位、各专业公司实行专业化管理的一体化管理模式，管理范围由物探、钻井、测井、录井、固井、井下作业和地面工程建设等专业缩减为钻井、测井、录井、固井4个专业方向，同时保留石油工程各专业工程监督管理工作。华东分公司工程技术管理，主要从工程设计管理、技术管理、质量管理、监督管理、井控管理、钻完井合同管理、科研技术管理等多个方面推动工程技术进步。2年来，工程技术部门重点围绕华东油气田常规油气、煤层气、页岩气3个方向的发展，立足于华东油气田自身的工程技术队伍及人才，结合外部科研单位协作，着重解决了苏北工区张家垛油田的固井质量、页岩气井提速降本及井壁稳定性、煤层气井优快钻井等重大工程技术难题；同时通过全面开展“提速提效”活动，促进了钻井作业速度、质量和效益的持续提高，为确保华东分公司年度工作任务的完成提供了工程技术保障。

（杨　力）

【工程作业管理制度建设】 2012—2013年，华东油气田进一步完善钻井工程施工与工程监理的各项管理制度，细化钻完井验收标准，确定复杂情况及事故责任的判定准则，明确甲乙方各自的责任与义务，以此来保证在井下事故等复杂情况的责任划分时，有切实的依据可遵循与操作，做到“有法可依”。目前，各项制度已完成初稿的编制工作。主要有：《华东分公司钻井工程验收评定标准》《华东分公司聘用监督考核管理办法》《钻井工程施工作业违规处罚细则》《钻井工程监理暂行管理条例》《钻井、井下故障责任划分》。2013年5月，为了进一步规范华东分公司江苏工区钻完井资料的内容和版式，工程技术管理处还颁布了《江苏工区钻完井资料管理规定》（华东股份工单工程〔2013〕4号），通过该规定的实施，实现了资料归档率与合格率100%的目标。

（匡立新）

【钻井工程工作量】 2012年，华东分公司共组织编写与审查钻井工程设计254井次（含导眼井、补充井），其中常规油气井137井次、非常规油气井117井次（煤层气112井次、页岩气5井次）。全年实际开钻219井次，完钻223井次，总进尺459 226米，平均机械钻速7.14米/时，平均钻井台月效率1 667米/（台·月）。其中，常规油气井开钻111口，完钻107口，总进尺301 231米，平均机械钻速9.51米/时，平均钻井台月效率2 354米。煤层气井开钻103口，完钻113口，总进尺139 459米，平均机械钻速5.10米/时，平均钻井台月效率 955.13 米/(台·月)。页岩气井开钻 5 口,完钻 3 口,总进尺 18 536 米,平均机械钻速 2.46 米/时,平均钻井台月效率 445.53 米。

2013 年,华东分公司共组织编写与审查钻井工程设计 646 井次(含导眼井、补充井),其中常规油气井 150 井次、非常规油气井 496 井次(煤层气 491 井次、页岩气 5 井次)。全年实际开钻 510 井次,完钻 464 井次,总进尺 873 442 米;平均机械钻速 8.04 米/时;平均钻井台月效率 2 128 米。常规油气井开钻 125 井次,完钻 120 井次,总进尺 382 581 米,平均机械钻速 8.70 米/时,平均台月效率 2 094 米。煤层气井开钻 380 井次,完钻 339 井次,总进尺 476 570 米;平均机械钻速 7.97 米/时;平均钻井台月效率 2 308 米。页岩气井开钻 5 井次,完钻 5 井次,总进尺 14 291 米;平均机械钻速 3.13 米/时;平均钻井台月效率 772 米。

(韦　富)

黄平页岩气示范基地核查　(汪　胜摄)

【成立工程监理及安全督查中心】 2013 年,华东油气田为了进一步完善工程监督管理工作,决定成立"工程监理及安全督查中心"(简称监理中心)。监理中心的主要职能为服务市场、控制故障、管控质量、促进标准化建设;主要方法为采取项目化、专业化管理模式开展监理工作。实现了油气勘探重点井、重点环节实行住井管理;开发井及其他关键作业环节实行专业化巡井管理。其中巡井管理时,由项目组长(甲方人员担任)带领钻井、地质、泥浆、定向服务等专业人员进行巡井检查,现场可采取开具隐患整改通知单、督察令、停工整顿、开具罚单等督查措施。通过推行项目化和专业化管理模式,使工程监理运行体系逐步实现制度化、规范化,为保障工程作业的安全与质量发挥了重要作用。

(李广国　韦　富)

【工程监理】 2012—2013 年,华东油气田工程监理与安全督查中心按照华东分公司年度工作计划部署,以施工合同和工程设计为依据,按照工程监督管理条例细则和油气勘探开发相关法规与标准的要求,认真开展工程监理工作,实现了 2 年安全生产无事故,钻井工程质量合格率 100%,提高了工程施工效率,降低了工程施工成本,规范了甲乙双方的生产行为,增强了施工单位平等参与竞争的能力。

2012 年,江苏工区共派出各专业监督 62 人,其中钻井工程 47 人、井下作业工程 5 人、物探工程 10 人,共完成 88 口钻井、169 井次井下作业、10 个物探采集项目的监督工作,形成监督报告 156 份,经审核合格率 100%、优良率 80%以上。编制生产动态日报 366 份、周监督生产动态 52 期,月监督工作总结 12 期。

2013 年,江苏工区派出各专业监督 65 人,其中钻井工程 48 人、井下作业工程 5 人、物探工程 8 人,共完成 115 口钻井、205 井次井下作业、8 个物探采集项目的监督工作,形成监督报告 126 份,经审核合格率 100%、优良率 70%以上。编制生产动态日报 365 份、周监督生产动态 52 期,月监督工作总结 12 期,为相关部门掌握生产情况、制定技术措施、加强现场管理提供了依据。

(韦　富　胡国庆)

【工程质量控制】 2012—2013年，华东油气田工程质量控制工作取得明显成效，钻井工程验收合格率100%，优质率逐年提升；录井、测井、固井工程质量也得到了相应提高。附表如下：

2012年钻井工程质量验收统计表

施工单位	优秀	良好	合格	不合格	钻井数/口	优质率/%
华东钻井	30	12	4	0	46	65.22
中原四公司	11	10	11	0	32	35.48
江苏钻井	5	9	3	0	17	29.41
胜利海特	2		1	0	3	66.67
合　计	48	31	19	0	98	48.98

2012年录井、测井、固井工程质量验收统计表

施工单位	优秀	良好	合格	不合格	施工数/井次	优质率/%
华东录井	72	23	2	0	97	74.23
华东测井	74	20	2	0	96	77.08
华东固井	57	19	7	0	83	68.67

2013年钻井工程质量验收统计表

施工单位	优秀	良好	合格	不合格	钻井数/口	优质率/%
华东钻井	38	8	6	0	52	73.08%
中原四公司	19	12	12	0	43	44.19%
江苏钻井	3	3	3	0	9	33.3%
安徽钻井	6	2	1	0	9	66.67%
长城钻井	1	1		0	2	50%
中成钻井			2	0	2	0
胜利海特	3		3	0	6	50%
合　计	70	23	26	0	123	56.91%

2013年录井、测井、固井工程质量验收统计表

施工单位	优秀	良好	合格	不合格	施工数/井次	优质率/%
华东录井	93	20	0	0	113	82.3%
华东测井	100	11	5	0	116	86.21%
华东固井	69	23	14	0	106	65.09%

2012—2013年工程质量验收统计表

时间	钻井井身质量		油气层固井		油气层测井		油气层录井	
	合格率/%	优质率/%	合格率/%	优质率/%	合格率/%	优质率/%	合格率/%	优质率/%
2012年	100	48.98	100	68.67	100	77.08	100	74.23
2013年	100	56.91	100	65.09	100	86.21	100	82.3

（韦　富　胡国庆）

【钻井承包商队伍业绩排名】 2013年，华东分公司按照基础管理、设备管理、安全环保、工程质量、事故控制等考核指标，对华东油气田江苏工区施工的23支钻井承包商队伍进行了业绩排名，结果如下：

2013年江苏工区钻井承包商队伍业绩排名表

施工单位	年度考核得分	业绩排名
华东40686HD	97.19	1
华东30559HD	95.134	2
华东30560HD	93.703	3
华东40685HD	93.213	4
华东40660HD	91.821	5
安徽40419JS	91.61	6
中原40441ZY	88.898	7
中原40488ZY	86.53	8
中原40486ZY	86.143	9
华东50511HD	84.915	10
中原40447ZY	84.2	11
华东50520HD	83.94	12
江苏40670JS	83.745	13
江苏50766JS	83.68	14
中原50751ZY	83.383	15
中原40611ZY	80.659	16
华东30551HD	80.166	17
胜利海特(侧钻1队)	80.06	18
华东50510HD	78.173	19
中原40610ZY	73.14	20
江苏50116JS	69.47	21
中成50136	62	22
中成50517	57.01	23

（李广国　韦　富）

【工程技术交流与研讨】 2012—2013年，华东油气田工程技术管理部门先后组织联系长江大学、中国石化石油工程技术研究院、哈里伯顿、斯伦贝谢、贝克休斯、北京一龙、深圳百勤等高等院校、国内外石油工程技术公司以及胜利油田等兄弟油田企业，围绕常规、非常规油气勘探开发水平井钻完井、压裂工程工艺等开展了广泛的技术交流，为加强知识与经验的共享、营造良好的学术交流氛围创建了平台。2013年3月，在页岩气重庆工区邀请在彭水区块施工现场的所有施工方及配合单位举行了页岩气工程技术交流研讨会，总结分析了页岩气勘探开发工程技术现状，提出了今后的建议与展望，取得了许多新的认识。在张家垛区块，也多次召开工程技术交流会及现场研讨会，重点讨论张家垛工区的井壁稳定性及固井质量等问题，促进了该工区工程质量的稳步提升。

（韦　富）

【工程管理报表编写及审核】 2012—2013年，华东油气田工程技术管理部门承担了5类报表的编写及审核工作，并按要求及时上报。分别为：石化股份公司钻井工程报表、中国石化提速提效报表(石化股份公司、石化集团公司)、石化股份公司钻井合同报表、石油工程队伍报表、石油工程生产运行报表。2013年4月,中国石化石油工程板块重组后,华东油气田石油工程队伍报表及石油工程生产运行报表由华东工程公司编报,石化股份公司钻井工程报表业务仍由华东分公司编报。

(韦　富)

【钻井提速提效活动成效显著】 2012年,华东石油局、华东分公司认真落实中国石化《关于在勘探开发各区域、石油工程全系统开展钻井提速提效活动的指导意见》(中国石化工〔2011〕1018号)有关要求,认真部署实施提速提效活动。①成立以方志雄为组长,俞凯、张锦宏、吴聿元为副组长的提速提效领导小组,领导小组下设办公室及管理、技术、安全3个提速提效专业小组,成员包括各主要生产处室及有关职能部门,办公室设在工程技术管理处。②确定提速提效目标,编制提速提效活动方案,明确奖励机制,制定奖惩管理制度,细化提速提效主要措施。③在管理提效、科技提速的前提下,加快钻井生产各环节节奏,加强现场管理过程控制和各环节衔接;加大安全生产管理力度,减少井筒事故;完善监督管理体系,严把制度执行关,强化生产应急管理和及时处理能力。④采用招投标的方式引进钻井施工单位,完善市场机制,运用市场机制激发施工队伍提高钻井速度积极性,发挥整体作战的能力和团队精神,确保优快钻井工作的有序有效进行。

通过上述措施,钻井提速提效活动取得明显成效,加快了常规与非常规领域油气勘探开发工作的进度,提升了各工区钻井工程队伍的技术水平和管理水平,促进了钻井作业速度、质量和效益的持续提高。其中,40686HD井队2012年10月24日实现台年进尺上3万米,创华东石油局台年进尺新纪录;非常规煤层气开发井平均机械钻速6.62米/时,(同比提高2.32%),平均钻井周期14.69天(同比提高6.82%);濮阳远征3088钻井队承钻延1-48-30井,各项指标考核优秀,设计机械钻速8.13米/时,实际达到25.15米/时,比设计提高209.34%,刷新了该工区最高纪录。该井队于2012年8月7日实现台年进尺上万米,首创非常规煤层气工区万米纪录,被评为提速提效先进单位、万米钻井队。华东石油局、华东分公司对钻井提速提效活动中创先进纪录的单位均兑现了相应的奖励。

彭水区块钻井提速降本研讨会　(包　旸摄)

(韦　富)

【钻井作业队伍市场资质管理】 2012年,华东石油局、华东分公司根据中国石化的有关要求,结合非常规煤层气施工作业的需要,正式施行《非常规煤层气施工作业队伍资质标准(钻井)》(华东石油〔2011〕224号),组织参与煤层气施工作业的钻井队伍进行资质申报,对通过审查验收的31支钻井队颁发了华东石油局、华东分公司煤层气施工作业钻井资质证书。

2013年,华东分公司根据常规和非常规油气勘探开发工作的需要,组织了石油工程队伍年度资质申报工作,工程技术管理处对外部单位参加申报的钻井队进行了审核并上报企业改革管理处，对通过审核的20支钻井队颁发了华东分公司钻井队伍市场准入证书。

（李传昌　韦　富）

【加强与改进井控管理】 2012—2013年，华东油气田井控领导小组从所属区块安全生产实际出发，修订完善了井控管理的相关要求，使其更具有可操作性。① 根据油气田井风险分级，探井、气井、高气油比井、周围有注气井的开发井需安装液气分离器和除气器，一般开发井不作要求。② 限于苏北区块征地难及地层低压低渗特点与井控风险较低考虑，一般开发井放喷管线接出井场，预留一根放喷管线作为相应预案。③ 各开次井口试压由华东工程公司井控车间执行，试压必须合乎规范，并带有压力曲线。④ 井控装置检维修要求：一般开发井井控设备一年内必须到华东井控设备检维修车间检测，并出具合格证；油气探井原则上每口井检测一次，井控风险小的探井需到井控管理中心签字，否则不给予开钻。⑤ 开发井和探评井在钻开油气层前7天必须储备足量加重材料。

（李传昌　韦　富）

【工程作业质量管理】 2012—2013年，华东分公司工程技术管理部门在页岩气施工方案、钻井液体系优化、张家垛固井质量等方面采取有效措施，加大管理力度，严把工程作业质量关。① 严格审核南川和仁怀2个区块第一口页岩气预探井的设计。经过大量收集邻近区块的钻井资料，结合西南分公司在四川的钻井施工经验，从井身结构优化、钻井方式优选以及钻井参数的优化，完成了南页1井和仁页1井钻井工程设计的审核工作。② 聚胺钻井液体系现场试验取得初步成功。针对张家垛区块地层易出现缩径、垮塌等复杂情况，开展聚合物优选、正交试验、配伍性等试验，筛选评价了高性能聚胺钻井液，初步确定了聚胺聚合物钻井液体系。③ 积极探索攻关张家垛、曲塘区块大斜度井、HF井固井工艺。通过选用具有对亲油界面良好清洗效果的SCW型洗油冲洗液，加大前置液的用量及试验应用弹塑性水泥浆体系、胶乳水泥浆体系和抗盐水泥浆体系，同时优选性能良好的整体式扶正器，并用软件模拟设计安放位置，提高套管居中度，优化通井程序等一系列措施对固井工艺进行了优化。

（韦　富）

【"井工厂"钻井模式】 2013年，华东分公司引入煤层气"井工厂"钻井模式，极大地提高了延川南煤层气田产能建设的速度，确保了第一阶段300口钻井任务的顺利完成。截至2013年底，延川南煤层气区块采用"井工厂"钻井模式已完成79个钻井平台钻井设计，共计426口井，单平台平均井数控制在5口以上，极大地减少了平台建设的数量，提高了钻井速率。该项技术推广应用取得了阶段性成果，初步形成了一套延川南煤层气"井工厂"模式成井技术方案，包括钻机装备快速移动技术、井间防碰技术、钻井液充分利用技术等；"井工厂"钻井模式的推广应用，实现监督人员现场进驻管理，为钻井安全、高效、高质量运行提供强有力的保障，规范和提升了管理水平，保障了钻井生产有条不紊地进行。

（韦　富）

【工程技术科研合作】 2012—2013年，华东分公司为了解决张家垛区块压力剖面与页岩气区块井壁稳定性等技术难题，先后与有关高校及科研单位合作，共同进行了科研技术攻关。主要内容包括：① 张家垛区块三压力剖面预测研究。张家垛区块开发中的难点是地层压力不明确，对泥浆密度窗口的确定和固井的油气水窜具有决定性的影响。经与长江大学等科研单位合作，已做好前期室内岩石力学实验等室内研究，准备进行现场试验。② 页岩气水平井井壁稳定研究。为保证页岩气水平井的成功实施，经与长江大学合作，在室内实验和理论模型计算的基础上，初步掌握页岩层井壁失稳主要原因以及井眼稳定控制方法。为了保证水平井井壁稳定，有效平衡上覆地层压力，组织实施了《页岩气水平井钻完井工艺技术研究》项目，通过利用已知的远场地应力，以理论的方法确定出水平井钻井液密度的范围，已在彭水页岩气区块钻井过程中成功应用。

（韦　富）

【CGDS 近钻头地质导向新技术】 CGDS 近钻头地质导向钻井系统是近几年国内研制的钻井装备新技术，该技术具有随钻识别油气层、导向功能强等特点。2012 年 6 月完钻的张 3－2HF 井，在未打导眼井和地层产状未明确的情况下，使用了 CGDS 近钻头地质导向钻井，穿遇油层 580 米，油层钻遇率 98.40%。钻头电阻率传感器距钻头 2.05 米，方位电阻率传感器距其 2.53 米，方位自然伽马传感器距其 2.70 米，井斜与工具面传感器距 2.85 米，实现了钻头“闻着油味走”的效果，张 3－2HF 井在后期的测试作业中，创造了日产原油 150 吨新纪录，打响了张家垛油田上产的第一炮。

（韦　富）

【LWD 仪器在水平分段压裂井的运用】 2012—2013 年，华东分公司新近开发的海安张家垛区块、金湖区块储层产状复杂，所钻的井多为拟水平分段压裂井，属于稳斜段较长的大斜度井，井斜角一般在 50—65 度之间，储层较薄，平均厚度在 2 米左右（其中张 1 斜 1 井目的层厚度仅为 0.70 米），通过使用 LWD 等地质导向仪器来寻找储层取得明显效果。其中张 3－3HF 井穿遇油层 540 米，油层钻遇率 92%，比设计周期节约了 4 天时间，有效降低了综合成本。在金 2－1HF 井、张 3－4HF 井等井的使用中，其效果也得到了一致的肯定。此外，在彭页 2HF 井页岩气勘探中为了降低使用旋转导向的成本，也使用了 LWD 等地质导向仪器。

（韦　富）

【页岩气井空气钻井技术】 2012 年，华东分公司在重庆市彭水县钻探了 4 口页岩气井，分别是彭页 HF－1 井、彭页 2HF 井、彭页 3HF 井、彭页 4HF 井。其中，除侧钻井彭页 HF－1 井外，其余 3 口井均成功应用空气/空气锤钻井技术，为页岩气水平井提速提效、降本增效起到了良好的示范和先导作用。通过对彭页 HF－1 井、彭页 2HF 井井漏及钻井情况的分析总结，认为彭水区块在浅表地层存在缝洞性漏失的可能性较大，同时该区块上部地层主要为灰岩，钻进过程中也很容易发生裂缝性漏失。而采用空气钻井技术不仅能较好地解决该区块的井漏问题，同时在提速提效方面也有较好的技术优势。在西南分公司钻井院和川庆钻探钻采院空气钻服务队的大力支持下，彭页 2HF 井、3HF 井、4HF 井在一开、二开井段均设计采用了空气钻井新技术，经现场实践，均达到了预期效果。直径 444.50 毫米井眼常规钻井机械钻速 1—3.60 米/时，空气钻井机械钻速 4—7 米/时，相比提高了约 1—3 倍；泡沫钻井机械钻速 3.60 米/时，相比常规钻井提高了 50%—80%。直径 311.10 毫米井眼常规钻井机械钻速

金南 3 井压裂现场　（申海东摄）

2—3 米/时，空气钻井机械钻速 12.50—15 米/时，相比提高了约 3.20—6.50 倍；泡沫钻井机械钻速 5 米/时，相比常规钻井提高了 0.70—1.50 倍。

（韦　富）

哈里伯顿服务方在彭页 HF－1 井进行定向作业　(唐显春摄)

【旋转导向技术的成熟运用】 2012 年,华东分公司部署的彭页 HF－1 井第一次成功运用旋转导向技术,通过该技术的试验应用,大大提高了井眼轨迹的控制精度和钻井速度,取得良好效果。页岩气水平井井眼轨迹控制一直是个难题,控制不好井眼轨迹不在目的层穿行会给后期施工造成困难。国外一般使用旋转导向技术钻进页岩气水平井,同时优化钻具组合,提高井眼轨迹控制精度、降低钻井过程中的扭矩磨阻。彭页 HF－1 井于井深 2 109 米开始下入旋转导向仪器钻进,一直钻至完钻井深 3 446 米。从井身质量上看,使用旋转导向钻进的井段狗腿度较小,都在 6 度/30 米以下,井眼较光滑,顺利完成了钻井任务。在随后的彭页 3HF 井和彭页 4HF 井都使用了该项技术,也取得了较好的效果。

(韦　富)

【U 型、V 型特殊结构水平连通井钻井工艺技术】 2012 年,华东分公司 U 型、V 型特殊结构水平连通井钻井工艺技术日趋完善,并在延川南煤层气开发中得到推广应用。随着煤层气勘探开发工作的不断深入和对煤层的深化认识,在探索各种不同的增产工艺技术措施过程中,钻完井新工艺新技术得到了进一步发展。目前延川南区块已完成延平 1 井、延 3－V1－P1/P2 井、延 5－V1－P1/P2 井等煤层气 U 型、V 型水平连通井组水平井施工 10 口。水平连通井在延川南区块煤层气钻井过程中的成功应用,使得煤层气开发形成了一套新的完整的钻井工艺技术系列。水平连通井技术包括:基于地质导向的长水平段井眼轨迹控制技术;RMRS 强磁导向连通技术;煤层段水平井井壁稳定技术;U 型、V 型水平连通井固井工艺技术。

(韦　富)

【节能降耗管理】 2012—2013 年,华东分公司积极践行石化集团公司“绿色低碳”战略,加大节能降耗、降本增效管理力度,工作取得明显成效。2012 年,华东分公司单位油气综合能耗 135.71 千克标煤/吨,较年度指标降低 9.27%,同比下降 11.32%;万元产值综合能耗 0.37 吨标煤,较年度指标降低 9.31%,同比下降 11.32%;单位油气综合电耗 186.17 千瓦·时/吨,同比降低 5.85%。2013 年,华东分公司单位油气综合能耗 133.27 千克标煤/吨,较年度指标下降 0.49%;万元产值综合能耗 0.363 吨标煤,较年度指标降低 0.55%;单位油气综合电耗 155.59 千瓦·时/吨,较年度指标降低 15.13%。

(李海燕)

油田生产运行管理

【概述】 2012—2013年,华东油气田生产运行工作坚持以年度生产经营目标、投资计划为依据,提前编制钻井、试油作业计划,并根据生产实际及时调整;开展土地征用和管理工作;超前介入协调油地关系,及时化解生产过程中出现的工农矛盾,实现了钻井施工和原油产、销平稳运行,较好地完成了石化股份公司下达的年度生产任务。2012年江苏工区生产原油23.51万吨;2013年生产原油30.26万吨。2年累计钻井进尺67.90万米,其中2012年累计进尺30.08万米、2013年累计进尺37.82万米。2年共完成试油作业273层次,措施作业227井次,维护作业316井次。2年共处理油地关系事务251次,处理钻井废弃物11.30万立方米。2012年山西、重庆等非常规油气勘探开发工区钻井进尺14.53万米,2013年钻井进尺50.05万米,2年累计进尺64.58万米。为强化生产运行应急管理,2013年成立了华东油气田总值班室,实行24小时值班,并制定了相应的管理制度和岗位职责。

(石乾用)

【生产运行处职能调整】 2013年3月,为进一步规范生产运行管理流程,完善油气生产运行管理、土地管理、工农关系协调职能,华东分公司调度处更名为华东分公司生产运行处(土地管理处)。主要职责为负责编制生产运行计划、石油工程及试油气作业等施工队伍的调度、水电讯管理、突发事件应急处置、土地管理、工农关系协调等工作。

(石乾用)

【生产调度会制度】 2012—2013年,华东油气田坚持生产调度例会制度(含周会、月会、季会)。每周一下午,由生产运行处(土地管理处)组织召开会议,华东石油局、华东分公司、华东工程公司领导、相关部门(单位)参加。会议对前期工作进行总结,对各生产环节衔接、运行进度、安全保障等方面进行分析,查找问题,制定解决措施,安排部署下一步工作。通过定期召开生产调度会议,部署落实各阶段生产计划,协调解决生产运行中的问题和矛盾,加快了运行节奏。2年内,共召开生产调度例会98次,签发会议纪要98份。为落实调度会议精神,会后强化了对生产运行重要工作的督办。

为进一步提高生产运行效率,确保施工安全、优质、高效完成,从2013年10月起,生产运行处每月底组织召开月度调度长会议,及时掌握生产动态及存在问题,制定针对措施,提高了生产运行效率。

(石乾用)

【生产控制管理】 2012—2013年,华东油气田严格执行《内部控制制度》,每月根据石化股份公司油田事业部下达的月度生产经营计划,结合年度、季度生产经营计划和华东石油局、华东分公司领导具体要求,生产运行处(土地管理处)会同计划(销售)处、开发处,制定分公司月度生产经营计划,并下达各单位执行。各级生产调度部门按照计划实行统一调度、综合协调,确保生产活动安全平稳运行。生产运行处(土地管理处)根据生产日报表,每日跟踪、检查二级单位生产经营活动进度,及时提出书面意见,纠正运行中的偏差。根据每月统计分析生产数据,查找并解决生产中的问题。对重大生产活动、重点工程项目、重点井钻井、试油作业,认真组织、密切关注,督查生产进度,确保高效完成。

(石乾用)

【生产组织与运行】 2012—2013年，华东油气田生产运行坚持钻采一体化推进，保持了生产快节奏高效率运行。2年内，江苏工区共踏勘井位242口，完成搬迁安装242井次。搬迁安装作业严格执行“两书一表”作业制度，责任到人、落实到点，提高了效率，降低了风险。钻井队通过“瘦身”，搬迁车船次减少5%—10%，提高了搬迁时效。华东50511钻井队从草中2井搬迁到南陵1井，为陆水陆水陆搬迁，4个中转码头、6个工作面，搬迁距离420千米，仅用4天时间完成全部设备搬迁。购置2座贝雷桥，首先在台16井、戴1井使用，实现大跨度河道、重载车辆施工作业；新建双体船2艘，有效地缓解了水上搬迁运输、设备倒运、钻井值班的压力。

（石乾用）

【网电钻采一体化工程】 2013年，为降噪增效，节能减排，缓解工农矛盾，华东分公司引进并推广合作能源管理模式的网电钻井技术，同时推进钻采一体化工程，在办理钻井用网电手续时，将采油厂用电手续一并办理，降低了生产成本，提高了效益。当年，在江苏工区共使用网电钻井21口，节能540吨标准煤，节约钻井投资506.10万元。

（石乾用）

【工农关系协调】 2012—2013年，华东分公司各级工农关系协调部门积极履行职责，按照《华东分公司工农关系协调管理暂行规定》处理工农关系。2013年起，江苏工区钻井期间协调职能由生产运行处（土地管理处）移交给采油厂负责。2012年，共处理油地关系事务251次。其中，落实钻井临时用地83宗，退地50宗，处理协调国土、公路、水务、渔政等地方政府部门关系118件。2013年，共处理油地关系事务285次。其中，落实钻井用地84宗，退地66宗，处理国土、公路等部门事务135件。按照中国石化要求，开展企地合作共建“平安油区”“平安管道”活动，为确保各项油气生产作业平稳有序运行提供有效保障。

（金向东）

【钻前工程】 2012—2013年，华东油气田各级生产调度和工农协调部门认真抓好钻前工程。协调人员根据勘探开发部门井位部署，对新定井位反复踏勘，优选搬迁路线，确定最佳钻前施工方案，努力降低钻前投资。2012年，江苏工区架桥、加固桥梁3座，修路74条，浚深开挖河道34条，修筑码头33个，修筑坝头6座。2013年，江苏工区浚深河道34条、修筑码头38个，加固桥梁、搭建便桥14座，修筑坝头7座，修简易砂石路110处。生产调度部门坚持深入一线，严把钻前工程质量，保障钻井设备运输安全。

（金向东）

【钻井液固化】 2012—2013年，华东分公司在江苏工区实施钻井215口，产生钻井废弃物11.30万立方米，全部由专业施工队伍现场进行无害化处理，并通过地方环保部门的抽样检测，满足复耕要求。其中，2012年度实施钻井94口，处理钻井废弃物4.48万立方米；2013年度实施钻井121口，处理钻井废弃物6.82万立方米。华东分公司泥浆固化工作由四川仁智石化科技有限公司和江都苏油环能有限公司承担。

（王宏林）

【油田建设土地征用】 2012—2013年，华东分公司对2010年、2011年、2012年度建设用地项目，按照国家有关法律法规开展征地工作。2013年12月，获得江苏省国土资源厅对2010—2012年3个批次，涉及兴化、东台、姜堰3个地区6个项目，16.672公顷建设项目农用地转用指标。获得“用而未批”建设用地面积28.441公顷，征地工作涉及金湖、姜堰、东台和江都4个地区85宗，领取包括联合站、倒班点及油井井场等项目土地的国有土地使用权证。

（刘　波）

【临时用地管理】 2013年7月，华东分公司生产运行处（土地管理处）组织制定了《关于规范江苏工区钻井用地面积标准的通知》（华东股份字〔2013〕54号）。通过进一步完善现场交接井管理制度，及时对钻完井井场用地进行交接，杜绝钻井施工超标和滥用土地现象。2012—2013 年，江苏工区共办理临时用地 193 宗，现场交接井场 215 井次。退地 103 宗，面积 57.37 公顷，其中全额退地 45 宗、划地退地 58 宗。煤层气延川南工区和页岩气重庆工区等非常规勘探开发工区办理临时用地 106 宗，面积 63.60 公顷。

（刘　波）

【土地复垦方案】 2012 年 3 月，华东石油局、华东分公司生产运行处（土地管理处）组织启动《土地复垦方案》编制工作，主要涉及 5 个油气田区块：江苏省苏北盆地溱潼凹陷茅山—帅垛—边城—北汉庄油田区块、江苏省苏北盆地海安凹陷张家垛油田区块、江苏省苏北盆地溱潼凹陷台兴—殷庄油田区块、江苏省下扬子盆地黄桥二氧化碳气田区块、山西省鄂尔多斯盆地延川南煤层气田区块。2012 年 11 月完成方案编制并通过国土资源部专家组评审，2013 年 5 月取得国土资源部批复。

（刘　波）

【矿山地质环境保护与恢复治理方案】 2013 年 5 月，华东分公司生产运行处（土地管理处）组织启动江苏省苏北盆地溱潼凹陷茅山—帅垛—边城—北汉庄油田、江苏省苏北盆地海安凹陷张家垛油田、江苏省苏北盆地溱潼凹陷台兴—殷庄油田、江苏省下扬子盆地黄桥二氧化碳气田、山西省鄂尔多斯盆地延川南煤层气田共 5 个油气田区块的《矿山地质环境保护与恢复治理方案》编制工作。前 4 个方案于 2013 年 12 月通过国土资源部专家组评审，延川南煤层气田环境保护与恢复治理方案正在等待复审。

（刘　波）

【土地置换】 2012 年 11 月，华东分公司生产运行处（土地管理处）依据北京华信房地产评估有限公司的评估，根据“等价转换”的原则，对金湖县金南镇与华东石油局六普大队金湖农场置换部分土地一事拟定初步方案，并报经石化集团公司批准，经多次与金湖县金南镇协商确定置换方案，并落实拆迁安置工作。2013 年 6 月，经多方努力最终完成了六普大队金湖农场国有土地 14.19 公顷与金湖县金南林场国有土地 15.60 公顷的置换工作，置换后的土地面积增加 1.33 公顷，确保了土地资产的保值增值。

（刘　波）

【土地权属划分】 2013 年，根据石化集团公司土地工作会议精神和华东油气田关于石油工程专业化重组土地资产划分的要求，生产运行处（土地管理处）组织力量对华东油气田范围内土地资产进行了全面的了解和核对，完成了石油工程专业化重组后华东工程公司和华东石油局、华东分公司土地权属划分的基础工作。其中，6 宗合计 13.94 公顷土地资产分别划入华东工程公司和物探华东分公司。

（刘　波）

煤层气延川南工区注重保护矿区生态环境　（沈志军摄）

【土地管理信息系统】 2012—2013 年，华东油气田按照石化集团公司土地管理的要求，对所管理的土地进行了详细的勘察与统计，对每宗土地收集资料、现场采集多媒体土地信息，并录入石化集团公司土地管理信息系统。截至 2013 年末，华东石油局、华东分公司共有土地 283 宗，合计土地面积 421.60 公顷。其中，华东石油局 127 宗，合计面积 366.45 公顷；华东分公司 156 宗，合计面积 55.15 公顷。

（刘　波）

石油工程运行管理

【概述】 2012 年 12 月，华东工程公司设立运行管理处（QHSE 管理处）。主要职能为：负责华东工程公司在国内市场的开发、招投标管理，生产运行调度、作业队伍统筹，节能达标管理、井控管理、安全监督、职业健康、隐患治理、环境保护、境外公共安全等工作。2013 年，运行管理处（QHSE 管理处）按照上级部署及部门职责要求有序开展工作，确保了华东工程公司在开局之年各项施工作业任务优质、高效、安全运行。

（钱中付）

【国内市场开发】 2013 年，华东工程公司工程服务市场主要分布于华东分公司江苏工区、煤层气延川南工区、页岩气重庆工区；中国石化西北分公司塔河油田。分别从事钻井、测井、录井、固井工程作业施工。各专业分公充分发挥自身的专业特色与技术优势，为华东油气田的发展与巩固西北石油市场提供了优质、高效的工程作业服务与技术支撑。

（钱中付）

【招投标管理】 2013 年 6 月 9 日，在华东工程公司指导下由固井分公司承办的山西部分煤层气井固井工程招标会在扬州举行。本次招投标严格按照《华东分公司招投标管理办法》进行组织，在资质审查基础上最终有 4 家固井施工单位参与投标。按照 2013 年华东分公司非常规煤层气产建工作部署，结合固井分公司实际，本次招标制定了《华东分公司 2013 年山西煤层气井部分固井业务》工程项目招标文件，各投标方均按照文件要求制作标书，并按要求的时间地点送达。评委组根据标书和投标人现场承诺分别对投标单位进行了技术分和商务分打分，最终确定了延安众达华北石油工程科技有限公司为中标人。

（赵建建）

【生产运行调度】 2013 年，华东工程公司运行管理部门及时掌握生产动态，主动与甲方、各相关单位沟通与联系，加强生产运行管理，提高生产运行效率，实现工程作业生产安全、平稳运行。各单位超额完成年度生产计划，完成工作量创造历史最好水平，并创多项技术指标新纪录。

六普钻井分公司：2013 年，全年钻井 87 口，进尺311 971米，同比分别增长 12.99%、32.64%。其中，江苏工区 40660 井队承钻的茅 12 井，日进尺 1 206.64 米，平均机械钻速 40.27 米/时，台月效率 9 155 米，刷新了江苏工区单井日钻井进尺、机械钻速和台月效率 3 项纪录。

测井分公司：2013 年，全年完成测井 1 042 井次，3 498 万标准米；同比分别增长 24.34%、31.20%。

录井分公司：2013 年，全年录井 505 口，录井进尺 104.49 万米，同比分别增长 94.98%、60.11%。

固井分公司：2013 年，全年固井 534 口，同比增长 68.45%。威诺测试公司全年完成 28 层次测试。

（钱中付）

【工程队伍资质建设】 2013年，根据石化集团公司对钻井队、录井队资质认证申报的有关要求，运行管理处负责组织了华东工程公司钻井队、录井队资质申报的填报及初审工作。参加钻井队资质申报共有26支，其中获甲级队等级质资8支、获乙级队等级质资10支，达标队等级质资2支，临时资质1支。参加录井队资质申报共有50支，经石化集团公司现场验收后45支录井队获得了相应番号及资质，其中获甲级队等级资质13支、获乙级队等级资质17支，资质达标队15支。

（赵建建）

【节能达标管理】 2013年，华东工程公司认真做好节能达标工作。积极开展以“践行节能低碳、建设美丽家园”为主题的“节能宣传周”活动；认真组织2011—2012年度碳盘查及碳核查工作并顺利通过石化集团公司检查；分别组织节能管理人员参加在江苏工程公司、华东工程公司、中国石化烟台疗养院举办的节能知识培训，参与学习人员均取得了合格证；编制华东工程公司2014—2020年能效倍增计划及实施方案，制定了淘汰落后、高能耗设备计划；六普钻井分公司继续参与了西北分公司燃气发电机组项目、华东分公司网电钻机项目的推广使用，达到了节能、环保目的。2013年，中石化石油工程技术服务有限公司下达万元产值综合能耗指标为0.463吨标煤，实际完成0.454吨标煤/万元，比考核指标降低19.40%。

（张怀宇）

【生产信息管理】 2013年3月，华东工程公司按《中石化石油工程技术服务有限公司生产运行管理办法》（中石化油工运营〔2013〕28号）文件要求，构建生产信息上报系统，在下属5家二级单位设置了生产信息上报机构，落实责任、明确分工，组织相关人员参加专业培训并取得相应证书。完成了中石化石油工程技术服务有限公司运营管理部、钻井事业部、测录井事业部、特种作业事业部规定的日报、月报、季度计划、年度计划、队伍管理、设备管理的填报工作，全年数据准确及时。6月，按照《石油工程生产运行报表系统》的生产数据截至时间、数据单位、数据类型统一了公司内部各单位、部门生产数据，消除了数据多源性及人为误差。

（张怀宇）

【推行三级责任安全管理新模式】 2013年，华东工程公司成立了HSE委员会，明确所属各二级单位是安全环保的责任主体，业务管理部门是管理责任主体，安全环保部门是监管责任主体，岗位员工是执行责任主体。同时，在公司推行“有感领导、直线责任、属地管理”管理模式。通过落实“领导层、管理层和基层员工”三级责任安全管理新模式，做到相互关联，相辅相成，不可分割，构建了横向到边、纵向到底的责任安全体系。进一步突出了领导人员、单位管理人员和基层单位员工三级安全责任的落实，形成了公司上下“领导重安全、人人讲安全、全员抓安全”的良好工作态势。

（赵大卫）

【现场直接作业环节和要害部位安全监管】 2013年，华东工程公司全面加强施工现场监管。① 强化现场直接作业环节安全监管，杜绝“三违”现象发生。对起重、动火、临时用电、破土、高处作业、高温作业、进入受限空间等直接作业环节，严格执行直接作业环节安全许可证审批制度，按照“谁签字、谁负责”的原则，强化施工前的危害识别和安全措施落实，贯彻落实高处作业“错时错位硬隔离”的措施及《工作场所禁止使用手机的管理规定》和《钻井队搬迁安作业安全技术规定》等相关管理办法，做好现场监护，严格过程监管。② 持续抓好HSE观察、“岗前五分钟”、“七想七不干”等细化工作。③ 加大对薄弱环节的安全监管力度。各工区交通安全、搬迁安中的吊车使用、场内车辆移动监管等薄弱环节得到高度重视，油品罐区、危化品、火工器材、放射源等要害部位等各环节的安全监管得到加强。

（赵大卫）

【"查三违禁隐患"风险控制】 2013年，华东工程公司先后组织开展了QHSE综合、井控安全及季节性专项检查4轮次，共查出各种隐患和问题300多个。

在检查中创新工作理念，坚持使用检查表，防止检查漏项，提高检查质量；坚持"谁检查，谁签字，谁负责"原则，防止检查走过场；对排查出的隐患采取有效措施进行整改，整改工作有实施方案，明确责任人、完成时限、具体措施等。对一时难以整改的隐患和重大危险源制定控制措施，落实专人负责进行监控，做到万无一失；严格交接班制度，严格安全巡查，对发现的问题及时整改，将事故隐患消灭在萌芽状态。关键装置的安全检查与防范工作指定专人负责，并做好活动记录；坚持生产例会制度，对生产安全情况进行分析并做好记录。坚持深入查找领导干部安全意识和思想作风上的差距并把隐患排查作为岗位员工日常工作的重要组成部分；检查的方式与各单位的HSE体系接轨，做到有检查重点，有运行方案，有工作标准，有整改落实；严格落实《钻井队搬迁安作业安全技术规定》等6个相关管理办法，落实作业现场"七想七不干"要求，建立隐患闭环管理机制。通过风险控制措施的实施，保证"入场有教育、风险有提示、作业有指导、未遂有分析"，进一步提升了员工危害识别技能，使现场作业风险始终处于可控状态。

（赵大卫）

危害辨识与风险评价培训班 （卢爱华摄）

【"HSE两书一表"监督指导】 2013年，华东工程公司针对钻井、固井、录井等基层队"HSE两书一表"适用性、指导性不强问题，特别是基层队《HSE作业指导书》缺乏作业过程安全管控措施，千篇一律等情况。开展工程施工"HSE两书一表"监督检查，提高基层分队"HSE两书一表"编制水平工作。针对基层分队"HSE两书一表"编制中出现的问题，帮助或指导基层分队进行整改，并及时组织"HSE两书一表"编制者进行培训。通过培训指导，公司施工单位"HSE两书一表"编制水平得到普遍提高，使"HSE两书一表"的操作性进一步增强。

（赵大卫）

【分包商安全管理】 2013年，华东工程公司树立"互惠双赢，共同发展"的理念，强化分包商管理。先后对山西非常规工区施工的14个钻井队，1个测井队、1个固井队，2个录井队进行了分包商HSE资格准入审查，并按要求对分包商进行了现场监督检查教育和培训，防范和降低了分包商事故的发生。① 从分包商队伍资质、HSE业绩、人员素质、监督监理和现场管理5个方面，认真审查资质，严格把好入口关。② 树立"互惠双赢，共同发展"的理念，把分包商的教育培训纳入公司各级、各类培训范围。③ 加强现场监管。发挥中石化工程技术服务单位引领、示范作用，督促分包商按照标准配备专职安全监管人员并实行持证上岗，严格直接作业环节安全管理制度，实施风险抵押、考核使用等措施，变被动接受管理转变为主动加强管理。④ 在分包商队伍中全面推行HSE达标化管理，建立健全HSE业绩档案。通过开展HSE工作"结对"帮扶和"查问题、帮分析、想办法、抓整改、促提高"活动，树立分包商专业基层标杆队，营造了"比、学、赶、帮、超"的氛围，为遏制"三违"、避免事故提供保障。⑤ 实行

HSE工作约谈诫勉制度。对HSE工作中存在重大问题或HSE管理工作滑坡明显的单位和分包商，由公司主要领导，主管领导约谈其单位党政主要负责人或者分包商单位主要负责人，帮助分析存在的问题，督促有关单位改进HSE工作。

（赵大卫）

【交通安全监管】 2013年，华东工程公司加强驾驶员队伍的管理，严把准入关，严格内部“双证”制度，强化特车、危险品运输车辆和零散车辆的监管，严格节假日和长途车审批，坚持车辆进出场检查和行车“三交代”制度，落实道路风险识别和削减措施，提高风险管理水平。① 做好对驾驶员的安全教育。针对如何提高安全意识、提高驾驶技能、提高突发交通风险处置等来开展教育，在管理上坚持“抓安全从思想入手”的原则，在理顺驾驶员的“心结”上下功夫，注重“软约束”，避免“硬教条”，变“客观被动适从管理”为“主观自觉遵守交规”。② 做好车辆管理。落实车辆的“一日三检”制度，督促驾驶员做好“出车前、行车中、收车后”的车况检查；做好做实车辆的日常检查、月度检查、特种车辆不定期检查、春夏秋冬恶劣天气的单项检查及节假日的重点检查；执行车辆回场后的“三交一封”制度，严格控制“八小时以外”车辆的位移。③ 抓好行车管理。结合各单位所处的地理位置、车辆出入的路线规律、道路交通风险等实际，分别制定车辆的“行车路线图”，并监督执行。形成特殊天气道路风险的预警机制，凡遇风、雨、雪、雾等极端天气，提前发出不同等级的预警，并采取晚点出发、干部押车、限速行驶等措施，降低和控制交通风险。养成大型特种车辆上现场“先探路，后发车”的习惯，提前勘察道路、周边环境、可能存在的风险等情况，保证“出好车”。

（赵大卫）

【HSE管理体系建设】 2013年，华东工程公司从深化提升的角度，立足较高标准，按照“符合国际惯例，切合自身特点，内外统筹兼顾，满足项目需要”的原则建设QHSE体系，满足了国内外市场开发和项目管理需要。制定了HSE体系建设运行规划和量化指标，更新修订管理程序和相关运行控制文件，加大危害辨识和风险控制率，促进了HSE管理各项工作迈上新台阶。按照“突出重点，务实求实、督促提高”的审核原则，圆满完成HSE体系第二方审核工作。同时，组织开展了各岗位工作危害分析(JHA)。统一制定评价准则，评估各道工序存在的安全风险并提出工作方案。一线基层队成立工作危害分析(JHA)领导小组，围绕“人、机、环、法”四要素，汇总形成专业和单位风险管控台账。

（赵大卫）

【全面强化井控管理】 2013年，华东工程公司强化“大井控”意识，采取一系列有效措施全面强化井控管理。成立公司井控管理委员会，形成了公司层面及二级单位到基层队三级井控管理网络，明确了职责、规范了程序，为井控管理提供了组织保证。在“人”的管理上，不断加强井控知识培训教育工作，坚决做到持有效证件上岗；在井控装备“物”的管理上，以“本质安全”为目标，加强井控装备安装、使用、维护保养、检验检测等各个环节的管理工作；在日常管理工作中注重井控管理监督检查工作，召开专题会议，建立专门台帐，发现隐患立即整改，确保了井控安全。

各二级单位坚持钻井、井下作业系统月检、基层单位周检、施工岗位日检的井控安全检查制度。严格执行开工验收“谁签字、谁把关、谁负责”。在非常规工区“三高”风险井实行施工方案论证，井控安全风险评估，专家驻井指导的井控管理新办法。

2013年，华东工程公司分别对江苏、山西、重庆、西部及海外工区等6个二级单位66个基层队开展井控专项检查，提出整改问题120项。

（赵大卫）

【隐患排查和治理】 2013年，华东工程公司突出强化隐患排查和治理，明确在隐患治理上，对重大隐患治理，建立特殊审批通道，实行急事急办、特事特办，项目治理不受投资规模和计划程序限制。用好安全生产费用，及时消除安全隐患。同时，在对各单位 HSE 绩效考核中相应加大了隐患整改完成情况的考核。当年，在石化集团公司的支持下分别完成六普钻井分公司管子站道路改造项目、西北工区北管桥消防系统改造等隐患治理项目。

（赵大卫）

【HSE 培训】 2013 年，华东工程公司为解决好重理论轻实训、重发证轻培训等情况，坚持缺什么、补什么，按需施教的工作理念，以落实持证上岗和先培训后上岗制度为核心，提高培训质量为着力点，全面加强 HSE 培训。各二级单位组织现场"传、帮、带"，采取多种形式，扎实开展操作技能培训、岗位练兵、应急处置等培训工作，并不断完善创新转岗培训和"师带徒"制度及各级 HSE 管理人员的持证监管。通过培训教育营造"违章受伤可耻，平平安安光荣"的荣辱观，"安全是最大的效益"的绩效观，"一切事故皆可避免"的预防观，"制度不坚决执行就是摆设，部署不及时跟进就是空谈，隐患不立即整改就是事故"的执行观。

2013 年，共有 1 861 人参加了局培训中心举办的井控培训，2 159 人参加了硫化氢培训；组织编写了《事故典型案例汇编》及《环境保护法律法规及制度汇编》；固井分公司制作的《开发 Flash 培训教程促进安全教育见成效》的经验介绍被编入《中国石化"我要安全"主题活动典型做法汇编》，作为 28 篇典型做法之一向全系统推广。

（赵大卫）

信息化建设

【概述】 2012—2013 年，华东油气田信息化建设紧紧围绕"勘探开发软件系统深化应用、生产经营规范管理、信息基础强化运维"的方针，以提升信息化技术水平，服务油气田生产经营工作，深化油气勘探开发源头数据采集与应用和 ERP 应用达标为主要方向，分别开展了油气勘探开发专业信息工程软硬件应用技术系统配套、油气勘探开发源头数据采集与综合应用、信息基础设施建设与完善、优化计算机网络及服务器配置、注重数据源点采集系统与生产信息化集成应用、信息化网络与安全管理等信息化工作。2 年优化信息系统项目 40 个，其中 2012 年 23 个、2013 年 17 个。信息系统建设费用 3 244.22万元，其中 2012 年 1 971.47 万元、2013 年 1 272.75 万元。

（敬钟伟）

华东分公司勘探开发源头数据采集推广实施方案评审

（敬钟伟摄）

【勘探开发源头数据采集】 2012 年 2 月，华东分公司被中国石化确定为第二批推广源头数据采集工作的首家企业。5 月，完成各专业数据结构本地化修改工作，包括勘探开发12个专业、763张专业表格、24 153条数据项的梳理对接。9月，中国石化信息系统管理部对华东分公司勘探开发源头数据库采集项目推广实施方案进行评审，评审结果优秀。10月，通过了中国石化的整体测试以及上线考核验收。11月正式上线运行。各专业累计数据采集情况为：

物探专业完成勘探处、物探院、物探公司8个采集源点的采集软件部署，采集物探专业源头数据531条；钻井专业完成钻井公司9个钻井采集点的采集软件部署、钻井完井井史等钻井专业源头数据15 383条；测井专业完成测井公司6个采集点的采集软件部署，采集测井源头数据17 142条；分析化验专业完成研究院实验中心8个采集点采集软件部署，采集源头数据4 785条；试油专业完成采油厂地质所、工艺所，井下作业江苏项目部等4个采集点的采集软件部署，完成入库试油、地层测试类源头数据19 664条。

石油勘探开发研究院软件培训班　（房大志摄）

2013年12月13日，华东分公司勘探开发源头数据采集系统项目通过了中国石化的最终验收，现已投入生产运行。该项目较好地解决了现场生产数据远程采集汇总上报的难题，提高了野外生产源头数据采集的准确率和合格率。

（敬钟伟）

【信息工程计划论证报告编制】 2013年，按照中国石化《信息工程建设指导纲要》要求，结合华东油气田信息工程建设需求，编制完成“2013年信息工程计划及论证报告”。该报告对常规、非常规领域油气勘探开发信息工程软硬件建设的现状、需求、目标与问题进行了梳理分析，按照中国石化提出的目标要求，找出了信息化工程在勘探开发地质资料处理解释、工程作业过程中存在的主要问题以及现有软件系统应用效果存在的不足，提出了升级改造的解决方案。同年11月，该论证报告通过了中国石化发展计划部、油田事业部、信息管理部联合组织的专业审查。

（敬钟伟）

【勘探开发专业化软件应用平台建设】 2012—2013年，华东油气田在勘探开发生产与科研工作中初步建立了四大应用平台，为提高油气勘探开发生产的质量与效率发挥了重要作用。地震资料解释与处理一体化平台支持系统，包括以LANDMARK为主的复杂构造解释系统、以JASON为主的储层预测评价系统；油藏描述、数值模拟、油藏优化、采油工艺配产配注优化决策平台支持系统，包括以Petrel为主的油藏建模系统、以ECLIPSE为主的油藏数模系统；地质研究一体化平台支持系统，包括以discovery为主的地质综合研究系统；集勘探、开发数据库中心，地质图形的绘制、存储管理和应用系统为一体的勘探开发石油数据共享平台。

（敬钟伟）

【新OA系统通过测试上线运行】 2012年11月至2013年2月20日，华东油气田根据中国石化公文管理系统推广项目的部署安排，启动新公文流转系统上线工作，完成了华东油气田机关和物探、钻井、采油、测井、固井、录井等专业公司以及研究院、物探院、工程院等科研机构OA组织机构的搭建和人员注册，进行了系统模块和数据库安装、调试部署工作，完善了电子文件管理体系，确保电子文件真实、可靠和安全，其主要信息系统实现了一键登录应用。2013 年 3 月，该系统通过了试运行测试。

（敬钟伟）

【新建研发大楼信息化系统设计】 2012—2013 年，华东油气田信息管理部门认真抓好局新建研发大楼信息化系统、视频会议系统，网络安全系统、机房配电、机房空调系统与消防安全等系统的规划工作。对局新建研发大楼从主干网到局域网系统进行了智能化设计与规划，其中局域网采用智能化结构布线，双核心全光纤交换，将设置信息点 1.50 万个。规划了标准化的信息网络系统、工作站、服务器机房及网络中心。由于大楼设计建设方多次变更建筑结构，给信息化系统设计增添了难度。通过多次与大楼设计、建设单位进行对接与磋商，共提出 5 套机房设计方案进行讨论选择，确保局新建研发大楼的信息化系统设计与建设满足生产经营管理与科研工作的需求，并为实现华东油气田信息化建设未来 10—15 年的发展目标打下良好基础。

（敬钟伟）

【信息化基础设施建设】 2012 年 5 月，华东石油局、华东分公司开始筹划主干网拓宽工作。11 月，主干网带宽扩容方案及投资计划通过中国石化审批。2013 年 2 月，按照中国石化集中采购流程进行设备采购。6 月，完成与联通公司的线路扩容谈判，双方协商同意在现有租线优惠费用基础上再次优惠 10%。9 月，将华东油气田驻宁、镇、扬、泰所属单位各大汇集中心的主干网络带宽提升到 6 MMbps，并完成了华东油气田与驻地山西乡宁的非常规指挥部光纤专线网络建设工作，使非常规指挥部网络完全汇入内部广域网，实现了信息网络的无缝链接。同时，对所有二级单位主干网路由统一进行了设备更新，配备了新型的思科 3945 路由设备；完成了下属单位 BQQ 的分设工作，各主要二级单位的 RTX 及时通信系统全线上线运行，提高了广域网光纤的传输能力。该项目于 2013 年 12 月实施完成，共计扩容线路 4 条，完成 10 家单位的设备改造，编制了整体带宽网络的升级及各单位信息基础实施的改造升级方案。

（敬钟伟）

【油气勘探开发信息系统建设】 2012—2013 年，华东分公司进一步加强专业化软件系统建设，为常规与非常规油气勘探开发数据的处理、解释提供了较先进的信息系统软件平台。在油气田机关部署了非常规油气勘探开发生产管理信息系统、数据管理及应用系统、资源信息综合应用系统及简捷油藏管理分析系统、华东分公司典型井设计与定额结算管理系统、勘探开发源头数据采集应用系统；在研究院部署了 LogIC 高端测井解释软件、Petrel 三维地质建模软件、波动方程正演 SIMO3D 软件、油藏数模软件 Eclipse、油气储层预测与解释软件 LD-EPS Image 及 GeoAssist 井位设计辅助系统等；在物探院部署了 EPS 油气检测软件、iSeisMountain 地震采集工程设计软件；在采油厂部署了 StimPT 酸化软件；在工程院部署了 GOHFER 全三维压裂酸化设计与分析系统。在硬件方面，为研究院和物探院配备了高性能的 HP 工作站，为物探院配备了大容量光纤磁盘阵列，提高了勘探开发资料的处理解释速度与存储能力。

（敬钟伟）

【信息安全保密管理】 2013 年 11 月，中国石化对华东油气田的保密安全进行了检查。检查结果完全合格，其中信息安全管理工作得到了检查组的肯定。在信息安全管理措施上完成了漏洞扫描、入侵检测与防御实施的安装与调试，提高网络防入侵的能力，为非常规指挥部专线网络安装了高性能的防火墙，提高了互联网出口安全防护能力。通过上述措施使信息安全保密工作落到了实处，杜绝了未准入论证非法进入网络的事件发生。

（敬钟伟）

【信息门户系统建设】 2012 年 4 月，华东石油局、华东分公司按照中国石化信息门户系统以应用为主的工作思路，要求各部门充分上载信息、新闻，把源头数据采集系统等更新换代的业务平台整合进门户首页，把信息设备申请表等常用表单下载整合到门户网站的功能中，从而进一步提高了信息化服务水平。6月，按照石化集团公司党组的要求开通了局长与书记信箱，增加了局党、政主要领导与职工群众联系沟通的渠道。2013年底，开通了华东油气田信访办信箱，为进一步畅通信访渠道，反映各类群体的意见与呼声提供了便利。

（敬钟伟）

【企业信息化应用水平评价与测试】 2013年，华东油气田参加中国石化年度企业信息化应用水平评价与测试，评价项目达300多项，涉及华东石油局、华东分公司、华东工程公司的各个专业应用系统，包括ERP系统、源头数据采集系统、人力资源系统、合同管理系统、设备管理系统、内控系统、资金集中系统、物资采购供应等40多个系统。通过中国石化的严格评测，华东油气田信息化软硬件设施综合应用被评为A级水平，ERP应用评为B级水平。

（敬钟伟）

【信息化业务培训】 2012—2013年，共组织各类专业软件、网络技术与信息安全业务培训12期。每期培训都采用不同的硬件、软件类型对专业人员进行对口培训，从而提高专业人员对勘探开发软件系统的应用水平。截至2013年12月，信息化技术培训人数达300多人次，促进了不同层次的专业化技术团队建设，主要研究人员基本掌握了3种以上专业软件，并能正确运用到实际工作中。

（敬钟伟）

行政管理

干部管理

【概述】 2013年4月，华东油气田机关机构职能调整，将2012年由原党委组织部负责的处级干部管理职能转移合并至人事处管理。按照石化集团公司干部管理权限，截至2013年底，华东油气田由石化集团公司党组管理的领导干部9名，局党委直接管理的处级干部115名，调研员32名。在局党委管理的115名处级干部中，35岁以下占3%，35—40岁占9%，41—45岁占15%，46—50岁占30%，51岁及以上占43%；博士研究生学历占5%，硕士研究生学历占6%，大学学历占67%，大学专科学历占21%，大专以下学历占1%；教授级高级技术职称占7%，高级技术职称占60%，中级技术职称占30%，初级技术职称占3%。

2012—2013年，坚持党管干部、党管人才原则，按照“德才兼备，以德为先，注重业绩，群众公认”的选人用人原则，严格干部选拔任用程序，进一步提高选人用人的透明度和公信度。紧密围绕华东油气田实现建成百万吨级油气田的奋斗目标，进一步加强干部队伍建设和干部管理工作，大力实施“素质＋能力”提升工程，加大干部交流力度，强化理论知识、业务知识培训，注重培养复合型干部和人才，全面提升干部队伍综合素质。

（刘红军　徐　鹏）

职代会民主测评领导干部　（万　方摄）

【组建华东工程公司领导班子】 2012年，中国石化启动石油工程板块专业化重组，成立中石化石油工程技术服务有限公司。华东石油局原六普大队、固井公司、测井公司、录井公司、威诺公司共5家单位整合成立华东石油工程有限公司。2012年12月18日，张锦宏任中石化华东石油工程有限公司执行董事兼总经理；冯如进任中石化华东石油工程有限公司监事(兼)。2013年1月4日，谈士海、赵晓华任中石化华东石油工程有限公司副总经理。

（刘红军）

【职代会民主测评领导干部】 2012—2013年，华东油气田坚持职代会民主测评领导干部制度，切实加强民主监督。局、队两级领导班子成员在职工代表大会上，向职工代表述学、述职和述廉，机关职能部门负责人提交书面述学、述职和述廉报告，接受职工代表民主测评。2012年，四届三次职工代表大会测评华东石油局、华东分公司机关处级以上干部共 50 人，测评优秀率 98%。2013 年，四届四次职工代表大会测评华东油气田机关处级以上干部共 52 人，测评优秀率 100%。2012—2013 年，华东油气田直属单位领导班子成员在本单位职代会或职工大会进行民主测评，优秀和称职率均为 100%。

（徐　鹏　刘红军）

【健全完善干部管理制度】 为认真贯彻石化集团公司关于干部管理工作的有关规定和要求，建立健全科学规范的直属单位领导班子和处级领导人员管理制度，2012 年，以完善激励约束机制为目的，以岗位职责、目标管理、年度考核、民主测评多元化考评为手段，加强对处级领导人员的管理和考核，出台了《华东石油局、华东分公司直属单位领导班子和处级领导人员管理暂行规定》《华东石油局、华东分公司年度绩效考核管理办法》《华东石油局、华东分公司副职领导人员绩效考核实施细则(暂行)》。

（朱振亚）

【干部选拔任用】 严格干部选拔任用制度，坚持干部选拔任用程序，进一步拓展选人用人视野。2013 年，在华东油气田范围内采用公开竞聘、组织选拔、轮岗交流等方式，在规定的职数控制指标内，完成 2 个批次、60 名处级干部的选拔任用，对 12 个直属单位的领导班子进行了补充、完善、调整，对机关 15 个部门的负责人进行了调整。

（刘红军）

【选人用人满意度测评】 根据石化集团公司人事部《关于开展选人用人工作满意度测评的通知》要求，华东油气田五届一次职代会对 2013 年度提拔的 25 名中层领导人员进行群众满意度测评。对华东石油局、华东分公司、华东工程公司选人用人工作的总体评价，满意率和基本满意率累计 95.40%；对选人用人风气的总体评价，满意率和基本满意率累计 93.68%；对建立健全和执行选人用人制度情况的总体评价，满意率和基本满意率累计 96.55%。对 6 名副职提为正职的中层领导人员，满意率和基本满意率累计都在 88%以上；新提任的 15 名副职中层领导人员，满意率和基本满意率 4 人在 81%以上；4 名由正处提任副总师的满意度和基本满意率均在 92%以上。

（刘红军）

【领导干部经济责任审计】 坚持和完善领导干部任期经济责任审计和离任经济责任审计制度。按照“任职期满必审”“领导干部离任必审”的原则，2012 年，对吉林项目部经理姚洪生、资料信息管理中心主任赵曙白、六物大队大队长唐成鸽、非常规指挥部指挥长张奉东进行了离任经济责任审计。对工程院院长杨力进行了任中经济责任审计；2013 年，对吉林项目部经理卢建明、采油厂厂长吴志良、液碳公司经理施杰、华石公司总经理崔晓卫进行了离任经济责任审计。对测井公司经理张作清进行了任期经济责任审计。

（朱振亚）

油气田部门副职领导人员竞聘民主推荐会　（黄宝平摄）

劳动人事管理

【概述】 2012—2013 年，华东油气田劳动人事工作紧紧围绕建设百万吨油气田战略目标的新要求，以进一步健全完善选才、育才、用才、聚才的工作机制为主线，不断完善人才成长通道建设，着力加强经营管理、专业技术和技能操作三支人才队伍建设，进一步调整优化队伍结构，提升人才队伍整体素质，为油气田全面完成年度生产经营任务，顺利实现石油工程和矿区板块重组整合，为实现企业与员工的共同发展、和谐发展提供了人力资源保障与智力支持。

（张瑞康）

【职工培训与人才培养】 2012—2013 年，华东油气田举办各类培训班 147 期，培训人员 5 000 多人次，其中经营管理 1 612 人次、专业技术 1 532 人次、技能人员 2 321 人次。华东石油局、华东分公司推荐选拔 814 人分别参加了由石化集团公司举办的三支人才队伍重点人才培训，其中参加经营管理重点人才培训 244 人次、专业技术重点人才培训 358 人次、技能操作重点人才培训 212 人次（含劳务派遣工 106 人次）。2 年参加脱产培训的总人数达 1.38 万人次，其中正式职工 7 525 人次、劳务派遣工6 188人次。在参加脱产培训的人员中，经营管理人员 2 125 人次，专业技术人员 2 816人次，技能操作人员 8 872 人次。为加快高层次、高技术人才的培养，组织石油大学（华东）工程硕士班 24 位学员，完成毕业论文开题报告审查。与石油大学（北京）合作，举办一期在职人员石油与天然气工程领域工程硕士学位班，通过摸底测试考试，录取 30 名学员。

（赵　凌）

【人才引进与人力资源配置】 2012—2013 年，华东油气田根据“三次创业”和建设百万吨油气田战略目标对人力资源结构与人才队伍规模的新要求，结合机构调整和产业结构调整的实际需要，继续加强人才引进和内部人力资源结构调整与合理配置工作。2012 年，引进高校毕业生 109 名（含国际化班 2 人），专业技术骨干人才 7 名，内部调配各类人员 33 人次。2013 年，引进专业技术人才 3 人，内部调配各类人员 70 人次。通过引进与挖潜等措施，适度缓解了华东油气田加快常规与非常规油气资源勘探开发等主营业务发展所面临的人才紧缺的矛盾，保证了科研生产工作的正常开展。

（张瑞康）

【职称管理】 2012—2013 年，华东油气田坚持职称管理必须重能力、重业绩、重贡献以及结合人才成长通道建设，合理控制评审总量等有关要求，分层次组织开展专业技术职务任职资格申报、推荐与评审工作，坚持在石化集团公司下达的教授级和高级专业技术职务任职资格推荐与评审参考指标范围内，注重优先推荐、评审从事基础性和前瞻性科学研究工作人员，生产、科研、设计一线人员，以及长期从事专业技术工作的人员。2 年中，按照申报和评审程序，4 人获得教授级专业技术职务任职资格，56 人获得高级专业技术职务任职资格，80 人获得中级专业技术职务任职资格。

（赵　凌）

【人力资源信息管理系统建设】 2012—2013 年，华东油气田 SAP-HR 系统（人力资源信息管理系统）建设根据石化集团公司的总体部署，加快推进，逐步完善。包括组织机构管理、人员调配、干部任免、薪酬计发等人力资源核心业务以及人事劳资统计业务已在业务操作平台和综合运用平台试运行，华东分公司已实现职工薪酬管理与财务过账。2012 年底，在系统中实现了华东石油局、华东分公司、华东工程公司机构、人员分开，3 个系统独立分别运行，保障了石油工程和矿区业务整合重组工作的顺利完成。

（梁辛怡）

【职业技能竞赛】 2012—2013 年，先后组织了物探技术、钻井技术、采油技术、井下作业技术、录井技术、测井技术、物资供应等业务技术比武，以及石油钻井工、采油工、电焊工、二氧化碳提纯工、石油地震勘探工、测量工、钻井柴油机工等工种的职业技能竞赛，并选拔选手参加石化集团公司举办的业务技术比武和职业技能竞赛。2012 年取得 2 金、2 银、1 铜 5 块奖牌的好成绩，其中物探专业竞赛获得 1 枚金牌，钻井业务竞赛获得 1 枚金牌、2 枚银牌，井下作业获得 1 枚铜牌；2013 年获得 2 金、6 银、2 铜的成绩，其中录井业务竞赛获得 1 枚银牌，测井业务竞赛获得 1 枚银牌，地震勘探工技能比武获得 1 枚金牌、1 枚银牌、1 枚铜牌，测量工业务竞赛获得 1 枚金牌、1 枚银牌、1 枚铜牌，注水泵工业务竞赛获得 1 枚银牌，油气管线安装工业务竞赛获得 1 枚银牌。2012 获得石化集团公司职业技能竞赛“优秀组织奖”，2013 获得测井业务竞赛团体第三名。

（董　进）

【人工成本预算与监控】 2012 年实施石油工程专业化重组，新组建的华东工程公司年平均人数 3 489 人；物探华东分公司年平均人数 2 192 人；华东石油局（矿区）年平均人数 2 186 人。2012 年人工成本分割情况为：华东工程公司 2.90 亿元、物探华东分公司 1.40 亿元、华东石油局（矿区）2.02 亿元。

2013 年进一步完善体制调整，完成了工程技术设计研究、维护性井下作业队伍的建制划转工作，从华东石油局划转至华东分公司 778 人，其中正式工 203 人，劳务派遣工 575 人，相应划转人工成本 9 845 万元，其中境内 5 561 万元、境外 4 284 万元。

2 年中，进一步完善了人事管理部门与计划、财务、企管等部门的协作机制，人工成本管理事前有计划、过程有预警、事后有考核，健全了人工成本费用核算与监控管理、定期考核等制度，并把人工成本费用执行情况纳入华东油气田每月经济分析会的检查内容，努力提高人工成本投入产出效率，确保了人工成本控制在石化集团公司下达的指标范围内。

钻井业务技术竞赛　（万　方摄）

（杨德寿）

【调整基本薪酬标准】 为贯彻落实石化集团公司人事部《关于调整基本薪酬标准的通知》（中国石化人薪〔2012〕256 号）精神，2012 年 12 月 31 日，华东石油局、华东分公司下发《关于贯彻集团公司〈关于调整基本薪酬标准的通知〉的处理意见》（华东石油〔2012〕278 号），对在职正式工、劳务派遣人员调整基本薪酬标准。在华东石油局、华东分公司正式工薪点值 1.05、劳务派遣人员薪点值 0.75，保持不变的前提下，以现行基本薪酬标准向上调整 2 档。该标准从 2012 年 7 月 1 日起执行。

（杨德寿）

【员工休假疗养实施办法】 2012 年 9 月 21 日，经华东石油局、华东分公司四届三次职代会联席会议审议通过，《华东石油局、华东分公司完善在岗员工休假疗养实施办法》（华东石油〔2012〕214 号）正式印发实施。该办法规定单位可以为休假疗养职工支付补贴，并对年补贴标准以工作年限为依据进行分级，累计工作已满 1 年不满 10 年的补贴 2 000 元/年；累计工作已满 10 年不满 20 年的补贴 4 000 元/年；累计工作已满 20 年不满 30 年的补贴 6 000 元/年；累计工作满 30 年以上的补贴 8 000 元/年。

（杨德寿）

【劳务派遣工同工同酬】 为贯彻《劳动合同法》修正案精神，落实石化集团公司完善薪酬制度座谈会要求，使劳务派遣工享有与用工单位正式工同工同酬的权利，在充分调研和分析的基础上，经测算和优化，设计出《华东油气田劳务派遣工与正式工基本薪酬并轨方案》，该方案既考虑了历史变迁过渡因素，也考虑了与正式工 2013 年进行的 2 年一次考核升级同步兑现等因素。2013 年 12 月 7 日，石化集团公司人事部批复：同意华东油气田劳务派遣工自 2013 年 1 月 1 日起，执行新的基本薪酬标准体系，与正式工实行同一薪点值标准。2013 年 12 月 18 日，经与属地劳务派遣机构协商，华东石油局、华东分公司、华东工程公司、物探华东分公司《完善劳务派遣工统一薪酬分配制度方案》以地方劳务派遣机构名义发布实施。

（杨德寿）

【规范境内补贴】 2012 年 3 月 31 日，华东石油局、华东分公司印发《关于统一薪酬后严格控制津贴补贴项目和标准的通知》（华东石油〔2012〕65 号），对境内涉及高技术（技能）津贴、艰苦边远地区津贴、野外津贴、夜班津贴、有毒有害（保健）津贴、住房补贴（房租补贴）的发放进行规范，明确从 2012 年 4 月停发随工资发放的药费补贴等不符合规定的津贴。

（杨德寿）

【员工社会保险】 2012—2013 年，华东油气田坚持按时足额为员工缴纳社会保险费，健全和规范劳动保险管理工作各类基础台账资料，及时做好保险缴费基数、职工退休申报工作，为离退休职工提供养老保险政策咨询与服务，按月度做好养老保险、企业年金、医疗等其他保险的资金汇缴、划拨和结算分账工作，继续规范实施职工补充医疗保险和企业年金工作。通过各直属单位对岗位进行梳理，初步建立了以岗位为退休依据的操作规范。经江苏省人力资源与社会保障厅审批，2012 年为 124 名符合退休条件的员工办理了退休报批手续，2013 年为 114 名符合退休条件的员工办理了退休报批手续。

（朱建新）

审计工作

【概述】 华东分公司审计处（简称审计处）分设审计科和审理科，负责华东油气田各单位经营管理、财务收支、内控制度的执行情况，以及重大投资项目实施情况的审计监督，经营者任期、任中经济责任审计和其他重大专项审计等工作。审计处配备工作人员 9 人，审计科与审理科各 3 人。

2012—2013 年，共完成内部审计项目 174 项，其中 2012 年 68 项、2013 年 106 项，出具审计底稿 194 份。通过审计，共查处和纠正问题金额 7 105.73 万元，促进增收节支 1 097.88 万元，提出审计意见与建议123条。

（陈卓仁）

【经济责任审计】 2012—2013年，按照“有离必审”的原则，持续深化经济责任审计，加强对企业领导履职情况的审计监督，审计中，把领导人员是否全面、规范、严谨履职作为审计重点，同时关注影响和制约企业管理发展的重大问题，开展审计监督。2年共组织直属单位主要负责人任期审计2项、离任经济责任审计8项，查出问题金额3 923.37万元，纠正并整改问题金额2 446.18万元。通过审计，客观公正地评价领导人的经营业绩，揭示生产经营管理中存在的问题和不足，提出了36条审计意见和建议。

（陈卓仁）

采油厂新源公司财务收支和厂长吴志良离任审计　（陈卓仁摄）

【工程项目及固定资产投资审计】 2012—2013年，审计工作密切跟踪苏北增储上产和5亿立方米煤层气产能建设项目，采取部门自审、委托审计等方式，统筹安排重点工程项目的竣工决算和工程预结算审计，把建设项目的前期论证、投资决策、建设程序、安全环保、招标投标、转包分包、投资控制等内容作为审计监督重点。2年共完成工程竣工决算审计5项，出具工程项目审计预（结）算书133份，审计促进企业增收节支1 097.88万元。

（陈卓仁）

【财务收支审计】 2012—2013年，坚持管理基础工作的规范性，进一步提升财务收支审计功效。把财务收支审计与其他管理审计有机结合起来，使财务收支审计由合规性审计向效益性审计方面延伸，从收入、成本的真实性、各项开支标准的合规性入手，共开展新源公司2011—2012年财务收支审计、六普大队2011—2012年财务收支审计2项，查出问题金额2 538.98万元，提出审计意见与建议9条，均被采纳。

（陈卓仁）

【专项管理和效益审计】 2012—2013年，针对华东石油局、华东分公司的热点、难点问题开展专项审计调查，2年共开展了经营成果审计、应收款项清理效果审计、库存物资管理专项审计、企业非生产性支出专项审计、废旧物资处置专项审计、科研经费项目审计6项。通过审计查出问题金额6 576.02万元，纠正并整改问题金额339.01万元。

（陈卓仁）

【风险管理审计】 坚持“以风险为导向”，把风险控制和防范作为日常审计工作和项目审计关注的一项重要内容，切实发挥审计的预警职能。2012年，开展了合同风险管理项目审计，发现存在合同签定超授权与转授权不合规定、合同印章使用混乱、合同台账不符或不完整、海外项目分包单位资质及授权滞后等方面的共性问题，提出审计意见与建议4条。

（陈卓仁）

【涉外项目审计】 2012年开展了石油工程境外业务经营管理情况专项审计调查，调查油田企业承揽实施境外石油工程技术服务业务的经营管理情况，分析境外业务持续发展能力，查找经营管理中存在的问题，针对与国际一流石油工程企业相比存在的差距、国外施工环境恶劣、管理体制不顺、企业目标执行不力以及资产管理不严等主要问题，提出整合开拓国际市场的资源与技术优势、加强信息交流与沟通、提高市场开发能力、加强国际资金理财指导、降低汇率风险和税收损失、加强境外公共安全指导等审计意见和建议。通过总结管理经验，揭示风险隐患，促进企业提升国际化经营管理水平。

（陈卓仁）

【内控独立审计评价】 2012—2013 年，华东石油局、华东分公司审计工作对照《内控手册》，分别开展了“六物大队内控独立审计评价”“华东分公司重点业务流程内控审计评价”。在内控独立审计评价中发现存在考核奖惩、土地管理、人力资源管理办法不完善等问题，在重点业务流程内控审计评价发现存在控制点未执行控制、未执行控制点涉及的风险类别、等级等情况，针对存在的问题，要求进一步建立全面风险管理组织体系和完善管理制度，做好内控流程的再造，进一步强化内部控制主体意识；加强全体员工内控意识，强化内部控制制度的执行力。

（陈卓仁）

【审计人员培训】 2012—2013 年，按照更新审计理念、提升素质，科学审计的要求，先后派出 31 人次参加石化集团公司以及华东石油局、华东分公司举办的内控与风险评估审计、工程项目管理（PMP）、企业资源计划系统（ERP）、系统环境下的辅助审计信息系统（AIS）应用骨干、涉外审计、审计处（科）长岗位资格、审计信息化应用、审计高级人才、合同管理等培训。采取以审代培的方式选派 3 人次参加了中国石化石油工程重组审计工作，审计人员业务水平和能力得到了进一步提升。

（陈卓仁）

【审计工作信息化建设】 2012—2013 年，石化集团公司针对已实施 ERP 的企业，建立审计业务模块，实现企业审计项目的实施方案、审计通知书、审计底稿、审计报告等材料通过审计网报呈中国石化审计局审核与汇总，同时方便企业审计人员进入审计业务模块进行实时在线查询、对比、分析，进而帮助审计人员完成审计工作，提升审计业务信息化运用水平，提高审计效率。通过集中培训，华东油气田所有审计人员都能使用 AIS 审计系统和会计集中核算系统，所有审计项目实现集成系统线上运行。

（陈卓仁）

离退休人员管理

【概述】 华东石油局离退休工作处（简称退工作处）负责华东油气田离退休管理工作，离退休人员党组织建设和党员管理工作，处理离退休人员来信来访和信息管理等工作。截至 2013 年末，华东油气田共有离退休人员 2 863 人，其中离休干部 45 人、退休干部 950 人、退休工人 1 868 人，离退休人员中共有党员 961 人。

2012—2013 年，油气田离退休工作坚持以人为本、服务为先的理念，围绕改革发展稳定中心工作，加强离退休人员党建工作与思想政治工作，以离退休管理体制调整为契机，加快离退休各项工作转型升级，用心用情用政策，做好离退休人员服务管理工作，切实关心和维护离退休人员切身利益，不断提升全局离退休人员幸福指数。

（叶鹏飞）

【离退休工作职能调整】 根据石化集团公司石

油工程队伍重组和社区管理体制调整的要求，2013年7月19日，华东油气田印发《关于组建成立华东石油局社区管理中心通知》（华东石油〔2013〕111号），将基地现有土地、房屋及其他资产与相关工作人员合并，组建成立华东石油局社区管理中心，中心为华东石油局管理的非法人直属单位，统一负责华东油气田离退休人员服务和管理、生产生活基地服务及管理。2013年7月26日，华东石油局党委印发《关于成立中共华东石油局社区管理中心委员会的通知》（华东石油党委〔2013〕36号），2013年12月9日，局党委印发《关于调整中共华东石油局离退休工作委员会的通知》（华东石油党委〔2013〕59号），将原中共华东石油局离退休工作委员会管理职能整体转入中共华东石油局社区管理中心委员会。

离退休人员日常服务和管理由社区管理中心负责，实行统一政策、统一待遇、统一服务标准。社区管理中心党委、社区管理中心和离退休工作处在华东油气田领导下，负责离退休工作业务指导、统一管理离退休党员、承担局关心下一代工作委员会办公室日常工作以及华东油气田机关离退休人员的日常管理与服务。

（叶鹏飞）

华东油气田2013年"敬老节"活动启动仪式　（金宝荣摄）

【离退休人员慰问】 2012年，由于地方政府出台事业单位离退休人员增加生活补贴的有关政策，本着尊重历史、以人为本、面对现实、有利和谐的原则，2013年1月25日，华东石油局、华东分公司印发《关于印发〈华东石油局、华东分公司离退休人员节日慰问费发放办法〉的通知》（华东石油〔2013〕6号），为华东油气田离退休人员增加节日慰问费，并在制度上规范了离退休人员的慰问费。

2012—2013年7月，重大节日慰问费的发放继续由华东石油局、华东分公司统一标准，统一下拨，各单位负责具体实施。2012年发放慰问费2 808.47万元，夏冬两季慰问费118.18万元，企业补贴2 223.46万元，合计5 150.11万元；2013年发放慰问费2 844.06万元，其中春节发放慰问费1 724.94万元、端午节发放慰问费446.73万元、中秋节发放慰问费672.39万元。

2013年7月离退休管理体制调整后，节日慰问费由社区管理中心直接发放。

（尹培元）

【离退休人员文体活动】 2012年6月，华东石油局在扬州办事处举办第十二届离退休人员象棋、扑克牌比赛，共18名象棋选手、36名扑克牌选手参加比赛。2012年10月在敬老月和重阳节期间安排12项活动，10月18日在扬州办事处举办敬老月与重阳节活动启动仪式。2013年7月，在研究院举办第十二届老年门球比赛。9月，选拔5名选手参加石化集团公司在镇海炼化举办的第二届老年象棋比赛。10月在扬州办事处举办第十三届离退休人员象棋、扑克牌比赛。2013年10月在敬老月和重阳节期间安排11项活动，10月11日在扬州办事处举办敬老月重阳节活动启动仪式。2013年离休干部徐庆、叶绪泰被石化集团公司评为健康老人。

（尹培元）

【离退休人员党组织建设】 2012—2013年，社区管理中心党委结合离退休人员党员队伍实际，加强离退休人员党组织建设。分年度对华东油气田24个离退休人员党支部书记组织集中培训，开展工作交流。2012年4—12月，组织油气田已办理离退休手续的党员在创先争优活动中开展基层组织建设年活动，在离退休人员党支部中开展分类定级工作。创先争优活动中开展的基层组织建设年活动取得了一定成效；分类定级活动中，2个党支部被定级为“好”，19个党支部被定级为“较好”，3个党支部被定级为“一般”，通过对3个定级为“一般”的党支部进行整改工作，均达到晋位升级。分类定级后使离退休人员党组织工作规范化、活动经常化、决策科学化水平不断提高。

（尹培元）

【维修和改造离退休人员活动场所】 2012年离退休人员活动场所建设的重点是六物句容基地活动室、六普丁卯桥基地活动室、研究院活动室和门球场、测井站活动室，局、队两级共投入维修改造费用54.40万元。2013年在扬州办事处修建了老年门球场，修建费用为25万元，已投入使用。截至2013年底，华东油气田共有老年活动室、场23个，其中近2年修建的六普、研究院、扬办3个老年门球场，均是较先进的人工草坪门球场。

（尹培元）

【关心下一代工作】 2012—2013年，华东石油局关工委会同有关部门组织青年职工与职工子女积极参加石化集团公司关工委举办的有关比赛活动。2012年局关工委会同局团委开展“学党史、讲奉献”读书征文活动，共收到征文80篇。

截至2013年底，华东石油局关工委先后在六普钻井分公司40685井队、采油厂采油二队、技师学院、工程院和研究院建立了5个联系点，并分别举行了“华东石油局关心下一代工作联系点”现场挂牌仪式。局关工委工作联系点制度3次得到了石化集团公司关工委的肯定。

（叶鹏飞）

【离退休人员先进典型选树】 在2012年开展的创先争优活动中，华东石油局离退休党工委发现和选树了离休老干部金文藩为先进典型。金文藩1949年2月参加革命工作，1953年4月加入中国共产党，1993年6月离休。他以雷锋为榜样，做好事不留名，连续数年为贫困学生捐钱捐物，累计默默捐款资助贫困学生10余万元。2012年8月，离退休党工委印发《关于在离退休职工党员中开展向金文藩同志学习的通知》（华东石油离退工委〔2012〕8号），号召向金文潘学习。2012年金文藩被石化集团公司评为感动石化候选人物，成为创先争优活动的先进典型。

（尹培元）

“关心下一代工作联系点”在石油勘探开发研究院挂牌

（张　怡摄）

综合管理

【概述】 2012—2013年，华东分公司办公室紧紧围绕企业中心工作，着力抓好办文、办会、办事三项工作，充分发挥枢纽、桥梁、窗口三大作用，切实履行管理、协调、服务三项职能。通过深入开展党的群众路线教育实践活动，认真贯彻落实中央“八项规定”及石化集团公司“实施细则”，发挥好协调中枢作用；通过强化文件管理，做好政务信息编报，落实保密管理责任，抓好信访维稳，推进志鉴工作，强化外事管理，发挥好管理中枢作用；通过做好会务服务、健全综合值班、接待管理等工作，发挥好服务保障作用。

截至2013年底，办公室配备工作人员21人，中级以上职称10人。

（兰天永）

【职能调整】 2013年5月，按照华东油气田关于机关部门设置及职能调整的统一部署，原属办公室管理的党委事务性工作、机关车队服务等职能分别划转至党委办公室、机关事务中心，同时办公室新增加外事管理职能，并且由华东石油局、华东分公司双边序列调整为华东分公司单边序列，职能覆盖华东石油局、华东分公司。按照“资源共享、协调运行、一体化办公”的原则，截至2013年末，华东石油局、华东分公司办公室（信访办、外事办）、华东工程公司综合管理处合署办公，承担公文处理、政策研究、档案管理、信访维稳、外事管理等职能。

（兰天永）

【文秘工作】 2012—2013年，办公室文秘工作认真做好：①党政联席会、领导办公会等重要会议记录，起草领导讲话稿、会议材料等综合性文稿88篇。编制《办公室通报》22期。②中国石化公文管理系统构架，2012年完成了系统人员录入、流程设置、公文配置等构架，组织文书进行系统操作培训，2013年进行试运行，并完善和优化了系统设置。③开展公文管理创新活动，通过推广运用“工作表单”，努力减少“红头文件”数量。2年间，共制发公文1 098件，其中2012年524件、2013年574件，制发文件较上2个年度减少608件。共接收公文6 722件，其中2012年3 017件、2013年3 705件。

（兰天永）

【政务信息编报】 围绕华东油气田重点、难点、热点问题，开展政务信息报送工作，做到日常信息及时上报，重要信息不迟报、漏报、瞒报、误报，所有信息均按照规定审核上报。2年间，华东油气田共计上报政务信息64篇，采用35篇，在石化集团公司上游板块14家企业中排名11，信息质量不断提升。

（兰天永）

【档案工作】 2012—2013年，办公室持续推动档案管理信息化建设，完成档案管理信息系统上线运行，实现了档案信息资源共享。加大档案开发利用力度，广泛梳理、收集、挖掘珍贵史料，并组织了大量的采访，丰富了历史档案，为企业文化传承打下了良好的基础。截至2013年底，华东油气田18个单位的档案库存共计4.94万卷，32.82万件，其中永久3 932卷，4.34万件，长期1.31万卷，2.96万件，短期3.24万卷，26.52万件。2012—2013年华东油气田机关文书档案室共立卷归档3 572件，其中2012年1 992件、2013年1 580件。档案利用888人次，595卷次，1 839件次，其中2012年档案利用586人次，360卷次，1 352件次，2013年档案利用302人次，235卷次，487件次。

（周　萍）

【公务接待】 2012—2013 年，华东油气田严格执行中央“八项规定”和石化集团公司“落实中央‘八项规定’23 条《实施细则》”，制定了华东油气田《严格接待五项规定》(华东石油〔2013〕18 号)，坚持从转变机关作风入手，进一步严格接待事前审批制度，严格控制招待标准。一般会议统一实行自助用餐，禁发补助或礼品。接待工作在追求“周到细致、热情服务”的同时，更强调“勤俭接待、杜绝浪费”，业务招待费逐年下降。2012 年，华东石油局、华东分公司、业务招待费同比下降 18.46%；2013 年，华东油气田业务招待费同比下降 36.60%。

（康　强）

【保密工作】 2012—2013 年，保密工作加强组织领导，强化制度建设，及时调整保密委员会成员，先后出台了《华东石油局、华东分公司“十二五”时期保密工作规划》《华东石油局、华东分公司保密工作管理办法》。2013 年 5—8 月，落实石化集团公司保密工作“调查研究年”活动的有关精神，就本单位保密工作基本状况(保密机构、专兼职保密干部、涉密人员、要害部门部位、涉密事项和涉密计算机及网络设备、设施等)、存在主要问题和薄弱环节、保密工作好的经验做法等内容开展调研，并分析原因，改进保密管理，提出进一步完善制度体系、落实保密责任措施。

《华东石油年鉴》在石化集团公司企业志鉴会议上获奖

（刘　波摄）

2012 年 8 月，华东石油局作为石化集团公司全国保密普查试点单位，对 2011 年国家秘密、涉密人员、保密要害部门部位、涉密计算机(单机)、涉密移动存储介质及其他涉密设备、涉密网络、保密管理部门及工作机构、保密工作经费、泄露国家秘密案件及严重违规案件等普查要素，共 9 项 12 类 366 个指标进行了检查。2013 年 9 月，华东油气田 41 单位和部门参加了全国保密普查工作，分 6 项就普查的组织领导、普查目标、普查范围、普查内容及方法、填报汇总、总结提高、具体要求制定方案，共复制发放全国保密普查数据采集项目表 41 份，回收 41 份。普查未发现失泄密事件，通过普查总结经验，查找问题，促进保密工作进一步提升。

（廖志英）

【《华东石油年鉴》(2012 卷)出版】 《华东石油年鉴》每 2 年出版 1 卷，2012 年是出版年。5 月 18 日，华东石油局、华东分公司在局机关举办《华东石油年鉴》(2012 卷)撰稿人培训班，基层单位和机关各部门撰稿人参加了培训。7—11 月完成了稿件的撰写与编辑，12 月排版出样，2013 年 2 月完成印刷。本卷年鉴分 19 个类目记述了 2010—2011 年度华东石油局、华东分公司改革发展、生产经营、科技进步、企业管理、企业文化建设等重大事件和重要工作。为提升封面布局的协调性和封面颜色的辩识度，本卷对装帧设计进行了修改。成书 58.70 万字。

（廖志英）

【《江苏省志·石油志》编纂工作】 华东石油局作为《江苏省志·石油志》的总纂牵头单位，分别于 2012 年 6 月 1 日、2013 年 3 月 27 日、2013 年 5 月 31 日 3 次牵头组织召开了《江苏省志·石油志(1978—2008)》(简称《石油志》)编纂委员会议，推进了《石油志》编纂工作的全面开展。在做好协调服务工作的同时，按章节先后召开40余次专题研讨会，组织样稿写作和审读，并按章节组织对口交流会30余次。在统稿的过程中，采取专家审读指导和现场修改的方式，共组织8次统稿工作交流会议，统一思想，明确统稿进度、质量要求。截至2013年12月31日，已经完成第一章（区域油气地质）、第二章（油气勘探）、第三章（油气田开发）、第六章（石油工程技术）、第七章（科学技术研究）、第八章（企业管理与改革）、第九章（对外开放与域外事业）的第一轮统稿工作。第六章已完成第二轮统稿工作，第六章的初审稿已形成。附录中的大事年表、重要文献辑录、图片资料收集已经基本完成。

（刘　波）

【表彰与奖励】 2012—2013年办公室连续2年被评为“中国石化优秀办公室”，韩华林获中国石化优秀办公室主任称号；廖志英被评为2012、2013年度《中国石油化工集团公司年鉴》优秀作者、石化集团公司企业志鉴优秀论文一等奖、中共江苏省委机要局密码工作先进个人；2013年3月，华东石油局国际项目部被石化集团公司外事局评为“2012年度外事管理先进集体”。

（兰天永）

基地与机关事务管理

【概述】 华东石油局基地管理处（保卫处），简称基地管理处（保卫处），主要负责：研究制定基地综合使用中长期规划及年度开发利用计划与方案，基建管理工作、社区服务与协调工作，职工住房公积金管理，企业内部治安保卫等工作。2013年8月，华东油气田成立机关事务管理中心，挂靠基地管理处。基地管理处现有6人，机关事务中心38人。

2012—2013年，基地管理工作围绕油气田中心工作，服务职工，服务大局，着力改善职工生产、生活环境，解决职工实际困难，创造良好内外部治安环境，维护内部稳定。通过文明社区创建，老小区改造等一系列具体工作为油气田的发展提供了良好的后勤保障。

（潘华林）

【管理职能调整】 2013年8月，华东油气田将食堂、车队、医务室和办公大楼管理等职能从办公室、基地管理处划出，组建机关事务中心。该中心为华东石油局、华东分公司、华东工程公司的副处级附属机构，挂靠基地管理处，业务上接受基地管理处的管理和指导，负责为华东油气田机关提供餐饮、用车、办公用品、医疗卫生、会议服务及其他后勤事务性工作。

（潘华林）

【基地社区分布】 截至2013年底，华东油气田共有社区和基地38处，主要分布于江苏省境内的南京、镇江、扬州、泰州等省辖市和东台、金湖、邗江、句容、江宁、泰兴、姜堰等县市（区）。其中，南京11处，扬州10处、镇江4处、泰州8处。另外在新疆轮台、山西和顺、贵州织金等地建立了5个常规和非常规油气项目一线工作生活基地。油气田所属社区、基地与同行其他单位相比，呈点多、面广、线长、分散且规模较小的特点。

（潘华林）

【重点基本建设项目】 2012年，华东分公司完成了采油厂、东台草舍基地新建职工倒班公寓项目的建设，总建筑面积5 200平方米（公寓楼建筑面积4 100平方米，综合用房面积1 100平方米，）新建项目工程总投资1 100万元。于2012年11月

石化集团公司检查组在采油厂检查“平安油区”建设工作
（邱江良摄）

投入使用，改善了采油一线职工居住和生活条件。2012年华东石油局实施南京市浦口区工程院基地改造项目，项目批复投资185万元，实际完工结算195万元，2012年10月完工投入使用。

（潘华林）

【文明小区创建】 华东石油局试采大队泰州五里桥小区于2011年被评为石化集团公司“文明示范小区”，2012年9月，通过了石化集团公司文明和谐示范小区8个大项39条复查验收工作，获得石化集团公司“文明和谐示范小区”称号。2013年将职防所列入文明小区创建单位，共投入创建资金近300万元，已通过石化集团公司验收。

（潘华林）

【社区管理】 2013年3月，华东油气田将南京、镇江、扬州、泰州24个生活小区的房屋年限、电路改造，上下水管道、绿化外观等基本情况呈报石化集团公司矿区管理部。5月，按照石化集团公司《老旧小区综合治理的通知》要求，配合胜利油田森诺胜利工程有限公司，对华东油气田老旧小区改造工程可行性进行调研，8月出具改造工程可行性研究报告，并于2013年10月获得石化集团公司矿区管理部批准。2013年12月社区管理中心分别对扬州华东石油局职防所基地（生活小区）进行维修改造，对南京浦口基地（生活小区）进行维修改造（单身公寓），为南京片各单位单身职工提供良好的居住环境和条件。

（窦建荣）

【治安保卫与综合治理】 2012—2013年，华东油气田内部治安保卫、维护稳定、创建和谐平安企业等工作的开展，为企业改革发展发挥了积极保障作用。在党的“十八大”召开等特殊敏感时期，采取“严防死守”“重点防范”“教育疏导”“勾通交流”等方式积极开展工作，确保不发生有影响和不良事件的发生。在“平安油区”创建中，认真吸取“4·3”涉油案件教训，强化整改，加以防范，内部治安状况保持良好，总体治安形势稳中趋好。

治安保卫工作坚持“警民共建、企地共建”的方针，与当地公安机关和镇（乡、村）政府开展联合防控，采油厂与27个派出所，70个乡、镇、村签订了联防、共建协议；油气田成立了“华东油气田治安综合管理委员会”，实行以片区为单位整合资源，发挥整体优势，对系统内单位实行集中统一管理，确保治安保卫工作年度责任目标实现；坚持抓好基础工作，通过层层签订责任书，落实治安保卫责任，完善基层治保组织网络，加强重点地区和要害部位的防范与管理。2012年姜杰荣获南京市公安局“治安保卫先进个人”称号、施杰荣获泰州市公安局“治安保卫先进个人”称号，2013年蒋俊毅荣立镇江市公安局“治安保卫三等功”。

（姜　杰）

【住房补贴发放】 2012年，新职工住房补贴信息管理系统顺利上线平稳运行，对新职工的住房补贴真正做到了动态化管理。

根据《关于规范驻苏企业住房补贴发放有关问题的通知》（中国石化房办〔2011〕113号）对新职工住房补贴发放的规定，对截至2012年12月、工作满120个月新职工的住房补贴进行清算发放。全年清算发放 154 人住房补贴计 301.73 万元。2013 年度，清算发放 42 人住房补贴计 68.31 万元。

（林雅丽）

【公积金管理】 2012 年，华东石油局、华东分公司共完成公积金归集 6 446 万元，为职工办理公积金支取 4 281 万元，公积金归集率 100%，公积金缴存余额 1.99 亿元。为 121 户职工办理了公积金贷款，发放贷款 4 501 万元，公积金贷款余额 9 346 万元。全年为职工结付公积金利息 425 万元。按政策完成了 2012 年度的公积金缴存基数调整工作，华东石油局、华东分公司 3 352 名职工公积金缴存额人均月增加 184 元。

2013 年，共完成公积金归集 7 563.72 万元，为职工办理公积金支取 5 558.65 万元，公积金归集率 100%，公积金缴存余额 2.19 亿元。为 181 户职工办理了公积金贷款，发放贷款 7 085.70 万元，累计发放贷款 2.96 亿元，公积金贷款余额 1.42 亿元。全年为职工结付公积金利息 435.78 万元。按政策完成了 2013 年度的公积金缴存基数调整工作，华东油气田 3 246 名职工公积金缴存额人均月增加 141.61 元。

（林雅丽）

信访稳定工作

【概述】 2012—2013 年华东油气田信访稳定工作坚持“勇于担当、精心组织、积极协调，排查矛盾，化解纠纷”的工作方针。2012 年发生信访总量 46 件次，2013 年发生信访总量 26 件次，同比下降 43.50%，群体共性诉求化解率达到 87%，全面落实和完成了局党委对信访维稳工作的各项要求，实现了 2012 年“十八大”召开及会议期间、2013 年初全国两会、年末十八届三中全会等特殊敏感时期“四个不发生”的工作目标。

（吴　霖）

【维稳工作责任体系建设】 在 2012 年 3 月 31 日和 2013 年 4 月 27 日召开的华东油气田维护稳定工作会议上，华东油气田与各直属单位签订年度维护稳定工作责任书，各级党政领导担当维稳工作“第一责任”，把维稳工作作为一项突出的政治任务来抓。定期召开维稳工作领导小组会和党政联席会，专题研究协调信访稳定工作中的棘手问题以及化解之策，并通过各单位分层、分片签订年度维稳工作责任书的形式，实现维稳工作责任点片联网、层层落实，为解决和化解信访突出问题提供组织保障；同时加大问责力度，对损害群众利益，造成突出信访问题的，对群众反映的问题推诿扯皮、不认真解决造成恶劣影响的，严肃追究责任。

（吴　霖）

华东石油局、华东分公司信访稳定工作座谈会　（黄宝平摄）

【矛盾纠纷排查化解工作机制】 2012 年建立信访工作“半年一排查、一报告”制度，2 年共排查 4 次。局信访办公室定期召开南京、镇江、扬州片信访办公室主任矛盾纠纷排查工作专题会议，排查、梳理共性矛盾 5 件、个性问题 11 件，努力把矛盾纠纷排查化解工作的重心从事后处理转移到事前预防上来，做到发现得早、化解得了、控制得住、处理得好；对于排查梳理的问题，立足于华东石油局自身实际，坚持“以人为本”的理念，全力推动“事要解决”，着力解决群众最关心、最直接、最现实的利益问题，力争从源头上化解矛盾，促进和谐、维护稳定。截至 2013 年底，共化解共性矛盾 3 件，化解率 60%，化解个性矛盾 4 件，化解率 36%，并按照半年一排查的要求，局信访办公室分别于每年 6 月 20 日及 11 月 20 日以报表的形式将矛盾纠纷排查以及化解情况上报石化集团公司维护稳定办公室。

（吴　霖）

【信访工作代理制】 2012 年石化集团公司在部分油田试点信访工作代理制，取得经验后在中国石化全系统全面推开。信访代理的工作流程是受理信访事项的单位(部门)按照《信访条例》及石化集团公司《信访工作规定》，代表信访人到上一级信访部门反映诉求、以推动解决问题、化解矛盾。华东油气田于 2013 年 3 月 28 日印发《华东石油局、华东分公司关于信访代理工作实施细则》，各单位按照要求相继成立信访代理组织机构和服务平台。截至 2013 年底，各单位共代理各类信访诉求 21 件，成功化解 15 件，化解率达到 71.40%。

（吴　霖）

【企地联动解决信访突出问题】 随着改革的不断深入，历史遗留问题中存在诸多外生性矛盾，仅靠油气田自身力量无法得到有效解决，需要地方政府支持，共同探索并制定出解决问题的办法和途径。2 年间各直属单位协调属地公安、综合治理部门联合处置非正常上访、恶意缠访闹访人员共计 6 起，24 人次，地方公安、综合治理力量的介入对于控制好局面、防止事态扩大起到了一定的法律震慑作用。

（吴　霖）

【以人为本解决历史遗留问题】 2012—2013 年，华东油气田把解决好民生问题放在首位，经过努力从政策层面解决了劳动家属加入社保统筹、协议解除劳动合同未退休人员享受“双险”帮扶；在非政策层面解决了退休人员节日慰问金调增；通过石化集团公司与江苏省的战略合作，解决了镇江、扬州协议解除劳动合同退休人员享受属地事业单位生活补贴等非在职群体历史遗留问题，成功化解了很多信访难题。5 680 名退休人员领取生活补贴(节日慰问金)，2 年累计支出 5 542.50 万余元；921 名镇江、扬州、泰州等片区协议解除劳动合同退休人员成功纳入地方事业单位退休生活补贴发放范畴，南京片协议解除劳动合同退休人员参照镇、扬、泰生活补贴标准予以解决，2013 年生活补贴支出 216.30 万元；134 名未退休的协议解除劳动合同人员享受“双险”帮扶。293 名农场家属困难补贴由年均 2 400 元调增到年均 2 880 元，2 年累计支出 157.20 万元；大病帮扶金 2 年累计支出 169.50 万元。

（吴　霖）

【信访信息汇集分析报告制度】 2012—2013 年，华东油气田积极探索新形势下预防和化解矛盾纠纷的有效途径，主要做法为：① 建立健全基层厂、队、社区信访信息汇集体系。按照“属地管理”和“谁主管、谁负责”的原则，充分发挥基层身处一线、情况明、底数清的优势，突出“抓早、抓小、抓苗头”，着力在一线构建多元收集信访信息的工作机制；② 以基层超前防范为抓手，使信息汇集、筛选、研判常态化，对于筛选出的不稳定因素，按照问题性质和管辖权限寻求政策依据、制定调查处理方案；③ 加强规范的信访信息、信访事项逐级负责、逐级报告制度。坚持每日下午 3 时前通过石化集团公司信访信息管理系统报送当天信访数据；如有来信来访事项及时通过信息平台向石化集团公司维护稳定办公室汇报动态情况；每半年向石化集团公司维护稳定办公室报送“矛盾纠纷排查化解情况表”；每季度向石化集团公司维护稳定办公室报送“信访群体主要诉求汇总表。

（鲁丽萍）

党群工作

党的组织建设

【概述】 2012年，华东石油局党的组织建设工作由党委组织部负责，2013年4月经党委研究决定，局党委职能机构调整。党委组织部、宣传部及原办公室党委事务性工作职能合并，成立党委办公室(组织部)，主要负责党的组织建设、思想建设、对内对外宣传、职工思想政治工作、企业文化与精神文明建设、党委巡视、党委事务等工作，华东油气田新闻中心挂靠党委办公室管理，人员13名。

2012年华东石油局、华东分公司共有党员2 580名，2013年华东油气田共有党员2 674名，2012年党员总数比上年增长6.50%，2013年党员总数比上年增长3.64%。截至2013年底，华东石油局党委直属党组织32个，基层党支部154个。基层党组织数与2012年相比，基层党委、党工委数持平，党总支新增6个、基层党支部新增11个。

2012—2013年，党的组织工作围绕加强党的制度建设、基层建设、干部队伍建设和党员队伍建设，进一步完善党建工作制度，整合党务工作部门力量，组织和带领广大党员、干部和职工开展"双十""两优一先"等活动，积极探索党建工作的新思路、新内容、新载体，大力推进"素质＋能力提升工程""百人百点桥梁工程""党内关爱温暖工程""勤政廉政阳光工程"四大工程建设，着力加强党员干部党性修养，加强和改进思想作风、工作作风，提升干部队伍整体素质，密切党群干群关系，党组织的核心作用和凝聚力、战斗力进一步增强。

(徐　鹏　刘沙沙)

【党委成员构成】 2012年华东石油局党委由周松、方志雄、冯如进、俞凯、申飞龙、张锦宏、吴聿元7人组成。2012年华东油气田实施石油工程专业化重组，成立华东石油工程有限公司，2013年1月，增补华东石油工程公司副总经理谈士海、赵晓华为华东石油局党委委员。

(刘沙沙)

【党组织设置变更】 2013年1月，成立中共中石化华东石油工程有限公司委员会，张锦宏任党委书记，党的关系隶属华东石油局党委管理。

2013年4月，为适应石油工程队伍专业化重组和机构调整的变化，原试采大队党委更名为采油厂党委；撤销工程院党支部，组建工程院党总支部；撤销物探院党支部，组建物探院党总支部；撤销华石公司党支部、南京建设工程中心党支部，组建华石公司党总支部。以上单位党组织隶属关系不变。

原六物大队党委更名为中石化石油工程地球物理有限公司华东分公司党委；原六普大队党委更名为中石化华东石油工程有限公司六普钻井分公司党委；撤销华东石油局录井公司党支部，组建华东石油工程有限公司录井分公司党总支部；撤销华东石油局固井工程公司党支部，组建华东石油工程有限公司固井分公司党总支部。撤销华东石油局西部工作部党工委，组建华东石油工程有限公司西部分公司党工委。

2013年7月，成立社区管理中心党委，隶属于华东石油局党委管理。2013年8月，撤销华东石油局吉林项目部党工委。

2013年12月，撤销华东石油局离退休党工委。

（刘沙沙）

【发展新党员工作】 2012—2013年，党组织坚持发展党员的工作方针和程序，加大对入党积极分子和发展对象的教育和培养，严格把好“入口关”，积极稳妥地做好发展党员工作。2012年举办入党积极分子培训班1期，2013年举办入党积极分子培训班1期，共有181人参加学习培训。

2012年，发展新党员68名，其中35岁及以下48名，占发展党员总数的70.60%；大专及以上学历43名，占发展党员总数的63.20%；生产科研一线人员47名，占发展党员总数的69.10%。2013年发展新党员110名，其中35岁及以下70名，占发展党员总数的63.60%；大专及以上学历64名，占发展党员总数的58.20%；生产科研一线人员82名，占发展党员总数的74.50%。2年共办理预备党员转正150名。

（刘沙沙）

【“为民服务创先争优”活动】 2012—2013年，围绕改革发展稳定的中心开展企业党建工作，努力找准党建工作的切入点和落脚点，着力实现党建工作与油气勘探开发工作的高度融合。通过开展“为民服务创先争优”活动，发现和选树在生产经营、科研开发、对外服务、维护稳定等工作中涌现出的先进基层党组织、优秀共产党员、职工群众满意窗口、优秀服务标兵。经基层民主推荐，局党委表彰先进基层党组织16个、优秀共产党员36名、职工群众满意窗口20个、优秀服务标兵33名；向石化集团公司推荐的3个先进基层党组织、4名优秀共产党员、3个职工群众满意窗口、4名优秀服务标兵，受到了石化集团公司党组的表彰。

（易长富）

【素质+能力提升工程】 2012—2013年，充分利用局党校（干校）、石化管理干部学院和地方党校的资源，着力推进以“强素质、转作风、正形象”为主要内容的“素质+能力”提升工程，加强对领导干部进行政治理论、业务水平和管理能力的培训，2013年7月，委托石化管理干部学院举办了1期中青年干部培训班，近年来提拔的16名副处级干部和直属单位的19名后备干部参加了为期7天的脱产学习。加强与地方党校的联系，全面启动处级干部属地化培训方案，2012年共选派7名处级干部参加了扬州、镇江市委党校处级干部培训班，加强了与地方干部的思想交流与沟通，学习借鉴地方干部的管理理念、工作作风和成功经验，全面提升领导水平。

（易长富）

【百人百点桥梁工程】 2012—2013年，把“百人百点”桥梁工程作为密切联系群众、服务基层的重要抓手，注意抓好3个环节：① 合理布点。找出存在的薄弱环节，选择有代表性的群体作为“点”的类别，同时，尽量把桥梁工程中的“点”与领导干部的联系点和安全承包点、组工干部的帮扶结对点等结合起来，既保持了“点”上人的一致性，又便于了解“点”的情况，便于开展工作。② 优选人员。以华东石油局、华东分公司、华东工程公司领导、机关相关部门负责人、退居二线的调研员、直属单位领导班子成员和党群部门负责人作为桥梁工程中的定点联系人，用他们的理论知识、领导艺术、工作经验去化解矛盾、解决难题，形成职工思想政治工作网络。③ 完善机制。桥梁工程注重“人”“点”一线、“点”“人”直通，与生产经营工作紧密结合，建立快速应对机制。上级的决策、涉及员工利益的政策调整等相关热点信息及时传达到“点”，“点”上不同群体的利益诉求能借助桥梁及时上传，并通过政策宣讲、现场解决问题等办法有效稳定情绪，化解矛盾。通过热情接访、主动下访、基层回访等方式，努力把问题解决在基层、把矛盾化解在萌芽状态。

（徐　鹏）

【党内关爱温暖工程】 2012—2013年，实施的“党内关爱温暖工程”主要从4个方面入手。① 政治上关心。加大对党员、干部的政治理论培训力度，通过举办多种形式的培训班或选派大学生党员、基层党支部书记、基层组织干部外出培训学习，真正从政治上关心爱护党员、干部。② 生活上关怀。结合“百人百点”桥梁工程的实施，及时了解掌握党员、干部工作学习和生活中遇到的困难，全力以赴帮助党员、干部排忧解难。2012，年按照管理层级对全局处级干部的配偶基本情况进行了全面的调查摸底，编制了《处级干部配偶基本情况一览表》，为领导统筹考虑解决干部夫妻分居提供可靠信息。关心党员、干部子女入学就业情况，主动与地方院校联系，尽力帮助党员、干部解决子女入学难题。③ 情感上慰藉。按照“一个都不能少”的要求，对生病住院的党员、干部派专人前往医院探望；对丧失亲人的党员、干部派专人前往慰问；对遭遇灾难的党员、干部派专人进行安抚，及时送达组织关爱。2012年全局各级党组织共走访探望生病住院、生活困难的党员干部159名。④ 心理上疏导。通过谈心、谈话及时了解党员干部工作生活中遇到的问题和困难，主动关心党员、干部身心健康，重点关注长期工作在野外一线的党员、干部的身心健康，对身心出现不健康现象的党员干部通过组织手段进行调整与疏导，与党员干部进行深度交谈，进行心理疏导，确保党员干部身心健康。

（易长富）

【勤政廉政阳光工程】 2012—2013年，华东油气田在处以上领导干部中实施以阳光工作状态、阳光心理状态、阳光决策过程为主要内容的“勤政廉政阳光工程”，采用廉洁从业专题培训、党政主要领导上廉洁自律党课、纪委书记与党政负责人和新提拔领导人员廉政谈话、参观警示教育基地、廉洁自律集体承诺、经验交流等多种形式，教育和引导广大干部坚定信念，振奋精神、勇于担当；通过修订和完善“三重一大”集体决策制度、议事规则，明确决策范围、决策程序、决策方式，保障“三重一大”决策在阳光下进行，促进管理工作公开透明；进一步加大党务、政务、业务公开力度，在对外合作、一般物资采购及职工群众关心的热点问题上，及时在业务公开网、公示栏进行公开，2013年共有16 680人次访问业务公开网，进行网上监督。

（易长富）

【举办大学生党员培训班】 2012年举办了首期大学生党员培训班，37名近3年参加工作的大学（研究生）毕业生参加了学习培训，通过“端正入党动机，争做合格党员”“坚定理想信念，弘扬优良作风”“立足岗位，创新立业”“反腐倡廉，保持共产党员纯洁性”等专题培训，使青年知识分子党员进一步端正了入党动机，明确了党员标准，强化了党员意识。

（易长富）

【开展基层组织建设年活动】 2012年，局党委印发《关于印发〈在创先争优活动中开展基层组织建设年的实施方案〉的通知》（华东石油党委〔2012〕16号），进一步细化4个活动步骤，扎实组织开展基层组织建设年活动。组织局精神文明建设和党建工作指导小组成员分4个工作小组先后到新疆工区、东北工区、山西工区、南方工区以及江苏工区对基层党支部进行了考评、分类定级。直属单位党委、党总支对本单位党支部进行分类定级，共完成全局4个基层党总支、128个党

扬州泰州片区警示教育大会 （宋 亮摄）

支部的调查摸底和分类定级。按照要求对 13 个定级为“一般”“较差”的基层党支部指出了存在的问题和薄弱环节，下达了整改通知书，提出整改时间，并就整改落实情况进行了专项检查。各基层党(总)支部对照标准，努力整改提高，晋位升级，形成了良好的“比学赶帮超”的良好氛围。

(易长富)

【宣贯石化集团公司党建工作 2 个文件】 2013 年，石化集团公司党组《关于进一步加强和改进新形势下企业党建工作的指导意见》(中国石化党组〔2012〕261 号)和《党建工作考核办法(试行)》(中国石化党组〔2012〕262 号)2 个文件下发后，局党委利用党委理论学习中心组扩大会议、党建工作座谈会等形式对“2 个文件”进行了学习，从领导层面学习领会文件精神，把握深刻内涵，同时，党委制定了学习贯彻落实“2 个文件”的计划，并组织长期从事党务工作、具有较强理论功底和实际工作经验的党群工作调研员，结合全局党建工作实际，专题学习研讨“2 个文件”，通过集体备课，组成学习贯彻“2 个文件”宣讲小组，先后赴南京、镇江、扬州、泰州、新疆轮台等地的 14 个直属单位进行了宣讲，近 200 名专兼职党支部书记、党群部门负责人和工作人员听取了宣讲。

(易长富)

泰州片区党员轮训班 (焦亚会摄)

【党建特色工作与创新】 2012—2013 年，按照江苏省委组织部的工作部署，持续开展党组织十大特色工作、服务党员群众十大实事及十大创新工作评选活动。2012 年 15 个单位上报的 41 件特色工作、32 件服务党员群众实事，通过投票评选出 2012 年度党组织十大特色工作和服务党员群众十件实事，党委对年度“双十”活动成果进行了表彰。2012 年“大力开展微型党课教育活动，创新党员教育管理新途径”“实施健康工程，把健康大礼包送到基层”“实施四大工程，助推干部作风转变”“把党的温暖送到非在职群体心中，切实为困难群体排忧解难”等 4 项成果参加江苏省委组织部部属企业、科研院所“党组织十大特色工作和服务党员群众十大实事”评选，其中“实施健康工程，把健康大礼包送到基层”被评为 2011 年度省部属企业、科研院所党组织服务党员群众十大实事。2013 年“实施四大工程，助推干部作风转变”被评为 2012 年度江苏省部属企业、科研院所党组织十大创新工作。

(易长富)

【党员轮训】 2012—2013 年，局党委提出“党员轮训百分之百”的目标，党委办公室、局党校充分发挥企业党校党员教育主阵地的作用，2012 年开展党员党性理想信念教育轮训，深入江苏、吉林、山西、新疆等生产工区，送教上门，为在岗党员举办专题讲座 15 场次，参培党员人数 1 133 人，发送专题讲座录相光盘 30 余套。为离退休老党员举办 4 场专题讲座。2013 年在党员中开展十八大精神宣讲，帮助广大党员学习好十八大精神，领会好十八大精神，贯彻落实好十八大精神，使全体党员在思想上与党中央保持一致，增强思想自觉和行动自觉。宣讲组深入基层，送教上门，专题宣讲 12 场次，接受宣讲党员人数 800 余人。

(易长富)

【海外工区党组织建设】 2012—2013 年，伴随着华东油气田实施“走出去”战略，海外作业队伍中的党员人数增多，针对出现的新情况、新问题，各级党组织积极探索海外党员队伍管理的方法、途径。六普钻井分公司制定了《流动党员管理办法》，加强流动党员的管理。物探华东分公司、六普钻井分公司在组建海外施工队伍的同时，同步设立党组织，使党组织在海外队伍中无盲区。在玻利维亚、加蓬从事石油工程技术服务的3支作业队伍都成立了党支部，配备了党支部书记；在哈萨克斯坦承担美国太阳钻井公司劳务输出的钻井队伍，共有48名员工，其中18名党员，高度分散在相距较远的各钻井队，由于各井队的党员人数少，无法成立党支部，为此组建了项目部联合党支部。在海外队伍组建党支部的同时，党委通过内部选拔、强化培训、外部引进的方式选优配强党支部书记，确保海外队伍都有政治素质好、业务能力强的党支部带头人，确保海外队伍党建工作正常有序开展。

（易长富）

【“和谐企业”建设】 2012—2013年，“和谐企业”建设采用脱产培训、经常性教育、专题性研讨、形势报告会、参观考察、民主生活会等多种形式，教育和引导广大干部进一步加强党性修养和党性锻炼，转变与锤炼思想作风、工作作风，树立“以干部的品德指数、廉政指数提升企业和谐指数与品牌形象”的理念，增强责任意识、大局意识、危机意识、执行意识。通过设立领导信箱、公开领导干部工作电话、建立领导干部定期接待日、行政干部蹲点、领导干部“走基层、解难题”现场办公等途径，拉近与员工群众的距离，畅通与员工群众沟通渠道，改善党群干群关系。2012年底共设立领导信箱22个，189名领导干部参加接待日和现场办公，64名领导干部在重要部门、重点部位、重大任务项目中进行蹲点、督促。

（易长富）

【基层党支部示范点建设】 为巩固基层组织建设年活动成果，推动全局基层党建工作再上新台阶，注重培育基层党组织示范点，发挥先进典型的示范引领作用，激发基层党支部争先创优，营造“比学赶帮超”的良好氛围。2013年向石化集团公司思想政治工作部推荐采油厂采油三队等4个基层党支部为示范点，经石化集团公司反复评选，采油厂采油三队党支部入选石化集团公司首批50个基层党支部建设示范点，并接收了石化集团公司验收组现场验收。“七一”前夕局党委召开基层党支部特色工作交流会，9个基层党支部代表在会议上交流发言，展示了华东油气田党建工作的新成果。

（易长富）

【《党员发展材料汇编》推广使用】 经过2年多的试行，自2012年起，华东石油局《党员发展材料汇编》在全局各级党组织中推广使用。推行《党员发展材料汇编》旨在规范党员发展流程，保障发展新党员各种材料的规范齐全。

（易长富）

局党委组织党员领导干部到江阴华西村学习考察 （黄宝平摄）

【第三次党代会】 2013年11月9—10日，中国共产党华东石油局第三次代表大会在南京华东油气田机关召开，应出席会议代表207名，因病、因事请假12名，实际出席大会代表195名。会议主要议程为：听取中国共产党华东石油局第三次代表大会筹备工作报告，通过代表资格审查报告，通过大会主席团和秘书长建议名单，通过大会会议议程，听取并审议通过周松所作的题为《坚定心胜信念，汇聚一切力量，为开创华东加快发展新局面保驾护航》的党委工作报告，听取并审议通过冯如进所作的题为《坚持惩防并举，切实加强党风廉政建设，为加快华东发展进一步发挥促进和保障作用》的纪委工作报告，选举产生新一届党委会和纪律检查委员会。

11月10日，会议选举方志雄、申飞龙、冯如进、吴聿元、张锦宏、周松、赵晓华、俞凯、谈士海（按姓氏笔画顺序）9人为中共华东石油局新一届委员会成员；选举韦俊宝、冯如进、朱振亚、杜惠平、钟平、施杰、姜伟（按姓氏笔画顺序）7人为中共华东石油局新一届纪律检查委员会成员。经中共华东石油局委员会三届一次会议和纪律检查委员会三届一次会议选举、江苏省委组织部《关于中共华东石油局第三次代表大会选举结果的批复》（苏组复〔2013〕47号）文批复，周松任中共华东石油局委员会书记，方志雄、冯如进任副书记；冯如进任中共华东石油局纪律检查委员会书记，杜惠平任副书记。

（刘沙沙）

【对口扶贫工作】 2012—2013年，按照江苏省委的要求，华东石油局作为江苏省"五方挂钩"扶贫协调小组单位，继续定点支持灌南县扶贫工作。2年共出资36万元扶贫款。

（徐　鹏）

宣传思想文化工作

【概述】 2012—2013年，华东油气田宣传思想文化工作以党的十八大精神为指导，紧密结合改革发展稳定的实际，围绕提高产量、降低成本两大任务，紧扣打好"三大战役"、加速"四个生产基地"建设的主题，精心组织、扎实推进理论武装、形势任务与职业道德教育、精神文明建设与企业文化培育、对内对外宣传等各项工作，为早日建成百万吨级油气田提供了良好的舆论环境、精神动力、文化支撑。

（赵天舒）

【思想政治工作研究】 2012—2013年，华东油气田两级思想政治工作研究会（简称政研会）紧紧围绕石化集团公司形势任务和油气田中心工作，深入基层调查研究，针对党建思想政治工作中的重点、难点和热点问题，开展课题立项，探索企业党建思想政治工作的创新与实现途径，2年共收到研究论文72篇，经由局政研会和南京市委宣传部专家组成的评委会评审，局政研会共评选出优秀论文一等奖6篇、二等奖10篇、三等奖20篇、优秀奖36篇。《在新一轮油气会战中发挥宣传思想文化保障作用的实践与探索》被石化集团公司政研会评为优秀论文一等奖，《新形势下构建和谐油地关系的实践与探索》等2篇论文被评为优秀论文二等奖，《新媒体环境下企业对外宣传工作的实践与思考》等6篇论文被评为优秀论文三等奖。

（赵天舒）

【文明单位创建】 2012年，华东石油局精神文明建设领导小组根据江苏省文明单位考核办法，结合华东石油局、华东分公司2011年版文明单位考评细则，修订了《华东石油局、华东分公司文明单位考核实施办法》。根据该《办法》及2012年版《华东石油局、华东分公司文明单位考核实施细则》，经现场检查考核、局党委会研究决定，授予六物大队、测井公司、研究院、非常规指挥部、技师学院5个单位2012年度华东石油局、华东分公司“文明单位”荣誉称号。2013年，根据新修订的2013年版《华东油气田文明单位考核实施细则》，经现场检查考核、局党委会研究决定，授予采油厂、物探华东分公司、非常规指挥部、录井分公司、液碳公司5个单位2013年度华东油气田“文明单位”荣誉称号。2013年，采油厂被江苏省人民政府授予2010—2012年度“江苏省文明单位标兵”荣誉称号，研究院、技师学院被授予2010—2012年度“江苏省文明单位”荣誉称号。

（赵天舒）

【对外宣传与媒体合作】 2012—2013年，华东油气田在网络宣传方面，坚持“精品微博、品牌微博”的理念，以正能量的宣传，维护国有企业正面形象，先后组织策划了中国石化30年华东油气田系列微博，并结合舆情需要组织PX（二甲苯）项目、煤层气清洁能源等专题科普宣传，达到较好宣传效果。截至2013年底，华东油气田新浪官方微博累计发布微博1千余条，粉丝超过1万人。在负面舆情处置方面，组织网评员及时跟评相关网站关于中国石化的负面新闻，稀释负面舆情；并安排专人负责华东油气田日常舆情监测与报送，2年共发现并处理负面舆情15起，有效控制了负面舆情的扩散。在石化集团公司2012年外宣工作季度考核中，华东油气田排名逐步攀升，四季度考核以总分6 070.90分名列第四。

2013年6月，为全面宣传延川南煤层气会战情况，邀请中国石油石化杂志记者走进华东油气田煤层气产建会战现场，通过组织座谈交流，现场采访等方式，全面系统地宣传2008—2013年，华东油气田在非常规油气勘探中的实践和探索。7月1日，中国石油石化杂刊发专题报道《非常新“贵”华东局》。新华网、人民网、中青网等主流网站连续发布10余篇网络稿件，较好地宣传了非常规排采二队姚荣昌、技师学院徐建霞的先进事迹，向社会展示了石油石化人的新形象。

（赵天舒）

华东石油局党委学习贯彻十八大精神会议　（姜　宁摄）

【党委中心组学习】 2012—2013年，华东石油局党委进一步严格党委中心组集体学习制度，根据局领导班子成员调整情况，及时调整补充中心组成员，实行党委中心组学习考勤制度，统一配发学习笔记本，年初制定和安排中心组学习计划。学习内容主要包括中央、石化集团公司重要会议精神、重大决定和重要讲话精神，党风廉政、法律法规、先进典型、企业文化等专题知识。学习形式以集中学习研讨交流为主，辅以专家讲座、视频教学和参观考察等。2年组织集体学习37次、148学时，组织集体收看十八大实况直播、两会实况直播、大型纪录片《担当》、李安喜和镇海炼化先进事迹视频、电影《吴仁宝》和《雨中的树》等；组织听取党风廉政建设讲座、十八大专题报告讲座、依法治企专题讲座等。

2年编发党委中心组《学习纪要》24期，收到各类心得体会文章100余篇，党委书记、局长带头撰写学习体会文章，中心组成员在《中国石化报》《中国石化》杂志、《华东石油》报等报刊发表学习体会文章16篇。2012年10月，华东石油局被江苏省委授予“学习型领导班子”荣誉称号。

（赵天舒）

【形势任务教育】 2012—2013 年，围绕十八大、十八届三中全会、党和国家领导人重要讲话精神，以及石化集团公司工作会议、党建思想政治工作会议、石化集团公司领导讲话等，及时编制宣传提纲、宣传手册和宣传学习材料，先后编发《绿色低碳环保宣传手册》《深入开展党的群众路线教育实践活动学习手册》等宣传册各 6 000 份，发放《十八大报告单行本》《十八大文件汇编》《论群众路线——重要论述摘编》等书籍各 2 000本。组织员工积极参与《回顾光辉历程 喜迎党的十八大》"悦达杯"读书竞赛活动，共发放读本与答题卡各 1 500 份，局机关员工参加的省委宣传部组织的十八大精神知识竞赛共发放 150 份答题卡。

华东油气田工作会议期间，通过年度工作成果回顾专题片、微博主题策划、电视新闻等形式将"三大战役""四个基地建设"的目标任务及时宣传到各个单位和基层员工。2012 年工作会议后，共印制发放宣传手册 9 000 本，宣传光盘 600 套，下基层开展 10 次宣讲活动，对会议和文件精神进行详细解读，宣讲活动受众累计约 1 000 多人。2013 年开展"企业外宣工作形势任务宣讲"活动，分别在非常规指挥部、录井分公司、六普钻井分公司等 8 个直属单位开展宣讲，受众 253 人。

（赵天舒）

【完善宣传思想工作制度】 2012 年，修订并印发《华东石油局党委理论学习中心组学习制度》《华东石油局、华东分公司领导干部在职自学制度（试行）》，按照石化集团公司党组对领导干部开展理论学习的最新要求作了较为全面的规范。修订并印发《华东石油局、华东分公司员工思想动态分析制度》，对员工在事关企业改革发展和个人工作学习生活等方面的思想动态实行定期梳理和汇报。2013 年，印发《华东石油局、华东分公司对外新闻宣传工作考核评比（试行）办法》《华东石油局、华东分公司网络宣传员管理（试行）办法》《华东石油局、华东分公司突发事件及负面舆情信息报送制度》，与此前制定的《新闻发言人制度》《突发公共事件新闻干预应急预案》等形成了一套较为完备的外宣制度体系。根据《华东石油局、华东分公司网络宣传员管理（试行）办法》要求，各单位每年为每名网宣员提供 1 200 元工作经费，并由局党委办公室按季度对各单位的外宣工作情况进行考核及通报，考核结果纳入年底文明单位考核指标。

（赵天舒）

新闻媒体工作

【概述】 2012 年，华东石油局、华东分公司新闻宣传工作由新闻中心承担，新闻中心由《华东石油》报、《中国石化报》驻局记者站组成，新闻中心自媒体包括《华东石油》报、《华东石油手机报》《华东石油新闻集锦》（电视）。新闻中心共有 5 名专职采编人员，其中高级职称 2 人、中级职称 3 人。2013 年 3 月 28 日，华东油气田新闻中心，挂靠局党委办公室管理。新闻中心主要负责华东油气田的报纸、电视、手机报等新闻媒体建设；负责企业新闻宣传工作、外部媒体交流合作以及与新闻主管部门沟通联系；负责《中国石化报》驻局记者站工作、负责新闻通讯员队伍的管理和业务培训；负责新闻宣传资料的收集、整理、归档。

2012—2013 年，新闻宣传工作围绕华东油气田"打好三大战役、建设四个基地"的中心工作，主动服务勘探开发中心工作，通过提升《华东石油》报质量，创办《华东石油手机报》，定期播出《华东石油新闻集锦》（电视）等，增强新闻宣传的针对性和实效性。

（黄宝平）

【**创办手机报**】 2012年2月，《华东石油手机报》创刊，阅读对象为华东石油局、华东分公司副科级以上领导干部，2012年7月增发至华东石油局、华东分公司全体员工，受众约5 000人。手机报坚持围绕中心，服务大局，突出“快、短、新”新闻理念，每周1期，每期约1 500字，2—3件新闻图片。栏目设置有：华东要闻、会战前沿、基层动态、一线传真、幸福华东、廉政格言等。

（黄宝平）

【**重大题材宣传报道**】 2012—2013年，华东油气田重点工作、重大活动、重要新闻密集。《华东石油》报、《华东石油手机报》《华东石油新闻集锦》等自媒体充分发挥新闻宣传的引领作用，全方位组织报道油气田工作重点、热点和亮点，对重大题材超前策划，精心组织，深度报道。

1. 原国家领导人、石化集团公司领导和地方省、市领导在华东油气田视察、调研和指导工作的报道。2012—2013年，全国政协原副主席陈锦华，石化集团公司董事长、党组书记傅成玉先后到华东油气田视察调研并讲话；石化集团公司总经理王天普、副总经理张耀仓、高级副总裁王志刚、曹耀峰、焦方正，党组成员徐槟，重庆市长黄奇帆、市委副书记张轩、副市长童小平，湖南省委副书记梅克保、副省长徐明华，贵州省副省长慕德贵，江苏省副省长缪瑞林等领导先后到华东油气田调研、慰问和检查指导工作，新闻中心各媒体均跟踪报道领导的调研活动和讲话精神，以鼓舞员工的士气。

2. “打好三大战役、建设四个基地”的报道。围绕延川南5亿立方米煤层气田开发建设和苏北油田增储上产，深入会战和重要工程施工一线，组织采写煤层气大会战、重点工程、重点井、重大突破、典型人物和先进事迹的新闻报道。同时，组织报道石油工程开拓海外市场、打造石油工程铁军等工作，形成建设百万吨油气田的浓厚舆论氛围。

3. 重要活动、重大事件的报道。在学习十八大、十八届三中全会和习近平总书记系列重要讲话精神、党的群众路线教育实践活动、局第三次党员代表大会、一转双创、比学赶帮超和青岛黄岛“11·22”输油管燃爆重大事故等重要活动、重大事件中，媒体紧密配合，全程跟踪，通过专访、专栏、专题、专报等多种方式，对活动和事件的内容、进展情况进行全面报道，有效地促进了各项工作的开展。

4. 重要文化活动和先进人物的报道。在中国石化成立30年，局第十二届文化体育节、中国石化之歌传唱活动、试采大队成立40周年、工程院成立10周年等直属单位和专业公司厂庆队庆活动中，组织好艰苦创业和企业文化的报道。2年中重点宣传了王彦祺、夏海帮、陈海华、金文藩等9位先进典型人物，通过讲好华东好故事，传递华东正能量，树立华东新形象。

（黄宝平）

新闻宣传工作“下基层、进现场”活动推进会 （万 方摄）

【**新闻宣传“走、转、改”活动**】 围绕非常规油气勘探开发和苏北原油增储上产，坚持开展新闻宣传“走基层、转作风、改文风”活动，新闻中心组织记者、通讯员等采编人员分期分批赴延川南、新疆、贵州、重庆和苏北油气生产一线采访，2年共组织9批次，22

人次深入井场、工地、测线、炮点，与一线员工同吃同住同工作，以现场体验、蹲点调查和访谈等形式，生动鲜活地报道基层一线员工以苦为荣、坚守岗位的精神面貌，记录和反映一线基层员工的真实生活、真实情感，报纸共推出一线风貌专版 5 期，发表各类报道 46 篇(件)。

（黄宝平）

【《华东石油》报出版发行】 2012—2013 年，《华东石油》报共出版 71 期，143 万字，刊发各类新闻稿、副刊文学稿 2 600 篇。每期发行 3 500 份。在报纸编辑工作中，注重抓有份量的稿件，提倡精品之作，打造特色栏目，提高稿件质量和可读性，减小差错率。2 年间，在江苏省企事业报和中国石化企业报好新闻评比中，42 件作品获奖，其中新闻类一等奖 13 篇。

（黄宝平）

华东油气田记者、通讯员培训班　（姜　宁摄）

【记者站工作】 2012—2013 年，《中国石化报》驻局记者站在《中国石化报》《中国石化手机报》《中国石化》杂志社、中国石化网络电视、中国石化新闻网、中国石化新闻图片网等发稿数量和质量大幅提高。2 年共在《中国石化报》发稿 357 篇，其中 2012 年 182 篇、2013 年 175 篇，40 件新闻稿(图片)发表在一版显著位置，5 篇为头版头条。2012 年 2 月 22 日、11 月 21 日及 2013 年 7 月 16 日四版分别刊发华东油气田 3 个纪实图片专版。在《中国石化手机报》刊发消息、图片 50 篇(件)，其中 2012 年 26 篇(件)、2013 年 24 篇(件)。在中国石化电视新闻播发 21 条电视新闻，在《中国石化》杂志、《石油石化》杂志、《石化英文周刊》共刊发文稿 17 篇。在中国石化新闻网，中国石化新闻图片网分别发表稿件 300 和 500 余篇(件)。

（黄宝平）

【通讯报道网络及队伍建设】 重视通讯报道网络及队伍的建设，一方面采取“送出去”的方式，参加江苏省企业报协会和《中国石化报》组织的各类培训班学习，2 年共有 30 人次参加 6 个班次短期业务培训；另一方面，采取自办培训班、讲座，以及协助直属单位办班等形式，培训基层通讯员，加强通讯报道队伍建设，2 年共培训基层通讯员 300 多人次。截至 2013 年末，华东油气田共有兼职记者、通讯员近 200 名，其中新闻宣传骨干 50 名。

（黄宝平）

【荣誉称号】 2012 年，《中国石化报》驻局记者站被中国石化报社授予优秀记者站称号，6 名记者、通讯员受到表彰，专职记者张英被中国石化报社授予首席记者称号。2013 年，华东石油局新闻宣传工作被石化集团公司思想政治工作部评为“新闻宣传工作先进单位”。

（黄宝平）

纪检监察工作

【概述】 华东石油局纪委(简称局纪委)与华东石油局和华东分公司监察处(简称监察处)合署办公,履行党的纪律检查和行政监察2项职能,负责党风建设和反腐倡廉建设、廉洁自律和反腐倡廉教育、惩防体系建设和监督检查、信访案件查处和审理,以及效能监察等工作,局纪委工作职能覆盖华东分公司,对局党委全面负责。2013年3月,华东石油局、华东分公司机关部门设置和职能调整,监察处由华东石油局、华东分公司双边序列调整为华东分公司单边序列,其管理职能和工作职责不变,配备纪检监察干部4人。

2年间,华东油气田8个单位领导班子、22名领导干部被评为局党风廉政建设优秀领导班子和优秀领导干部;效能监察立项48项,避免、挽回经济损失、增加经济效益共5 505.56万元。

(傅晓剑)

局党委中心组成员参观扬州预防腐败警示教育图片展

(万 方摄)

【纪律检查委员会换届改选】 2013年11月10日,华东石油局第三次党员代表大会选举冯如进、杜惠平、钟平、韦俊宝、姜伟、施杰、朱振亚为中共华东石油局第三届纪律检查委员会委员,中共华东石油局第三届纪律检查委员会第一次会议选举冯如进为纪委书记、杜惠平为纪委副书记。

(傅晓剑)

【案件查处】 2012年3月,六普大队、试采大队新源公司相继发生多起职务犯罪案件,涉案人员14人,其中处级干部2人、科级干部9人、退休人员2人、一般职工1人,经案发地人民法院审判,12人因犯受贿罪或贪污、受贿罪受到刑事处罚。根据法院判决,局队两级对在职涉案人员分别进行了党纪政纪处分,其中开除党籍9人,解除劳动合同5人,留队察看5人,党内严重警告、行政记大过1人,党内严重警告、行政警告1人。

(傅晓剑)

【惩防体系建设】 2012年,六普大队、试采大队新源公司职务犯罪案件发生后,针对案件暴露出的问题,局队两级剖析发案原因,查找存在问题,采取多项措施,加强整改。① 落实党风廉政建设责任制,强化领导人员"一岗双责";② 细化惩防体系建设责任分解,形成单位主要领导、班子成员、各部门根据分工齐抓共管的良好格局;③ 强化对领导人员、重点岗位人员的反腐倡廉教育,开展案件反思活动,用身边事教育身边人,以案明纪,提高全员廉洁从业的意识;④ 加强制度建设。2012—2013年局队两级制定修订党政领导议事规则、"三重一大"集体决策、党风廉政联席会议、会议管理、招待费管理、招投标管理、结算管理等党风廉政建设相关制度

30余项。明文严禁领导人员违规收送各类纪念品、土特产、礼品、礼金、有价证券、支付凭证、商业预付卡，严禁设立“小金库”，严禁领导班子成员、中层管理人员介绍工程建设施工队伍和设备物资供应商。⑤坚持领导干部述职述廉、报告个人重大事项、谈话等制度，2年间局纪委书记与90%以上的处级干部进行集体或单独廉洁谈话。

（傅晓剑）

【检企共建】 为进一步防范企业领导人员职务犯罪行为的发生，完善监督制约机制，共同做好预防和查处职务犯罪工作，2012年6月20日，南京市建邺区人民检察院检察长葛冰与华东石油局局长、华东分公司总经理方志雄在《关于共同做好预防和查处职务犯罪工作备忘录》上签字，正式启动建邺区检察院与华东石油局的检企共建工作。2年间建邺区检察院4次到局机关作廉政报告，开展预防腐败教育，指导廉洁风险防控、信访案件调查、沟通相关情况等，推动局党风廉政建设和反腐败工作。

（傅晓剑）

群众路线教育实践活动专题学习会 （姜 宁摄）

【落实中央“八项规定”】 2013年2月，为贯彻落实中央“八项规定”和石化集团公司党组落实中央“八项规定”23条《实施细则》精神，局党委、纪委先后下发“七个严禁”“六个一律不得”及《领导班子成员改进作风十项规定》。按中央和石化集团公司抓好各大节日期间廉洁自律工作的指导意见精神，局纪委在中秋、国庆，元旦前下发通知，严禁公款买月饼送节礼，严禁用公款买贺年卡等。局队两级纪委从制定配套制度、深入基层、精文简会、廉洁自律等方面对领导干部作风，会风、文风、招待之风进行督查，开展落实中央“八项规定”精神专项效能监察。2013年油气田会议费同比下降33.50%，招待费下降36.60%。

（傅晓剑）

【清退会员卡】 2013年5月，中纪委决定在全国纪检监察系统开展会员卡自行清退活动。局队两级纪委委员及从事纪检监察工作的58名专兼职纪检干部于6月5日前向所在单位纪委（党总支）作出会员卡零持有报告。6月9日石化集团公司决定在全系统党员、干部中清退会员卡，局队两级党委、纪委积极响应，成立领导小组，制定实施方案，明确清退对象、时限及活动要求。在规定时限6月20日前，全局143个基层党支部、1 630名在职党员、253名非党员干部均按要求作出组织或个人会员卡零持有报告，报告率100%。

（傅晓剑）

【党的群众路线教育实践活动督导】 2013年，在党的群众路线教育实践活动中，根据上级党组织的要求，华东石油局党委成立了4个督导小组，督导组以局纪委和基层单位纪检干部为主要成员，负责督导16个基层单位按教育实践活动的步骤要求，保质保量地完成各环节的工作。活动中，督导组收集汇总民主评议测评表525份；审核各单位领导班子及成员调研材料和学习心得体会、对照检查材料250余份；与被督导单位班子、中层管理人员、员工代表共323人谈话，收集“四风”问题及建议336条，并将民主测评及谈话中反映的问题整理汇总反馈到各单位，指导各单位开好民主生活会、通报会和总结会，督促“四风”问题整改。

（傅晓剑）

【廉洁自律“四个一”活动】 2013年，局纪委开展以“各级党政主要负责人讲一堂廉政党课、对新任领导人员进行一次集体廉洁谈话、处级及以上领导人员撰写一句廉洁自律座右铭、重点岗位员工提一条反腐倡廉合理化建议”为主要内容的廉洁自律“四个一”活动。活动中局队两级党政主要领导上党课、作反腐倡廉专题报告47次，参加学习教育1 967人次，对13名新任处级领导人员开展廉洁谈话，制定学习制度3个，签订廉洁承诺书699份，征集处级以上领导干部廉洁自律座右铭131条，并印刷成册，征集员工提合理化建议76条。

（傅晓剑）

【效能监察】 2012—2013年，华东油气田对石化集团公司统一立项的规范外协队伍管理、物资储备和库存管理、物资需求计划、招投标和储备管理以及贯彻落实中央“八项规定”精神情况4个项目开展效能监察，同时，结合单位实际，在华东油气田对物资采购、油田地面工程项目建设、钻井提速提效、非常规煤层气产建、科技外协管理后评估等48个自主立项开展效能监察，其中2012年立项12个、2013年立项36个，提出管理建议163条，下达《效能监察建议书》19份，下达《效能监察决定书》6份，建章立制82项(条)，避免经济损失1 532.22万元，节约资金3 678.31万元，增加经济收益280.53万元，挽回经济损失14.50万元，合计约5 505.56万元。在效能监察工作中，积极探索工作办法创新，建立了兼职效能监察员制度。

（王　飞）

【廉洁风险防控】 2013年，按照石化集团公司《关于开展廉洁风险防控工作的指导意见》，华东油气田成立廉洁风险防控工作领导小组，局队两级加大宣传教育力度，编制《廉洁风险防控培训材料》，开展业务培训，全面开展廉洁风险防控工作。在16个直属单位、30个机关部门进行廉洁风险排查识别、风险审核，共排查出廉洁风险点1 376个，制定防控措施1 423条，绘制廉洁风险流程图17个。其中，油气田机关共排查出廉洁风险点279个，制定防控措施256条。

（王　飞）

【纪检监察干部队伍建设】 注重对纪检监察干部能力的培养，在派送纪检干部参加石化集团公司培训的同时，纪委监察处坚持每年举办培训班，对全局近40名专兼职纪检监察干部进行专业培训，坚持组织纪检干部开展工作调研，为油气田党风廉政建设献计献策。“围绕建设世界一流能源化工公司发展目标，纪检监察部门发挥保障和促进作用”等调研课题，13个单位(部门)52人提交调研论文50篇，其中2篇论文推荐到石化集团公司，杜惠平的调研论文《浅谈国有企业廉洁风险防控在惩防体系建设中的作用》获石化集团公司三等奖。

（傅晓剑）

党校工作

【概述】 华东石油局党校(简称党校)，主要负责华东油气田党员领导干部的培训轮训、党的理论研究和党的思想政治宣传。2012—2013年，共办班41期，参培学员2 266人次；举办“保持党的先进性和纯洁性”讲座21期，轮训1 133人次；开展十八大精神宣讲和送教上门8次，受众264人次。

截至2013年底，党校有高级讲师3人，讲师4人，参与“十八大精神”“党的群众路线与群众工作方法”等8个专题培训教学，计92课时。

（汪智力）

【党员轮训】 2012 年，根据局党委部署，为迎接党的十八大召开，深入推进基层党组织建设年活动，以增强党员意识、保持共产党员先进性和纯洁性为主要内容，对华东石油局、华东分公司党员开展了一次党性、党风、党纪方面的教育培训。教育培训采用送教上门的方式，历时 3 个月，分别在南京、镇江、扬州、泰州、西部工作部、吉林项目部、非常规指挥部 7 个片区，举办讲座 21 期，培训在职党员 1 133 人次，离退休党员 75 人次。

（汪智力）

【干部轮训与“十八大”精神宣讲】 2013 年，根据石化集团公司党组和华东局党委的部署要求，党校精心策划，认真组织实施干部专题轮训工作。与江苏省委党校合作，举办了 2 期处级干部轮训班，培训处级党员干部 99 人；与扬州市委党校合作，举办了 6 期科级干部轮训班，培训科级党员干部 334 人。

（汪智力）

【各类业务培训】 2012 年，党校共举办或协办主体班 9 期，分别为：大学生党员培训班、新闻宣传骨干培训班、中青年干部培训班、基层党支部书记培训班、“三基”骨干培训班、新提任处、科级干部内控制度培训班、入党积极分子培训班、离退休党支部书记培训班、党务干部十八大精神专题培训班等，参培人员 466 人次。同时，与技师学院协办 11 期业务培训班，参培人员 564 人次。

2013 年，党校围绕做优业务培训，坚持“主动服务、快速启动；以需定培，注重研发；内外结合，拓展师资”的工作思路，全年举办各类培训班 21 期，分别为：十八大专题处级干部班 2 期、十八大专题科级干部班 6 期、后备干部班 2 期、“三基”骨干培训班 2 期、内控信息系统培训班、风险清单细化培训班、新提任处科级干部风险管理培训班、网络宣传员培训班、基层通讯报道员培训班、基层团干部培训班、入党积极分子培训班、离退休党支部书记及关工委常务副主任培训班、法制宣传员培训班各 1 期，参培人员 1 236 人次。

（汪智力）

【理论研究】 利用党员轮训和送教上门，深入基层，深入一线，通过集体座谈、问卷调查、电话访谈等形式，对油气田党员干部教育培训情况以及职工思想状况开展调研，及时了解基层党员干部对培训教育的需求，为加强和改进党员干部教育掌握第一手资料。

按照华东石油局职工思想政治工作研究会的部署，在认真调研的基础上，撰写并提交《企业文化的创新与完善，塑造企业核心价值观的实践与探索》《关于领导干部思想作风建设的思考》2 篇论文。按照局《石油志》编委会要求，完成改革开放 30 年党校发展沿革、党员干部教育培训等相关章节的编写工作。

继续做好理论信息收集和编发工作。2 年编发《党校信息汇编》8 期，内容涉及党的创新理论、

组织科长培训班 （组织部供稿）

经济和社会发展、党的建设、金融、思想政治工作、领导方法和艺术等多个方面，为领导干部及时了解时事政治、把握理论动态、加强理论学习提供了参考。

（汪智力）

工会工作

【概述】 华东石油局工会(简称局工会)属江苏省总工会和中国能源化学工会双重领导,主要职责是依据《工会法》《全民所有制工业企业职工代表大会条例》开展工会工作。截至2013年12月,共有物探华东分公司(含物探装备中心)、六普钻井分公司、测井分公司、录井分公司、固井分公司、采油厂、非常规指挥部、研究院、工程院、物探院、供应处、职防所、社区中心、华石公司、液碳公司、技师学院、华东油气田机关(含威诺公司)17个基层工会,会员5 742人。

2012—2013年,华东石油局工会完成了华东油气田《平等协商集体合同》制定,审议通过了关于《华东石油局、华东分公司完善在岗员工休假疗养实施办法》,从源头参与维护职工合法权益。开展"经营一元钱,节约一分钱"劳动竞赛和"五节六小"群众性创新创效活动,拓宽人才培养渠道。通过与江苏省劳动竞赛委员会的沟通与协调,油气田采油工技能比赛纳入2012年度江苏省十大工种职业技能大赛,在省竞赛委的指导下完成了江苏省采油工技能大赛承办任务,并取得前三名的好成绩。发挥工会组织桥梁和纽带作用,动员并组织广大员工积极投身于经济建设主战场,在页岩气战略突破、煤层气产能建设、常规油气快速增长、创建和谐企业,强化制度管理等方面发挥主力军作用。

(汤和平)

四届三次职代会联席会议 (万 方摄)

【工会委员会成员】 2012—2013年,华东石油局工会委员会由冯如进、韦俊宝、吴志远、王为春、丁波、戈宝存、孙中斌、姜伟、仇明华、刘强、朱振亚、夏国法、冯路国、田培进、姜姗、王立志、张龙胜、桂东归、张耀东、汤勇、杨寿松、张寅、贺永清、张以祥、刘斌、张兴国、周仁斌、王成根28人组成。

(汤和平)

【职工代表大会】 2012年2月22—24日,华东石油局、华东分公司四届三次职代会在南京召开,会议听取并审议了华东石油局、华东分公司工作报告、财务预(决)算报告、提案征集及处理意见报告、招待费使用情况及重大事项报告;民主测评局级领导干部和机关各部门负责人;签订2012年度经济责任书;表彰2011年度5个文明单位、20个文明集体、21个文明班组、8名劳动模范,31名文明员工。

2012年8月30日,在南京召开了四届三次职代会联席会议,审议通过了关于《华东石油局、华东分公司完善在岗员工休假疗养实施办法》。

2013年3月5—7日在南京召开了华东油气田四届四次职代会,会议听取审议了华东石油局、华东分公司、华东工程公司工作报告、财务预(决)算报告、提案征集及处理意见报告、招待费使用情况及重大事项报告;民主测评局级领导干部和机关各部门负责人;签订 2013 年度经济责任书;表彰 2012 年度 5 个文明单位、21 个文明集体、20 个文明班组、8 名劳动模范,33 名文明员工。

(汤和平)

【工会财务工作】 按照工会法和工会会计制度,严格加强工会经费收缴和使用管理。以“统筹兼顾、保证重点、量入为出、收支平衡”的原则制定年初预算,将资金的重点应用于维护职工权益、开展职工教育和为职工群众服务方面。在 2012 年、2013 年江苏省总工会财务竞赛评比中获一等奖,2013 年,获全国总工会“经审工作先进集体”称号。

(张静晨)

【女工工作】 2012—2013 年,在女职工中深入开展争创“五一巾帼岗”、争当“五一巾帼标兵”活动,涌现出一批在生产科研工作中成绩突出的女职工。2013 年,采油厂采油三队洲城联合站被全国总工会授予“全国五一巾帼标兵岗”称号。研究院常规开发室被江苏省总工会授予“江苏省五一巾帼标兵岗”称号,华石公司蔡云霞被江苏省总工会授予“五一巾帼标兵”称号。

2013 年,参加全国总工会组织的《女职工劳动保护特别规定》知识竞赛,获“省级优秀组织奖”。

(张静晨)

局工会组织书画爱好者送书画下基层 (杨月娟摄)

【帮扶救助送温暖】 2012—2013 年,华东石油局和直属单位两级工会结合本单位实际,按照“党政所需,职工所盼,工会所能”的原则,为职工办实事立项 88 件(其中 2012 年 46 件、2013 年 42 件)。根据《华东石油局、华东分公司帮扶救助金实施细则》,继续做好对困难员工的帮扶工作,2 年间对 779 名困难人员(2012 年 402 人、2013 年 377 人),发放帮扶资金 45.65 万元(2012 年 26.80 万元、2013 年 18.85 万元)。组织开展高温和“两节”期间对野外一线职工的慰问,2 年慰问野外职工约 2 万人次,发放慰问金 442 万元。

开展向四川雅安地震受灾同胞捐款活动,油气田干部、员工发扬博爱精神,踊跃捐款,共募集善款 65.33 万元,全部捐给灾区。

(张静晨)

【职工疗养】 2012 年,华东石油局、华东分公司组织约 400 名职工分 10 个批次在扬州职业病防治所疗养,并组织到三清山、婺源、庐山、杭州、千岛湖等地考察。2012 年 8 月,华东石油局、华东分公司执行石化集团公司《关于完善在岗员工休假疗养制度的通知》(中国石化人〔2011〕1147 号)文精神,对现有的各种休假、疗养制度进行整合完善,于 9 月出台《华东石油局、华东分公司完善在岗员工休假疗养实施办法》(华东石油〔2012〕214 号),并经四届三次职代会联席会议审议通过。该办法对休假疗养人员范围、天数、原则进行了界定,对休假疗养年补贴标准进行了规定,自 2013 年起不再统一组织职工集体疗休养。

(汤和平)

【文体活动】 为庆祝中国石化成立 30 周年,2013 年 6—10 月,举办第十二届职工文化体育节,内容有:征文、美术、书法、摄影、中国石化之歌传唱、巡回慰问文艺演出、送书画下基层、篮球、跑步、登山等。文化体育节活动形式紧密结合队伍实际，活动内容适应不同层次职工的需求。西北、延川南工区各自开展活动，受到了基层职工的广泛欢迎和好评。

2013年7—10月，在南京片区发起“健走辉煌路、会战非常规”每日万步健走活动，1千多名员工积极参加，对成绩突出的单位和个人进行了奖励。

（汤和平）

【劳动竞赛】 围绕年度经济发展目标，以“比学赶帮超”和“创先争优”活动为载体，坚持开展以节油、节气、节电、节水、节费；小核算、小革新、小改进、小建议、小节约、小经验为主要内容的“五节六小”群众性创新创效劳动竞赛活动，2012年立项58个，经局专家组评审，3个项目获一等奖，7个项目获二等奖，9个项目获三等奖，39个项目获优胜奖。2013年立项94个，经局专家组评审，5个项目获一等奖，10个项目获二等奖，15个项目获三等奖。

2012年10月，承办江苏省十大工种职业技能大赛——江苏省采油工技能大赛，经过6个项目比赛，采油厂员工邵小平、杨雄斌、王齐俊分别获得前3名，并荣获江苏省“创新能手”称号。邵小平荣获江苏省“五一劳动奖章”。

2012年11月2日，“江苏省首届职工科技周高技能人才风采展”在南京展览馆开幕，工程院王以顺的科技成果和采油厂陈海华、邵小平的先进事迹入展。

（汤和平）

共青团工作

【概述】 截至2013年底，华东油气田35周岁以下团员青年3 977人，其中劳务派遣工3 068人、正式职工909人。28周岁以下青年2 492名，占职工人数的30%；党员701名，团员1 628名。局团委下设7个基层团委，7个团总支，3个直属团支部。

2012—2013年，华东油气田各级共青团组织紧紧把握建设百万吨级油气田的规划目标，全心全意服务青年成长成才成家，全面推进团的各项基础建设，努力打造局共青团品牌工程。

（金　鑫）

【“学先进、找差距、促发展”主题实践活动】 2012年9—12月，以团支部为组织单元，要求每名基层团干部深入团员青年，一起学习镇海炼化和李安喜先进事迹、石化集团公司领导干部座谈会精神以及兄弟单位共青团活动先进事迹，组织大家立足自身和岗位实际，认真查找在思想观念、工作状态、能力素质、工作作风等方面，在团干部中存在的脱离青年、团的工作流于形式、团干部能力不足及团的职能弱化等问题，提出了加强和改进基层团干工作能力与作风建设、提升团员青年工作服务中心的贡献度等意见和建议。

（金　鑫）

【“中国梦、华东梦、我的梦”主题实践活动】 2013年5月组织开展“中国梦、华东梦、我的梦”主题实践活动，主要内容有召开主题座谈会，开展大讨论；开展“面对面，心贴心，密切联系团员青年”活动，以及岗位学雷锋立功竞赛活动。研究院团委组织了“中国梦、华东梦、我的梦”主题座谈会；采油厂团委开展了“团的倾听日”活动；

非常规指挥部团委开展了“学大庆精神 · 当会战先锋”三个一学习活动，其他单位团组织也开展了丰富多彩的活动。

（金　鑫）

【“青春邀约 · 走听转办”主题实践活动】 2013年8月，在华东油气田青年中开展“青春邀约 · 走听转办”主题实践活动，活动通过“团课微讲堂”引导青年、“主题微调研”了解青年、“青年微联系”联系青年、“实现微心愿”服务青年、“才艺微舞台”为青年提供展示平台、“心理微疏导”维护青年权益、“志愿微公益”展示青年风采、“工作微突击”青年工作融入党政中心，油气田 2 400 余名团员参加了该项主题活动。

（金　鑫）

华东石油局青年文明号评审　（黄宝平摄）

【青年成长成才成家服务】 2012—2013 年，华东石油局团委积极探索制度化、规范化的团员青年培养机制和激励机制，始终坚持把服务青年“成长成才成家”作为共青团工作的首要职能。在专业技术人才建设方面，协助人力资源部门开展导师制；在操作技能人才建设方面，深入开展师徒结对活动。各直属团组织编写所在单位的《预习华东 2.0 版》，帮助新人快速融入单位。2012 年 2 月，举办了第五届华东石油局青年英语风采大赛，35 名选手参加了比赛，选派 3 名优秀选手参加了石化集团公司英语风采大赛，卢葭取得了第 17 名的好成绩。

面对团员青年成家方面的难题，局团委更新单位青年数据库，组织南京片区单身青年加入团省委组织的“同心缘俱乐部”，组织 8 次相亲联谊活动。非常规指挥部团委开展“青年志愿者”送招牌菜到单井，为新婚单井职工补办井场婚礼；液碳公司团总支积极参加地方团委组织的各项活动；工程院团总支组织单身青年参加“我和春天有个约会——名企关爱单身青年联谊”活动；采油厂团委为新婚青年举办了集体婚礼，并且每年均举办单身青年文化节。

（金　鑫）

【青年文明号创建】 2013 年 5—8 月，组织开展第 9 批局级青年文明号申报、评选、命名表彰工作，新命名局级“青年文明号”7 个，继续保留局级“青年文明号”称号 10 个，确定 19 个局级“青年文明号”创建单位。2012—2013 年度，获得团省委命名省级“青年文明号”2 个，中国石化青年工作委员会命名“青年文明号”2 个。

（金　鑫）

【青年安全生产示范岗创建活动】 结合“我要安全”主题实践活动，开展青年安全生产示范岗创建工作，将团员青年工作有效融入安全生产管理工作，通过基层申报，考核组初审、现场考核打分等办法进行评比。2013 年 4 月局团委、安全环保处联合命名表彰了采油厂采油一队 130 井组等 4 个青年集体为 2011—2012 年度局青年安全示范岗。2013 年，采油厂采油一队草舍联合站荣获“全国青年安全生产示范岗”称号，物探华东分公司 645 队钻井排荣获“江苏省青年安全生产示范岗”称号。2013 年 7 月，在采油厂采油一队举办了 1 期局青年安全生产示范岗现场交流表彰会。截至 2013 年底，华东油气田共设立青年安全生产示范岗 21 个。

（金　鑫）

【青年岗位节能计划书活动】 2012—2013 年度，围绕每年的节能宣传周活动，局团委组织开展青年岗位节能计划书活动，共收到节能减排效果评选表 28 份，青年岗位节能计划书 40 份，涉及采油、司钻、集输、井下作业、柴油机、物探、科研和录井等多个高耗能岗位，累计节电 55.95 万千瓦·时，节水 1 828.54 吨，节煤 360 吨，节油 194 吨，取得了良好的节能减排效果。经过组织评选，表彰了采油厂采油三队技术岗、六普钻井分公司 70860 井队动力组等一批优秀计划书。

（金　鑫）

非常规指挥部青年突击队平整井场　（金　华摄）

【青年志愿者活动】 2012 年 4 月，华东石油局成立青年志愿者总队，制定了《局青年志愿者总队章程（试行）》，该章程规范了青年志愿者的组织与制度建设。青年志愿者活动对内与离退休的空巢老人和孤寡老人结对，定期开展关爱活动；对外与驻地的福利院、养老院、孤儿院等结对，定期开展志愿者服务；并不断地招募志愿者，用心培育一批微公益和微自愿服务项目。六物大队团委“大山深处，剪不断的爱心牵挂”荣获江苏省 2012 年度 100 个优秀青年志愿服务项目；技师学院机电大专 102 班志愿服务团队荣获江苏省 2012 年度 100 个青年志愿服务行动组织奖，技师学院徐建霞荣获江苏省 2012 年度 29 个青年志愿服务事业个人贡献奖。2013 年，局团委表彰了 4 个优秀青年志愿者团队，4 个优秀青年志愿者项目，11 名优秀青年志愿者。

（金　鑫）

【青年突击队活动】 局团委坚持围绕科研生产中急难险重任务，在建设百万吨级油气田的进程中全面开展青年突击队活动。2012 年出台了《局青年突击队的创建与管理条例（试行）》，同年 5 月在非常规煤层气大会战的主战场延川南排采二队举行“青春展风采、建功非常规”青年突击队授旗仪式，对参加非常规会战的 13 支青年突击队进行授旗，激励团员青年在思想、学习、活动和非常规会战岗位建功中发挥“生力军”和“突击队”作用。2013 年 5 月，对表现突出的 17 个青年突击队进行表彰。六普钻井分公司团委下属的 34 个基层团（总）支部都建立完善了各自的“青年突击队”，并制定了突击方向和任务；采油厂团委组织青年突击队在试采小区进行义务劳动，为创建中国石化文明和谐示范小区出工出力；供应处团总支组织青年突击队编写华东分公司常用物资目录手册；工程院团总支精心制作了《青年突击队服务记录表》等，青年突击队活动各具特色。

（金　鑫）

【第六次团员代表大会】 2012 年，在 16 个局直属团组织完成换届选举工作的基础上，2013 年 1 月 4—6 日，共青团华东石油局第六次代表大会在扬州召开，来自华东油气田各单位的 87 名团员代表出席了会议。会议听取和审议了金鑫代表共青团华东石油局第五届委员会所作的《开拓进取，求实创新，奋发有为，在建成百万吨油气田征程中谱写青春新篇章》的工作报告，会议选举金鑫、雷源、李珊珊、姚亚林、于扬、俞亮亮、张怡、柳毓文、李扬 9 人为新一届团委委员，金鑫当选为团委书记。

（金　鑫）

共青团华东石油局第六次代表大会　（姜　宁摄）

【基层团组织建设】 2013 年开展了“活力在基层”共青团工作创新创效立项活动，华东油气田 72 个团支部开展了“活力在基层”活动。采用项目化管理，重点工作重点推进，特色工作亮点突出的方法，通过立项申请和审定，确定了采油厂团委《“一团一品”竞赛活动》等 14 个局直属团组织共青团工作创新创效项目，六普钻井分公司 50516HD 井队团支部《岗位节能监督活动》等 12 个基层团支部共青团工作创新创效项目。根据各单位的特色，继续在南京、镇江、扬州、泰州和延川南片区开展区域团建，通过片区团组织联动，开展青年志愿者、文体活动等区域性活动。

（金　鑫）

【青年网络平台建设】 根据队伍高度流动分散的特点，局团委积极推进青年网络平台建设，采用“虚拟”与“现实”的对接，构筑全域、全员、全过程的网络共青团平台，探索网络平台建设在青年教育与共青团工作的整体化运用，充分发挥网络平台在履行团的基本职能中的重要作用，形成了共青团微博＋微信＋QQ 群的网络平台体系。局团委开通了“青春华东油气田”微信公众平台，每周发布 1 条消息集锦，为所有直属团组织新浪微博进行了实名制认证。采油厂团委创办了《青春试采》电子团刊和“青春华采”微信公众平台；固井分公司拍摄了微视频《固家》，并参加团省委组织的青年文明号微电影大赛活动；供应处团总支利用新浪博客以“每日百题”工作餐形式发表物资供应专业知识题库。

（金　鑫）

【“三推优”工作】 2012—2013 年度，局团委持续做好以“推优入党、推优上岗、推优表彰”为主要内容的“三推优”工作。坚持党建带团建，为党组织输送新鲜血液，2012—2013 年为党组织推优 110 人次，向党委、行政推荐优秀青年 20 余人次，共有 30 多个集体或个人得到团中央，团省委和石化集团公司青工委的表彰。液碳公司团总支创新形式，开展了以“党建带团建推优”为主题的团日活动。2012 年 5 月，局团委表彰了 20 名优秀团员、20 名优秀团干部、20 名青年岗位能手和 20 个先进集体，2012—2013 年连续 2 年开展了“我们身边的十大好青年”网络评选，评选出 20 名好青年。

（金　鑫）

【团干部队伍建设】 坚持团委委员和直属团书记学习制度，根据局党委中心组学习内容，每 2 月编发 1 期学习材料，内容包括十八大精神宣贯、“中国梦”内涵、石化集团公司改革发展形势任务以及管理知识等，每季度至少组织 1 次学习讨论，提高团干部的政治理论水平、思想道德修养和业务工作能力。2012 年，选派 1 名团干部参加中国石化基层团委书记培训班，1 名团干部参加团省委“五四”红旗团委创建培训班。2013 年 11 月在扬州举办了 1 期华东油气田基层团干培训班，油气田 54 名基层团干部参加了培训。采油厂团委、六普钻井分公司团委坚持每年举办 1 期基层团干培训班。

（金　鑫）

机关建设

【概述】 华东油气田机关(包括华东石油局、华东分公司、华东工程公司)设有30个处(室、部门)、4个直属机构,负责华东油气田生产经营、油气勘探开发的组织管理和队伍建设等工作。截至2013年底,机关在职员工272人,劳务派遣工15人,其中党员166人,处级以上干部55人,处级调研员24人。

华东油气田机关设立党委,下辖10个机关党支部和1个基层党支部,负责机关党组织建设、党员教育管理和服务、文明处室创建、机关党风建设、反腐倡廉宣传教育、惩防体系建设、廉洁自律监督检查、信访案件检查审理,以及机关效能监察等工作。2012年,人事处等9个处室被评为机关"文明处室",楼江权等31人被评为机关文明员工;2013年,勘探处等9个处室被评为机关"文明处室",韩克宁等35人被评为文明员工。

(马成海)

【机关党组织建设】 2013年,根据华东油气田机关部门调整的实际,及时按照组织程序,完成了机关10个党支部设置的调整,并选举产生了新的支部委员会。2013年8月,局党委决定由赵晓华、马成海、郭庆安、唐海洋、易长富、金国强、曹巍7人组成机关党委会,赵晓华任机关党委书记(兼)、马成海任机关党委副书记(兼)。2012—2013年,机关党委审批发展新党员25人,办理预备党员转正26人。

(马成海)

【机关作风建设】 2012年9—10月在油气田机关广大干部员工中开展了"学先进、找差距"主题活动。以处室部门和党支部为单位,通过开展向镇海炼化和李安喜同志的学习活动,进一步增强机关干部员工的责任意识、大局意识、使命意识,保持积极进取的精神状态;转变陈旧观念,带头践行"担当、开放、执行、廉洁"的文化;不断增强自身综合素质,提高业务工作能力,提升科学管理水平;围绕中心,面向基层和员工,改进工作作风,打造"学习型、服务性、协作型、创新型、效率型"机关。机关24个部门、8个党支部、265名员工参与了活动,组织专题学习38次,部门及员工找差距740条,提出建议63条,42名在职处级干部撰写了学习体会。

2013年5月9日召开油气田机关职工大会,局长、总经理方志雄和局党委书记周松就如何实行机构改革调整、加强机关作风建设提出具体要求。机关党委组织各处室认真学习贯彻机关职工大会精神,各处室分别召开专题会议,学习讨论局长、总经理方志雄在机关职工大会上讲话和党委书记周松提出的工作要求,制定建设务实高效、文明和谐、优质服务新型机关的具体措施。

2013年8月至年末,以贯彻落实中央"八项规定"和石化集团公司、华东油气田关于改进工作作风、密切联系群众的规定为重点,推进机关作风建设和精神文明建设,制定实施了华东油气田机关《关于改进工作作风十项规定》,切实抓好工作纪律和工作作风方面存在问题的自查自纠,并建立起完善的长效保障机制和完善的学习制度,丰富学习内容和形式,达到规范机关行为、转变机关作风、增强队伍素质、提高工作效率的目的。

(马成海)

【创先争优活动】 2012—2013年,按照局党委部署,在油气田机关各党支部和全体党员中开展"创建先进基层党组织、争创优秀共产党员"活动,评选出一批"先进基层党组织、优秀共产党员、满意窗口、服务标兵"。机关第二党支部被评为先进党支部，韩华林、楼江权、赵大卫被评为优秀党员，机关办公室接待科、机关会计室被评为满意窗口；王改霞、王世泉被评为服务标兵。

（马成海）

【党的群众路线教育实践活动】 2013年8月20日，油气田机关党委召开党的群众路线教育实践活动动员部署大会，全面启动教育实践活动，组织机关全体党员自学、副处级以上党员干部集中学习，认真学习了中央、石化集团公司党组、局党委一系列文件和领导讲话，学习局党委发放的《论群众路线——重要论述摘编》《党的群众路线教育实践活动学习文件选编》《厉行节约、反对浪费——重要论述摘编》3本指定学习材料；观看刘家明同志先进事迹报告会和《失德之害》警示教育片。48名副处级以上党员干部集中学习2天，公开学习交流1次，完成了学习心得和个人对照材料撰写，开展了“党的群众路线教育实践活动理论测试”，确保了活动的质量。10个党支部按要求完成了开门学习交流活动和专题组织生活会。副处级以上党员干部在撰写个人对照检查材料前，与各自分管工作范围内的同事进行了充分的交流和意见交换，确保个人对照检查材料达到针对性强、思想根源挖掘得准，批评与自我批评开展得实的要求。

（马成海）

油气田机关职工向四川雅安地震灾区人民捐款 （姜 宁摄）

【党风廉政建设】 2013年，根据局党委、纪委的部署，在机关开展了会员卡清退专项活动。在清退会员卡工作中，局机关所属10个党支部均按照要求，作出了单位（组织）会员卡零持有报告，全机关在职党员、干部247人作出个人会员卡零持有报告，其中，专兼职纪检监察干部在6月5日前率先清退会员卡并作零持有报告。在党风廉政教育中，组织机关党员干部及管理人员观看“双鉴”警示教育片。

（马成海）

【普法教育】 2013年，组织机关全体员工参加油气田开展的“创先争优、与法同行”法律知识答卷活动，增强了职工的“学法、知法、守法、用法”意识。选派陈忠志、韦富、刘波3名选手组队参加了油气田组织的“创先争优、与法同行”法律知识竞赛，获得二等奖。

（马成海）

【社会捐赠】 2012年1月6日，油气田机关团支部为云南省丽江市宁蒗彝族自治县，募捐了300包收拾整齐洗刷干净的过冬物品，为当地地处高寒山区47所小学11 270名在校学生献爱心、送温暖。

2013年4月23日，组织“向四川雅安地震受灾同胞捐款”活动，机关干部、员工发扬博爱精神，踊跃捐款，先后共募集善款3.42万元。

（马成海）

【文体活动】 2013年，组织油气田机关员工开展了“健走辉煌路、会战非常规”每日徒步万步走健身活动，并坚持徒步健走活动常态化，受到了员工普遍好评。组织参加局第十二届文化体育节，活跃了机关职工精神文化生活。2012—2013年，机关乒乓球、羽毛球协会坚持每周组织活动1次。同时举办南京片和扬州片员工羽毛球交流赛，增强了机关员工体质、丰富了业余文化生活。

（马成海）

单位概览

物探华东分公司(第六物探大队)

【概述】 中石化石油工程公司地球物理有限公司华东分公司,简称物探华东分公司(华东石油局第六物探大队,简称六物大队)成立于1958年5月9日,位于江苏省南京市鼓楼区马台街141号。前身为地质部华东石油物探大队,1962年9月更名为地质部第六物探大队。1971年3月更名为江苏省第六物探大队。1983年4月更名为华东石油地质局第六物探大队。2004年1月,华东石油局实行专业化重组,第六物探大队改组为华东石油局物探工程公司(简称物探公司,保留六物大队原称)。2012年12月中国石化对石油物探队伍进行专业化重组,华东石油局物探工程公司划归新成立的中石化石油工程地球物理有限公司,更名为中石化地球物理有限公司华东分公司(简称物探华东分公司,保留六物大队原称),原华东石油局物探工程公司仪器维护中心划入新成立的地球物理有限公司装备研究中心。

截至2013年末,物探华东分公司设有15个职能部门,下属8个地震分队、1个大地电磁队、1个物探技术研究所。在岗正式职工391人,劳务派遣用工412人,具有各类高级专业技术职称32人,中级专业技术职称63人。

物探华东分公司是一个综合性地球物理勘探企业,主营业务为物探设计、采集、处理、解释、成果报告等,通过二维地震、三维地震、大地电磁、重磁、微测井、微地震、综合物探等手段,服务于油气田、煤田、地球科学研究、工程地震等领域,具有在高原山地、戈壁沙漠、平原水网、沼泽丛林、黄土塬等各类复杂地理、地质条件工区进行物探施工的能力。

2012—2013年,物探华东分公司物探采集工区分布在江苏、新疆、甘肃、吉林、内蒙古、山西、安徽、贵州、重庆和南美玻利维亚,共完成了48个地震资料采集项目。2012年完成29个项目,其中二维地震累计5 731千米(物理点119 386个)、三维地震累计1 140平方千米(物理点119 868个);2013年完成19个项目,其中二维地震累计2 189千米(物理点49 759个)、三维地震1 803平方千米(物理点176 312个),完成4个科研项目。2年实现生产经营总收入17.17亿,实现利润6 418万元,其中2012年经营收入9.06亿,实现利润2 019万元;2013年经营收入8.12亿,实现利润4 399万元。

(莫建兴)

【领导班子调整与变更】 2012年2月27日,局、分公司对六物大队领导班子进行了调整,解聘唐成鸽六物大队大队长、物探工程公司经理职务,另有任用;聘任黄革为六物大队大队长、物探工程公司经理;5月2日,聘任叶琪为六物大队、物探工程公司总会计师。5月4日,任命张才仁为六物大队党委书记。截至2012年底,六物大队领导班子由8人组成。2013年9月16日,物探华东分公司副总经理朱军调任中石化石油工程地球物理公司装备管理中心总经理。截至2013年底,物探华东分公司领导班子由7人组成。

(黄 寅 莫建兴)

【管理体制变更】 2012年12月21日,按照石化集团公司《关于组建中石化石油工程地球物理有限公司的通知》(中国石化企〔2012〕638号)文件规定,华东石油局物探工程公司纳入中石化石油工程地球物理有限公司重组范围,并进行工商登记注册,企业名称更名为“中石化石油工程地球物理有限公司华东分公司”,标准简称为“中石化地球物理公司华东分公司”,英文名称为“SINOPEC GEOPHYSICAL CORPORATION HUADONG BRANCH”,作为中石化石油工程地球物理有限公司分支机构,是经营责任主体和利润中心,在公司授权下对本地区地球物理业务的经营利润、管理运营、生产安全、技术进步、市场开拓、人财物管理、法律事务、稳定工作负责。重组后,物探华东分公司党委、工会、共青团工作仍由华东石油局党委、工会、共青团负责管理协调。

(莫建兴)

物探华东分公司八届四次职工代表大会 (莫建兴摄)

【地球物理公司装备管理中心成立】 为进一步优化资源配置,提高资产利用效率,确保生产高效运行,2013年9月17日,中石化地球物理公司装备管理中心在南京成立。装备管理中心是中石化石油工程地球物理有限公司专门从事地震仪器及特种装备管理、运营、维护、服务、研发、制造的责任主体,负责组织关键装备的研发与制造,参与地球物理公司装备需求计划编制及可行性研究等工作,对相关资产负有增值、保值责任。中心依托物探华东分公司设立(原华东石油局物探工程公司仪器维护中心整体划入),业务上受中石化石油工程地球物理有限公司运行管理处领导,办公地点设在南京。朱军任总经理,周明非任党委书记,高光贵、吴忠、王登云任副总经理。

(莫建兴)

【玻利维亚总统出席三维地震勘探开工典礼】 2012年10月3日,玻利维亚总统埃沃·莫拉莱斯、中国驻玻利维亚大使李东在玻利维亚圣克鲁斯省查拉瓜市出席玻利维亚国家石油公司Itaguazurenda三维地震采集项目开工典礼。该项目是中国石化在玻利维亚首次通过国际招标获得的物探采集项目,由华东石油局六物大队Sinopec368队承担具体施工任务。

(莫建兴)

【马永生院士听取玻利维亚项目情况汇报】 2013年4月1—8日,中国工程院院士、石化集团公司副总地质师马永生率团访问玻利维亚国家石油公司,为下一步合作奠定基础。期间马永生院士听取了物探华东分公司总经理黄革所作玻利维亚项目开展情况的汇报。

(杨 恺)

【中海油上海分公司感谢信】 2012年4月8日,六物大队收到中海油(中国)有限公司上海分公司的感谢信,向承担“安徽芜湖页岩气二维地震勘探项目”的六物大队致以诚挚的谢意。该项目的圆满完成,为中海油进军国内非常规油气勘探领域取得实质性进展打响了第一炮。

(杨 恺)

【物探工程先导项目】 2012—2013年,物探华东分公司承担了华东分公司《句容地区极浅目的层地震采集技术》物探工程先导项目,合同编号:SG12015。通过深入研究试验区的地质和地球物理资料,选择构造顶部埋深浅、深部较为复杂的句容北构造带进行项目的试验与研究。建立合理的三维地球物理参数模型,利用基于GPU的波动方程正演模拟,对极浅目的层三维地震采集观测系统核心参数进行研究，改进地震采集设计，经过实验区地震采集，形成适用于句容地区极浅目的层具有较高性价比的地震采集技术。

（沈月芳　莫建兴）

【专利技术与专利申请】 2012—2013年，物探华东分公司先后获得国家专利局授权的专利3个。其中，2012年获得实用新型专利2个："地震勘探采集质量量化分析评价系统"（专利号201110192640.3）、"地震勘探中激发、接收信号同步系统"（专利号201110192620.6）。2013年获得实用新型专利1个："沙漠专用检波器埋置器"（专利号201310014165.X）。申请1个实用新型专利："地震勘探仪器与VSP测井仪器共源接收系统"，申请1个发明专利："地震勘探仪器与VSP测井仪器共源接收系统"。

（沈月芳　莫建兴）

【创新项目成本控制模式】 2013年，物探华东分公司面对专业化重组后的新形势，从项目成本控制理论出发，深入研究并归纳创新了"一头一尾中控制"项目成本控制模式。

抓住"一头"，即优化组织模式。在继续推行矩阵式管理模式基础上，打破固有生产组织模式，明确以"项目"为中心，实施人员、设备等资源的统一整合；优化用工结构，实施与项目匹配的"定编、定岗、定员"用工管理；优化成本预算，加强项目的计划控制和定额管理力度，建立刚性预算约束机制，把项目的效益指标落实到每项成本预算中去。

抓实"中控制"，即建立综合巡查制度。由机关职能科室组成联合巡查监督组，开展一线安全、质量、内控、财务、党风5个方面的综合巡查监督；由财务部门通过月度预算逐月对项目计划预算完成情况和项目整体推进情况进行分析，实时纠偏；健全QHSE管控网络，实行物探施工区域项目经理安全负责制，完善横向到边、纵向到底、全员参与的安全管理体系；组建基层队QHSE专职检查组，对项目运行的安全质量进行全方位联合检查；制定分包商HSE准入管理实施细则，完善分包项目公开招标管理体系，把好分包工程结算关和合同法律审查关。

抓好"一尾"，即细化项目考核机制。按计划和预算差异，对项目运营团队进行严考核、硬兑现，将绩效工资与项目经营效益和管理水平直接挂钩；细化项目成本审计，建立健全审计、内控、效能监察、业务公开"四位一体"的内部监督体系，并针对性开展专项审计工作。

实施"一头一尾中控制"项目管理模式，简化了管理层次，优化了成本目标，强化了管控措施，细化了考核兑现，促进了项目经济效益的提升。2013年，在人员缩减、设备未明显增加情况下，除西藏羌塘伦坡拉盆地二维项目由于项目价格、施工条件和气候影响等因素出现小额亏损外，其余18个项目均实现了盈利。

（杨　恺　郭永春）

【清洁生产审核验收】 2012年11月1日，石化集团公司清洁生产审核小组对六物大队进行了清洁生产现场审核验收。通过听取汇报、查阅台账、施工现场审查等综合考评，六物大队获清洁生产二级标准资质。六物大队清洁生产审核工作启动于2009年，截至2012年5月，已有5支地震队先后通过华东石油局、华东分公司清洁生产审核验收。本轮清洁生产工作共产生无/低费方案27个，投入实施27个，产生中/高费方案5个，实施3个，合计投资1 297万元，取得效益1 395.60万元。

（杨　恺　祁含春）

【安全生产标准化建设】 2013年3月，物探华东分公司启动安全生产标准化建设活动，当年11月通过安全生产标准化二级企业达标验收，取得江苏省安全生产监督管理局核发的"非煤矿山安全生产标准化证书"。

（杨　恺　祁含春）

【QHSE专职督察员】 2012年，647队对以往安全、质量检查监督机制进行了深入细致的剖析，在六物大队率先设立了QHSE专职督察员岗位。

该岗位的设立，旨在对项目运作全过程各道工序生产进行安全、质量现场追踪并记录，发现隐患或不符合项后，立即按岗位责任制下达整改意见并检查整改落实情况。

（杨　恺）

【物探仪器装备更新】 2012—2013 年，物探华东分公司新增了一批物探生产主要装备，进一步提升了野外施工作业的能力。其中，2012 年新增 SERCEL 428XL 采集站 4 300 道，数字检波器 DSU1 3 000 道，Miniseis 浅层数字地震仪 3 套，Shot Pro Ⅱ爆炸系统 20 套，Trimble R8 GPS 10 套；2013 年新增 SERCEL 428XL 数字检波器 DSU1 2 061 道，428 维修系统 TMS 2 套，数字检波器维修系统 DSUT 1 套。

截至 2013 年末，物探华东分公司主要设备拥有量为：Sercel 428 XL 主机 6 套，428 Lite 2 套，Sercel 公司 408 采集站 9 060 道；428 采集站 42 700道，数字检波器 DSU1 1 600 道，总共采集道数达 67 760 道，各种检波器 93 000 多串（不含数字检波器）。Trimble GPS 125 套，Leica GPS 14 套，Leica 全站仪 72 套。浅层数字地震仪 20 套，Shot Pro Ⅱ爆炸系统 100 套，各种测试仪器 34 台。D8 推土机 7 台，运输车辆 275 台。

（莫建兴　罗建文）

【创新质量控制法】 2012—2013 年，物探华东分公司把创新质量控制法融入到“每一张监视记录都是承诺”的活动中，取得了一系列重要突破，为甲方提供了可靠的物探成果，巩固了原有的物探市场。

PVC 管井深监控法：2012 年，641 队利用 PVC 管不可伸缩的特点，通过随炸药下 PVC 管至钻井成井内，闷井或采集后，均能丈量 PVC 管，实现对钻井井深质量的抽查和复查，因其具备可追溯性特点，一举解决了困扰野外物探施工的炸药安全和钻井井深控制问题。

ESQC 监控法：该方法以 ESQC-PRO 监控系统为基础，通过对采集过程中获得的 ADSTA 数据进行实时监测和统计分析，掌握特定炮、道、地区的环境噪音、激发能量、频率等的变化规律，检查出检波器埋置质量，达到实时远程监控采集作业质量的目的。

（杨　恺　肖泽阳）

【分包商闭合管理】 2012—2013 年，物探华东分公司完善了分包商准入库、管理台账、分包商评价和考核制度等基础工作。通过市场准入、分包招（议）标、工作量统计和常态化考核，实现了分承包市场的全面掌控和有序管理；严格把好分包工程招标关，建立了“缴纳风险抵押金、公开唱标、价格全包和公司领导不介入招标程序”的招标评审体系；在分包费用结算方面，通过理顺程序、统一表单、集中会签和例会审查，实现了分包决算的规范运作和有序结算；在合同管理方面，严格把好合同法律审查关，通过文本修订、细化授权、线上会签和付款审查，实行了合同管理的过程监督。通过以上多措并举，降低了劳务分包价格，杜绝、纠正了误工补贴、路费补助等不合理费用，实现了分包工程招投标到工程尾款结算的闭合管理。2012 年签订物探劳务分包合同 159 份，金额 2.50 亿元，均按要求完成了结算；2013 年签订分包合同 85 份，金额 9 700 万元，未发生一起合同纠纷事件。

（莫建兴　郭永春）

【党的群众路线教育实践活动】 2013 年 8 月，物探华东分公司党委全面开展以“为民务实清廉”为主题的党的群众路线教育实践活动。公司党委制定了《党的群众路线教育实践活动实施方案》，抓好学习教育、查摆问题、落实整改 3 个环节的工作。班子成员通过联系点调研、发放专项意见调查表等多种形式收集关于领导班子和班子成员存在的“四风”问题意见和建议共 49 条，经归纳整理为 20 条。公司党委对征询到的意见认真分析，遵循“边查边改”的原则，逐一制定了整改方案。先后制定出台了首问负责制和 24 小时工作办结制；成立了公司监督巡视组，形成了定期督查巡查等制度。进一步改进了党员干部的工作作风，密切了党群和干群关系，确保了党的群众路线教育实践活动不走过场，取得实效。

（黄　寅　莫建兴）

【综合监督巡查】 2013年11月，为贯彻落实中央“八项规定”精神，物探华东分公司党委下发了《关于开展综合监督巡查工作的通知》（地物华东党〔2013〕15号），并成立机关综合监督巡查工作组，全面启动综合监督巡查工作。综合监督巡查的任务是就物探华东分公司各项目运行过程中党风廉政建设的情况，人事、财务、物资管理的情况，安全、质量、环保工作的情况，合同管理、群工管理、车辆管理等工作的情况，开展综合监督巡查，并最终形成监督巡查报告。

（莫建兴　刘贵龙）

【基层队副职领导岗位公开招聘】 2013年8月19日，物探华东分公司首次基层队副职领导岗位公开招聘会在南京江宁举行，物探华东分公司18名员工参加了竞聘演讲。参聘人员均为大学本科学历，平均年龄27岁，其中党员10名、团员6名、取得中级专业技术职称及以上者6人，大部分人员具备关键技术岗位从业经历。按照民主推荐程序，最终优选出了4名竞聘者上岗，分别出任647队、649队、6411队、Sinopec368队副队长职务。

（杨　恺）

【物探专业技能大赛】 2013年8月28—31日，中国石化2013年石油地震勘探工、石油物探测量工职业技能竞赛决赛在南京举行，此届赛事系中石化地球物理公司专业化重组后首次开展的职业技能大赛，由物探华东分公司承办。中石化地球物理公司所辖9家企业116名选手参与了最终角逐，物探华东分公司获团体第四名，唐为军获石油物探测量工金奖、王东东获石油地震勘探工金奖；吴兵获石油物探测量工银奖、汤仁钦获石油地震勘探工银奖；郭德春获石油物探测量工铜奖、周建中获石油地震勘探工铜奖。

（莫建兴　杨　恺）

【职工民主管理】 2012—2013年，物探华东分公司进一步加强和完善职工民主管理制度。坚持每年召开职工代表大会，听取、审议和通过公司深化改革、发展经济等重大事项；对公司机关科级以上领导干部进行民主测评和监督；坚持《集体合同》的修订、签约工作；两级工会组织的职工奖罚、岗位梳理、干部任免、职工伙食费、重大灾害职工捐款等重要工作采用多种形式及时进行公示。公司还将以上职工民主管理的形式延伸到基层单位，所有基层单位每年坚持召开职工大会，履行职工代表大会所有程序，使民主管理无死角、全覆盖。

（程建国　莫建兴）

【网络宣传员培训】 2013年5月25—26日，由华东石油局党校、华东石油高级技师学院主办的第一期网络宣传员培训班在扬州举办，物探华东分公司10名网络宣传员参加了首批培训。学习培训主要内容有网络沟通的技巧和艺术、新闻评论、新媒体的特点、发挥微博的作用——微传播等内容。

（杨　恺）

物探华东分公司承办的2013年中国石化物探工技能比武

（莫建兴摄）

【江宁基地研发综合楼建成启用】 2012年7月，由六物大队自筹资金3 000余万元建设的江宁基地研发综合楼建成正式启用。研发综合楼为6层框架结构，建筑面积12 360平方米，于2008年开工建设，大楼主体及多项附属工程各项建筑技术指标均通过政府建设监管部门验收。2013年10月，物探华东分公司物探技术研究所与中石化地球物理公司装备管理研究中心正式迁入大楼办公。

（莫建兴）

【改进沙漠工区生产生活条件】 2012年，六物大队645队在新疆先巴扎南三维工区，发明了沙坑池蓄水方法，采用打100—200米的深井抽取地下淡水、挖大池铺塑料薄膜进行蓄水，不仅为员工提供了充足的洗漱用水、解决了高温季节职工冲凉洗澡的难题，还解决了物探生产钻井用水问题。645队还与中国联通、中国移动和中国电信协作，在二级站、三级站和放线排500多人的大营地架设基网，解决了11年来在沙漠地区施工中存在通信盲区的难题。

（莫建兴）

【社会公益活动】 2012年1月，641队开展了“石化员工情系延川南献爱心”活动，向施工区山西省乡宁县枣岭乡驮涧村老党员、五保户和贫困户赠送了面粉和食用油；3月，649队开展了“剪不断的爱心牵挂”活动，向施工区贵州省龙里县麻芝乡五里村五里小学进行了爱心捐助；5月，机关团组织开展了“关注智障人群，青春与爱同行”活动，与鼓楼社区爱德慈佑院建立了志愿服务点。六物大队通过系列社会公益活动的开展，旨在培养和引导员工在建设“高度负责任、高度受尊敬”企业的过程中，增强责任意识。

（杨　恺）

【“我与石化30年”征文获奖】 2013年4月，物探华东分公司组织员工参与了“我与石化30年”征文活动。该活动由石化集团公司思想政治工作部和中国石化报社主办，旨在反映中国石化改革发展30年光辉历程和业绩，激发广大员工“立足岗位创一流”的热情，推进石化集团公司持续有效和谐发展。经最终评选，杨恺、张英撰写的《物探老兵骆守兵》一文获征文评比三等奖。

（杨　恺）

【信访维稳工作】 2012—2013年，物探华东分公司在华东石油局党委统一部署下，通过召开离退休人员党支部座谈会、协议解除劳动合同人员沟通会和个别家访等形式，加强交流沟通，积极帮困解难，尽力化解矛盾，维护了企业的和谐稳定。2012年，共组织下访12次，召开座谈沟通会16次，接待上访群体68批次，完成了退休、协议解除劳动合同和劳动家属等1 155人次信访人群信息库的维护更新工作，配合局完成了814名退休人员事改企生活补贴方案的研讨、对接、落实工作；2013年，共组织下访30次、走访各类人员300多人次，接待上访群体42批次、120余人次，召开座谈会5次，及时做好协议解除劳动合同退休人员帮扶金的政策解释和发放工作。物探华东分公司在信访维稳工作中，还引入法律顾问咨询服务机制，保证信访稳定工作依法开展。

（莫建兴）

六普钻井分公司（第六普查勘探大队）

【概述】 华东石油工程公司六普钻井分公司，简称六普钻井分公司（华东石油局第六普查勘探大队，简称六普大队），位于江苏省镇江市天桥路22号。前身为江苏石油普查大队，成立于1958年

10月。1962年7月，更名为地质部第六普查勘探大队。1970年7月，更名为江苏省第六普查勘探大队。1983年3月，更名为华东石油地质局第六普查勘探大队。2004年1月，华东石油局实行专业化重组，六普大队改组为华东石油局钻井工程公司(简称钻井公司，保留六普大队原称)。2012年12月中国石化对石油工程队伍进行专业化重组，钻井公司整体划入新成立的中石化华东石油工程有限公司(简称华东工程公司)，2013年3月，更名为华东石油工程公司六普钻井分公司(简称六普钻井分公司)。2013年12月31日，华东石油局六普大队撤销(华东石油〔2013〕186号)。

截至2013年末，六普钻井分公司拥有26台(套)大、中型石油钻机；下设16个职能管理部门、5个生产经营服务型二线单位和26支整建制钻井队。其中，甲级队8支，乙级队10支。在岗正式职工608人，劳务派遣用工1 336人，具有大学本科及以上学历207人，高、中级及以上专业技术职称111人，高级技师、技师资格19人。

六普钻井分公司是集石油工程钻井、科研、装备制造维修、管材加工、油田综合服务等为一体的综合性石油工程技术服务型企业。能够承担各种条件下7 000米以内不同工艺技术要求的中深井、深井的石油钻探和各项专业技术服务，广泛运用MWD随钻导向、PDC钻头、新型钻井液等工艺，钻井技术日臻成熟。目前施工工区主要分布在江苏、山西、贵州、重庆、新疆以及加蓬、哈萨克斯坦、叙利亚等地区和国家。

2012年，实现生产经营总收入10.05亿元，为年度计划的100.03%，同比增长0.07%；实现利润3 570万元，同比下降10%。全年动用钻机21台，钻井90口，完井77口，总进尺235 238米，完成钻探工作量同比降低24.02%，完井合格率100%，优良率94.81%。

2013年，实现生产经营总收入8.33亿元，实现考核利润5 284万元，比上年增加1 714万元。全年动用钻机23台，钻井91口，完井87口，总进尺311 971米，完成年度计划的103.99%，完井合格率100%，优良率95.40%。

(董　兴　郑　鸿　赵炬肃)

【领导班子调整与变更】 2012年4月5日，华东石油局、华东分公司决定谈士海任华东石油局、华东分公司副总工程师、六普大队大队长、钻井工程公司经理、党委副书记职务；陈建平任六普大队、钻井工程公司总会计师职务。2013年4月19日，华东工程公司对六普钻井分公司领导班子进行调整，原六普钻井分公司经理谈士海调出另有任用；陈安明任六普钻井分公司经理、党委副书记；张锦荣任六普钻井分公司党委书记、副经理；姜伟任六普钻井分公司党委副书记、纪委书记、工会主席。截至2013年底，六普钻井分公司领导班子由8人组成。

(赵炬肃)

2012年40686井队年进尺超3万米　(黄宝平摄)

【2013年钻探进尺创新高】 2013年，六普钻井分公司全年动用钻机23台，钻井91口，完井89口，进尺311 971米，同比2012年增加了32.62%，完成年度计划的103.99%。其中，江苏工区完成进尺164 167米，创历史新高；西北工区完成进尺114 603米，首度突破10万米大关。

(赵炬肃　部　鹏)

【西北工区钻井综合业绩排名领先】 2013年，六普钻井分公司在西北分公司120支钻井队伍综合业绩考核中，70858井队以104.295分名列第一，70857井队名列第四，70205井队名列第二十一，首次实现3支钻井队进入西北分公司综合排名前30名。

（赵炬肃　孙晓军）

【双驱钻井技术应用】 2012—2013年，六普钻井分公司在江苏工区定向井施工中，以双驱钻井技术应用为基础，强化QHSE管理，优化定向技术措施，加强现场监控和施工过程管理，实现了优快钻井，常规定向井的钻井速度大幅提高，节能降耗成效显著。茅12井仅用9.5天完成了2 893米井深的定向施工，平均机械钻速达到40.27米/时。江苏工区日进尺上千米已成为常态，曲1-20HF井历时35天完成施工，创该区块钻井速度新纪录。句平1井，完钻垂深681.45米，水平位移达1 147.43米，位垂比1.68，创华东石油局、华东分公司水平井位垂比新高。

（赵炬肃）

【无线随钻MWD/LWD测量技术应用】 2012—2013年，六普钻井分公司常规定向井基本从二开就开始使用无线随钻测量技术（MWD）；张家垛等工区的薄油层特殊井，采用带电阻率和伽马2道地质参数的无线随钻测量仪（LWD），对地层进行了有效识别、解决了薄油层水平井中靶难和保证井眼轨迹在油层中最佳位置穿行等难题、提高了水平井的油层穿透率。

（赵炬肃）

【整体搬迁安作业速度再创新纪录】 2012年，由六普大队40686井队施工的俞2-3井、40685井队施工的俞4-2井实现了“当天完成固放磁测井、当天完成整体搬迁安作业、当天完成一开钻进施工作业、当天进行一开中完特殊作业”4个当天的新纪录。2013年，搬迁安年平均速度最快井队（指陆路、陆水陆搬迁安方式）：40685井队年平均搬迁安速度为7.57天/井次，同比提高24.57%，40686井队平均7.71天/井次，成为整体搬迁安年平均速度最快的2支井队。2012年六普钻井分公司通过搬迁设备“瘦身”方法平均节约搬迁安车次12%、船次8%。

（赵炬肃）

【油基钻井液在彭页3HF井成功应用】 2012年12月，由中国石化石油工程技术研究院和六普大队钻井液公司共同服务的彭页3HF井顺利完钻，完钻井深4 190米，垂深3 021.35米，水平位移达1 373.77米，是目前该区块已钻井中井深最深、水平位移最长的一口页岩气井。现场配制了75：25低油水比的LVHS油基钻井液用于维护处理钻井液，不仅降低了油水比而且节约了钻井液成本。在配制油基钻井液时补充随钻堵漏材料，提高油基钻井液的随钻封堵能力，有效降低了油基钻井液消耗量。该井油基钻井液消耗量仅为国外油基泥浆服务公司施工的彭页4HF井油基钻井液消耗量的68.4%，为今后LVHS油基钻井液在页岩气水平井钻井的广泛应用积累了经验，打下了基础。

（赵炬肃）

【丛式水平井定向工艺技术多元化】 2012—2013年，定向井技术服务公司以“创先争优、为民服务”“我要安全”为动力，在井眼轨迹连续控制技术，双驱钻井技术等研究应用基础上，首次尝试丛式水平井施工技术对外服务，在东台台南再创佳绩。兴北3-平3井顺利完井，该井为整拖井，根据地层情况，采取上部井段小定向的防碰方案，避免了相交风险。并在实钻中切实做好了轨迹的随钻防碰扫描跟踪工作。3口丛式水平井的顺利完钻均得到施工单位中原油田四公司和华东石油局的一致好评。

（赵炬肃　郑　月）

【西北工区8支钻井队快速钻井竞赛】 2013年，六普钻井分公司新疆项目部针对塔河油田部署开发井多、钻井周期短的特点，组织与动员在疆钻井队开展多打井、快打井竞赛，8支钻井队前7个月完成进尺7万多米，有4支钻井队进尺超万米，在西北分公司评比中3支钻井队5次夺得月度“十面红旗”。与上一年相比，进尺增长92.80%，台月效率翻了一番，机械钻速提高了113%，纯钻时效提高了7.95%，纯钻利用率提高了37%，为全年突破10万米大关奠定了基础。

（赵炬肃　孙晓军　熊　钟）

【钻井设备维护和管理】 2013年，六普钻井分公司拥有各型钻机26台，其中7 000米钻机8台、5 000米钻机7台（含当年最新投产使用1台）、4 000米钻机4台、3 000米钻机6台、2 000米钻机1台。钻机整体新度系数大于59%。在设备管理上，建立了定人定机设备目标管理责任制，制定了《设备现场巡回检查纪录表》，做到加强设备的定期维护保养，设备的运行和维修记录有据可查，提高了设备完好率，保证了井队的安全生产。

（赵炬肃）

【科研工作成果】 2012—2013年，六普钻井分公司共组织实施中国石化科技项目5项、华东油气田科技项目7项，累计争取科研项目经费投入1 000余万元。其中，6项获华东油气田科研成果表彰。同时，紧密围绕生产与科研实际，积极推进自主知识产权建设。2012年，钻井用防斜偏轴接头和氧气乙炔瓶防护圈2项实用新型专利获国家专利局授权。2013年，井口不动火装置、井口保护装置2项实用新型专利获国家专利局授权。

（辛建华　赵炬肃）

【科协工作】 2013年，由六普钻井分公司科技协会主办的《六普科技简报》总计出刊23期，为广大科技人员及时提供了生产科研信息和高科技动态。同时，向镇江市科技协会简报、江南科技杂志发送信息、文章和科技协会动态20多条，积极反映六普钻井分公司科技成果和发展动态。在镇江市科技协会举办的“2013年镇江市科技论文评选活动”中，六普钻井分公司科技协会推荐的24篇论文有7篇分别获得一至三等奖。向“镇江公众科技网”投送科技信息12 824多条，在镇江市68个科技组织中名列第二，其中六普钻井分公司科技协会负责审稿的《新兴产业》栏目，总发稿量名列第三，得到镇江市科技协会的好评和表彰。

（赵炬肃）

【香港合创国际有限公司专家来访】 2012年4月18日，香港合创国际有限公司王松涛、马则峰2名专家到六普大队访问，与定向井公司就石油钻井新技术、新工艺进行了广泛深入的交流，王松涛、马则峰重点介绍了“近钻头地质导向电磁波传输随钻测量系统（英文缩写EMMWD）”的先进功能与主要用途。

（钱晨来　文　佳　赵炬肃）

【雪佛龙公司专家组到50512井队考察】 2012年1月1日，美国雪佛龙石油公司专家组到六普钻井分公司50512井队现场考察。专家组按照HSE体系要求，对钻井队“健康、环境、安全”管理及施工组织能力进行评估，对设备适应性及可靠性等方面进行现场调研，雪佛龙公司专家组对50512井队的各项工作均给予了较高评价。

（钱晨来　文　佳　赵炬肃）

【节能减排新技术应用】 2013年，六普钻井分公司双驱钻井、天然气发电、网电使用等9项新技术得到推广使用，其中在西北工区使用的天然气发电机组与江苏工区使用的网电钻井2项技术，对降低能耗发挥了显著的作用。全年国内钻探进尺比上一年度提升了33.13%，而累计消耗柴油同比下降了1.27%；工业万元综合能耗0.52吨标煤，比考核指标下降了4.24%；每台月能耗141.96吨，比考核指标下降了2.10%，每米消耗柴油74.47千克，比考核指标下降了21.61%。截至2013年底，江苏工区已有6支钻井队使用网电钻井作业，不仅降低了钻井生产成本，还减少了因噪音问题导致的非生产时间停待，缓解了工农矛盾，提高了钻井生产效率。

（刘　军　赵炬肃）

【西北工区使用清洁能源】 2013年，六普钻井分公司新疆指挥所70860井队使用3台燃气动力机取代柴油机试验取得初步成效，单日节约近7 000元费用。该技术在西北分公司已推广应用。同时，先后在 4 个钻井队推广使用燃气发电机组为钻井生产提供电力保障，取得了单井节约 50 多万元的经济效益，既降低了生产成本、保护了环境，又为持续推进节能减排、降本增效探索了新路子。

（赵炬肃）

【油田综合服务公司实现车辆信息化管理】 2013 年 11 月 13 日，六普钻井分公司油田综合服务公司所有车辆均配备了 GPS 车辆管理系统。该系统利用全球定位技术、通过无线数据传输，并配合计算机软件（MIS）实现对车辆的各项静态和动态信息进行管理。油田综合服务公司工程队通过远程监控发现车辆超速行驶及恶劣天气等复杂情况，可即时电话或短信通知随车人员，提醒驾驶员减速慢行。同时通过对开车时间、停车时间、行车里程，以及该里程所对应的油耗情况进行综合分析，可以有效加强对油料消耗的管控。

（赵炬肃）

【审计工作融入内控管理流程】 2013 年，六普钻井分公司审计部门直接参与内控管理的相关过程和环节，发挥审计在经济管理中的应有作用。包括直接参与一、二线单位的供应商疏理和外协运输、劳务等具体框架协议的商务谈判、招投标会审。对西北工区的泥浆药剂、机械厂、汽车队、管子站办公用品及零星采购业务、赴加蓬设备的维护、修理项目以及非常规项目部相关井队长距离搬迁、网电的引入等项目均按招投标的相关内控管理程序进行规范操作，使公司的经济业务得到了有效监督和控制。

（赵炬肃　陈界平）

【完善安全管理制度】 2012 年，六普大队针对事故管理和承包商管理薄弱环节，修订完善了《安全生产事故管理规定》《安全生产事故处罚管理规定》《承包商 HSE 管理规定》3 项管理制度，对安全生产事故等级进行了定性，明确了各类事故处罚办法，细化了承包商的准入机制和监督管理手段。

（刘　军　赵炬肃）

【通过省安全生产二级标准资质审查验收】 2013 年 3 月开始，六普钻井分公司深入开展“安全生产标准化建设”达标活动，通过对照《钻井行业标准化评分办法》，从制度、培训、现场施工、井控、承包商管理等多方面入手，认真自查自改，不断提升安全生产管理水平。12 月通过江苏省安全监督管理局组织的安全生产二级标准资质审查验收。

（刘　军　赵炬肃）

【西北工区二级井控应急演练】 2013 年 6 月，六普钻井分公司首次在西北工区联合固井分公司、职防所等多家单位开展了二级井控应急演练。本次演练模拟井队在钻进过程中发生溢流伴随硫化氢泄漏条件下从应急响应、应急程序的启动和后续处理，检查验证了六普钻井分公司、新疆指挥所和钻井队应急反应能力、组织协调能力、应急保障能力和协同战斗能力。

（刘　军　赵炬肃）

【严格安全生产持证上岗制度】 2012—2013 年，六普钻井分公司继续加强员工培训工作，严格安全生产持证上岗制度。2 年举办各类培训班 26 期，参培员工 1 312 人次，派员参加外送培训 539 人次；举办取换证培训班 19 期（含新员工培训 4 期），培训员工 1 867 人次。其中，2012 年，举办取换证培训班 10 期，培训员工 997 人次，共办理井控、HSE、硫化氢证 2 076 张；国际井控证 13 张；司索证件 178 张；叉车证 34 张；电工证 28 张，焊工证 12 张，急救证 32 张。2013 年，举办取换证培训班 9 期，培训员工 870 人次，取换证 1 848 张；加蓬工区 IWCF 国际井控取换证 34 张；特种作业取换证 118 张。

（赵炬肃　杨任民）

【井控防喷器检测获得资质】 2012 年 11 月 20 日，六普大队管子站井控车间取得井控装备检测达标资质证书，并开始为各井队防喷器进行检测，标志着六普大队具备自主进行井控防喷器检测的能力与资质。

（赵炬肃）

【工程合同审查与内控管理】 2012—2013年，六普钻井分公司根据华东石油局、华东工程公司合同实施细则和内控管理要求，对工程合同进行全过程管理，合同法律审查率达100%。2012年协同相关部门完成了龙页2井、龙页3井钻井工程、固井、空气钻井商务谈判，南页1井标书编写、二线经营单位年度框架协议、钻井队搬迁招标等工作。2013年，六普钻井分公司出台了《问题整改闭环管理规定》，着力解决制度、流程、职责、执行等层面存在的问题，进一步加强了合同管理，有效降低了经营风险。

（赵炬肃）

【单井成本预决算管理】 2012年，六普大队全面推行单井成本预决算管理机制，用预算管理指导钻井队单井作业施工，探索实施单井全过程成本控制。制定全面预算管理办法，强化预算管理基础工作；严格成本控制，加强对经济活动计划管控；加大应收款项清理力度，努力降低经营风险。建立了井队成本核算制度，加强单井考核力度，实行严考核、硬兑现，把单井成本核算进一步落到了实处。重点从提速提效、材料节约、节能减排等方面分解落实考核指标，年度实现挖潜增效1 000万元，超额完成指标任务。

（钱晨来 文 佳 赵炬肃）

【持续开展降本增效工作】 2012年，六普大队继续贯彻落实“经营一元钱，节约一分钱”的理念，努力挖掘降本增效潜力。通过精简与优化各钻井队设备物资配置，陆路单井平均搬迁安周期仅为6天，陆水陆（4个工作面）单井平均搬迁安周期为9天，同比分别缩短了2天，提高了搬迁速度，降低了搬迁费用。积极开展效能监察工作，全年立项34个，申报局项目1个，节约成本约660万元。2013年，持续开展创新创效、“五节六小”劳动竞赛，节约成本近千万元。

（赵炬肃）

【干部队伍建设与管理】 2012—2013年，六普钻井分公司坚持“德才兼备、以德为先”的用人标准，完善领导干部选拔机制，加大年轻干部培养与使用，做好领导干部岗位调整补充与岗位交流。2012年，采用民主推荐、竞聘上岗等多种形式，共调整交流基层领导干部72人次，加大了职工群众的民主参与度，拓宽了选人用人的渠道。2013年，对钻井队3名政工干事岗位实行了公开竞争上岗；通过自下而上民主推荐方式确定了17名后备干部培养人选。严格执行领导干部述职制度和民主测评制度，在职代会上对9名公司领导班子成员和机关33名科级干部进行了民主测评。

（赵炬肃）

【人才成长通道建设】 2012—2013年，六普钻井分公司完成所有岗位的梳理设置工作；举办了钻井工、柴油机工技能竞赛和青年英语演讲比赛，一批优秀青年员工列入了人才培养计划；组织了6期职业技能鉴定，255名技能操作人员分别取得了石油钻井工、泥浆工、柴油机工、管材修理工等专业工种新的职业技能等级；11名大学生被定级为助理工程师，14名专业技术人员取得了高、中级专业技术职务任职资格。

（赵炬肃）

【业务竞赛活动】 2012年6月，六普大队根据石化集团公司开展钻井业务竞赛活动的有关要求，结合本单位的实际情况，下发了《关于举办钻井业务竞赛活动的通知》，在大队内部层层选拔的基础上，将8名优秀选手送到中原油田参加强化培训。11月1—6日，在东营举行的石化集团公司钻井业务竞赛决赛中，经过参赛选手的共同努力，六普大队获得团体第四名，陈侃获得钻井专业竞赛金奖、燕建成和赵文彬获得钻井专业竞赛银奖。

2013年7月5日，由华东油气田组织的钻井柴油机工技能竞赛在六普钻井分公司机械厂决出名次，六普油田服务公司周锦寒、许军海和机械厂周杰3名选手分获竞赛前三名。来自六普钻井分公司江苏、新疆、非常规3个项目部的12支钻井队和机械厂、油田服务公司共14个基层单位组队参赛。

（赵炬肃 刘 强）

【“四比双创一争当”劳动竞赛】 2012年6月5日，六普大队在镇江召开了2012年党建思想政治工作暨“一转双创”主题活动推进会，决定以钻井生产“提速提效”为重点，深入开展“四比双创一争当”(比安全、比质量、比效率、比成本，创一流工程、创优秀业绩，争当会战标杆钻井队)劳动竞赛活动。各工区项目部和基层单位积极响应大队号召，坚持以科学管理提速提效，通过加强钻井生产组织、协调，加强生产有序衔接，着力提高钻机利用率；坚持以科技创新提速提效，大力推广和应用新技术、新工艺，着力提高机械钻速和台月效率；坚持以安全管理提速提效，完善Q/HSE管理体系，落实安全责任，着力依靠安全促效率。2013年，六普钻井分公司进一步修订了考评办法和实施细则，推动“提速提效”竞赛活动持续深化，进一步提高公司发展的质量和效益，先后在苏北与西北等工区创造了多项钻井作业新指标和新纪录，提升了华东六普钻井品牌新形象。

(钱晨来　文　佳　赵炬肃)

【党的群众路线教育实践活动】 2013年，六普钻井分公司根据局党委统一部署，积极有序组织实施了党的群众路线教育实践活动。①“四风”问题力求找准，经认真查摆，综合归纳，查找突出问题12个。②谈心交心力求充分，班子成员通过开诚布公地交心谈心，增进了共识，增加了信任。③剖析材料力求深刻，领导班子集体对照检查材料经过10次修改才最终定稿。④民主生活会力求务实，党委成员敢于揭短亮丑，相互提出批评意见254条。

在党的群众路线教育实践活动推动促进下，六普钻井分公司严格执行《领导班子成员改进作风实施细则》，文山会海、奢侈浪费现象得到遏制，差旅费、办公费、会议费、招待费等重点监控费用同比分别下降8.50%、13%、30%和19%。六普钻井分公司党委认真履行抓班子带队伍责任，坚持严格管理，组织清退会员卡，开展“双鉴”警示教育，针对“四风”方面的突出问题，推动边整边改、立行立改，取得阶段性成果，密切了党群、干群关系，营造了风清气正氛围。

(赵炬肃)

【廉洁从业教育】 2012—2013年，六普钻井分公司党委、纪委十分重视领导干部廉洁从业教育，多次召开党风建设和反腐倡廉会议，对本单位发生的贪污受贿案件进行深刻剖析，并请中共镇江市纪律检查委员会作反腐倡廉专题讲座。同时，制定下发了《第六普查勘探大队惩治和预防腐败体系建设2013年工作要点及任务分解》，将63项任务分解到机关各部门。在党的群众路线教育实践活动中，结合2012年发生的系列经济犯罪案件，对照“四风”问题，进行了深入的反思与解剖，对存在问题及时进行严格整改。

(赵炬肃)

【“小金库”专项治理检查】 2012年，为了规范经营管理行为、推进廉洁风险防控，六普大队由审计科牵头，监察、财务、物资装备、行政等部门组成联合检查小组，对各基层单位进行了“小金库”专项治理检查，通过对大宗物料消耗情况的了解和基层单位废料收入上缴数额进行对照，结合对食堂管理、库存物资管理进行梳理，促使基层单位对“小金库”问题重新认识，并就检查过程中发现的不足和问题及时向相关单位和部门提出了明确的整改要求。

(赵炬肃)

【新闻宣传工作】 2012年，六普大队通过加强通讯员队伍建设，努力打好新闻宣传主动仗，弘扬主旋律、传播正能量，先后在《华东石油》报发稿188篇，在《中国石化报》《中国石化杂志》、中国石化新闻网等报刊媒体发稿50多篇，2篇新闻作品分别获得全省企事业新闻优秀作品消息类一等奖和通讯类一等奖，为凝聚职工队伍、提升企业形象营造了良好的舆论氛围。

(赵炬肃　钱晨来)

【中央新闻媒体走进彭水页岩气工区】 2012年10月17日，由中央电视台、人民日报、中国能源报、中国矿业报等国内13家主流媒体组成的报道组走进彭水页岩气工区，专程到六普大队承钻的彭页3HF井、彭页HF-1井施工现场进行采访。华东分公司副总经理吴聿元向中央电视台、人民日报等新闻单位的记者介绍了重庆彭水地区页岩气勘探开发的情况。

（钱晨来　文　佳　赵炬肃）

【职工民主管理】 2012—2013年，六普钻井分公司工会坚持年度职代会制度，做好职代会提案的征集和落实情况的督查工作；组织集体合同和女职工特殊保护专项合同的协商签订，并向全体员工告知。2013年3月14—15日，经局工会批复同意召开了六普钻井分公司第十二次工会会员代表大会。会议通过了六普钻井分公司第十二次工代会选举办法，采用无记名投票方式，从16名候选人中差额选举产生13名委员；在会后召开的第十二届工会委员会第一次会议上，选举姜伟为工会主席，高锡军、童可庭为工会副主席。在职代会闭会期间，组织召开了职代会联席会议，审议通过了《六普钻井分公司岗位梳理设置（暂行）规定》。征集合理化建议79条，表彰奖励优秀合理化建议14条。

（赵炬肃）

【开展"春送温暖、夏送清凉"等活动】 2013年，六普井分公司开展了"春送温暖，夏送清凉"等活动。春节慰问野外一线员工1 506人次，发放春节慰问品价值49.90万元，慰问困难员工23人次，发放慰问金1.15万元；夏季高温慰问野外一线员工1 442人次，发放防暑降温食品价值22.17万元；工会中秋慰问员工2 018人次，发放中秋慰问品价值42.08万元；慰问过整岁生日的员工162人，发放生日慰问金3.24万元。

（赵炬肃）

【共青团工作获表彰奖励】 2012年，六普大队团委先后获华东石油局"五四红旗团委"、江苏省"五四红旗团委创建单位"荣誉称号；2013年，先后获江苏省"五四红旗团委"和华东石油局"优秀志愿者团队"荣誉称号。

（赵炬肃　魏午英）

【维护稳定化解矛盾】 2012—2013年，六普钻井分公司党委与各基层单位签订维稳工作责任状，在镇江、瓜洲、泰州等基地成立5个片区维稳工作小组，要求各基层单位及时反馈信访信息，做到早发现、早报告、早化解，力争把问题解决在一线，把矛盾化解在一线，强化第一线维稳工作的责任制。2012年，以"四个不发生"为工作目标，以"稳定和谐、人人有责"为工作理念，以"五个第一""一个加强"为工作措施，实现了在特殊敏感时期"四个不发生"的目标。2013年，六普钻井分公司共受理各类信访总量54件次，与2012年同期72次相比下降25%。多次化解了农场家属集体上访的发生，协解人员的集体上访次数也降低到最低程度，特殊敏感时期实现了零集体上访。

（赵炬肃　姜　平）

六普大队男声小合唱《我为祖国献石油》参加扬州电视台春节联欢晚会演出　（张小光摄）

【应邀参加扬州电视台春节联欢晚会演出】 2012年1月15日，扬州市电视台首次举办2012年春节联欢晚会，受扬州电视台邀请，六普大队男声小合唱《我为祖国献石油》，代表石油行业参加演出。

（钱晨来　文　佳　赵炬肃）

测井分公司(测井公司)

【概述】 华东石油工程公司测井分公司(简称测井分公司),位于江苏省扬州市邗沟路58号。前身为六普大队测井队,成立于1958年5月。1982年3月,六普大队测井队整体从六普大队划出,新组建江苏省石油勘探指挥部测井站。1983年更名为华东石油地质局测井站。2004年1月,华东石油局实行专业化重组,测井站改组为华东石油局测井工程公司(简称测井公司,保留测井站原称)。2012年12月中国石化对石油工程队伍进行专业化重组,测井公司整体划入新成立的中石化华东石油工程有限公司(简称华东工程公司),更名为华东工程公司测井分公司(简称测井分公司、保留测井站原称)。2013年12月31日,华东石油局测井站撤销(华东石油〔2013〕185号)。

截至2013年底,测井分公司共设置7个职能部门、1个研究机构和4个测井项目部,下属17支测井队,其中甲级成像测井队4支、乙级成像测井队1支、乙级常规测井队5支、达标常规测井队2支、达标生产测井队1支、乙级射孔队2支、达标射孔队1支、海外生产测井队1支。测井分公司在岗员工208人,其中正式职工148人、劳务派遣与非全日制用工60人;具有各类高级专业技术职称32人,中级专业技术职称38人。

测井分公司是一支从事地球物理测井生产作业与科研为一体的石油工程专业队伍。可根据用户要求提供完善的油气勘探开发及其他综合找矿的裸眼井测井、套管井测井、射孔、取芯、资料处理解释等技术服务,先后在西北、东北、江苏、贵州、山西、泰国、加蓬等海内外石油工程市场提供测井工程技术服务。

2012—2013年,测井分公司全面落实科学发展观,按照“站稳东部,确保西部,发展海外,突破非常规,提升软实力”的市场发展战略,保持了经营收入和经济效益稳步增长。2年共完成测井工作量2 860井次,实现生产经营总值2.23亿元,利润2 298万元,全面完成了年度考核指标。其中,2012年实现生产经营收入1.16亿元,利润998万元;2013年实现生产经营收入1.07亿元,利润1 300万元。

(雷　源)

密度仪器装源操作　(桑仲标摄)

【年生产经营总值首次破亿元】 2012年,测井公司按照“站稳东部,确保西部,发展海外,突破非常规,提升软实力”的发展思路,统筹国内外、项目内外市场,全年完成生产经营总值1.16亿元,较上年增长18.55%;实现利润998万元,比上年增长54.49%。产值和利润均创历史新高,实现了经济持续稳定快速增长。

(雷　源)

【“安全管理提升”活动】 2012—2013年,测井分公司以HSE体系运行为主线,深入开展“安全管理提升”

活动。① 严格执行领导干部安全生产值班带班制度。按照安全生产24小时值班制度要求，领导干部2年共负责值班带班168人次。② 开展清洁生产审核工作。2012年初，测井公司对3年来清洁生产工作进行了全面梳理和总结，编写了清洁生产审核报告，同年10月顺利通过石化集团公司清洁生产审核验收，获清洁生产二级标准资质。③ 加强测井施工现场安全检查力度。2年共组织各类安全生产检查49次，发现安全隐患(问题)71个，开具隐患(问题)整改通知单20份，所有隐患及时得到整改。

（雷　源）

【完成年度能耗考核指标】 2012—2013年，为确保年度节能指标的完成，测井分公司与西北、东北、江苏、非常规4个项目部签订了《节能目标管理责任书》。同时，通过建立明细的能源消耗统计报表、开展经常性的节能知识讲座、向员工征集节能减排征文和节能创新创效小发明等多种形式，努力增强员工自觉节能减排的意识。2012年，万元产值综合能耗0.0493吨标煤，比华东石油局下达的综合能耗指标降低9%；2013年，万元产值综合能耗0.052吨标煤，比华东工程公司下达的综合能耗指标降低4%；全面完成了年度能耗考核指标。

（雷　源）

【管理制度梳理与修订】 2012—2013年，测井分公司对原有制度进行了梳理与修订。① 制定了《测井分公司"三基"工作日常管理制度》，修订和完善了《测井分公司导师制》《测井公司探访慰问制度》《测井分公司项目部管理规定》《业务招待管理规定》《一线人员绩效考核管理细则》等相关管理制度和规定。② 完善安全质量管理机制。根据项目部领导人员的变动情况，及时对公司HSE委员会组成人员进行了调整；将收集整理的16个测井专业相关安全生产和质量管理标准印制成册，发放到相关部门、项目管理部及施工分队进行学习和对照；建立了标准化管理和计量管理体系，制定了计量管理控制程序。

（雷　源）

【测井工程技术科研成果】 2012—2013年，测井分公司根据生产需要，积极开展科研攻关，在测井工程技术领域取得了一系列新的成果。① 测井评价技术得到进一步提升。常规油气储层测井评价已从单井的油气水层识别，提升到通过小层对比研究储层空间展布、储层微孔结构及沉积微相评价；非常规煤层气测井评价形成了"低阶煤测井评价技术""利用常规测井资料评价弹性力学参数技术""套管水平井煤层分层技术"三大特色技术；页岩气测井评价通过"岩性、物性、含气性、地化特性、可压裂性、测井属性"六性关系研究，探索性地进行了页岩储层分类标准研究，并在全国率先编制了页岩气测井资料处理模块，形成了较系统的页岩气测井评价技术，该处理模块获得中国石化页岩气测井技术交流一等奖。② 形成了具有自身特色的页岩气、煤层气测井资料处理技术，满足页岩气、煤层气地质与工程评价的需要。编写了煤层气、页岩气储层测井评价模块，开发了独立的煤层气软件平台并获得软件著作权；主持编写的《煤层气测井资料处理解释规范》行业标准于2013年底在北京通过审核，填补了中国煤层气测井资料处理解释标准化的空白。

（雷　源）

【引进存储式水泥胶结评价测井系统】 在测井施工中，测井分公司一直使用湿接头式水平钻输工艺，在直井段较短的大斜度井、水平井施工中，需要多次对枪，挤伤挤断电缆的风险非常大。2013年，为了提高测井效率和质量，测井分公司添置了一套mcet-1000存储式水泥胶结评价测井系统。该套系统自带电池和储存芯片，测井时无需连接电缆，只需将仪器接于钻具的最下端，由钻具输送完成下测和上测。该工艺在直井段较短的大斜度井和水平井施工中具有明显优势。通过在溪平5井、银1平2井、南页1井、GP4井、腰1-1HF井5口井中使用，施工效果良好，资料质量优，提高了水平井固放磁施工的安全性和可靠性。

（章建军）

【部分管理机构职能调整】 2013年6月，为适应石油工程专业化重组的要求，理顺管理关系，明确管理职能，测井分公司将原来党政办公室的行政事务职能划入行政管理科，党政办公室更名为党群办公室，行政管理科更名为行政办公室。新成立的行政办公室主要负责行政事务、文秘档案、机要保密、治安保卫、信访稳定、离退休管理、基地后勤服务、行政用车、公务接待等管理工作；党群办公室主要负责党建与思想政治工作、企业文化建设、组织、宣传、纪检监察、工会、共青团等党群管理工作；同时负责人力资源配置、人才队伍建设、劳动用工、员工培训、薪酬福利等劳动人事管理与“三基”管理工作。

（雷　源）

【东北测井分队划转东北分公司管理】 2013年8月31日，根据东北油气分公司与华东工程公司达成的协议，测井分公司将3支东北测井分队整体划转东北油气分公司管理，相关人员待遇、设备资产根据华东工程公司《关于东北3支划转队伍遗留问题处理方案》（华东工程〔2013〕4号）进行了处理。

（雷　源）

【金银牌基层队创建活动】 测井分公司积极按照中国石化测井工程队伍资质建设的标准，从硬件、软件2个方面全面加强和提升测井分队的技术和管理水平。① 确保每个测井队都有高、中级技术人员组成的技术队伍，拥有高性能的工程车，优秀的绞车操作员和井口人员，同时确保拥有井控、防有毒害气体、防辐射等专业岗位上岗资质证书，做到技术队伍配置到位，技术水平逐步提高。② 注重加强制度建设，把安全生产、质量规范、生活秩序落实到制度之中，实现用制度管人，用制度约束人，用制度确保施工作业安全、优质、高效。③ 与思想教育工作结合起来，通过开展形势任务、爱岗敬业教育活动增强员工做好本职工作的责任感和使命感。2012年，经石化集团公司评定，HD001队获得“石油工程金牌基层队”称号，HD005队获得“石油工程银牌基层队”称号。

（雷　源）

【“一转双创”活动】 2012年，测井公司把“一转双创”主题活动的落脚点放在“抢占三个高地”建设上，即“抢占人才建设高地、抢占测井评价技术高地、抢占测井采集技术高地”。将“一转”工作4个方面18条任务进行分解，明确到牵头部门、协作部门和具体负责人。同时，召开员工座谈会，在“党组织建设、干部队伍建设、安全生产、技术进步、员工培训、增收节支”等方面梳理出21个问题，制定了16条整改措施，落实到整改责任部门和责任人，负责整改、检查和验收，确保“一转双创”活动取得实效。

（雷　源）

【党的群众路线教育实践活动】 2013年，按照局党委统一部署，测井分公司开展了“党的群众路线教育实践主题活动”。在主题活动中，测井分公司领导班子成员分别到分管部门、项目管理部、野外施工一线，就班子及自身在“四风”方面存在的问题向员工征求意见。先后谈话谈心85人次，征得各类意见98条，归纳整理出“四风”方面问题18条，产生根源5条、整改措施5条、立查立改6项。活动期间解决了野外分队上井激励机制、废旧物资处理规定、非常规基地、东北队伍移交等突出问题。同时结合上级精神和要求，制定出台了《贯彻落实中央“八项规定”实施方案》《业务接待管理制度》《领导班子成员之间沟通协调规定》等制度规定，召开2次领导班子专题会议，开展谈心与批评和自我批评活动。通过“党的群众路线教育实践主题活动”，出现了“三个减少，两个下降，一个好转”的新变化。“三个减少”：会议减少、会议时间减少、陪会减少；“两个下降”：全年招待费同比下降28%、办公费下降17%；“一个好转”：领导的精力不再放在迎来送往上，而是专心致志扑在企业的发展上，扑在深入基层解决实际问题上。

（雷　源）

【职工民主管理】 2012—2103 年，测井分公司积极推进企业民主管理。① 注重源头参与。在坚持完善职代会制度的基础上，公司管理层对每一项即将出台的重大决策、改革方案、生产经营政策等都事先征求干部职工的意见，经多方论证后方作决定。2 年来，制定出台的《驾驶员出车差旅费规定》《野外一线差旅费规定》《岗位序列设置》等一系列规定和方案都得到了职工群众的理解、支持。② 进一步推进厂务公开制度。2 年来，公司充分发挥职代会、BQQ、QQ 群、公示栏、宣传栏和《测井简报》等传媒作用，把员工关心的热点、公司经营的难点、廉政建设的焦点作为公开的重点。在公开的内容上将业务经营指标完成情况、安全生产作业情况、先进人物典型事迹、员工教育培训、业绩考核、职工退休等情况逐一进行公示，使员工的知情权、监督权得到了落实，使厂务公开工作进一步做到经常化、制度化与规范化。

（雷　源）

【员工培训与业务竞赛】 2012—2013 年，测井分公司大力倡导把企业当学校、把岗位当课堂的理念，以服务测井主业为重点，以提高员工综合素质为目标，采取加强培训、组织业务竞赛等多种方式，进一步强化三支人才队伍建设。2 年中，自办培训班和参加上级培训班 135 期，参训人员达 1 610 人次。2013 年，在石化集团公司组织的测井业务竞赛活动中，测井分公司代表华东油气田参赛，获得团体第三名，为华东油气田在中国石化业务竞赛中首次获得团体奖；徐晨获个人银牌 1 枚，李忠伟获中国石化“青年岗位能手”称号。

（雷　源）

【青年志愿者活动】 2013 年 3 月 25 日，测井分公司举行华东石油局青年志愿者测井分队成立仪式，并开展了相关活动。① 团总支组织青年志愿者协助一线人员，整理野外施工队伍办公与生活环境，增加他们的幸福指数。② 配合工会组织举行了雅安地震爱心募捐活动，并在新疆、山西设立分会场，号召单位职工积极行动起来，为地震灾区群众奉献爱心。③ 采用发放节能问题小试卷、编写黑板报等多种方式，倡导低碳节能理念，推行节能环保知识，以实际行动做节能低碳的实践者。④ 继续开展青年突击队活动，立足岗位建功立业。2013 年，HD007 队、HD015 队荣获局 2011—2012 年青年突击队称号，HD005 队荣获局“青年文明号”称号，西北项目部团支部荣获江苏省“五四红旗团支部”称号。

（雷　源）

【表彰与奖励】 2012 年，在华东石油局、华东分公司安全生产评比中，测井公司被评为 2009—2011 年度“我要安全先进单位”，西北项目部被评为 2011 年度“HSE 先进集体”，HD005 队被评为 2011 年度“HSE 先进班组”；HD004 队、HD007 队获中国石化重大油气发现奖；邹魁评为中国石化 2012 年度“优秀通讯员”。2013 年，江苏项目部被评为华东油气田 2012 年度“安全环保先进集体”；HD008 队被评为华东油气田 2012 年度“HSE 先进班组”。

（雷　源）

测井高级工技能鉴定考核　（杨朝晖摄）

录井分公司(录井公司)

【概述】 华东石油工程公司录井分公司(简称录井分公司),位于江苏省镇江市朱方路 94 号。前身为六普大队录井公司,成立于 1998 年。2004 年 1 月华东石油局实行专业化重组,六普大队录井公司整体从六普大队划出,新组建华东石油局录井工程公司(简称录井公司),由华东石油局直接管理。2012 年 12 月中国石化对石油工程队伍进行专业化重组,录井公司整体划入新成立的中石化华东石油工程有限公司(简称华东工程公司),2013 年 3 月,注册更名为华东石油工程公司录井分公司(简称录井分公司)。

截至 2013 年末,录井分公司共设置 6 个职能部门和 4 个项目部。在岗正式职工 97 人,劳务派遣用工 183 人。具有大专以上学历 104 人,占职工总数 37%;高、中级专业技术职称 28 人,技师 5 人,高级工 37 人。现有中国石化资质认证录井队 45 支,其中甲级队 13 支、乙级队 17 支、达标队 9 支、临时队 5 支、国外队 1 支。

录井分公司是集生产、科研、技术服务于一体,从事常规及非常规油气勘探开发地质录井、工程录井、综合性评价研究的专业化公司,具备承担国内外各种井型、各种地层岩性及各种油气藏类型的综合录井服务能力,先后在江苏、东北、河南、冀东、陕北、川东北、山西、新疆、哈萨克斯坦、加蓬等海内外石油工程市场提供录井工程技术服务。

2012—2013 年,紧紧围绕华东油气田勘探开发“三大战役”和录井分公司亿元企业目标,以创新增效为前提,精细管理为抓手,全力保障华东油气田域内市场,继续稳定西北分公司等外部录井市场,实现生产经营收入和经济效益持续增长。2012 年,实现生产经营收入 6 794 万元,比上年增长 9.02%,利润 554 万元,与上年基本持平;2013 年,实现生产经营收入 7 443 万元、利润 752 万元,分别比上年增长 9.52%、35.74%,创历史最高水平。

(王艳红)

【录井进尺首次突破百万米】 2013 年,录井分公司及时调整发展定位,转变观念,以“抓高放低”(即抓牢高端录井业务,适当分包低效益业务)策略缓解人员和设备不足的矛盾。全年完成录井施工 505 口井,其中探评井 72 口、开发井 433 口,录井进尺达 104.49 万米,首次突破百万米。其中,江苏工区完井 122 口,录井进尺 38.78 万米;西北工区完井 29 口,录井进尺 14.71 万米;非常规页岩气工区完井 6 口,录井进尺 1.56 万米;非常规煤层气工区完井 340 口,录井进尺 47.90 万米;东北工区完井 6 口,录井进尺 0.92 万米;加蓬工区完井 2 口,录井进尺 0.61 万米。

(王艳红)

【煤层气录井管理重心前移】 2012 年,为确保圆满完成煤层气会战的地质录井施工任务,录井分公司煤层气项目部紧密联系生产实际,从各单井录井现场抽调 1 名专职安全员、2 名技术负责、1 名设备主管及 8 名录井队长等精兵强将,组成非常规项目前线基地,集中从事区域技术管理,实现了管理重心前移。非常规项目前线基地的组建,使管理人员能够及时掌握生产动态,提供高效的后勤保障和技术支撑,做到勤检查、勤督促、勤指导,发现问题及时处理,提高了管理效率,保障了安全生产和录井质量。

(王艳红)

【录井工程服务外包】 2013 年随着延川南 5 亿立方米煤层气产能建设会战的展开,录井工作量大幅增长,录井分公司现场人员、设备等存量资源一时无法满足会战对录井工程的需要。录井分公司根据煤层气录井施工的特点，发挥自身技术优势，集中力量攻克难度大、技术含量高的探井、重点井、评价井、特殊井身结构水平井的录井施工，同时适当引入社会资源，将部分效益偏低、井身结构简单的煤层气排采井录井任务分包出去。服务外包的模式为圆满完成2013年度煤层气会战录井任务提供了有力保障。

（王艳红）

【录井源头数据采集】 2013年，录井分公司圆满完成了华东工程公司指挥运行系统录井队伍管理、工程日报、工程月报、经营计划、市场预测、测录井业务、节能减排等模块数据的网上填报测试及正式填报工作。源头数据采集填报51种表格，填报数据量29.26万条，数据可用率95.50%，排名居华东油气田源头数据采集“比学赶帮超”第一位。

（王艳红）

【降本增效成果显著】 2013年，录井分公司严格内控要求、强化成本管理、优化人力资源配置、充分盘活设备资产，降本增效工作取得显著成效。录井材料消耗较上年减少30万元，下降26.55%，业务招待费同比下降17.8%，会议经费开支同比下降20%。通过广泛开展“五节六小”群众性创新创效活动和强化现场设备维修与升级，设立创新创效项目6个，项目实施节约成本34万元。在华东分公司支持下，将原本仅用于科研的岩芯扫描仪投放现场开展岩芯扫描，实现创收80多万元。

（王艳红）

【改善经营管理建议活动】 2013年，录井分公司将改善经营管理建议活动与各项目部、录井队的生产经营、节能减排、清洁生产、创新创效、比学赶帮超等活动有机结合，统筹协调、共同推进，确保改善经营管理建议工作不走过场、不走形式，做到有计划、有落实。全年提出7条改善经营管理建议，均被华东工程公司采纳，节约生产成本54.60万元。

（王艳红）

【持续推行HSE管理工作】 2012—2013年，录井分公司持续推行HSE管理工作。对HSE管理体系进行了更新改版，补充完善了HSE岗位责任制、制定了《录井分公司职业健康管理制度》，修订了录井分公司安全生产应急预案，持续开展“七想七不干”“打非治违”“安全生产月”“HSE大检查”、HSE观察、安全管理提升、安全生产标准化建设等主题活动，完成了华东油气田下达的清洁生产审核任务，80%的基层队通过华东石油局、华东工程公司清洁生产审核，录井分公司整体通过石化集团公司清洁生产审核，获清洁生产二级标准资质。2年组织HSE观察950次，被观察人数5 041次，发现不安全行为122人次，不安全状态639处，推荐安全行为24个，安全承包点到位率100%，实现“安全零事故”管理目标，首次获得华东油气田2012年度“安全环保先进单位”。

（王艳红）

【完成节能减排指标】 2012—2013年，录井分公司节能工作紧紧围绕生产经营总体目标，以“节能、低碳、降本、增效”为工作重点，以“践行节能低碳，建设美丽家园”为主题，以达标、对标活动为抓手，全面提高职工节能减排意识。2012年，综合能耗133.14吨标煤，工业万元产值综合能耗0.0205吨标煤，录井标准千米综合能耗205千克标煤，圆满完成局下达的年度能耗指标。2013年，综合能耗165.92吨标煤，工业万元产值综合能耗0.023吨标煤，录井标准千米综合能耗159.70千克标煤，圆满完成华东工程公司下达的年度能耗指标。

（王艳红）

【党组织建制调整】 根据录井分公司队伍建设的实际，2013年4月19日，经局党委批复，录井分公司党组织建制由党支部调整为党总支部。党总支下设录井分公司机关、江苏项目部、新疆项目部、非常规项目部4个党支部。党组织建制的调整，增强了党的组织在录井生产一线的战斗力，确保党员在哪里，支部建在哪里，活动开展到哪里。

（王艳红）

【党的群众路线教育实践活动】 2013年，录井分公司根据石化集团公司党组和局党委统一部署，参加全国第一批党的群众路线教育实践活动。录井分公司党总支统筹安排、周密部署、营造氛围、有序推进，扎实开展了教育实践各环节的活动。通过认真组织学习，统一思想认识，深入基层开展调查研究，广泛听取员工意见建议，认真查找"四风"方面存在的突出问题。特别在征求意见，排查问题上，经过"三上三下"反复征求一线员工意见，谈话谈心达226人次，征集到领导班子在"四风"方面存在的突出问题33条。录井分公司领导班子对照查摆出来的问题，认真撰写对照检查材料，通过开诚布公地谈心交心和高质量的民主生活会形成批评意见共计19条，均得到有效整改。

（王艳红）

【党风廉政建设】 2012—2013年，录井分公司继续加强党风廉政建设，不断增强拒腐防变意识。先后组织党员干部开展8次廉政建设专题学习，举办2次党风廉政建设专题讲座，党员干部撰写学习心得体会24篇，提交党风廉政建设和反腐倡廉理论调研论文3篇。开展《项目部资金管理办法》效能监察实践活动，规范了项目部资金使用管理。出台了《录井公司党风廉政联席会议制度》，进一步规范了集体决策的运行机制。深入推进廉洁风险防控工作，对51个岗位进行廉洁风险排查，查出存在廉洁风险的岗位43个，拟定领导干部、财务管理、物资采购和业务接待4个岗位为廉洁风险重点研判和防控岗位。

（王艳红）

【党建与思想政治工作】 2012—2013年，录井分公司不断强化理论武装工程和员工日常思想政治教育。以学习十八大精神为重点，坚持党组织中心组理论学习制度，2年集中学习研讨48次，中心组成员上交学习心得体会文章60篇；坚持以"一转双创双提高"活动为抓手，制定落实一转双创工作措施26项；坚持围绕中心工作，开展形势任务教育，凝聚促进发展的"正能量"；坚持推进党员先锋岗基层品牌基地的创建，开展向各类典型与先进人物学习活动，激发员工的积极性和创造性；坚持对照华东油气田提倡的企业文化理念立标找差距，开展年度员工思想动态问卷调查与分析，切实解决员工的思想问题。通过加强党的建设带动和促进员工队伍建设，为圆满完成各项目标任务提供了强大的精神动力和组织保证。党总支开展的"暖心背心，一份关爱，一份热情"和"科学调度，整合资源，确保一线员工休假得到保障"先后被局党委评为年度服务党员员工10件实事。党群办公室被评为华东石油局、华东分公司2012年度"宣传思想文化工作先进集体"。

（王艳红）

录井分公司干部竞聘选拔　（殷平平摄）

【新闻宣传工作】 2013年，录井分公司在《华东石油》报发稿40篇、《中国石化报》发稿7篇，超额完成了上级下达的任务指标。网络宣传工作年终考核在华东油气田排名第一。被华东油气田评为2013年度"新闻报道先进集体"。

（王艳红）

【公开选聘中层管理干部】 为进一步拓宽选人用人视野，提高选人用人的透明度和公信度，优化配置中层管理干部，2013年11月25日，录井分公司对3个项目部副经理职位首次尝试采用公开竞聘的方式进行选拔。在对报名参加竞聘的人员进行初步审核后，确定13名候选人。经过第一轮投票推荐，9名选手进入竞聘演讲环节。竞聘者围绕录井分公司发展、企业建设发表意见和建议，并表述自己对竞聘岗位的认识和工作设想，展示自己的管理思路和业务能力，最终王琳、杨远刚、夏凯3人胜出，分别出任江苏、西部、非常规项目部副经理。

（王艳红）

【职工代表听证会制度】 2012—2013年，录井分公司召开4次职工代表听证会，分别对员工绩效考核制度、请（休）假制度等涉及员工切身利益的制度进行听证，诚恳接受职工代表的民主监督，保障职工的合法权益，确保制度更加科学、合理。

（王艳红）

地质录井业务竞赛 （殷平平摄）

【民主测评领导干部】 2012—2013年，录井分公司坚持职代会民主测评领导干部制度，采取领导班子成员和部门、项目部负责人向大会提交书面述学、述职、述廉和述德报告的形式，接受职工代表的民主测评与监督。2年中公司在职代会上共组织民主测评领导干部34人，测评优秀率100%，同时对选人用人满意度进行了测评，满意率100%。

（王艳红）

【"师带徒"活动】 开展"师带徒"活动是录井分公司的优良传统和促进人才成长的有效措施与平台。2013年，按照《录井公司"师带徒"创先争优长效活动实施办法》，组织师徒签约结对共63对，较2012年增加26%。录井分公司工会每年对活动开展情况进行评估和考核，对"真心实意教、虚心诚恳学，毫无保留教、举一反三学"的优秀师徒对子，在考核公示后，予以表彰和奖励。"师带徒"活动的开展，使新员工成长的速度由原来的3—5年缩短为2—3年，百分之百的青工成为"师带徒"活动的受益者。

（王艳红）

【录井专业技能比武】 2013年，录井分公司以项目部为单位，围绕录井生产，在各工区开展岩芯描述技术比武大赛、录井知识竞赛、仪器大班综合录井知识比赛。9月由录井分公司组织策划，举办华东油气田录井专业技能比武，并选拔4名优秀选手参加石化集团公司录井技能大赛。录井分公司任柏璋在石化集团公司录井技能大赛中获得1枚银牌。

（王艳红）

【表彰与奖励】 2012年，录井公司被评为华东石油局、华东分公司2009—2011年度"我要安全先进单位"、2012年度"全员成本目标管理先进单位"；HD001录井队被评为华东石油局、华东分公司2009—2010年度"青年文明号"；东北项目部被评为华东石油局、华东分公司2011年度"HSE先进集体"；HD005录井队被评为华东石油局、华东分公司2011年度"HSE先进班组"；王诗伯、汪小平被评为石化集团公司"石油工程优秀基层管理者"；童林林、冯家元被评为石化集团公司"钻井提速提效先进个人"。

2013年，录井分公司被评为华东油气田2012

年度“安全环保先进单位”、2013 年度“法律知识竞赛组织奖”；江苏项目部被评为华东石油局、华东分公司 2012 年度“HSE 先进集体”；HD031 录井队被评为华东石油局、华东分公司 2012 年度“HSE 先进班组”；HD024 录井队被评为华东石油局、华东分公司 2012 年度“勘探开发先进集体”。

（王艳红）

固井分公司（固井工程公司）

【概述】 华东石油工程公司固井分公司（简称固井分公司），位于江苏省扬州市施桥镇。前身为六普大队固井队（简称六普固井队），成立于 1969 年 12 月。2004 年 4 月华东石油局实行专业化重组，六普固井队整体从六普大队划出，组建为华东石油局固井工程公司（简称固井公司），由华东石油局直接管理。2012 年 12 月中国石化对石油工程队伍进行专业化重组，固井公司整体划入新成立的中石化华东石油工程有限公司（简称华东工程公司），2013 年 3 月，更名为华东工程公司固井分公司（简称固井分公司）。同年 5 月，固井分公司在扬州市开发区完成工商注册登记。

截至 2013 年末，固井分公司共设置 6 个职能部门、4 个固井分队和 4 个项目部；在岗正式职工 66 人，劳务派遣用工 78 人；具有大专以上学历 64 人，具有专业技术职称 46 人，其中高、中级职称 16 人。2013 年 9 月，原东北固井分队人员与资产仍划归东北分公司管理。

固井分公司主要承担石油固井工程施工，具有独立设计、技术服务、解疑排难、优选配方等技术能力；能运用各类特殊工艺和装置进行固井施工，具有超深井、高压油气井、定向井、复杂井、水平井、小井眼开窗井、盐膏层井等固井施工能力。曾经先后在江苏、新疆、吉林、山西、安徽、贵州、湖南、重庆、四川和非洲加蓬等海内外石油工程市场提供固井工程技术服务。

2012—2013 年，固井分公司紧紧围绕“做好服务、拓展市场”的工作思路，实现了经济效益逐年稳步提升。其中，2012 年实现生产经营收入 1.26 亿元，为年度计划的 105.28%，利润 916 万元，为年度计划的 130.86%；2013 年实现生产经营收入 1.50 亿元，为年度计划的 114%，利润1 246万元，为年度计划的 113%。

（孙志鹏）

曲 2 - 2HF 井固井施工　（张佩佩摄）

【固井工程技术服务】 2012—2013 年，固井分公司围绕保安全、保质量、保市场、保效益的工作目标，在服务华东油气田勘探开发“三大战役”和开拓外部工程市场 2 个方面均取得

2012 年开展的“安全奖励超市”活动 （张佩佩摄）

较好成果。

2012 年，共完成固井工作量 956 井次、注水泥量 2.93 万吨，同比分别提高 30.80% 和 7.58%。其中，江苏项目部完成各类固井作业 202 井次，特殊作业 66 井次，累计注水泥 6 937 吨，固井工程质量一次合格率 100%，优良率 92.50%；非常规项目部完成各类固井作业 229 井次，特殊作业 49 井次，累计注水泥 6 428 吨，固井工程质量一次合格率 100%，优良率 91.60%。

2013 年，共完成固井工作量 1 408 井次、注水泥量 3.55 万吨，同比分别提高 47.28% 和 21.01%。其中，江苏项目部完成各类固井作业 255 井次，特殊作业 82 井次，累计注水泥 1.09 万吨，固井工程质量一次合格率 100%，优良率 95%；非常规项目部完成各类固井作业 732 井次，特殊作业 39 井次，累计注水泥 1.18 万吨，固井工程质量一次合格率 100%，优良率 98.33%。

（孙志鹏）

【固井工艺技术研究】 2012 年，固井公司承担了局《页岩气水平井固井技术研究》科研项目。2013 年，承担了《苏北工区大斜度井提高固井质量技术优化研究》和《塔河油田深井超深井生产层段提高固井质量方法研究》2 项科研项目。固井公司项目评审组对所承担的科研项目按照进度及时进行了阶段性评估和中期评估。

（孙志鹏）

【HSE 管理】 2012—2013 年，固井分公司继续把提升全员安全意识和杜绝安全环保事故作为 HSE 体系运行的总目标、总任务、总要求，持续推进 HSE 制度建设、安全标准化建设、职业卫生基础建设和清洁生产审核等方面工作。2012 年，开展了“安全奖励超市”活动，把实际工作中容易出现的不安全行为和不规范状态动作，以照片形式张贴出来，引导员工遵守规范、注重细节。2013 年，开展了“安全小故事”征集活动，形式新颖、贴近实际、喜闻乐见，得到员工好评。当年，被华东油气田评为“2013 年度安全环保先进单位”。

（孙志鹏）

【节能减排】 2012—2013 年，固井分公司围绕“节能、降耗、减排、增效”的工作要求，不断提升员工的节能减排意识。2012 年，工业万元产值能耗为 0.053 吨标煤，比局下达的工业万元产值能耗指标 0.075 吨标煤降低 29%。2013 年，工业万元产值能耗为 0.045 吨标煤，比华东工程公司下达的工业万元产值能耗指标 0.065 吨标煤降低 31%。

（张佩佩）

【自购物资与分包商招标】 2012 年，固井分公司以全员成本目标管理为切入点，首次对西北工区粉煤灰和水泥运输等自购物资组织公开招标。2013 年，对西北、东北工区，煤层气延川南工区、煤层气和顺工区和加蓬工区的所有年度自购业务均进行公开招标或商务谈判，同时在华东工程公司主持下，对煤层气延川南工区、煤层气和顺工区固井作业分包商队伍进行公开招标。规范了生产经营行为，降低了物资采购成本水平。

（孙志鹏）

【创新创效活动】 2012—2013 年，固井分公司持续开展“经营一元钱，节约一分钱”劳动竞赛活动，取得较好的社会效益和经济效益。2012 年，对油层尾管配浆水优化管理、水电节约制度化管理、高压管线保护套制作和废弃水泥混配库供电线材再生利用 4 个项目进行专题立项。其中，在西北工区实施的“油层尾管配浆水优化管理”项目，改变以往同一区块尾管固井仅凭往常井下经验参数（井径扩大率）设计配水的做法，使油层尾管固井过程中的大样水使用量得到较为精确的控制，平均每口井节约大样水成本近万元。被评为华东石油局工会 2012 年度“经营一元钱，节约一分钱”劳动竞赛三等奖。

2013 年，东北工区低密度水泥浆体系优选项目经 8 口井实施，节约固井施工成本 19.20 万元，被华东石油局工会评为 2013 年度“经营一元钱，节约一分钱”劳动竞赛三等奖。

（孙志鹏）

【“三基”建设】 2012—2013 年，为加强队伍建设，强化企业管理，固井分公司以“三基”工作为抓手，以“比学赶帮超”主题活动为载体，以创建金牌基层队、打造石油工程铁军为目标，修订《“三基”工作实施细则》、编制《师带徒管理办法》和《岗位技能评选办法》，建立“比学赶帮超”阶段性对标竞赛机制。2012 年，固井 1 队连续第 4 次获得石化集团公司“石油工程金牌基层队”称号。

（孙志鹏）

【专业技术与技能操作培训】 2012—2013 年，固井分公司结合施工作业特点，多途径举办固井设备、固井技术、安全资格证、境外公共安全和国际井控等专业技术与技能操作培训活动，培训率和持证上岗率均达到 100%。其中，2012 年参培员工 350 人次，培训专项开支 14 万元；2013 年参培员工 588 人次，培训专项开支 20 万元。

（张佩佩）

【完善制度体系建设】 2012—2013 年，固井分公司根据生产经营和企业管理的需要，进一步加强制度体系建设。2012 年，制定出台了《党组织中心组学习制度》《干部自学制度》《三重一大决策制度实施办法》《固井公司惩治和预防腐败体系建设 2012 年工作要点及任务分解》《资金支付授权审批权限制度》《重申备用金管理相关规定》6 项制度。2013 年，制定或修订了《固井队绩效考核管理实施办法（试行）》《炊事班绩效考核管理实施办法（试行）》《工程施工项目奖励管理办法》《行政车辆驾驶员出车补贴发放标准（试行）》《固井分公司党总支部委员会议事规则》《发展党员工作制度》《废旧物资管理规定》《关于完善工作例会的通知》《关于规范公文行文的通知》《固井公司档案管理办法》《固井公司假期使用管理规定》等 13 项制度规定。同时，注重制度体系的运行成效，适时组织专项检查，为加强和规范企业管理发挥了明显的作用。

（孙志鹏）

【党组织建制调整】 2013 年 5 月，经局党委批复，固井分公司党组织建制由党支部调整为党总支部。党总支委员会由 5 人组成，下设 2 个党支部。第一党支部由党总支书记、副经理、办公室、党群工作部、计划财务部、安全环保部和物资装备部的党员组成，第二党支部由党总支副书记、总工程师、工程技术部、固井队的党员组成。至 2013 年末，固井分公司共有中共党员 37 名，其中正式党员 34 名、预备党员 3 名，女性党员 2 名。

（孙志鹏）

【党的群众路线教育实践活动】 2013 年下半年，固井分公司按照局党委的统一部署，将“党的群众路线教育实践活动”列为党组织建设的一项重点工作，紧紧围绕“为民务实清廉”的总要求，紧密聚焦形式主义、官僚主义、享乐主义和奢靡之风突出问题，有效推进自查自改、立查立改工作。固井分公司领导班子共征集意见建议 39 条，归纳整理为 19 条，其中涉及“四风”问题 15 条，80%以上的员工参与了征求意见活动。截至12月底，共有8条意见得到初步整改落实。

（孙志鹏）

【党风廉政建设】 2012—2013年，固井分公司坚持党风廉政建设“从源头抓起”的基本思路。2012年，中层以上管理人员全部签订《廉洁自律承诺书》，修订了《“三重一大”决策制度实施办法》，为推进决策议事规则提供有力的制度保障。集中开展项目备用金专项检查，严禁公卡私用、私卡公用和公私卡混用等现象，财务部门逐月对备用金进行审核清理，将项目备用金控制在可调控范围之内。与扬州市邗江区人民检察院建立了预防和惩治职务犯罪检企合作机制。2013年，以贯彻落实中央“八项规定”为主线，出台了“改进工作作风、密切联系群众、厉行勤俭节约”15项规定，从严控制业务招待费，从严规范费用开支。组织开展了清理会员卡、撰写廉洁自律座右铭和“双鉴”警示教育等活动。建立了月度“三重一大”决策会议制度，启动了廉洁风险防控和全面风险管理工作，对贯彻执行中央“八项规定”的情况进行效能监察。对煤层气延川南工区、煤层气和顺工区分包商队伍、物资采购和基建项目等业务进行公开招标。

（孙志鹏）

【职工民主管理】 2012—2013年，固井分公司修订完善了《职代会管理条例实施细则》《职工代表听证会制度》等民主管理制度，对企业的重大决策和涉及员工切身利益的重大事项，如请销假、工程项目奖励、帮扶救助和工会慰问等重要制度均采取听证会形式公开听取员工意见。2013年3月25日，召开了公司三届一次职代会暨第三次工代会，听取和审议了公司行政领导年度工作报告和工会工作报告，选举产生了新一届工会委员会及相应的组织机构，签订了固井分公司《集体合同》。

（孙志鹏）

【企业文化与新闻宣传】 2012—2013年，固井分公司重视企业文化建设，充分发挥宣传思想文化工作的引领作用。2012年，在《华东石油》报发稿43篇、《中国石化报》发稿6篇，超额完成局下达的指标。《华东固井简报》按照每月一期的要求共编发13期，版面设计和简报质量得到明显提升；《党群工作部情况简报》和《一转双创活动简报》共编发27期。为纪念进入西北固井市场10周年，在《华东石油》报刊发了《大漠风沙十年磨一剑，西北固井百战现锋芒》的重点报道，在弘扬“作风硬、风格高、全局观念强”华东固井精神的基础上，赋予了“人人当旗手、固井创一流”的新内涵。2013年，努力提升企业官方微博、QQ群、党群简报、会议纪要和宣传栏等自媒体的质量。全年在《华东石油》报发稿30篇，《中国石化报》发稿2篇，中国石化新闻网、中国石化新闻图片网发稿12篇。以华东油气田“第十二届文化体育节”为载体，由工会、团总支牵头组织开展了形式多样、寓教于乐、员工喜闻乐见的群众性文化体育活动，与扬州片区其他单位一同开展了《中国石化之歌》传唱及系列文体活动，为促进员工身心健康提供了丰富的精神食粮。

（孙志鹏）

【“党员示范岗”挂牌亮牌活动】 2012年，固井公司开展共产党员示范岗评选和挂牌亮牌活动。通过自下而上、先民主、后集中的形式，评选出丁永金、丁堂明、王冲、刘军康、陈宏增、张娴、周国林等7名党员为“共产党员示范岗”，在本人岗位、企业公共场所和各工区挂牌，以体现党员示范和职工监督的双重功能。

（孙志鹏）

【为民服务办实事】 2012年，固井公司按照“为民服务创先争优”活动满意度调查涉及的员工利益问题，先后为基地员工集体宿舍全部安装了空调，在公共洗漱间安装了电热水器和太阳能热水器，改善了员工生活条件。制定了《工会慰问工作暂行规定》，将员工慰问工作制度化、常态化。按照局《帮扶救助金实施细则》，对2名符合条件的困难职工进行帮扶救助。2013年，实施施桥基地南院停车场、西北工区429基地和施桥基地绿化等基建项目,固井分公司员工食堂由份餐制改为自助餐形式,既满足了不同员工需求,又达到了节约的目的。

(张佩佩)

【摄影爱好者协会成立】 2012年7月31日,固井公司摄影爱好者协会成立。协会坚持"面向员工,不设门槛、重在参与"的宗旨,鼓励广大摄影爱好者积极参加协会活动。协会引导员工把镜头对准身边人、身边事,专门组织部分摄影爱好者赴生产一线现场采风,用镜头表现企业风采和员工的精神风貌。

(孙志鹏)

【社会公益活动】 2012—2013年,固井分公司继续参与扬州市"春雷捐资助学"计划。2012年7月,通过扬州市妇联继续向2名家庭贫困小学生提供资助,被扬州市妇女联合会授予实施"春蕾计划"文明集体荣誉称号。2013年10月,组织青年志愿者团队到驻地敬老院,与老人拉家常、量血压,并送上了奶粉等慰问品。

(张佩佩)

采油厂(井下作业公司　试采大队)

【概述】 华东分公司采油厂和华东石油局井下作业公司、华东石油局试采大队(简称采油厂、井下作业公司、试采大队)位于江苏省泰州市南通路99号。前身为江苏省石油试采大队,成立于1973年3月。1982年1月,更名为江苏石油勘探指挥部井下作业大队。1996年12月,更名为华东石油地质局试采大队。2003年10月,承担油田开发的队伍组建华东分公司采油厂。2004年11月,承担井下作业的队伍组建华东分公司井下作业公司,同年12月更名为华东石油局井下作业公司。试采大队保留原称和部分资产经营服务。3个单位实行一套班子,分开核算的一体化运行管理模式。2013年华东油气田实施石油工程专业化重组,注销井下作业公司,主营业务并入采油厂。采油厂是一支集采油采气、井下作业、油田地面建设与油气田开发研究为一体的综合型油气田开发专业公司。

截至2013年末,采油厂机关共设置22个职能部门,下属生产、科研单位15个(其中采油厂14个、试采大队1个)。采油厂在岗正式职工587人,劳务派遣用工1 062人,其中高级及以上专业技术职称45人、中级专业技术职称87人;试采大队在岗正式职工15人,劳务派遣用工2人,其中高级专业技术职称1人。

2012—2013年,采油厂管理油田20个,投入开发油田18个,试采区块2个,油区横跨江苏省6个县市。经过油田科学管理和科技进步,原油产量连续2年创历史新高。2012年生产原油23.51万吨,比上年增长25%,原油商品率95.09%,全年注水41.21万立方米,注二氧化碳气2.83万吨。2013年生产原油30.26万吨,比上年增长28.7%,原油商品率95.09%,全年注水49.20万立方米,注二氧化碳气5.03万吨。

2012年井下作业公司立足苏北、服务东北、开拓西北和海外市场,生产经营收入和经济效益稳步增长,实现生产经营收入2.76亿元,利润898万元。

试采大队依托成品油、凝析油销售和农副业基地创收,2012年实现生产经营收入0.82亿元,利润211.05万元;2013年实现生产经营收入1.21亿元,利润301.32万元。

(邱江良)

【油田开发指标持续改善】 2013年，采油厂主要开发指标实现“两升两降”。油田可采储量升高39.80万吨，原油年生产能力升高6.40万吨，老油田综合递减率下降0.50%，油田综合含水率下降2.50%。采油工程技术指标全面改善，油水井开井率81.50%，单井作业频次0.81，水质达标率90.50%，水驱油藏累积注采比0.96，措施成功率93.40%，措施有效率82%。

（邱江良）

2013年采油厂圆满完成30.25万吨原油生产任务 （钱忠葆摄）

【二氧化碳驱油示范基地建设提速】 2013年，按照华东油气田加快“四个基地”建设的要求，采油厂加快了二氧化碳驱油示范基地建设速度，部署新增、完善注气单元4个，新投转注气井10口，气驱油藏储量约883万吨，日产油124吨，年产油5.42万吨。完善了草中、台南注采井网，实施投转注气井7口，分别形成5注9采、4注10采的注气井网。完成了红庄—台兴二氧化碳高压输送地面工程，实现了草中和台南2个区块的整体注气开发，目前已有6口井见效，日产油由9吨上升至23吨，平均单井产能提高2.60倍。张3、祝庄区块开展致密油藏注二氧化碳补充能量试验，张3区块转注气井2口，形成2注6采试验井网；祝庄区块利用老井转注气井1口，形成1注2采试验井网。

（邱江良）

【油田开发科研攻关】 2012—2013年，采油厂、井下作业公司以中国石化先导试验项目、注水开发调整、采油采气配套工艺技术、低渗储层改造、油田地质研究等生产关键课题为重点，围绕井下作业新工艺、新技术的引进和推广，积极开展科技立项和研究攻关，着力解决制约油田生产瓶颈技术，促进油田开发整体水平的提高。2012年承担各类科研项目30项，其中中国石化勘探开发先导项目下属研究专题19项，华东石油局、华东分公司科研项目11项，年内申请国家专利4项、获得授权4项。2013年承担各类科研项目21项，其中中国石化勘探开发先导项目下属研究专题16项，华东石油局、华东分公司科研项目5项，年内申请国家专利5项，获得授权6项，其中“二氧化碳压注地面工艺方法”获国家发明专利授权。

（邱江良）

【节能降耗成效显著】 2012—2013年，采油厂积极践行石化集团公司“绿色低碳”战略，加大节能降耗、降本增效管理力度，工作取得明显成效。2012年，采油厂单位油气综合能耗127.44千克标煤/吨油，较年度指标降低14.80%，同比下降13.58%；万元产值综合能耗0.347吨标煤，较年度指标降低14.95%，同比下降25.07%；单位油气综合电耗184.65千瓦·时/吨油，同比降低3.18%。2013年，采油厂单位油气综合能耗128.20千克标煤/吨油，较年度指标下降4.28%；万元产值综合能耗0.349吨标煤，较年度指标降低4.38%；单位油气综合电耗150.97千瓦·时/吨油，较年度指标降低17.88%。

（邱江良）

【安全生产运行平稳】 2012—1013年，采油厂牢固树立“安全高于一切，生命最为宝贵”的理念，强化HSE体系运行，以查找“十大薄弱环节”

采油厂原油泄漏应急演练 （邱江良摄）

“HSE观察”、在作业场所全面推行“七想七不干”工作法为抓手，加强风险防控，严肃事故责任追究，积极探究HSE工作的新思路、新方法，完善了HSE工作长效机制。先后开展了全员安全承诺、现场安全检查、应急预案演练、隐患排查与治理、安全管理提升、安全生产标准化达标创建等活动；深刻吸取中国石化“11·22”事故沉痛教训，迅速展开管网排查，进行安全评估，摸清管线腐蚀现状和位置走向，完善管网事故预案，确保油气田地下管线安全可控；设置应急指挥办公室，实行24小时综合值班制，及时处理突发事件和紧急情况，实现安全生产和环境保护平稳运行。

（邱江良）

【开展全员成本目标管理活动】 2012—2013年，采油厂深入开展全员成本目标管理活动，在精细管理上做文章，以ERP管理为主线，以成本管理为中心，将全员成本目标管理与“比学赶帮超”工作结合起来，深挖内部管理潜力，抓对标，比差距，抓节点，算细账，对症下药补短板。推行区块成本目标管理，探索管理新方法，规范企业日常经济行为，有效控制了各项财务指标。

（邱江良）

【试采工艺技术不断完善】 2012—2013年，采油厂通过技术引进和自主创新，一批工艺技术日趋成熟。其中，分段压裂工艺取得了新的突破，提高了单井产量和储量动用率；推广应用清防蜡新工艺，有效延长了油井免修期；推广多氢酸酸化工艺，改善注水效果；应用抽油杆旋转装置、复合防腐防垢材料，减缓定向井管杆偏磨和腐蚀结垢，延长了检泵周期；创新应用反馈式抽稠泵＋电热杆采油新工艺，解决了兴北区块三垛组油藏稠油的开采难题；强化机采系统效率现场监测并推广应用“能耗最低机采系统设计”软件，有效提高了机采系统效率；引进强制光能防腐工艺，延缓管柱腐蚀；创新井筒处理工艺，成功解决一批修井难题。2年中，共有9项实用新型专利、1项发明专利获得授权。

（邱江良）

【创新生产管理模式】 2013年，采油厂按照中国石化用工制度改革的有关要求，严格控制用工总量，严把入口，畅通出口，积极探索创新生产管理新模式、改变传统驻井管理模式实现减员增效的新途径。通过帅垛、张家垛片区试验远程实时监控＋巡井生产管理模式，比传统采油管理模式减员30%。当年，采油厂在增加生产井100多口、增产原油6.75万吨的同时，减少劳动用工40多人，实现了“增产增效不增员”的工作目标。

（邱江良）

【领导班子成员调整】 2012年4月16日，根据华东石油局、华东分公司中层领导干部轮岗交流制度的要求，周正平调出另有任用，不再担任试采大队副大队长、总工程师和采油厂副厂长职务。5月2日，秦学成担任采油厂副厂长。2013年2月21日，华东油气田对采油厂领导班子进行调整，吴志良调出另有任用，不再担任试采大队大队长、采油厂厂长职务；姚洪生任采油厂厂长。2月25日，陈兴明调出另有任用，不再担任试采大队副大队长和采油厂副厂长职务。截至2013年底，采油厂领导班子由6人组成。

（邱江良）

【队伍管理体制调整】 2013年4月24日，根据华东石油局、华东分公司调整产业结构与队伍结构需要，撤销采油厂东北项目部建制，人员分流充实到江苏项目部、新疆项目部和海外项目部；5月27日，按照石油工程专业化重组的要求，将原井下作业公司下设的非常规作业项目部、新疆项目部、海外项目部、二氧化碳采气队、油建安装队、设备维修队、酸化压裂队、非常规工作部成建制划归采油厂统一管理。

（邱江良）

【党的群众路线教育实践活动】 2013年8月开始，采油厂在全厂党员干部中认真开展了以“为民、务实、清廉”为主题、以反“四风”为重点的党的群众路线教育实践活动。教育实践活动以党员处级领导干部为重点，全体党员参与，广泛听取群众意见，坚持立查立改，建立长效机制，整个活动历时6个月。

活动中，采油厂领导班子严格遵守党的政治纪律、贯彻石化集团公司党组决策部署和中央“八项规定”精神，按照局党委教育实践活动实施方案的要求，在局教育实践活动第二督导组的指导下，相继完成了“学习教育、听取意见”“查摆问题、开展批评”和“整改落实、建章立制”3个环节的工作。活动期间，采油厂党委集中学习讨论8次，集中学习28小时，420人次参加了“双学”教育活动，255人次收看了《放纵》《代价》两部警示教育片，征求意见人次达358人次，经归纳整理各类意见35条，其中反映“四风”的问题17条，立查立改14条，其余问题在后期的工作中均得到有效解决。

（邱江良）

【文明单位创建跨上新台阶】 2012—2013年，采油厂文明单位创建工作深入开展，创建的工作质量和水平进一步提高，创建工作的群众基础进一步夯实，文明单位创建资料台账实现了电子化，全厂形成了从上到下职工自觉参与精神文明创建活动的新局面，文明单位创建工作跨上了一个新台阶。2013年，采油厂在连续7次获得“江苏省文明单位”称号的基础上，首次荣获2010—2012年度“江苏省文明单位标兵”称号、泰州市“文明单位标兵”称号。

（邱江良）

【学习型组织创建成果显著】 2012—2013年，采油厂持续有计划开展学习型组织创建活动，先后开展了知识分享、读书实践、合理化建议征集、调研学习、素质提升和技能竞赛等活动。2012年，选拔组织52名员工参加华东石油局、华东分公司采油技术、井下作业和焊工等专业业务技术竞赛，11名员工获华东石油局、华东分公司“岗位技术能手”称号。杨修直在石化集团公司井下作业业务竞赛中获得1枚铜牌。陈海华被共青团中央与人力资源和社会保障部联合授予“全国青年岗位能手”称号。2013年，杨雄斌、马国荣在石化集团公司注水泵工、油气管线安装工业务竞赛中，各获得1枚银牌。何大江获2012年度中国石化“青年岗位能手”称号，张龙强获2012年度中国石

采油厂群众路线教育实践活动学习交流会 （申海东摄）

化“优秀共青团员”称号。

（邱江良）

【党组织特色品牌活动】 2012—2013年，在“一转双创”活动中，采油厂党委扎实开展党组织特色品牌创建活动。厂党委将党员教育管理工作作为创建活动的重要抓手，完善《党员手册》与《党支部手册》工作制度，提升党建基础工作水平，开展党员“六个一”塑造活动(示范一个岗位，参与一项创新，联系一个班组，帮扶一个对象，当好一名志愿者，参与一项社会服务)，引导党员把发挥先锋模范作用落到实处。

在厂党委的带动和指导下，各基层党支部结合自身实际，创造性地开展特色品牌创建活动。酸化压裂队党支部围绕创建“指南针”式的基层党支部目标，实施了5项具体“工程”：队伍建设“金点子”工程，鼓励员工参与队伍管理；隐患查找“啄木鸟”工程，全员参与隐患查找和整改；施工现场“超越”工程，打造一流压裂队伍品牌；学习培训“状元”工程，激发员工学习技术热情；班组建设“火车头”工程，提高班组长综合管理水平。新疆项目部党支部结合西北石油工程市场HSE管理要求，在大修施工现场推行实施“目视化管理系统”，通过颜色、标识、标签等方式区分或鉴别工器具、工艺设备的使用状态、特性以及生产作业场所的危险状态、人员身份及资质等级的现场安全管理方法。采油二队党支部开展“员工心田工程”和建设“五小井组”活动，坚持“油田与心田共建、文化与文明共创，思想和行动两手抓”，有效地解决了员工的实际困难和思想问题；通过建设“五小井组”活动，丰富了员工的业余生活，促进了员工内部的团结与融合，提高了员工的幸福指数和工作热情。江苏项目部党支部根据新员工多、员工流动快的实际情况，在完成工作任务的同时，主动明确了人才培训基地的角色定位，实施人才梯队培养工程，为海外、非常规、新疆等省外工区输送了大量的井下作业技能人才及技术人才。

（邱江良）

【采油三队被列为中国石化基层党支部建设示范点】 近几年来，采油三队党支部紧紧围绕原油生产开展党建和思想政治工作，做到党建和思想政治工作与原油生产深度融合，促进了原油快速上产，使党旗在原油跨越上产中高高飘扬。该队近3年原油产量连续以50%的速度递增，2011年生产原油8.39万吨，2012年生产原油12.69万吨，2013年生产原油18.32万吨。采油三队党支部坚持“围绕上产抓党建，抓好党建促上产”的工作思路，把党建和思想政治工作渗透到队伍的各项管理工作中。形成了狠抓支部班子建设，发挥旗帜引领作用；加强党员队伍建设，发挥旗帜示范作用；完善支部工作机制，发挥旗帜统率作用；引领队伍科学发展，发挥旗帜号召作用；坚持群众工作路线，发挥旗帜凝聚作用等一系列做法与经验，夯实了党支部建设的基础，提升了党支部的战斗力与凝聚力。2012年，采油三队党支部荣获中国石化“创先争优先进基层党组织”荣誉称号，2013年，被中国石化列为“基层党支部建设示范点”。

（邱江良）

【职工民主管理】 2012—2013年，采油厂继续加强以职工代表大会为基本形式的民主管理建设，采取多种形式加大职工民主管理力度。在开好一年一次的职工代表大会的同时，组织开好职代会联席会议，坚持将企业的重大决策、员工普遍关心的焦点、热点问题、涉及员工切身利益的重大问题等纳入厂务公开的范围；通过各种会议、内部网站、黑板报、公示栏等形式加强厂务公开工作力度；采取设立领导信箱、创建QQ工作(议事)群，认真听取员工的意见和建议，做好员工意见和建议的处理答复工作，保障员工诉求渠道的畅通，维护了职工的知情权、参与权和监督权。

（邱江良）

【纪念建队40周年】 2013年3月16日，是试采大队组建40周年纪念日，为了牢记历史，继承传统，弘扬企业优秀文化，续写企业发展新篇章，试采大队以简朴的形式组织了系列纪念活动。纪念活动内容有：编撰印制《试采四十年》一书，制作电视专题片一部，并召开了纪念建队40周年座谈会。试采大队历任老领导、离退休职工代表、先进人物与职工代表共87人欢聚一堂，以简朴的形式和浓烈的氛围忆历史、话创业，讲传统、叙友情，展未来、谋发展，共同纪念和庆祝建队40周年。华东分公司副总经理俞凯专程到会祝贺并参与座谈。

（邱江良）

试采大队建队40周年座谈会 （邱江良摄）

【表彰与奖励】 2012—2013年，采油厂在生产经营、企业管理、队伍建设与党群管理等工作中业绩突出，多次受到石化集团公司和地方政府主管部门的表彰。2012年，采油厂分别被评为中国石化2010—2011年度红旗采油厂、华东石油局、华东分公司2010—2011年度"三基工作"先进单位、2009—2011年度"我要安全"先进单位、2011年度"全员成本目标管理"先进单位、2011年度"信访稳定工作"先进单位、2011年度治安保卫工作先进单位；泰州市2011—2012年度依法管理诚信经营示范单位；刘兆跃被评为石化集团公司2011年度环境保护先进工作者；江苏项目部、新疆项目部被评为华东石油局、华东分公司2011年度安全环保先进单位；宣传科被评为华东石油局2011年度宣传思想文化工作先进集体。2013年，采油厂被评为中国石化油田板块"五大会战"上产先进采油厂；宣传科被评为华东石油局2012年度宣传思想文化工作先进集体；吴志良被评为石化集团公司"2012年度安全生产先进职工"；姚洪生、朱振亚、朱耀东被评为华东石油局、华东分公司2012年度"党风廉政建设先进个人"。

（邱江良）

石油勘探开发研究院

【概述】 华东分公司石油勘探开发研究院（简称研究院），位于南京市鼓楼区热河南路37号，1975年成立，时称江苏省石油地质大队。1983年更名为华东石油地质局地质研究大队，1992年更名为华东石油地质局地质研究所，1995年更名为华东石油地质局勘探开发规划设计研究院，2002年更名为华东分公司规划设计研究院，2010年7月变更为现名。

2013年末，研究院共设置职能管理部门和生产研究业务科室20个（不含工会、团委）。在岗员工381人，其中正式职工290人、劳务派遣用工91人；具有博士学历13人，硕士学历70人，本科学历185人；取得高级及以上专业技术职称69人，中级专业技术职称75人，初级专业技术职称156人。

研究院主要承担华东油气田常规与非常规油气资源勘探开发部署与综合研究工作。2012

年完成货币工作量 1.33 亿元，其中勘探、开发投资 4 287 万元；2013 年完成货币工作量 1.10 亿元，其中勘探、开发投资 3 104.43 万元。2012 年实现生产经营总收入 1.22 亿元，利润 109.46 万元；2013 年实现生产经营总收入 9 989.23 万元，利润 20.01 万元。

（组德宽）

【页岩气勘探研究】 2012 年，在彭页 HF－1 井获得突破平均日产气超过 2 万立方米的基础上，相继部署了彭页 2HF 井、3HF 井、4HF 井，3 口井均见到良好页岩气气测显示，其中彭页 3HF 井最高日产气量近 3 万立方米，表明桑柘坪向斜具备良好的勘探开发前景，为彭水区块下步开发工作奠定了基础，桑柘坪向斜残留盆地低丰度页岩气藏的发现，对南方复杂构造带残留向斜中海相页岩气的勘探具有启示和带动意义。

2013 年，以“点—线—面”为研究主线，以勘探目标优选评价为核心，重点开展页岩气基础地质及富集条件研究，明确寻找高压高产页岩气藏，积极向盆地进军，探索构造型、斜坡型页岩气藏，分别部署南页 1 井和仁页 1 井。其中，南页 1 井导眼井发现良好高压页岩气显示，钻获页岩气层 135 米，总含气量平均 3.67 米^3/吨，有利目标区面积 404 平方千米，资源量 3 605 亿立方米；仁页 1 井在钻进过程中发现 500 米厚层状膏盐层，保存条件好，基本落实了南川—仁怀页岩气高产富集前景带。

（汪　深）

【煤层气勘探研究】 2012 年，在总结理清成藏和排采规律的基础上，针对延川南区块重点开发目标区的谭坪构造带、万宝山构造带，甩开、加密部署，设计了 37 口探井和评价井。按照“单井突破—小井组试验—大井组试验—整体开发”的勘探开发思路，实行“一井一策”开发生产模式，延 1 井组实现 15 口井日产气突破 1 千立方米，井组面积排采实现质的飞跃。在开发目标区最有利区优选部署、设计了延 3 试验井组和延 5 试验井组。通过平面上单井控制储量规模，点上试验井组评价产能，为延川南全面开发煤层气做好了前期准备。

2012 年，对和顺区块和 6 井组进行扩大评价，兼顾开展水平井提高单井产能的开发效果评价。和 6 小井组共 12 口井参与排采，6 口井的日产气量超过 1 千立方米，证明了和顺地区西寨向斜具有高产的物质基础。织金区块珠藏次向斜的织 4 井、织 5 井在龙潭组煤层采用分压合采技术，分别获得最高日产气量 2 463 立方米、2 830 立方米，实现了织金区块多点突破，显示出织金区块煤层气的勘探潜力。

2013 年，延川南区块加密部署 20 口评价井，进一步查清了区内煤层地质特征，落实了万宝山构造带延 3 井区探明储量。同时，甩开评价万宝山构造带河西地区，部署实施了 6 口探井，预计可探明含气面积 189.90 平方千米，获得储量 131.50 亿立方米。

针对织金区块煤储层具有“一多、三高、埋藏浅”等有利的地质条件，通过多口探井分压合采、逐层解吸，获得了较高的稳定日产气量，经排采试验，开发模式基本成熟，初步完成了织金区块小试验井组方案。

（汪　深）

【苏北老区勘探研究】 2012 年，按照区带评价的思路，以寻找规模储量、优质储量，加快上产步伐为目标，充分利用溱潼凹陷连片处理和二次采集地震资料，以阜宁组三段为主要勘探目的层，加强构造特征、构造演化分析，结合沉积微相、砂体展布和生油岩供烃能力研究，开展构造精细解释和储层预测，整体解剖、整体部署，落实了一批高质量的构造和构造—岩性圈闭。在西部斜坡带发现俞垛、华庄、蔡家堡、曹桥、顾庄等含油区块，形成了俞垛—华庄整装的规模油气富集带，落实控制储量 1 348 万吨；蔡家堡—顾庄优质储量带，预计储量规模 100 万—200 万吨。

在海安凹陷，改变勘探思路，实现了由单个构造评价到区带整体评价、由构造圈闭评价向构造岩性复合油气藏评价、由单纯依靠常规方法评价油气藏到用非常规方法评价油气藏的 3 个转变。曲塘次凹部署的曲1井获得日产原油12吨的成果，实现了曲塘岩性勘探的突破，其后部署的滚动勘探井曲101-1HF井，获得日产51.92吨的高产油流，在曲塘落实预测储量1 378万吨。张家垛油田阜宁组三段油藏评价取得新进展，探边井已经钻出构造边界，依然没有钻遇水层，展示了海安凹陷曲塘次凹满凹连片含油的场面，预计资源量3 000万—4 000万吨。

2013年，在深入分析走滑断裂带对油气的疏导作用和岩性成藏配置关系的基础上，将溱潼凹陷划分为3套含油气系统，重点针对西北斜坡茅山有利成藏区带实施立体评价。甩开勘探陈家舍构造，发现戴南组超覆尖灭型油藏，预计圈闭资源量1 000万吨。滚动评价帅垛构造，新增戴南组可动用储量100万吨。整体评价茅山构造带，落实可动用储量2 120万吨。

在“源储一体，物性控油”认识的基础上，应用非常规评价思路，通过老井反馈、储层预测、油层再认识，整体评价金湖探区，在钱王庄地区部署了钱1井，于阜宁组二段底砂组获26吨/日高产油流，进一步证实了阜宁组二段勘探潜力。随后实施的钱101井及钱102井均在阜宁组二段泥灰岩段获得突破，其中钱102井泥灰岩段裂隙油藏初产15吨/日，促进了金湖探区阜宁组二段泥灰岩段勘探潜力评价工作的全面展开。通过钱1井、钱101井、钱102井、钱103井、金南1井、金南3井、陈庄1井等井的成功钻探，一方面显示出整个金湖凹陷阜宁组二段具有“连片含油，局部富集”，阜宁组三段具有“广泛含油，高带成藏”的特征；另一方面极大扩展了有效储层的分布范围；同时在阜宁组二段泥灰岩段的油气勘探揭示了泥灰岩段巨大的勘探潜力。

（汪　深）

【下扬子勘探研究】 2012年，在黄桥地区，溪3井实施后在龙潭组常规测试获日产油2.10吨，基本落实了溪桥-2块储量为95.54万吨，为建设开发试验区奠定了基础。在句容地区，钻探发现了侏罗系象山群这一新的勘探目的层，石狮平1井水平段录井共见7层303米油迹显示，3层204米气测异常，测井解释差油层12层431.90米。

2013年，在黄桥地区溪桥构造部署的溪平5井于二叠系龙潭组顶部致密砂岩水平段见176米油层；依托三维地震资料，明确了句容—溧水区块构造区划，认为大卓—湖熟凹陷带具有构造简单、烃源可靠、保存条件有利等良好成藏条件，是寻找原生油气藏有利预探目标，为继黄桥之外的最有利勘探地区，发现了官庄、台照及陈武3个圈闭，其中官庄圈闭为龙潭组最有利勘探目标；在煤山区块部署了兴平1井，于龙谭组见58.80米油气显示，测井解释油层5层17.70米。

（汪　深）

【油气田开发研究】 2012—2013年，华东油气田立足产建高效，新区产能建设效果明显。通过评建一体化、一井多靶及评建结合等方式，节约进尺，降低风险。加强油藏精细描述，及时部署和跟踪调整，做到“五个及时”“五个结合”，加强静、动态跟踪研究，二氧化碳驱技术从先导试验正式迈入工业化推广，已在5个区块逐步开展。

2012年，不断优化完善张家垛、俞垛、台兴外围、草舍阜宁组三段、草舍阜宁组一段等8个新区产建方案，提交了78口井位地质设计，全面完成了年度开发管理指标。编制、实施注采调整和挖潜方案，稳定了老区产量。开展重点老油田精细油藏描述工作，动静结合，研究剩余油分布特点，部署高效调整井新增产能0.80万吨。年度原油产量23.50万吨，超产2.50万吨，同比增长5.50万吨。

2013年，在新区产建方面，强调“四个一体化”，在整体概念设计基础上边评边建，新建原油生产能力首次突破10万吨，达到12.92万吨；在老区治理方面，坚持“数块块”工程，逐块深入地质研究，梳理注采关系，滚动增储扩边，水驱控制程度提高6%，累积增油3 270吨，提高水驱采收率1%—2%。年度原油产量30.26万吨，同比增产6.76万吨。

（汪　深）

【超额完成油气储量任务】 2012年，上交张家垛油田阜宁组三段油藏探明储量1 021.49万吨，为年计划 600 万吨的 170.20%；提交边城油田俞垛、叶甸、华庄、曹桥区块阜宁组三段油藏控制储量 1 348.31万吨，为年计划 700 万吨的 192.60%；完成张家垛油田曲塘区块阜宁组三段油藏预测储量 1 378.53 万吨，为年计划 800 万吨的 172.30%。2013 年，提交边城油田俞垛、华庄区块阜宁组三段油藏及台兴油田兴北、鹤坨区块阜宁组三段油藏探明储量 242.25 万吨；上交金南油田阜宁组二段、阜宁组三段油藏及张家垛油田曲塘区块曲 1 井区阜宁组三段油藏控制储量 604 万吨，为年计划 500 万吨的 120.80%；完成高庄油田阜宁组二段油藏、帅垛油田帅 4 井区阜宁组三段油藏预测储量 823.46 万吨，为年计划 600 万吨的 137.20%。

（汪　深）

【煤层气储量】 2013 年，延川南区块煤层气勘探以增储为核心，积极扩大资源阵地，万宝山构造带延 3 井区探明含气面积 109.60 平方千米，新增探明储量 102.39 亿立方米。

（汪　深）

【煤层气产能建设】 2013 年 4 月，延川南煤层气 5 亿立方米产能开发方案通过石化股份公司审批，延川南煤层气增储建产大会战正式启动，计划 2 年内动用煤层气储量 136 亿立方米，新钻井 808 口，进尺 12.10 万米，新建产能 5 亿立方米，到“十二五”末实现年产气 2 亿立方米，“十三五”第一年全面达到年产气 5 亿立方米的气田规模。2013 年延川南产建完成 344 口井，实施情况与设计基本吻合。综合研究结果认为，延川南 2 号煤层构造更为清晰、简单，开发可动用面积进一步扩大，煤层气开发的经济效益逐步显现。

（汪　深）

【新增探矿区块】 2012 年获得南黄海盆地南部海安东探矿权，面积 3 868.569 平方千米。经地震勘探、研究取得明显进展，初步发现新生代、古生代各 1 个目标。发现洋口圈闭，面积 49 平方千米，圈闭资源量 2 580 万吨；区块南部发现古生界内幕构造曙光圈闭，面积 178 平方千米，圈闭资源量 8 900 万吨。

2013 年获得江苏省下扬子区常州凹陷探矿权，面积 2 911.991 平方千米，区域评价分析认为常州地区地层发育齐全，向斜区具有二叠系勘探潜力、背斜区具有形成下古气藏的良好背景，具有较好的油气勘探潜力。

（汪　深）

【海外项目技术支持】 加蓬项目。2012 年，细化 Akondo 油田地质研究工作，对开发方案的井位部署进行了调整，通过与工程、地面、项目部技术人员多方面技术沟通交流，完成 1 个井台 5 口开发井的地质设计工作。

哈萨克斯坦项目。2012 年，通过整体研究，提出了 S 区块东部侧重三叠系盐檐构造，西部侧重白垩系、侏罗系低幅度背斜构造勘探的观点。在 3 个油气有利富集带部署二维地震 800 千米，围绕 3 个油气构造区部署三维地震 224 平方千米，提交钻井井位 11 口，采纳 9 口，4 口井试获工业油流，2 口井日产油超过 40 立方米，提交探明储量 1 040 万吨，新发现油田 3 个。全面完成 S 区块各项开发生产任务，共设计 26 口开发井，新建产能 5.05 万吨，产能达标率 93%，顺利完成 15.30 万吨的年产油任务。首次在 S 区块浅层油藏实施 2 口水平井，试采平均日产 35 吨，为 S 区块下一步的高效开发提供了成功的借鉴。2013 年，加强盐窗有效性、运移条件、圈闭条件和保存条件等成藏要素分析，开展多类型圈闭综合评价，优选有利勘探目标，开展钻后综合评价，总结成藏规律，取得了一系列油气发现。其中，3 个构造上分别实施的 Kara－8 井、Zhar－1 井、SaryW－7 井钻遇油气层，测试均获商业油气流，这三大油气发现入选 2013 年度中国石化国际勘探开发公司十大勘探成果。2013 年提交 2C 可采储量 145.25 万吨，超额完成 130 万吨的储量任务。围绕 S 区块 58.90 万吨开发产建工作，加强油藏精细描述和动态生产研究，及时跟踪反馈，静态和动态紧密结合，2013 年完成 34 口开发井设计，成功率 100%，新建产能 7.03 万吨，达产率 92.20%，年产油 18.50 万吨，超额完成全年 18 万吨的年度任务。

（汪　深）

【开放型非常规资源实验室建设】 2012—2013年，研究院实验室抓住非常规资源发展机遇，通过学习、实践、技术攻关，建立了页岩、煤岩含气量测试，煤岩、页岩等温吸附试验，页岩微观孔隙结构、页岩孔、渗测试，页岩比表面及孔径分布测试5个特色实验技术，进一步完善了“页岩气地质评价实验技术系列”和“煤层气地质评价技术系列”，积极推进开放型非常规资源实验室建设。在完成华东分公司生产任务的前提下，利用已建立的核心实验技术（含气性评价、孔隙结构分析、孔、渗评价），主动出击，以开放的理念，广泛合作。实验室与Total（道达尔）、Schlumberger（斯伦贝谢）、Weatherford（威德福）、Chevron（雪佛龙）、中国石油廊坊分院、中科院广州地化所、中科院兰州地质所、中国地质大学等国内外12家科研院校及重点实验室开展技术合作，2013年为国土资源部的江西地质矿产研究院，中国石化系统内的西南油气分公司、中原油田以及神华集团、Chevron（雪佛龙）等6家单位10口井开展煤层气、页岩气各项分析测试工作，涉及贵州、四川、重庆、湖南、江西5个省市，分析研究了海相、陆相页岩，包括寒武系、奥陶系、志留系、二叠系、三叠系5套层系，为中国石化乃至全国的非常规油气勘探事业提供优质高效的实验分析服务，行业影响力进一步提升。2012—2013年，研究院实验室共完成实验分析测试58 465项，其中常规油气实验分析23 283项，煤层气、页岩气实验分析35 164项。

（汪　深）

【科研成果获奖】 2012年，研究院被国土资源部授予“全国地勘模范单位”称号。获得华东石油局、华东分公司科技成果奖14项，其中一等奖2项、二等奖5项、三等奖7项。中国石化科技项目“下扬子地区上组合晚期成藏条件与有利区带评价”获得石化集团公司科技进步三等奖，川东南彭水地区海相页岩气勘探获石化股份公司“油气勘探重大突破二等奖”和中国地质学会“十大地质科技进展成果奖”，延川南煤层气勘探获石化股份公司“储量发现成果三等奖”和中国地质学会“十大地质找矿成果奖”，苏北盆地海安凹陷油气勘探获石化股份公司“重大突破二等奖”，苏北盆地溱潼—海安凹陷油气勘探获石化股份公司“储量成果三等奖”。

实验室科技人员进行煤和页岩等温吸附实验　（狄刚平摄）

2013年，研究院主要参与的“草舍油田Et油藏二氧化碳驱提高采收率”项目经中国石化科技部鉴定达到“国际领先水平”，获石化集团公司科技进步二等奖。获得华东油气田科技成果奖励14项，其中一等奖2项、二等奖4项、三等奖8项。

（汪　深）

【实验室认可】 2013年1月21日，研究院实验室通过“中国合格评定国家认可委员会”的“实验室认可”复评审＋扩项评审。认可项目由原有的57项增至140项，新增83项，涵盖了煤层气实验、页岩气实验和环境监测，解决了华东分公司环境检测站无检测资质的难题。认可项目的全面覆盖，保证了实验分析项目的质量。

（汪　深）

【专利技术与专利申请】 2012年，获得实用新型专利 1 个，“一种含气量体积测量装置”（专利号：ZL 2012 2 0032243. X）。2013 年，获得实用新型专利 4 个，“气相色谱仪定量恒温进样装置”（专利号：ZL 2012 2 0345805. 6）、“野外页岩气采气罐”（专利号：ZL 201320174110. 0）、“页岩残余气测定样品罐”（专利号：ZL 201320174655. 1）、“人造岩芯压制器”（专利号：ZL 201320173613. 6），发明专利“野外页岩气采气罐及采气方法”在审核之中。申请发明专利 2 个“连续组分型页岩含气量测定方法”“NCM 型解吸气测定仪”，申请实用新型专利 2 个“NCM 型解吸气测定仪”“自加热页岩气解吸罐”。

（汪　深）

【行业标准与企业标准制定】 2012 年，研究院主持完成石油天然气行业标准《煤岩中甲烷等温吸附量测定干燥基容量法》修订和《页岩含气量测定方法》的制定。

2013 年，主持完成能源行业标准《煤层气的取样和组分分析方法》和中国石化企业标准《页岩岩芯孔隙度、渗透率分析方法》《页岩等温吸附测试方法》的制定。

（汪　深）

【环境监测】 2012—2013 年，研究院环境监测站积极参加华东分公司“清洁生产”工作，为华东分公司油气事业的持续发展保驾护航。分别对华东分公司的联合站、中转站、处理站、延川南、彭水以及其他部门进行了采油污水、外排水、场界噪声、锅炉烟气、钻井废水等进行监测，完成检测分析 4 537 项。定期发放监测报告、上报监测月报，满足了工区生产的环境管理需求。

（汪　深）

国土资源部地质资料委托保管单位挂牌　（姜　宁摄）

【井位踏勘与地形测量】 2012—2013 年，研究院测量队完成江苏、山西、陕西、湖南、贵州、重庆、浙江等工区井位踏勘及复测 771 井次，完成江苏工区地形测量 60. 90 平方千米，管线竣工测量 22. 07 千米，为华东分公司油气勘探开发、油田建设的规划设计提供了准确可靠的基础资料。

（汪　深）

【资料日常管理】 2012 年 1 月—2013 年 8 月，研究院资料信息中心共接收各类资料 5 275 种，40 150 件，1 585 盘。著录原本资料 2 178 种 14 505 件；复制本资料 2 057 档 11 772 件。入库岩芯 118 口井，1 918 箱，2 654. 57 米；入库岩屑 267 口井，3 935 箱，228 066 包；副样归位 181 口井1 792 个；入库陈列标本 89 口井，339 盘。

（邰　滢）

【国土资源部地质资料委托保管单位挂牌】 2012 年 7 月，华东分公司副总经理俞凯、吴聿元为研究院资料信息中心“国土资源部地质资料委托保管单位”揭牌，标志华东分公司已成为国家地质资料馆藏机构，将代表国家行使相关地质资料管理的权利和义务。

（邰　滢）

【推进地质资料数字化】 2012 年 7 月以来，按照数字化标准要求，扫描老单井类资料 230 档 1 893 件 29 006 页。共计整理各类成果报告 1 776 档，其中科研报告 433 档，测井解释报告 586 档，完井地质报告 401 档，试油报告 261 档，气测报告 95 档。同时，完成单井 324 档 622 张完井柱状图及油气层柱状图的格式转换工作。填报了534口井的地理、构造、地层等数据。组织人员完成1981—2007年《华东石油》报数字化工作，共27年3 851页报纸的扫描，最终形成PDF格式提交局办公室。

（邰　滢）

【地质资料汇交】 根据中国石化油田事业部下发的《关于开展2012年地质资料汇交工作的通知》，2012年9月之前完成了2个区块的成果资料汇交工作，计4档11件，报送了“原始资料4档460件，实物资料3档，岩芯157箱189.48米，岩屑172箱5 613包”资料清单。所有目录导入委托保管数据库。

（邰　滢）

【资料立体库房建设】 2012年10月，研究院资料信息中心协同研究院行政办公室等部门根据上报的实物资料清理项目方案，顺利完成了2012年计划部分的浦口2号立体库实施使用及3号立体库房建设项目的合同签订。2013年，浦口岩芯库房在1、2号自动化立体仓库投入使用的基础上，完成了岩芯自动化3号立体库建设并提交了《关于申请浦口4号立体库建设等投资的报告》，库容44 520米。施桥4个库房的库容已达48 096米。

（邰　滢）

【地质资料上交】 根据石化集团公司《关于加强地质资料归档与上交工作的通知》，2012年8月，研究院资料信息中心完成一个批次资料上交工作，共组织2011年度接收的140档单井类报告、24档成果报告，共计164档1 249件，光盘164张。依据通知的具体要求，报送了华东石油局、华东分公司各直属单位2012年需完成的科研报告清单明细。2013年3月，组织第二批资料，共计上交资料90档，1 181件，86盘。2013年10月，上交研究成果资料42档，录井成果资料122档，测井成果资料70档，试油成果报告34档。

（邰　滢）

【落实源头数据库推广工作】 2012年2月，石化集团公司勘探开发源头数据采集项目在华东分公司推广。在随后的各相关直属单位业务调研中，资料信息中心安排专人全程跟踪、协调推广。3—9月，全面完成推广前期的调研对接、系统部署和采集操作培训。2012年10月，勘探开发源头数据采集项目常规油气部分已经陆续完成勘探、开发、油藏、储量等12个大专业在相关直属单位的采集推广工作，华东分公司整体进入常规油气数据采集的试运行阶段。12月，非常规油气勘探开发数据采集开始试运行。进入试运行以来，研究院资料中心数据管理员每天监控和督促日报数据采集情况，每月集中检查各单位的月报和阶段性数据上报情况，并将检查结果上报信息中心。数据资源管理网页已链接到华东分公司门户网站，各单位可以随时登录查看数据上报情况。2013年5月，资料信息中心对华东石油局、华东分公司的测井数据应用人员进行了测井应用系统操作培训。

（邰　滢）

【岩芯清理】 截至2013年3月，研究院资料信息中心全部完成岩芯、岩屑清理工作。共清理岩芯

中国石化地质资料归档专项检查　（张　娟摄）

698 口井，29 213.62 米；岩屑 481 口井，514 016 袋；报废处置岩屑 178 口井，16.44 万袋。录入 67 000多条清理数据。

（邰 滢）

【涉密地理信息成果管理】 2013 年 6 月，根据石化集团公司油田勘探开发事业部《关于开展涉密地理信息成果管理情况调查研究工作的通知》要求，华东分公司及时进行总体部署，明确由首席专家负责此项工作。资料信息中心及时向各单位转发上述文件，确定各单位联络人，并在华东分公司地质资料管理工作会上，对该项工作进行了专门布置。资料信息中心负责对华东分公司保密管理机构设置、制度建设、涉密情况等涉密地理信息成果管理现状进行调研，完成了涉密地理信息成果的底数和有关数据的统计；对存在的突出问题和薄弱环节及原因进行分析，提出了华东石油局、华东分公司应采取的保密思路和措施，并向中国石化资料中心提交了《华东石油局、华东分公司涉密地理信息成果管理情况调查研究》报告及统计数据。华东分公司的 10 个资料馆藏机构藏有国家秘密级 8 809 份、机密级 9 269 份；涉及国土资源 57 份，测绘 16 667 份，海洋 1 321 份，核工业 1 份。

（邰 滢）

【领导班子成员调整】 根据华东油气田中层领导干部轮岗交流制度的要求，2013 年 2 月 21 日华东油气田对研究院领导班子进行调整，原院党委书记刘长利，党委副书记、纪委书记、工会主席韦俊宝，总工程师王立志调出另有任用。吴志良任研究院党委书记、副院长。经过民主推荐和组织考察，4 月 19 日，田培进任研究院党委副书记、纪委书记，经研究院工会委员会扩大会议选举、局工会批复，5 月 6 日任研究院工会主席。截至 2013 年底，研究院领导班子由 5 人组成。

（俎德宽）

【调整组织架构】 2013 年 4 月，研究院调整了 8 个部门名称，原勘探一室更名为苏北勘探室，原勘探二室更名为下扬子勘探室，原勘探三室更名为煤层气勘探室，原页岩气室更名为页岩气勘探室，原海外一室更名为海外开发室，原海外二室更名为海外勘探室，原项目管理部更名为科研技术部，原行政管理部更名为企业管理科，原工作站部更名为信息管理科；将原开发一室与开发二室合并更名为常规开发室；撤销海外三室、测井室、资料室 3 个部门，其中资料室相关职能并入资料信息中心。

非常规开发室、储量规划所（储量室、规划室）、实验中心、资料信息管理中心、办公室、人力资源部、计划财务科、党群工作部、安全环保科、离退休管理科保留不变。

（俎德宽）

【职工民主管理】 2012 年 3 月 15—17 日，研究院六届二次职代会暨 2012 年工作会议在南京华扬大厦召开。会议审议通过了研究院工作报告、财务预决算报告、提案处理报告以及业务招待费使用报告，签订 2012 年度《集体合同》与《2012 年度部门目标责任状》，同时对领导干部和选人用人及新提任科级干部进行了满意度测评。

2013 年 5 月 29—31 日，研究院六届三次职代会暨 2013 年工作会议在南京华扬大厦召开。会议审议通过相关报告以及《石油勘探开发研究院职工考勤与假期管理办法》。

（俎德宽）

【细化落实安全责任制】 2012—2013 年，调整落实华扬大厦机房等重点（要害）部位安全承包责任人，并明确 22 个院、科级干部联系承包人相关职责。组织开展了消防应急演练和安全生产专项检查，重点落实了研究院实验中心危化品与地化室通风柜改造、华扬大厦电梯与消防控制系统、研究院资料信息中心安全应急器材配置等隐患治理。

（俎德宽）

【党的群众路线教育实践活动】 2013 年 8 月，研究院党委认真学习领会中央的有关精神要求，落实石化集团公司党组和局党委的部署，及时制定了《党的群众路线教育实践活动实施方案》，认真抓好学习教育、查摆问题、落实整改3个环节的工作。研究院领导班子成员通过联系点调研、“四风”现象专题调查等多种形式征集意见，收集、归类汇总了4个方面85条意见建议，及时将员工意见建议进行分类并分解到领导班子成员与有关管理部门，督促其形成方案，逐步整改落实，切实纠正“四风”问题，解决员工工作生活中的具体困难。截至2013年底，为54名在职职工落实了医保异地转移；为出差延川南员工退租有安全隐患的出租房，重新租用物业配置健全的小区楼房；完成华扬大厦电梯更换项目招标，消除电梯安全隐患。

（张　怡）

【部门副职岗位竞聘】 2013年，研究院部门负责人及组织机构调整较大，部门副职空缺较多。研究院党委借鉴华东石油局处级干部的选拔任用方式，树立“民主选人、公开选人、竞争选人、择优选人”的干部选拔理念，结合研究院业务特点和工作实际，对科级干部的提拔任用实行公推、竞聘选拔的方式，制定出台了《石油勘探开发研究院公开竞聘部分科室副职岗位的实施方案》。7月底至8月上旬，分别组织完成了报名资格审查、召开民主推荐会、举行竞聘演讲会、考察公示，任前谈话、下文及上报等工作。通过竞聘，共提拔科室副主任12名，为畅通青年科技人员成长成才通道提供了有益的模式。

（张　怡）

【基层党支部和工团组织建设】 2012年6月，研究院团委召开第九次团员代表大会，听取研究院第八届团委工作报告，并选举产生研究院第九届团委委员。2013年，重点加强基层党支部建设，及时对党支部书记及委员进行调整增补。根据一院三地办公的实际情况，在扬州实验中心党支部、南京石门坎资料信息中心党支部设立专职党支部书记，明确专职支部书记为正科级，为基层党支部日常工作高效有序开展提供了组织保障。同时，针对人员调离及岗位调整等情况，研究院工会及团委根据民主选举结果，分别对部分分工会及团支部委员进行了增补。

（张　怡）

【党建工作考评】 2012年，研究院党委紧密结合中心任务，树典型、立标杆，以“比学赶帮超”为载体，把开展“星级创建”与实施“先锋工程”融为一体，制订出台《石油勘探开发研究院党建工作考评办法》，形成党员亮身份、强素质、当先锋、促发展的氛围，提供“抓党员、党员抓”的互动工作平台，以党建工作考评带动整体工作提升。2013年1月和12月，研究院党委分别对下属6个基层党支部的基础工作、思想政治教育、反腐倡廉、主题活动的开展、党支部战斗堡垒作用的发挥等5个方面的工作进行综合考评，并在此基础上评选出研究院2012年度、2013年度“先进党支部”“优秀共产党员”。同时，汇集党建工作考评小组及各基层党支部对党建工作考评的意见，对《石油勘探开发研究院党建工作考评办法》进行了修订。通过年度党建工作考评，有效推进了基层党组织工作的科学化、规范化，增强了基层党组织的创造力、凝聚力和战斗力。

（张　怡）

【信访维稳工作】 2012年，研究院积极实施“百人百点桥梁工程”，设立信访分布点1个，处理信访群体及诉求3件，做到件件有落实，事事有结果。8月，与各部门签订《华东分公司石油勘探开发研究院特殊敏感时期维护稳定工作责任状》，确定敏感事件直接负责人，明确全员维稳工作思路，超前防范，化解矛盾，确保了特殊敏感时期的稳定。

2013年，通过领导下访、召开座谈会等形式，耐心解释相关政策、疏导情绪，妥善解决了部分离退休人员、离岗职工和个别享受定补家属工的信访问题，维护了企业稳定。

（俎德宽）

石油工程技术研究院

【概述】 华东分公司石油工程技术研究院(简称工程院),位于江苏省南京市浦口区新马路182号,前身为华东石油局工程技术设计研究院,成立于2004年4月6日。2012年7月24日,根据《关于调整石油工程技术研究院管理体制的通知》(华东股份〔2012〕45号)文件,华东石油局工程技术设计研究院更名为华东分公司石油工程技术研究院,隶属关系从华东石油局调整到华东分公司管理。

截至2013年年末,工程院共设置4个管理部门和8个业务部门,分别是综合管理办公室、党群办公室、计划财务科、科研生产管理部和钻井工程研究一室、钻井工程研究二室、采油工艺研究室、采气工艺研究室、地面工程室、地质工程研究室、技术推广部、实验室。在岗员工83人,其中正式职工72人、劳务派遣用工11人;硕士研究生学历17人、大学本科学历49人;具有高级及以上专业技术职称14人、中级专业技术职称14人。

工程院是一支集石油钻井完井、采油采气、地面工程等多专业技术研究开发于一体,具有较强研究实力和技术服务能力的综合性科研机构。2012年完成生产经营总值2 438万元,比上年度增长18.80%,完成华东石油局、华东分公司下达生产经营目标任务116%。2013年完成生产经营总值2 704万元,比上年度增长10.90%。

(庄　佳)

【领导班子成员调整】 2012年4月24日,根据华东石油局、华东分公司中层领导干部轮岗交流制度的要求,工程院原副院长程百利调出另有任用;经民主推荐和组织考察,张龙胜任工程院副院长。2013年4月19日,工程院原院长、院党支部书记杨力调出另有任用;王彦祺经民主推荐和组织考察任工程院院长、院党总支书记。5月27日,沈建中经民主推荐和组织考察任工程院副院长。截至2013年底,工程院领导班子由3人组成。

(张家青)

【部分机构与管理职能调整】 2013年5月30日,工程院对部分管理部门、业务部门设置和职能进行调整。成立党群办公室,负责党群工作及人事管理工作;撤销机电研究室,原设备及网络信息管理职能并入科研生产管理部。

(庄　佳)

【全面完成工程方案与设计任务】 2012—2013年,共完成钻井工程设计875井次,其中常规油气钻井工程设计290井次(探井82井次、评价井40井次、开发井168井次),非常规油气钻井工程设计585井次(煤层气井577井次、页岩气井8井次)。完成钻井地质设计510井次,其中常规油气钻井地质设计290井次、非常规油气钻井地质设计220井次(煤层气井209井次、页岩气井11井次)。完成井眼轨迹检测59井次(常规油气井26井次、非常规油气井33井次);水平井定向技术服务2井次。完成常规油气采油工程设计117井次(施工设计及现场服务56井次、压裂工程设计及现场服务57井次、堵水施工设计及现场服务4井次)。完成非常规油气压裂工程设计350井次(煤层气337井次、页岩气1井次、炭岩气4井次、砂岩气8井次)。所有设计通过甲方专家组评审验收,合格率100%,检测数据符合规范要求。完成了“台兴油田QK111断块二氧化碳驱开发方案”“草舍油田阜宁组三段、阜宁组一段油藏二氧化碳驱开发方案”“延川南煤层气田开发方案”“俞垛—华庄区块评建一体化概念设计”“延川南煤层气田5亿立方米产能建设开发方案”“延川南煤层气田5亿立方米产能建设可行性研究报告”“张家垛—曲塘区带整体规划方案”“祝庄油田阜宁组一段油藏二氧化碳驱初步方案”等40多个钻井、采油、采气、地面工程技术方案的编制。

（李　平）

【水平井组远端连通技术应用】 煤层气水平连通井组是由1口直井与1口水平井组成，并实现远端连通，完井后由水平井提供泄流通道，直井进行排采生产。该技术应用难度主要体现在如何控制水平段在较薄且不稳定的煤层中安全、快速有效穿行并实现水平井远端与直井精确对接的“穿针技术”。

由工程院设计并负责实施轨迹控制与远端连通技术服务的延川南煤层气田第一个V型井组—延5V1井组，于2012年4月8日顺利完成远距离水平末端3井眼精准连通。该井组由1口排采直井—延5V1井和2口水平井—延5V1－P1井、延5V1－P2井组成，实际钻井过程中首先进行延5V1－P1井与直井的对接连通，然后采取直井填砂，再进行延5V1－P1井固井，接着实施延5V1－P2井水平段钻进，并在2号煤层实现3井连通及完井作业，连通井距离分别为1 030米和750米。延5V1井组为3口采用215.90毫米井眼完井的煤层气V型井组，在国内尚属首例。

（龙志平　张家青）

【空气钻井技术在煤层气钻探中的应用】 空气钻井属于欠平衡钻井主要方式之一，是一种以空气作为钻井循环介质的钻井技术，成为提高钻井速度、钻进易井漏地层、降低生产成本的关键技术之一。2012年6月，工程院和六普大队联合开展空气钻井设备和技术研究，利用ZJ20型石油钻机配备2台空气压缩机和1台增压机，同时采用空气锤作为破岩工具，在延川南区块延1－58－38井进行空气钻井试验。该井空气钻井试验井段机械钻速达到32.29米/时，与该区块同地层常规钻井相比提高了5.45倍。在此基础上，成功研制出适用于普通钻井设备的空气钻井简易井口装置，并获得国家专利。

2012年11月，通过空气钻井技术的应用，较好地解决了织金区块织2U1井上部井段在钻井过程中出现的严重漏失问题。并有效提高了机械钻速。织2U1井空气钻进井段为70—120.80米；进尺50.80米；纯钻时间1.68小时；平均机械钻速30.24米/时；为织金区块最高机械钻速5.37米/时的5.63倍。

（龙志平）

工程院技术人员在曲1－1HF井压裂施工现场检验支撑剂及桥塞　（俞亮亮摄）

【苏北常规油气勘探开发提速提效】 2012—2013年，工程院以关键工艺技术的突破为核心，深化苏北常规油气勘探开发提速提效工作，提出了“分部考虑，突出重点”的提速提效思路。具体做法是：针对上部直井段松散地层，以提高钻头的破岩能力为重点，采用高压喷射钻井技术，优化喷嘴组合；中部造斜段以提高单趟钻时效为重点，优选高性能PDC钻头和动力钻具；下部地层以提高单只钻头的有效进尺，减少起下钻次数为重点，提高钻柱的过流面积和强度，优化钻头及动力钻具组合。重点推广应用了FL

系列高效 PDC 钻头，多点试验了新型聚胺钻井液体系。通过关键技术攻关和高效技术推广，苏北常规油气勘探开发提速提效工作得到进一步提升，机械钻速等关键指标较前期有显著提高。其中重点产建区块张家垛油田 HF 井机械钻速由 2011 年的 4.03 米/时，提高至 7.14 米/时；钻井周期较 2011 年的 104.87 天，缩短至 61.01 天。

（贺　庆　王洪亮）

【"集成井工厂"钻井作业模式】 2013 年，在延川南煤层气田 5 亿立方米产能开发建设中，工程院在国内首次引入"集成井工厂"钻井作业模式。延川南煤层气"集成井工厂"钻井模式是在一个钻井平台上部署 4—9 口井，采用单排布井的方式(井间距 3—5 米)，使用车载钻机或底部安装有快速滑轨装置的钻机(能够实现井与井之间的快速搬迁)，采用流水线式的施工方式，并综合多项技术依次钻完多口井，从而形成多井集成作业模式。

2013 年，工程院完成"集成井工厂"设计 340 口井，年度平均单井钻井周期缩短 2.55 天，机械钻速提高 28%，单井成本节约 18%(约 26 万元/口井)，同时创造了 4 个小时完成井位搬迁的纪录，提速提效成果明显。

（龙志平　张家青）

【编制张家垛工区钻井作业指导书】 2013 年，针对张家垛工区钻井施工队伍多，技术水平参差不齐，井下复杂情况时有发生的现状，工程院组织技术骨干，编制了《张家垛油田大斜度井钻井作业指导书》，并于 3 月颁布实施；9 月进行了补充修订，使其更具现场操作性。该作业指导书从张家垛工区地质概况和前期钻井情况分析入手，系统分析了各开次施工中的风险和重点注意事项，并对各开次钻井作业过程中钻具组合选择、钻头优选、钻井参数优化、钻井液体系性能维护处理和井下复杂情况预防处理等方面进行了详尽阐述，提出针对性措施和规定。经过近 1 年的钻井实践表明，该作业指导书实现了规范钻井作业秩序、保障安全生产和提速提效的目的。

（王洪亮　贺　庆）

【非常规资源勘探开发高效钻头研发】 2012 年起，为解决非常规油气领域钻井提速提效的瓶颈问题，工程院针对不同工区地层特点，自主研制非常规资源勘探开发系列钻头。

2012 年 6 月 24 日，针对延川南煤层气地层特性，自主研制的 HD3541 型 PDC 钻头在延 1-58-40 煤层气井中试验成功。创下了延川南煤层气钻井单日进尺最长(309.07 米)、单只钻头一次入井累计进尺最长(860.96 米)、平均机械钻速最快(14.19 米/时)的 3 项纪录。其试验井延 1-58-40定向井用时 5.96 天就顺利完钻，成为延川南工区钻井周期最短的井，也是工区首口钻井周期控制在 6 天以内的井。HD3541 型 PDC 钻头的研制成功，基本实现了煤层气普通定向井"一口井、一趟钻、一个钻头"的研发目标。

11 月 24 日，自主研发的 HD6541Y 型钻头，首次在彭页 3HF 井试验取得阶段性成功。钻井效率实现了页岩水平井段连续进尺 504 米，最高单日进尺 147 米，平均机械钻速 8.14 米/时，同比提高 29.41%。因井漏起钻后，钻头新度达 95%，基本实现了页岩气井水平段"一个钻头，一个水平段"的研发目标。

HD3541 型 PDC 钻头、HD6541Y 型钻头的成功研制和应用，对非常规油气勘探开发提速提效起到积极的促进作用，形成了良好的自主品牌效应，具有很高的推广价值和现实意义，标志着华东油气田在钻头自主研制领域拥有了自主品牌并实现了"零"的突破。

（贺　庆）

【下扬子句容地区中浅层钻完井技术】 2012—2013 年，针对下扬子句容地区中浅层井(尤其是中浅层水平井)钻完井技术难点，开展了系列工艺技术的攻关研究和现场试验，初步形成了中浅层水平井井身结构优化技术、下扬子地层高效 PDC 钻头优选技术、浅层水平井"导眼井—水平井一体化轨道设计"技术和轨迹控制技术等技术系列。2012 年 9 月，设计实施了华东分公司下扬子区第一口浅层水平井——石狮平 1 井，该井完钻井深 1 550 米，完钻垂深 681.45 米，井斜 81.50

度，水平位移1 147.72米，水垂比为1.68。导眼及水平井钻井周期42.48天，平均机械钻速5.66米/时。侧钻井段井径扩大率3.01%，固井质量优。

（贺　庆）

【复合桥塞多段分簇压裂工艺在彭页HF－1井应用】 2012年5月1—8日，华东分公司第一口页岩气水平井彭页HF－1井进行压裂施工，优选电缆泵送桥塞射孔联作技术逐层进行封堵、射孔、压裂作业，满足了分段压裂施工高压力和高排量的要求。8天高效完成了12段压裂施工，成功实施了复合桥塞多段分簇压裂工艺在彭页HF－1井的应用，压裂施工总加砂量1 332.70吨，酸液165立方米，总液量16 211立方米，分段施工成功率100%，加砂率超过130%。彭页HF－1井压后最高日产气量达到25 200立方米，彭页HF－1井分段压裂施工的成功，落实了龙马溪组页岩含气情况；评价了彭水区块的页岩气资源潜力；探索了页岩气水平井压裂的工程工艺技术；获取了页岩气评价各项工程工艺参数；为华东分公司页岩气的开发提供了重要的技术保障。

（韩　倩）

【新型煤层气排采工艺管柱研究】 2013年，针对延川南煤层气井生产过程中出现的煤粉卡泵导致排采不连续的问题，工程院自主研制了煤层气新型多功能高效排采工艺管柱，既可用于煤层气井正常排水采气生产，又可进行排煤粉、排污泥作业；同时通过排采设备和举升方式优化研究，结合现场实践，形成了以变频电机＋游梁式抽油机＋高效泵的举升方式，确保了延川南煤层气井排采工作的连续与稳定。

（韩　倩）

【南页1HF井大型分段压裂工艺技术】 2014年3月23日—4月8日，由工程院开展现场服务的大型分段压裂在南页1HF井顺利实施，施工历时17天，安全、优质、高效完成了超深页岩气水平井14段分段压裂施工。该压裂工艺采用泵送桥塞射孔联作工艺，施工累计用液46 365.50立方米，加砂756.10立方米。南页1HF井大型分段压裂施工的成功实施，创造了多项国内外超深井页岩气层电缆射孔分段压裂新纪录，打破了国外公司在高温高压超深井页岩气压裂施工方面的独家垄断地位，突破了超深井页岩气测试的技术瓶颈，实现了超深层页岩气水平井压裂战略性突破和国产化应用，为超深层页岩气资源勘探开发提供了有力的技术保障。

（韩　倩）

【二氧化碳气驱油藏化学法深部封窜技术】 2012年10月6日—11月26日，工程院在草5井上成功实施了化学法深部封窜施工。草舍油田是华东分公司最早注二氧化碳驱油试验的油田，由于储层非均质性，注气前缘突破，各主要采油井见气后开发效果开始变差，有必要进行层内气窜通道的封堵和剖面调整。而对于二氧化碳气窜的封堵，国内外尚未有深入研究。工程院在充分借鉴水驱油藏深部调堵技术的基础上，确定了以有效封堵范围和强度为优选原则的化学法封窜工艺。同时通过大量的室内试验，研究出了成交时间可控(3—15天)、注入性、耐温抗盐性(90℃—110℃，抗盐能力可达3万毫克/升以上)及封堵性能较好(封堵率大于95%)的聚合物冻胶与预交联体膨颗粒堵剂组合配方体系，在草5井上成功挤入堵剂2 892立方米。施工后草舍油田构造高部位采油井日产气量下降2 469立方米，说明储层内已见到了气体流向改变的调整效果，这为今后二氧化碳气驱油藏的气窜封堵积累了宝贵的经验。

（张　雪）

【苏北页岩油压裂技术】 2012年2月14日，金页HF－1井分6段压裂获得了成功，压后初产油9.89吨，见到了较好的增产效果。位于金湖凹陷金南构造的金页HF－1井是华东分公司在苏北工区部署的首口页岩油评价井，水平段长564米，采用裸眼封隔器完井＋压裂一体化技术，累计注入压裂液1 539.99立方米，累计加砂146立方米。该井压裂的成功实施代表华东分公司已掌握了页岩油水平井分段压裂工艺技术。

（雷　林）

【致密砂岩油藏大斜度井压裂取得突破】 2012—2013年，采用可钻式桥塞射孔联座工艺，成功对张家垛致密砂岩油藏大斜度井实施了分段压裂。现场累计完成12口井34段的施工，累计增油16 808吨。其中，张3斜2井分压7段，累计加砂220.81立方米，用液1 918.60立方米，压后最高日产试获150吨工业油流。为张家垛致密砂岩油藏的开发提供了有力的技术支撑。

（雷　林）

【页岩气综合利用技术】 2012年6—10月，为了将彭水地区产出的页岩气进行有效利用，工程院通过相关技术研究，形成了压缩天然气(CNG)综合利用技术，并以此为基础在彭水建设了华东分公司第一座CNG站。该CNG站设施设备实现撬装化，工艺简单实用，投资少施工快，既能尽快将勘探开发成果转化为经济效益，又为地方燃气企业提供了稳定气源，有效缓解了当地用气难的问题。

（薛　华）

【国家"863"课题关键技术】 截至2013年底，苏北草舍联合站二氧化碳回收装置已运行1年多时间，共计回收高纯度液态二氧化碳1.20万吨，标志着工程院承担的国家"863"课题中"二氧化碳混合气高效分离与提纯技术"和"二氧化碳产出气回收与循环利用技术"等一系列关键性技术取得成功。该技术将注气驱油产出气中的二氧化碳和可燃气体分离，并将其分别用于循环注气驱油以及生产用气，实现了环境保护和提高效益的预定目标。该技术经国家科技部"863"计划资源环境技术领域办公室认定，属于国内首创，国际领先。其中，油田注气驱油后穿透气的分离提纯以及回收循环利用技术难题，填补了国内相关技术空白，形成了一项国家专利，为华东分公司在草舍油田建设"二氧化碳驱示范基地"提供了技术支撑。

（薛　华）

【油田化学剂质量监督检验】 2013年2月18日，华东石油局、华东分公司授予工程院实验室"华东分公司油田化学剂质量监督检验中心"资质。主要负责钻井、压裂作业相关化学剂材料的监督抽查，以督导生产厂家提供优质合格产品，从而保障现场工程施工质量。截至12月底，已检测钻井液材料最常用的一批处理剂产品；8种53批次压裂相关产品，合格率达到85%以上。其中，大宗物料陶粒的合格率质检前为零，质检后的合格率达95%以上，瓜胶质量由最初的二级达到了一级要求，质检工作取得了明显的效果。

（张家青）

【2500型压裂机组设备监造】 2012年工程院受华东石油局、华东分公司委托，对价值2亿多元的2500型压裂机组进行驻厂监制，该设备由中国石化石油工程机械有限公司第四机械厂负责设计制造。监制人员从2011年11月开始进行筹划并接受培训，2012年3月正式驻厂，经过4个多月的驻厂监督，从材质、工艺、技术要求、实际使用等方面对2500型压裂机组的生产制造进行了全方位的监督，所有压裂设备经过验收合格已交付使用。

（王以顺　张家青）

【工程技术服务】 2012—2013年，工程院依靠先进的技术、优质的服务，承担了华东油气田常规、非常规油气勘探开发领域钻井、压裂、地面工程技术支撑和服务。在钻井方面，开展现场跟踪、信息反馈和技术服务，编制分析报告计32份。在延川南煤层气田采用电磁波地质导向仪、强磁连通仪测量技术完成了2口"U"型井、2口"V"型井的技术服务。自行研制HD3541NS和HD3552M型PDC钻头，并开展现场技术服务6井次，单只钻头进尺508.64—655.46米，机械钻速大幅度提高。在压裂方面，参加了常规油井、非常规煤层气井和页岩气井现场压裂施工，提交了工程监理报告98份。在地面工程方面，参加洲城油田和张家垛油田、彭水页岩气CNG站、延川南煤层气5亿立方米产能建设等地面工程建设。

（徐银祥）

【专利技术】 2012—2013年，工程院围绕科研生产实际，积极推进自主知识产权建设。2年共申请专利9项，获得国家知识产权局授权专利8项，其中《三差压气液两相流流量计量装置》获发明专利。

2012—2013年度专利授权一览表

序号	实用新型专利名称	获得时间	专利号
1	三差压气液两相流流量计量装置	2012.3.21	ZL 2011 2 0296648.X
2	三差压气液两相流流量计量装置(发明专利)	2012.7.25	ZL 2010 1 0517786.6
3	油井多功能负压多层配产器	2012.1.11	ZL 2011 2 0209557.8
4	直线传动抽油机	2012.11.28	ZL 2012 2 0135376.X
5	一种用于煤层气开发的液力反馈排采泵	2012.12.12	ZL 2012 2 0144507.0
6	固体配料自动变量添加装置	2012.10.31	ZL 2012 2 0138308.9
7	煤层气多功能排采工艺管柱	2013.5.15	ZL 2012 2 0607558.2
8	新型空气钻井旋转控制头	2013.4.24	ZL 2012 2 0623359.0

(徐银祥)

【标准编制】 2012—2013年，工程院共组织编制完成了1项国家级行业标准、2项一级企业标准。截至2013年底，国家能源行业标准《煤层气钻井工程设计格式》(NB/T 10005—2014)已通过了国家能源局组织的评审；中国石化一级企业标准《煤层气钻井工程质量验收评级标准》《煤层气压裂工程质量验收标准》，通过了中国石化专家组评审。

(徐银祥)

【工程技术进步与成果】 2012—2013年，工程院共承担国家“863计划”专项研究子课题2个，中国石化先导项目11个(含子课题)，华东石油局、华东分公司科研项目35个，石油工程技术研究院自立项目11个。完成中国石化科研项目“彭水区块页岩气水平井高效钻井技术研究”项目的申报并立项。参加华东石油局、华东分公司组织评审验收科研项目35项，其中获优秀评价12项、良好评价20项；获华东石油局、华东分公司科技进步一至三等奖10项。“煤层气V型水平井钻井技术先导试验”获得华东石油局、华东分公司科技进步一等奖。

(徐银祥)

【治安保卫隐患治理】 2013年11月26日至12月26日，工程院针对实验室、办公三区、单身职工宿舍改造和修缮后无安全监控装置、存在安全隐患等问题，配套安装了视频监控系统，同时为加强办公室和单身职工宿舍楼安全保卫工作，加装了门禁系统，总计投入费用11万元，有效提高了安全保卫和治安防范能力。

(印中华)

【梳理修订管理制度】 2013年，为了规范制度，严格管理，工程院对部分现行管理制度进行了梳理与修订。先后颁布实施了《工程院绩效考核暂行办法》《工程院导师制实施办法(暂行)》《安全环保事件(事故)信息报告及处置暂行规定》《工程院通讯费管理暂行规定》《工程院文明科室和文明员工评选暂行办法》《工程院车辆管理暂行规定》《单职工宿舍及租房补贴管理暂行办法》《工程院食堂就餐管理规定》《工程院文印管理规定》《工程院机动车辆及驾驶员交通安全管理规定》10项管理制度。

(庄　佳)

【党团组织建制调整】 根据工程院队伍建设的实际，2013年4月19日，经局党委批复，工程院党组织建制由党支部调整为党总支部。5 月 30 日，党总支在原党小组的基础上成立了 3 个基层党支部。2013 年 8 月 2 日，经局团委批复，工程院团组织建制由团支部调整为团总支部，下设 3 个基层团支部。

（庄 佳）

【党的群众路线教育实践活动】 2013 年 8 月开始，工程院根据局党委的统一部署，正式启动党的群众路线教育实践活动。通过成立领导小组、制定实施方案、召开启动大会、印发材料汇编、党课专题辅导、编排文艺节目、组织学习心得交流、班子成员深入科室听取意见等多种方式，积极有序推进教育实践活动深入开展。全院以查摆“四风”问题为重点，共征求各类意见和建议 24 条，其中涉及领导班子“四风”问题 5 条、班子成员“四风”问题 8 条、其他方面问题 11 条。在对照检查，分析原因的基础上，分专题制定了整改落实方案，为职工群众办实事 20 项，全面完成教育实践活动各项任务。

（张家青 庄 佳）

【廉洁风险防控】 2013 年 5 月 6 日，工程院启动廉洁风险防范管理工作。先后制定了《工程院廉洁风险防控工作实施方案》；通过梳理工作流程，开展廉洁风险排查，找出风险源点 29 个；编制了廉洁风险流程图，组织廉洁风险审核评估。在此基础上，针对查找出的廉洁风险点，按照危害程度和发生频率确定高风险点 2 个、中风险点 17 个、低风险点 11 个，对廉洁风险危害程度较高的岗位制定了重点研判和防控措施。

（庄 佳）

【效能监察】 2012 年 7—10 月，工程院针对职工食堂、实验室等修缮项目开展效能监察。成立修缮装饰工程效能监察工作组，明确效能监察工作职责，依据《工程建设项目业务监督规程》开展工作。对工程项目主要建筑材料的选定与认价进行监督；定期召开监理例会，规范《会议纪要》《效能监察通知书》《效能监察建议书》《效能监察反馈书》等效能监察台账。

2013 年 3—12 月，针对钻井提速提效开展效能监察。制定了《工程院提速提效效能监察实施方案》，构建“提质提效，降本减费”的管理机制，实现贴近现场、优化设计、技术创新、快速服务的要求，效能监察项目的实施实现了“缩短钻井时间，提高单井效率”的管理目标。

2013 年 6—11 月，围绕贯彻落实中央“八项规定”开展效能监察。先后制定了《工程院改变工作作风密切联系群众的实施细则》《工程院转变工作作风八项规定》《开展贯彻落实中央八项规定情况监督检查工作实施方案》《工程院开展八项规定贯彻落实情况效能监察工作实施办法》，及时做好宣传和教育工作，成立以院长兼书记为组长的效能监察工作领导小组，指导开展各项工作。监察结果表明，制定有效措施与领导干部以身作则、带头执行“八项规定”，对倡导厉行节约、反对铺张浪费有明显成效。2013 年，工程院会议费与招待费分别比上一年下降了 10%与 35%。

（张家青）

【职工民主管理】 2012 年 3 月 2 日，工程院召开首届二次职代会暨 2012 年工作会议，34 名职工代表参加会议。会议通过了《务实创新、特色创业，为打好三大战役做特技术服务而努力奋斗》的工作报告、《首届一次职代会提案处理落实和首届二次职代会提案征集情况的报告》《2011 年度财务分析报告》。对院领导班子成员及科室负责人进行了民主测评。

2013 年 3 月 19 日，工程院召开首届三次职代会暨 2013 年工作会议，30 名职工代表参加会议。会议通过了《大胆探索，创新实践，为建设四个基地勇担排头兵》的工作报告、《首届二次职代会提案处理落实和首届三次职代会提案征集情况的报告》《2012 年业务招待费使用情况等重要事项的报告》《2012 年度财务决算及 2013 年财务预算报告》，对院领导班子成员及科室负责人进行了民主测评。

（张家青）

【业务知识竞赛】 2013年7月24日，工程院组织钻井、采油气、地面工程、钻完井实验等专业技术和业务知识竞赛。14篇专业技术和业务知识方面的作品参加专业技术、理论知识展示和演讲比赛，6名选手在专业基础理论知识、生产实践与企业发展、PPT制作与演讲比赛等方面胜出，分别获得一、二、三等奖表彰。

（张家青）

【青年志愿者活动】 2012年5月2日，工程院团支部成立青年志愿者分队，组织实施“关爱泰山小学农民工子女志愿服务项目”，以“大手拉小手，爱心促成长”活动为载体，在泰山小学开展“石油人的文化”“低碳环保”“与青奥同成长”等系列科普讲座，大量的图片和贴近生活的案例，互动问答，把科普知识传授给青少年。该志愿服务项目当年荣获江苏省“优秀志愿服务项目”。

（张家青）

【改善员工工作生活环境】 2012—2013年，工程院积极创造条件组织实施“为民服务”工程。2012年，先后对办公区、会议室、实验室、设备维修车间、职工食堂、职工宿舍、基地大门、院内路灯、公共厕所等项目进行了工程改造。新增2个办公区域，完善了会议室功能，改善了员工办公条件；改变食堂管理模式，推行自助餐运作方式，受到员工好评。2013年，对单身员工公寓进行修缮，添置了热水器、洗衣机、空调和衣柜等生活设施，于年中正式启用；增加了实验室用房面积，解决了实验室仪器摆放拥挤和新增仪器放不下的问题；新建了自行车停车棚，并安装了电源插座，方便员工电动自行车充电。

（李　平）

【企业文化建设】 2013年8月15日，工程院结合“忆传统，爱企业，创一流”主题活动，举办“自强不息，做一名合格的劳动者”讲座。9月24日，结合庆祝中国石化成立30周年，组织“唱响石化之歌，弘扬企业文化”为主题的《中国石化之歌》传唱歌咏会，《石化城的节拍》《你是否懂得这种情感》《石化风采》《中国石化之歌》等表现石油石化主题的正能量歌曲在员工中广泛传唱。

（庄　佳）

【向雅安地震灾区捐款】 2013年4月24日，工程院组织“心系雅安，同舟共济”向四川雅安地震灾区同胞捐款仪式，共募得现金1.03万元。全院有76名员工献出了自己的爱心，帮助雅安同胞重建家园。

（庄　佳）

【万步健身走活动】 2013年7月1日，按照华东石油局工会和第十二届文化体育节活动组委会的统一部署，工程院启动员工万步健身走活动，全院84名员工积极参与。截至2013年底，全体员工共累计健身走7 672亿步，1人获得万步之星奖，3人获得科学健步奖，17人获得健步达标奖。

（庄　佳）

物探研究院

【概述】 华东分公司物探研究院（简称物探院）位于南京市秦淮区天坛新村9幢。2011年4月2日在原华东分公司资料处理解释中心基础上成立，为华东分公司直属单位。

截至2013年底，物探院下设综合办公室、生产技术科、党群办公室、计划财务科4个职能部门和处理中心、解释中心、非常规油气研究室、方法研究室、科技情报室和系统保障部6个生产科研部门；共有员工 131 人，其中正式工 98 人、劳务派遣用工 33 人；具有高级职称 26 人、中级职称 21 人；本科以上学历 87 人，其中博士学历 2 人、硕士学历 13 人。

物探院主要业务职能为：承担华东分公司物探部署、技术设计、野外施工现场跟踪分析、资料处理与解释、圈闭评价、井位论证反馈、物探方法研究与技术储备、新技术引进应用等物探生产与科研任务。拥有 omega、marvel、grisys、tomodel、amodel、cgg、promax 等地震资料处理系统和 LandMark、Geoview、Jason、eps、epos、环波、slog 等地震解释软件；配备以 PC CLUSTER 集群为主的处理硬件设备。

2012 年完成勘探货币工作量 2 776 万元，其中上年跨年度勘探项目结转费用 1 100 万元（常规油气项目 80 万元、非常规油气项目 1 020 万元）；完成当年勘探货币工作量 1 676 万元。2013 年完成勘探货币工作量 2 894 万元，其中完成上年跨年度勘探项目结转费用 1 772 万元（常规油气项目 1 251 万元、非常规油气项目 521 万元）；完成当年勘探货币工作量 1 122 万元。

（姜殿钢）

【生产科研任务】 2012 年，共完成油气勘探生产及科研项目 52 个。其中，三维地震资料处理 531.76 平方千米，二维地震资料处理 6 293.48 千米；三维地震资料解释 1 569.76 平方千米，二维地震资料解释 5 341.94 千米。累计重新落实和新发现圈闭 44 个，圈闭面积 53.30 平方千米，提交建议井位 25 口，金南 1 井和陈庄 1 井油气显示良好；下扬子地区评价圈闭 20 个，圈闭面积 253 平方千米，提交建议井位 8 个。

2013 年，共完成油气勘探生产、科研及技术服务项目 74 个，生产、科研工作量再创新高。其中，三维地震资料处理工作量 2 182 平方千米、二维地震资料处理工作量 6 690 千米；三维地震资料解释工作量 1 957 平方千米、二维地震资料解释工作量 8 556.50 千米。提供评价圈闭及井位论证 35 个，其中苏北老区评价圈闭 17 个、下扬子区评价圈闭 13 个、非常规评价圈闭 5 个，有 8 个圈闭入选华东油气田 2014 年重点预探圈闭。

（葛瑞麟　谭胜章）

【建立叠前成像处理工业化流程】 2012 年，以黄桥地震技术攻关形成的适合下扬子海相碳酸盐岩地质特征的地震成像技术方法和流程为示范，形成以“叠前多域提高信噪比技术、地震波波动学与动力学特征一致性处理技术与复杂冲断构造带建模技术、三维叠前波动方程逆时偏移技术”为核心的中古生界低信噪比地区叠前成像配套技术与工业化流程，为下扬子地区海相中古生界和苏北复杂断块群地震成像等探索了一条高效途径，并在苏北增储上产攻坚战中发挥作用。

（谭胜章　葛瑞麟）

【复杂山地地震资料处理技术】 2012 年，通过对彭水、南川、仁怀、黄平、龙里和延川南等渝黔山地和黄土塬地震资料处理攻关，逐步完善了以“强背景噪音的衰减方法、能量与频率的一致性处理技术、低信噪比区的叠前偏移处理技术”为主的山地地震资料处理技术流程，为海相页岩气勘探与煤层气产能建设提供了优质的基础数据。

（葛瑞麟　谭胜章）

【全数字三维地震勘探技术应用】 全数字三维地震勘探带来了子波一致性的提高和丰富的宽频信息，有利于提高成像精度。2012—2013 年，通过全数字三维地震勘探在句容落实了石狮圈闭、戴家边圈闭，石狮 1 井、戴 2 井在葛村组、青龙组及龙潭组等层位见油气显示，落实了官庄、油坊及香炉Ⅰ号等有利圈闭，并在溱潼凹陷华庄—广山三维的应用中取得了良好效果。

（葛瑞麟　谭胜章）

【三维地震资料目标精细处理】 2013 年，配合圈闭评价及井位论证，优选有利目标，开展以提高分辨率、信噪比和保真度为目标的三维精细处理，累计面积 1 373 平方千米，实现三维地震资料叠前时间、深度偏移处理常态化，提升了逆时深度偏移目标化处理技术水平，为重新落实及新发现35个圈闭、提交5口建议井位提供了可靠的基础资料。

（云惠芳）

【综合提频技术应用】 2013年，通过地表一致性反褶积、预测反褶积、反Q滤波等叠前及叠后串联、组合提高分辨率处理技术，将延川南三维处理剖面的主频由原来的30赫兹左右提高到100赫兹，拓宽了频带，改善了频率的一致性，在保真、保幅的前提下提高了有效反射波组的分辨率，为结合薄层精细解释、储层反演与预测提供了保证。此技术还成功应用于延川南二维、和顺二维地震资料处理。

（云惠芳）

【溱潼凹陷三维联片处理】 2013年，通过无缝拼接处理攻关，解决了三维资料面元、方位角差异及空白面元、大型城镇厂矿区井震联合地震资料采集等几何、物理属性规则化问题，提高了面元属性参数的均匀性及叠加偏移成像效果，使溱潼凹陷斜坡带地震资料分辨率明显提高，南部断阶带地震资料品质获得改善，为储层预测提供了优质地震资料。

（陆　超　云惠芳）

【勘探有利区预测与圈闭评价】 在南方页岩气和苏北油气勘探过程中，通过波阻抗、厚度、层速度、频率、振幅、反射强度等多属性融合分析技术，预测页岩气分布，优选页岩气勘探突破有利靶区，在2千米×2千米测网控制的南方山地页岩气勘探中，误差可控制在5%以内；应用地震反演、地震相描述、属性提取、分频解释及烃类检测等手段，综合分析落实圈闭，降低了勘探风险，在构造、岩性复合圈闭描述及储层评价中发挥了重要作用。2012年，分别评价了俞垛—华庄、蔡家堡阜宁组三段含油气构造带，落实了规模储量。

（卢　葭　刘　明）

【提交一批有利圈闭】 2013年，物探院共评价圈闭35个，其中苏北老区17个、下扬子区13个、非常规5个。8个圈闭入选华东油气田2014年重点预探圈闭。2013年3月，在中国石化油田事业部组织的首次中国石化圈闭和预探井统一评价优选中，物探院首次承担完成苏北盆地溱潼凹陷鲁1井预探井位论证，并被优选上钻。

（卢　葭）

【圈闭库管理】 2013年，完成华东分公司圈闭评价与管理工作由勘探开发研究院向物探研究院的交接。开展了2012年度圈闭库储备圈闭清理工作，核销了24个三级圈闭和52个四级圈闭；对2013年新发现圈闭进行了图件修编、圈闭评价入库工作，按中国石化新的圈闭评价方法对圈闭库进行了综合评价与优选；对10个重点预探井圈闭进行了全方位圈闭评价论证，提交了“中国石化华东分公司2013年度圈闭清理报告”“圈闭成果报告”，并顺利通过石化股份公司验收。

（卢　葭　蓝加达）

【下扬子地震方法论证】 2013年，物探院按照华东分公司油气勘探部署，利用重、磁、电等综合物探资料与成果，开展了下扬子南部区域地质、地震方法综合研究。以下古生界为主要勘探目标，通过精细的地震采集方法论证及参数分析设计，完成了淮阜、煤山以及常州地区地震方法攻关的地震采集工程技术设计。

（邱天林）

【地震勘探市场开拓】 2013年4月，物探院与物探华东分公司联合承担了中国神华集团湖南保靖页岩气二维地震勘探项目，完成12条测线378.02千米二维地震资料的处理、解释及区域综合评价工作，提交了2个志留系、3个寒武系建议井位。

2013年，物探院继2011年中标玻利维亚YPFB石油公司地震剖面矢量化项目后，再次中标该公司地震剖面矢量化项目。11月6日—12月8日，赴玻利维亚技术人员完成37万道的二维地震剖面矢量化，并通过甲方验收。

（葛瑞麟　高利华）

【硬件软件更新升级】 2013年2月，新引进IBM-GPU 2万核，实现26个GPU节点3万核和422个CPU节点4 280核的运行规模，硬件设备得到进一步提升；TOMODEL层析静校、绿山层析静校、AMODEL速度建模、EPS叠后反演等软件的引进，提高和丰富了地震资料处理解释的能力及手段。

（王　迪）

物探院与六物大队联合举办物探技术研讨会　（姜殿钢摄）

【物探科研成果】 2012—2013年，物探院承担国家重大专项研究专题3项、石化股份公司科研项目3项、华东分公司科研项目6项，其中华东分公司4项科研项目通过验收评审。

2012年，获华东石油局、华东分公司科技成果奖4项，其中"句容地区单点高密度二维地震资料处理方法"获科技成果一等奖；"彭水区块页岩气二维地震资料处理技术""逆时深度偏移技术在苏北戴南—茅山三维地震资料目标处理中的应用""2011年度下扬子黄桥地区三维地震勘探工程设计"获科技成果三等奖。

2013年，获华东油气田科技成果奖6项，其中"下扬子黄桥地区海相中古生界叠前成像技术攻关研究"获科技成果一等奖；"黄土塬地区煤层气勘探地震采集方法先导试验研究"获科技成果二等奖；"2011年度新疆准东煤田奇台县大井南二井田三维地震资料处理方法"、"溱潼凹陷帅垛—唐刘三维地震资料连片处理方法研究""彭水区块二维地震资料处理技术""下扬子地区低信噪比处理技术"获科技成果三等奖。

（谭胜章　葛瑞麟）

【物探技术交流】 2012年8月，物探院与六物大队联合举办了物探技术交流会，全院提交论文38篇。2013年7月，与研究院举行页岩气、煤层气勘探开发技术交流；8月，与采油厂进行苏北老区第三系油气勘探开发技术交流，讨论用户对资料处理、解释的质量要求与目前存在的技术难点。通过收集了解和分析研究，开展多个针对性的研究课题攻关，提高了延川南、和顺区块的静校正精度，拓宽了地震资料的有效频带。2012年在专业期刊上发表论文9篇，国内外专业学术会议交流论文2篇；2013年在专业期刊上发表论文17篇。

（葛瑞麟　谭胜章）

【党组织建制与领导班子调整】

2013年2月21日，根据华东油气田干部轮岗交流、提高干部队伍综合素质的精神，华东石油局、华东分公司对物探院领导班子进行调整：原物探院党支部书记、副院长杨贵祥调出另有任用；王立志调任物探院党支部书记、工会主席。4月9日，局党委决定撤销物探院党支部，成立物探院党总支部，王立志任党总支书记。6月5日，刘金凯经民主推荐和组织考察任物探院副院长、党总支委员。

（孙婧槐）

【岗位设置与绩效考核】 2013年5月，制定了《物探院岗位设置方案和岗位说明书》《物探研究院全员绩效考核实施办法(试行)》，11月28日在物探院职代会联席会议上讨论通过。岗位设置分为3个大类74个岗位，其中经营管理岗40个、专业技术岗30个、技能操作岗4个。在定岗定员的基础上,实行全员绩效考核。考核分为优秀、良好、一般、不合格4个等级,并明确考核结果作为员工奖金发放、薪酬调整、职位调整、职称评审、业务培训的重要依据。

(余　红)

【专业技术职位选聘】 2012年5—6月,根据华东石油局、华东分公司《关于做好人才成长通道建设实施工作的通知》要求,在制定《物探研究院人才通道建设实施意见》和《物探研究院专业技术职位选聘方案》的基础上,对专业技术职位组织了选聘。选聘工作遵循公开、公平、公正的原则,通过个人述职、竞聘申请、资格审核、竞聘答辩、综合评议等程序确定人选,经华东石油局、华东分公司人事处批复同意,蓝加达等3人被聘为地球物理勘探主任工程师,曾梅等7人被聘为地球物理勘探副主任工程师。

(余　红)

【首届一次职代会】 2012年12月28日,物探院召开首届一次职代会,审议通过了2012年物探院工作报告、财务预决算报告、重大事项报告,通报了合理化建议征集落实情况,并对2名院级领导、16名科级干部进行了民主测评。

(徐　慧)

【社会公益与文化活动】 2013年3月31日,物探院党支部与团总支,共同组织了以"生命基于绿色,希望在于绿色"为主题的植树公益活动,30名党、团员参加了植树。4月24日,物探院工会积极响应局工会号召,发起"向四川雅安地震受灾同胞捐款"活动,131名员工共向灾区人民捐款12 170元。11月14日,物探院39名志愿者响应南京《金陵晚报》发起的让城市"绿肺"紫金山畅快呼吸,改善珍稀动植物生存环境为主题的公益活动——"虎凤蝶行动"。志愿者们手持垃圾袋,沿着山路捡拾垃圾,为改善城市环境贡献力量。2013年4月26日,物探院以"迈向健康,拥抱快乐,投身四大生产基地建设"为主题,在局系统内率先开展全员健走健身活动,共有130名员工积极参与,对在全局系统开展健走健身活动起到了促进作用。同年9月27日,物探院女声小合唱《石化女孩真叫帅》入选华东油气田在技师学院举办的《中国石化之歌》传唱歌咏会,并获专家组好评。

(徐　慧)

【党的群众路线教育实践活动】 2013年8月15日,物探院启动党的群众路线教育实践活动,在华东石油局第三督导组的指导下,开展了以"为民、务实、清廉"为主要内容的党的群众路线教育实践活动,按照"照镜子、正衣冠、洗洗澡、治治病"的总要求,认真排查"四风"问题。相继完成了"学习教育、听取意见""查摆问题、开展批评"与"整改落实、建章立制"3个环节的工作。与员工交流谈话131人次,征求各类意见91条,经整理主要集中在形式主义、官僚主义、享乐主义以及奢靡之风4个方面,立查立改3条,并对5个方面的工作进行了专项整治。2013年12月31日按要求召开了专题民主生活会。

(徐　慧)

【表彰与奖励】 2012年4月,卢葭获石化集团公司第五届青年外语风采大赛西南石油局赛区竞赛三等奖。10月,王海峰获石化集团公司2012年物探专业业务竞赛金奖。

(徐　慧)

非常规资源勘探开发指挥部

【概述】 华东分公司非常规资源勘探开发指挥部(简称非常规指挥部)成立于2010年6月1日，办公地点位于南京市建邺区江东中路315号中泰国际广场6号楼，是从事页岩气、煤层气资源勘探开发的一支专业队伍。2011年3月10日，为适应非常规资源勘探开发决策和生产运行一体化的要求，办公地点前移至山西省乡宁县新城区千佛路中原大酒店。

2013年1月，华东油气田党政联席会决定，为加快非常规油气勘探开发步伐，吉林项目部整体移师参加非常规油气勘探开发会战，共划转人员174人。截至2013年末，非常规指挥部下设10个科室、2个研究所和3个排采队；党工委下辖6个基层党支部。在岗正式职工162人，劳务派遣用工360人；其中高级职称21人、中级职称19人、初级职称46人。

非常规指挥部勘探开发资源对象主要是煤层气、页岩气和致密砂岩气，勘探开发区域涉及16个区块，分布于10省1市，其中煤层气区块7个、页岩气区块8个、煤层气合作区块1个。已开展勘探评价的煤层气区块有5个(延川南、和顺、织金、淮南、长武—彬县)，分布于山西、陕西、贵州和安徽省，其中延川南煤层气区块已开发建产，和顺区块已建立开发试验井组，织金、淮南、长武—彬县区块正在进行勘探评价工作。已进行勘探的页岩气区块有5个(黄坪、湘中、彭水、仁怀、龙里)，其中彭水区块彭页HF-1井、彭页3HF井已投入排采工作。

2012年，共完成钻井115口，其中页岩气井3口、煤层气井112口。年产气量1 243万立方米，其中页岩气205万立方米、煤层气1 038万立方米。2013年，共完成钻井348口，其中页岩气井4口、煤层气井344口。年产气量2 479万立方米，其中煤层气2 065万立方米、页岩气414万立方米；年销售气量247万立方米，其中煤层气139万立方米、页岩气108万立方米。

(何瑞清)

【领导班子成员调整】 2012年2月17日，华东石油局、华东分公司对非常规指挥部领导班子进行调整：原指挥部指挥长、党工委副书记张奉东，指挥部副指挥长、工会主席刘厚裕调出另有任用；李清任指挥部指挥长、党工委副书记；姚洪生任指挥部党工委书记、副指挥长；鲁东升、谢先平、李志刚、周玉仓任指挥部副指挥长；赵军胜、徐建国兼任指挥部副指挥长。2013年2月8日，冯路国任指挥部党工委副书记、工会主席。2月21日，原指挥部党工委书记、副指挥长姚洪生调出另有任用；施杰任指挥部党工委书记、副指挥长。4月23日，原指挥部党工委副书记、副指挥长鲁东升调出另有任用；徐建国不再兼任指挥部副指挥长；夏海帮、包长民经民主推荐和组织考察任指挥部副指挥长。截至2013年底，非常规指挥部领导班子由9人组成。

(何瑞清)

【工程作业队伍管理】 2012年，非常规指挥部规范招投标流程，制定了《非常规资源勘探开发指挥部工程建设及技术服务项目招标投标管理暂行办法》，严格对各个工程作业队伍的资质等级和市场准入申报的书面材料进行初审。2013年末，共有46支工程队伍取得华东油气田市场准入证。加强对招投标流程中的内控管理，按照最新的科室配置制定了科室职能和岗位职责，对内控工作领导小组进行调整，相关科室人员参加了内控管理信息系统上线培训。制定经营责任制考核实施办法，在层层分解下达年度经营指标的基础上，加大对科室、排采队各项可控指标的考核力度，把经营责任制真正落到实处。

2013 年，根据延川南煤层气 5 亿立方米产能建设的需要，制定出台了《延川南煤层气 5 亿立方米产能建设管理制度汇编》《延川南产能建设井位运行程序的暂行规定》《延川南开发井完钻、完井管理规定（暂行）》《延川南开发井录井的管理规定（暂行）》《延川南开发井测井的管理规定（暂行）》《产能建设运行有关技术表单规范》等管理规定，完善《队伍考核与末位淘汰制度》《安全底线检查及整改制度》《单井管理及考核制度》等管理制度，进一步规范了对生产运行和工程作业队伍的管理。

（何瑞清）

【HSE 管理体系建设与运行】 2012 年 5 月 1 日，非常规指挥部召开 HSE 管理体系发布会。体系包含《健康、安全与环境管理体系管理手册》与《程序文件》，重点阐述了建立和实施 HSE 管理体系的目的、范围和总体要求，制定了 HSE 承诺、方针和目标，明确了领导成员及各部门、单位的 HSE 职责。12 月 8 日，通过青岛中化阳光管理体系认证中心 HSE 管理体系认证，成为华东油气田首家通过 2011 版新标准认证的单位。

2013 年，非常规指挥部层层落实安全生产责任制，以 HSE 管理体系有效运行为主线，扎实开展“安全管理提升”活动，着力推进安全生产标准化达标建设，持续开展隐患排查治理，强化现场直接作业环节监管，实现了 HSE 工作“五个杜绝”目标，保持了安全环保平稳运行的态势，未发生一起上报责任事故。2012—2013 年连续 2 年被评为华东油气田安全环保先进单位。

（何瑞清）

【质量管理体系建设】 2012 年 7 月 8 日，非常规指挥部发布《质量手册》和《管理文件》，明确“建设清洁能源，造福人类；持续改进，让顾客满意”的质量管理总方针，以“抓质量水平提升，促发展方式转变”为主题，以实现“有效降低资源的浪费、提高施工成功率”为目的，建立质量管理 PDCA 循环改进模式。钻井工艺主要采用电子单多点检测、控制井眼轨迹；根据地质方面及地质导向要求及时下入 LWD（随钻测井仪），确保数据采集的及时性与准确性；优选钻头、优化钻具组合；控制钻井液性能，确保井壁稳定。压裂工艺重点检查支撑剂、化学药剂、水质。质量管理体系实施以来，工程作业质量合格率 100%，优良率 86.3%，资料录取全准率 100%，未发生轻微以上的质量责任事故。2013 年 4 月 13 日，非常规指挥部质量管理体系通过方圆标志认证集团有限公司的第三方质量外审检查。

（何瑞清）

非常规指挥部安全生产知识竞赛 （徐 芳摄）

【燃气发电取代燃油发电】 延川南煤层气开发初始，工区内没有电网覆盖，单井只能依靠柴油发电机组供电投产。由于连续生产是煤层气排采的必要条件，产出气只能放喷燃烧。非常规指挥部经过调研和考察，决定在产出气相对高且集中的井组建设煤层气发电站，架设电网为投产井供电生产。

2012 年 9 月 27 日，延 3 井区 10 千伏供配电系统成功实现集中供电；11 月 20 日，延 1 井区 2 台 500 千瓦燃气（煤层气）发电机成功并机运行，开始对延 1 井组、延 5 井组 37 个平台 59 口排采井、1 口环保注水井生产供电。电网集中供电后，排采队由单井住人看井的生产方式变成集中巡井的生产方式，减少了劳动用工。到 2013 年末，延川南工区已安装 8 台 500 千瓦燃气发电机组，可供延 1、延 3、延 6 井区 200 多口排采井、1 个压缩天然气站和延 1、延 6 共 2 个生活基地用电。

（何瑞清）

【投资成本优化和控制】 2013 年，为解决煤层气品位低、单井产出低、效益低、产建成本运作压力大的矛盾，非常规指挥部成立由地质、土地管理与协调、钻井、安全环保部门人员组成的现场工作组，与室内部署组密切配合，分区整体考虑延川南煤层气 5 亿立方米产能建设平台部署，逐个调整落实，并对平台上井位组合进行合理优化，增加单平台部署井数，消化征地困难的平台，使上钻单位平台平均井数达到 5.60 口。

为控制投资成本，非常规指挥部建立激励机制，充分发挥管理人员的聪明才智，多渠道、多途径降本增效，单井综合投资比开发初期节约 40%，控制在石化集团公司下达的指标之内。通过优化和控制，2013 年的钻井总价比 2012 年下降 18%。同时从规模化生产出发，优化了固井、测井、录井施工方案，使投资成本得到大幅控制。根据开发产建实际和取全资料的要求，每个新修建的钻井平台选择 1 口井作为资料基准井，其他井采用地质巡井和标准测井、固井质量测井，在满足井网内资料控制的前提下有效降低成本，提高经济效益。固井每口单井与 2012 年相比节约投资 2 万元，测井与录井每口单井节约投资 6 万元。为控制采气工程成本，对压裂施工队伍采取大包形式，实行射孔、压裂、压裂材料和新井投产统一总承包，每口单井节约成本 10 万元。在物资供应及采购工程方面，多途径多领域寻求降低成本的措施，重点控制用量多、需求数量大的物资设备价格，与 2012 年执行的价格相比，均有不同幅度的下降，部分物资价格降幅明显。

（何瑞清）

【双封隔器压裂工艺应用】 2013 年 12 月 16 日，延川南煤层气 5 亿立方米产能建设区 W71 平台延 6－20－36 井实施活性水双封隔器卡封压裂 2 号煤层取得成功。该井依次泵入前置液 375.90 立方米、携砂液 479.10 立方米、顶替液 17 立方米，总液量 872 立方米，加 40/70 目石英砂 10 立方米、20/40 目石英砂 35 立方米，合计加砂 45 立方米，加砂量完成率 100%，破裂压力 46.50 兆帕，一般排量 6.20 米^3/分，平均砂比 8%，停泵压力 28 兆帕。该井 2 号煤层井段 1 427.90—1 430.50 米、1 431.10—1 433.40 米，上部试气层 1 324.40—1 335.60 米。相较于单封隔器压裂管柱，双封隔器压裂管柱不仅防止了上部试气层对下部煤层压裂施工的影响，同时减少了管柱摩阻，地面施工泵压得到有效控制，使煤层压裂施工能够顺利进行。压后放喷完毕，双封隔器成功打捞出井。双封隔器压裂工艺的成功实施使深部煤层下返又增加了一种可靠的压裂配套工艺。

（王俊方）

【抽油机减载器应用】 2013 年 12 月 12 日，延川南煤层气 5 亿立方米产能建设区 W73 平台延 6－20－44 井完成生产管柱下井，生产层位井深 1 495.60—1 497.40 米、1 493—1 495 米。为使抽油机悬点载荷降低，以便选择相对小型的抽油机实现煤层气排采降本增效，于井下管柱结构中添加了抽油机减载器。根据计算，该井正常需使用 6 型抽油机，使用抽油机减载器后，可使用 5 型抽油机排采，大大减少了抽油机成本。2013 年 12 月 26 日，延 6－20－44 井正常启抽，功图测试表明井下工况正常。

（王俊方）

【煤层气井近井地带疏通措施试验】 2012 年 10 月，非常规指挥部组织实施了延 1－42－34 井注活性水解堵、延 1－42－32 井及延 1－54－32 井注氮气解堵试验。上述 3 口井排采初期产液量小，与所在井区周边井产水量差异较大，分析认为该井近井地带因煤粉而产生堵塞，需采取措施疏通近井地带。延 1－42－34 井注活性水解堵前后日产液量分别为 1 立方米、0.50 立方米，产水量明显下降，注活性水解堵措施无效；延 1－42－32 井注氮气解堵前后日产水量分别为 0.90 立方米、0.70 立方米，产水量变化小，注氮气解堵措施无效；延 1－54－32 井注氮气解堵前后日产水量分别为 1.20 立方米、2.40 立方米，产水量明显增大，注氮气解堵措施有效。试验结果表明，注活性水解堵不利于疏通地层，注氮气解堵对近井地带具有一定的疏通作用，注氮气解堵措施效果好于注活性水解堵。

（王俊方）

【泡沫洗井解除井筒堵塞】 在延川南煤层气 5 亿立方米产能建设中，少数煤层气水平井组排采过程中水平井与直井井底流压差异明显，结合产出

非常规指挥部提速提效分析总结会 （徐 芳摄）

液分析，水平井与直井井筒存在通而不畅的情况。2012 年 8 月 24 日，非常规指挥部采用 0.40—0.50 克/厘米^{3}的泡沫，组织实施了延 1U1 水平井组、延 5－V1 水平井组泡沫洗井，排量 15—30 米^3/时，泵压 4—8 兆帕，超过 75％的入井泡沫返出地面，分别洗出大量小颗粒煤粉、少量细小颗粒煤粉。泡沫洗井改善了上述 2 个水平井组井筒的连通性，为煤层充分排水降压打下了基础。

（王俊方）

【排采技术工艺革新】 针对延川南煤层气低孔、低渗、低压、低产、低丰度和黄土塬“五低一黄”的特点，非常规指挥部对煤层气排采制度进行优化，从粗放向精细转变，采取“五段三压四控式”排采，注重排采初期产液量与合理流压降幅的控制，提高单井产气量。从单井突破、井组试验到整体开发，以“连续、缓慢、稳定、长期”排采八字方针为指导，探索出适应大斜度井况和特低产液、低冲次、小冲程工况条件的排采工艺，并通过“泡泡头”监测煤层解吸压力、改进井口防喷盒、气水分离装置、燃气发电等技术解决生产难题，确保稳定排采。到 2013 年末，延川南工区排采井的平均免修期达到 494 天，其中延 13 井免修期达 963 天。

（何瑞清）

【外协施工队伍考核】 2012 年 6 月，非常规指挥部对工区内钻井施工队伍进行月度考核。考核内容涉及钻井队伍生产管理、施工质量、施工进度、人员资质、队伍建设等 10 个方面。每次考核结束，考核小组将考核结果在“比学赶帮超”月度评比平台上用红、黄、黑旗标示，并对考核前三名和后三名的队伍在全工区进行通报。2013 年 7 月，扩大了考核队伍的范围，完善了考核指标。一方面是施工队伍进度和质量评比，制作 2 块评比展牌，每月定期将进度和质量评比结果公示，使考评结果更加真实，更客观地反映生产中存在的实际问题。另一方面是延川南钻井队伍综合考评，组织工程监督科、钻井工程科、生产运行科、安全环保科、土地协调办公室根据评分标准和各钻井队的指标进行综合考评。通过考核评比，促进了施工质量、进度和队伍素质的提高。

（何瑞清）

【转变机关工作作风】 2012 年 8 月 12 日，针对生产运行管理中出现的问题，非常规指挥部制定《开展转变机关工作作风活动实施方案》，成立以

党工委书记为组长，指挥长、党工委副书记为副组长，副指挥长、副总师、党群办主任为成员的领导小组，组织开展转变机关工作作风活动。8月14日起，每周一、二、三、五、六晚7—9时，非常规指挥部领导班子、机关各科、室、所负责人及关键岗位人员集中开会，根据党群办公室汇总的情况和议题，讨论转变机关工作作风的整改措施。活动至9月中旬结束，共进行了15次、12个活动议题的讨论，形成了70条整改措施，完成了8个项目整改。

（何瑞清）

【民营施工队伍党建工作】 延川南工区施工队伍中民营队伍占很大比例，尤其是钻井队。针对民营队伍有党员但大部分未建立党支部的实际情况，2012年非常规指挥部党工委主动将民营队伍党建纳入工作范围，专门成立民营队伍党建工作政研课题小组，由党工委书记牵头，边调研，边开展工作。通过流动党课、发放学习材料、学习轮训、走访等形式，组织民营队伍党员参加党组织活动，激励他们发挥党员先锋带头作用，为会战多出力做贡献。党工委还认真听取他们的意见，帮助他们解决生产生活中的问题和困难，把党组织的温暖送到工区每一名党员身边。同时党工委专门开通热线电话，在工区每个工程队伍驻地设立意见箱，及时了解和掌握员工反映的问题。

（何瑞清）

【改善一线员工生产生活条件】 2012年，非常规指挥部党工委针对煤层气、页岩气单井点多、分布广的特点，对所有排采井划分井组，确定党员联系承包人，帮助井组解决问题。对重点井，联系承包人必须定期驻井蹲点，与员工进行思想交流，及时帮助解决生产、生活困难。

2013年，随着排采井不断增加，单井员工越来越多，新困难、新问题也不断出现。党工委结合党的群众路线教育实践活动，深入一线开展调研，多次召开专题会议研究改善员工的生产生活条件。从一线生产生活的实际需要出发，重点解决了4个问题：在排采二队生活基地建1座塑胶球场；给彭页HF-1井、延6井生活基地安装互联网；扩建排采一队、排采三队生活基地食堂；邀请局职防所、扬州大学心理学专家组到延川南会战现场，为一线员工开办心理知识讲座，化解员工心理、思想方面的困惑，保障心理健康。

（何瑞清）

【党的群众路线教育实践活动】 自2013年8月16日党的群众路线教育实践活动启动以来，非常规指挥部认真贯彻局党委部署，在局第一督导组的精心指导下，结合5亿立方米煤层气产能建设大会战的实际情况，制定了教育实践活动实施方案，认真把握各个活动节点，落实各项活动内容，把“照镜子、正衣冠、洗洗澡、治治病”的总要求始终贯穿活动全过程，相继完成了“学习教育、听取意见”“查摆问题、开展批评”和“整改落实、建章立制”3个环节的工作。党工委中心组集中学习讨论10次，280人次参加了“双学”教育活动，278人次参与“双鉴”警示教育活动，听取员工意见254人次，征求各类意见57条，经整理为14条，立查立改6条。针对存在问题，领导班子以落实中央“八项规定”精神为切入点，采取了切实有效的措施：① 切实解决文山会海的形式主义问题。通过严格控制会议时间，做好会前准备，确保主题明确，开短会等措施，同比减少各类会议、活动36个，降低15%。在精简文件方面，对于没有实质内容，可发可不发的文件，一律不发，对于上级有明确要求或确需发文贯彻落实的，结合实际提出切实可行的措施，不照抄照转、层层转发。经统计，与同期相比文件简报数量减少49份，下降11%。② 解决深入基层一线较少的官僚主义问题。从解决实际问题出发，根据生产实际将深入基层与安全承包点制度相结合，提高了深入一线的针对性，自教育实践活动开展以来，领导班子成员深入生产一线达100多人次。③ 解决享乐主义方面存在的问题。以厉行勤俭节约为目标制定了具体措施。首先规范了公务接待标准，本系统单位来人一律在食堂用餐，其次从签字审批开始加强业务招待费的管理，有效控制业务招待费。为确保联系群众工作常态化，党工委专门制定了联系点手册，领导干部定期到联系点，听取职工心声，帮助职工解决生产生活实际困难。

（何瑞清）

【完善民主管理制度】 2012—2013年，非常规指挥部职代会审查受理职工代表提案30条，立案17条，内容包括队伍建设、企业管理、物资装备、员工福利等方面。其中建立煤层气井数据库的提案立案后，指挥部于2012年3月开始着手数据库建库工作，到2013年末，先后建成了煤层气及页岩气钻井、测井、录井、固井、作业、物资设备、地面工程、安全环保等工种的源头数据库，起到了指导生产和科研的保障作用。建立员工轮换机制的提案立案后，经过认真调研和论证，出台了《非常规指挥部职工轮换办法》，首批10名员工于2013年底完成了轮换工作。轮换机制的建立对需要技术轮岗培养、家庭存在实际困难的员工起到了有效的调节和帮助作用。

指挥部积极探索厂务公开，拓展和丰富厂务公开的内容，推进重大决策科学化、分配制度规范化、干部管理民主化、干部廉洁自律报告制度化、经营管理重点环节程序化，以及大宗物资采购、工程招投标等重大经营管理事项公开化的实施，落实职工群众知情权。在民主评议领导干部方面，先后制定完善了《指挥部职工代表大会民主评议领导干部制度》《指挥部领导干部述职制度》等文件，规范领导干部述职、述学、述廉、述德，将民主评议情况进行实名公布，使职工群众的监督权得到有效落实。

（何瑞清）

【表彰与奖励】 2012年度，非常规指挥部领导班子被评为华东石油局、华东分公司党风廉政建设优秀领导班子。排采二队评为石化集团公司“三基”先进基层单位；“延川南、和顺区块煤层气测试技术研究与应用”“延川南区块煤层气排采技术优化研究”2个科研项目分别获华东石油局、华东分公司科技成果一等奖和三等奖。

2013年度，非常规指挥部领导班子被评为华东油气田党风廉政建设优秀领导班子。科研项目“延川南煤层气井防偏磨工艺技术应用研究”“延川南延1试验井区10千伏供配电工程”“排采井煤层气综合利用研究及推广”“延川南区块地层及对比研究”分别获华东油气田科技成果一至三等奖。

（何瑞清）

吉林项目部

【概述】 华东分公司吉林项目部（简称吉林项目部），办公地点位于吉林省长春市锦西路1151号，生产工区位于吉林省松原市前郭县查干花镇腰英台油田。前身为华东石油地质局东北勘探开发处（挂名地质矿产部东北石油地质局第二勘探开发处），成立于1995年10月。2002年12月更名为华东分公司吉林油气勘探开发项目经理部。2004年2月，更名为华东分公司吉林项目部。

2008年1月，按照《中国石化集团公司对东北地区上游企业整合重组指导意见》，华东分公司所属腰英台油气田资产整体划转东北油气分公司。吉林项目部按照华东分公司与东北油气分公司框架合作协议，改以风险总承包方式承担腰英台油气田的产能建设、采油生产和开发管理工作，油田决策与投资计划由东北油气分公司负责。2010年12月，根据石化股份公司油田事业部《关于理顺腰英台油田管理体制协调会议纪要》精神，华东分公司将腰英台油田管理职能全面移交东北油气分公司，吉林项目部的职能由原来承担腰英台油田风险总承包方式转变为提供技术劳务服务。2013 年 1 月，华东石油局、华东分公司党政联席会决定，为加快非常规油气勘探开发步伐，吉林项目部实行战略转移，整体移师延川南工区，参加煤层气勘探开发会战。

2012 年底，吉林项目部下设综合办公室、项目管理办公室、安全科和财务科 4 个职能部门；下属采油作业区 1 个生产单位建制(由 4 个生产班组、1 个油气集输联合站组成)；共有正式工 41 人、劳务派遣用工 137 人，具有各类专业技术职称 12 人。

截至 2012 年 12 月 31 日，吉林项目部共有资产 1 172.33 万元，其中流动资产 18.59 万元。固定资产原值 3 603.42 万元，净值 1 153.74 万元，主要为综合办公楼、车辆及仪器设备等。2012 年，吉林项目部技术劳务服务收入 1 584 万元。

(卢建明)

供应处

【概述】 华东分公司供应处(简称供应处)位于江苏省泰州市五里桥，前身为2004 年 2 月成立的华东分公司物资采购供应中心(简称采供中心)。2011 年 3 月 21 日，华东石油局、华东分公司将原物资采购供应中心与六普大队管辖的物资供应站整合，组建华东分公司供应处。

截至 2013 年末，供应处共设置计划科、材料采购科、机电设备科、过程控制科、仓储科、财务科、企业管理科、综合办公室 7 个职能部门。在岗员工 86 名，其中正式职工 58 人、劳务派遣用工 28 人；具有大专以上学历 46 人，中、高级专业技术职称 4 人。

供应处是华东油气田物资采购供应的归口管理部门，承担着华东油气田勘探开发及生产经营所需物资的采购供应与管理任务。2012—2013 年，实现物资采购供应总量 12.30 亿元。

(朱　亮)

【物资采供综合效益显著提高】 2012—2013 年，供应处以巩固、完善、提升为物资供应管理工作为主线，强化供应商管理、价格管理和过程控制，推进传统业务改造和管理提升，进一步提高了物资采购供应的质量与效益。2012 年，实现物资采供总量 5.10 亿元，签订非安设备采购合同 84 份，合同金额 1.98 亿元，采购资金节约 1 232.97 万元，节约率 4.52%；年末库存 2 294.77 万元，库存资金周转次数 10.87 次。2013 年，实现物资采供总量 7.20 亿元，同比增长 20%；网上签订采购合同3 854 份，网上采购达标率 96.66%，节约率 4.46%；年末库存 2 073.02 万元，库存资金周转次数 15.14 次，同比提高 40%；交易供应商 270 家，其中生产商 239 家，厂家直供率95.01%，同比提高 6.20%。

(祝华林)

【物资计划电子化管理】 2013 年 1 月，物资采购运行的需求计划嵌入中国石化 ERP 系统提报、变更和审批，实施需求计划线上管理，实现了需求计划的电子化管理。供应处对华东油气田直属单位计划员组织了 4 次专题培训，促进各单位物资需求计划提报规范操作；通过周例会、月度协调、提前介入沟通等形式，与采油厂、六普钻井分公司、非常规指挥部等物资消耗主体单位建立需求计划管理的联动机制，使华东油气田物资计划管理整体水平得到了提升。

(祝华林)

【框架协议采购】 2012—2013 年,供应处全面推行框架协议采购,实现规模效益。其中:2012 年,执行中国石化采购框架协议 167 份,金额 3 813.58万元;签订自采物资框架协议 102 份,其中生产商 53 家,占 80.30%。2013 年,执行中国石化授权采购中心和区域中心框架协议 593 份,签订自采物资框架协议 140 份,已经执行金额 10 675万元,框架协议采购率 50.88%,自采物资框架协议采购价格同比下降 3%—8%。提高了框架协议采购质量,实现了采购物资直送生产现场或直送库房、按实用量结算、供方在工区设置供应点负责物资供应和技术服务等即时采购新模式。

(祝华林)

【网上招标采购】 开门采购和专家采购相结合,充分利用评标专家的技术优势,发挥技术、经济等方面的专业作用。2013 年,供应处按照物资采购招标管理办法,实施了华东油气田劳保鞋框架协议网上招标采购,劳保鞋单价同比下降 11%,同比节约采购金额 20 余万元;完成了泥浆泵配件、电缆压缩机、变压器等物资的公开招标,提高了采购的严肃性、公正性和合理的性价比。

(祝华林)

【物流管理】 2012 年,对集团化采购的油套管等物资,根据生产工区施工进度及物资性状特征,采取统一管理集中配送、无库存管理直达现场以及现场设库等方式,保障物资供应。2013 年,树立物资供应服务的大局观,对非常规油气勘探重点井的套管作业、压裂施工的主要材料按有效计划、入厂验收、催交催运、入场服务 4 个环节组织好保供。针对页岩气重庆工区、煤层气延川南工区供应的特殊性,优化管材运输方案,根据需求时间的不同,使用汽车运输和火车混合运输的方式供应,提高了供应效率,降低了物供成本。其中,煤层气延川南工区所用套管火车运输占 60%,约 6 000 吨,物流成本同比下降 25%。

(祝华林)

【供应商考评与业绩引导订货】 2012—2013 年,供应处严格控制供应商准入,从源头上控制供应风险,2 年没有新准入供应商和增加许可供应产品目录;加大供应商资源共享力度,向江苏油田、华北分公司等兄弟企业咨询供应商交易情况,实现供应商资源共享,新建立关系供应商 115 家。清理连续 2 年无交易、生产规模较小、质量保证体系不够健全或有各种不良表现的供应商 73 家,清理产品目录 4 629 个,解除使用关系,规避了供应商选择过程中的质量风险。2 年共对 196 家供应商进行年审,从供应商整体实力、供货份额等 7 个方面进行综合打分,确定 A 级供应商 51 家,B 级供应商 128 家,C 级供应商 17 家。考评结果在框架协议采购、询比价、联合谈判供应份额及支付货款等方面向 A 级和级别高的供应商倾斜,23%的交易供应商承担了华东分公司 80%的采购金额,同比下降 6%。

(祝华林)

【物资质量管理】 2012 年,供应处按照《中国石化重要设备材料监造管理办法》(中国石化物〔2011〕454 号)要求,协同华东石油局、华东分公

劳保用品采购招标会 (宋 亮摄)

司装备处、工程院对2500型压裂车组相关设备采购进行驻厂监造,确保了压裂设备安全、及时供货。

2012—2013年,按照入库检验流程和必检物资目录,累计检验入库物资1 710批次,必检物资入库208批次,合格率99%。2013年,制定《华东分公司物资质量监督抽检流程》(华东股份供〔2013〕4号),明确了质量控制岗位和责任人,建立了重要物资质量档案,强化质量追溯和责任追究。当年经石化集团公司监督抽检样品28个,合格24个,合格率85.70%,同比提高15.90%。华东分公司质检站抽查样品251批次,合格243批次,合格率96.80%。2年先后4次到使用单位进行质量回访,收集在用物资使用效果和存在问题,跟踪物资质量状况。及时规范物资质量问题处理,对不合格产品立即停止使用、封存并停止执行采购合同,对涉及的4家供应商作出解除使用关系,暂停许可供应目录,赔偿、更换合格产品的处理决定。通过对供应商的严肃处理和考核避免了企业的经济损失,促进了供应商供货质量意识的提高。

(祝华林)

【物资供应业务管理与培训】 2012—2013年,供应处通过多种渠道加强物资采供人员的业务培训,适应物资采供管理机制转型升级的需要。其中,2012年,组织员工到兄弟油田、生产一线进行业务交流及部分物供生产企业参观学习;参加石化集团公司各类研讨、贯标学习培训60多人次;利用中国石化远程物资供应管理培训模块,组织计划、采购、管理等岗位人员开展网上自助学习和自测练习39人;结合岗位工作自办ERP、BW文件系统培训班9期,培训人员达150多人次。2013年,2次集中组织采油厂、六普钻井分公司等物资消耗主体单位共90余名物资采供管理人员、基层材料员进行业务操作流程培训,规范了物资需求计划提报要求。举办了3期套管及防喷器业务知识培训班,相关单位和处室共100余人参加了培训,提高了采购管理及一线操作业务水平。结合岗位工作组织ERP物料编码、CMIS系统上线操作、BW系统管理等专业培训班9期,230人次参训,培训效果满足了中国石化电子商务网、ERP系统等信息化工作的要求。

(祝华林)

【廉洁从业与效能监察】 2012—2013年,供应处以《中国石化物资供应系统治理商业贿赂六条禁令》(石化股份物监〔2006〕115号)为抓手,专业化分工、流程化操作,加强不相融岗位设置;同时采取观看和参观反腐防腐警示专题片和警示基地等形式加强廉洁从业教育。2012年9月,组织党员骨干到南通监狱接受警示教育。2013年,下发了《关于开展廉洁风险防控工作的通知》《关于开展征集反腐倡廉合理化建议活动的通知》,在开展廉洁自律"四个一"活动的基础上,新增了"两个一"内容:向每名副科级以上人员发放一本廉政读本、开展一次廉政建设大讨论。同时把供应商管理纳入物资采购廉政建设重要范畴,把廉洁风险防控工作、"双鉴"警示教育活动与物资采供

物资采供业务培训 (宋 亮摄)

中心工作相结合,实现计划、采购、供应商选择全过程监控,使反腐倡廉得到进一步落实。2年中,对物资储备和库存管理、非安设备技术方案优化

及采购过程控制、物资需求计划、招投标等进行效能监察立项。2012 年节约采购资金 1 070 万元，2013 年增加经济效益 611.69 万元。

（朱　亮）

【党的群众路线教育实践活动】 2013 年，按照华东局党委的统一部署，以“为民、务实、清廉”的总体要求，供应处认真组织实施了党的群众路线教育实践活动。领导班子成员按照“调研工作常态化”的思路，先后带队到华东油气田驻镇江、泰州片单位和非常规指挥部调研 7 次，与 33 名员工进行了个别谈心与听取意见。同时，通过开设意见箱、发放“四风”问题征集意见表、召开座谈会等形式共征集各类意见 8 条，在查摆、梳理问题和分析研究的基础上，逐条制定出整改措施，并坚持立行立改。2013 年供应处业务招待费同比下降 29.68％，会议费同比下降 33.97％。

（朱　亮）

【领导班子成员调整】 2013 年 5 月 30 日，经过民主推荐和组织考察，王军任华东分公司供应处副处长。截至 2013 年底，供应处领导班子由 3 人组成。

（祝华林）

【职工民主管理】 2012—2013 年，供应处职工民主管理进入起步阶段。2012 年 4 月，供应处召开全体职工大会，按民主程序选举产生了供应处首届工会委员会，为民主管理工作的开展提供了组织保障。2012 年 4 月与 2013 年 4 月，分别召开全体职工大会，听取和审议了供应处年度工作报告、财务预决算报告、招待费及重大事项报告、职工代表提案报告；对处领导和中层领导干部进行民主测评；同时采取民主协商的形式签订了《供应处 2013 年度集体劳动合同》。2 年中领导班子严格贯彻执行“三重一大”集体决策制度，其中 2012 年集体决策 13 次、2013 年集体决策 15 次，领导班子的议事规则和工作程序逐步规范。在员工岗位调整、年度考核和奖金分配、岗位说明书制定等方面，均采用党、政、工联席会议等形式，听取和征求工会组织的意见，并对相关情况进行公示，维护了员工合法权益，确保了队伍的稳定。

（朱　亮）

【表彰与奖励】 2013 年，石化集团公司对年度物资供应系统“比学赶帮超”活动各项指标完成情况进行了通报，华东分公司物资供应在厂家直供率、物料编码应用达标率和采购资金节约率等 5 项指标考核上均为红旗记录，没有发生黄旗记录，荣获石化集团公司 2013 年度物资供应“比学赶帮超红旗单位”称号。

（朱　亮）

职业病防治所　扬州办事处

【概述】 华东石油局职业病防治所（简称职防所），位于江苏省扬州市运河西路 143 号，2009 年 1 月组建，其主要资产与人员来源于原华东石油地质医院。华东石油局扬州办事处（简称扬州办事处），1984 年 4 月成立，前身是地质矿产部华东石油地质局扬州办事处，1998 年 4 月改为现名。2013 年 8 月前，职防所与扬州办事处实行两块牌子、一套班子与机构、统一核算的管理方式。2013 年 8 月后，按照局社区板块专业化重组的统一部署，职防所与扬州办事处分开运作。职防所的主要职能是：在局安全环保部门的指导下，对华东油气田职业卫生工作进行指导、监督和技术服务，开展系统内员工健康体检、驻野外基层队医疗服务以及应对油气田系统内突发公共卫生安全事件等。扬州办事处负责的基地管理、离退休人员管理与信访稳定等管理职能与人员、资产整体划入局社区管理中心扬州工作站。同年12月31日，局下发《关于撤销华东石油局扬州办事处的通知》(华东石油〔2013〕184号)，撤销华东石油局扬州办事处建制。

截至2013年12月，职防所设有职防科、保健科、综合办公室、行政科、计划财务科5个职能部门。在岗正式职工52人，劳务派遣用工5人。其中，具有高级专业技术职称8人，中级专业技术职称32人。

(卢爱华)

【专业化重组】 2013年8月，按照华东石油局社区板块专业化重组的统一部署，在前期调研的基础上，配合局有关部门完成扬州办事处和职防所分开运作的各项工作，基地管理科、离退休职工管理科整体划入局社区管理中心扬州工作站，33名正式职工分别调入华东油气田各有关单位。专业化重组后，职防所按照专业化运作模式进一步明确了自身定位与发展思路，调整了组织结构，整合了现有资源和业务范围，使职业卫生业务关系进一步理顺，管理工作得到加强。

(卢爱华)

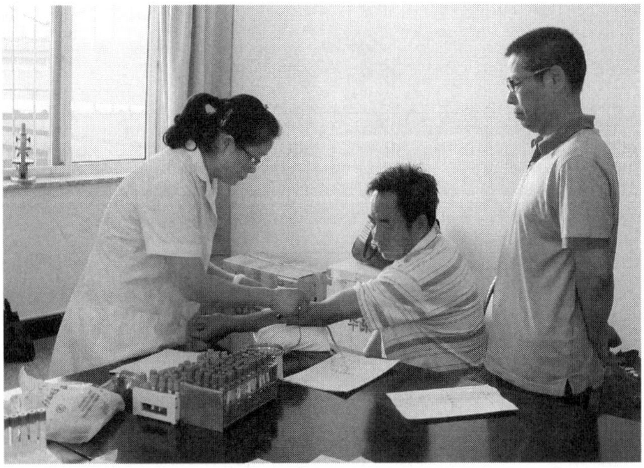

健康体检队医生为新疆工区一线员工体检　(陈　霖摄)

【职业病危害因素监测】 2012—2013年，职防所组织实施华东油气田系统内职业病危害因素监测工作，保障员工工作环境职业卫生。2012年，根据华东石油局、华东分公司最新工作区域和作业场所工作性质，重新确立了381个职业病危害因素监测点，新增加了苯、甲苯、二甲苯等监测因素，统一制作了监测点公示牌并发放到位。2012年，完成噪声、硫化氢、粉尘、氰化氢、氨等12种职业病危害因素2 184个，监测点6 552个样品数检测和报告工作；2013年，完成以上职业病危害因素2 570个监测点，7 710个样品数检测和报告工作。

(卢爱华)

【职业卫生健康监护】 2012—2013年，职防所按照国家《职业健康监护技术规范》(GBZ 188—2007)规定，继续按年度对华东油气田系统内员工进行职业卫生健康监护。其中，2012年，完成在岗期间和上岗前健康体检5 555人次、离退休人员体检1 762人次、其他人员体检465人次、对外体检2 543人次，出具职业健康检查结果及评价报告68份；2013年，完成在岗员工体检5 391人次、离退休人员体检1 786人次、其他人员体检601人次、对外体检1 523人次，出具职业健康检查结果及评价报告58份。对于体检中发现的严重问题，采取进一步跟踪处理的方法提供帮助。

(卢爱华)

【驻基层队医疗服务】 2012—2013年，职防所累计派出医务人员58人次承担驻基层队医疗服务工作。服务区域包括六普钻井分公司西北工区、煤层气延川南工区、物探华东分公司西藏和西北工区、页岩气重庆工区、采油厂加蓬工区等。外派医务人员履行岗位职责，工作积极主动，为基层一线井分队提供优质医疗服务，协助所驻基层队建立员工职业卫生健康档案，较好地解决了基层一线井分队缺医少药看病难的状况，提升了基层单位的职业卫生和医疗水平。

（卢爱华）

【健康体检资质】 2013年3月22日，职防所取得江苏省卫生厅颁发的江苏省职业健康检查机构证书，为开展系统内外职业健康体检工作提供了合法资质。

（卢爱华）

【职工疗养】 2012年，职防所承办由华东石油局工会安排的职工内部疗养10期，367名员工参加疗养，另专门为六物大队增办1期职工疗养。在做好疗养人员全面体检的基础上，继续贯彻做特、做精、做细的疗养工作方针，面向基层、面向一线，按季节组织参观线路、提高伙食标准、改善住宿条件、丰富娱乐活动内容，对疗养全程进行摄像并刻录成光盘留下永久纪念。截至2012年9月底，连续开展30年的职工内部疗养工作全面结束。

（卢爱华）

【心理咨询工作】 2012年12月，职防所组织13名员工参加心理科目业务知识培训学习。至2013年11月，10名员工取得国家心理咨询师职业技能（三级）资格鉴定证书。2013年9月4日，职防所员工帮助计划（EAP）工作小组赴煤层气延川南工区作业现场进行为期5天的实地调研，开展心理咨询和心理知识讲座工作，完成员工心理调研报告1份。

（卢爱华）

【“泪道探针”获实用新型专利】 2013年7月，经国家知识产权局审查合格，职防所主治医师陈立新改良后的“泪道探针”（专利号：ZL 2013 2 0129504.4）获得实用新型专利权。“泪道探针”是眼科专用的一种医疗器械，经过改良后的“泪道探针”，弧形头部更加尖细，探针杯体采用流线型设计，可以减小泪道探针插入时的阻力，使用方便，可较好地避免对泪道的伤害。

（卢爱华）

【培训中心经营工作】 2012年2月，扬州办事处培训中心在华东石油局支持下进行了整体改造，培训场所与住宿、网络、餐饮和服务质量等软硬件设施得到改善，整体面貌焕然一新，当年5月正式运行。2012年，承接会议24场次，接待住宿4 509人次，就餐8 986人次，实现营业收入115万元。2013年，承接会议72场次，住宿6 897人次，就餐25 377人次，实现营业收入191万元。

（卢爱华）

【社区环境建设】 2012—2013年，扬州办事处负责扬州市运河西路143号大院、沙口巷36号、万福闸基地、凤凰桥基地4个小区的管理工作。在华东石油局的支持下进一步加大社区基础建设投入，重点完成了培训中心水电设施改造、外墙粉刷工程及扬州办事处所在小区环境的绿化美化工作，为创建石化集团公司“4A”级文明小区奠定了硬件基础。

（卢爱华）

职防所在延川南工区举办心理知识讲座　（卢爱华摄）

【万福闸基地拆迁】 2013年，扬州市实施新万福路改造扩建工程，涉及万福闸基地拆迁。扬州办事处在华东石油局有关部门的指导下，开展了资料收集、应对方案、沟通协调等一系列工作。经与地方政府多方协调，当年 8 月正式签订拆迁补偿协议书。

（卢爱华）

【党的群众路线教育实践活动】 2013 年，根据石化集团公司党组和华东石油局党委统一部署，扬州办事处与职防所开展了党的群众路线教育实践活动。教育实践活动按照“统筹安排、周密部署、营造氛围、有序推进”的工作思路，通过认真组织学习，统一思想认识，深入基层调查研究，广泛听取员工意见建议，认真查找“四风”方面存在的突出问题，认真开展了教育实践活动 3 个环节的工作。据不完全统计，召开由领导班子成员与中层干部、分管科室科室长、员工代表、党工团代表参加的座谈会 8 次，集体或个别沟通交流累计近百人次。单位领导班子将“四风”方面征求的意见建议归纳为 6 个问题、11 种表现；领导班子成员共查找出自身存在的“四风”方面的问题 19 个，相互之间的批评意见计 6 条。其中，中心组学习缺乏针对性、科室间沟通交流机制不完善、基础管理薄弱等领导班子存在的重点问题已得到整改落实；党性修养需提高、联系基层需加强等领导班子成员存在的问题正在逐步整改落实。

（卢爱华）

【职工民主管理】 2012—2013 年，局职防所与扬州办事处按年度召开职工代表大会，组织职工参与民主决策、民主管理和民主监督，依法维护员工合法权益，职工民主管理参政议政的能力和参与度不断提高。两年中职代会累计收到提案 12 件，立案 9 件，其中员工业余运动场所、工作餐、原装备厂闲置资产处置等提案的解决受到员工的好评。2 年累计对 3 名处级干部和 16 名科级干部开展民主测评，合格率 100%。

（卢爱华）

【信访与维稳工作】 2012—2013 年，扬州办事处与职防所信访部门按照华东油气田维护稳定会议要求，坚持“以人为本”的工作理念，认真贯彻“真困难、真帮助”的帮扶宗旨，积极、审慎地做好各项信访处理与维护稳定工作。累计发放各类非在职人员生活补贴计 179.08 万元。配合华东石油局有关部门走访扬州市信访局和扬州市政府有关部门，加强维稳工作的协调与沟通。至 2013 年 9 月底，扬州片协解退休人员按照有关文件调整生活补贴的政策已全部执行到位。

（卢爱华）

【扬州办事处团委换届】 2012 年 12 月，华东石油局扬州办事处召开第五次团员大会，选举产生共青团扬州办事处第六届委员会，虞敏当选团委副书记。

（卢爱华）

【表彰与奖励】 2012 年，职防所疗养区被石化集团公司党组评为“创先争优群众满意窗口”；李瑞被扬州市人民政府评为 2012 年度扬州市“信访稳定工作先进个人”。

（卢爱华）

江苏华扬液碳有限责任公司

【概述】 江苏华扬液碳有限责任公司（简称液碳公司）成立于 1996 年 12 月 11 日，位于江苏省南京市江东中路315号，生产基地位于江苏省泰兴市黄桥镇城黄路316号。主要经营天然二氧化碳的提纯、加工、销售；二氧化碳延伸产品的开发利用；二氧化碳生产、储运、经营的专用设备和机械设备、仪器仪表的销售以及二氧化碳相关技术服务。

截至2013年末，液碳公司共设置生产管理部、安全环保部、技术装备部、市场经营部、计划财务部、事务管理部、党群工作部、企业管理部8个职能部门，5个生产车间，1个危险品运输车队。在岗正式职工74人，劳务派遣用工152人。具有高级专业技术职称5人，中级专业技术职称12人；大学本科及以上学历19人，大专学历46人。

2012年，共销售二氧化碳产品20.11万吨；实现生产经营总收入5 784.40万元，完成年度调整指标的107.12%；应收账款回笼率达96.60%；工业万元产值综合能耗0.20吨标煤。2013年，共销售二氧化碳产品26.26万吨，其中外部市场销售23.63万吨，比上年增加3.83万吨，增长19.34%；实现生产经营总收入7 865.05万元，比上年增长35.96%。工业万元产值综合能耗0.20吨标煤。

（郁　宁）

【领导班子成员调整】 2013年2月25日，华东油气田对液碳公司领导班子进行调整，原总经理、党总支书记施杰调出另有任用；陈兴明任液碳公司副总经理（主持工作）、党总支副书记。7月24日，经液碳公司党政领导推荐，公司工会委员会扩大会议讨论同意，并报请局工会批复，公司副总经理刘斌兼任液碳公司工会主席。截至2013年底，液碳公司领导班子由3人组成。

（郁　宁）

【组织机构及职能调整】 2012年9月，为进一步调整营销管理体系，撤销了扬州二氧化碳销售站，资产、业务划归泰兴二氧化碳厂，并按照"区域负责制"原则，由市场营销部接管扬州市场。截至2013年底，扬州区域销售市场从过去的月销300多吨，增长到1 000多吨。2013年5月撤销电器维修车间，成立修理班，负责设备、电器维修工作，归口生产管理部管理；撤销化验车间，成立化验计量室，负责产品质量检验及计量工作，归口技术装备部管理；原党群工作部干部人事管理职能划归企业管理部；原技术装备部仓库管理职能划归事务管理部；原生产管理部油料采购及管理职能划归技术装备部。

（郁　宁）

【"双轮驱动"发展战略】 2013年，液碳公司面临产业政策利空、二氧化碳供求失衡、企地矛盾尖锐等多种挑战。为改变单一的传统经营模式，实现多元化发展的战略转型，液碳公司在华东石油局、华东分公司的指导与支持下，提出了"双轮驱动"发展战略，确立了服务外部市场与服务油气主业并重的发展思路。同年3月，先后接管了采油厂红庄二氧化碳净化站和多个二氧化碳驱油压注点。液碳公司领导班子通过板报、内刊、定期召开工作例会、月度生产经营分析会等多种形式对员工开展形势任务教育，宣传转型升级的战略意义，描绘公司发展的远景，使员工的思想统一到企业的转型发展上来。截至2013年底，液碳公司承担的红庄压注点建设工程项目共分流26名员工到油田服务岗位，当年生产二氧化碳气1.81万吨，向油井压注二氧化碳2.63万吨，创造经济收入2 074.40万元。

（郁　宁）

【成本目标管理】 液碳公司围绕全员成本目标管理和预算管理，通过目标任务分解、经济责任落实、考核结果兑现等手段，强化成本发生的过程控制，努力实现降本增效和节能减排等预定的工作目标。2013年，液碳公司与各成本中心签定了目标责任书，并持续完善车间成本核算体系，首次将部门总费用纳入年度绩效考核，先后在工优二车间、工业一车间开展成本节点管理试点工作，制定《削峰填谷用电方案》和非生产性费用开支管理办法，全年节约生产成本 293.72 万元，其中电费一项就节约 80 多万元。

（郁　宁）

【科研创新】　2013 年，液碳公司科学技术委员会全年共收到科研项目立项建议 11 项，经过立项评审，“关于二氧化碳充车系统管线、机泵优化配置的研究”和“井注二氧化碳数据远传方案研究”通过公司年度科研立项，另有 4 个项目被列为年度“五节六小”项目。由液碳公司承担的华东分公司“草舍泰州组油藏产出气回收综合利用研究”先导项目，已于 2013 年底，完成了项目的开题报告。

（郁　宁）

液碳公司举行氨泄漏专项预案演练　（丁　颉摄）

【HSE 管理】　2012—2013 年，液碳公司始终坚持“安全第一、预防为主、综合治理”的方针，切实抓好生产安全管理、承包商安全管理、交通安全管理、码头隐患治理、污水达标排放和清洁生产等工作。2012 年，开展安全大检查 11 次，包括节前检查、季节性专项检查、迎检自查等专项检查，共检查出安全问题 84 个。接受局及地方监管部门安全检查计 13 次，查出问题 28 条。针对这些安全问题，均下发了整改通知单，有效整改率达到 100%。2013 年，围绕“五个杜绝”和“八个符合”的目标，推进“6＋1＝0”的安全理念，细化执行领导干部带班、值班制度；开展“安全管理提升”活动，将承包商安全管理、HSE“三同时”管理、HSE 管理信息化应用、班组安全建设 4 个突出问题作为安全生产管理提升活动的重点；加强隐患排查和治理工作；开展安全专项演练和安全技能培训。2013 年 HSE 观察 1 584 人次，发现不安全行为 4 次，不安全状态 348 条，未遂事件 3 件，推荐安全行为 25 条。全年未发生安全环保事故和突发环境事件。

（郁　宁）

【应急预案演练】　2012 年，液碳公司组织二级预案演练 2 次，其中局级危险化学品泄漏应急预案演练和办公楼消防应急疏散演练各 1 次，三级预案演练 32 次，演练均取得预期效果。2013 年 6 月 20 日和 9 月 30 日，分别在工优二车间和工业一车间举办了氨泄漏专项预案实战演练；6 月组织了应急演练周，各基层生产单位均开展了三级应急演练，包括二氧化碳泄漏、氨泄漏、危险品运输等，在增强员工自救与互救能力的同时，检验和完善应急预案的完整性和科学性。2013 年，对应急演练的模式进行了改变，加大了在不通知、不预演情况下的应急响应能力的突击检查力度。其中在中秋与国庆两节期间，多次对 4 个生产车间氨泄漏应急响应能力进行了抽查，重点抽查了在停电停水情况下移动式消防泵的使用和夜间应急能力。

（郁　宁）

【质量管理】　液碳公司从提高员工的质量意识和技能水平入手，强化质量管理职能，加强生产过程质量监控，注重产品质量在线检测。2012 年，共召开质量技术分析会和交流会 5 次，通过分析质量动态，查找质量隐患，修订技术参数，介绍和推广质量管理先进经验等措施，不断提高产品质量。2013 年 4 月，液碳公司通过 ISO9001 质量管理体系换证审核。2012—2013 年，二氧化碳产品出厂合格率均实现100%，客户投诉率为零。

（郁　宁）

【完善内控体系】 2012年，液碳公司内控办公室以内控信息系统上线为契机，在进一步明确各部门、各单位内控职责的基础上，对内控流程进行了认真的梳理，共优化流程11项，完善制度14项，补充或规范要件27项。并以流程测试为平台，开展内控知识的培训和业务工作指导，重视问题整改落实，提高业务部门的内控意识和风险管控能力，较好地防范了经营风险的发生。

（郁　宁）

【绩效考核】 2012年，液碳公司依托目标责任制效绩考核制度，推进全员成本目标管理。在不断完善考核制度和考核方法的基础上，优化经济责任指标，并以目标责任书的形式加以明确。考核中重视经济指标完成情况、问题查找和措施落实，考核结果与经济利益挂钩。2012年度共组织实施季度绩效考核4次，年度考核1次，各项期间费用和工资总额、人工成本均较上年有较大幅度的下降，全面完成局下达的各成本费用控制指标。2013年，制定细化了年度绩效考核方案，设计各类考核表式71份，组织季度考核4次，年度考核1次，涉及考核单元8个，发现各类问题共30项，下发整改通知书4批28张，整改建议200多项，组织绩效面谈28轮次。

（郁　宁）

二氧化碳提纯操作工技能竞赛　（丁　颉摄）

【劳动竞赛】 2012—2013年，液碳公司组织开展具有本企业特点的“建标创标，降本增效”和“经营一元钱，节约一分钱”劳动竞赛，提高员工对节能减排、增收节支意义的认识，降低了成本费用。其中，2012年度“厂区、车间、办公楼照明LED灯具控制及改造方案”劳动竞赛项目被局工会评为二等奖，液碳公司工会获组织奖；2013年度“高压设备零序保护器改造”“合理利用峰谷分时电价安排生产运行管理”“冷冻机能量调节系统改进”3个劳动竞赛项目分获局工会二等奖、三等奖及鼓励奖。

（郁　宁）

【员工岗位技能培训】 2012年，液碳公司共完成了4个大类、33项员工送培与自培任务，参加培训人员累计270人次，培训任务完成率100%，员工参培率100%，培训合格率100%。为使新员工、转岗员工尽快适应岗位要求，进一步完善了“三级教育”、岗位实习与“师带徒”等管理制度；为提高在岗员工的操作技能，逐步形成了一日一题、一周一练，一月一考的岗位练兵机制，制定了一套适用性更强、标准性更高的《岗位练兵题库》。2013年7—10月，分别对生产一线员工开展了2次以理论知识、技能操作为主要内容的摸底考试，考试涉及二氧化碳提纯操作工、充装工、计量员、化验员、统计员5个工种。

（郁　宁）

【二氧化碳提纯操作工技能竞赛】 2012年10月30日—11月16日，液碳公司承办了华东石油局、华东分公司二氧化碳操作工技能竞赛。此次竞赛共有5项内容，分别是理论考试、正压式呼吸器佩戴、螺杆机同轴度调整、绘制单元流程图并识别其主要设备结构部件及简述工作原理、用计算机编写施工方案。竞赛共选拔出16名选手参与决赛，最终周玉峰、叶笠、蒋伟分获前三名。

（郁　宁）

【承担中国石化企业标准编制】 2012年1—8月，液碳公司承担了中国石化《液体二氧化碳储存、充装及运输安全规范》（标准代号Q/SH0485—2012）企业标准编制工作。在此期间先后完成了该项企业标准讨论稿、征求意见稿与送审稿的编制。9月中旬经过专家组审查后正式报石化集团公司科技开发部审批。该项企业标准于2012年12月颁布，2013年2月实施，对液体二氧化碳储存、充装及运输过程的规范化、标准化管理具有重要指导意义。

（郁　宁）

【厂区基础设施建设】 2012年，液碳公司完成对充装车间新建铝合金隔断和不锈钢门窗、污水处理站新建钢瓦棚等工作，零星工程结算额为17.79万元。对充装车间、职工食堂等区域的墙壁进行修整与粉刷，工作环境整体面貌得到改善。厂区专用码头隐患治理是中国石化2012年重点隐患治理项目，该项治理工作主要内容为，恢复对码头挡土墙施工有影响而拆除的布厂房屋；完成充装房北侧至工优二北侧地段的压力注浆以及路面硬化；完成码头石驳墙上圈梁的浇筑以及不锈钢栏杆的安装；对冻坏的路面进行修补以及厂区内损坏的设施进行修复，该项隐患治理项目于2013年1月竣工。

（郁　宁）

【党的群众路线教育实践活动】 2013年，液碳公司根据局党委的统一部署，围绕“为民、务实、清廉”的总体要求，通过中心组学习和领导干部片区集中学习，对照标杆，强化反思，认真查找自身在“四风”方面存在的问题，始终将解决群众关心的热点、难点问题作为开展群众路线教育实践活动的突破口，切实转变工作作风。公司活动领导小组通过召开群众座谈会、发放调查表等多种形式征集群众意见达120多人次；领导班子成员带头深入部门、车间、班组与员工面对面谈心60多人次，征集意见和建议80多条；领导干部主动到外部销售商、用气客户单位，就产品质量和客户服务工作听取意见和建议，为及时改进工作提供了重要依据。针对教育实践活动查找出来的主要问题，坚持立行立改。先后制定有关制度，解决密切联系群众，深入基层不够的问题；有效整治文山会海，建立无会周制度，年内公司层面会议同比减少16%，文件同比减少20%；领导干部带头厉行节约，全年招待费同比下降18%，职务消费同比下降14.40%。

（郁　宁）

【职工民主管理】 2012—2013年，液碳公司继续坚持以职工代表大会为主要形式的民主管理制度，通过听取和审议行政领导年度工作报告、财务预决算报告、招待费及重大事项报告、职工代表提案报告以及对公司领导和中层领导干部进行民主测评等多种方式，实施职工代表对企业管理重大事项的民主参与监督。2年中职代会累计收到提案24件，立案12件。2年累计对3名处级干部和16名科级干部开展民主测评，合格率达100%。

（郁　宁）

【表彰与奖励】 2012年，液碳公司先后被评为华东石油局、华东分公司“安全环保先进单位”“内控管理先进单位”“三基管理先进单位”。董祥生被评为石化集团公司“三基工作先进个人”。2013年，液碳公司被评为华东石油局、华东分公司“安全环保先进单位”、华东油气田“设备管理先进”单位。液碳公司领导班子连续2年评为局“党风廉政建设优秀领导班子”。

（郁　宁）

江苏华石技工贸总公司(建设工程中心)

【概述】 江苏华石技工贸总公司(简称华石公司)于1988年6月15日注册成立,系局直属全资子公司,法定住所为南京市四平路51号。2004年8月2日,获得对外贸易经营权,主要经营业务为境外石油天然气勘探开发所需的设备、物资器材出口通关贸易服务。2012年,实现外贸销售总收入3 400万元。

华扬石油天然气勘探开发总公司南京建设工程中心(简称建设工程中心),2004年7月组建,位于江苏省南京市四平路51号。主要从事油田地面工程建设、压力管道安装、压力容器安装、路桥施工、钻前工程、环保污染防治工程等业务,协助局主管部门负责总公司建筑业资质的维护、补充、升级管理。2012年,实现生产经营总收入13 672万元,利润总额372.64万元。

2013年,华东石油局社区经营性板块进行合并重组,原建设工程中心与原华石公司合并组建华东石油局江苏华石技工贸总公司(简称华石公司)。新组建的华石公司设置综合办公室、财务部、企业管理部、生产运行与安全部、外贸物流部5个职能部门;下设钻前一队(非常规工区)、钻前二队(江苏工区)和油建一队(西北工区)3个基层队。2013年底,在岗员工88人,其中正式职工42人、集体合同制职工5人、劳务派遣用工41人。具有高级专业技术职称6人,中、初级专业技术职称19人;国家一级注册建造师3人、二级注册建造师7人、注册造价工程师1人、注册质量工程师1人、注册岩土工程师1人、特种设备射线(RT)检测Ⅱ级资格1人、石化集团公司工程造价从业人员资格证5人。

新组建的华石公司主要经营业务为:境外石油天然气勘探开发所需设备、物资器材的出口通关贸易服务;油田地面工程建设、压力管道安装、压力容器安装、路桥施工、钻前工程、环保污染防治工程等业务;协助局主管部门负责华扬石油天然气勘探开发总公司建筑业资质的维护、补充、升级管理。2013年,实现生产经营总收入1.37亿元、利润总额212.69万元。

(丁望皎　张　芹)

【合并重组】 2013年3月28日,华东石油局研究决定将原建设工程中心与原华石公司合并组建为新的华石公司,召开专题会议布置落实合并事宜。4月12日,华东石油局、华扬总公司下发《关于华扬石油天然气勘探开发总公司南京建设工程中心与江苏华石技工贸总公司合并事宜的通知》(华东石油〔2013〕54号),华石公司和建设工程中心合并工作正式启动,同年10月,合并重组工作全部完成,整个过程有序、规范、平稳。

(丁望皎　张　芹)

【外贸经营】 2012年,华石公司全年外贸销售收入3 400万元,外贸业务区域单一且销售额呈下降趋势。由于主要外贸合作伙伴哈萨克斯坦太阳钻井公司管理混乱、业务萎缩,为规避风险,2012年度未签新的批量外贸合同。2013年继续与哈萨克斯坦太阳公司合作,共实施4笔钻井设备零星配件业务,外贸销售收入较上年大幅下降。

(丁望皎　张　芹)

【江苏工区钻前工程与施工项目】 2012年,钻前二队在华东分公司江苏工区完成油田基础建设工程项目100多项,主要有竣深河道、修筑码头、修复道路等施工任务,承担了华东石油技师学院石油工程专业(非常规油气方向)实习基地设备安装和隐患治理项目的实施工作,实现生产经营收入1 395万元,工程施工质量符合设计要求和验收标准。2013年,钻前二队在江苏工区共完成架设、拆除便桥 22 座，浚深码头 39 次，修筑涵洞 18 次，平整场地 80 次，开挖、恢复坝头 38 次，修路 119 项等。完成技师学院隐患治理项目 1 项，局社区管理中心房屋改造 1 项，实现生产经营收入 1 975 万元。

（丁　智）

延川南输气管网 219 毫米支线管线铺设　（沈志军摄）

【延川南钻前工程】　2012 年，钻前一队在煤层气延川南工区共完成钻前施工 128 口井 71 个井台，延 1、3、5 井区共 20 千米主干线扫线工程，雨后道路修整、开挖泥浆池、倒运泥浆、拖车、道路洒水等零星工作量共计 320 次。地面油建工程共完成 16 个标准化井场安装，完成延 1 井区集气管线、注水泵、注水泵房、水池安装，完成延 6 井基地建设大型工程，完成延 5 井区直径 219 毫米集气管线 4 千米焊接任务。完成生产经营收入 4 556 万元，工程施工质量符合设计要求和验收标准。

2013 年，钻前一队在煤层气延川南工区会战中，共完成钻前施工 85 个平台（472 井次）；钻后治理 7 个平台，综合服务 186 项次；基地建设 4 处：延 6 井测井基地、固井基地、钻井管子站基地、和顺排采一队食堂改造项目；地面油建工程先后完成了延 1、3、5 井区管网投产运行、8 个平台新井投产、5 亿立方米产能建设一期管网 23 千米和有关零星工程；完成地方征地协调、处理各种纠纷 130 余次。全年实现生产经营总收入 4 284 万元。荣获华东石油局、华东分公司 2013 年度“文明集体”和“华东油气田优秀施工队伍”称号。

（丁　智）

【延川南工农关系协调】　煤层气延川南工区涉及山西、陕西 2 个省，乡宁县、吉县、韩城市、宜川市、和顺县 5 个县，8 个乡镇，22 个村。共有 30 多支工程队伍参加煤层气大会战，工农矛盾突出。2012 年，在非常规指挥部统一领导下，建设工程中心钻前一队全面负责工区内所有征地、工农矛盾处理、与基层政府沟通等工农关系协调处理工作。该队集中精兵强将，起早摸黑，深入田间炕头，进行耐心细致的沟通疏导工作，随时处理整个工区各施工队伍发生的工农纠纷；同时，在人员严重紧缺情况下仍抽调 4 名生产骨干支援非常规指挥部，保障了煤层气会战顺利进行。全年完成临时征地 1 258 亩（约合 83.8 万平方米），签订征地协议 212 份；签订窑洞、道路及其它协调协议 259 份；与地方政府及村委会签订道路修复、拓宽及硬化等协议 251 份。圆满处理了工区上百起工农矛盾，与地方政府建立了良好关系，为非常规提速提效做出了重要的贡献。

（丁　智）

【服务南方页岩气市场】　2013 年 1 月，按照华东分公司的部署，及时进入页岩气勘探开发工程服务市场，先后完成南页 1 井及南页 1HF 井钻前工程。同年 10 月，又承建了页岩气重庆工区彭水管网施工工程。彭水山区地形复杂，高差大，且地质地貌以石头为主，管线施工困难，运输及布管都以人工抬运为主。公司员工克服困难，顽强拼搏，按照华东石油局、华东分公司的部署在彭水建设了南方第一个大规模的 CNG 站，为以后建设标准化站区作了铺垫。

（丁　智）

【柬埔寨路桥项目】　2012 年 3 月 28 日，建设工程中心承建的柬埔寨 NR3762A 项目一年缺陷责任维护期结束，道路顺利移交柬埔寨政府。5月30日，建设工程中心承建的柬埔寨258D项目正式竣工并通过验收，5月31日进入一年缺陷责任维护期。

（张 勇）

【压力管道安装GC1级许可证换证验收】 2012年初，华扬石油天然气勘探开发总公司压力管道安装GC1级许可证换证工作启动，建设工程中心和井下作业公司详细部署了换证前的各项准备工作和进度计划，认真准备迎审各项资料。2012年1月，评审专家组在泰州进行现场审核验收，3月取得国家质检总局颁布的压力管道安装GC1级许可证，有效期至2016年4月1日。

（陈九生）

【特种设备焊工复审取证培训】 2012年2—3月，为了满足国家标准对焊工人数、资格、持证项目的要求，由局工程技术管理处牵头，建设工程中心具体负责，委托培训机构分3期举办全局系统特种设备焊工复审、取证培训，共有52名压力管道焊工、4名PE焊工参加培训并取得特种设备焊接操作证，有效期4年。

（陈九生）

【修订管理制度汇编】 2012年3—4月，建设工程中心组织修订《安全生产责任制》《员工违规违章违责管理制度(试行)》等HSE管理制度。5月将公司HSE、质量、计量、标准化、设备以及党建工作等管理制度汇编成册，进一步推进了公司管理工作标准化、规范化和科学化建设。

（陈九生）

【完成房屋建筑工程施工总承包三级资质等增项工作】 2012年3月开始，由建设工程中心负责具体实施和操作，集中华东石油局、华东分公司的资源进行房屋建筑工程施工总承包三级资质、防腐保温工程专业承包三级2项资质增项申请工作，于2013年6月19日通过江苏省住房和城乡建设厅的行政许可。

（陈九生）

【通过非煤矿山安全生产标准化二级企业验收】 2013年4月，建设工程中心开始编制实施方案，分阶段实施安全生产标准化建设达标工作。同年12月，通过专业评审机构的审查验收，取得江苏省安全生产监督管理局颁发的非煤矿山安全生产标准化二级企业资质证书。

（陈九生）

【改善野外员工生活条件】 2013年7月，华石公司联合测井分公司、固井分公司投资100多万元，在煤层气延川南工区建成占地4 000平方米延6井新基地，建立了员工食堂，搭建员工宿舍30间，配备了空调、电视、网络、学习桌椅、冬季取暖以及员工沐浴、公共卫生等配套设施和标准篮球场、单双杠、乒乓球台、员工阅览室等体育文化设施，较好地改善了野外员工生活、工作和学习条件。

（丁 智）

【党的群众路线教育实践活动】 2013年8月15日，根据华东石油局党委的部署要求，华石公司正式启动党的群众路线教育实践活动。党总支围绕反对“四风”为重点，相继完成了“学习教育、听取意见”“查摆问题、开展批评”和“整改落实、建章立制”3个环节的工作。其中，公司党总支集中学习讨论15次，20人次参加了“双学”教育活动，22人次参与“双鉴”警示教育活动，征求意见75人次共42条，立查立改8条，对5个方面的问题进行了专项整治。

（吴 婷）

【取得清洁生产二级标准资质】 2013年12月，新组建的华石公司通过石化集团公司清洁生产专家组验收审核，取得中国石化清洁生产二级标准资质。

（陈九生）

华东石油技师学院（华东石油高级技能培训中心）

【概述】 华东石油技师学院(华东石油高级技能培训中心)(简称技师学院),位于江苏省扬州市瓜洲镇翠屏路1号,前身为江苏省石油勘探技工学校,成立于1978年9月。1984年更名为华东石油技工学校,1997年3月被劳动部评定为国家级重点技工学校,1999年被国家劳动和社会保障部批准成立华东石油高级技术学校,2001年3月经江苏省劳动和社会保障厅批准增挂华东石油技师学院校牌,2008年通过江苏省人民政府“技师学院”评估认定。

截至2013年底,学院设置办公室、党群工作处、计财资产科、学生处(招生就业办公室、团委)、培训处、党员干部综合培训部、教务处(信息中心)、石油工程系、机电工程系、基地管理中心、安全保卫科、南京珍珠泉培训中心12个职能管理部门与教学培训机构。学院在岗员工151人,其中正式职工110人、长期合同工2人、劳务派遣用工39人;具有大学本科及以上学历85人,大专学历41人;具有高、中级专业技术职称66人,技师职业资格16人。

技师学院是一所具有职业技术教育与为本行业开展技术技能培训双重功能的综合性教育培训机构。2013年底,开设有石油工程(钻井、非常规方向)、采油工程、石油地质、石油机械、石油物探、电工电子、机械加工技术、数控应用技术、机电一体化等专业。在籍学生2 268人,其中石油类学生1 373人,占60%。同时,学院具有中国石化钻井司钻培训、硫化氢防护技术培训、甲级井控培训中心、HSE培训、二级境外公共安全培训基地以及江苏省三级安全培训机构等一系列职业技术培训资质。

2012年,经营总收入3 745.60万元,同比增长19.33%,其中职业教育收入1 318万元、培训收入1 235万元、关联交易及其他收入1 192.60万元。2013年,经营总收入3 755.41万元,同比增长0.26%,其中职业教育收入1 240万元、培训收入1 277万元、关联交易及其他收入1 238.41万元。

（张学云）

【领导班子成员调整】 2012年4月18日,根据华东石油局中层领导干部转岗规定,原技师学院党委书记黄小林改任调研员;院党委副书记贺永清主持技师学院党委和局党校工作。2013年2月23日,于爱峰调任技师学院党委书记、副院长、局党校常务副校长。6月5日,院长厉章彪兼任院党委副书记;副院长张以祥调离技师学院另有任用。截至2013年底,技师学院领导班子由6人组成。

（张学云）

【管理与教育机构调整】 2013年,技师学院按照“理顺关系、合理设置、精简高效、职责明确”的要求,对学院的管理机构与教育机构的设置进行了统筹规划与调整。成立了信息管理中心,与教务处合署办公;培训就业处更名培训处;机械工程系与电子信息工程系合并,成立机电工程系;学院办公室与党校、干校办公室合并,成立服务三校的综合性办公室;学生处职能中增加招生与就业,实行两项职能,一套班子;后勤服务中心更名基地管理中心,采供职能移至基地管理中心;成立了党员干部综合培训部。

（王　祥　张学云）

【职业培训】 2012—2013年,华东石油高级技能培训中心,共完成29 636人次的各类培训任务,形成2 512万元的培训收入。先后开发完成了境外公共安全、全面质量管理培训、基层管理干部培训、处级管理人员井控培训等多个培训项目，其中承担石化集团公司培训班22期、华东油气田培训班36期。并将培训服务工作延伸到中国华电集团、哈里波顿、江汉科瑞德等多个培训市场。在完成培训任务的同时，重视职业培训的资质建设工作，先后完成了中国石化境外公共安全培训二级培训基地和江苏省三级安全培训机构的资质创建，进一步提升了培训能力，补充了培训师资，充实了培训管理力量，修订完善了相关培训管理制度，形成了培训项目管理体系和价格体系，培训管理工作得到了进一步加强与规范。

（黄广庆　汪智力）

技师学院承办的石化集团公司处级管理人员井控培训班

（封　梅摄）

【职业教育品牌建设】 2012—2013年，技师学院持续组织了省级、市级示范专业、名牌教师、精品课程的创建与申报工作。2012年，石油地质、石油电气2个专业被评为省级重点专业；机电一体化、数控机床装配与维修2个专业被评为市级示范专业；《硫化氢防护技术》课程被评为省级精品课程；吴红应、徐明被评为市级教学名师；孙朝圣、方广友被评为省级专业带头人。2013年，石油机械、石油物探、电气自动化设备安装与维修、石油工程（非常规油气勘探开发）4个专业被评为省级重点专业；采油工程专业被评为省级特色专业；《石油地质基础》课程被评为省级精品课程，《钻井液》《工程力学》2门课程被评为市级精品课程；吴红应被评为省级教学名师，孙朝圣、方广友被评为市级教学名师；吴建宏、张学云被评为省级专业带头人；石油地质、石油电气2个专业被评为市级示范专业。

（吴红应）

【教学研究】 2012年，技师学院设立院级教学研究课题7个、局级研究课题1个；公开发表论文10篇；教学成果获国家人社部三等奖1个，省级一等奖2个，二等奖3个，市级一等奖5个，二等奖5个，三等奖9个。2013年，设立院级课题7个、局级研究课题通过评审，获得优秀评价，公开发表论文10篇；教学成果获国家人社部三等奖1个、省级一等奖2个、二等奖2个，市级一等奖3个、二等奖4个、三等奖6个。2年出刊《教学研究》4期、《教育通讯》12期。学院教师参编的2本石化集团公司培训教材由中国石化出版社出版。

（吴红应）

【职业技能鉴定】 2012年，完成华东石油局、华东分公司系统内钻井工、采油工等6个主体工种460人次初、中、高级和2名石油地震勘探工高级技师的职业技能鉴定与考评任务，鉴定合格率93.90%；完成校内学生2 941人次各专业工种、各等级的职业技能鉴定任务，鉴定合格率达98%；首次开展了校内学生钻井工技师的职业技能鉴定与考评工作，一次性通过率达86.36%，荣获江苏省2012年度省属职业技能鉴定工作“先进单位”称号。

2013年完成华东油气田钻井工、采油工、集输工等11个主体工种831人次的职业技能鉴定工作，鉴定合格率达94.30%；完成校内各工种、各等级职业技能鉴定3 558人次，鉴定合格率达97.50%；按石化集团公司职业技能鉴定指导中心的要求，完成了《中国石化华东石油职业技能鉴定工作实务》的编写工作。

（董建海　汪智力）

【技能大赛】 2012—2013 年，技师学院举行了第一届和第二届学生技能大赛，涉及石油钻井工、采油工、柴油机工、数控加工、车工、电工等 3 个大类 7 个项目，每届都有 200 多名同学参加竞赛。技能大赛是对学院实习教学训练成果的一次检阅，给学生提供了展示技能、相互交流、共同提高的舞台。通过技能大赛培养了学生勤学苦练、勇于争先的良好学风，促进了实习教学工作的完善与提升，达到"以赛促学，以赛促教"的效果，为全面提升学院教学工作水平奠定了基础。2013 年学院组队参加扬州市第二届"技能状元"大赛技工院校选拔赛，明学权获得数控车工教师组一等奖，聂从辉获维修电工教师组三等奖，肖曙获得工具钳工三等奖；学生黄俊杰获得数控车工高级一等奖，学生葛双获得数控加工中心一等奖。

（吴红应）

技师学院学生技能比赛 （王 祥摄）

【招生与就业】 2012 年，学院新招 14 个专业 16 个班级共 706 人，其中中级技工班 152 人、高级技工班 427 人、技师班 127 人。2013 年新招 3 个专业 8 个班级共 329 人，其中中级技工班 90 人、高级技工班 207 人、技师班 32 人。

面对中国石化系统内控制用工总量带来的毕业生就业压力，学院全方位、多渠道加强与石油企业的联系，积极开拓就业市场，加强毕业生就业指导工作。2012 年安置毕业生 632 人，毕业生就业率 97.14%；2013 年安置毕业生 737 人，毕业生就业率达 97.23%。

（王爱政 吴红应）

【青年志愿者活动】 2012—2013 年，技师学院青年志愿者到瓜洲镇敬老院、扬州市阳光安养中心，开展关爱孤寡老人、关爱智障儿童志愿服务活动 9 场次，累计 300 多人次，捐献各类物品折合人民币4 000元。徐建霞被评为江苏省"志愿服务先进个人"，机电一体化(高)102 班获江苏省"青年志愿服务行动组织奖"。中国石化报、扬州晚报和人民网均进行了宣传报道。

（王爱政 吴红应）

【HSE 隐患项目治理】 2012—2013 年，技师学院在石化集团公司和华东油气田的支持下，加大安全隐患治理力度，重大隐患得到及时治理，保障了教学与实习训练的安全进行。

2012 年，局投资 30 万元，对学院非常规油气专业实训车间安全隐患进行了治理，"非常规油气专业实训车间"已安全投入运行，解决了学生实习安全隐患。

2013 年，石化集团公司和局投资 100 万元，完成"实习井场钢结构大棚建造和 3 个食堂改造的隐患治理项目"。经土木工程专家和局有关专业人员现场验收合格。钢结构大棚的建造解决了学生部分实习项目不再露天操作，设备得到有效保护和运行，同时防止了高空坠物可能对人身造成的伤害。3 个食堂的改造解决了房屋陈旧带来的安全隐患，改善了师生就餐环境。

（杜建鹏 张学云）

【学员宿舍食堂改造工程】 2013 年 12 月 11 日，石化集团公司矿区管理部正式下达《关于华东石油高级技能培训中心学员宿舍食堂改造工程可行性研究报告的批复》，项目总投资 2 900 万元，用于建设2幢培训学员宿舍楼，1幢学员食堂和1幢公共浴室及配套设施。此项目的实施，将改变技师学院培训硬件设施落后的局面，为华东油气田主业服务提供了有力支撑。

（张学云）

【党的群众路线教育实践活动】 2013年8月开始，技师学院认真贯彻局党委部署，在局第4督导组的指导下，认真开展以“为民、务实、清廉”为主要内容的党的群众路线教育实践活动。在“学习教育、听取意见”“查摆问题、开展批评”和“整改落实、建章立制”3个环节的工作中，学院党委集中学习讨论8次，撰写学习心得体会6篇。领导干部专题党课辅导1次。学院118人次参加了“双学”教育活动，64人次参与“双鉴”警示教育活动，学院领导深入15个联系点，向98名教职工征求意见计39条，经整理归纳21条，立查立改14条。通过活动的深入开展，党员队伍受到了教育，“四风”问题得到有效整改。

（王　祥　张学云）

【职工民主管理】 2012年3月，技师学院召开四届六次职代会，听取和审议学院工作报告、2011年度财务决算暨2012年度财务预算报告、招待费使用情况等重要事项报告和职代会提案工作报告；组织院、科两级干部民主测评；确认了2011年职代会联席会通过的新版质量管理体系的决议。

2013年元月，根据《基层工会选举条例》《职工代表大会条例实施细则》规定，选举学院新一届职工代表，其中普通职工代表占职工代表总数的55%、35岁以下职工代表和女职工代表占职工代表总数的20%。同年3月召开学院五届一次职代会，听取和审议学院工作报告、工会工作报告、2012年度财务决算暨2013年度财务预算报告、招待费使用情况等重要事项报告和职代会提案工作报告；签订《集体合同》；组织院、科两级干部民主测评；选举产生新一届工会委员会，工会经费审查委员会及学院管委会成员等。2013年12月，学院召开职代会选举产生了华东油气田职代会代表。

（易书华　张学云）

【表彰与奖励】 2012年，技师学院获得2011—2012年度扬州市“文明单位”、江苏省“招生工作先进单位”、江苏省技工院校培训工作成绩突出院校。计财资产科获中国石化2012年度创先争优“群众满意服务窗口”、数控加工（技师）101班被评为江苏省“先进班集体”。明学权获得扬州市“五一劳动奖章”、邵林获得局“我们身边的十大好青年”称号、董建海被评为江苏省2012年度“职业技能鉴定先进工作者”、杨帅同学被评为江苏省“三创优秀学生干部”、王阳同学被评为江苏省“三创优秀学生”。2013年，徐建霞荣获扬州市邗江区“十佳好母亲”荣誉称号。

（王　祥　张学云）

南京威诺油气井测试工程有限公司

【概述】 南京威诺油气井测试工程有限公司（简称威诺公司），于2009年4月28日由华扬石油天然气勘探开发总公司、中国石化国际石油勘探开发公司（简称国勘公司）、中国石化国际石油工程公司（简称国工公司）3家合资共同组建成立，位于南京市建邺区庐山路158号嘉业国际城。公司注册资本1亿元人民币。其中，华扬石油天然气勘探开发总公司出资人民币5700万元，占总出资额的57%。2013年3月，经公司董事会和股东大会讨论决定，3家股东的股权（共计

100%)无偿转让给中石化华东石油工程有限公司。自此,威诺公司由合资公司转为独资公司,于 2013 年 12 月 31 日完成所有工商变更程序。

截至 2013 年底,威诺公司设有 4 个职能部门和伊朗项目部,分别为:工程技术部、国际商务部、计划财务部和行政管理部;伊朗项目部人员从各部门抽调,被抽调人员同时保持原岗位工作职责。

2013 年末,公司在岗员工 20 人,其中正式职工 7 人、劳务派遣工 13 人;具有高、中级专业技术职称 5 人,初级专业技术职称 4 人;硕士以上学历 3 人,大学本科学历 13 人,大专学历 2 人。大专以上学历占员工总数的 95%;45 岁以下员工占总人数的 84%。

威诺公司是以从事海外油气井测试及技术服务为主的石油工程专业化企业。2012 年,经营收入 4 683 万元,亏损 348 万元;2013 年,经营收入 6 102 万元,利润 200 万元,开业以来首次实现扭亏为盈。

(张雅莲)

【伊朗雅达测试项目】 2012—2013 年,伊朗雅达一期项目平稳运行。2012 年 12 月 10 日,火工品运抵德黑兰机场。2013 年 2 月 2 日,威诺公司伊朗项目 TCP 射孔队开始雅达一期测试第一口井 F15 井的射孔工作,施工井段为4 136—4 156 米,射孔作业完成 24.26 米。该层设计射孔射厚 20 米,总装弹数 737 发。2 月 3 日 6 时开始下入射孔枪,2 月 5 日 17 时 45 分油管内加压 7 500 磅/英寸^2,延时 5 分钟,在 17 时 50 分成功引爆射孔枪。在 F15 井的测试中,使用 36/64 英寸油嘴,压力稳于 23 兆帕,日产油1 033.40立方米、天然气 19.80 万立方米,创造了华东石油局成立以来,国内外地层测试(DST)井中单层最高产量。

2013 年 9 月,威诺公司伊朗项目 TCP 射孔队完成雅达一期测试最后一口井 WD2 井的射孔工作,射孔井段为 3 521—3 650 米,127 型枪装枪 131.06 米,为威诺公司雅达一期测试射孔作业最长井段。

(张雅莲)

【海外市场开拓】 2012—2013 年,威诺公司本着“依托已有市场,利用现有设备人员,投资不增、成本不升”的海外市场拓展原则,继续谨慎选择最合适的海外市场,参与投标的项目有雅达二期测试项目、南阿扎德干油田 1 口井的测试项目、国勘缅甸区块项目等。

(张雅莲)

【科研项目】 2012 年,威诺公司承担的国勘公司《SIPC 海外油气井测试技术管理要点研究》科研课题,形成了《SIPC 海外油气井测试技术管理细则》,作为国勘公司工程年会的重要成果正式发布。

2012—2013 年,威诺公司承担了中国石化石油工程院国家“十二五”重大专项《中东中亚富油气区大型项目勘探开发关键技术——复杂地层完井关键技术研究》专题的伊朗雅达油田射孔工艺、工具评价及优化研究工作。截至 2013 年底,该项目已通过初步验收,待赴施工现场进行再次推广试验,该课题的研究将进一步提升射孔工艺技术。

(张雅莲)

威诺公司测试队在伊朗雅达工区施工 (董 健摄)

西部分公司(西部工作部)

【概述】 华东工程公司西部分公司(简称西部分公司)前身为成立于2002年10月16日的华东石油局西部工作部,办公地点位于新疆轮台县西北油田分公司轮台前线指挥部大院华东西部基地综合楼。根据中国石化石油工程队伍专业化重组的要求,2013年4月11日,华东油气田以西部工作部为班底注册成立华东石油工程公司西部分公司,由华东工程公司管理。

截至2013年末,西部分公司设安全环保管理部、财务结算管理部、综合管理办公室3个职能管理部门,在岗员工22人,其中在编正式员工8人、兼职及借用员工14人。西部工区共有8支钻井队、3支测井分队、10支录井分队、1支固井分队、2支井下作业大修队,以及华东物探、华东油建、华东管具、华东机械修理、华东钻前等常驻项目部或常设组织机构,常住员工760多人。

2012—2013年,西部工区各专业公司项目部及施工作业队伍,面对中国石化西部勘探开发部署调整、任务减少和工程队伍竞争日趋激烈的严峻形势,同心协力,勇于竞争,扎实工作,保持了生产经营稳定发展,为中国石化西部"千万吨级油气田"建设做出了新贡献。2年实现石油工程技术服务总收入10.57亿元,其中2012年实现收入6.58亿元、2013年实现收入3.99亿元。

(熊　钟)

【西部分公司成立及职能转变】 2013年4月11日,西部分公司正式挂牌运行,原华东石油局西部工作部的全部职能以及人员、资产、基地等整体移交西部分公司,由华东石油工程公司直接管理。西部分公司新的行政和党工委班子调整以后,按照准确定位、迅速到位和专业化发展、专业化管理的要求,重点抓好整个工区的安全生产管理、队伍管理、后勤保障服务等方面工作,较好地解决了以往存在的职能交叉、职责不清等问题,使华东油气田西部工区的管理体制、机制初步实现转型和优化。

建立健全新的组织机构。将原西部工作部和六普钻井分公司新疆指挥所的主要职能部门及人员"合二为一",成立西部分公司安全环保管理部、财务结算管理部、综合管理办公室3个新的工作机构,撤销原西部工作部党群工作部、乌鲁木齐办事处等机构,实现了新老管理体制在财务、结算、税务、安全管理、基地管理和后勤服务等方面的顺利交接、平稳运行。

明确新的工作职责与任务。按照"组织协调、指导监督、服务推进"的工作职责,西部分公司紧紧围绕华东油气田西部工区各专业队伍(重点是华东工程公司板块)的队伍建设、生产经营、安全稳定、市场开拓开展工作,进一步完善各项工作制度,理顺与西北油田分公司、华东油气田各业务部门的工作联系,畅通与华东石油工程公司各专业分公司及其在西部的施工项目部的信息渠道,切实加强对工区各个项目部的工作指导、安全监管、后勤保障服务和财务、税务等管理工作,较好地承担起华东各专业队伍在西部工区的内外沟通与协调,确保工区各个项目部生产经营顺利开展。

(熊　钟)

【"三创一争"活动获佳绩】 2012—2013年,在石化集团公司、西北油田分公司持续开展的创建金银牌基层队、钻井队提速提效竞赛、石油工程队伍"创先争优""比学赶帮超"活动中,西北工区各项目部坚持以"创先进指标、创优秀业绩、创名牌工程、建设一流队伍"为目标,依靠管理提升和技术进步,在安全生产、施工质量、施工效率、队伍建设等方面不断取得新成绩。

2012 年，在石化集团公司金银牌基层队评比中，西部工区的录井 002 队、物探 645 队获“金牌标杆基层队”称号；钻井 70856 井队、70857 井队，测井 001 队、固井 601 队、井下 101 大修队获“金牌基层队”称号；钻井 70205 井队、70860 井队，测井 005 队、录井 001 队获“银牌基层队”称号；钻井 70858 井队、录井 009 队获钻井提速提效活动“优胜基层队”和“红旗基层队”称号。

2013 年，西部分公司被西北油田分公司评为中国石化西部会战工区“先进施工单位”；钻井 70858 井队、70205 井队，录井 001 队、006 队，井下大修 101 队、102 队被评为中国石化西部会战工区“优秀基层队”“优秀作业队”。在西北油田分公司开展的 2013 年月度提速提效劳动竞赛中，六普钻井分公司新疆指挥所 4 个钻井队先后 10 次夺得月度优胜“十面流动红旗”，其中 70858 井队、70857 井队分别连续 4 次和连续 3 次扛红旗；测井 001 队获西北油田分公司“测井承包商标杆队”称号；井下大修 102 队获西北油田分公司“井控管理优胜单位”称号。

在西北油田分公司公布的 2013 年度市场承包商业绩考核评比中，西部分公司各项目部（指挥所）及其施工队伍的综合业绩排名整体靠前。其中，钻井指挥所在 15 家钻井承包商项目部中列第六名，测井项目部在 11 家测井承包商项目部中列第一名，录井项目部在 11 家录井承包商项目部中列第三名，固井项目部在 9 家固井承包商项目部中列第二名，油建项目部在 9 家油建承包商项目部中列第四名。

2013 年度，钻井指挥所 70858 井队在西部工区 120 支准入钻井施工队伍考核中，以 104.295 的总分列第一名，70857 井队列第四名，70205 井队列第十八名；测井项目部 001 队以 99.31 的总分在 27 支测井队中列第二名，005 队列第六名，010 队列第十一名；录井项目部 001 队以 96.15 的总分在 131 支录井队中列第六名，006 队列第十三名，003 队列第二十二名，009 队列第三十三名；井下大修 101 队在采油三厂 20 支大修队中列第一名。

（熊　钟）

【轮台基地消防管网系统隐患治理】 2013 年 7 月 1 日—8 月 31 日，按照石化集团公司和华东油气田 2013 年第二批隐患治理项目任务书要求，西部分公司实施了轮台基地消防管网系统隐患治理工作。主要治理内容为：将深沟桥基地原消防取水井改造扩建为 300 立方米消防水池及配套消防泵房和管网系统，对现存的所有消防井、消防栓、消防池、消防泵房及其配套设施进行全面更新，建立安全监控报警系统。项目总投资 125.45 万元，由华扬石油天然气勘探开发总公司南京建设工程中心承包建设。消防管网系统改造完成后，经华东油气田安全环保处和轮台地方政府有关部门验收评定，认为系统正常运行，满足基地消防要求，符合相关法规和归属地管理规定，比较彻底地解除了轮台深沟桥基地消防管网系统存在的隐患。

（熊　钟）

新疆工区井队搬迁　（熊　钟摄）

【西部工区钻探进尺创新高】 2013 年，六普钻井分公司新疆工区钻井总进尺 11.46 万米，年进尺首次突破 11 万米，为六普钻井队伍进疆 14 年最好成绩。其中，70205 井队实现四开三完，台年总进尺 2.07 万米，首次破双万米。

（熊　钟）

【基地管理和服务】 2012—2013 年，西部分公司努力改进基地服务和管理方式，为员工营造良好的工作和生活环境。2013 年，乌鲁木齐和轮台基地的临时用工人员全部清退，将轮台 2 个基地职工公寓、办公楼卫生保洁工作和职工食堂管理服务，统一交由江苏油田紫京集团承包经营，实现了基地公寓宾馆式管理，住宿、餐饮一条龙服务。建成远程视频会议传输系统，为贯彻落实好石化集团公司、西北油田分公司和华东油气田的重要会议精神提供了便利。2012—2013 年，基地公寓共接待系统内部员工出差住宿 2 000 人次；接待各类培训班 30 多个、1 000 多人次。

（熊　钟）

社区管理中心

【概述】 华东石油局社区管理中心（简称社区管理中心），位于江苏省南京市鼓楼区热河南路 37 号华扬大厦，2013 年 7 月 19 日按照中国石化石油工程专业化重组及矿区管理体制调整的相关要求组建成立。其主要职能为：负责华东石油局、华东分公司、华东工程公司以及物探华东分公司范围内所有离退休人员以及非在职群体的服务和管理工作；生产生活基地的服务及管理工作；对基地现有土地、房屋及其他资产进行开发利用和经营管理。

社区管理中心作为华东石油局直属非法人二级单位，按照厂、队级单位建制实施管理。共设置综合办公室、离退休管理科、基地管理科、财务科 4 个职能部门，下设南京工作站、镇江工作站、扬州工作站、泰州工作站 4 个科级基层工作站。截至 2013 年底，共有正式职工 108 人、劳务派遣用工 22 人、与局机关编制双跨人员 12 人。社区管理中心工作人员主要由局机关基地管理处、离退休工作处与石油工程专业化重组后，原各直属单位从事矿区（社区）管理工作的人员组成。

（于　萍）

【基地与社区分布】 截至 2013 年底，华东油气田社区和基地合计 35 处，主要分布于江苏省境内的南京、镇江、扬州、泰州等省辖市和东台、金湖、邗江、句容、江宁、泰兴、姜堰等县市（区）。其中，南京 11 处，扬州 10 处，镇江 4 处，泰州 8 处。另外，在新疆轮台县、吉林长春市建有油田后勤保障基地，在山西乡宁县、和顺县建有非常规煤层气勘探开发生产生活后勤基地。油气田社区、基地与其它油田企业相比，呈点多、面广、线长、分散、规模小的特点。

（严继新）

【基地与社区建设改造】 华东油气田基地与社区大多建于 20 世纪 80—90 年代，基础设施落后、功能老化陈旧。2013 年 7 月社区管理中心成立后，为改变基地与社区现状，按照石化集团公司《中国石化文明和谐示范小区创建管理办法》《关于开展老旧小区综合治理工作的通知》和《局文明和谐示范小区创建活动方案》的有关要求，着手对部分办公基地进行全面出新改造，对部分居民小区上下排水、道路及小区绿化等公共设施与环境面貌进行改造。先后完成了扬州办事处大院办公区与生活区改造出新，并对办公区与生活区进行了分隔；完成了南京浦口基地 81 套单身公寓楼的改造建设任务，并新建区内给排水排污系统、视频监控系统，保障了区内居民的正常生活用水与排污问题，对改善小区环境、加强治安保卫工作和解决新进大学生与新调入驻宁单位职工的住房难等问题起到了积极作用；完成了泰州东台基地的供配电与区内视频监控系统的改造建设，为小区治安综合治理提供了保障，并利用原有公房改建离退休人员活动中心，使东台片区离退休人员有了学习交流和文化娱乐的公共场所。

（严继新）

【离退休人员结构与分布】 华东油气田离退休人员的分布呈现点多、线长、高度分散的特点。截至2013年末，华东油气田负责管理与服务的离退休人员总计2 863人，其中离休干部45人、退休干部950人、退休工人1 868人，主要分布在江苏、上海、北京、浙江等11个省（市），40多个市（县）。其中，居住南京市区440多人，镇江市区420多人，扬州市区570多人，泰州市区610多人。离退休人员中有党员961人，分别在26个离退休人员党支部参加党组织活动。

（王改霞）

机构与干部

组织机构变更

【华东油气田机关机构变更】 2013年3月28日，华东石油局、华东分公司、华东工程公司下发《关于华东石油局华东分公司华东石油工程公司机关部门设置和职能调整的通知》（华东石油〔2013〕42号），对机关部门及直属机构的设置进行调整。

1. 华东石油局、华东分公司机关部门调整方案：

（1）将原华东石油局党委组织部党的建设及组织管理职能、原党委宣传部管理职能与办公室党委事务职能合并，成立华东石油局党委办公室（组织部）；

（2）将原华东石油局人事处、华东分公司人力资源处更名为华东分公司人事处，并将原党委组织部的干部人事管理职能并入华东分公司人事处；

（3）将华东分公司工程技术管理处的油田地面建设管理职能和节能达标管理职能、开发处采油气工程管理职能、装备处装备管理职能合并，成立华东分公司采油气工艺与装备处；

（4）将华东分公司信息管理中心更名为华东分公司信息管理处；

（5）将华东分公司调度处更名为华东分公司生产运行处（土地管理处）；

（6）撤销华东石油局、华东分公司国际项目部。其海外业务及境外公共安全管理职能划入华东工程公司，其外事管理职能划入华东分公司办公室（外事办）；

（7）将华东分公司销售处与计划处合署办公，成立华东分公司计划处（销售处）；

（8）将华东分公司科技处更名为华东分公司科技与技术监督处；

（9）将华东分公司财务处更名为华东分公司财务资产处（简称财务一处），将机关财务科由原华东石油局计划财务处管理划入财务一处管理；

（10）成立华东石油局财务资产处（简称财务二处）和计划经营处。

2. 直属机构调整方案：

（1）将原华东分公司工程造价管理中心更名为华东分公司概预算中心，挂靠计划处（销售处）管理；

（2）将华东石油局新闻中心（《华东石油》报、《中国石化报》驻局记者站）挂靠党委办公室管理；

（3）成立华东石油局机关事务中心，挂靠基地管理处管理；

（4）成立华东分公司工程监理与安全督查中心，挂靠工程技术管理处管理。

（刘　波）

【华东油气田机关部门管理职责调整】 2013年3月，华东油气田机关部门设置变更后，对部分处室管理职责进行了调整。

1. 华东分公司序列的机关部门职责：

（1）办公室（信访办、外事办）：负责行政事务、政策研究、文书档案、公文处理、机要保密、督办催办、政务信息、公务接待、信访稳定、外事管理、对外捐赠、石油志、年鉴等工作；

（2）人事处：负责干部管理、机构编制、劳动用工、人工成本、社会保险、培训开发、综合统计等人力资源管理工作；

(3) 计划处(销售处):负责企业中长期发展规划、项目前期可研、投资计划综合管理、投资项目后评估管理;负责生产经营统计、投资计划统计、企业综合统计;负责原油、天然气、矿产品及成品油的经营计划、销售及客户管理;负责石油工程造价及概预算管理等工作;

(4) 财务一处:负责分公司会计核算、财务预算、成本控制、资金筹措、税务管理、资产价值形态管理、ERP 支持中心和机关财务会计等工作;

(5) 信息管理处:负责信息化建设与应用的综合管理,ERP 等信息系统的日常管理和安全管理,门户网站管理,信息系统保密等工作;

(6) 生产运行处(土地管理处):负责编制生产运行计划、石油工程及试油气作业等施工队伍的调度、水电讯管理、突发事件应急处置、土地管理、工农协调等工作;

(7) 勘探处:负责常规油气、二氧化碳和地热资源勘探规划与生产管理;选区评价论证、区块登记、探矿权与采矿权的申报与管理;储量管理;勘探开发资质管理;勘探成本控制;勘探开发资料的归档与保密等工作;

(8) 非常规资源处:负责非常规油气资源勘探规划与生产管理;选区评价论证、区块登记、探矿权与采矿权的申报与管理;储量管理;对外合作;负责非常规油气资源开发方案的实施、非常规油气生产的协调平衡、生产成本指标控制等工作;

(9) 开发处:负责常规、非常规油气开发中长期规划;组织编制油气田开发方案、产能实施方案、油气生产的协调平衡;生产成本指标控制、可采储量管理等工作;

(10) 采油气工艺与装备处:负责采油气工艺发展规划;组织采油气工艺、地面工程方案的编制、审查、批复、施工组织和监管;采油气工艺科研及先导性试验等项目的立项审查;采油气工艺新技术的交流、推广与应用;负责装备管理以及节能达标等工作;

(11) 工程技术管理处:负责石油工程技术管理和生产组织监管;负责各工种工程队伍的资质管理;负责工程事故的认定与处理;负责钻井、固井工程施工方案、工程设计的审查与批复;井控管理;负责石油工程新技术先导试验、交流、推广与应用等工作;

(12) 安全环保处:负责安全生产、环境保护、节水减排、职业卫生、应急消防、境内公共安全、安保基金、隐患治理、HSE 体系等工作;

(13) 科技与技术监督处:负责科技发展、科研项目立项、过程控制、验收、评审、成果推广应用。负责知识产权管理、标准化管理、质量和计量管理等工作;

(14) 企业改革管理处(法律事务处):负责风险管控、制度建设、企业管理、内部控制、“三基”工作、市场管理、体制机制调整、绩效考核、法律事务等工作;

(15) 审计处:负责审计监督各单位经营管理、财务收支、内控制度的执行情况,以及重大投资项目实施情况;经营者任期、任中经济责任审计和其他重大专项审计等工作;

(16) 监察处:负责党风建设和反腐倡廉建设、廉洁自律和反腐倡廉宣传教育、惩防体系建设和监督检查、信访案件检查和审理,以及效能监察等工作;

(17) 机关党委:负责机关党建工作,机关干部队伍及其作风建设,机关干部民主评议和选拔等工作。

2. 华东石油局序列的机关部门职责:

(1) 党委办公室(组织部):负责党委事务、党的建设与组织管理、职工思想政治工作、对内对外宣传、企业文化建设、精神文明建设、党委巡视等工作;

(2) 工会、团委:工会负责职工权益维护、企业民主管理、动员和组织职工参与经济建设、职工教育等工作;团委负责团的组织建设、思想建设、青年工作、志愿服务等工作;

(3) 基地管理处(保卫处):负责研究制定基地综合使用中长期规划及年度开发利用计划与方案,负责基建管理工作、社区服务与协调工作,职工住房公积金管理,企业内部治安保卫等工作;

(4) 离退休工作处:负责离退休管理工作,负责离退休人员党组织建设和党员的管理工作,负责处理离退休人员来信来访和信息管理等工作；

(5) 财务二处：负责华东石油局(矿区)会计核算、财务预算、成本控制、资金管理、税务管理、资产管理等财务会计工作；

(6) 计划经营处：负责华东石油局(矿区)发展战略、规划计划、市场开拓、经营性业务管理等工作。

3. 华东工程公司机关部门职责：

(1) 综合管理处：负责行政事务、政策研究、政务信息、外事管理、督办协调、机要保密、文秘档案、信息系统建设与运维等工作；

(2) 党群工作处(人力资源处、纪检监察处)：负责党委事务、党建与思想政治工作、企业文化建设、对内对外宣传、纪检监察、审计协调、信访稳定等，工会与共青团等党群事务工作；负责机构编制、人力资源配置、干部和人才队伍建设、劳动用工、薪酬福利等工作；

(3) 财务计划处：负责发展战略、规划计划、综合统计；负责财务预算、成本管控、资金管理、资产管理等工作；

(4) 经营管理处：负责生产经营计划、综合统计、绩效考核、企业管理、内部控制、合同管理、队伍资质建设、制度建设、体制机制改革、法律事务等工作；

(5) 运行管理处(QHSE 管理处)：负责国内外市场开发、招投标管理，生产运行调度、作业队伍统筹，节能达标管理、井控管理、安全监督、职业健康、隐患治理、环境保护、境外公共安全等工作；

(6) 技术装备处：负责技术发展规划、技术设计管理、科技成果转化与应用、技术研发管理、工程与装备技术研发、装备统筹、设备升级优化、物资采购协调等工作。

4. 直属机构管理职责：

(1) 概预算中心：负责工程造价管理；负责工程概(预)算编制、审核与管理；负责工程招议标项目标底的编制与审核；负责工程项目结算的审核；参与工程方案及设计审查；参与投资项目管理；

(2) 新闻中心：负责华东石油局、华东分公司、华东工程公司的报纸、电视、手机报等宣传媒体建设；负责新闻宣传以及与上级和外部媒体交流合作；负责记者站、新闻通讯员队伍的管理和业务培训；负责新闻宣传资料的收集、整理、归档；

(3) 机关事务中心：负责为华东石油局、华东分公司、华东工程公司机关提供食堂、用车、办公用品、医疗、会议室及其他后勤服务等机关事务工作；

(4) 工程监理与安全督查中心：负责石油工程施工质量的监督管理；负责工程施工工作量认定；负责监理队伍管理；负责安全督查、检查与反馈等工作。

(刘 波)

【组建机关事务中心】 2013 年 8 月 22 日，华东石油局、华东分公司、华东工程公司下发《关于组建机关事务中心的通知》(华东石油〔2013〕120 号)，组建成立华东油气田机关事务中心(简称机关事务中心)。

1. 组建方式：在现有华东石油局、华东分公司、华东工程公司机关后勤保障服务(食堂、车队、医务室、办公大楼管理)的基础上，组建机关事务中心。人员根据机关事务中心服务内容、内设机构及岗位配置需要，从办公室、基地管理处等相关部门划入。

2. 管理职责：① 负责机关食堂的日常管理和服务；② 负责机关车队日常管理和服务；③ 负责机关医疗卫生管理和服务；④ 负责办公楼物业管理和服务；⑤ 负责中泰大厦办公大楼会议室统一调配及会务管理和服务；⑥ 代表华东石油局负责与物业公司的沟通、协调；⑦ 负责机关办公用品统一购置、发放的管理和服务；⑧ 负责机关员工出差票务服务。

3. 运作模式：① 机关事务中心为华东石油局、华东分公司、华东工程公司的副处级直属机构，挂靠基地管理处，业务上接受基地管理处的管理和指导，工作任务按照华东石油局、华东分公司、华东工程公司领导及相关处室的要求进行统一安排；② 机关事务中心按照业务类别分别制定食堂、车队、物业、会务、票务、办公用品购置发放等方面的管理制度，经相关管理部门审核批准后实施；③ 机关事务中心为非独立核算的服务办事机构，提供服务的运行费用按照相关管理制度，经机关事务中心领导审批同意后在机关财务科报销。机关事务中心内部日常运行费用列入机关总体费用控制计划，由机关事务中心上报年度费用计划经相关部门及领导审批后执行。④ 机关事务中心制定内部部门及员工绩效考核实施细则，经基地管理处、企业改革管理处会相关部门审核批准后实施。

4. 组织机构及人员设置：① 机关事务中心设主任1名，由基地管理处副处长兼任。② 机关事务中心内部设车队和总务科2个部门。车队设队长（正科级）1名，负责车辆使用的统一调配、车辆安全、车辆日常维修、车辆保险及驾驶员的日常管理等工作，人员编制暂定28人。总务科设科长1名，副科长2名，负责食堂、医疗卫生、办公大楼物业、会务、票务及办公用品等管理、服务工作，人员编制暂定22人，另食堂根据工作量可适当使用非全日制工若干人。

（刘　波）

【成立华东石油局、华东分公司国际合作公司】 2012年3月1日，华东石油局、华东分公司下发《关于成立华东石油局、华东分公司国际合作公司的通知》（华东石油〔2012〕34号），成立华东石油局、华东分公司国际合作公司，同时对国际项目管理运作模式进行调整。

1. 基本原则：① 按照统一管理，效益优先、资源共享的原则调整管理体制；② 按照独立经营管理、独立预算编制、独立财务核算、统一物资采购、统一人事管理、统一绩效考核的原则，构建管理机制；③ 按照总体规划、分步实施的原则稳步推进。

2. 体制调整：① 撤销华东石油局、华东分公司国际项目管理部，在原国际项目管理部的基础上成立国际合作公司，按二级单位管理；② 华石公司、威诺公司经营业务隶属国际合作公司管理；③ 加蓬项目部并入新组建的国际合作公司，参与加蓬项目的各施工队伍仍由各单位管理；④ 在资质、管理信息系统未调整完成之前，暂不改变对威诺公司、华石公司的投资关系；⑤ 国际合作公司暂不进行工商注册，其对外法人主体按照业务要求分别以华东石油局、华扬石油天然气勘探开发总公司、华东分公司、华石公司名义运作。在国际项目管理运作体制调整到位的基础上，国际合作公司对外法人主体统一以华扬石油天然气勘探开发总公司名义，同时注销华石公司。

3. 业务范围：① 外事管理；② 海外石油工程服务；③ 对外贸易；④ 与外国公司在国内油气勘探开发方面的合作。

4. 经营管理职责：① 负责国际市场发展战略的研究和方案制定；② 负责国际项目市场的开发，招投标的组织和实施；③ 负责国际项目实施计划、方案的编制，国际项目实施所需各类资源（人、财、物等）的统一采购和调配，负责与甲方及所在国政府关系的协调；④ 负责业务范围内各项目的实施和管理；⑤ 国际项目及外事交往的护照和签证办理，组织出国人员外事纪律及相关知识的培训；⑥ 与有关部门及单位共同负责海外石油工程和对外贸易的HSE管理和公共安全管理。

5. 运作模式：① 负责华东石油局、华东分公司外事管理职能和职责，对外仍使用“外事管理办公室”专用章。② 在海外石油工程服务管理和实施方面，按照海外石油工程项目的要求，由相关专业公司自主组织人员、设备等相关资源建立项目组，以整建制形式派遣至国际合作公司，在国际合作公司的统一指挥和管理下，负责项目的实施。在整个项目实施过程中，资产设备的配备使用、人员工资奖金发放、资金调度使用等执行华东石油局、华东分公司的管理制度。③ 华石公司接受国际合作公司的统一管理，具体业务按原方式运作，威诺公司由国际合作公司按照《公司法》规定代表华扬石油天然气勘探开发总公司行使法人股权管理。④ 在组织机构方面，国际合作公司根据业务需要设置内部组织机构，报华东石油局、华东分公司有关职能部门审核批准。人员待遇报人事处批准，开支标准按华东石油局、华东分公司规定执行。⑤ 在财务核算方面，华石公司、威诺公司仍按原模式独立建账核算，国际合作公司的财务核算由华石公司财务部代理，国际合作公司经费实行预算管理，资金由计财处拨付。年终华石公司、威诺公司作为二级单位将财务报表报送计财处合并，加蓬项目部仍按原模式进行核算，年终将其报表报送国际合作公司合并汇总。⑥ 在绩效考核方面，绩效考核指标由有关部门依据管理体制调整后的实际情况予以确定。⑦ 华东石油局、华东分公司机关各部门实施对国际合作公司的业务管理。

（刘 波）

【工程院管理体制调整】 2012 年 7 月 2 日，华东分公司下发《关于调整石油工程技术研究院管理体制的通知》（华东股份〔2012〕45 号），对石油工程技术研究院管理体制进行调整。

1. 调整方案：将工程院原隶属于华东石油局管理调整为由华东分公司管理，在岗人员的人事、劳动关系划转华东分公司，工程院资产采取租赁方式进行管理和使用，租赁费由华东分公司与华东石油局通过关联交易方式进行结算。

2. 工程院业务工作范围调整为：① 承担华东分公司石油工程及非常规油气工程科技进步的规划、部署，定期提出科技立项建议，组织开展攻关；② 承担华东分公司钻完井、测录井、测试、储层改造等工程作业项目的设计及相关工作；③ 负责石油工程及非常规油气工程作业新技术、新方法、新工艺的引进、推广工作；④ 负责对石油工程及非常规油气工程专业科技信息动态的收集、整理与分析研究工作；⑤ 负责钻井液、水泥浆、压裂液体系及配方的实验研究，承担相应的产品检验；⑥ 完成华东分公司下达的其他工程技术类方案设计研究任务。

3. 7 月 25 日，华东石油局下发《关于撤销华东石油局工程技术设计研究院的通知》（华东石油〔2012〕174 号），撤销中国石化集团华东石油局工程技术设计研究院。同日，华东分公司下发《关于成立华东分公司石油工程技术研究院的通知》（华东股份〔2012〕50 号），成立中国石油化工股份有限公司华东分公司石油工程技术研究院。

（刘 波）

【华东油气田下属单位变更】 2013 年，华东石油局、华东分公司、华东工程公司部分下属单位变更。

1. 1 月 16 日，华东分公司下发《关于撤销中国石油化工股份有限公司华东分公司吉林项目部的通知》（华东股份〔2013〕1 号），撤销中国石油化工股份有限公司华东分公司吉林项目部。

2. 1 月 28 日，华扬石油天然气勘探开发总公司下发《关于撤销华扬石油天然气勘探开发总公司轮台分公司的通知》（华扬石〔2013〕1 号），撤销华扬石油天然气勘探开发总公司轮台分公司。

3. 3 月 14 日，华东工程公司下发《关于成立中石化华东石油工程有限公司所属分公司的通知》（华东石油工程〔2013〕4 号），决定成立：中石化华东石油工程有限公司六普钻井分公司，注册地：镇江；成立中石化华东石油工程有限公司测井分公司，注册地：扬州；成立中石化华东石油工程有限公司固井分公司，注册地：扬州；成立中石化华东石油工程有限公司录井分公司，注册地：镇江。

同日，华东工程公司下发《关于成立中石化华东石油工程有限公司扬州基础建设分公司的通知》（华东石油工程〔2013〕8 号），决定成立：中石化华东石油工程有限公司扬州基础建设分公司，承接原华扬石油天然气勘探开发总公司扬州石油工程基础建设分公司、华东石油局第六普查勘探大队扬州汽车队经营业务。

同日，华东工程公司下发《关于成立中石化华东台油工程有限公司西部分公司的通知》（华东石油工程〔2013〕9 号），决定成立：中石化华东石油工程有限公司西部分公司，承接原华扬石油天然气勘探开发总公司轮台分公司经营业务。

4. 3 月 19 日，华东石油局、华东分公司下发《关于井下作业公司非常规作业项目部划归非常规资源勘探开发指挥部管理的通知》（华东股份〔2013〕13 号），将井下作业公司非常规作业项目部整体划归非常规资源勘探开发指挥部管理。

5. 4 月 12 日，华东石油局、华扬总公司下发《关于华扬石油天然气勘探开发总公司南京建设工程中心与江苏华石技工贸总公司合并事宜的通知》（华东石油〔2013〕54 号），将华扬石油天然气勘探开发总公司南京建设工程中心与华东石油局江苏华石技工贸总公司进行合并。

新组建的江苏华石技工贸总公司经营地址为南京市四平路51号；经营范围包括：工程技术与施工服务，为石油和天然气勘探开发提供技术劳务服务，石油化工工程建设施工，环保工程施工，公路桥梁建筑施工，地质勘查技术服务，国内商品贸易，自营和代理各类商品的进出口业务等。

6. 7月22日，华东石油局下发《关于组建成立华东石油局社区管理中心通知》（华东石油〔2013〕111号），组建成立华东石油局社区管理中心。社区管理中心作为华东石油局直属非法人二级单位，按照厂、队级单位实施管理。

7. 11月1日，华东工程公司下发《关于成立“中石化华东石油工程有限公司加蓬项目部”的通知》（华东石油工程〔2013〕50号），成立中石化华东石油工程有限公司加蓬项目部。

8. 12月23日，华东石油局下发《关于撤销华东石油局规划设计研究院的通知》（华东石油〔2013〕175号），撤销华东石油局规划设计研究院。

9. 12月31日，华东石油局下发《关于撤销华东石油局扬州办事处的通知》（华东石油〔2013〕184号），撤销华东石油局扬州办事处。

同日，华东石油局下发《关于撤销华东石油局测井站的通知》（华东石油〔2013〕185号），撤销华东石油局测井站。

同日，华东石油局下发《关于撤销华东石油局第六普查勘探大队的通知》（华东石油〔2013〕186号），撤销第六普查勘探大队。

（刘　波）

组织机构与干部

中共华东石油局委员会

书　记：周　松
副书记：方志雄　冯如进
委　员：周　松　方志雄　冯如进
俞　凯　申飞龙　张锦宏
吴聿元
谈士海（2013年11月—）
赵晓华（2013年11月—）

华东石油局领导成员

局　长：方志雄
副局长：周　松　张锦宏
总会计师：申飞龙

华东分公司领导成员

总经理：方志雄
副总经理：俞　凯　周　松　吴聿元

华东工程公司领导成员

执行董事：张锦宏（2012年12月—）
总经理：张锦宏（兼）（2012年12月—）
监　事：冯如进（兼）（2012年12月—）
副总经理：谈士海（2013年1月—）
赵晓华（2013年1月—）

中共华东工程公司委员会

书　记：张锦宏
委　员：谈士海　赵晓华

华东石油局纪律检查委员会

书　记：冯如进
副书记：杜惠平
委　员：（以姓氏笔划为序）
韦俊宝（2013年11月—）
冯如进（2013年11月—）
朱振亚（2013年11月—）

杜惠平(2013年11月—)
钟　平(2013年11月—)
施　杰(2013年11月—)
姜　伟(2013年11月—)

华东石油局工会第四届委员会

主　席:冯如进
副主席:韦俊宝(2013年2月—)
　　　吴志远(—2013年2月)
常务委员:(以姓氏笔划为序)
　丁　波
　韦俊宝(2013年2月—)
　冯如进
　朱振亚　吴志远(—2013年2月)
　张　寅　姜　伟
委　员:冯如进　韦俊宝　吴志远　王为春
　丁　波　戈宝存　孙中斌　姜　伟
　仇明华　刘　强　朱振亚　夏国法
　冯路国　田培进　姜　姗　王立志
　张龙胜　桂东归　张耀东　汤　勇
　杨寿松　张　寅　贺永清　张以祥
　刘　斌　张兴国　周仁斌　王成根

共青团华东石油局第六届委员会

书　记:金　鑫
委　员:(以姓氏笔划为序)
　于　扬　李　扬　李珊珊
　张　怡　金　鑫　俞亮亮
　姚亚林　柳毓文　雷　源

首席专家

张　淮(油气勘探)(2012年2月—)
张奉东(油气田开发)(2012年2月—)
唐成鸽(石油工程)(2012年2月—)

专业副总师

副总工程师:杨　力
　　郭庆安(2012年3月—)
安全副总监:张亚文(2013年5月—)
副总经济师:韩华林(2013年5月—)
　　丁玉明(2013年5月—)
副总政工师:王齐华(2013年5月—)

华东石油局机关部门

党委办公室(组织部)

主　任:王齐华(兼)(2013年4月—)
副主任:黄宝平(2013年4月—)
副处级组织员:易长富(2013年4月—)

财务资产处

处　长:刘之国(兼)(2013年4—)
副处长:唐海洋(兼)(2013年5月—)
　　楼江权(2013年5月—)

基地管理处(保卫处)

处　长:丁玉明(兼)(2013年4—)
副处长:曹　巍(2013年5月—)

离退休工作处

处　长:叶鹏飞(2013年4—)
副处长:张以祥(2013年4—)

计划经营处

处　长:刘长利(兼)(2013年4—)
副处长:郭立榕(2013年5月—)

华东分公司机关部门

办公室(信访办、外事办)

主　任:韩华林(兼)(2013年4月—)
副主任:马成海兼信访办主任(2013年4月—)
　　王红燕兼外事办主任(2013年4月—)
　　李　超(兼)(2013年4月—)

人事处

处　长:赵晓华(—2013年4月)
副处长:金国强(主持工作)(2013年4月—)
　　张瑞康(兼)(2013年4月—)
　　刘红军(2013年5月—)

机关党委

书　记:冯如进(兼)(—2013年5月)
　　赵晓华(兼)(2013年5月—)
副书记:马成海(2013年8月—)
纪委书记:马成海(2013年8月—)

纪检监察处

处　长:杜惠平

副处级纪检监察员:傅晓剑(2013 年 4 月—)

企业改革管理处、法律事务处

处　长:刘长利(2013 年 4 月—)

副处长:郜　青(兼)(2013 年 4 月—)

周东方(2013 年 5 月—)

周正平(兼)(2013 年 5 月—)

采油气工艺与装备处

处　长:程百利(2013 年 4 月—)

副处长:卢建明(2013 年 4 月—)

肖文汉(兼)(2013 年 5 月—)

安全环保处

处　长:张亚文(兼)(2013 年 4 月—)

副处长:赵军胜(2013 年 4 月—)

张　安(兼)(2013 年 4 月—)

科技与技术监督处

副处长:杨贵祥(主持工作)(2013 年 4 月—)

生产运行处(土地管理处)

处　长:王德喜(2013 年 4 月—)

副处长:钱中付(兼)(2013 年 4 月—)

张　备(2013 年 4 月—)

信息管理处

处　长:卢华宁(2013 年 4 月—)

工程技术管理处

处　长:杨　力(兼)(2013 年 4 月—)

副处长:鲁东升(2013 年 4 月—2013 年 5 月)

匡立新(2013 年 4 月—)

石　强(兼)(2013 年 5 月—)

勘探处

处　长:吴　群(2013 年 4 月—)

副处长:余文端(2013 年 4 月—)

开发处

处　长:郭庆安(兼)(2013 年 4 月—)

副处长:孙秀武(2013 年 4 月—)

非常规资源处

副处长:唐建信(主持工作)(2013 年 4 月—)

朱杰平(2013 年 4 月—)

刘厚裕(2013 年 4 月—)

审计处

处　长:钟　平(2013 年 4 月—)

副处级审计员:赵　明(2013 年 5 月—)

财务资产处

处　长:刘之国(2013 年 4 月—)

副处长:徐桂芳(2013 年 5 月—)

计划处(销售处)

处　长:黄永裕(—2013 年 4 月)

副处长:徐建国(主持工作)(2013 年 4 月—)

徐　强(2013 年 4 月—)

华东工程公司机关部门

综合管理处

副处长:李　超(主持工作)(2012 年 12 月—)

党群工作处(人力资源处、纪检监察处)

处　长:王齐华(兼)(2012 年 12 月—)

副处长:张瑞康(2012 年 12 月—)

经营管理处

处　长:周正平(2012 年 12 月—)

副处长:郜　青(2012 年 12 月—)

财务计划处

处　长:唐海洋(2012 年 12 月—)

运行管理处(QHSE 管理处)

副处长:钱中付(主持工作)(2012 年 12 月—)

张　安(2012 年 12 月—)

技术装备处

处　长:肖文汉(2012 年 12 月—)

副处长:石　强(2012 年 12 月—)

华东石油局新闻中心

主　任:黄宝平(兼)(2013 年 4 月—)

华东分公司工程监理与安全督查中心

主　任:鲁东升(兼)(2013 年 4 月—2013 年 5 月)

华东分公司概预算中心

主　任:徐　强(兼)(2013 年 4 月—)

华东石油局机关事务中心

主　任:曹　巍(兼)(2013 年 5 月—)

(人事处)

华东石油局第三届党委成员简介

【方志雄】 华东石油局局长、党委副书记、华东分公司总经理。男，1962年10月生，汉族，湖北仙桃人，博士研究生，教授级高级工程师。1984年6月加入中国共产党，1983年7月参加工作。

1979年9月至1983年7月，江汉石油学院石油地质专业学习；1983年7月至1985年1月，江汉石油管理局勘探开发研究院综合室实习员、技术员；1985年1月至1986年6月，江汉石油管理局勘探开发研究院勘探室专题组长；1986年6月至1987年9月，江汉石油管理局胜利清河采油指挥部地质队技术员；1987年9月至1988年8月，石油部广州外语培训中心英语班学习；1988年8月至1991年3月，江汉石油管理局勘探开发研究院勘探室课题副组长、组长；1991年3月至1992年7月，江汉石油管理局勘探开发研究院勘探室副主任；1992年7月至1994年5月，江汉石油管理局勘探开发研究院科技办公室主任；1994年5月至1996年12月，江汉石油管理局勘探开发研究院副院长；1996年12月至1998年1月，江汉石油管理局局长助理兼勘探部主任、勘探公司经理；1998年1月至2000年1月，江汉石油管理局局长助理兼研究院院长、副书记；2000年1月至2001年12月，江汉石油管理局总地质师；2000年2月至2001年12月，中国石化股份有限公司江汉油田分公司总地质师；2000年8月至2008年12月，中国石化股份有限公司江汉油田分公司经理；2000年9月至2003年12月，中国地质大学矿产普查与勘探专业博士研究生学习；2008年12月至2009年12月，中国石化股份有限公司江汉油田分公司总经理；2009年12月起，中国石化集团华东石油局局长、党委副书记、中国石化股份有限公司华东分公司总经理。

【周　松】 中共华东石油局委员会书记、副局长，华东分公司副总经理。男，1961年2月生，汉族，江苏东台人，函授本科学历，高级工程师。1990年11月加入中国共产党，1978年3月参加工作。

1978年3月至1988年8月，地矿部中南石油地质局第五物探大队546、542、544、511队测量员、测量组组长；1988年8月至1990年7月，西安地质学院测量干部专修科学习；1990年7月至1993年2月，地矿部中南石油地质局第五物探大队西藏指挥所测量技术负责人；1993年2月至1994年2月，地矿部中南石油地质局第五物探大队511队队长；1994年2月至1994年10月，地矿部中南石油地质局第五物探大队海口办事处主任；1994年10月至1995年3月，地矿部中南石油地质局第五物探大队电子计算站站长；1995年3月至1996年4月，地矿部中南石油地质局南地公司副经理；1996年4月至1999年1月，中国新星石油公司中南石油局新疆办事处主任；1996年9月至1998年7月，中国地质大学(成人)管理工程专业学习；1999年1月至2003年5月，中国新星石油公司中南石油局新疆工作部主任；2001年11月至2003年5月，中国石化新星公司中南石油局局长助理；2003年5月至2003年6月，中国石化新星公司中南石油局副局长；2003年6月至2007年3月，中国石化集团中南石油局副局长；2007年3月至2008年5月，中国石化股份有限公司勘探西北分公司副经理(保留原待遇)；2008年5月起，中国石化股份有限公司华东分公司副经理。2008年5月至2011年12月任华东分公司副总经理、华东石油局党委委员；2011年12月起任华东石油局党委书记、副局长，华东分公司副总经理。

【张锦宏】 华东石油局副局长、党委委员，华东石油工程有限公司执行董事兼总经理、党委书记。男，1963年3月生，汉族，江苏泰州人，硕士研究生，教授级高级经济师。1987年3月加入中国共产党，1983年7月参加工作。

1979年9月至1983年7月，华东石油学院钻井工程专业学习；1983年7月至1985年3月，江苏石油勘探开发公司钻井处32644钻井队实习员、技术员；1985年3月至1989年11月，江苏石油勘探开发公司办公室秘书；1989年11月至1993年3月，江苏石油勘探局局长办公室副科级秘书、科级秘书；1993年3月至1994年1月，江苏石油勘探局计划规划处副主任工程师兼规划科科长；1994年1月至1994年12月，江苏石油勘探局党委办公室副主任；1994年12月至1997年4月，江苏石油勘探局计划规划处副处长；1997年4月至1997年7月，江苏石油勘探局计划规划处第一副处长；1997年7月至2000年10月，江苏石油勘探局计划规划处处长；2000年9月至2004年2月，石油大学（北京）企业管理专业硕士研究生学习；2000年10月至2004年7月，江苏石油勘探局副总经济师兼钻井处处长、党委副书记；2004年7月至2008年6月，江苏石油勘探局副总经济师兼工程技术管理处处长；2008年6月起，中国石化集团华东石油局副局长。2012年12月任华东石油工程公司执行董事兼总经理，2013年1月任华东石油工程公司党委书记。

【冯如进】 华东石油局党委副书记、纪委书记、工会主席，兼任华东石油工程公司监事。男，1959年12月生，汉族，浙江临海人，大学学历，高级工程师。1981年5月加入中国共产党，1975年9月参加工作。

1975年9月至1978年8月，浙江临海县中学代课教师；1978年8月至1982年7月，武汉地质学院石油物探专业学习；1982年7月至1984年11月，地矿部华东石油地质局地质研究大队技术员、助理工程师；1984年11月至1993年8月，地矿部华东石油地质局地质物探处物探管理室主任；1993年8月至1994年6月，地矿部华东石油地质局第六物探大队副大队长；1994年6月至1995年5月，地矿部华东石油地质局第六物探大队副大队长（主持工作）；1995年5月至2002年6月，中国石化新星石油公司华东石油局第六物探大队大队长、党委副书记；2002年6月至2003年6月，中国石化新星石油公司华东分公司副经理；2003年6月至2008年3月，中国石化股份公司华东分公司副经理；2008年3月起，中国石化集团华东石油局党委副书记、纪委书记、工会主席。2012年12月兼任华东石油工程公司监事。

【俞　凯】 华东分公司副总经理，局党委委员。男，1958年1月生，汉族，安徽定远人，博士研究生，教授级高级工程师。1985年2月加入中国共产党，1975年3月参加工作。

1975年3月至1975年11月，安徽巢县岱山公社插队；1975年11月至1978年9月，安徽省地矿局区域地质调查队地质练习生；1978年9月至1982年7月，成都地质学院石油地质专业学习；1982年7月至1985年6月，地矿部华东石油地质局六普大队6003井队地质组地质员、副组长；1985年6月至1992年5月，地矿部华东石油地质局办公室质管科、法律事务室科长、室主任；1992年5月至1994年6月，地矿部华东石油地质局井下作业大队副大队长；1994年6月至1995年5月，地矿部华东石油地质局地质研究所副所长、党委副书记；1995年5月至1996年4月，地矿部华东石油地质局规划设计研究院院长、党委副书记；1996年4月至2000年10月，地矿部华东石油局副总工程师兼东北二处处长；2000年10月至2002年6月，中国石化新星石油公司华东石油局副总工程师、开发处处长；2002年6月至2003年6月，中国石化新星石油公司华东分公司副经理；2003年3月至2006年7月，中国科学院地质与地球物理研究所矿物学、岩石学、矿床学博士研究生学习；2003年6月起，中国石化股份公司华东分公司副经理。

【申飞龙】 华东石油局总会计师，局党委委员。男，1964年11月生，汉族，江苏通州人，大学学历，教授级高级会计师。1995年1月加入中国共产党，1987年7月参加工作。

1983年9月至1987年7月，武汉地质学院工业管理工程专业学习；1987年7月至1988年7月，地矿部华东石油地质局六普大队实习；1988年7月至1995年5月，地矿部石海局经济研究室华东组干部、副组长；1995年5月至1999年10月，地矿部华东石油地质局计财处财务科科长；1999年10月至2000年10月，中国石化新星石油公司华东石油局计财处副处长；2000年10月至2002年6月，中国石化新星石油公司华东石油局财务资产处处长；2002年6月至2003年6月，中国石化新星石油公司华东石油局总会计师；2003年6月起任中国石化集团华东石油局总会计师。2008年10月起任中国石化集团华东石油局党委委员。

【吴聿元】 华东分公司副总经理，局党委委员。男，1963年9月生，汉族，福建建阳人，博士研究生，教授级高级工程师。1986年7月加入中国共产党，1987年9月参加工作。

1981年9月至1985年8月，成都地质学院石油地质专业学习；1985年9月至1987年7月，成都地质学院石油系石油地质与勘探专业学习；1987年7月至1992年3月，华东石油地质局地质研究所新生代室、技术科技术员；1992年3月至1994年3月，华东石油地质局地质研究所计算机室副主任；1994年3月至1995年1月，华东石油地质局地质研究所计算机室主任；1995年1月至2001年1月，华东石油地质局地质研究所副总工程师兼油气室主任；2000年3月至2001年1月，华东石油地质局东北项目组组长（兼）；2001年1月至2002年9月，华东石油局规划设计研究院勘探总工程师；2002年9月至2006年6月，华东分公司勘探处副处长；2004年1月至2009年7月，中国科学院地质与地球物理研究所矿物岩石矿床专业博士研究生学习；2006年6月至2010年6月，华东分公司勘探处处长；2010年6月至2011年12月，华东分公司石油勘探开发研究院院长；2011年4月至2011年12月，华东石油局、华东分公司副总地质师；2011年12月起任中国石油化工股份有限公司华东分公司副总经理。

【谈士海】 华东石油局党委委员、华东石油工程有限公司副总经理、党委委员。男，汉族，1965年2月出生，江苏仪征人，1987年11月加入中国共产党，1983年12月参加工作，中国科学院地质与地球物理研究所矿物学、岩石学、矿床学专业毕业，博士研究生学历，理学博士，教授级高级工程师。

1981年9月至1983年12月在南京地质学校找矿专业学习；1983年12月至1991年2月任华东石油局井下大队试油队技术员；1985年9月至1990年7月在成都地质学院石油地质专业学习；1991年2月至1991年9月任华东石油局井下大队试油队副队长；1991年9月至1994年2月任华东石油局井下大队试油队队长；1994年3月至1996年11月任华东石油局井下大队吉林试油队队长；1996年12月至2002年8月任华东石油局试采大队副大队长；2000年10月至2003年7月在江苏省委党校在职研究生班学习；2002年8月至2007年1月任华东石油局试采大队大队长；2005年1月至2007年1月任华东石油局井下作业公司经理；2005年3月至2008年7月参加中国科学院地质与地球物理研究所矿物学、岩石学、矿产学专业博士研究生学习；2006年11月至2007年1月任华东分公司采油厂厂长；2007年1月至2008年6月任华东石油局工程管理处处长；2008年6月至2010年6月任华东分公司工程建设处处长；2010年6月至2012年4月任华东石油局、华东分公司工程技术管理处处长；2012年4月至2012年12月任华东石油局六普大队大队长、党委副书记、钻井工程公司经理；2012年4月起任华东石油局、华东分公司副总工程师；2013年1月起任年华东石油工程有限公司副总经理、党委委员；2013年11月起任华东石油局党委委员。

【赵晓华】 华东石油局党委委员、华东石油工程有限公司副总经理、党委委员，机关党委书记。男，汉族，1964年8月出生，江苏如皋人。1987年

5 月加入中国共产党，1983 年 12 月参加工作，扬州大学应用化学专业毕业，大学本科学历，高级工程师。

1981 年 9 月至 1983 年 12 月在赣州地质学校岩矿分析专业学习；1983 年 12 月至 1990 年 7 月任华东石油地质局地质研究大队实验室技术员；1985 年 9 月至 1988 年 7 月参加中国地质大学工业分析专业大专学习；1990 年 8 月至 1993 年 1 月任华东石油地质局地质研究大队实验室副主任；1993 年 2 月至 1995 年 5 月任华东石油局地质研究所实验室主任；1995 年 5 月至 2001 年 1 月任华东石油局勘探开发规划研究院副院长；1999 年 8 月至 2001 年 12 月参加中央党校函授学院经济管理专业本科班学习；2001 年 1 月至 2005 年 4 月任华东分公司规划设计研究院第一副院长；2003 年 9 月至 2006 年 6 月参加扬州大学应用化学专业本科学习；2005 年 4 月至 2006 年 6 月任华东石油局人事处、华东分公司人力资源处副处长；2006 年 6 月至 2013 年 4 月任华东石油局人事处、华东分公司人力资源处处长；2012 年 3 月起任华东石油局、华东分公司副总经济师；2013 年 1 月起任华东石油工程有限公司副总经理、党委委员；2013 年 5 月起任华东石油局机关党委书记；2013 年 11 月起任华东石油局党委委员。

（人事处）

先进集体与先进人物

中国石化劳动模范

【王彦祺】 男，1962年2月出生，河北省安国县人，大学文化，教授级高级工程师，现任华东分公司工程技术研究院院长。他5年取得多项重大科研技术成果和技术专利。他带领的技术创新团队被华东分公司授予“十一五”优秀创新团队。他所从事的石油钻井工程工艺研究，都是钻井生产实践中亟待解决的难题，他的科研成果为华东油气田勘探开发提供了有力的技术支撑。在松南气田开发建设中，由他担任技术首席，成功钻成松南气田第一口火山岩气藏水平井“腰平1井”，经测试获无阻流量天然气350万立方米，为确定松南气田开发模式奠定了基础；在煤层气勘探开发中，由他担任技术首席，成功将旋转冲击钻井技术应用于煤层气钻井中，使机械钻速提高3—4倍；他主持开发的 $CaCl_2$ 水溶钻井液体系，在煤储层保护上取得良好效果；他研制的国内首套6英寸井眼绳索取芯工具，填补了国内的一项空白；他研发的适用于煤层气井的井口控制装置，在煤层气井中实现了低成本空气钻井；他以项目负责人和首席技术专家的身份，多次主持华东分公司非常规资源勘探“1字号”重点井的工艺技术研究，钻成中国石化第一口页岩气井“宣页1井”，为攻克非常规资源勘探开发技术难关，做出了突出贡献。

5年来，王彦祺科研硕果累累，由他担任项目负责人或技术首席，完成了国内外第一个采用筛管完井并实施水力喷射分段压裂的远端连通煤层气U型水平井组“延平1”井组；成功实施了国内外第一个采用套管完井的煤层气V型水平井组“延5V1”井组，形成了独有的远端错位穿针对接、直井填砂固井等煤层气V型井组关键技术。他拥有自主知识产权的技术专利更是奇葩争艳，5年间，他获得发明专利1项，实用新型专利3项。他主持完成了9项石油工程技术标准的编制，荣获全国石油钻井标准化委员会“十一五”标准化先进工作者称号。

王彦祺是在科研生产实践中成长起来的技术专家，他十分重视青年技术人员和野外一线技术人员的培养，他经常手把手地教他们怎样做、并让他们掌握为什么这样做的理论基础和技术原理，帮助青年技术人员快速成长。在延5V1井组攻关试验中，他一直坚持吃住在井场，晚上就睡在仪器操作房，死死盯住每一个试验参数和数据。当施工进入决定成败的关键井段，他更是和20多岁的年轻人一起不分昼夜地并肩战斗，成为一代青年科技人员的楷模。

（汤和平）

【邢华纪】 男，1973年9月出生，江苏省镇江市人，现任华东石油工程公司六普钻井分公司40685HD井队队长，2009年初，邢华纪奉命从塔河油田会战

前线，回到华东钻井公司，接手新组建的40685HD井队，面对的是老设备、新队伍困难不言而喻。邢华纪亲历过塔河油田比学赶帮超的浓厚氛围，决心“一年打基础，两年上台阶，三年创佳绩”。他通过“强三基、抓管理”，弘扬“金钻头”精神，积极营造“寻标、对标、赶标、夺标”的良好氛围，当年钻井进尺增长56%。特别是在石油工程领域全面开展提速提效活动中，邢华纪带领队伍连续3年刷新华东钻井公司年度进尺纪录，成为钻井提速提效活动中的一位排头兵。追逐邢华纪提速提效的足迹，我们发现一串不寻常的踪迹……

插上科技的翅膀快步走。邢华纪深知钻井提速提效是尊重生产运行，为钻井提速提效添动力。2010年，率先在江苏工区使用了螺杆＋PDC钻头双驱钻进技术，实现了从定向到稳斜“一趟钻”的预期目标。2011年，又提出了“简化钻具组合，使用加重钻杆代替钻铤加压”的思路，在提升钻井效率的同时降低生产成本。2012年，井队创造了“当天完井、当天整拖、当天一开钻进、当天一开完钻”的施工新纪录。

保障安全的前提下稳步走。多年的钻井经验使邢华纪牢记安全是提速提效的保障，否则“欲速则不达”。在施工中，他强化现场安全管理，将“七想七不干”细化到每一个岗位、工序和施工井段；根据地层特点，优化钻井参数，维护好泥浆性能；不断改进施工方法，加强过程控制；定期对安全措施落实情况进行检查，重视安全隐患治理；先后编制了《40685HD井队标准化操作及操作注意事项》《40685HD井队关井程序操作标准》及《40685HD井队岗位操作“七不干”》，有效推动了井队安全工作的开展。

精细管理的过程中直线走。邢华纪从物理学中悟到，直线是最短的距离，少走弯路靠的是精细管理。井队使用的是服役30多年的老钻机，邢华纪带领大家始终精心呵护着这套钻机，通过动态管理把设备的使用、保养、维护承包到每一位员工，保障了生产的正常运行。在设备升级改造的同时，他又进一步完善了“分工明确、责任到人、精心操作”的设备管理制度，在不到10天的时间里就完成了设备安装调试，并顺利投入生产。钻井提速提效使40685HD井队实现了蛙跳式发展，邢华纪也成为提速提效活动中一位瞩目的排头兵。他一直以“像钻头一样不断开拓进取勇于创新、像钻铤一样自加压力负重奋进、像钻杆一样精诚团结追求卓越”的品质作为石油人的精气神，始终立足岗位，努力工作，为石油石化事业增光添彩。

（汤和平）

华东油气田特别贡献奖

【程百利】 2012年度华东石油局、华东分司特别贡献奖获得者程百利，华东石油局、华东分公司工程技术管理处处长。2012年，程百利围绕华东石油局、华东分公司勘探开发工作的统一部署与要求，认真贯彻落实、深刻领悟华东石油局、华东分公司领导的指示精神，重点针对非常规勘探开发工程配套技术领域，常年累月、不辞辛劳地深入现场一线，积极组织关键技术的攻关与试验研究，取得了丰硕的技术成果，为实现华东油气田页岩气、煤层气勘探开发的突破做出了突出贡献。

程百利安全、优质、高效地组织完成了彭页HF－1井多级分段压裂工作，该井创中国石化水平井多级分段压裂完工周期最快纪录，获2012年中国石化勘探突破奖；同时成功组织实施并创造了彭页3HF井水平井分段压裂段数最多、施工规模最大的国内纪录。他及时、准确的依据彭页

HF-1井的地层特点和现场排液情况，优选变频调速和多级气水分离的高效电泵排液技术，创新应用研究了独具特色的双管排水采气工艺管柱，实现了彭页HF-1井的高效排液产气，目前该项技术正在申请国家专利。他针对华东煤层气压裂工作的技术特点，提出了大液量、大排量、适砂比的加砂压裂工艺模式。

针对煤层气的开发生产特点，程百利多次深入现场，开展排采技术的调研、分析及评价工作，提出了低套压控制生产以防止煤层气锁伤害、以合理控制井底流压下降幅度为核心理念的排采工作模式等建议，为扭转前期煤层气排采工作的被动局面，实现华东油气田煤层气高效开发与工艺配套做出了应有的贡献。

（张　英　邹　魁）

【姚洪生】　2013年度华东油气田特别贡献奖获得者姚洪生，华东分公司采油厂厂长、高级工程师。2013年初，姚洪生就任华东分公司采油厂厂长。此时，采油厂正面临持续上产、队伍结构调整、全面提升经营业绩和发展质量的关键时期。在姚洪生的带领下，采油厂着力创新发展方式推进管理转型，有力助推采油厂向高质量、高效益发展的转变。全厂员工围绕增储上产抓运行，突出抓好结构调整、挖潜增效，统筹推进科技创新、管理创新，加速企业发展。全年圆满完成了2013年原油生产任务，生产原油30.25万吨，同比增长6.75万吨，增幅达到28.70%。勘探开发形势喜人，各项开发指标平稳运行，2013年自然递减率14.70%，含水上升率-2.90%，单位油气综合能耗128.20千克标煤/吨，严格控制在计划之内并较上年度持续降低，全年生产经营工作取得了丰硕的成果，为华东油气田早日建成百万吨油气田贡献出自己的力量。

在成本管理方面，姚洪生从精细化管理入手，在全厂推行“点项成本控制”工作法，从精细管理入手，立足找准挖潜增效的“成本控制点”，把生产经营的各个过程和环节有机统一起来，明确成本管理责任体系、成本费用指标体系、零星预算标准体系等明细体系，指标控制与过程管理相结合，突出重点项目的降费目标和管理要求，明确各项费用“管什么”和“怎么管”，最终实现降低生产成本的目标；同时在公开透明平台上，通过不同层次的对标工作，比差距、看趋势、树标杆、找问题，抓住关键节点，跟踪落实追标工作，大大提高全员降费控费的意识。

采油厂2013年吨油操作成本822元/吨，较2012年的966元/吨下降了144元/吨。2013年6月，姚洪生申报的“点项成本控制工作法的探索与实践”获得了2013年石化集团公司第二十二届管理现代化创新成果三等奖。

（何荣丽）

【李　清】　2013年度华东油气田特别贡献奖获得者李清，华东分公司副总地质师、非常规指挥部指挥长。在2013年生产工作中，李清身先士卒，团结带领非常规指挥部全体员工，克服远在异地他乡、工程队伍复杂、工农矛盾突出、后勤保障困难、安全环保压力巨大等不利条件和因素，全身心投入页岩气勘探和煤层气5亿立方米产能建设会战。他始终坚持“我在现场”的工作方式，井位运行在现场，新井投产在现场，地面方案落实在现场，压裂参数调整在现场，工农关系协调解决在现场，总是工作在生产最前线，用效率创效益；他始终坚持从严要求的管理理念，建立成套管理制度，严格责任落实和追究，强化过程管控，加强要害问题、薄弱环节、敏感领域的治理，向管理要效益；他始终坚持煤层气低成本发展战略，优化市场资源配置，控制投资成本，做到“经营一元钱，节约一分钱”，追求质量最优和效益最大化。产建一期钻井任务提前36天完成，全年未发生一起HSE上报事故，保持了安全平稳发展。

（何瑞清）

华东油气田表彰的先进集体、先进个人名录

2012 年度

文明单位(5 个)

物探公司
测井公司
研究院
非常规指挥部
技师学院

文明集体(21 个)

物探公司 645 队
物探公司 6411 队
钻井公司 70858 井队
钻井公司 40686 井队
采油厂采油一队
采油厂非常规作业项目部
研究院勘探一室
工程院钻井工程研究二室
物探院解释中心
非常规指挥部排采一队
非常规指挥部南方工作部
测井公司西北项目部
录井公司西部项目部
固井公司 HD601 队
技师学院石油工程系
职防所综合办公室
液碳公司企业管理部
建设工程中心非常规项目部
华石公司管理部
华东石油局人事处、华东分公司人力资源处
华东石油局离退休工作处

文明班组(20 个)

物探公司 647 队爆炸班
物探公司 649 队仪器组
钻井公司 70857 井队钻井一班
钻井公司 30560 井队井场组
采油厂江苏项目部 HD-XJ104—2 班
采油厂新疆项目部 HD-DX101—2 班
研究院哈萨克斯坦 S 区块油建跟踪研究组
研究院张家垛油田储量项目组
工程院采气室非常规压裂组
物探院系统保障部控制组
非常规指挥部排采二队技术组
非常规指挥部小车班
测井公司 HD001 测井队
录井公司 HD002 录井队
固井公司水泥混配车间
技师学院驾驶班
职业病防治所疗养组
液碳公司工业一级车间三班
建设工程中心西北油建项目部技术组
供应处泰州库

特别贡献奖(1 名)

华东石油局机关:程百利

劳动模范(8 名)

物探公司:梁国伟
钻井公司:邢华纪
采油厂:张　勇
研究院:骆卫峰
工程院:沈建中

物探院：刘　明
非常规指挥部：许祖伟
局机关：楼江权

文明员工（33名）

物探公司：傅　凯　傅志权　张　庆
钻井公司：陈　侃　李　伟
徐　超　姜正平
采油厂：宋其仓　李旭明
谭张飞　邵百喜
研究院：马晓东　王运海
非常规指挥部：黄　波　黄树新
钱国元　周成香
测井公司：王圣春　汪　辉
录井公司：许增辉　王　祥
固井公司：周国林　李明军
技师学院：张学云　汪智力
职业病防治所：张　斌
液碳公司：印新华　李　星
华石公司：丁望皎
建设工程中心：贾晓旭
供应处：陈　尤
西部工作部：赵国喜
华东石油局机关：丁　锋

2013年度

文明单位（5个）

采油厂
物探华东分公司
非常规指挥部
录井分公司
液碳公司

文明集体（20个）

六普钻井分公司70858井队
六普钻井分公司40686井队
采油厂采油一队
采油厂江苏项目部
非常规指挥部排采二队
非常规指挥部地质研究所
物探华东分公司641队
物探华东分公司647队
研究院苏北勘探室
物探院解释中心
工程院采气工艺室
测井分公司党群办公室
录井分公司江苏项目部
固井分公司党群工作部
华石公司钻前一队
液碳公司危险品运输车队
技师学院石油工程系
职防所监测科
华东分公司勘探处
华东石油局人事处、华东分公司人力资源处

文明班组（20个）

六普钻井分公司70858井队钻井三班
六普钻井分公司40686井队钻井一班
采油厂采油三队帅垛井组
采油厂酸化压裂队管汇二班
非常规指挥部排采二队技术组
非常规指挥部工艺研究所压裂室
物探华东分公司641队驾驶班
物探华东分公司649队仪器组
研究院煤层气勘探室选区评价组
研究院海外勘探室哈萨克斯坦S区块评价组
物探院系统保障部保障组
工程院采油室储层改造组
测井分公司HD001测井队
录井分公司HD003录井队
固井分公司工程技术部水泥混配车间
华石公司油建一队技术组

液碳公司工业一级车间三班
技师学院驾驶班
职防所心电 B 超室
供应处采购科泰州采购组

特别贡献奖(2 名)

非常规指挥部:李　清
采油厂:姚洪生

劳动模范(11 名)

六普钻井分公司:部国祥
采油厂:姚洪生
非常规指挥部:冯路国
物探华东分公司:郭思刚
研究院:王运海
物探院:蓝加达
工程院:刘红磊
测井分公司:刘　勇
录井分公司:叶国焕
技师学院:厉章彪
油气田机关:韩克宁

文明员工(33 名)

六普钻井分公司:王其权　耿永成　戈海峰　沈建军
采油厂:蒋永平　钟辉高　孙爱权　曹虎麟
非常规指挥部:姚荣昌　钱国元　傅天安　沈志军
物探华东分公司:王梅兰　胡新庭　马伟兵
研究院:曹海虹　马晓东
测井分公司:汪　辉
录井分公司:于继勇
固井分公司:张　娴　吕瑞华
华石公司:陈九生　张　勇
液碳公司:沈卫军　何亦武
技师学院:黄广庆　曾麟有
职防所:张　斌
供应处:卢　磊
威诺公司:刘萍萍
西部分公司:朱　俊
社区管理中心:王　蕾
油气田机关:李书应

(局工会)

2012—2013 年度获地市级以上表彰先进集体(个人)统计表

授予称号	被授予单位及个人	授予时间	授予单位
五一巾帼标兵岗	采油厂洲城联合站	2013.03	全国总工会
经审工作先进集体	局工会经费审查委员会	2013.12	全国总工会
经审工作优秀干部	高锡军	2013.12	全国总工会
全国青年岗位能手	陈海华	2012	团中央　人社部
全国青年安全生产示范岗	采油厂草舍联合站	2013	团中央　国家安监总局
先进集体	物探华东分公司	2013.06	石化集团公司
先进集体	研究院	2013.06	石化集团公司
劳动模范	邢华纪	2013.06	石化集团公司
劳动模范	王彦祺	2013.06	石化集团公司
2011 年度省部属企业、科研院所服务党员群众十件实事	华东石油局党委	2012.1	江苏省委组织部
2012 年度省部属企业、科研院所和省级双重管理民营企业、行业协会基层党建十大创新工作	华东石油局党委	2013.1	江苏省委组织部

续　表

授予称号	被授予单位及个人	授予时间	授予单位
五一劳动奖状	研究院	2012.04	江苏省总工会
五一劳动奖状	采油厂	2013.04	江苏省总工会
五一劳动奖章	夏海帮	2012.04	江苏省总工会
五一劳动奖章	邵小平	2013.02	江苏省总工会
五一劳动奖章	顾锦才	2013.04	江苏省总工会
五一劳动奖章	邢华纪	2013.04	江苏省总工会
五一巾帼标兵岗	物探院目标处理岗	2012.03	江苏省总工会
五一巾帼标兵	史海英	2012.03	江苏省总工会
工人先锋号	物探公司 6411 队测量班	2012.04	江苏省总工会
工人先锋号	钻井公司 70205 井队井场组	2012.04	江苏省总工会
工人先锋号	非常规排采二队技术组	2012.04	江苏省总工会
工人先锋号	液碳公司充装车间	2012.04	江苏省总工会
工人先锋号	采油厂采油一队广山井组	2013.04	江苏省总工会
工人先锋号	研究院勘探一室	2013.04	江苏省总工会
工人先锋号	测井分公司西北项目部	2013.04	江苏省总工会
工人先锋号	物探华东分公司 647 队爆炸班	2013.04	江苏省总工会
模范职工之家	研究院工会	2013.03	江苏省总工会
模范职工小家	非常规指挥部排采二队	2013.03	江苏省总工会
模范职工小家	录井分公司西部分工会	2013.03	江苏省总工会
优秀工会积极分子	汤　勇	2013.03	江苏省总工会
先进工会	物探华东分公司工会	2013.05	石化集团公司工会工委
优秀工会干部	罗连喜	2013.05	石化集团公司工会工委
优秀工会干部	姜　伟	2013.05	石化集团公司工会工委
2012 年度共青团工作先进单位	华东石油局团委	2013	共青团江苏省委
江苏省我们身边的 100 大好青年	陈海华	2012	共青团江苏省委
江苏省我们身边的 100 大好青年	燕建成	2013	共青团江苏省委
江苏省 100 个优秀青年志愿服务项目	工程院团支部	2012	共青团江苏省委
江苏省青年岗位能手	叶　军	2013	共青团江苏省委

续　表

授予称号	被授予单位及个人	授予时间	授予单位
青年安全生产示范岗	物探华东分公司 645 队钻井排	2013	共青团江苏省委 江苏省安监局
五四红旗团委	六普钻井分公司团委	2013	共青团江苏省委
五四红旗团支部	测井分公司第四团支部	2013	共青团江苏省委
共青团工作先进工作者	金　鑫	2013	共青团江苏省委
优秀共青团干部	胡　勇	2012	共青团江苏省委
优秀共青团员	房大志	2012	共青团江苏省委
优秀共青团员	袁　航	2012	共青团江苏省委
优秀共青团员	赵　丽	2013	共青团江苏省委
优秀共青团员	张　怡	2013	共青团江苏省委
青年文明号	井下作业公司 HD-CS101 队	2012	共青团江苏省委
五四红旗团委	非常规指挥部团委	2013	石化集团公司
青年文明号	录井分公司 HD002 录井队	2013	石化集团公司
青年岗位能手	何大江　王　力　唐显春 纪　明　李忠伟　周玉峰	2013	石化集团公司
优秀共青团员	蔡　潇　石　慧　张龙强	2013	石化集团公司
优秀共青团干部	姚亚林　翟新华	2013	石化集团公司

（刘沙沙　汤和平　曹　巍）

统 计 资 料

华东石油局主要生产经营指标

指标名称 \ 年份	2013	2012	2011	2010	2009	2008
一、主要经济指标						
1. 企业总产值/万元	43 713	73 529	276 728	237 524	177 228	161 030
2. 企业增加值/万元	18 748	31 122	105 345	68 338	63 116	63 318
3. 经营收入/万元	51 839	76 356	282 124	243 474	181 166	175 448
4. 利税总额/万元	5 472	10 635	34 032	18 987	15 606	22 354
5. 利润总额/万元	1 100	1 032	9 684	4 607	6 530	7 337
6. 企业积累/万元	2 689.2	1 630	19 293	12 735	13 284	12 519
7. 综合能耗/(吨标煤·万元)	0.065	0.425	0.431	0.446	0.476	0.481
二、人员情况						
1. 在岗正式职工/人	445	638	2 025	1 975	2 001	2 124
2. 劳务用工/人	276	814	4 116	3 913	3 592	3 278
3. 离退休人员/人	675	668	2 269	2 247	2 201	2 090
三、资产负债情况						
1. 资产总额/万元	111 319	128 955	264 128	224 487	195 442	183 732
2. 负债总额/万元	20 681	38 025	126 963	101 831	93 269	119 725
3. 资产负债率/%	18.58	29.49	48.07	45.36	47.42	65.16
四、主要实物工作量						
1. 二维地震/千米			4 105	5 883	2 940	1 362
2. 三维地震/千米^2			970	1 475	799	687
3. 钻井完成井口数/口			119	79	50	36
4. 钻井进尺/万米			30.96	23.37	17.74	16.56
5. 测井井次/井次			1 240	1 175	1 025	1 100
6. 测井标准米/万米			2 462	2 140	1 760.21	1 984.40
7. 录井完成井口数/口			184	168	160	255
8. 录井进尺/万米			50.62	43.82	43.38	64.61
9. 固井井次/井次			726	652	516	658
10. 井下作业井次/井次		595	390	331	380	248
12. 试油层数/层		142	201	106	44	55
13. 二氧化碳产量/万吨	23.63	23.94	54.10	54.52	58.08	55.76
14. 二氧化碳销量/万吨	23.63	23.94	57.69	54.36	57.51	55.90
五、投资完成情况/万元	1 236	27 395	28 878	25 891	33 260	36 825

（盖　阔）

华东分公司主要生产经营指标

指标名称＼年份	2013	2012	2011	2010	2009	2008
一、主要经济指标						
1. 工业总产值/万元	130 380	108 233	84 542	52 502	32 584	58 724
2. 原油销售收入/万元	130 094	108 174	84 604	52 503	32 592	58 731
3. 总资产/万元	602 549	391 431	314 756	285 400	153 000	162 038
4. 利润总额/万元	−41 295	−68 111	−70 769	−70 267	−41 190	−14 811
5. 税金/万元			14 913	10 412	3 010	12 934
二、原油产量/吨	302 601	235 110	180 076	150 081	130 200	130 006
三、总投资/万元	284 088	231 190	162 069	133 797	77 376	56 803
1. 勘探投资/万元	70 783	113 244	109 498	80 149	39 135	30 059
2. 开发投资/万元	204 548	110 247	45 028	48 305	31 654	23 361
四、主要成果						
1. 新建产能/万吨	8.31	6.77	5	6	5	3
2. 新增探明储量/万吨	242.25	1021.49	609.86	454.93	333	102
五、主要工作量						
1. 二维地震/千米	1 632	2 768	3 566	2 235	204	70
2. 三维地震/千米^2	216	359	283	206	219	153.43
3. 勘探井口数/口	32	44	100	57	38	18
4. 勘探井进尺/万米	9.72	11.69	17.28	8.86	6.95	3.97
5. 开发井口数/口	411	148	49	60	36	29
6. 开发井进尺/万米	72.97	27.05	12.8	14.66	9.32	7.03
六、人员情况						
1. 在岗正式职工/人	1 445	1 316	1 333	1 299	1 264	1 246
2. 劳务用工/人	1 571	1 034	1 006	839	864	797
3. 离退休人员/人	468	376	433	398	386	336
七、综合能耗/吨标煤	41 039	32 553	28 148	24 294	21 766	19 115

注：(1) 工业总产值为当年的现价工业总产值

(2) 总投资中含本年提前实施下一年计划投资，2012 年 6 179 万元(勘探投资 3 500 万元；开发投资 2 679万元)，2013 年无提前实施计划

(3) 开发井口数和开发井进尺均包含侧钻井的口数和进尺

(4) 2008—2009 年税金为营业税金及附加，2010—2013 年税金为华东分公司当年上缴税金数

（王春燕）

华东工程公司主要生产经营指标

年份 指标名称	2013	2012
一、主要经济指标		
1. 企业总产值/万元	128 524	134 249
2. 企业增加值/万元	67 118	50 743
3. 经营收入/万元	158 087	134 249
4. 利税总额/万元	19 534	11 098
5. 利润总额/万元	2 592	2 962
6. 企业积累/万元	11 987	10 507
7. 综合能耗/(吨标煤· 万元)	0.454	0.425
二、人员情况		
1. 在岗正式职工/人	965	998
2. 劳务用工/人	1 669	1 674
3. 离退休人员/人	934	918
三、资产负债情况		
1. 资产总额/万元	170 933	155 532
2. 负债总额/万元	88 780	76 730
3. 资产负债率/%	51.94	49.33
四、主要实物工作量		
1. 二维地震/千米		
2. 三维地震/千米^2		
3. 钻井完成井口数/口	89	75
4. 钻井进尺/万米	31.51	23.52
5. 测井井次/井次	1 448	1 352
6. 测井标准米/万米	3 523	2 405
7. 录井完成井口数/口	505	259
8. 录井进尺/万米	104.49	65.26
9. 固井井次/井次	1 409	956
10. 井下作业井次/井次		
12. 试油层数/层	104	58
13. 二氧化碳产量/万吨		
14. 二氧化碳销量/万吨		
五、投资完成情况/万元	5 996	12 907

注:华东工程公司成立于2012年

（尤仁娟）

物探华东分公司主要生产经营指标

指标名称＼年份	2013	2012	2011	2010	2009	2008
一、主要经济指标						
1. 企业总产值/万元	84 916	90 563	83 602	78 124	38 728	30 327
2. 企业增加值/万元	31 925	23 099	19 992	12 529	8 793	7 408
3. 经营收入/万元	84 916	90 563	83 602	78 124	38 728	30 327
4. 利税总额/万元	7 858	902	2 512	1 250	954	－709
5. 利润总额/万元	3 500	2 129	2 501	1 166	813	－773
6. 企业积累/万元	7 353	4 330	4 155	1 923	1 631	－61
7. 综合能耗/(吨标煤・万元)	0.144 1	0.145 5	0.146 4	0.149 4	0.159 8	0.159 9
二、人员情况						
1. 在岗正式职工/人	391	399	445	549	564	560
2. 劳务用工/人	436	1 673	1 737	1 826	1 820	1 808
3. 离退休人员/人		844	762	735	726	696
三、资产负债情况						
1. 资产总额/万元	73 988	45 136	51 221	39 124	25 697	23 135
2. 负债总额/万元	35 245	15 494	30 618	24 498	17 486	17 116
3. 资产负债率/%	47.64	34.33	59.78	62.42	68.05	73.98
四、主要实物工作量						
1. 二维地震/千米	2 189	5 730	4 105	5 883	2 940	1 362
2. 三维地震/千米^2	1 803	1 140	970	1 475	799	687
3. 钻井完成井口数/口						
4. 钻井进尺/万米						
5. 测井井次/井次						
6. 测井标准米/万米						
7. 录井完成井口数/口						
8. 录井进尺/万米						
9. 固井井次/井次						
10. 井下作业井次/井次						
12. 试油层数/层						
13. 二氧化碳产量/万吨						
14. 二氧化碳销量/万吨						
五、投资完成情况/万元	5 808	6 079	7 962	5 789	4 260	6 403

（储依群）

华东油气田职工队伍结构一览表(2012年末)

	总数	女	中共党员	年龄				学历					职称					技能等级				
				30岁以下	31—40岁	41—50岁	51岁及以上	硕士以上	大学本科	大学专科	中专技校	高中及以下	正高级	副高级	中级	初级	无	技师	高级工	中级工	初级工	无级别或未鉴定
合计	6 482	1 137	1 330	2 994	1 580	1 325	583	180	1 378	1 163	1 676	2 085	13	389	518	796	626	26	398	527	1 767	1 417
正式职工	2 952	658	1 176	687	791	958	516	180	1135	562	480	595	13	388	513	737	371	21	267	221	72	344
其中在岗 经营管理人员	1 168	274	675	145	320	464	239	51	569	339	120	89	13	388	513	737	371	0	0	0	0	0
其中在岗 专业技术人员	854	223	343	493	138	149	74	129	547	111	49	18										
其中在岗 技能操作人员	925	161	158	49	333	345	198	0	19	112	311	483	0	0	0	0	0	21	267	221	72	344
劳务用工	3 522	475	153	2 307	789	359	67	0	243	601	1 196	1 482	0	1	5	59	255	5	130	305	1 690	1 072
其中在岗 经营管理人员	120	74	26	82	28	9	1	0	67	40	3	10	0	1	2	32	85	0	0	0	0	0
其中在岗 专业技术人员	200	73	17	176	21	3	0	0	87	93	18	2	0	0	3	27	170	0	0	0	0	0
其中在岗 技能操作人员	3 202	328	110	2 049	740	347	66	0	89	468	1 175	1 470	0	0	0	0	0	5	130	305	1 690	1 072
其他长期合同工	8	4	1	0	0	8	0	0	0	0	0	8	0	0	0	0	0	0	1	1	5	1

（梁辛怡）

华东石油局职工队伍结构一览表(2012年末)

	总数	女	中共党员	年龄				学历					职称					技能等级				
				30岁以下	31—40岁	41—50岁	51岁及以上	硕士以上	大学本科	大学专科	中专技校	高中及以下	正高级	副高级	中级	初级	无	技师	高级工	中级工	初级工	无级别或未鉴定
合　计	1 460	247	332	564	386	334	176	27	285	323	266	559	2	81	137	173	153	8	75	134	366	329
正式职工	638	161	277	107	149	232	150	27	227	158	86	140	2	80	136	155	85	4	49	33	8	84
其中在岗 经营管理人员	283	76	172	22	71	119	71	7	120	96	30	30	2	80	136	155	85					
其中在岗 专业技术人员	175	52	72	77	25	53	20	20	106	30	17	2										
其中在岗 技能操作人员	178	33	33	8	53	60	57		1	32	39	106						4	49	33	8	84
劳务用工	814	82	54	457	237	94	26		58	165	180	411		1	1	18	68	4	25	100	353	244
其中在岗 经营管理人员	38	21	9	23	12	3			16	17	1	4		1		8	29					
其中在岗 专业技术人员	50	15	3	39	9	2			24	20	5	1			1	10	39					
其中在岗 技能操作人员	726	46	42	395	216	89	26		18	128	174	406						4	25	100	353	244
其他长期合同工	8	4	1			8						8							1	1	5	1

(梁辛怡)

华东分公司职工队伍结构一览表(2012年末)

		总数	女	中共党员	年龄				学历					职称					技能等级				
					30岁以下	31—40岁	41—50岁	51岁及以上	硕士以上	大学本科	大学专科	中专技校	高中及以下	正高级	副高级	中级	初级	无	技师	高级工	中级工	初级工	无级别或未鉴定
合计		2 350	636	591	1 106	563	493	188	143	682	391	569	565	8	215	234	349	261	9	145	195	383	551
正式职工		1 316	371	535	374	350	408	184	143	569	211	193	200	8	215	232	325	169	9	121	122	23	92
其中在岗	经营管理人员	512	142	282	81	131	205	95	38	289	118	39	28	8	215	232	325	169					
	专业技术人员	437	147	187	270	62	73	32	105	273	41	9	9										
	技能操作人员	367	82	66	23	157	130	57		7	52	145	163						9	121	122	23	92
劳务用工		1 034	265	56	732	213	85	4		113	180	376	365			2	24	92		24	73	360	459
其中在岗	经营管理人员	40	31	7	34	4	2			26	13	1				1	14	25					
	专业技术人员	78	47	12	71	6	1			42	35	1				1	10	67					
	技能操作人员	916	187	37	627	203	82	4		45	132	374	365							24	73	360	459
其他长期合同工																							

(梁辛怡)

华东工程公司职工队伍结构一览表(2012年末)

		总数	女	中共党员	年龄				学历					职称					技能等级				
					30岁以下	31—40岁	41—50岁	51岁及以上	硕士以上	大学本科	大学专科	中专技校	高中及以下	正高级	副高级	中级	初级	无	技师	高级工	中级工	初级工	无级别或未鉴定
合计		2 672	254	407	1 324	631	498	219	10	411	449	841	961	3	93	147	274	212	9	178	198	1 018	537
正式职工		998	126	364	206	292	318	182	10	339	193	201	255	3	93	145	257	117	8	97	66	41	168
其中在岗	经营管理人员	373	56	221	42	118	140	73	6	160	125	51	31	3	93	145	257	117					
	专业技术人员	242	24	84	146	51	23	22	4	168	40	23	7										
	技能操作人员	380	46	59	18	123	155	84		11	28	127	214						8	97	66	41	168
劳务用工		1 674	128	43	1118	339	180	37		72	256	640	706			2	17	95	1	81	132	977	369
其中在岗	经营管理人员	42	22	10	25	12	4	1		25	10	1	6			1	10	31					
	专业技术人员	72	11	2	66	6				21	38	12	1			1	7	64					
	技能操作人员	1 560	95	31	1 027	321	176	36		26	208	627	699						1	81	132	977	369
其他长期合同工																							

（梁辛怡）

华东油气田职工队伍结构一览表(2013 年末)

		总数	女	中共党员	年龄				学历					职称					技能等级				
					30岁以下	31—40岁	41—50岁	51岁及以上	硕士以上	大学本科	大学专科	中专技校	高中及以下	正高级	副高级	中级	初级	无	技师	高级工	中级工	初级工	无级别或未鉴定
合计		6 146	1 088	1 321	2 648	1 620	1 239	639	186	1 363	1 120	1 569	1 908	18	390	520	847	493	29	510	560	1 602	1 180
正式职工		2 855	632	1 178	580	810	907	558	186	1 120	544	461	544	18	389	515	770	282	23	265	207	67	315
其中在岗	经营管理人员	1 162	270	694	127	328	438	269	63	587	319	111	82	18	389	515	770	282	0	0	0	0	0
	专业技术人员	812	213	329	421	163	144	84	123	518	108	48	15										
	技能操作人员	877	149	155	32	319	325	201	0	15	117	302	443	0	0	0	0	0	23	265	207	67	315
劳务用工		3 284	453	142	2 068	810	326	80	0	243	576	1 108	1 357	0	1	5	77	211	6	244	352	1 535	860
其中在岗	经营管理人员	112	69	23	64	38	8	2	0	64	34	4	10	0	1	3	45	63	0	0	0	0	0
	专业技术人员	182	68	16	153	26	3	0	0	85	82	12	3	0	0	2	32	148	0	0	0	0	0
	技能操作人员	2 990	316	103	1 851	746	315	78	0	94	460	1 092	1 344	0	0	0	0	0	6	243	351	1 535	855
其他长期合同工		7	3	1	0	0	6	1	0	0	0	0	7	0	0	0	0	0	0	1	1	0	5

(梁辛怡)

华东石油局职工队伍结构一览表(2013年末)

	总数	女	中共党员	年龄				学历					职称					技能等级				
				30岁以下	31—40岁	41—50岁	51岁及以上	硕士以上	大学本科	大学专科	中专技校	高中及以下	正高级	副高级	中级	初级	无	技师	高级工	中级工	初级工	无级别或未鉴定
合计	728	199	200	121	195	231	181	6	184	179	88	271	3	60	121	90	104	6	52	86	95	117
正式职工	445	131	175	30	98	164	153	6	142	126	57	114	3	59	119	76	54	2	35	28	7	61
其中在岗 经营管理人员	210	62	124	12	47	75	76	4	83	76	20	27	3	59	119	76	54					
其中在岗 专业技术人员	101	40	27	16	18	45	22	2	58	26	14	1										
其中在岗 技能操作人员	133	29	24	2	33	44	54		1	24	23	85						2	35	28	7	61
劳务用工	276	65	24	91	97	61	27		42	53	31	150		1	2	14	50	4	16	57	88	51
其中在岗 经营管理人员	28	18	8	13	12	3			14	11		3		1	1	9	17					
其中在岗 专业技术人员	39	11	2	26	11	2			21	14	3	1			1	5	33					
其中在岗 技能操作人员	209	36	14	52	74	56	27		7	28	28	146						4	15	56	88	46
其他长期合同工	7	3	1			6	1					7							1	1		5

（梁辛怡）

华东分公司职工队伍结构一览表(2013年末)

	总数	女	中共党员	年龄				学历					职称					技能等级				
				30岁以下	31—40岁	41—50岁	51岁及以上	硕士以上	大学本科	大学专科	中专技校	高中及以下	正高级	副高级	中级	初级	无	技师	高级工	中级工	初级工	无级别或未鉴定
合　计	2 970	655	717	1 374	815	555	226	169	791	515	702	793	12	233	260	480	220	11	189	258	678	629
正式职工	1 445	379	632	384	419	428	214	169	647	232	201	196	12	233	258	436	128	10	118	123	25	102
其中在岗 经营管理人员	594	153	341	87	165	227	115	52	347	126	40	29	12	233	258	436	128					
其中在岗 专业技术人员	473	152	219	276	83	75	39	117	293	42	12	9										
其中在岗 技能操作人员	378	74	72	21	171	126	60		7	64	149	158						10	118	123	25	102
劳务用工	1 525	276	85	990	396	127	12		144	283	501	597			2	44	92	1	71	135	653	527
其中在岗 经营管理人员	54	34	8	38	13	3			35	14	3	2			1	26	27					
其中在岗 专业技术人员	84	50	12	71	12	1			48	34	1	1			1	18	65					
其中在岗 技能操作人员	1 387	192	65	881	371	123	12		61	235	497	594						1	71	135	653	527
其他长期合同工																						

（梁辛怡）

华东工程公司职工队伍结构一览表(2013 年末)

	总数	女	中共党员	年龄				学历					职称					技能等级				
				30岁以下	31—40岁	41—50岁	51岁及以上	硕士以上	大学本科	大学专科	中专技校	高中及以下	正高级	副高级	中级	初级	无	技师	高级工	中级工	初级工	无级别或未鉴定
合计	2 448	234	404	1 153	610	453	232	11	388	426	779	844	3	97	139	277	169	12	269	216	829	434
正式职工	965	122	371	166	293	315	191	11	331	186	203	234	3	97	138	258	100	11	112	56	35	152
其中在岗 经营管理人员	358	55	229	28	116	136	78	7	157	117	51	26	3	97	138	258	100					
其中在岗 专业技术人员	238	21	83	129	62	24	23	4	167	40	22	5										
其中在岗 技能操作人员	366	46	59	9	115	155	87		7	29	130	200						11	112	56	35	152
劳务用工	1 483	112	33	987	317	138	41		57	240	576	610			1	19	69	1	157	160	794	282
其中在岗 经营管理人员	30	17	7	13	13	2	2		15	9	1	5			1	10	19					
其中在岗 专业技术人员	59	7	2	56	3				16	34	8	1				9	50					
其中在岗 技能操作人员	1 394	88	24	918	301	136	39		26	197	567	604						1	157	160	794	282
其他长期合同工																						

（梁辛怡）

物探华东分公司职工队伍结构一览表(2013年末)

		总数	女	中共党员	年龄				学历					职称					技能等级				
					30岁以下	31—40岁	41—50岁	51岁及以上	硕士以上	大学本科	大学专科	中专技校	高中及以下	正高级	副高级	中级	初级	无	技师	高级工	中级工	初级工	无级别或未鉴定
合计		808	41	123	197	195	270	146	11	128	43	131	495	1	31	63	112		16	237	81	267	
正式职工		391	38	123	63	111	114	103	11	128	43	27	182	1	31	63	112		14	124	28	18	
其中在岗	经营管理人员	126	35	62	17	25	44	40	7	65	28	3	23	1	22	45	58						
	专业技术人员	81	3	22	21	23	17	20	4	62	9	6			9	18	54						
	技能操作人员	184		39	25	63	53	43		1	6	18	159						14	124	28	18	
劳务用工		417	3		134	84	156	43				104	313						2	113	53	249	
其中在岗	经营管理人员																						
	专业技术人员																						
	技能操作人员	417	3		134	84	156	43				104	313						2	113	53	249	
其他长期合同工																							

（梁　皞）

地球物理公司装备管理中心职工队伍结构一览表(2013年末)

		总数	女	中共党员	年龄				学历					职称					技能等级				
					30岁以下	31—40岁	41—50岁	51岁及以上	硕士以上	大学本科	大学专科	中专技校	高中及以下	正高级	副高级	中级	初级	无	技师	高级工	中级工	初级工	无级别或未鉴定
合计		53	14	28	13	14	20	6	5	33	8	6	1	2	17	8	13	3	1	5		4	
正式职工		49	10	28	10	13	20	6	5	32	6	5	1	2	17	8	13	3	1	5			
其中在岗	经营管理人员	28	6	21	4	5	11	4	5	19	2			2	11	2	10						
	专业技术人员	17	2	7	6	6	6	2		13	4	1			6	6	3	3					
	技能操作人员	4	2			2	3					4	1						1	5			
劳务用工		4	4		3	1				1	2	1										4	
其中在岗	经营管理人员																						
	专业技术人员																						
	技能操作人员	4	4		3	1				1	2	1										4	
其他长期合同工																							

（卞　静）

2012年度华东分公司获省、部级科技进步奖(表)

序号	成果名称	完成单位	主要完成人	奖励等级
1	下扬子地区上组合晚期成藏条件与有利区带评价	华东分公司	吴聿元　史海英　俞　凯　张　淮　李建青　赵凤英　余文端　夏在连　刘计勇	中国石化2012年度科技进步奖三等奖

（林爱红）

2013年度华东油气田获省、部级科技进步奖(表)

序号	成果名称	完成单位	主要完成人	奖励等级
1	草舍油田Et油藏CO_2提高采收率先导试验	华东分公司	俞　凯　刘　伟　彭一宪　陈祖华　钱卫明　唐人选　邵焕彬　周正平　吴志良　冯如进　张　勇　杨怀成	中国石化2013年度科技进步二等奖

（林爱红）

2012 年度获华东石油局、华东分公司科技成果奖一览表

序号	项　目　名　称	主要完成单位	主要贡献者	获奖等级
1	渝东南、黔北地区页岩气有利目标评价及选区登记研究	研究院	唐显春　叶先涛　高玉巧　张培先　汪凯明　何贵松　孙小琴　潘　宇	一等奖
2	2011 年苏北油区开发部署及反馈研究	研究院	蔡楠松　陈祖华　王晓蕾　郑永旺　肖　华　朱俊玲　王海妹　吴　剑	一等奖
3	2011 年度句容区块单点高密度二维地震资料处理方法	物探院	杨　阳　王海峰　杨小龙　徐长志　纪　明　任俊兴　孟庆利　刘田田	一等奖
4	2011 年度下扬子地区黄桥三维地震勘探资料采集报告	物探公司	孙益凤　黄东定　匡朝阳　梁雪飞　魏　冰　李宝宇　钱海浪　侯文绪	一等奖
5	苏北阜宁组油藏注水开发技术对策	采油厂	朱宏绥　蒋永平　赵梓平　梁　珀　郭立烨　王　洋　王　建　刘　娟	一等奖
6	延川南、和顺区块煤层气测试技术研究与应用	非常规指挥部	谢先平　房国平　池圣平　周成香　任立昌　王俊方　廖柯锦　汪方武	一等奖
7	延川南煤层气田井网适应性研究	研究院	陈贞龙　王　宁　王运海　周芊芊　郝春明　肖　翠	二等奖
8	煤层气选区评价及勘探部署	研究院	王立志　刘　晓　孟贵希　邓玉胜　曾　辉　赵景辉	二等奖
9	苏北油田 2011 年滚动勘探及油藏评价井部署研究	研究院	蔡楠松　朱俊玲　周光哲　陈祖华　王晓蕾　郑永旺	二等奖
10	20 11 年下扬子区外围地区油气地质条件及勘探部署研究	研究院	李　飞　花彩霞　黎元元　柴方园　史海英　夏在连	二等奖
11	2011 年海安探区油气勘探部署研究	研究院	刘　欣　周　韬　骆卫峰　马晓东　荆晓明　吴　伟	二等奖
12	苏北油田地面集输系统数据库研发	工程院	邵焕彬　徐银祥　薛　华　孟　良　陈宁锋　万　涛	二等奖

续 表

序号	项目名称	主要完成单位	主要贡献者	获奖等级
13	煤层气U型水平连通井钻井工艺技术研究	工程院	沈建中 印中华 李红伟 张 斌 姚 林 龙志平	二等奖
14	新型环保高性能钻井液体系研制与应用	钻井公司	陈安明 吴明强 陈 亮 范落成	二等奖
15	页岩气钻井液工艺技术研究应用	钻井公司	陈 亮 林卫东 吴明强 范落成	二等奖
16	太阳能空气源复合加热集输工艺技术研究应用	采油厂	刘兆跃 周建荣 符光运 周远祥 吴学兵 袁 胜	二等奖
17	山西和顺地区煤层气含气量测井评价技术先导试验	测井公司	龚劲松 杨立东 马 林 卢继香 徐 晨 苗其师	二等奖
18	苏北复杂断块油田开发潜力研究	开发处	郭庆安 唐建信 陈祖华 蒋永平 张龙胜	二等奖
19	水平井修井工艺技术研究	井下作业公司	杨怀成 申忠玺 杜长全 钟辉高 刘 波 叶挺柱	二等奖
20	帅垛油田评建一体化对策研究	研究院	蔡楠松 王晓蕾 王海妹 吴 剑 周光哲	三等奖
21	2011年下扬子黄桥地区油气地质条件及勘探部署研究	研究院	俞 昊 李伶俐 颜亦卿 刘志华 柴方园	三等奖
22	贵州省织金—纳雍地区煤层气勘探目标评价	研究院	刘 晓 熊 斌 马 军 邓玉胜 路艳霞	三等奖
23	延川南煤层气田延1区块二叠系山西组2号煤层新增煤层气探明储量	研究院	王立志 吴 英 张飞燕 刘常青 周芊芊	三等奖
24	帅垛油田三垛组一段、戴南组新增石油探明储量报告	研究院	殷 红 潘金明 陈笑宇 陈 玲 曹亚芹	三等奖
25	2011年金湖探区油气勘探部署研究	研究院	郭春雷 王玉柱 陆国兴 臧素华 周超宇	三等奖
26	2011年织金区块产能特征研究	研究院	郝春明 王运海 王 宁 马伟俊 倪 锋	三等奖
27	和顺、延川南工区煤层气成井及煤储层保护技术研究	工程院	谈士海 王宗敏 袁明进 朱智超 陈生伟	三等奖
28	东北火山岩地层提高钻速技术先导试验	工程院	杨 力 王彦祺 贺 庆 汪 琼 刘 浩	三等奖
29	彭水区块页岩气二维地震资料处理方法	物探院	曾 梅 石高峰 杜 圆 刘彭仲 伯 军	三等奖
30	2011年度下扬子黄桥地区三维地震勘探工程设计	物探院	杨振升 杨贵祥 张 淮 谭胜章 刘 明	三等奖

续 表

序号	项 目 名 称	主要完成单位	主要贡献者	获奖等级
31	逆时深度偏移技术在苏北戴南—茅山三维地震资料目标处理中的应用	物探院	姜鸿莺 王海峰 云惠芳 杨 帆 何星辰	三等奖
32	2011 年度彭水区块页岩气二维地震勘探资料采集报告	物探公司	刘 强 高红波 化巍强 肖泽阳 赵金玉	三等奖
33	新疆塔里木盆地麦盖提 1 区块玉北 3 井区三维地震勘探资料采集报告(三标段)	物探公司	黄 革 戈宝存 蒋建平 王军锋 李 强	三等奖
34	2011 年度金湖凹陷金南高精度三维地震资料采集报告	物探公司	孙益凤 黄东定 匡朝阳 梁雪飞 魏 冰	三等奖
35	2010 年镇巴地区三维地震攻关项目采集报告	物探公司	杜惠平 匡朝阳 陈亚平 李延国 姚汉俊	三等奖
36	CO_2 井修井工艺技术研究	井下作业公司	吴志良 申忠玺 钟辉高 王桂中 黄 俊	三等奖
37	下扬子盆地储层改造工艺技术先导试验研究	采油厂	杨怀成 张庆华 顾文忠 潘国臣 刘 波	三等奖
38	下扬子及黔西海相地层页岩气老井资料复查及测井评价	测井公司	张作清 杨立东 马 林 韩克宁 龚劲松	三等奖
39	国产增强型微电阻率扫描成像仪挂接 5700 测井系统的研究	测井公司	桂东归 谢金平 宋春涛 汪 辉 马 斌	三等奖
40	苏北油田固井纤维增韧水泥浆体系研究	固井公司	吴建斌 郑建翔 吕瑞华 杜 江 李晓黎	三等奖
41	延川南区块煤层气排采技术优化研究	非常规指挥部	李 清 任立昌 姚洪生 许祖伟 姚荣昌	三等奖
42	溱潼凹陷深层油气勘探目标评价	勘探处	张 淮 杨贵祥 刘 欣 陆国兴 骆卫峰	三等奖
43	黄桥地区海相地层油气录井方法研究及应用	录井公司	朱应平 张权标 车洪全 叶国焕 洪华斌	三等奖

（林爱红）

2013年度获华东油气田科技进步奖项目一览表

序号	项目名称	主要完成单位	主要贡献者	获奖等级
1	2012年溱潼凹陷油气勘探部署研究	研究院	马晓东 昝　灵 周超宇 臧素华 陆国兴 周　韬 骆卫峰 吴　伟 荆晓明	一等奖
2	2012年华东分公司滚动勘探及油藏评价部署总结及2013年部署研究	研究院	朱俊玲 陈祖华 蔡楠松 王晓蕾 郑永旺 于海丽 王海妹 吴　剑 周光哲	一等奖
3	下扬子黄桥地区海相中古生界叠前成像技术攻关研究	物探院	杨贵祥 杨振升 朱卫莲 刘　明 杨　帆 仲伯军 孟庆利 王海峰 曹　俊	一等奖
4	煤层气V型水平井钻井技术先导试验	工程院	王彦祺 杨　力 沈建中 李红伟 印中华 张　斌 姚　林 樊　华 袁明进	一等奖
5	茅山油田阜三段油藏综合治理研究	采油厂	秦学成 张　勇 蒋永平 赵梓平 郭立烨 梁　珀 顾明君 桂志炜 郎　东	一等奖
6	延川南煤层气井防偏磨工艺技术应用研究	非常规指挥部	任立昌 池圣平 房国平 姚荣昌 王俊方 周成香 谢先平	一等奖
7	下扬子句容地区高密度数字采集技术先导试验	物探华东分公司	唐成鸽 杨振升 匡朝阳 傅凯王 余　云 杨　阳 仲伯军 郭思刚 魏　冰	一等奖
8	页岩气测井资料处理解释方法研究	测井分公司	马　林 杨立东 龚劲松 杨志强 夏志林 仲振东 曹家卫 苗其师 徐　晨	一等奖
9	页岩气关键实验技术研究	研究院	丁安徐 蔡　潇 任以发 李小越 吴艳艳 章雄冬 彭　柳	二等奖
10	苏北工区低伤害压裂液体系研究	研究院	熊　炜 马秀敏 雷　林 张龙胜 黄　博 张　雪 张　健	二等奖
11	2012年海安探区油气勘探部署研究	研究院	周　韬 刘　欣 马晓东 荆晓明 臧素华 马　超 骆卫峰	二等奖

续 表

序号	项 目 名 称	主要完成单位	主要贡献者	获奖等级
12	延川南区块煤层气富集条件及适应性技术研究	研究院	朱玉洁 陈贞龙 周芊芊 王 宁 梅俊伟 郝春明 倪 锋	二等奖
13	哈萨克斯坦S区块勘探潜力研究及有利目标优选	研究院	王 蕴 单中强 顾红英 古俊林 周亚彤 李颖洁 李 青	二等奖
14	黄土塬地区煤层气勘探地震采集方法先导试验研究	物探院	唐成鸽 杨振升 刘友年 董自明 曹 骏 刘 明 张志立	二等奖
15	页岩水平井钻完井工艺技术研究	工程院	沈建中 袁明进 丁锦鹤 童胜宝 冯大鹏 林爱红	二等奖
16	溱潼凹陷三垛组戴南组油藏高效开发技术研究	采油厂	杨怀成 申忠玺 张 磊 梁 珀 杜长全 殷宜平 朱宏绶	二等奖
17	草舍油田阜三段油藏 CO_2 驱配套工艺技术研究	采油厂	沈文清 刘之泉 钟辉高 钱卫明 杜长全 殷宜平 刘 波	二等奖
18	洲城油田洲Ⅳ断块隔、夹层与剩余油关系研究	采油厂	刘兆跃 蒋永平 朱宏绶 赵梓平 刘之泉 梁 珀 许国晨	二等奖
19	页岩气水平井多级分段压裂施工工艺配套研究	采油厂	杨怀成 谢先平 易明华 刘 波 胡 均 申忠玺 李传昌	二等奖
20	延川南延1试验井区10kV供配电工程	非常规指挥部	朱 坤 陈吉平 魏长吉 黄建峰 许正祥 姚荣昌 傅天安	二等奖
21	排采井煤层气综合利用研究及推广	非常规指挥部	魏长吉 陈吉平 朱 坤 黄建峰 许正祥 房国平 傅天安	二等奖
22	地震采集资料定量分析评价方法研究	物探华东分公司	黄 革 蒋建平 戈宝存 王军锋 李 强 梁国伟 马伟兵	二等奖
23	延川南致密砂岩储层测井参数研究	测井分公司	龚劲松 王志光 苗其师 曹家卫 包 丹 杨志强 徐 晨	二等奖
24	新疆塔河工区 YSC—178 冲击器推广应用	六普钻井分公司	谈士海 王金荣 辛建华 李广国	二等奖

续 表

序号	项 目 名 称	主要完成单位	主要贡献者	获奖等级
25	2012年下扬子区黄桥地区油气地质条件及勘探部署研究	研究院	俞　昊　刘志华　李伶俐　史海英　夏在连　花彩霞　颜亦卿	三等奖
26	三垛组、戴南组高含水老油田剩余油分布模式及高效挖潜研究	研究院	王海妹　王晓蕾　于海丽　陈祖华　万洪程　陈雨菡　苏以君	三等奖
27	中石化南方页岩气选区评价及有利目标研究	研究院	何希鹏　高玉巧　汪凯明　张培先　柳超超　叶先涛　唐显春	三等奖
28	2011年度新疆准东煤田奇台县大井南二井田三维地震资料处理方法	物探院	杨　阳　刘田田　焦艳艳　纪　明　任俊兴　石高峰　何星辰	三等奖
29	溱潼凹陷三垛组戴南组油藏调堵工艺技术研究	工程院	马秀敏　张　雪　黄　博　张龙胜　熊　炜　张　勇	三等奖
30	张家垛油田地质导向钻井技术推广应用	六普钻井分公司	陈安明　杨志杰　刘　伟　辛建华	三等奖
31	2012年金湖探区油气勘探部署研究	研究院	王玉柱　郭春雷　刘　欣　吴　伟　周超宇　昝　灵　王莉莉	三等奖
32	2012年下扬子区句容地区油气地质条件及勘探部署研究	研究院	刘计勇　花彩霞　史海英　夏在连　柴方圆　许玉萍　王　馨	三等奖
33	张家垛油田评建一体化开发方案	研究院	肖　华　任玉秀　蔡楠松　陈祖华　朱俊玲　郑永旺　左燕春	三等奖
34	草舍油田阜宁组油藏 CO_2 驱开发关键技术研究	研究院	郑永旺　陈祖华　于海丽　朱俊玲　周光哲　苏以君　万洪程	三等奖
35	张家垛油田开发方式、开发参数优化研究	研究院	肖　华　蔡楠松　陈祖华　于海丽　任玉秀　郑永旺　朱俊玲	三等奖
36	黄桥地区油藏开发试验参数优化研究	研究院	郑晓英　杜羽书　马中良　肖　蔚　李小龙　夏在连　马　涛	三等奖
37	2012年织金区块开发生产特征研究	研究院	马伟竣　周芊芊　陈贞龙　郭　涛　余　林　郝春明　金晓波	三等奖

2012 年华东分公司获石化集团公司油气发现奖一览表

序号	授奖单位	项目名称	获奖单位	奖励等级	年　度
1	石化股份公司	海安凹陷油气勘探新突破	华东分公司	二等奖	2012 年度
2	石化股份公司	苏北盆地溱潼—海安油气勘探	华东分公司	三等奖	2012 年度
3	石化股份公司	彭水区块页岩气勘探	华东分公司	二等奖	2012 年度

（王朝红　韩克宁）

2013 年华东分公司获石化集团公司油气发现奖一览表

序号	授奖单位	项目名称	获奖单位	奖励等级	年　度
1	石化股份公司	溱潼凹陷西北斜坡油气勘探新发现	华东分公司	三等奖	2013 年度
2	石化股份公司	曲塘次洼阜三段石油勘探商业发现	华东分公司	三等奖	2013 年度

（王朝红）

华东石油局2011年度石油工程重大油气资源发现奖一览表

（石化集团公司2013年2月发布）

单位		获奖项目	获奖等级
物探公司	647队	苏北盆地溱潼—海安凹陷油气勘探	油气发现三等奖
	641队	延川南煤层气勘探	油气发现三等奖
钻井公司	20521HD钻井队	延川南煤层气勘探	油气发现三等奖
测井公司	HD004测井队、测井研究所常规室	苏北盆地溱潼—海安凹陷油气勘探	油气发现三等奖
	HD002测井队、测井研究所非常规室	延川南煤层气勘探	油气发现三等奖
录井公司	HD011录井队	苏北盆地溱潼—海安凹陷油气勘探	油气发现三等奖
	HD031录井队	延川南煤层气勘探	油气发现三等奖
固井公司	HD602固井队	苏北盆地溱潼—海安凹陷油气勘探	油气发现三等奖
	HD603固井队	延川南煤层气勘探	油气发现三等奖
井下作业公司	HD-SY103队	苏北盆地溱潼—海安凹陷油气勘探	油气发现三等奖
	HD-CS103队	苏北盆地溱潼—海安凹陷油气勘探	油气发现三等奖
	HD-SY106队	延川南煤层气勘探	油气发现三等奖

（赵建建）

华东石油局2012年度石油工程重大油气勘探突破奖一览表

（石化集团公司2013年2月发布）

单位		获奖项目	获奖等级
物探公司	647队	苏北盆地海安凹陷油气勘探新突破	勘探突破二等奖
	641队	彭水区块页岩气勘探新突破	勘探突破二等奖
钻井公司	50510HD钻井队	苏北盆地海安凹陷油气勘探新突破	勘探突破二等奖
	30553HD钻井队	彭水区块页岩气勘探新突破	勘探突破二等奖
测井公司	HD007测井队、测井研究所常规室	苏北盆地海安凹陷油气勘探新突破	勘探突破二等奖
	HD016测井队、测井研究所非常规室	彭水区块页岩气勘探新突破	勘探突破二等奖
固井公司	HD602固井队	苏北盆地海安凹陷油气勘探新突破	勘探突破二等奖
	HD603固井队	彭水区块页岩气勘探新突破	勘探突破二等奖
录井公司	HD007录井队	苏北盆地海安凹陷油气勘探新突破	勘探突破二等奖
井下作业公司	HD-SY101队	苏北盆地海安凹陷油气勘探新突破	勘探突破二等奖
	HD-YL101队	苏北盆地海安凹陷油气勘探新突破	勘探突破二等奖
	HD-SY106队	彭水区块页岩气勘探新突破	勘探突破二等奖
	HD-CS104队	彭水区块页岩气勘探新突破	勘探突破二等奖

（赵建建）

附 录

附录 1

制度性文件一览表

2012 年

序号	规章制度名称	文 号
1	华东石油局、华东分公司党风廉政建设责任制实施细则	华东石油党〔2012〕6 号
2	华东石油局、华东分公司"三重一大"决策制度实施办法	华东石油党〔2012〕24 号
3	华东石油局、华东分公司直属单位领导班子和处级领导人员管理暂行规定	华东石油党〔2012〕31 号
4	华东石油局、华东分公司领导干部在职自学制度(试行)	华东石油党〔2012〕38 号
5	华东石油局、华东分公司党风廉政建设联席会议制度	华东石油党〔2012〕49 号
6	华东石油局、华东分公司中层管理人员薪酬管理办法(暂行)	华东石油〔2012〕30 号
7	华东石油局、华东分公司质量工作考核细则(试行)	华东石油〔2012〕43 号
8	华东石油局、华东分公司质量管理办法	华东石油〔2012〕44 号
9	华东石油局、华东分公司质量检验机构管理办法(试行)	华东石油〔2012〕55 号
10	华东石油局、华东分公司产品质量监督抽查管理办法(试行)	华东石油〔2012〕67 号
11	华东石油局、华东分公司年度绩效考核管理办法	华东石油〔2012〕68 号
12	华东石油局、华东分公司招标投标评委和评委库管理规定	华东石油〔2012〕102 号
13	华东石油局、华东分公司招投标业务规则实施办法	华东石油〔2012〕103 号
14	华东石油局、华东分公司专业设备管理制度	华东石油〔2012〕117 号
15	华东石油局、华东分公司专业技术职务任职资格推荐、评审委员会工作办法	华东石油〔2012〕136 号
16	华东石油局、华东分公司法律纠纷管理实施细则	华东石油〔2012〕159 号
17	华东石油局、华东分公司企业法律顾问管理实施细则	华东石油〔2012〕160 号
18	华东石油局、华东分公司党政领导议事规则	华东石油〔2012〕161 号
19	华东石油局、华东分公司机关业务招待费管理规定	华东石油〔2012〕165 号
20	华东石油局、华东分公司机关会议费管理规定	华东石油〔2012〕166 号
21	华东石油局、华东分公司文明单位、文明集体、文明班组、文明员工和劳动模范评选管理暂行办法	华东石油〔2012〕170 号

续 表

序号	规章制度名称	文　号
22	华东石油局统计管理办法	华东石油〔2012〕171 号
23	华东石油局、华东分公司帮扶救助金实施细则	华东石油〔2012〕179 号
24	华东石油局、华东分公司积压物资责任追究制度实施细则	华东石油〔2012〕212 号
25	华东石油局、华东分公司完善在岗员工休假疗养实施办法	华东石油〔2012〕214 号
26	华东石油局、华东分公司副职领导人员绩效考核实施细则(暂行)	华东石油〔2012〕245 号
27	华东石油局、华东分公司土地管理实施细则	华东石油〔2012〕247 号
28	华东石油局、华东分公司电子公文运行管理办法	华东石油〔2012〕270 号
29	华东石油局、华东分公司公文处理办法	华东石油〔2012〕1271 号
30	华东石油局、华东分公司政务信息工作规则	华东石油〔2012〕272 号
31	华东石油局、华东分公司职业卫生服务收费价格标准(试行)	华东石油〔2012〕281 号
32	华东分公司煤层气地震勘探资料采集标准	华东股份〔2012〕6 号
33	华东分公司钻井完井现场交接规定	华东股份〔2012〕59 号
34	华东分公司江苏工区管排使用管理规定(暂行)	华东股份〔2012〕80 号

2013 年

序号	规章制度名称	文　号
1	华东石油局党委会议事规则	华东石油党委〔2013〕1 号
2	华东石油局反腐倡廉专项管理提升实施细则	华东石油党委〔2013〕10 号
3	华东油气田文明单位考核实施办法	华东石油党委〔2013〕62 号
4	华东石油局、华东分公司领导班子会议事规则	华东石油〔2013〕2 号
5	华东石油局、华东分公司保密工作管理办法	华东石油〔2013〕3 号
6	华东石油局、华东分公司离退休人员节日慰问费发放办法	华东石油〔2013〕6 号
7	华东石油局、华东分公司非常规勘探开发工区职工轮换办法(暂行)	华东石油〔2013〕12 号
8	华东石油局、华东分公司领导班子成员改进作风十项规定	华东石油〔2013〕17 号
9	华东石油局、华东分公司、华东石油工程公司严格机关接代管理的五项规定	华东石油〔2013〕18 号
10	华东石油局、华东分公司重大决策信访稳定风险评估暂行办法	华东石油〔2013〕24 号
11	华东石油局、华东分公司地质资料归档管理暂行规定	华东石油〔2013〕30 号
12	华东石油局、华东分公司、华东石油工程公司驾驶员考评标准	华东石油〔2013〕44 号
13	华东石油局、华东分公司、华东石油工程公司机动车驾驶员安全管理规定	华东石油〔2013〕45 号
14	华东石油局、华东分公司、华东石油工程公司职业培训与技能鉴定服务收费价格(试行)	华东石油〔2013〕51 号
15	华东石油局、华东分公司、华东石油工程公司业务公开工作实施细则	华东石油〔2013〕75 号

续　表

序号	规章制度名称	文　号
16	华东石油局、华东分公司、华东工程公司设备管理办法	华东石油〔2013〕90 号
17	华东石油局、华东分公司、华东石油工程公司设备修理管理制度	华东石油〔2013〕93 号
18	华东石油局、华东分公司、华东石油工程公司科技进步奖励管理办法	华东石油〔2013〕135 号
19	华东石油局年度绩效考核实施细则	华东石油〔2013〕143 号
20	华东石油局、华东分公司、华东石油工程公司年度绩效考核管理办法	华东石油〔2013〕144 号
21	华东石油局、华东分公司信息系统应用管理办法	华东石油〔2013〕166 号
22	华东石油局、华东分公司信息系统备份管理办法	华东石油〔2013〕167 号
23	华东石油局、华东分公司信息基础设施运行管理办法	华东石油〔2013〕168 号
24	华东石油局、华东分公司网络应急管理办法	华东石油〔2013〕169 号
25	华东石油局、华东分公司网络管理办法	华东石油〔2013〕170 号
26	华东石油局、华东分公司用户远程接入管理办法	华东石油〔2013〕171 号
27	华东石油局、华东分公司信息技术项目管理办法	华东石油〔2013〕172 号
28	华东石油局、华东分公司、华东石油工程公司机关部门年度绩效考核实施细则	华东石油〔2013〕181 号
29	华东石油局离退休费用管理规定	华东石油〔2013〕182 号
30	华东分公司、华东石油工程有限公司井控装备检查、维修与检测管理办法	华东股份〔2013〕22 号
31	华东分公司勘探开发工程技术服务市场准入管理实施细则	华东股份〔2013〕35 号
32	华东分公司油气田地面工程建设管理规定和现场签证、竣工验收等三个管理制度	华东股份〔2013〕66 号
33	华东分公司长停井、报废井安全管理规定	华东股份〔2013〕72 号
34	华东分公司年度绩效考核实施细则	华东股份〔2013〕77 号
35	华东油气田安全环保事件(事故)信息报告暂行规定	华东股份〔2013〕79 号
36	华东油气田机关安全环保事件(事故)信息处置暂行规定	华东股份〔2013〕80 号
37	华东分公司固定(油气)资产管理办法	华东股份〔2013〕83 号
38	华东分公司非常规气销售管理规定	华东股份〔2013〕85 号
39	华东分公司 ERP 支持人员考核办法	华东股份〔2013〕87 号
40	华东分公司国家科研专项项目管理办法	华东股份〔2013〕88 号
41	华东石油工程有限公司固定资产管理暂行办法	华东石油工程〔2013〕26 号
42	华东石油工程有限公司安全生产基金管理及会计核算暂行办法	华东石油工程〔2013〕27 号
43	华东石油工程有限公司财务管理综合考评暂行办法	华东石油工程〔2013〕36 号
44	华东石油工程公司年度绩效考核实施细则	华东石油工程〔2013〕58 号
45	华东石油工程有限公司西部分公司财务管理及会计核算暂行办法	华东石油工程〔2013〕65 号

注：本表所收录内容均为华东油气田颁发的有关制度、办法、细则、规定、规则、方案、标准等文件。

（刘　波）

附录 2

上级来文一览表（选录）

2012 年

序号	文件名称	文　号
1	关于华东石油局非常规油气藏勘探开发施工钻井设备更新改造项目可行性研究报告的批复	中国石化计〔2012〕35 号
2	关于做好江苏、华东原油流向优化调整相关工作的通知	股份工单生原〔2012〕89 号
3	华东分公司延川南煤层气开发方案前期准备情况及黄平页岩气水平井井位部署方案审查会议纪要	股份工单油非〔2012〕116 号
4	关于石油工程专业化整合重组单位职工调动等有关问题的通知	集团工单人组〔2012〕33 号
5	关于华东分公司泰东河沿岸油田驳岸墙及穿河管线拆迁恢复工程可行性研究报告的批复	石化股份油计〔2012〕25 号
6	关于华东石油局 2012 年非安装设备更新改造项目可行性研究报告的批复	中国石化计〔2012〕312 号
7	关于华东石油局 2012 年石油工程信息系统软硬件更新项目可行性研究报告的批复	中国石化计〔2012〕376 号
8	关于中国石油化工集团公司石油工程专业化整合重组实施的指导意见	中国石化企〔2012〕339 号
9	关于延川南煤层气开发延 1、3、5 试验井区集气及配套工程可行性研究报告的批复	石化股份油计〔2012〕53 号
10	关于华东分公司油气勘探开发专业软硬件更新及配套项目可行性研究报告的批复	石化股份计〔2012〕252 号
11	关于华东石油局美元循环贷款额度的批复	中国石化财资〔2012〕69 号
12	关于中石化石油工程华东有限公司机关职能部门设置及定员的批复	中国石化人组〔2012〕208 号
13	关于华东石油局石油工程专业化重组和矿区（社区）管理体制调整实施方案的批复	中国石化企〔2012〕741 号
14	关于华东石油局非常规油气藏勘探开发施工钻井设备更新项目可行性研究报告的批复	中国石化计〔2012〕806 号
15	关于华东石油局六普农场土地置换的批复	中国石化财〔2012〕846 号

2013 年

续表

序号	文件名称	文　号
1	延川南煤层气现场调研会议纪要	
2	华东分公司页岩气井位论证会议纪要	
3	关于华东石油局建设办公科研中心项目的批复	中国石化计〔2013〕204 号
4	关于对华东石油局开展石油工程专业化重组劳动人事和财务资产划转及管理情况专项审计的通知	中国石化审通〔2013〕7 号
5	关于江苏油田、华东石油局“4.3”内部职工伙同他人盗卖侵占原油案件的情况通报	股份工单油生〔2013〕160 号
6	关于华东分公司油气勘探开发专业软硬件更新及配套项目可行性研究报告的批复	石化股份计〔2013〕292 号
7	关于落实完成全年利润目标措施要求的通知	集团工单财财〔2013〕134 号
8	关于协调解决转至华东石油局运修、测井、固井三支队伍有关问题的通知	股份工单油企〔2013〕277 号
9	东北油气分公司与华东石油局运修、测井、固井三支队伍划转遗留问题协调会会议纪要	
10	关于石油工程技术服务有限公司物资供应管理体制的意见	中国石化物〔2013〕584 号
11	南页 1HF 井钻井地质工程设计审查会议纪要	股份工单油非〔2013〕345 号
12	关于华东分公司延川南煤层气田 5 亿立方米产能建设项目预可行性研究报告的批复	石化股份计〔2013〕494 号
13	关于《延川南煤层气田 5 亿立方米产能建设项目提前实施 2014 年度 65 口钻井任务的请示》的回复意见	
14	彭页 4HF 井压裂工程设计审查会议纪要	股份工单油非〔2013〕386 号
15	关于对华东、江汉油田分公司勘探开发工程技术服务市场准入请示的批复	股份工单油企〔2013〕392 号
16	关于华东石油局特车后勤服务基地建设工程可行性研究报告的批复	中国石化矿计〔2013〕78 号
17	关于华东石油局老旧小区改造工程可行性研究报告的批复	中国石化矿计〔2013〕77 号
18	关于华东石油高级技能培训中心学员宿舍食堂改造工程可行性研究报告的批复	中国石化矿计〔2013〕53 号

注：本表所选录是与华东油气田业务相关的上级来文，包括批复、通知、通报、意见、会议纪要等。

（刘　波）

附录 3

调整和新设职能委员会（领导小组）

2012 年

序号	委员会（领导小组）名称	文　号
1	调整华东石油局精神文明建设领导小组成员	华东石油党〔2012〕8 号
2	调整华东石油局、华东分公司惩治和预防腐败体系建设暨落实党风廉政建设责任制工作领导小组成员	华东石油党〔2012〕9 号
3	调整中共华东石油局非常规资源勘探开发指挥部工作委员会组成人员	华东石油党〔2012〕10 号
4	调整中共华东石油局吉林工区工作委员会组成人员	华东石油党〔2012〕14 号
5	调整华东石油局、华东分公司 HSE 委员会组成人员	华东石油〔2012〕7 号
6	调整华东石油局、华东分公司离退休工作委员会成员	华东石油〔2012〕17 号
7	调整华东石油局房改领导小组成员	华东石油〔2012〕131 号
8	成立华东石油局 2012 年会计信息自查领导小组	华东石油〔2012〕145 号
9	成立华东石油局研发中心项目建设领导小组	华东石油〔2012〕149 号
10	成立华东石油局、华东分公司风险管理领导小组	华东石油〔2012〕154 号
11	成立华东石油局石油工程专业化整合重组领导小组及工作小组	华东石油〔2012〕158 号
12	调整华东石油局、华东分公司效能监察领导小组成员	华东石油〔2012〕162 号
13	调整《华东石油年鉴》编委会与编辑部组成人员	华东石油〔2012〕175 号
14	调整华东石油局、华东分公司政工系列高级任职资格评审委员会主任委员	华东石油〔2012〕249 号
15	成立吉林项目部转战非常规会战领导小组	华东石油〔2012〕252 号
16	成立“贵州省黄平页岩气综合利用示范基地建设领导小组”	华东股份〔2012〕2 号
17	成立“煤层气钻井、采气及地面工程费用指标测算体系研究”项目领导小组和工作小组	华东股份〔2012〕17 号
18	调整苏北工区油建工程项目管理部组成人员	华东股份〔2012〕51 号
19	调整保密委员会成员	华东股份〔2012〕54 号
20	成立“中国石化华东分公司渝黔页岩气会战指挥部”	华东股份〔2012〕67 号
21	成立华东石油局 2012 年财务决算领导小组	华东石油工单〔2012〕18 号
22	成立华东石油局 2012 年资产清查领导小组	华东石油工单〔2012〕19 号

2013 年

序号	委员会(领导小组)名称	文　号
1	调整局关心下一代工作委员会组成人员	华东石油党委〔2013〕21 号
2	成立党的群众路线教育实践活动领导小组	华东石油党委〔2013〕34 号
3	成立中共华东石油局第三次党员代表大会筹备工作专门小组	华东石油党委〔2013〕51 号
4	调整中共华东石油局离退休工作委员会	华东石油党委〔2013〕59 号
5	成立中共华东石油局非常规资源勘探开发指挥部纪律检查工作委员会	华东石油党委〔2013〕61 号
6	成立华东石油局、华东分公司、华东石油工程公司全面风险管理领导小组	华东石油〔2013〕66 号
7	成立新建江苏华石技工贸总公司筹备工作小组	华东石油〔2013〕67 号
8	调整华东石油局、华东分公司价格管理委员会	华东石油〔2013〕68 号
9	调整局住房公积金管理部组成人员	华东石油〔2013〕92 号
10	调整华东石油局科学技术委员会成员	华东石油〔2013〕95 号
11	调整华东石油局办公科研中心项目建设领导小组组成人员	华东石油〔2013〕98 号
12	成立华东石油局、华东分公司、华东石油工程公司法律综合管理系统领导小组	华东石油〔2013〕99 号
13	调整华东石油局、华东分公司、华东石油工程公司 HSE 委员会组成人员	华东石油〔2013〕100 号
14	调整华东石油局、华东分公司、华东石油工程公司法制宣传教育领导小组	华东石油〔2013〕101 号
15	调整华东石油局、华东分公司全面预算管理委员会	华东石油〔2013〕114 号
16	成立华东油气田治安综合管理委员会	华东石油〔2013〕119 号
17	调整保密委员会成员	华东石油〔2013〕132 号
18	成立苏北增储上产领导小组	华东股份〔2013〕15 号
19	调整“延川南煤层气产能建设领导小组”	华东股份〔2013〕29 号
20	成立页岩气项目工程建设(非常规气销售管理)工作领导小组	华东股份〔2013〕33 号
21	成立华东分公司 ERP 应急领导小组	华东股份〔2013〕49 号
22	成立华东分公司“五项劳动竞赛”领导小组	华东股份〔2013〕51 号
23	成立华东分公司长停井报废井安全管理领导小组	华东股份〔2013〕73 号
24	成立碳盘查工作领导小组、工作小组	华东石油工单〔2013〕3 号
25	成立华东石油局 2013 年财务决算领导小组	华东石油工单〔2013〕53 号
26	成立 2013 年华东石油局资产清查领导小组	华东石油工单〔2013〕57 号
27	成立华东分公司 2013 年度财务决算领导小组	华东股份工单〔2013〕21 号
28	成立华东石油工程公司信访稳定工作领导小组	华东工程党委〔2013〕2 号
29	成立苏北增储上产工程技术支撑保障领导小组	华东石油工程〔2013〕11 号

续 表

序号	委员会(领导小组)名称	文　号
30	成立中石化华东石油工程有限公司 HSE 委员会	华东石油工程〔2013〕18 号
31	成立中石化华东石油工程有限公司井控工作领导机构	华东石油工程〔2013〕19 号
32	成立华东石油工程公司结算工作领导小组	华东石油工程〔2013〕20 号
33	成立海外市场开发管理与境外公共安全管理领导小组	华东石油工程〔2013〕30 号
34	成立江苏工区钻完井工程项目管理部	华东石油工程〔2013〕31 号
35	成立土地、房产清查领导小组	华东石油工程〔2013〕32 号
36	成立华东石油工程公司质量管理体系贯标领导小组	华东石油工程〔2013〕57 号

（刘　波）

单位名录

华东石油局

序号	全称	简称	地址	邮政编码	电话	传真	行政负责人	党组织负责人
1	江苏华扬液碳有限责任公司	液碳公司	江苏省南京市建邺区江东中路315号6号楼	210019	(025)58817281	(025)58817281	陈兴明	陈兴明
2	华东石油局职业病防治所	职防所	江苏省扬州市运河西路143号	225003	(0514)87243516	(0514)87243516	薛华骅	张　寅
3	江苏华石技工贸总公司	华石公司	江苏省南京市建邺区江东中路315号6号楼	210019	(025)58828827	(025)58816530	季　翔	季　翔
4	华东石油技师学院(华东石油高级技能培训中心)	技师学院(技能培训中心)	江苏省扬州市瓜洲镇翠屏路1号	225129	(0514)87501513	(0514)87501513	厉章彪	于爱峰
	华东石油局南京培训中心(珍珠泉山庄)	南京培训中心(珍珠泉山庄)	江苏省南京市浦口区珍珠街172号	210031	(025)58852523	(025)58876997		
5	华东石油局社区管理中心	社区管理中心	江苏省南京市热河南路37号	210011	(025)58611178	(025)58611179	丁玉明	叶鹏飞

（刘　波）

华东分公司

序号	全　称	简　称	地　址	邮政编码	电　话	传　真	行　政负责人	党组织负责人
1	中国石油化工股份有限公司华东分公司采油厂	采油厂	江苏省泰州市南通路99号	225300	(0523)86662786	(0523)86663677	姚洪生	张正林
2	中国石油化工股份有限公司华东分公司石油勘探开发研究院(非常规油气资源规划设计研究中心、非常规油气资源实验中心)	研究院(非常规研究中心)	江苏省南京市热河南路37号	210011	(025)58611057	(025)58611057	李建青	吴志良
3	中国石油化工股份有限公司华东分公司工程技术设计研究院(非常规油气资源工程技术研究中心)	工程院(非常规工程中心)	江苏省南京市浦口区新马路182号	210031	(025)58851792	(025)58851792	王彦祺	王彦祺
4	中国石油化工股份有限公司华东分公司非常规资源勘探开发指挥部	非常规指挥部	山西省乡宁县新城区中原大酒店中石化非常规指挥部	042100	(0357)6830838	(0357)6830853	李　清	施　杰
5	中国石油化工股份有限公司华东分公司物探研究院	物探院	江苏省南京市白下区天坛新村9幢	210007	(025)84876065	(025)84876065	杨振升	王立志
6	中国石油化工股份有限公司华东分公司供应处	供应处	江苏省泰州市海陵区五里桥	225300	(0523)86663255	(0523)86663639	吴建斌	吴建斌

（刘　波）

华东工程公司

序号	全　称	简　称	地　址	邮政编码	电　话	传　真	行　政负责人	党组织负责人
1	中石化华东石油工程有限公司六普钻井分公司	六普钻井分公司	江苏省镇江市天桥路22号	212003	(0511)84406019	(0511)84406061	陈安明	张锦荣
2	中石化华东石油工程有限公司测井分公司	测井分公司	江苏省扬州市史可法路85号	225007	(0514)87621118	(0514)87621110	张作清	张作清
3	中石化华东石油工程有限公司录井分公司	录井分公司	江苏省镇江市朱方路94号	212004	(0511)85585806	(0511)85585809	王诗伯	张耀东
4	中石化华东石油工程有限公司固井分公司	固井分公司	江苏省扬州市开发区施桥镇	225101	(0514)87573325	(0514)87583482	郑建翔	郑建翔
5	南京威诺油气井测试工程有限公司	威诺公司	江苏省南京市建邺区庐山路158号嘉业国际城3幢1201室	210019	(025)87702518	(025)87702519	周正平	周正平
6	中石化华东石油工程有限公司西部分公司	西部分公司	新疆西北油田分公司轮台前线指挥部大院	830000	(0991)3667121	(0991)3667122	王金荣	谈士海
7	中石化华东石油工程有限公司加蓬项目部	加蓬项目部	BP.2848，POG，Gabon		(00241)07961003		余许东	余许东

（刘　波）

物探华东分公司

序号	全　称	简　称	地　址	邮政编码	电　话	传　真	行　政负责人	党组织负责人
1	中石化石油工程地球物理有限公司华东分公司	物探华东分公司	江苏省南京市马台街 141 号	210009	(025)83640818	(025)83211506	黄　革	张才仁

（刘　波）

地球物理公司装备中心

序号	全　称	简　称	地　址	邮政编码	电　话	传　真	行　政负责人	党组织负责人
1	中石化石油工程地球物理有限公司装备管理中心	地球物理公司装备中心	南京市江宁区诚信大道 2079 号	211100	(025)81032021	(025)81032020	朱　军	周明非

（刘　波）

索 引

使用说明

1. 本索引采取主题分析法编制，凡是出现在本《年鉴》的内容除“大事记”外，均可在索引中进行检索。

2. 本索引排序按索引标目的汉语拼音音序排列：以英文字母为第一个字的排在最前面；以汉字为第一个字的，同音按声调排列，音调相同的按第二个字音序排列，以此类推。

3. 为方便读者查阅，单位概览类目下的所有条目直接在单位名称下以缩进两格标出。排序仍按上列方法依次排列。

4. 索引标目之后的数字表示内容所在的页码，数字后的英文字母 a、b 分别表示书页的左右栏目；括号内的“图”表示内容为文中插图，括号内的“表”表示内容为表格

A

B

C

D

E

H

I

J

K

L

M

N

O

P

Q

R

S

T

U

W

X

Y

Z

（刘　波）

撰审人员名录

《华东石油年鉴》2014卷撰稿人员

（根据卷内文图出现先后为序）

万　方	熊　恒	程　阳	朱振亚	韩华林	董　健	黄宝平
沈志军	张　英	姜　宁	兰天永	王　锐	胡贺涛	吴志远
韦俊宝	周建明	包　旸	南树泉	孙丽丽	汪方武	李哲栋
杨月娟	庄欢乐	杜雄斌	金　玲	金　华	章　铮	邱江良
陈　建	吴奇杰	莫建兴	申海东	方志雄	王月磊	张容群
韩　坚	徐　鹏	王朝红	姜殿钢	朱宏绶	郑永旺	赵梓平
王　军	钱忠葆	郎　东	王　建	吴　剑	张　峰	符光运
傅仕丽	薛　华	杨　恺	魏　冰	俞亮亮	赵炬肃	钱晨来
文　佳	王艳红	孙志鹏	刘　强	周剑华	韩克宁	唐建信
钟　薇	徐向阳	朱杰平	赵新华	魏长吉	何瑞清	石　强
邰　青	熊　钟	孙晓军	韩　江	范达年	宋志明	龚俊霖
王　鑫	雷　源	袁　凯	邹　魁	李国峰	丁　智	蒋建平
黄　寅	彭美霞	刘厚裕	朱志斌	黄　颖	封　梅	王武元
严述新	林爱红	俎德宽	王婷婷	孙党英	陈薇芬	潘　铁
高丹霞	孙　冰	丁　封	王春燕	付　旋	石秀娟	花志远
潘万华	赵　华	张卫民	陈忠志	张　浩	盖　阔	于　扬
简玉磊	李海燕	唐海洋	吴仕峰	尤仁娟	陈学冰	宋文升
吴　勇	祝　莹	赵大卫	徐　永	杨　力	匡立新	韦　富
汪　深	李广国	胡国庆	李传昌	石乾用	金向东	王宏林
刘　波（生产运行处）		钱中付	赵建建	张怀宇	卢爱华	敬钟伟
房大志	刘红军	徐　鹏	张瑞康	赵　凌	梁辛怡	董　进
杨德寿	朱建新	陈卓仁	叶鹏飞	金宝荣	尹培元	周　萍
康　强	廖志英	刘　波	潘华林	窦建荣	姜　杰	林雅丽
吴　霖	鲁丽萍	刘沙沙	易长富	赵天舒	傅晓剑	王　飞
汪智力	汤和平	张静晨	金　鑫	马成海	沈月芳	郭永春
祁含春	罗建文	刘贵龙	程建国	董　兴	郑　鸿	邰　鹏
郑　月	辛建华	刘　军	陈界平	杨任民	魏午英	张小光
姜　平	桑仲标	章建军	杨朝晖	张佩佩	邰　滢	张　怡
庄　佳	李　平	龙志平	张家青	贺　庆	王洪亮	韩　倩
张　雪	雷　林	王以顺	徐银祥	印中华	葛瑞林	谭胜章
云惠芳	陆　超	卢　葭	刘　明	蓝加达	邱天林	高利华
王　迪	孙婧槐	余　红	徐　惠	徐　芳	王俊芳	卢建明
朱　亮	祝华林	宋　亮	郁　宁	丁　颉	丁望皎	张　芹
张　勇	陈九生	吴　婷	张学云	王　祥	黄光庆	吴英红
董建海	王爱政	杜建鹏	易书华	张雅莲	于　萍	严继新
王改霞	曹　巍	储依群	梁　皞	卞　静		

资料提供：周　萍　万　方
图片整理：张容群
英文译校：李　秀　王红燕

《华东石油年鉴》2014 卷审稿人员

通　审：冯如进　谈士海　张　淮　张奉东　唐成鸽
郭庆安　韩华林　杨贵祥　唐建信　匡立新
刘厚裕　黄永裕　吴志远

主　审：冯如进　韩华林　周　琦　张容群

审　定：方志雄　周　松　张锦宏　冯如进　俞　凯
申飞龙　吴聿元　谈士海　赵晓华